Deutschland, Frankreich und das Ende der Locarno-Ära 1928–1931

Studien zur internationalen Politik in der Anfangsphase der Weltwirtschaftskrise

Von
Franz Knipping

R. Oldenbourg Verlag München 1987

Gedruckt mit Unterstützung der Deutschen Forschungsgemeinschaft

CIP-Kurztitelaufnahme der Deutschen Bibliothek

Knipping, Franz:
Deutschland, Frankreich und das Ende der Locarno-Ära,
1928–1931: Studien zur internat. Politik in d.
Anfangsphase d. Weltwirtschaftskrise / von Franz
Knipping. – München: Oldenbourg, 1987.
   ISBN 3-486-53161-1

© 1987 R. Oldenbourg Verlag GmbH, München

Das Werk einschließlich aller Abbildungen ist urheberrechtlich geschützt. Jede Verwertung außerhalb der Grenzen des Urheberrechtsgesetzes ist ohne Zustimmung des Verlages unzulässig und strafbar. Das gilt insbesondere für Vervielfältigungen, Übersetzungen, Mikroverfilmungen und die Einspeicherung und Bearbeitung in elektronischen Systemen.
Umschlaggestaltung: Dieter Vollendorf
Gesamtherstellung: Rieder, Schrobenhausen

ISBN 3-486-53161-1

Inhalt

Vorwort 1
I. Die Ausgangslage: Das Nachkriegsjahrzehnt 1919–1928 9
   1. Die französische Politik im Banne des Sicherheitsproblems 11
   2. Deutsche Vorbereitung auf die Revision 25
II. Deutscher Revisionsanspruch versus „Entente cordiale"? (Sommer 1928 – Mai 1929) 32
   1. Die deutsche Rheinlandforderung und der Genfer Beschluß vom 16. September 1928 34
   2. Die Zurückdrängung des Räumungsproblems hinter die Reparationsfrage 44
   3. Britisch-französische Annäherungen in der Militärfrage 51
III. Im Zenit der Locarno-Ära (Juni–September 1929) 57
   1. Die erste Haager Konferenz und die Annahme des Sachverständigenplans durch die Regierungen 58
   2. Der Beschluß zur vorzeitigen Räumung des Rheinlands 67
   3. *Pactum de contrahendo* in der Saarfrage 74
   4. Briands Vorschlag einer Europäischen Union 84
   5. Akzente in den Abrüstungsfragen 89
IV. Die Verschärfung der Gegensätze im Winter 1929/30 (Oktober 1929 – März 1930) 94
   1. Der Abschluß der Reparationsverhandlungen 96
   2. Das Problem der Mobilisierung der Reparationen 105
   3. Der Sanktionen-Kompromiß 112
   4. Tauziehen um die Räumungsbedingungen 119
   5. Sonderverhandlungen über die Saar 124
   6. Abzug der Militärexperten und Londoner Flottenkonferenz 131
V. Der Wettersturz des Sommers 1930 (April–September 1930) 141
   1. Entfremdungen um die Rheinlandräumung 143
   2. Das Scheitern der Saarverhandlungen 148
   3. Das französische Europa-Memorandum 155
   4. Revision des Young-Plans durch Sanierung 162
   5. Französische Wirtschaftshilfe? 168
   6. Bewegungen in der Militärfrage 175
VI. Winter 1930/31: Deutschland und Frankreich am Scheideweg (September 1930 – März 1931) 181
   1. Weichenstellungen für die Abrüstungskonferenz 182
   2. Reparationen: Vom Sanierungs- zum Krisenrevisionismus 192

3. Politische Hemmungen französischer Stützungsbereitschaft 198
4. Mitteleuropa und Paneuropa 205

VII. Politische Blockierung vor ökonomischen Abgründen. Schlußbetrachtung 215

Abkürzungen 229

Quellen- und Literaturverzeichnis 231

Personenregister 255

Vorwort

Die vorliegende Untersuchung behandelt eine knapp drei Jahre umfassende Phase der Entwicklung der deutsch-französischen Beziehungen zwischen den beiden Weltkriegen. Diese Entwicklung, die im kontinuierlichen Verlauf zwischen 1919 und 1939 eine grundlegende Veränderung des Verhältnisses zwischen den beiden Nachbarstaaten bewirkte, vollzog sich, in der Folge einer mehr als tausendjährigen, oft wechselseitig leidvollen Erfahrung,[1] im Zeichen einer Mächterivalität von besonderer Färbung, einer Rivalität, die uns heute, trotz ihrer historischen Nähe, im Lichte der Entwicklungen nach dem Zweiten Weltkrieg bereits als seltsam entrückt und fremd erscheinen mag.

Auf der einen Seite stand der Anspruch des 1918 an der Seite der angelsächsischen Mächte siegreichen Frankreich auf die Perpetuierung der europäischen Sonderrolle, die ihm die Friedensverträge zugesprochen hatten, die aber von keiner hinreichenden demographisch-ökonomischen Substanz oder bündnispolitischen Stützung untermauert war. Auf der anderen Seite erhob sich der deutsche Anspruch auf die Verwirklichung des „Lebensrechts" eines politisch und moralisch diskriminierten Kriegsverlierers, der in seinen Potentialen trotz aller Einbußen und Belastungen jedem einzelnen seiner Nachbarn einschließlich Frankreichs überlegen geblieben war. Beide Ansprüche, hinter denen sich letztlich nationalimperialistische Zielsetzungen des Frankreich von 1919 und des Deutschland von 1914 fortsetzten, schlossen einander aus. Sie konnten daher nur auf Kosten des jeweils anderen realisiert werden. In dem stark nationalistisch geprägten Denken des Europa der zwanziger und dreißiger Jahre entwickelte sich so ein Antagonismus zwischen deutschen Strategien zur Veränderung und französischen Strategien zur Verhinderung der Veränderung der europäischen Nachkriegsregelungen. Am Ende verlor Frankreich den Frieden von 1919. Bis etwa 1935 hatte sich, bewegt von der Fähigkeit und dem Willen Deutschlands zur Revision, sukzessive in größeren und kleineren Schritten eine grundlegende deutsch-französische Machtverschiebung durchgesetzt, eine Umwälzung der 1919 in Paris begründeten Nachkriegsordnung, die am Ende einen nachdrücklichen zweiten deutschen Anlauf zur Erlangung einer Weltmachtstellung ermöglichte.

---

[1] Eine wissenschaftlich befriedigende Gesamtdarstellung der deutsch-französischen Beziehungen vom frühen Mittelalter bis zur Gegenwart ist ein Desiderat. Über die historiographische Situation berichtet in großen Zügen Gilbert Ziebura, Die deutsch-französischen Beziehungen seit 1945. Mythen und Realitäten, Pfullingen 1970, S. 173–74. Unter den mehr oder weniger stark in nationalen Traditionen verhafteten früheren Versuchen sind etwa zu nennen Johannes Haller, Tausend Jahre deutsch-französischer Beziehungen, Stuttgart/Berlin 1930 und Jacques Bainville, Histoire de deux peuples, Paris 1915, danach ständig wieder neu aufgelegt (Dt. Geschichte zweier Völker. Frankreichs Kampf gegen die deutsche Einheit, Hamburg 1939). Für das 19. und 20. Jahrhundert jetzt eindrucksvoll Raymond Poidevin und Jacques Bariéty, Les relations franco-allemandes 1815–1975, Paris 1977 (dt. Frankreich und Deutschland. Die Geschichte ihrer Beziehungen 1815–1975, München 1982).

Der Austrag der deutsch-französischen Spannung, die die gesamte Bewegung des internationalen Systems zwischen den Weltkriegen maßgeblich prägte, hat in den vergangenen Jahren in zunehmendem Maße das Interesse der Zeitgeschichtsforschung in den USA, in Frankreich, Deutschland und England auf sich gezogen. Dabei haben sich zwei Forschungsschwerpunkte herausgebildet: die Zeit unmittelbar nach dem Ersten und – in geringerem Maße – vor dem Zweiten Weltkrieg. Für die frühen zwanziger Jahre sind mit den Arbeiten von Charles S. Maier, Stephen A. Schuker, Jacques Bariéty, Walter McDougall, Denise Artaud, Marc Trachtenberg, Hermann J. Rupieper und Georges Soutou feste Markierungspunkte gesetzt. Es besteht zwischen ihnen allgemein Übereinstimmung, daß die französische Politik im Verlaufe der ersten fünf Jahre nach dem Kriege durch ein Scheitern gekennzeichnet sei, doch weichen die besonderen Bewertungen der Ausgangslage, des Ausmaßes des Scheiterns, der möglichen Alternativen und der Verantwortlichkeit der Pariser Politiker in erheblichem Maße voneinander ab.[2] Die Untersuchung der Jahre nach 1933, insbesondere unmittelbar vor dem Ausbruch des Zweiten Weltkrieges konstatiert dagegen allenfalls noch Spuren der europäischen Sonderstellung, die Frankreich in den zwanziger Jahren innehatte. Ihr Ergebnis lautet, daß der deutsch-französische Gegensatz seit etwa 1935/36 in der internationalen Bedeutung zunehmend hinter den deutsch-britischen Gegensatz zurückgetreten ist.[3]

Insgesamt ist die Forschungslage hinsichtlich der deutsch-französischen Beziehungen zwischen den Weltkriegen dadurch gekennzeichnet, daß bisher von den Erkenntnissen

---

[2] Siehe Charles S. Maier, Recasting Bourgeois Europe. Stabilization in France, Germany and Italy in the decade after World War I, Princeton 1975; Stephen A. Schuker, The End of French Predominance in Europe. The Financial Crisis of 1924 and the Adoption of the Dawes Plan, Chapel Hill 1976; Jacques Bariéty, Les Relations Franco-Allemandes après la Première Guerre Mondiale. 10 Novembre 1918 – 10 Janvier 1925: De l'Exécution à la Négociation, Paris 1977, sowie seine in der Bibliographie aufgeführten Aufsätze; Walter A. McDougall, France's Rhineland Diplomacy, 1914–1924. The Last Bid for a Balance of Power in Europe, Princeton 1978; Denise Artaud, La Question des Dettes Interalliées et la Reconstruction de l'Europe (1917–1929), Lille/Paris 1978; Marc Trachtenberg, Reparation in World Politics. France and European Economic Diplomacy, 1916–1923, New York 1980; Hermann J. Rupieper, The Cuno Government and Reparations, 1922–1923. Politics and Economics, The Hague/Boston/London 1979; Georges Soutou, „La politique économique de la France en Pologne (1920–1924)", in: RH, 1974, S. 85–116; ders., „Les mines de Silésie et la rivalité franco-allemande (1920–1923): Arme économique ou bonne affaire?", in: RI, 1, 1974, S. 135–154; ders., „Problèmes concernant le rétablissement des relations économiques franco-allemandes après la première guerre mondiale", in: Francia, 2, 1974, S. 580–596, sowie seine in der Bibliographie aufgeführten Aufsätze. Vgl. auch unten, S. 12, Anm. 7. Ein abwägendes Resümee des Forschungsstandes bietet Jon Jacobson, „Strategies of French Foreign Policy after World War I", in: JMH, 55, 1983, S. 78–95.

[3] Les Relations Franco-Britanniques de 1935 à 1939. Communications présentées aux colloques franco-britanniques tenus à: Londres (Imperial War Museum) du 18 au 21 octobre 1971; Paris (Comité d'Histoire de la 2e Guerre Mondiale) du 25 au 29 septembre 1972, Paris 1975; Les Relations Franco-Allemandes 1933–1939 (Strasbourg, 7–10 Octobre 1975), Paris 1976; Franz Knipping „Frankreich in Hitlers Außenpolitik, 1933–1939", in: Manfred Funke (Hrsg.), Hitler, Deutschland und die Mächte. Materialien zur Außenpolitik des Dritten Reiches, Düsseldorf 1976, S. 612–627 sowie die in der Bibliographie aufgeführten Aufsätze; Anthony Adamthwaite, France and the Coming of the Second World War 1936–1939, London 1977; Robert J. Young, In Command of France. French Foreign Policy and Military Planning, 1933–1940, Cambridge, Mass./London 1978; Jean-Baptiste Duroselle, La Décadence 1932–1939, Paris 1979; Klaus Hildebrand und Karl Ferdinand Werner (Hgg.), Deutschland und Frankreich 1936–1939. 15. Deutsch-französisches Historikerkolloquium des Deutschen Historischen Instituts Paris (Beihefte der Francia, Bd. 10), München/Zürich 1981.

über die frühen zwanziger Jahre keine gesicherte Verbindung zu denen über die späten dreißiger Jahre führt. Die der Londoner Konferenz vom Sommer 1924 folgende Zeit der „Locarno-Ära" harrt, trotz der in vielen Hinsichten wegweisenden Bücher von Jon Jacobson und neuerdings Peter Krüger, einer auch auf französischen Akten fußenden Durchleuchtung.[4] Über die wichtigen Jahre der Weltwirtschaftskrise und des Niedergangs der Weimarer Republik liegen bisher nur punktuelle Ergebnisse vor.[5] Auch ein Urteil über die deutsch-französischen Beziehungen in den ersten Jahren des Dritten Reiches kann sich kaum auf gründlichere Studien stützen.[6] Dementsprechend sind die Bemühungen um eine überschauende Gesamtinterpretation für die Zwischenkriegszeit bisher nur von begrenzter Aussagekraft.[7] Das Ausmaß der bestehenden Unsicherheit wird darin deutlich, daß in der Literatur sowohl das Jahr 1924 als auch das Jahr 1935 als die Wendemarke zwischen einer französischen und einer deutschen „Präponderanz" in Europa genannt wird.[8]

Die vorliegende Untersuchung wendet sich im Rahmen eines größeren Projekts, das die deutsch-französischen Beziehungen und das Staatensystem in der Zeit der Weltkriege behandelt, den Jahren des Übergangs von den zwanziger zu den dreißiger Jahren zu, die als die „années tournantes" bezeichnet worden sind.[9] Im Blickpunkt steht die Entwicklung des deutsch-französischen Verhältnisses in der Zeit zwischen den ersten Wochen des Kabinetts Müller II im Sommer 1928 und der Ankündigung des deutsch-österreichischen

---

[4] Jon Jacobson, Locarno Diplomacy. Germany and the West 1925–1929, Princeton 1972; Peter Krüger, Die Außenpolitik der Republik von Weimar, Darmstadt 1985. – Hierzu auch, in Vorbereitung einer größeren Untersuchung, die Studien von Jacques Bariéty, „Der Versuch einer europäischen Befriedung: Von Locarno bis Thoiry", in: Hellmuth Rößler, Erwin Hölzle (Hgg.), Locarno und die Weltpolitik 1924–1932, Göttingen 1969, S. 32–44; ders., „Finances et relations internationales: à propos du Plan de Thoiry (septembre 1926)", in: RI, 21, 1980, S. 51–70. Vgl. auch unten S. 11, Anm. 6. Nicht völlig ausgereift, aber unentbehrlich ist Clemens A. Wurm, Die französische Sicherheitspolitik in der Phase der Umorientierung 1924–1926, Frankfurt a. M./Bern/Las Vegas 1979.
[5] Hervorgehoben seien die beiden Werke von Edward W. Bennett, Germany and the Diplomacy of the Financial Crisis, 1931, Cambridge 1962, und ders., German Rearmament and the West, 1932–1933, Princeton 1979, die auch die bisherige Konzentrierung der Forschung auf einzelne, unverbunden voneinander behandelte Sachgebiete innerhalb des internationalen Kontextes belegen. Zur historiographischen Situation siehe auch die kommentierte Auswahlbibliographie in Karl Rohe (Hrsg.), Die Westmächte und das Dritte Reich, 1933–1939, Paderborn 1982, S. 203–204.
[6] Hierzu vor allem La France et l'Allemagne 1932–1936. Communications présentées au Colloque franco-allemand tenu à Paris (Palais du Luxembourg, salle Médicis) du 10 au 12 mars 1977, Paris 1980; Franz Knipping, „Die deutsche Diplomatie und Frankreich 1933–1935", in: Francia, 5, 1977, S. 491–512; Klaus Hildebrand, „Die Frankreichpolitik Hitlers bis 1936", ibid., S. 591–625. Einige interessante Aspekte werden beleuchtet in Wolfgang Michalka, Ribbentrop und die deutsche Weltpolitik. Außenpolitische Konzeptionen und Entscheidungsprozesse im Dritten Reich, München 1980. Für die französische Stelle siehe Young, In Command of France, sowie Duroselle, La Décadence.
[7] Das gilt auch für die Behandlung des Themas in dem Band Poidevins und Bariétys (siehe Anm. 1).
[8] Für das Jahr 1924 mit Abstufungen die in Anm. 2 zitierten Autoren. Für das Jahr 1935 etwa Roland A. Höhne, Faktoren des außenpolitischen Meinungs- und Willensbildungsprozesses innerhalb der gemäßigten Rechten Frankreichs in den Jahren 1934–1936. Eine historisch-politologische Studie zum Verhältnis von Gesellschaftssystem und Außenpolitik, Diss., Berlin 1968, S. 7 und passim. Zu der Fragestellung Jon Jacobson, „Is There a New International History of the 1920s?", in: AHR, 88, 1983, S. 617–645.
[9] Der Begriff wurde geprägt von Henry Daniel-Rops, Les années tournantes, Paris 1932.

Zollunionsprojekts im März 1931. Angesichts der Forschungslage, zu der auch die erschwerte Zugänglichkeit (in Frankreich) bzw. die späte Publikation (in Deutschland) der relevanten Archivmaterialien zu rechnen ist, geht die Untersuchung von der Überzeugung aus, daß die Rekonstruktion und interpretatorische Verknüpfung der Fakten auf der Grundlage eingehenden Quellenstudiums allen anderen Bemühungen vorausgehen müssen. Es liegt ihr des weiteren die Überzeugung zugrunde, daß die Durchleuchtung der internationalen Beziehungen in den späten zwanziger und frühen dreißiger Jahren, die bisher nur unzureichend geleistet ist, Erhebliches zum Verständnis der Mechanismen beizutragen vermag, die in die fatale Krise der dreißiger Jahre führten.

Das besondere sachliche Interesse an dem Untersuchungszeitraum wird durch die Frage bestimmt, wie es kam, daß die durch die Namen Briands und Stresemanns gekennzeichneten deutsch-französischen Verständigungsbemühungen der Jahre 1924–1928 wieder von einem stärker aus Konfliktmustern bestehenden Verhältnis abgelöst wurden. Warum verliefen die Ausgleichshoffnungen von Locarno, Thoiry und Genf im Sande, mündeten zunehmend ein in konfrontatorische Töne und Verhaltensweisen? Lag es an der Verschlechterung der internationalen Wirtschaftslage, etwa der Konjunkturentwicklung in Deutschland und Frankreich? Oder gab es andere, mehr „politische" Gründe nationaler und/oder internationaler Dimension? Damit ist die weitergehende Frage aufgeworfen, ob und inwieweit zwischen dem Ende der – vorwiegend in politisch-diplomatischen Begriffen zu definierenden – „Locarno-Ära" und der aufkommenden Weltwirtschaftskrise Zusammenhänge bestehen. Wird die häufiger anzutreffende allgemeine These,[10] daß die Weltdepression eine Zäsur für die Entwicklung des internationalen Systems der Zwischenkriegszeit dargestellt habe, durch den Verlauf der deutsch-französischen Beziehungen in der Anfangsphase der Krise erhärtet? Oder ist insofern eine Relativierung dieser These vorzunehmen, als tiefgreifende Auflösungserscheinungen des internationalen politischen Zusammenhalts bereits auftraten, *bevor* die handelnden Politiker in den Industriestaaten sich ungewöhnlichen ökonomischen Schwierigkeiten gegenübersahen? Wäre am Ende, vielleicht nur etwas später, eine kriegsträchtige politische Krise des internationalen Systems auch ohne besondere weltwirtschaftliche Erschütterungen eingetreten? Hätte sie vermieden werden können? Welche Rolle und Funktion ist den Entscheidungsspielräumen einzelner verantwortlicher Politiker beizumessen? Antworten auf diese Fragen, die die politischen und wirtschaftlichen Zusammenhänge ebenso in den Blick zu nehmen haben wie die Spannung zwischen strukturellen Vorgaben und politischen Entscheidungen, ermöglicht, wie zu zeigen sein wird, nur die genaue, mitunter geradezu „positivistische" Prüfung der internationalen Entwicklungen im Detail. Denn wohl mehr noch als in anderen Bereichen steckt in der Geschichte der internationalen Beziehungen der Teufel, aber auch die Wahrheit, im Detail.

Bei der Untersuchung waren mehrere methodische Gesichtspunkte zu beachten, auf die an dieser Stelle nur in aller Kürze eingegangen werden kann. Zunächst hat das Axiom

---

[10] Hierzu etwa Andreas Hillgruber, „‚Revisionismus' – Kontinuität und Wandel in der Außenpolitik der Weimarer Republik", in: HZ, 237, 1983, S. 597–621, bes. S. 614; ders. differenzierter in Martin Broszat u. a. (Hgg.), Deutschlands Weg in die Diktatur. Internationale Konferenz zur nationalsozialistischen Machtübernahme im Reichstagsgebäude zu Berlin. Referate und Diskussionen. Ein Protokoll, Berlin 1983, S. 281. – Auf die ungleichmäßige internationale Verteilung wirtschaftlicher und politischer Krisenphänomene im Jahre 1929 verweist Gerhard Schulz, Deutschland seit dem Ersten Weltkrieg 1918–1945, 2. Aufl. Göttingen 1976, S. 96.

zu gelten, daß die Behandlung von Themen der Geschichte der internationalen Beziehungen grundsätzlich von einer „Pluralität autonomer Entscheidungszentren"[11] ausgehen muß. Das heißt, daß die Analyse und Bewertung des Ablaufs der Beziehungen zwischen Deutschland und Frankreich, vor allem aber auch der Motive und bewegenden Triebkräfte, die den Ablauf beeinflußten oder gar determinierten, zur Voraussetzung hat, daß beide Seiten in ihrem je eigenen Bedingungs- und Wirkungszusammenhang aufgesucht und verstanden werden. Französische Deutschlandpolitik kann ebensowenig aus der deutschen Interessenlage und unter deutschen Zielsetzungen zureichend erklärt werden wie deutsche Frankreichpolitik unter französischen Gesichtspunkten. Die größtmögliche Annäherung an das Ideal einer objektiven Betrachtung und abgewogenen Bewertung einer bilateralen Staatenbeziehung erfordert die genaue Kenntnis der Verhältnisse auf beiden Seiten, also auch der Quellen und des Schrifttums in Deutschland und in Frankreich gleichermaßen.

Als ebenso selbstverständlich sollte gelten, daß bilaterale Staatenbeziehungen nur als Teil eines größeren multilateralen Zusammenhangs, als Ausschnitt aus dem Gesamtgefüge des Staatensystems mit hinreichender Sicherheit beurteilt werden können. Dies gilt für die Beziehungen zwischen Deutschland und Frankreich in den Jahren 1928–1931 in besonderem Maße, denn es zeigt sich rasch, daß ihnen, wie in den vorhergehenden Jahren, hier immer noch eine zentrale Funktion innerhalb des internationalen Gesamtsystems zukam. Die deutsch-französische Rivalität war auch in den späten zwanziger Jahren noch ein Schlüssel zum gesamten Staatensystem, sie stellte gleichsam ein Herzstück in der Bewegung des Systems dar, eine Art Resonanzkasten, dessen Schwingungen alle Teile des Systems in der einen oder anderen Weise in Mitschwingungen versetzten und von diesen wiederum reflektiert wurden. Die bilateralen Beziehungs- und Berührungspunkte zwischen den beiden Nachbarstaaten sind daher stets auch in den größeren Zusammenhang der europäischen, ja der Weltgeschichte zu stellen. Eine eingehendere Beschäftigung mit den deutsch-französischen Beziehungen in dieser Zeit läßt es namentlich als unumgänglich erscheinen, sie konsequent im Rahmen des „atlantischen Vierecks" Deutschland–Frankreich–England–USA zu betrachten, das den wohl wesentlichen Kontinuitätsträger der internationalen Entwicklung in der Zeit der Weltkriege darstellte. Das Thema der Untersuchung läßt sich dementsprechend auch umschreiben als: das Versailler System als Austragungsort einer allgemeinen deutsch-französischen Mächterivalität.

Eine weitere methodische Überlegung hat der Einordnung der Untersuchung in den chronologischen Zusammenhang zu gelten. Zu dem zu konstatierenden Mangel an quellennahen Studien über die internationalen Beziehungen in den späten zwanziger und den frühen dreißiger Jahren hat offenkundig auch die Schwierigkeit beigetragen, einen gesicherten Ausgangspunkt der Darstellung etwa im Jahre 1928 zu gewinnen. Der eigentliche Ausgangspunkt für die meisten der in den späten zwanziger Jahren zu beobachtenden Entwicklungen sind das Kriegsende und die Nachkriegsregelungen. Ein Einstieg in die Darstellung in den ausgehenden zwanziger Jahren setzt daher eine überschauende Beurteilung der internationalen Vorgänge während des gesamten dem Waffenstillstand vom November 1918 folgenden Jahrzehnts voraus. Da indessen die Erforschung der internationalen Beziehungen in den zwanziger Jahren, namentlich nach 1924/25, noch erhebli-

---

[11] Die Definition bei Raymond Aron, Frieden und Krieg. Eine Theorie der Staatenwelt, Frankfurt 1963, S. 27.

che Lücken aufweist, muß am Anfang der vorliegenden Untersuchung eine zusammenfassende Interpretation stehen, die auch bei erschöpfender Heranziehung der vorhandenen Spezialliteratur einige Unsicherheitsmomente enthält, nichtsdestoweniger aber für die Bewertung der gesamten folgenden Entwicklung konstitutiv ist. Diese methodische Schwierigkeit der chronologischen „Verankerung" der „années tournantes" begleitete die Arbeit, namentlich die Abfassung des Einleitungskapitels, unentwegt.

Eine weitere methodische Überlegung drängt sich auf. Die Untersuchung der deutsch-französischen Beziehungen in den Jahren 1928–1931 erfordert auch eine angemessene Behandlung des – grundsätzlich nicht zeitgebundenen – Phänomens unmerklicher, aber grundlegender machtpolitischer Verschiebungen in Zeiten scheinbarer Normal- oder Ruhelagen des internationalen Systems. Die Erhellung spannungs- und entscheidungsreicher Perioden, wie sie die Vorgeschichte und Geschichte von Kriegen, von weltpolitisch relevanten Entscheidungen und Knotenpunkten, von internationalen Konferenzen darstellen, kann sich mit einem relativ groben Fragenraster begnügen, welches indessen die allmählichen, bisweilen unmerklichen Veränderungen, die sich in vordergründig ereignisarmen Zeiten auf der Ebene der „forces profondes"[12] vollziehen, nicht hinreichend zuverlässig einzufangen vermag. Die deutsch-französischen Beziehungen durchliefen zwischen 1928 und 1931 eine folgenschwere Entwicklung, aber deren Ansatz-, Übergangs- und Bruchstellen sind in den politischen und wirtschaftlichen Ereignissen nur schwer zu erkennen, verbergen sich in komplizierten Details, verteilen sich auf verschiedene Einzelbereiche oder über längere Zeiträume. Auch dieser Sachverhalt verweist auf das Erfordernis, bei der gewählten Themenstellung in besonderem Maße die Details und Nuancen der Entwicklung in den Blick zu nehmen, aus denen sich dann in einem zweiten Zugriff zuverlässig Zusammenhänge herstellen lassen.

Aus dieser letzteren Überlegung ergaben sich wesentliche Gesichtspunkte für die Form der Darstellung. Da sich die deutsch-französischen Spannungen auf praktisch allen Feldern der internationalen Politik niederschlagen, erfordert ihre begründete Interpretation die eingehende Untersuchung mehrerer paralleler, nur zu einem Teil miteinander verflochtener Handlungsstränge – der Rheinland- und Saarfragen, der Reparationsproblematik, der Militärfrage, der Südosteuropa-Frage – und sodann deren Bündelung zu einem Gesamtprozeß. Die verschiedenen bilateralen und multilateralen Berührungsebenen, die zum Teil kompliziert und zum Teil auch quellenmäßig noch nicht hinreichend aufgearbeitet sind, bilden in einigen Fällen für sich den Gegenstand intensiver Forschungskontroversen. Diese im einzelnen zu diskutieren, hieße, das Thema der Untersuchung aus den Augen zu verlieren. Nichtsdestoweniger sind sie angemessen zu beleuchten, allerdings mit dem Ziel der Synthese unter dem Gesichtspunkt des deutsch-französischen Verhältnisses. Die sich aus diesem Vorgehen für die Darstellung ergebenden Probleme liegen auf der Hand. Die quellenmäßige Aufarbeitung komplizierter Einzelbereiche erfordert unter dem Vorzeichen der deutsch-französischen Beziehungen gelegentlich ungewohnte Richtungen der Betrachtung. Manche nicht unmittelbar relevanten Aspekte, wie innenpolitische Hintergründe oder Eigenarten von Entscheidungsfindungen, die bei der Betrachtung der Außenpolitik eines einzelnen Landes ihren Platz haben, müssen auf der Ebene des Staatensystems häufig ausgeklammert bleiben oder können nur ange-

---

[12] Zur Theorie der „forces profondes" siehe Pierre Renouvin, Jean-Baptiste Duroselle, Introduction à l'histoire des relations internationales, Paris, 3. Aufl. 1970.

deutet werden. In manchen Fällen erfahren Einzelvorgänge durch die Einordnung in den besonderen Zusammenhang auch neue Bewertungen. Da gelegentlich sachlich aufeinanderfolgende Entwicklungen aus Gründen der allgemeinen Chronologie voneinander getrennt dargestellt werden müssen, sind Wiederholungen nicht immer ganz vermeidbar.

Besonders anzumerken ist, daß eine für sich wichtige, für die Interpretation der deutsch-französischen Beziehungen in dieser Zeit allerdings sekundäre Berührungsebene im folgenden nicht behandelt wird: die Aus- und Rückwirkungen des deutsch-französischen Verhältnisses auf die Entwicklungen in Osteuropa, in der Beziehung zu Polen und zur Sowjetunion, und umgekehrt. Dieses vielschichtige Thema erfordert eine gesonderte Studie.[13]

Die Untersuchung basiert auf Materialien aus deutschen, französischen und britischen Archiven, insbesondere auf den Akten des deutschen und – mit einem seinerzeit freundlich gewährten Sonderbenutzungsrecht – des französischen Außenministeriums. Die beiden Außenministerien werden als die für die Entwicklung des deutsch-französischen Verhältnisses und die Relevanz und Aussagekraft des überlieferten Aktenmaterials entscheidenden Stellen betrachtet. Auch die wirtschaftlichen Vorgänge, die für außenpolitisches Entscheidungshandeln erheblich waren, befinden sich in ihren Archiven. Soweit dies erforderlich schien, wurden fallweise aber auch Akten aus anderen, im Quellenverzeichnis und in den Anmerkungen aufgeführten Provenienzen zusätzlich herangezogen. Die zu Rate gezogene Spezialliteratur wuchs unter der vielschichtigen Themenstellung der Arbeit zu großen Dimensionen an. In der Regel wurde, zumal bei nichtkontroversen Fragen, darauf verzichtet, bei der Behandlung der Einzelaspekte die Fülle der Literatur in die Belege aufzunehmen.

Bei der Vorbereitung und Durchführung der Untersuchung ist eine Dankesschuld angewachsen, die hier kaum angemessen abgegolten werden kann. Sie gebührt namentlich den Damen und Herren des Politischen Archivs des Auswärtigen Amts in Bonn (Dr. Weinandy, Dr. Gehling), des Bundesarchivs in Koblenz, des Instituts für Zeitgeschichte in München, des Archivs und der Bibliothek des französischen Außenministeriums (Jean Laloy, Maurice Degros, Georges Dethan, Yves Lacaze), des französischen Finanzministeriums (Alice Guillemain), der Pariser Archives Nationales, Bibliothèque Nationale und Fondation Nationale des Sciences Politiques, des Londoner Public Record Office. Sie gebührt meinen anteilnehmenden Freunden Jacques Bariéty, Georges Soutou, Roland Thimme, Maurice Vaïsse. Sie gilt meinem früh verstorbenen Doktorvater Josef Engel, und ebenso Andreas Hillgruber, die beide seinerzeit das Projekt auf den Weg bringen halfen. Sie gebührt der Deutschen Forschungsgemeinschaft für ein Habilitandenstipendium und einen Zuschuß zur Drucklegung. Der Dank gilt insbesondere Gerhard Schulz, dessen Vertrauen, Anregung, Geduld zu dem guten Fortgang des Unternehmens Wesentliches beigetragen haben.

Die Arbeit wurde im Sommersemester 1984 von der Geschichtswissenschaftlichen Fakultät der Universität Tübingen als schriftliche Habilitationsleistung angenommen. Für den Druck wurde sie leicht überarbeitet.

Tübingen, im April 1986   Franz Knipping

---

[13] Einen vorzüglichen ersten Teilaufriß der Fragestellung bieten Piotr S. Wandycz, Peter Krüger und Georges Soutou in „La Pologne entre Paris et Berlin de Locarno à Hitler (1925–1933)", in: RHD, 95, 1981, S. 236–348.

I. Die Ausgangslage: das Nachkriegsjahrzehnt 1919–1928

In den zehn Jahren, die dem Ende des Ersten Weltkriegs und den Pariser Friedensregelungen folgten, bereitete sich in verdeckten Formen eine Krise des europäischen Staatensystems vor, die etwa Mitte 1928 aufzubrechen begann. Politische und wirtschaftliche Inkonsequenzen und Halbheiten der Friedensverträge bewirkten, daß sich in diesem Jahrzehnt in den europäischen Mächtebeziehungen zunehmend Spannungen aufbauten, die durch internationale Konferenzdiplomatie und neue Vereinbarungen zwischen den Regierungen nur unzureichend abgemildert werden konnten, und die sich an einer Stelle entscheidend verdichteten: im Verhältnis zwischen den kontinentalen Hauptkriegsgegnern Deutschland und Frankreich. Beide waren in existentieller Weise von der Lösung jener für die Zukunft des Nachkriegssystems wesentlichen Frage betroffen, die alle europäischen Regierungen, auch die Regierung der USA bewegte: der Frage, welcher Platz dem besiegten Deutschen Reich künftig in Europa und in der Welt zukomme – der einer von den Siegermächten dauerhaft kontrollierten mittleren Großmacht, oder der des „halbhegemonialen"[1] Bismarck-Staates? Die Beantwortung der Frage entschied über die internationale Rangstellung der beiden benachbarten großen Mächte. Eine Antwort in ersterem Sinne versprach Frankreich, eine Antwort in letzterem Sinne Deutschland als europäische Vormacht zu etablieren. Die Spannungen um diese Frage spitzten sich in den späten zwanziger Jahren zu, nachdem alle Bemühungen, sie abzumildern, nichts anderes bewirkt hatten als allmähliche Verschiebungen des deutsch-französischen Kräfteverhältnisses zu deutschen Gunsten, Veränderungen also mit der dramatischen Tendenz zur Annullierung und letztendlichen Umkehrung der Ergebnisse des Weltkrieges, soweit sie Frankreich zur präponderanten Siegermacht auf dem europäischen Kontinent und Deutschland zum gedemütigten und vielfältig belasteten Kriegsverlierer bestimmt hatten.

Die dieser Entwicklung zugrunde liegenden strukturellen Ursachen bestanden vor allem darin, daß zum einen das Deutsche Reich trotz aller ihm im Versailler Vertrag auferlegten Einbußen und Belastungen sein dem französischen überlegenes ökonomisch-demographisches Potential bewahren konnte[2] und zudem willens war, es politisch zu realisieren, und daß andererseits die französisch-britisch-amerikanische Kriegsallianz entgegen den Erwartungen der Pariser Führung nach Kriegsende wieder auseinanderbrach.

---

[1] Der von Ludwig Dehio geprägte Begriff (Gleichgewicht oder Hegemonie. Betrachtungen über ein Grundproblem der neueren Staatengeschichte, Krefeld 1948, S. 193 ff.; ders., Deutschland und die Weltpolitik im 20. Jahrhundert, München 1955) wurde aufgenommen von Andreas Hillgruber (u. a. Bismarcks Außenpolitik, Freiburg 1972, S. 129 ff.).

[2] Hierzu überblicksartig Jacques Bariéty, Les Relations Franco-Allemandes après la Première Guerre Mondiale, S. 173 ff.; ders. in Poidevin/Bariéty, Frankreich und Deutschland, S. 314–316.

Unter diesen Umständen reichten die ökonomischen und politischen Machtmittel Frankreichs auch unter Einrechnung der Ressourcen seines Kolonialreichs und unter Berücksichtigung der in den frühen zwanziger Jahren geknüpften Ostpakte sowie des Völkerbunds nicht aus, um der von ihm 1919 beanspruchten Vormacht-Rolle in Europa dauerhaft gerecht werden zu können. Vielmehr wurde die französische Position im europäischen Nachkriegssystem stetig ausgehöhlt, ging über in eine langsame und zum Teil unmerkliche Rückzugsbewegung vor dem wiederaufsteigenden Deutschland und wurde in den späten zwanziger Jahren zunehmend in Frage gestellt. Der offene Austrag eines deutsch-französischen „Duells" bahnte sich an, ein zähes Ringen um die friedensvertraglichen Grundlagen des Versailler Systems (Rheinlandbesetzung, Saarkontrolle, Reparationen, Militärstatut, ost- und südosteuropäische Fragen) im Zeichen hie des französischen Sicherheits- und dort des deutschen Revisionsbedürfnisses. Es ist wahr, daß sich auf beiden Seiten auch verschiedene Ausgleichs- und Verständigungsbemühungen grundsätzlicher Natur bekundeten, die, soweit sie politisch relevant wurden, alle Beachtung der Forschung verdienen; letztlich sollten sie aber unter dem Vorzeichen der machtpolitischen Rivalität auf der Strecke bleiben.[3]

Freilich konnte Frankreich trotz zunehmender Relativierungen seiner internationalen Position eine gewisse europäische Sonderstellung bis 1928 insgesamt noch behaupten. Das Ergebnis mehrerer französischer und amerikanischer Arbeiten aus jüngerer Zeit, demzufolge die französische „Präponderanz" bereits im Jahre 1924 ihr Ende gefunden habe,[4] sollte gewiß nicht überbetont werden. Zwar endete 1924 die französische Politik der strikten „exécution" des Versailler Vertrags; zwar auch war Frankreich zu diesem Zeitpunkt mit dem Versuch der langfristigen ökonomischen Beherrschung Deutschlands gescheitert, hatte weitgehend das Recht auf einseitige territoriale Sanktionen verloren und mußte ratlos das zunehmende Eindringen anglo-amerikanischer Stabilisierungskonzepte und -mittel nach Europa und insbesondere Deutschland mitansehen. Aber Frankreich blieb auch noch in den Jahren nach 1924 im Besitz einer Reihe von Prärogativen, die ihm vorerst weiter eine überlegene politische Position gegenüber Deutschland sicherten. Zu verweisen ist auf die starke französische Militärmacht, auf die in der fortdauernden Besetzung linksrheinischer Gebiete liegenden faktischen Sanktionsmöglichkeiten, auf ein erhebliches Reparationenhabet, zu dem ja seit 1926/28 eine grundlegende Stärkung der internationalen Finanzposition hinzukam, auf einen gewichtigen politischen und militärischen Einfluß Frankreichs in Ost- und Südosteuropa. Für die deutsche Regierung andererseits galt auch noch in den späten zwanziger Jahren, daß sie keinen außenpolitischen Schritt unternehmen konnte, ohne die Reaktion Frankreichs in Rechnung stellen zu müssen.[5] Erst an der Wende zu den dreißiger Jahren sollte sich dies allmählich zu ändern beginnen.

---

[3] Die deutsch-französischen Verständigungsbewegungen zwischen den Weltkriegen, die auf beiden Seiten im Schatten der nationalistischen Tendenzen standen, würden eine gründlichere Darstellung verdienen. Erinnert sei hier an das Mayrisch-Komitee, die Rechberg-Initiativen, die Veteranenverbände, die Bemühungen der Linksparteien auf beiden Seiten des Rheins usw. Krüger, Außenpolitik der Weimarer Republik, überschätzt die Auswirkung solcher Bemühungen auf die Berliner Frankreichpolitik.

[4] Siehe oben, S. 2 sowie die dort in Anm. 2 genannten Arbeiten von Schuker, McDougall, Trachtenberg sowie, zurückhaltender, Bariety.

[5] Hierauf verweist Anne Orde, „The Origins of the German-Austrian Customs Union Affair of 1931", in: CEH, 13, 1980, S. 34–59, hier S. 41–42.

1. Die französische Politik im Banne des Sicherheitsproblems

Der Versuch einer überschauenden Betrachtung der europäischen Verhältnisse zwischen 1919 und 1928 legt den Befund nahe, daß vor allem strukturelle Bedingungen der Position, die Frankreich im und nach dem Kriege innehatte, ausschlaggebend dafür waren, daß die gegenüber Deutschland getroffene Friedensregelung mit einer knapp zehnjährigen Verzögerung wieder grundsätzlich in Frage gestellt wurde. Die gleiche relative Schwäche der europäischen Großmacht Frankreich, die sich in dem Unvermögen bekundet hatte, sich gegenüber dem deutschen Ansturm während des Weltkrieges allein aus eigener Kraft zu behaupten, bedingte 1919/20 den interalliierten Charakter einer Friedensregelung, in der Frankreich als mitsiegender Hauptbetroffener die von seiner politischen und militärischen Führung für erforderlich gehaltene Sicherheitslösung nicht durchsetzen konnte. In den darauffolgenden Jahren führte die mangelnde Fähigkeit, die nationale Sicherheit nachträglich befriedigend zu organisieren, Frankreich zunehmend auf den Weg internationaler Friedenssicherungs-Bemühungen, an dessen Ende nichts anderes als der Zwang stand, über wesentliche Teile der Friedensregelung praktisch noch einmal verhandeln zu müssen.[6]

1. Zunächst ging in der Friedensregelung von 1919/20 die Sicherheitslösung, die gegenüber dem Deutschen Reich in Zukunft für erforderlich gehalten wurde, verloren. Dies geschah in zwei aufeinanderfolgenden Etappen. Zuerst mußten sich die französischen Unterhändler auf der Pariser Friedenskonferenz infolge des Widerspruchs der Hauptverbündeten England und USA erhebliche Einschränkungen ihrer ursprünglichen Zielvorstellungen gefallen lassen. Und nur wenige Monate später erwies sich die an diese Zugeständnisse geknüpfte Erwartung, daß sich die im Krieg gegen Deutschland praktizierte Kooperation mit den beiden angelsächsischen Mächten auch in der Nachkriegszeit fortsetzen lasse, als weitgehend illusorisch.

Die ursprünglichen französischen Erwartungen, wie sie sich aus der Kriegszieldiskussion ergaben, die in den regierenden Mitte-Rechts-Gruppen vor allem in der letzten Phase des Krieges geführt worden war, richteten sich auf die dauerhafte und verläßliche Sicherung des nationalen Territoriums gegen eine Wiederholung der traumatischen Erfahrung eines deutschen militärischen Angriffs mit der Folge einer mehrjährigen Existenzkrise. In den Vorstellungen dominierte zunächst eine offensive Betrachtungsweise, die eine grundlegende Umstrukturierung des kontinentalen Kerngebietes durch eine deutsch-französische Machtverschiebung, d. h. eine Angleichung der ökonomischen Potentiale zu französischen Gunsten postulierte. Frankreich sollte die historische Stunde nutzen, um machtpolitisch die Parität, wenn nicht eine Überparität gegenüber dem Bis-

---

[6] Eine wissenschaftlich befriedigende Geschichte der französischen Außenpolitik in den zwanziger Jahren fehlt bisher. Erste Synthesen, die indessen nicht auf ausreichenden Aktenstudien beruhen, versuchten René Albrecht-Carrié, France, Europe and the two World Wars, New York 1961 und J. Néré, The Foreign Policy of France from 1914 to 1945, London/Boston 1975. Eine gründliche Untersuchung von Jacques Bariéty unter dem Titel „L'Illusion 1919–1932" ist in Vorbereitung. – Die folgenden Ausführungen stützen sich zum Teil auf Erörterungen der Sektion 22 des 34. Deutschen Historikertags am 9. Oktober 1982 in Münster, über „Deutschland, Frankreich und der Zusammenbruch der europäischen Zwischenkriegsordnung, 1914/18–1940/45", deren Publikation vorbereitet wird.

marckschen Nationalstaat zu erreichen. Dabei wurde von verschiedenen Prämissen ausgegangen: daß sich nämlich (1.) in der Nachkriegszeit eine französisch-britisch-amerikanische Zusammenarbeit gegenüber Deutschland gleichermaßen auf politischem, militärischem und wirtschaftlichem Gebiet befestigen werde; daß zudem (2.) dauerhafte „Garantien" im Rheinland erreichbar seien, zum mindesten in der Form einer Neutralisierung bei ständiger französischer Okkupation, besser noch als französischerseits kontrolliertes autonomes Gebiet innerhalb des Reichsverbandes, im Idealfalle in der Form eines vom Reich abgetrennten französischen Protektorats; daß (3.) Frankreich durch die unbeschränkte Nutzung der lothringisch-saarländischen Erz-Kohle-Kombination zum größten europäischen Stahlproduzenten aufsteigen könne; daß sich (4.) durch Bündnisse mit Belgien, Luxemburg und vielleicht auch Italien der französische Wirtschaftsraum weiter vergrößern ließe; daß (5.) durch eine finanzielle und industrielle Offensive in Ost- und Südosteuropa die dortigen deutschen und österreichischen Interessen dauerhaft ausgeschaltet werden könnten; daß schließlich (6.) das Deutsche Reich für längere Zeit kontrolliert und geschwächt werden könnte durch Reparationslasten, die gleichzeitig die wirtschaftliche Entwicklung Frankreichs stützen würden.[7]

Bekanntlich konnte indessen Ministerpräsident Clemenceau in den Friedensverhandlungen diese Zielvorstellungen nur zu einem Teil durchsetzen. Zwar gelang es ihm, Präsident Wilson und Premierminister Lloyd George eine weitgehende Festschreibung der französischen Positionen in den rüstungs-, wirtschafts- und reparationspolitischen Fragen abzuringen und auch die Absichten hinsichtlich Belgiens, Luxemburgs, Ost- und Südosteuropas voranzubringen.[8] Doch anstelle der angestrebten Annexion des Saarkohlebeckens konnte nur ein zeitweiliges französisches Eigentumsrecht an den Gruben erreicht werden, wobei das Gebiet politisch der Verwaltung einer Regierungskommission des Völkerbunds unterstellt wurde und die Bevölkerung nach Ablauf von 15 Jahren durch ein Plebiszit über die endgültige politische Zukunft des Landes entscheiden sollte.[9] Vor allem gelang es aber nicht, den entscheidenden Punkt der permanenten Kontrolle der linksrheinischen Territorien zur Anerkennung zu bringen. Wilson und Lloyd George

---

[7] Zum Stand der französischen Kriegsziel-Forschung bisher vor allem Georges Soutou, „La France et les marches de l'Est, 1914–1919", in: RH, 1978, S. 341–388; D[avid] Stevenson, French War Aims against Germany, 1914–1919, Oxford 1982. Etwas verkürzt Gitta Steinmeyer, Die Grundlagen der französischen Deutschlandpolitik 1917–1919, Stuttgart 1979. Wichtig, aber inzwischen insgesamt überholt die Vorstudie von Pierre Renouvin, „Die Kriegsziele der französischen Regierung 1914–1918", in: Wolfgang Schieder (Hrsg.), Erster Weltkrieg. Ursachen, Entstehung und Kriegsziele, Köln/Berlin 1969, S. 443–73. – Aufschlüsse über die wichtige Frage, inwieweit Frankreich während des Ersten Weltkriegs in der Zielsetzung machtpolitisch Parität mit dem deutschen Nationalstaat suchte und inwieweit eine neue Hegemonie, bietet die Habilitationsschrift von Georges Soutou (Universität Paris IV-Sorbonne) über „Les buts de guerre économiques des Grandes Puissances 1914–1919", deren Drucklegung vorbereitet wird.

[8] Zur Dokumentation der Pariser Friedenskonferenz siehe vor allem Papers relating to the Foreign Relations of the United States, Supplement, Paris Peace Conference 1919, 13 Bde., Washington 1942–1947, sowie die stenographischen Notizen des französischen Dolmetschers Paul Mantoux, Les Délibérations du Conseil des Quatre (24 mars – 28 juin 1919), 2 Bde., Paris 1955. Eine übersichtliche Darstellung aus französischer Sicht bietet André Tardieu, La Paix, Paris 1921. Von den Arbeiten aus jüngerer Zeit sind hervorzuheben Arno J. Mayer, Politics and Diplomacy of Peacemaking. Containment and Counter-Revolution at Versailles, 1918–1919, New York 1967; Gerhard Schulz, Revolutionen und Friedensschlüsse 1917–1920, 5. Aufl. München 1980.

[9] Tardieu, La Paix, S. 277–307. Zur Saarfrage nach dem Ersten Weltkrieg siehe Maria Zenner, Parteien und Politik im Saargebiet unter dem Völkerbundsregime 1920–1935, Saarbrücken 1966.

fürchteten unter anderem, daß hier ein neues Elsaß-Lothringen-Problem entstehen könnte, und erklärten sich daher nur mit einem vorübergehenden Okkupationsregime einverstanden, dessen Wiederaufhebung in drei Etappen für 1925, 1930 und 1935 vorgesehen wurde. Dafür boten sie der französischen Regierung für den Fall einer neuerlichen deutschen Aggression eine feste Beistandsgarantie an, die schließlich von Clemenceau als Ersatz für die dauerhafte Kontrolle der linksrheinischen Territorien akzeptiert wurde.[10] Dies war ein schwerwiegender Schritt, mit dem Frankreich ein erstes Mal die Option einer autonomen, von ausländischer Mitsprache unabhängigen Lösung seines Sicherheitsproblems preisgab. Es ist allerdings fraglich, ob es zu dieser Grundentscheidung, die zum Gegenstand einer scharfen Kontroverse zwischen Clemenceau und Marschall Foch wurde,[11] eine realistische Alternative gab. Vermutlich war Frankreich auch zu diesem Zeitpunkt unmittelbar nach Kriegsende zu schwach, um unter Provozierung eines Bruchs des alliierten Bündnisses und einer – dann womöglich von Briten und Amerikanern begünstigten – verzweifelten deutschen Gegenwirkung auf die Dauer mit einer autonomen Rheinpolitik auftrumpfen zu können. Im übrigen glaubte Clemenceau offenbar, daß die politische Garantiezusage der angelsächsischen Mächte eine Art Pfand für die Fortführung der Kriegsallianz im Frieden sein könne und für Frankreich insgesamt einen solideren Schutz darstelle als eine zeitlich unbegrenzte Rheinlandkontrolle. Vielleicht konnte diese ja sogar auf evolutionäre Weise auch noch nachträglich erreicht werden. Dieser letzteren Möglichkeit sollte auch das Bemühen um eine enge Verknüpfung der auf maximal 15 Jahre befristeten Rheinlandbesetzung mit den Reparationen vorarbeiten, die voraussehbarerweise viel länger als 15 Jahre laufen würden, die Clemenceau sogar für letztlich unbezahlbar hielt.[12]

Es wog unter den Umständen sehr schwer, daß sich nach der friedensvertraglichen Fixierung einer nur zeitweiligen Rheinlandkontrolle die Garantiezusage der beiden angelsächsischen Mächte alsbald zerschlug. Durch die Weigerung des amerikanischen Senats im Frühjahr 1920, den Versailler Vertrag zu ratifizieren und die Garantiezusage an Frankreich zu bestätigen, und durch das darauf folgende Zurücktreten auch Großbritanniens von der Beistandsgarantie wurden die im Zusammenhang mit der Friedensregelung entwickelten französischen Sicherheitsvorstellungen in ihrem Kern getroffen.[13] Es schien

---

[10] Tardieu, La Paix, S. 162–257.
[11] Hierzu eingehend Jere Clemens King, Foch versus Clemenceau. France and German Dismemberment 1918/19, Cambridge 1960. Die Kontroverse wurde noch fortgeführt in Georges Clemenceau, Grandeurs et Misères d'une Victoire, Paris 1930, und Raymond Recouly, Le Mémorial de Foch, Mes entretiens avec le Maréchal, Paris 1930.
[12] Zur Politik Clemenceaus allgemein Edouard Bonnefous, Histoire Politique de la Troisième République. Tome troisième: L'Après-guerre (1919–1924), 2. Aufl. Paris 1968, S. 1–99. Eine Zusammenstellung bisheriger (38!) Clemenceau-Biographien, unter denen sich bemerkenswerterweise keine einzige deutschsprachige befindet, in Edgar Holt, The Tiger. The Life of Georges Clemenceau 1841–1929, London 1976, S. 269–70. Die gegenwärtig abgewogenste und wissenschaftlich befriedigendste Biographie ist David Robin Watson, Georges Clemenceau. A Political Biography, London 1974.
[13] Tardieu, La Paix, S. 225 ff. Zu den Grundfragen der französisch-britischen bzw. französisch-amerikanischen Beziehungen nach dem Ersten Weltkrieg siehe Arnold Wolfers, Britain and France between Two Wars. Conflicting Strategies of Peace since Versailles, New York 1940, sowie W. M. Jordan, Great Britain, France and the German Problem 1918–1939, London 1943; Melvyn P. Leffler, The Elusive Quest. America's Pursuit of European Stability and French Security, 1919–1933, Chapel Hill 1979.

ihnen sozusagen nachträglich der Boden entzogen. Zwar bestand in der völlig neuen Situation, die sich damit ergab, angesichts der in Westeuropa herrschenden militärischen Stärkeverhältnisse fürs erste keine akute Bedrohung. Aber wenn nichts weiteres geschah, mußte nunmehr mit einer Entwicklung gerechnet werden, in der Frankreich vertragsgemäß nach Ablauf von 5, 10 und 15 Jahren schrittweise die strategische Kontrolle über das linksrheinische Glacis verlor, ohne über einen politischen Ausgleich in Form einer angelsächsischen Beistandsgarantie für den Fall eines neuerlichen deutschen Angriffs zu verfügen. Und dies war, wie sich rasch zeigen sollte, nur ein Teil der Wahrheit. Ein Wiedererstarken des Deutschen Reiches zu einer Frankreich ökonomisch, militärisch und politisch überflügelnden Großmacht wurde in dem Maße wahrscheinlicher, in dem sich abzeichnete, daß auch die in das sogenannte „schwerindustrielle Projekt" des Versailler Vertrags gesetzten Erwartungen sich allenfalls teilweise realisieren würden, und daß Britannien und Amerika aktives Interesse an der Restrukturierung der deutschen Wirtschaft nahmen.[14] Zudem schien, was die Möglichkeit einer permanenten Aufrechterhaltung des im Versailler Vertrag festgelegten deutschen Entwaffnungsstatuts anbetraf, angesichts des Gerangels um die deutsche Abrüstung Skepsis geboten. Indem so das Potential Deutschlands zu machtpolitischem Wiederaufstieg sich insgesamt erhalten zeigte und die Verbündeten zunehmend von einer Identifizierung mit der Sache Frankreichs abrückten, scheiterte das französische Nachkriegskonzept. Hellsichtigen Pariser Politikern war bereits seit 1920 klar, daß Frankreich auf mittlere Sicht gegenüber Deutschland in die Defensive zu geraten drohte, daß eine potentielle Sicherheitslücke bestand, und daß es fortan darum gehen mußte, einer in der Zukunft erneut möglichen Gefährdung des Landes von Osten her rechtzeitig entgegenzuwirken.[15]

2. Nachdem 1919/20 die für erforderlich gehaltene Sicherheitslösung verfehlt worden war, gelang es der Pariser Politik in den folgenden Jahren bis 1928 nicht, die in einer so zentralen Hinsicht entstandene Schieflage der internationalen Position Frankreichs nachträglich befriedigend zu korrigieren. Fortgesetztes Bemühen, die auf mittlere Sicht nun als problematisch erscheinende Sicherheitsposition wieder zu wenden, führte nur zu Teilerfolgen. Diese wurden zudem mit Kompromissen erkauft, deren Konsequenzen das Gesamtgebäude der europäischen Nachkriegsregelungen und die Stellung Frankreichs darin Stück für Stück weiter unterminierten und aushöhlten.

Frankreich hatte seit 1920 im Prinzip zwei Möglichkeiten, seine allgemeine Sicherheitslage wieder zu verbessern: man könnte sie als „nationale" und als „internationale" Sicherheitslösung bezeichnen. Die „nationale" Möglichkeit bestand darin, daß Frankreich seine einstweilen noch vorhandene Überlegenheit auf dem europäischen Kontinent benutzte, um sich die fehlenden dauerhaften Sicherungen nachträglich autonom in Form physischer Garantien zu erzwingen. Dies erforderte nicht nur die strikte Durchführung

---

[14] Zum Scheitern des „schwerindustriellen Projekts" siehe Bariéty, Les Relations Franco-Allemandes après la Première Guerre Mondiale, S. 121–171. Zur amerikanischen Deutschlandpolitik vor allem Werner Link, Die amerikanische Stabilisierungspolitik in Deutschland 1921–1932, Düsseldorf 1970. Zur britischen Deutschlandpolitik Bernd Dohrmann, Die englische Europapolitik in der Wirtschaftskrise 1921–1923. Zur Interdependenz von Wirtschaftsinteressen und Außenpolitik, München 1980.

[15] Diesen Gedankengang entwickelt und belegt ausgiebig eine im Umkreis Tardieus entstandene, wenn nicht sogar von ihm selbst stammende Denkschrift vom Januar 1931, die sich im Quai d'Orsay, Papiers Tardieu, Carton 284 befindet. Siehe auch unten, S. 182 mit Anm. 4.

1. Die französische Politik im Banne des Sicherheitsproblems

aller Bestimmungen des Versailler Vertrags, sondern darüberhinaus ihre Ausweitung, etwa durch die Förderung des rheinischen Separatismus, die Besetzung des Ruhrgebiets, die Perfektionierung der Verquickung von Rheinland- und Reparationsfrage. Eine solche Besinnung auf die vorerst noch verfügbare nationale Kraft schloß ein, daß eine gewisse Isolierung gegenüber den ehemaligen angelsächsischen Verbündeten in Kauf genommen und ihre bewaffnete Solidarität als von vorerst untergeordneter Bedeutung erachtet wurde. Sie enthielt auch das Kalkül, daß in einem eventuellen späteren Ernstfall England aus eigenem Interesse ohnehin, auch ohne vorherige Absprachen, Frankreich zu Hilfe kommen würde.[16]

Die andere, „internationale" Sicherungsmöglichkeit bestand in dem Versuch, die 1919/20 gescheiterte kollektive Sicherheitslösung mit England und den USA in einem zweiten oder auch dritten Anlauf doch noch zu realisieren. Indem die britische und amerikanische Deutschlandpolitik zunehmend der Vorstellung eines „peaceful change" in Europa und dem Interesse der Wiederherstellung des deutschen Marktes folgten, bedeutete dieser Weg, daß Frankreich sich stärker an die angelsächsischen Ordnungsvorstellungen anlehnte und den Abbau seiner Konfrontationshaltung gegenüber Deutschland zugunsten einer Verständigung ins Auge faßte. Eine solche „internationale" Sicherheitsplanung implizierte eine eher skeptische Bewertung der eigenen Machtmittel selbst für den Fall, daß noch nachträglich eine dauerhafte Rheinlandkontrolle erreichbar sein sollte. Sie ging deshalb davon aus, daß auf keinen Fall bündnispolitische Risiken eingegangen werden dürften; daß vielmehr der langwierige Prozeß der Gewinnung kollektiver Sicherheit so frühzeitig wie möglich, und bereits in der Zeit, in der Frankreich noch über eine gewisse Vormachtstellung verfügte, eingeleitet werden müsse, damit für einen eventuellen späteren Ernstfall die bestmöglichen Vorkehrungen getroffen seien. Diese Vorkehrungen mochten im übrigen der deutschen Führung schon ab sofort neben Verständigungsgesten auch gewisse Abschreckungsimpulse vermitteln.[17]

Diese beiden Sicherungsmöglichkeiten, die „nationale" und die „internationale", wurden in der großen Linie der Jahre von 1920 bis 1928 von Frankreich nacheinander durchgeprobt. Zunächst war zwischen 1920 und 1924 – so hat die Forschung herausgearbeitet – die Deutschlandpolitik der Kabinette des *Bloc National* überwiegend im Sinne einer „nationalen" Lösung von dem Bemühen um strikte „exécution" des Versailler Vertrags gekennzeichnet.[18] Dies bedeutete, wie die genauere Betrachtung zeigt, freilich nicht, daß nicht auch in dieser Phase bereits Ansätze einer Neuorientierung zu einer sicherheitspolitisch motivierten Verständigungspolitik gegenüber Deutschland eine Rolle spielten.

So führte etwa *Alexandre Millerand* (Ministerpräsident von Januar bis September 1920) zwar die ehrgeizige eigenständige Politik Frankreichs gegenüber Belgien (Militär-

---

[16] Hierzu Georges Soutou, „Die Jahre 1918–1923", unveröfftl. Man., vorgetragen auf dem 34. Deutschen Historikertag in Münster (siehe Anm. 6), im Besitz des Vf. Siehe auch Marilyn E. Weigold, National Security versus Collective Security: The Role of the ‚Couverture' in Shaping French Military and Foreign Policy (1905–1934), Diss., St. John's Univ., New York 1970.

[17] Zu den konzeptionellen Grundlagen dieser Option etwa Georges Suarez, Briand. Sa vie – son oeuvre, avec son journal et de nombreux documents inedits, Bd. VI, L'Artisan de la Paix, Paris 1952, S. 1–19.

[18] Hierzu vor allem Bariéty, Les Relations Franco-Allemandes après la Première Guerre mondiale, passim.

konvention von 1920) und gegenüber Osteuropa (Bündnisvertrag mit Polen vom Februar 1921) fort, er suchte jedoch alles zu vermeiden, was das Verhältnis zu England hätte belasten können. Zum Beispiel lehnte er einen von der interalliierten Rheinlandkommission schon Ende 1919 vorgeschlagenen Einmarsch in das Ruhrgebiet ab. Vor allem ging er in der Rheinland- und Reparationspolitik neue Wege, die auf einen Abbau der Konfrontation gegenüber dem Deutschen Reich und auf eine stärkere Einbeziehung Deutschlands in die europäische Nachkriegsordnung hinwiesen. Die Rheinfrage erschien ihm weniger wegen der rheinischen autonomistischen Bestrebungen und Perspektiven interessant als wegen der Möglichkeit, von hier aus die staatliche Entwicklung Deutschlands in einem föderalistischen Sinne beeinflussen zu können. Bemerkenswert war vor allem das Bemühen Millerands um eine gewisse „Ökonomisierung" der Reparationen: durch eine Ausweitung und Vereinfachung deutscher Sachlieferungen, die Frankreich dringend benötigte Rohstoffe und Industrieprodukte und Deutschland einen vergrößerten Absatzmarkt sichern würden, sollte eine deutsch-französische Wirtschaftsverflechtung erreicht werden, welche versprach, die Reparationen zu einem beiderseits rentablen Geschäft und *ipso facto* zu einem zusätzlichen Sicherheitselement zu machen. Dieses sogenannte „Seydoux-Projekt" scheiterte indessen am Widerstand sowohl Berlins (namentlich der deutschen Industriellen, die vor einer Wiederherstellung der eigenen Produktionsgrundlagen nicht mit ihren französischen Partnern verhandeln wollten) als auch Londons und nicht zuletzt an der Opposition politischer Kreise in Paris.[19]

Aristide Briand (Regierungschef von Januar 1921 bis Januar 1922) begriff die Anlehnung an England (und möglichst, wie die französische Politik auf der Washingtoner Flottenkonferenz zeigte, auch an die USA) sogar als die eigentliche Plattform der französischen Deutschlandpolitik. Bei ihm zeigte sich frühzeitig die Bereitschaft, erreichbare „nationale" Ziele gegenüber Deutschland „internationalen" Sicherheitslösungen auch schon zu einem Zeitpunkt unterzuordnen, zu dem eine wirkliche deutsche Bedrohung noch längst nicht bestand, „afin que joue la sécurité collective aux mauvaises heures éventuelles".[20] Als sich im Frühsommer 1921 Lloyd George wegen der unbefriedigenden Lage der britischen Wirtschaft entschloß, eine rasche und großzügige Lösung der Reparationsfrage anzustreben, war Briand, in der Hoffnung auf einen Allianzvertrag mit London, geneigt, ihm weitgehend zu folgen. Dies bedeutete nichts anderes, als daß er sich im Interesse des Einvernehmens mit Großbritannien anschickte, bis zu einem gewissen Grade reale Garantien gegenüber Deutschland, ja insgesamt die weiten politisch-wirtschaftlichen Ziele, die Frankreich 1919 verfolgt hatte, zu relativieren. Briand dämpfte wie Millerand die Autonomiebestrebungen im Rheinland und lehnte es, um die britische Regierung nicht zu irritieren, ab, den bereits paraphierten Bündnisvertrag mit Polen zu unterzeichnen. Am Ende scheiterte allerdings dieses Kabinett Briands, weil in Frankreich zu der Zeit die Preisgabe deutschlandpolitischer Ziele im Interesse einer besseren Zusammenarbeit mit England noch nicht konsensfähig war.[21]

---

[19] Eine wissenschaftlich befriedigende Biographie Millerands gibt es bisher nicht. Raoul Persil, Alexandre Millerand, Paris 1949, ist überholt. Zur Politik des Kabinetts Millerand allgemein siehe Bonnefous, III, S. 100–158. Zum Seydoux-Projekt Georges Soutou, „Die deutschen Reparationen und das Seydoux-Projekt 1920/21", in: VZG, 23, 1975, S. 237–70.
[20] René Cassin an Antoine Prost, 24. 8. 1968, zitiert in Antoine Prost, Les Anciens Combattants et la Société française, 1914–1939, Bd. 3, Paris 1977, S. 115.
[21] Zur Politik des Kabinetts Briand 1921/22 ausführlich und einleuchtend Georges Suarez, Briand.

Demgegenüber war freilich *Raymond Poincaré* (Ministerpräsident von Januar 1922 bis Juni 1924) davon überzeugt, daß das französische Sicherheitsproblem vorerst gar nicht aktuell sei und im Ernstfalle Großbritannien ohnehin an der Seite Frankreichs stehen werde. Infolgedessen ordnete er keineswegs seine Politik dem Ziel eines Bündnisses mit England unter. Zwar suchte er sich bei seinen Bemühungen um die Verbesserung der Sicherheitslage durch den Ausbau der militärischen Beziehungen zu Polen (Vertragsunterzeichnung im Februar 1922) und zur Kleinen Entente sowie durch Annäherung an Belgien und Italien, und auch bei seinem Bestreben um die Regelung des notleidenden Reparationsproblems eine britische Mitwirkung zu sichern; er war aber auch bereit, notfalls ohne (nicht freilich: gegen) Britannien zu handeln. So sollte die Ruhrbesetzung, „le suprême effort de la France pour chercher à imposer la réalisation du projet de 1919",[22] durchaus im Alleingang ein ernsthaftes Reparationsgespräch mit Berlin erzwingen, die Aussichten für eine dauerhafte Rheinlandkontrolle verbessern und London vor vollendete Tatsachen stellen. Der danach im Spätjahr 1923 von Poincaré eingeschlagene neue Kurs, der durch die Zustimmung zur Einberufung des zum Dawes-Plan führenden Sachverständigenausschusses gekennzeichnet war, bedeutete jedoch dann, daß er nun auch seinerseits zu dem Prinzip einer Lösung im Einvernehmen mit London und Washington und unter Einbeziehung der Reichsregierung überging.[23]

3. Diese Wende Poincarés in den letzten Monaten des Jahres 1923, die im einzelnen bisher noch nicht befriedigend aufgehellt ist,[24] bezeichnete das Ende der Versuche, die in der Friedensregelung von 1919/20 verfehlte Sicherheitslösung nachträglich aus eigener Kraft zu erreichen. Unter Führung des in den Parlamentswahlen vom Mai 1924 siegreichen *Cartel des Gauches* Herriots schlug Frankreich nun entschiedener den Weg einer „internationalen" Lösung seines Sicherheitsproblems ein, der unter Briand (Außenminister seit April 1925) in die „Locarno-Ära" führte.

Die Neuorientierung der französischen Politik zog sich über mehr als ein Jahr – 1924 –

Sa vie – son oeuvre, avec son journal et de nombreux documents inédits, Bd. V, L'Artisan de la Paix, 1918–1923, Paris 1941, S. 76–417. Über die fast unübersehbare Briand-Literatur informiert Ferdinand Siebert, Aristide Briand, 1862–1932. Ein Staatsmann zwischen Frankreich und Europa, Erlenbach-Zürich/Stuttgart 1973, S. 691 ff. – Der offenbar in Familienbesitz befindliche Nachlaß Briands ist der Forschung, von der Verwendung in dem o. g. Werk Suarez' abgesehen, bisher nicht zugänglich.

[22] Jacques Bariéty auf dem 34. Deutschen Historikertag in Münster (siehe Anm. 6), unveröfftl. Manuskript „Die Jahre 1924–1929", im Besitz des Vf. – Siehe auch Ludwig Zimmermann, Frankreichs Ruhrpolitik von Versailles bis zum Dawes-Plan, hrsg. von Walter Peter Fuchs, Göttingen/Zürich/Frankfurt 1971.

[23] Zur Politik des Kabinetts Poincaré 1922–1924 vor allem Bariéty, Les relations franco-allemandes après la première guerre mondiale, S. 91–320; Bonnefous, III, S. 282–430. Von den zahlreichen Poincaré-Biographien sind hervorzuheben Jacques Chastenet, Raymond Poincaré, Paris 1948, und vor allem Pierre Miquel, Poincaré, Paris 1961.

[24] Die unterschiedlichen Positionen werden markiert von Bariéty, Les Relations Franco-Allemandes après la Première Guerre Mondiale, S. 266–76 und Denise Artaud, La Question des Dettes Interalliées et la Reconstruction de l'Europe (1917–1929), Lille/Paris 1978, S. 565–91. Siehe auch dies., „Die Hintergründe der Ruhrbesetzung 1923: Das Problem der Interalliierten Schulden", in VZG, 27, 1979, S. 241–59. Vgl. Schuker, The End of French Predominance, S. 171 ff.; Trachtenberg, Reparation in World Politics, S. 320 ff.; McDougall, France's Rhineland Diplomacy, S. 293 ff. Zwangslagen Poincarés unterstreicht Hermann J. Rupieper, The Cuno Government and Reparations 1922–1923. Politics and Economics, The Hague/Boston/London 1979, S. 234–254.

hin.²⁵ Sie setzte im wesentlichen die Erfahrung um, daß Frankreich sich endgültig als nicht stark genug erwiesen hatte, um im europäischen Nachkriegssystem seine Ordnungs- und Sicherheitsinteressen allein zur Geltung zu bringen. Die Neuorientierung reflektierte aber darüberhinaus auch, daß sich die Voraussetzungen für eine autonome Sicherheitslösung sogar fortwährend noch weiter verschlechterten. So zwangen etwa auch das Auslaufen der französischen Handelsprivilegien gegenüber Deutschland zum 10. Januar 1925 und das sich aus dem Wiederaufbau der deutschen Schwerindustrie ergebende Absatzproblem im Stahlbereich zu einer Neubewertung der Situation zwischen Frankreich und Deutschland.²⁶ Des weiteren zeigte sich rasch, daß durch das Einströmen massiver angelsächsischer Finanz- und Wirtschaftshilfe nach Deutschland der Dawes-Plan *de facto* umfunktioniert wurde von einem Instrument der Konsolidierung des Versailler Systems (wie es Poincaré erwartet hatte) zu einem Instrument der Konsolidierung Deutschlands, seines beschleunigten Wiederaufstiegs zur ersten Industriemacht Europas, und schließlich der Revision.²⁷ Daneben darf nicht übersehen werden, daß außer der Fähigkeit auch der Wille der Franzosen geringer wurde, sich allein mit den Deutschen zu messen. Die Hinwendung der französischen Wählerschaft zu den den Versailler Vertrag von Anfang an skeptischer bewertenden, mehr als die Politiker des *Bloc National* einem Ausgleich mit dem deutschen Nachbarn zuneigenden Mitte-Links-Parteien des *Cartel des Gauches* signalisierte unübersehbar eine Ermüdung der Öffentlichkeit über heroische Kraftakte gegenüber Deutschland, wie sie in der Ruhrbesetzung ihren Höhepunkt gefunden hatten.²⁸ Nicht zuletzt schließlich mußte Frankreich 1923/24 die unangenehme Erfahrung machen, daß es zur Lösung seiner Währungsschwierigkeiten selbst auf ausländische, insbesondere angelsächsische Kredithilfe angewiesen war, daß mithin bei der Ge-

---

²⁵ Eine zureichende Darstellung der französischen Außenpolitik ab 1924 fehlt. Zu den Anfängen siehe Bariéty, Les Relations Franco-Allemandes après la Première Guerre Mondiale, S. 733 ff., sowie ders. in Poidevin/Bariéty, Frankreich und Deutschland 1815–1975, S. 341 ff. Siehe auch Wurm, Die französische Sicherheitspolitik in der Phase der Umorientierung 1924–1926. Vgl. oben, S. 11, Anm. 6.
²⁶ Zu den wirtschaftlichen Zwängen siehe Jacques Bariéty, „Das Zustandekommen der Internationalen Rohstahlgemeinschaft (1926) als Alternative zum mißlungenen ‚Schwerindustriellen Projekt' des Versailler Vertrags", in: Hans Mommsen, Dietmar Petzina, Bernd Weisbrod (Hgg.), Industrielles System und politische Entwicklung in der Weimarer Republik. Verhandlungen des Internationalen Symposions in Bochum vom 12.–17. Juni 1973, Düsseldorf 1974, S. 552–568; ders., „Sicherheitsfrage und europäisches Gleichgewicht. Betrachtungen über die französische Deutschlandpolitik 1919–1927", in: Josef Becker, Andreas Hillgruber (Hgg.), Die Deutsche Frage im 19. und 20. Jahrhundert, München 1983, S. 319–345; Ulrich Nocken, „Das Internationale Stahlkartell und die deutsch-französischen Beziehungen 1924–1932", in: Gustav Schmidt (Hrsg.), Konstellationen internationaler Politik 1924–1932. Politische und wirtschaftliche Faktoren in den Beziehungen zwischen Westeuropa und den Vereinigten Staaten, Bochum 1984, S. 165–202; Erwin Respondek, Wirtschaftliche Zusammenarbeit zwischen Deutschland und Frankreich, Berlin 1929. – Allgemein zur wirtschaftlichen Entwicklung Frankreichs siehe Alfred Sauvy, Histoire Economique de la France entre les deux Guerres, 4 Bde., Paris 1965–1975; Jean Bouvier u. a., Histoire Economique et Sociale de la France. Tome IV: L'ère industrielle et la société d'aujourd'hui. Second volume: Le temps des Guerres mondiales et de la grande Crise (1914 vers 1950), Paris 1980; François Caron, Histoire Economique de la France, XIXe–XXe siècles, Paris 1981.
²⁷ Bariéty, siehe Anm. 22.
²⁸ Zur Entwicklung der französischen öffentlichen Meinung Pierre Miquel, La paix de Versailles et l'opinion publique française, Paris 1972.

staltung der Außenpolitik sehr konkrete ökonomische Abhängigkeiten von den „Ex-Alliierten" nicht außer acht gelassen werden konnten.[29]

Wurde Frankreich somit aufgrund verschiedener Motive und Faktoren nationaler und internationaler Art auf das Bemühen um eine kollektive Sicherheitslösung verwiesen, so zeigten die internationalen Verhandlungen der Jahre 1924/25 ein weiteres. Unter den inzwischen eingetretenen europäischen Nachkriegsbedingungen, und namentlich nach dem Scheitern des Genfer Protokolls, war das als wesentlich erachtete Sicherheitsbündnis mit England nicht mehr exklusiv und gegen Deutschland, sondern nur noch unter Einbeziehung Deutschlands erhältlich. Die von Stresemann im Februar 1925 angeregte und bis zum folgenden Oktober zwischen London, Paris und Berlin unterschriftsreif ausgehandelten Locarno-Verträge waren im Kern eine deutsch-französisch-britische Dreimächte-Konstruktion, mit der Frankreich eine internationale Teillösung seines Sicherheitsproblems in Form der Absicherung seiner Nordostgrenze (aufgrund einer deutschen Nichtangriffsverpflichtung und einer britisch-italienischen Beistandszusage) erreichte, aber dafür eine starke Beschneidung seiner Sanktionsmöglichkeiten gegenüber Deutschland und eine Minderung der Sicherheitsposition der östlichen Verbündeten Polen und Tschechoslowakei hinnahm. Locarno brachte somit keine volle Lösung des französischen Sicherheitsproblems, sondern nur einen Teilerfolg auf dem Wege dorthin.[30] In den folgenden Jahren fuhr die französische Diplomatie dementsprechend fort, in London, Washington und nicht zuletzt beim Völkerbund in Genf die Komplettierung der internationalen Sicherheitsgarantien zu suchen.

In den 30 Monaten zwischen Ende 1925 und Mitte 1928 sollte sich nun in zunehmendem Maße zeigen, daß Frankreich den sicherheitspolitischen Teilerfolg von Locarno mit einem großen Nachteil erkauft hatte. Der Zugewinn an kollektiver Sicherheit und eine besondere Zuneigung Austen Chamberlains zu Frankreich wurden dadurch aufgewogen, daß das Gesamtgebäude des Nachkriegssystems ins Schwanken geriet. Die von dem „Geist von Locarno" weltweit ausgelöste Hoffnung auf den Beginn einer neuen, versöhnlicheren Ära der internationalen Entwicklung schuf eine Atmosphäre, in der die in der Verbitterung der unmittelbaren Nachkriegsmonate entstandenen Grundlagen des Versailler Systems vermehrtem Begründungszwang ausgesetzt wurden. Die „Locarno-Diplomatie", die bei allen Ansätzen zu idealistischer Überhöhung doch im wesentlichen eine neue Form des zwischenstaatlichen Umgangs war, eine konstruktivere Methode internationaler Politik, die die Ablösung einer Phase mehr konfrontatorisch angegangener Konfliktbewältigung durch eine Phase kooperativen Bemühens um Problemlösungen brachte, sollte zum Verstärker, ja am Ende geradezu zu einem Vehikel des von der deutschen Außenpolitik ausgehenden und schließlich in nicht wenigen Fällen von der britischen Seite unterstützten revisionistischen Drucks werden. In den am Rande der Völkerbundstagungen in den Genfer Hotels alsbald gewohnheitsmäßig stattfindenden Tee-

---

[29] Schuker, The End of French Predominance, passim.
[30] Eine gründlichere Untersuchung des Zustandekommens der Locarno-Verträge im Jahre 1925, die die französischen, britischen und deutschen Akten ausschöpfen müßte, ist ein dringendes Desiderat, dem sich Karl J. Mayer in einer Tübinger Doktorarbeit (in Vorbereitung) zugewandt hat. Einstweilen bieten die Einleitungsabschnitte in Jacobson, Locarno Diplomacy, S. 3–67, einen gewissen Ersatz. Informativ auch Survey of International Affairs, 1925, hrsg. von C. A. Macartney u. a., für Royal Institute of International Affairs, London 1928, S. 1–78. Nicht ganz zu überzeugen vermögen die Befunde Krügers, Außenpolitik der Republik von Weimar, S. 269–301.

stunden der „Großen Drei" Briand, Chamberlain und Stresemann zeigten sich alle Vorzüge eines Verfahrens, das durch regelmäßige gemeinsame Beratungen nicht verabredete, isolierte Aktionen eines einzelnen Partners verhinderte. Für Frankreich zeigte sich aber auch die Kehrseite: seine Vertreter sahen sich plötzlich in der Situation, in der Sache darauf achten zu müssen, daß „Locarno" nicht zum Argument, zur revisionistischen Waffe gegen „Versailles" zugespitzt wurde.[31]

Nicht, als hätte der französische Außenminister es völlig abgelehnt, seinem deutschen Kollegen, den er zunehmend persönlich schätzen lernte, „im Geiste von Locarno" auch in der Sache entgegenzugehen. Zunächst sichtlich dem Schwung des Verständigungserlebnisses nachgebend, dann freilich in wachsendem Maße dem Bedürfnis der französischen Öffentlichkeit nach strikter Parität der Leistungen entsprechend, bemühte er sich, unterstützt von dem Generalsekretär des Quai d'Orsay Philippe Berthelot, und zum guten Teil im Einvernehmen mit Chamberlain, den deutschen Anspruch auf die „Rückwirkungen" von Locarno zügig einzulösen. So wurde im Januar 1926 die Kölner Zone ohne eine volle Erfüllung der dafür postulierten Entwaffnungs- und Sicherheitsvoraussetzungen geräumt.[32] Im Juli 1927 wurde, ebenfalls trotz nicht völlig durchgeführter Entwaffnung, die Interalliierte Militärkontroll-Kommission aus Berlin abgezogen; die zur Überwachung der Restpunkte der Entwaffnung den Botschaften der „ex-alliierten" Mächte zugeordneten Militärexperten hatten keine eigenen Inspektionsbefugnisse und traten nach außen hin kaum in Erscheinung.[33] Ebenso wurde das Besatzungsregime in der zweiten (Koblenzer) und der dritten (Mainzer) Zone erleichtert, namentlich durch die im September 1927 beschlossene Reduzierung der alliierten Truppenpräsenz um 10 000 Mann (darunter 8000 Franzosen); danach verblieben freilich immerhin noch 60 000 alliierte Soldaten im Rheinland, davon 48 000 Franzosen, 6500 Briten, 5500 Belgier.[34] In dem Bemühen um gleichzeitige Entente mit England und Détente mit Deutschland öffnete sich Briand darüberhinaus offenkundig zunehmend auch dem Gedanken, daß Frankreich ein Interesse daran nehmen müsse, den gemäßigten Kräften der Weimarer Republik außenpolitische Erfolge zukommen zu lassen. Dieser besondere Aspekt einer französischen Verständigungspolitik gegenüber Deutschland spielte zweifellos eine Rolle in dem – auch von französischen Währungssorgen inspirierten und am Ende gescheiterten – Projekt von Thoiry, nach welchem in umfassender Weise französische Konzessionen in den Rheinland-, Saar-, Eupen-Malmedy- und Entwaffnungsfragen gegen deutsches Entgegenkommen im Bereich der Reparationen verrechnet werden sollten.[35]

---

[31] Siehe Jacobson, Locarno Diplomacy, S. 68 ff.; Jacques Bariéty, „Der Versuch einer europäischen Befriedung: Von Locarno bis Thoiry", in: Hellmuth Rößler, Erwin Hölzle (Hgg.), Locarno und die Weltpolitik, 1924–1932, Göttingen 1969, S. 32–44; Jacques Freymond, „Locarno – un nouveau départ?", in: Discordia concors. Festgabe Edgar Bonjour, I, Basel/Stuttgart 1968, S. 269–299; Krüger, Außenpolitik der Republik von Weimar, S. 301 ff.
[32] Jacobson, Locarno Diplomacy, S. 60–67.
[33] Zum Abzug der Interalliierten Militärkontrollkommission 1927 siehe Michael Salewski, Entwaffnung und Militärkontrolle in Deutschland 1919–1927, München 1966, vor allem S. 365 ff.; Claude Marie Nollet, Une expérience de désarmement. Cinq ans de contrôle militaire en Allemagne, Paris 1932.
[34] Jacobson, Locarno Diplomacy, S. 134–135.
[35] Zu Thoiry neuerdings Jacques Bariéty, „Finances et relations internationales: à propos du Plan de Thoiry (septembre 1926)", in: RI, 21, 1980, S. 51–70; Krüger, Außenpolitik der Republik von Weimar, S. 353 ff. Frühere Studien: Hans Otto Sieburg, „Les entretiens de Thoiry", in: RA, 4,

1. Die französische Politik im Banne des Sicherheitsproblems

Eine wichtige Folge der Episode von Thoiry war, daß die danach von deutscher Seite in unregelmäßigen Abständen wieder vorgetragene Forderung nach einer vorzeitigen Gesamträumung des Rheinlands von Paris nicht mehr ohne weiteres als indiskutabel zurückgewiesen werden konnte. Die französische Politik näherte sich in dieser Frage nun einem schweren Dilemma. Einerseits besaß im Lichte der Locarno-Verträge diese deutsche Forderung, auch wenn sie nicht zu den anerkannten „Rückwirkungen" gehörte, eine unbestreitbare Plausibilität; ihre Erfüllung erschien auch der britischen Regierung für den weiteren Erfolg der internationalen Friedenssicherung immer wichtiger.[36] Andererseits bedeutete für Frankreich eine vorzeitige Räumung die Preisgabe der wichtigsten physischen Sicherheitsgarantie zu einem Zeitpunkt, zu dem die französische Armee sich nicht in ihrem besten Zustand befand, Deutschland das Prinzip der einseitigen Abrüstung in Frage zu stellen begann und vor allem der Bau des bis 1935 projektierten besonderen Befestigungssystems an der Nordostgrenze („Maginot-Linie") noch in den allerersten Anfängen steckte.[37] Darüberhinaus rührte die Räumungsfrage ja nicht nur an das Sicherheits-, sondern auch an das Reparationsproblem. Die äußerst sorgfältige Behandlung der Frage im Quai d'Orsay, die ihren Ausdruck schließlich in einer – von Chamberlain unterstützten – Verzögerungstaktik Briands fand, war nur zu verständlich. Als am 30. Januar und 1. Februar 1928 Stresemann die Frage erneut mit Nachdruck im Reichstag ansprach, bat der französische Außenminister um Zurückstellung bis nach den französischen und deutschen Parlamentswahlen (April bzw. Mai 1928). In dieser entscheidenden Frage war weder den Militärs noch der Öffentlichkeit in Frankreich ohne weiteres zu vermitteln, daß „im Geiste von Locarno" konkrete Positionen gegen abstrakte Perspektiven (etwa: psychologische Fortschritte in Form eines Abflauens der deutschen Revisionsmentalität) eingetauscht werden sollten.[38] In der Tat ging es ja um Grundsätzliches: die nur unvollständig erreichte kollektive Sicherheit drohte hier wie ein Bumerang auf ein Grundelement der physischen Sicherheit Frankreichs zurückzuschlagen. Zum ersten Mal sollte, und zwar unter Berufung auf „Locarno", ernstlich eine tragende Säule der Konstruktion von „Versailles" zur Disposition gestellt werden.

4. In der gleichen Zeit, in der ersten Hälfte des Jahres 1928, gelangten zwei andere Grundfragen der Nachkriegsregelungen in ein problematisches, die französische Politik zu Entscheidungen drängendes Stadium: die Fragen der Zukunft des westeuropäischen Militärstatuts, d. h. der deutsch-französischen Rüstungsrelationen, und die der internationalen politischen Verschuldung. Ihr Zusammentreffen mit dem Räumungsproblem

---

1972, S. 520–546; Jon Jacobson mit J. T. Walker, „The Impulse for a Franco-German Entente: The Origins of the Thoiry Conference", in: JCH, 1975, S. 157–181; Marc Poulain, „Zur Vorgeschichte der Thoiry-Gespräche vom 17. September 1926", in: Wolfgang Benz, Hermann Graml (Hgg.), Aspekte deutscher Außenpolitik im 20. Jahrhundert. Aufsätze Hans Rothfels zum Gedächtnis, Stuttgart 1976, S. 87–120. Neue Aufschlüsse sind von der Veröffentlichung des Nachlasses des persönlichen Vertrauten Briands, Hesnard, zu erwarten, die Jacques Bariéty in Paris vorbereitet.

[36] Jacobson, Locarno Diplomacy, S. 133 ff.

[37] Ibid., S. 104–113. Zum Bau der Maginot-Linie vor allem Général Paul-Emile Tournoux, Haut Commandement, Gouvernement et défense des frontières du Nord et de l'Est 1919–39, Paris 1960; ders., „Les origines de la Ligne Maginot", in: RHGM, 33, 1959, S. 1–14; Judith M. Hughes, To the Maginot Line. The Politics of the French military preparation in the 1920s, Cambridge, Mass., 1971.

[38] Jacobson, Locarno Diplomacy, S. 137–139, 383–384.

versetzte die französische, und mit ihr die europäische Diplomatie in hektisches Bemühen um eine Bewältigung des sich nun ergebenden Problemknäuels, ein Bemühen, das eine Zeit vermehrter politischer Aktivitäten einleitete, die internationalen Spannungen erhöhte und insgesamt die sich seit Jahren vorbereitende politische Krise des Versailler Systems induzierte.

Im militärischen Bereich handelte es sich um im Grunde vorerst geringfügige Entwicklungsansätze, auf die das politische Frankreich jedoch äußerst sensibel reagierte. Zwar war eine militärische Bedrohung Frankreichs aufgrund der Entwaffnungsbestimmungen der Friedensverträge, der relativen Stärke der französischen Armee, des Rheinlandstatuts und der Ostbündnisse nicht akut. Aber man wurde sich in Paris sehr bewußt, daß in Ermangelung eines zuverlässigen kollektiven Sicherheitssystems die militärische Überlegenheit gegenüber Deutschland die eigentliche und gleichzeitig die letzte Barriere war, die die französische Nachkriegsposition gegen die politischen Auswirkungen der ökonomischen Überlegenheit des unruhigen Nachbarn im Osten schützte.[39] Es war die Kumulierung von an sich geringfügigen Beobachtungen, die Unbehagen bereitete und beunruhigte: deutsche Bemühungen, die Restpunkte der Entwaffnung zu verschleppen; Erkenntnisse des Nachrichtendienstes der französischen Armee über illegale Geheimrüstungen und Ausbildungsgänge in Deutschland und vor allem Rußland; die Ankündigung eines neuen deutschen Panzerschifftyps, der zwar mit seinen Abmessungen den vom Versailler Vertrag gezogenen Rahmen nicht verließ, aber durch eine geschickte Konstruktion gleichermaßen die sogenannten „Washington-Kreuzer" durch seine große Feuerkraft und die Großkampfschiffe aufgrund seiner hohen Geschwindigkeiten bedrohen konnte.[40]

---

[39] Joachim von Stülpnagel 1926: „Frankreichs Stellung zur Abrüstungsfrage ist klar mit seiner militärischen Hegemonie und der Schwäche seiner übrigen Machtgrundlagen gegeben. Frankreichs Stellung in Europa und damit auch in der Welt liegt augenblicklich allein in seiner überragenden Armee und den immerhin starken maritimen Machtmitteln", zitiert bei Michael Geyer, Aufrüstung oder Sicherheit. Die Reichswehr in der Krise der Machtpolitik, 1924–1936, Wiesbaden 1980, S. 140. – In einer Aufzeichnung des Quai d'Orsay o. U. vom 24.12.1930 hieß es entsprechend zur Abrüstungsfrage: „Les discussions qui ont eu lieu depuis quatre ans [...] ne laissent aucun doute sur le sens général de l'effort qui va être tenté. [...] *C'est la puissance politique que la victoire a assurée à la France qui est directement visée*", Ministère des Affaires Étrangères [MAE], Sous-Direction de la Société des Nations [SDN], II Désarmement, Carton 292 (Unterstreichung im Original).

[40] Zu den Erkenntnissen des französischen Geheimdienstes über illegale deutsche Geheimrüstungen, siehe Georges Castellan, Le Réarmement Clandestin du Reich 1930–1935, vu par le 2e Bureau de l'Etat-Major Français, Paris 1954; Bennett, German Rearmament and the West, S. 78 ff. – Die Fakten auf deutscher Seite: Zum Ersten Rüstungsprogramm (1928–1933), das zunächst die Ausstattung eines 16-Divisionen-Heeres mit begrenzter Notbevorratung vorsah und offenbar im Oktober 1928 vom Kabinett Müller offiziell abgesegnet und finanziell abgesichert wurde, siehe Michael Geyer, „Das Zweite Rüstungsprogramm (1930–1934)", in: MGM, 1/1975, S. 125–172; vgl. Georg Thomas, Geschichte der deutschen Wehr- und Rüstungswirtschaft (1918–1943/45), Boppard a. Rh. 1966, S. 54–61. Zu den Kabinettsberatungen vom Oktober 1928 siehe Akten der Reichskanzlei [ARK], Weimarer Republik. Das Kabinett Müller II (28. Juni 1928 bis 27. März 1930), bearb. von Martin Vogt, Boppard a. Rh. 1970, Nr. 42; Carl Severing, Mein Lebensweg, Bd. II: Im Auf und Ab der Republik, Köln 1950, S. 137–38. Insgesamt immer noch beeindruckend die ältere Darstellung von Hans W. Gatzke, Stresemann and the Rearmament of Germany, Baltimore 1954, bes. S. 89–106, darin 102, mit den betreffenden Hinweisen auf die Nürnberger Prozeßakten. – Zur französischen Reaktion auf den deutschen Panzerschiff-Bau wurden benutzt Aufzeichnungen und Presseberichte in MAE, SDN, I I – Désarmement, Carton 290. Am

Die Aussicht auf eine vorzeitige Rheinlandräumung vor der verstärkten Grenzbefestigung lenkte zudem den Blick auf den Zustand der französischen Armee, deren Verläßlichkeit und Funktionstüchtigkeit 1928 bei genauerem Hinsehen durchaus nicht über alle Zweifel erhaben schien. Frankreich fand sich unter der in den zwanziger Jahren entwickelten Militärdoktrin auf eine reine Defensivstrategie mit – seit 1927 – einjähriger Dienstpflicht festgelegt. Ausgebildete Reserven und Waffenlager waren zwar in ausreichendem Maße vorhanden, die im Mutterland unter den Waffen stehenden Truppen jedoch erheblich reduziert, ganz abgesehen davon, daß sich die seit langem gefürchteten „années creuses" ankündigten. „Une armée de terre ... en trompe l'oeil ... mal réorganisée ... mal équipée ... vouée à la défensive", charakterisiert ein kundiger französischer Historiker den Sachstand.[41] Unter solchen Umständen drohte die sich unter der Regie des Völkerbunds vorbereitende allgemeine Konferenz für internationale Rüstungsbegrenzung und Abrüstung für Frankreich mehr als problematisch zu werden. Frankreich befand sich hier grundsätzlich in einer schwierigen Ausgangslage. Deutschland hatte die günstige Position des Gläubigers inne, der unter Hinweis auf die Präambel zu den Entwaffnungsklauseln des Versailler Vertrags einen Anspruch auf die einseitige Herabsetzung der französischen Rüstungen geltend machen konnte, und der nun insbesondere die Reduzierung der – dem deutschen 100 000-Mann-Heer fehlenden – ausgebildeten Reserven und Waffenlager Frankreichs forderte.[42] Im Rüstungsbereich drohte somit in absehbarer Zukunft ein Hauptschlag gegen die französische Nachkriegsposition. Die von den Pariser Politikern und Militärs entwickelten ersten Elemente einer Gegenstrategie bestanden in der strikten Ablehnung jeglicher Abrüstung Frankreichs bei den Landstreitkräften und in dem Bemühen, die beiden Seemächte England und USA zur Unterstützung dieser Haltung zu gewinnen.[43]

In der Frage der internationalen Verschuldung staute sich im ersten Halbjahr 1928 in Paris ein wachsendes Interesse an der Bereinigung des Problems der französischen Kriegsschulden gegenüber Amerika und England.[44] Poincaré, nun (seit Juli 1926) Ministerpräsident und Finanzminister des Kabinetts der *Union Nationale,* suchte Frankreich

---

2. 3. 1929 drängte Marineminister Leygues den Ministerpräsidenten, es werde unumgänglich „de tenir compte de faits nouveaux tels que la mise en chantier de nouveaux croiseurs italiens et l'apparition inattendue dans le Nord de ‚cuirassés' allemands capables de menacer nos communications dans la Manche, dans l'Atlantique et avec nos colonies", ibid. – Zum deutschen Panzerschiff-Bau siehe Survey of International Affairs, 1929, S. 60–63; Jost Dülffer, Weimar, Hitler und die Marine. Reichspolitik und Flottenbau 1920–1939, Düsseldorf 1973, S. 90 ff.; Wolfgang Wacker, Der Bau des Panzerschiffes ‚A' und der Reichstag, Tübingen 1959.

[41] Maurice Vaïsse, Sécurité d'abord. La politique française en matière de désarmement, 9 décembre 1930 – 17 avril 1934, Paris 1981, S. 54–77. Zitiert sind die dortigen Abschnittsüberschriften S. 59–70.

[42] Siehe hierzu Bennett, German Rearmament and the West, passim.

[43] Siehe unten, S. 54–55.

[44] Die folgende Darstellung basiert neben den Einzelbelegen besonders auf Aufzeichnungen über Unterredungen zwischen Poincaré und Gilbert in Ministère de l'Économie et du Budget: Archives Économiques et Financières [AEF], Direction du Mouvement général des Fonds, F 30/1283; Artaud, La question des dettes interalliées, S. 811 ff., 868–878, 891–896; Étienne Weill-Raynal, Les Réparations Allemandes et la France, 3 Bde., Paris 1947, Bd. III, S. 394–400. Die eigentlichen Reparationsakten des französischen Finanzministeriums, die wegen noch aktueller Probleme der Young-Anleihe für die wissenschaftliche Forschung noch nicht freigegeben sind, konnten punktuell eingesehen werden.

von den von seinen Amtsvorgängern unterzeichneten langfristigen (62 Jahre) Zahlungsverpflichtungen gegenüber den ehemaligen Verbündeten[45] wieder zu befreien, da diese Verpflichtungen den außenpolitischen Handlungsspielraum Frankreichs einengten und die Stabilisierung des Franc gefährden konnten. Zwei Jahre lang war es Poincaré gelungen, die Ratifizierung und damit das Inkrafttreten der interalliierten Schuldenabkommen durch provisorische Abschlagszahlungen zu umgehen,[46] doch rückte eine zeitliche Grenze für die Fortführung einer solchen pragmatischen Lösungsmöglichkeit heran. Ohne die Ratifizierung des Mellon-Bérenger-Abkommens mit den USA wurde nämlich am 31. Juli 1929 die Tilgung eines darin einbezogenen kommerziellen Kredits in Höhe von 407 Millionen Dollar (für 1919/20 von den Amerikanern in Frankreich zurückgelassene und vom französischen Staat aufgekaufte Geräte und Installationen) fällig und drohte, auch wegen des zu erwartenden britischen *pari passu*-Anspruchs, die französische Regierung vor eine erhebliche finanzielle und auch politische Zwangslage zu stellen.[47] Der Ausweg, die hohe kommerzielle Tilgungsrate schlicht zu leisten und die Frage der „politischen" Zahlungsverpflichtungen weiter in der Schwebe zu lassen, verbot sich wegen der Gefahr unerwünschter politischer Rückwirkungen derart demonstrierter französischer Zahlungsfähigkeit und wegen möglicher Negativeffekte für die Währungsstabilisierung.

Stattdessen rückten Überlegungen in den Vordergrund, wie durch eine kombinatorische Verknüpfung von Schulden-, Reparations- und auch Räumungsfrage die Schuldenabkommen prinzipiell und ohne Ratifizierungserfordernis überholt werden könnten. Anregungen des französischen Finanzattachés in Washington, Lacour-Gayet, und dann auch der Ministerialbürokratie in der Rue de Rivoli vom Frühsommer 1927 aufgreifend, verfolgte Poincaré bis in den Sommer 1928 hinein in verschiedenen Varianten die Vorstellung, in Washington durch eine vorzeitige Bezahlung großer Teile der Gesamtschuldensumme eine grundlegende Neuregelung der Schuldenfrage mit einem geschäftsmäßigen Discount und dem amerikanischen Verzicht auf die am 31. Juli 1929 fällige Sonderzahlung erreichen zu können. Die Mittel für eine solche französisch-amerikanische Einigung über eine vorzeitige Schuldentilgung hoffte er von Deutschland zu erhalten, und zwar durch die Mobilisierung größerer Tranchen von – überwiegend auf dem amerikanischen Kapitalmarkt zu plazierenden und französischem Schuldenkonto gutzuschreibenden – Dawes-Obligationen.[48] Wie konnte die deutsche Zustimmung zu einer vorzeitigen Mobilisierungsaktion erreicht werden? An dieser Stelle der Überlegungen Poincarés trafen sich das französische Finanz- und das deutsche Räumungsinteresse. Eine deutsche Zustimmung zur vorzeitigen Mobilisierung größerer Teile der Dawes-Schuld würde, so sah es der französische Ministerpräsident, vermutlich mit vorzeitigen Räumungsmaßnahmen erkauft werden müssen. Eine vorzeitige Räumung mochte daher, entsprechend der deut-

---

[45] Gemäß dem Mellon-Bérenger-Abkommen vom 29.4.1926 bzw. dem Caillaux-Churchill-Abkommen vom 13./19.7.1926.
[46] Artaud, La question des dettes interalliées, S. 869–870; Émile Moreau, Souvenirs d'un Gouverneur de la Banque de France. Histoire de la Stabilisation du Franc (1926–1928), Paris 1954, S. 434–435.
[47] Moreau, S. 566–567, 574; Weill-Raynal, III, S. 399 ff. Zu dem Ursprung der französischen Kriegsgeräte-Schulden siehe Artaud, La question des dettes interalliées, S. 180–194.
[48] Moreau, S. 231–232, 318–319, 475–476, 519, 537, 557; Artaud, La question des dettes interalliées, S. 870–878; Aufzeichnung Schuberts, 27.7.1928, in: Akten zur deutschen auswärtigen Politik 1918–1945. Aus dem Archiv des Auswärtigen Amts. Serie B (1925–1933), Bd. IX, Nr. 184 [ADAP]; Documents on British Foreign Policy, Serie I A, Bd. IV, Nr. 109 [DBFP].

schen Mobilisierungsbereitschaft, unter Umständen „staffelweise" ins Auge gefaßt werden.[49]

Dieses in Paris lange Zeit favorisierte Mobilisierungsschema, das einige Elemente der Konzeption von Thoiry noch einmal wiederaufleben ließ und im nachhinein auch insofern von besonderem Interesse ist, als es eine Herabsetzung der interalliierten Schulden vor der Endfestsetzung der Reparationen, und damit die Bildung einer Schuldnerfront gegenüber den USA (anstatt, wie es dann tatsächlich geschah, einer Gläubigerfront gegen Deutschland) implizierte, konnte sich am Ende nicht durchsetzen. Es stieß auf den Widerspruch der amerikanischen und der britischen Regierung, daß eine entsprechende größere Mobilisierungsaktion erst nach der Ratifizierung der Schuldenabkommen von 1926 ins Auge gefaßt werden könne, und daß für die Erwerber von eventuellen Dawes-Bonds eine vorherige Endfestsetzung der deutschen Reparationsverpflichtungen wichtig sei.[50] Die französische Regierung schwenkte angesichts dieser Einwendungen ihrer Gläubiger im Verlaufe des Sommers 1928 auf das von dem Reparationsagenten Parker Gilbert betriebene, vor allem den amerikanischen Sorgen um die Sicherheit der nach Deutschland gegebenen Kredite entspringende Konzept einer frühzeitigen Revision des Dawes-Plans ein. Die Regelung des Problems der französischen Kriegsschulden schien eben nur über die Endregelung der Reparationen erreichbar zu sein.

2. Deutsche Vorbereitung auf die Revision

Die Entwicklung der deutschen Frankreichpolitik zwischen 1919 und 1928 stellte sich zu einem guten Teil als eine Art Spiegelbild der französischen Deutschlandpolitik dar. Das Deutsche Reich verfügte nicht nur über die Mittel, sondern auch über den Willen zu einer Fortentwicklung des Versailler Systems, das seinen Wiederaufstieg zur ersten europäischen Kontinentalmacht begünstigte. Das grundsätzlich erhalten gebliebene ökonomische Potential und Möglichkeiten einer politischen Anlehnung an die angelsächsischen Europa-Interessen beförderten einen deutschen Revisionismus, der die französische Siegerposition Schritt für Schritt zu relativieren suchte. Nach den gezwungenermaßen defensiven ersten Jahren der Weimarer Außenpolitik führte das von Gustav Stresemann im Zeichen von Locarno aktivierte und systematisierte Revisionsbemühen bis 1928 an die Schwelle der Möglichkeit, die eigentlichen Fundamente der französischen Nachkriegsposition offensiv in Frage zu stellen.

---

[49] Am 23. Mai 1927 hatte Poincaré Moreau erläutert, daß es unter Umständen darauf ankommen werde, nur einen Teil der Dawes-Obligationen zu begeben, „car si l'émission était totale, il nous faudrait évacuer la Rhénanie. Or, M. Poincaré ne veut pas évacuer la Rhénanie tant que notre frontière ne sera pas en état de défense et militairement organisé", Moreau, S. 320, 475–476; siehe auch Victor Schiff an Stresemann, 5. 6. 1928, ADAP, B IX, Nr. 83; Aufzeichnung Stresemanns 27. 8., ibid., Nr. 263.

[50] Siehe hierzu u. a. Moreau, S. 523, 552; DBFP, I A, IV, Nr. 195; V, Nr. 6, 79, 88, 98, 136; ADAP, B IX, Nr. 52, 67, 123; X, Nr. 100. – Wegen der amerikanischen (und britischen) Weigerung, einer Mobilisierung vor der Ratifizierung der Schuldenabkommen und einer Endregelung der Reparationen zuzustimmen, hatten auch die von Hoesch angestellten Überlegungen, siehe unten S. 31 mit Anm. 75, wenig Chancen.

1. Das „Weimarer Revisionssyndrom", eines der wichtigsten, aber bisher keineswegs zureichend erforschten Phänomene der Zwischenkriegszeit, kann bis zu einem gewisse Grade als ein Konstitutivum der Weimarer Republik angesehen werden.[51] Die allgemeine Revisionsmentalität, die in den zwanziger Jahren in Deutschland vorherrschte, hatte ihren Ursprung in der unter den militärischen Umständen bei Kriegsende nicht verstandenen und verarbeiteten Niederlage mit der Folge des Zusammenbruchs eines im Nachhinein von vielen als glanzvoll empfundenen, emotionale Identifizierungsmöglichkeiten bietenden Kaiserreichs, des daraus bezogenen Eindrucks des Unrechts des – verglichen mit der ganz anderen Einschätzung in Paris – als unerträglich hart erlebten Versailler Vertrages,[52] und zudem eines Gefühls der Minderwertigkeit der Republik. Der Wunsch nach einer Revision der Nachkriegsverhältnisse war beinahe allen politischen Gruppen und Parteien, auf der Rechten wie auf der Linken, in freilich unterschiedlichem Maße gemein, ein konsensfähiger Orientierungspunkt inmitten allgemeiner politischer Zerstrittenheit. Das Revisionsstreben richtete sich zum einen auf die Wiederherstellung der internationalen Position Deutschlands vor dem Weltkrieg, wofür die objektiven Voraussetzungen günstig waren. In längerfristiger Perspektive besaß das Deutsche Reich nach 1919 nämlich – wegen des tiefgreifenden ideologisch-gesellschaftspolitischen Gegensatzes zwischen Sowjetrußland und den Westmächten sowie wegen der labilen, tendenziell Deutschland zuneigenden antisowjetischen Position der Länder des neu gebildeten „cordon sanitaire" – erheblich mehr Chancen zum Aufbau einer „Mitteleuropa-Stellung", um die es im Weltkrieg gekämpft hatte, ja zur Gewinnung der vollen Hegemonie in Europa, und zwar anders als 1914 auch ohne Krieg.[53] Das Revisionsbedürfnis richtete sich bis zu einem gewissen Grade, zumal unter den Parteigängern der politischen Rechten und der Mitte, auch auf die Wiederherstellung der Monarchie oder einer vergleichbar eindrucksvollen und autoritären Staatsform.[54] Auf einen etwas vereinfachenden Generalnenner gebracht, erscheint die revisionistische Außenpolitik der Weimarer Regierungen von Anfang an als eine amtliche Übersetzung des allgemeinen Volkswillens. Ihr Ziel war die Beseitigung der Ergebnisse des Krieges, soweit möglich auf gewaltlose Weise,

---

[51] Michael Salewski, „Das Weimarer Revisionssyndrom", in: Aus Politik und Zeitgeschichte. Beilage zur Wochenzeitung ‚Das Parlament', 2, 1980, S. 14–25. Ansätze zu einer Soziologie des Revisionismus-Syndroms bieten Annelise Thimme, Flucht in den Mythos. Die Deutschnationale Volkspartei und die Niederlage von 1918, Göttingen 1969; Jürgen C. Heß, ‚Das ganze Deutschland soll es sein'. Demokratischer Nationalismus in der Weimarer Republik am Beispiel der Deutschen Demokratischen Partei, Stuttgart 1978; ders., „‚Das ganze Deutschland soll es sein' – Die republikanischen Parteien und die Deutsche Frage in der Weimarer Republik", in: Josef Becker, Andreas Hillgruber (Hgg.), Die Deutsche Frage im 19. und 20. Jahrhundert, München 1983, S. 277–317. Wichtig jetzt Ulrich Heinemann, Die verdrängte Niederlage. Politische Öffentlichkeit und Kriegsschuldfrage in der Weimarer Republik, Göttingen 1983. Bisher kaum übertroffen ist die Analyse von Theodor Eschenburg, Die improvisierte Demokratie. Ein Beitrag zur Geschichte der Weimarer Republik, erstmals 1963, neuaufgel. in: Die Republik von Weimar. Beiträge zur Geschichte einer improvisierten Demokratie, München 1984, S. 13–74.
[52] Bekannt wurde die von dem französischen Historiker Jaques Bainville geprägte, zwischen den Kriegen vielfältig variierte Formel, der Versailler Frieden sei „trop forte pour ce qu'elle a de faible, trop faible pour ce qu'elle a de fort."
[53] Andreas Hillgruber, „‚Revisionismus' – Kontinuität und Wandel in der Außenpolitik der Weimarer Republik", in: HZ, 237, 1983, S. 597–621, bes. S. 600–01.
[54] Salewski, Weimarer Revisionssyndrom, S. 20–22; Eschenburg, Die improvisierte Demokratie.

wobei es Meinungsunterschiede im Grunde nur über die Wege gab, die am besten zur Wiedergewinnung einer angemessenen deutschen Großmachtstellung führen konnten.[55]

In den ersten Jahren, 1919–1924, war das Deutsche Reich freilich angesichts der eindeutigen europäischen Machtverhältnisse zu einer aktiven Revisionspolitik überhaupt nicht fähig. In dieser Zeit konnte es zunächst nur in defensiver Weise darum gehen, die Folgen der Niederlage so weit wie möglich abzuschwächen, eine nachträgliche Ausweitung des Sieges durch die Alliierten zu verhindern, die zwischen ihnen bestehenden Differenzen unter Zurückweisung der französischen Ansprüche zum eigenen Vorteil auszunutzen, und die Wiederherstellung der autonomen, nicht an eine bestimmte europäische Ordnung gebundenen ökonomischen und politischen Voraussetzungen für die Aufnahme einer erfolgversprechenden Revisionspolitik abzuwarten. Dabei wurde offenbar in dieser Zeit die vorerst noch entscheidende Bedeutung Frankreichs im Versailler System etwas unterschätzt, ebenso wie andererseits die Fähigkeit und Bereitschaft Englands und Amerikas, auf die französische Politik Einfluß zu nehmen, und auch der politische Stellenwert und Nutzen einer Ostorientierung (Rapallo) leicht überschätzt wurden.[56] Vereinfacht ausgedrückt: unter den Bedingungen eines aufs äußerste eingeschränkten außenpolitischen Handlungsspielraums konnte sich in dieser Zeit der Revisionswille nur in ohnmächtigen Formen äußern, etwa in der als eine Art Überwintern verstandenen „Erfüllungspolitik", oder in der Katastrophenpolitik der Geldwertvernichtung und des „passiven Widerstands", oder in Utopien nach Art des Seecktschen Befreiungskrieges mit russischer Hilfe.[57] Erst 1924/25, nach der Existenzkrise des Jahres 1923, gelang es dem Deutschen Reich, in der Folge von Dawes-Plan und Londoner Konferenz eine internationale Position zu erreichen, von der aus mit reellen Erfolgschancen eine planvolle und auf mittlere Sicht offensive Revisionspolitik möglich wurde. Ihr Motor war die sich neu formierende deutsche Wirtschaftskraft.

2. Diese Politik ist eng mit dem Namen Gustav Stresemanns verbunden, der vom August 1923 bis zum 3. Oktober 1929 für sie verantwortlich zeichnete, seit Dezember 1924 unterstützt von seinem Staatssekretär Carl von Schubert.[58] Über Stresemanns letzte politische Absichten herrschen in der Forschung bis heute erhebliche Meinungsunterschiede, die sich zu einem guten Teil an Dokumenten wie dem berühmtgewordenen Brief an den Kronprinzen vom 7. September 1925 entzünden.[59] War er ein „guter Europäer" oder ein

---

[55] Eine Auseinandersetzung mit den Befunden Krügers, Außenpolitik der Republik von Weimar, der den revisionistischen Gehalt der deutschen Außenpolitik in den zwanziger Jahren stark zu relativieren unternimmt, ist hier nicht möglich; sie erfolgt in ausführlicher Form an anderer Stelle. Vorerst erscheint die ältere Darstellung von Ludwig Zimmermann, Deutsche Außenpolitik in der Ära der Weimarer Republik, Göttingen 1958, noch nicht entbehrlich.
[56] Zu den außenpolitischen Anfängen der Weimarer Republik siehe Udo Wengst, Graf Brockdorff-Rantzau und die außenpolitischen Anfänge der Weimarer Republik, Frankfurt 1973; Heinrich Euler, Die Außenpolitik der Weimarer Republik 1918/1923. Vom Waffenstillstand bis zum Ruhrkonflikt, Aschaffenburg 1957. Siehe auch Renata Bournazel, Rapallo – ein französisches Trauma, Köln 1976.
[57] Hierzu etwa Carl-Ludwig Holtfrerich, Die deutsche Inflation 1914–1923, Berlin/New York 1980; Rupieper, The Cuno Government, S. 97 ff.; Francis L. Carsten, Reichswehr und Politik, 1918–1933, Köln/Berlin 1964, S. 146 ff.; Michael Geyer, Aufrüstung oder Sicherheit, S. 35 ff.
[58] Zu Schubert siehe Robert B. Dockhorn, The Wilhelmstraße and the Search for a New Diplomatic Order, Diss., Univ. of Wisconsin, Madison, Wisconsin 1972.
[59] Auszugsweise abgedruckt in Ursachen und Folgen. Vom deutschen Zusammenbruch 1918 und

machiavellistisch operierender Nationalist? Trieb ihn im Grunde schrankenloser Großmachtimperialismus oder Bismarcksche Einsicht in die Möglichkeiten und Grenzen eines europäischen Großmächte-Gleichgewichts? Schloß er militärische Gewaltanwendung, etwa zur Änderung der deutschen Ostgrenze gegen Polen, prinzipiell aus oder nicht? Sein früher Tod in einem ungefestigten Stadium der internationalen Entwicklung erlaubt, trotz der Massenhaftigkeit seiner überlieferten Äußerungen, und trotz der Scharfsinnigkeit mancher daran geknüpfter Mutmaßungen, letztlich keine eindeutige Antwort.[60] Es dürften indessen wesentliche Bereiche seines politischen Credos getroffen werden, wenn man ihn als einen politischen Realisten versteht, einen „Realpolitiker", dem es um die Wiederherstellung einer gesicherten deutschen Großmacht-Position ging; der bis zur Erreichung dieser Position wesentlich Revisionspolitik betrieb und die zur Erreichung revisionspolitischer Ziele zur Verfügung stehenden nationalen (z. B. Ökonomie) und internationalen (z. B. Völkerbund) Mittel und Instrumente bewußt einsetzte, und virtuos einzusetzen verstand; der sich dabei meistens mit der Stimmung in der deutschen Öffentlichkeit in Übereinstimmung wußte, manchmal freilich aus größerer Einsicht in die hinter deutscher Außenpolitik stehenden Bedingtheiten und Zwänge behutsamer, manchmal vorwärtsdrängender auftrat; der offen war für Bemühungen, Auswege aus der Sackgasse der deutsch-französischen Mächterivalität zu finden, dessen „Verständigungs"-Begriff aber, trotz mancher idealistischer „internationalistischer" Zwischentöne, ebenso einen realpolitischen Kern hatte wie der Briands:[61] Verständigungspolitik wurde im wesentlichen illusionslos im Dienste nationalen Interesses betrieben, erst wenn dieses befriedigt war, das heißt von einer Position der Stärke aus, mochte Verständigungspolitik als Element des deutsch-französischen Verhältnisses, und damit eines internationalen Friedenssicherungs-Systems, auch zum idealen Selbstzweck werden. Davon war das Deutsche Reich in den zwanziger Jahren aber noch um einiges entfernt.[62]

Immerhin läßt sich auf der Grundlage eines eingehenden Quellenstudiums eine begrenzte Feststellung treffen, die die revisionspolitische Generalorientierung Stresemanns in den Jahren seiner Amtszeit in der Wilhelmstraße klärt. Vom Tage seines Amtsantritts an, und bis unmittelbar vor seinem Tode Anfang Oktober 1929, war der allen anderen

---

1945 bis zur staatlichen Neuordnung Deutschlands in der Gegenwart, hrsg. und bearb. von Herbert Michaelis und Ernst Schraepler unter Mitwirkung von Günter Scheel [UF], Bd. VI, Berlin o. J., S. 487–489.

[60] Hierfür bietet der Sammelband von Wolfgang Michalka und Marshall M. Lee, Gustav Stresemann, Darmstadt 1982, durchgängig Belege. Aus der umfänglichen Stresemann-Literatur seien hervorgehoben Michael-Olaf Maxelon, Stresemann und Frankreich, 1914–1929. Deutsche Politik der Ost-West-Balance, Düsseldorf 1972; Werner Weidenfeld, Die Englandpolitik Gustav Stresemanns. Theoretische und praktische Aspekte der Außenpolitik, Mainz 1972; Martin Walsdorff, Westorientierung und Ostpolitik. Stresemanns Rußlandpolitik in der Locarno-Ära, Bremen 1971; Karl Dietrich Erdmann, „Das Problem der Ost- oder Westorientierung in der Locarnopolitik Stresemanns", in: GWU, 6, 1955, S. 133–162. Eine scharfsinnige und einleuchtende Hypothese über die Entwicklung der deutschen Außenpolitik im Falle eines Ablebens Stresemanns erst im Jahre 1939 bietet Henry A. Turner, „Continuity in German Foreign Policy? The Case of Stresemann", in: The International History Review, 1, 1979, S. 509–521.

[61] Siehe oben, S. 16.

[62] Siehe hierzu die beiden Zitate, unten S. 66 und S. 73. – Insoweit bedarf die von Sören Dengg, Deutschlands Austritt aus dem Völkerbund und Schachts „Neuer Plan". Zum Verhältnis von Außen- und Außenwirtschaftspolitik in der Übergangsphase von der Weimarer Republik zum Dritten Reich (1929–1934), Frankfurt a. M. 1986 aufgestellte Ausgangshypothese (passim, bes. S. 39–44) gewiß einer Relativierung.

Zielen übergeordnete Leitstern seiner Politik die möglichst frühzeitige Befreiung des deutschen Territoriums von ausländischer Besetzung. 1923/24 ging es ihm, der in großer Sorge um ein definitives Auseinanderbrechen der Reichseinheit war, um den baldigen Rückzug der Franzosen und Belgier aus dem Ruhrgebiet, und für dieses Ziel erschienen ihm auch Kompromisse in der Reparationsfrage angebracht.[63] Anfang 1925 ergriff er die Initiative zu einem rheinischen Sicherheitspakt zu einem guten Teil deshalb, weil Frankreich unter Hinweis auf deutsche Verfehlungen in der Entwaffnungsfrage das Räumungsdatum für die Kölner Zone (10. Januar 1925) auf unbestimmte Zeit hinausschob. Für den deutschen Außenminister war dies ein alarmierendes Zeichen dafür, daß die französische Führung nach Vorwänden suchte, um sich doch noch auf Dauer am Rhein festzusetzen.[64] Die das Rheinland betreffenden Folgen des Locarno-Vertrags (Räumung der Kölner Zone, „Rückwirkungen") ließen das noch nicht Erreichte umso fühlbarer werden. Nach der politischen Logik des deutschen Außenministers mußte vor jedem weiteren Revisionsschritt zuerst die mit der Okkupation der zweiten und dritten Zone weiter bestehende Sanktionsdrohung beseitigt werden: „Wir müssen den Würger erst vom Halse haben."[65] Aus deutscher Sicht stellte die alliierte Rheinlandbesetzung nach 1925 in mehrfacher Weise, auch im Hinblick auf die politische Stabilität der Frankreich zugewandten osteuropäischen Staaten, den entscheidenden Eckstein des Systems von 1919 dar, dessen Beseitigung nicht nur die Realisierung aller anderen Revisionsziele wesentlich erleichtern, sondern das System insgesamt erschüttern würde.[66]

Die frühzeitige Befreiung des Rheinlands war das unmittelbarste, aber nicht das einzige Anliegen, das dem Vorschlag Stresemanns vom Februar 1925 zugrundelag. Locarno beendete auch die Sorge, daß das Pariser Bemühen um ein Zweierbündnis mit England unter Ausschluß Deutschlands Erfolg haben könnte, und drängte stattdessen London, zumindest formal, in eine Mittlerstellung zwischen Berlin und Paris. Locarno führte in einem weiteren Sinne das Deutsche Reich in den Kreis gleichberechtigter Großmächte zurück und in den Völkerbund hinein, verbesserte insgesamt die Ausgangslage für spätere Ostrevisionen, konsolidierte nicht zuletzt die angelsächsischen Finanzströme nach Deutschland. Aber am wichtigsten war doch, daß der „Geist von Locarno" zu einem neuen Generalhebel der Revisionspolitik werden und konkret die vorzeitige Rheinlandräumung befördern konnte.[67] Die Räumungsfrage wurde seit 1925 auch in der deutschen

---

[63] Siehe hierzu Bariéty, Les Relations Franco-Allemandes après la Première Guerre Mondiale, S. 195 ff.
[64] Stresemann äußerte in einem Schreiben an Hoesch (Paris) vom 5. 2. 1925 die Überzeugung, „daß die Entwaffnungsfrage von der französischen Regierung in erster Linie für die Verfolgung weitergehender politischer Ziele benutzt wird. Die Fälligkeit des vertragsmäßigen Termins für die Räumung der nördlichen Rheinlandzone hat Frankreich vor die unabweisbare Frage gestellt, ob es die 1919 in Versailles bekundete, damals aber zunächst gescheiterte Absicht dauernder Festsetzung am Rhein in irgendeiner Form weiterverfolgen oder aber sich endgültig mit der in den Versailler Vertrag aufgenommenen Lösung der Rheinfrage abfinden wird". Politisches Archiv des Auswärtigen Amts [PA], 3123/642 175–85.
[65] Siehe UF, VI, S. 489. – Wie uneingeschränkt das Räumungsziel für Stresemann im Vordergrund stand, kommt besonders klar zum Ausdruck in einem Protokoll des Außenpolitischen Ausschusses des Reichstags vom 26. 6. 1926, das der britischen Regierung bekannt wurde, siehe Addison an FO, 15. 7. 1926, DBFP, I A, II, Nr. 93.
[66] Ibid.
[67] Jacobson, Locarno Diplomacy, S. 3–12, 40–43. Henry A. Turner, „Eine Rede Stresemanns über seine Locarnopolitik", in: VZG, 15, 1967, S. 412–436.

Öffentlichkeit zum Maßstab, zur eigentlichen *raison d'être* der Locarno-Politik. Wenn Stresemann sie nach der offenen Diskussion von Thoiry über ein Jahr lang nicht nachdrücklicher betrieb, so im wesentlichen mit Rücksicht auf die durch innerfranzösische Opposition gefährdete Stellung Briands und in der Hoffnung auf eine Niederlage der französischen Rechten, und damit Poincarés, in den Wahlen vom April 1928.[68] Im September 1927 ließ sich der deutsche Außenminister freilich nicht davon abbringen, sich von seinem französischen Kollegen bestätigen zu lassen, daß der formelle Vollzug der Entwaffnung und das Funktionieren des Dawes-Plans der Reichsregierung im Prinzip einen Anspruch auf den vorzeitigen Abzug der Besatzungstruppen gaben.[69] Die französische und britische Reaktion auf die Anfang 1928 von Stresemann im Deutschen Reichstag[70] bekundete Ungeduld hinsichtlich des Räumungsproblems bot aus der Sicht des Auswärtigen Amts Anlaß zu vorsichtigem Optimismus. Sowohl Paris als auch London schlossen ja, wie erwähnt, nicht aus, daß unter Umständen nach den französischen und deutschen Parlamentswahlen im April und Mai des Jahres etwas unternommen werden könnte. Die große Revision der Rheinlandfrage schien somit 1928 heranzureifen.[71]

Die durchgängige Priorität der Räumungsfrage in der Außenpolitik Stresemanns von 1923 bis 1929 ließ alle anderen Revisionswünsche in dieser Zeit etwas zurücktreten. Dies galt für das Rüstungsproblem ebenso wie für die Frage der deutschen Ostgrenze. Hinsichtlich eines Anschlusses Österreichs und besonders der Wünsche der deutschen Minderheit in der Tschechoslowakei neigte Stresemann ohnehin zu äußerster Zurückhaltung.[72] Lediglich die Frage einer vorzeitigen Rückgliederung des Saargebiets suchte er, mit freilich mäßigem Nachdruck und noch geringerem Erfolg, an die Räumungsforderung anzubinden.[73] Die Priorität der Räumungsfrage galt namentlich auch für die 1928 ebenfalls in die internationale Diskussion drängende Reparationsproblematik. Natürlich war die Reichsregierung angesichts der bevorstehenden Fälligkeit der Normalannuität des Dawes-Plans (2,5 Milliarden RM für das fünfte Jahr 1928/29) an einer baldigen Neuverhandlung der Reparationen mit dem Ziel einer Endfestsetzung und Annuitätenreduzierung sehr interessiert, eröffnete sie doch die Möglichkeit, zugunsten einer „aus eigener Wirtschaftskraft und ohne Gefährdung der Lebenshaltung des deutschen Volkes"

---

[68] Antonina Vallentin, Stresemann. Vom Werden einer Staatsidee, Leipzig 1930, Neudruck München 1948, S. 227 ff.; Bariéty, Finances et relations internationales, S. 69–70. Zur Bedeutung der Räumungsfrage für die innerdeutsche Zustimmung zur Locarno-Politik siehe Aufzeichnung o. U. (offenbar Stresemann) vom Dezember 1928, „Die Vertrauenskrise der Locarno-Politik", ADAP, B X, S. 609–614.
[69] Jacobson, Locarno Diplomacy, S. 114–115. – Der Anspruch lehnte sich an Artikel 431 des Versailler Vertrags an, der den Wortlaut hatte: „Leistet Deutschland vor Ablauf der 15 Jahre allen ihm aus dem gegenwärtigen Vertrag erwachsenden Verpflichtungen Genüge, so werden die Besetzungstruppen sofort zurückgezogen".
[70] Reden Stresemanns vom 30. 1. und 1. 2. 1928, in: Verhandlungen des Reichstags, III. Wahlperiode, Stenographische Berichte, Bd. 394, S. 12490–95, 12556–60.
[71] Siehe hierzu Aufzeichnung Schuberts, 8. 6. 1928, ADAP, B IX, Nr. 67; Hoesch an AA, 15. 6., ibid., Nr. 78. Siehe auch DBFP, I A, V, Nr. 33, 42, 55, 60, 73, 74.
[72] Eine abgewogene Darstellung der Stresemannschen Österreich-Politik findet sich in Norman McClure Johnson, The Austro-German Customs Union Project in German Diplomacy, Diss., Univ. of North Carolina at Chapel Hill 1974, S. 7–67. Zu Stresemanns Haltung in der Sudetenfrage siehe Gregory F. Campbell, Confrontation in Central Europe. Weimar Germany and Czechoslovakia, Chicago 1975, S. 165 ff.
[73] Stresemann an Hoesch, 23. 5. 1929, ADAP, B XI, Nr. 243.

tragbaren Lösung von den hohen Dawes-Annuitäten herunterzukommen. Eine Neuverhandlung der Reparationen würde auch ermöglichen, im Interesse der „Wiedererlangung unserer absoluten außenpolitischen Freiheit" die Kontrollbestimmungen des Dawes-Plans (Bankenkontrolle, Transferkontrolle, Reparationsagentur) zu überwinden. Außerdem war keineswegs ausgemacht, daß nicht eine Reparationen-Endregelung zu einem späteren Zeitpunkt, wenn das langjährige befriedigende Funktionieren des Dawes-Plans mit der Normalannuität zu einem gegen Deutschland verwendbaren Zusatzargument der Gläubiger werden konnte, nicht noch teurer würde als im Jahre 1928.[74] Aber die Räumung des Rheinlands ging vor. Es war das Bestreben des Auswärtigen Amts, die Reparationsfrage nach Möglichkeit erst dann anzuschneiden, wenn die Rheinlandfrage zur deutschen Zufriedenheit ihre Erledigung gefunden haben würde. Andernfalls entstand die Gefahr, daß die ehemaligen Kriegsalliierten die deutschen Forderungen in den beiden Bereichen miteinander verrechneten und am Ende ein weniger befriedigendes Gesamtergebnis der deutschen Wünsche in den Räumungs- und Reparationsfragen stehen würde.[75]

---

[74] Runderlaß Stresemanns, 30.1.1928, ADAP, B VIII, Nr. 52; Aufzeichnungen Schuberts vom 22. und 28.2., ibid., Nr. 108, 123; Aufzeichnung Kieps, 6.7.1928, B IX, Nr. 123; Aufzeichnungen Schuberts vom 27.7. und 18.8.1928, ibid., Nr. 184, 241.
[75] Gegenüber dieser Politik Stresemanns und Schuberts vertrat Botschafter von Hoesch die Auffassung, daß eine Forcierung der Räumungsfrage nicht nur der Reparationsrevision, sondern den deutschen Gesamtinteressen schaden könne. Sein Vorschlag einer elastischen, „halbnegativen" Behandlung der Räumungsfrage klang in der Regierungserklärung Müllers vom 3. Juli 1928 an, konnte sich aber nicht durchsetzen, siehe Hoesch an AA, 15.6.1928, ADAP, B IX, Nr. 78, mit Anm. 10; 26.7., ibid., Nr. 182; 7.8., ibid., Nr. 218. Ernst Geigenmüller, „Botschafter von Hoesch und die Räumungsfrage", in: HZ, 200, 1965, S. 609–620 vermutet wohl zu Unrecht, daß für das Stresemannsche Beharren auf der Räumungspriorität das Streben nach einem großen Erfolg in Vorahnung des nahen Todes maßgebend gewesen sei.

II. Deutscher Revisionsanspruch versus „Entente cordiale"? (Sommer 1928 – Mai 1929)

Das im Verlaufe des Sommers 1928 fast gleichzeitige Aufbrechen der Räumungs-, Reparations- und Rüstungsfrage markierte eine Zäsur der internationalen Nachkriegsentwicklung. Es zeigte an, daß der in ihrem Zentrum stehende, wesentlich machtpolitisch bestimmte deutsch-französische Gegensatz zwischen 1925 und Mitte 1928 nur überdeckt, vielleicht abgemildert, aber keinesfalls aufgelöst worden war. Es wurde offenkundig, daß er nur für eine begrenzte Zeit, in der sowohl die französischen Sicherheits- als auch die deutschen Revisionsinteressen je für sich eine europäische Verständigungsphase zu erfordern schienen, unter der Hand zweier begnadeter Staatsmänner in den Hintergrund gerückt war. Der offene Austrag des Gegensatzes in drei in die Aktualität drängenden Hauptproblemen der Nachkriegsordnung, und damit eine Phase erhöhter politischer Spannungen, setzte ein, als aufgrund der Fortentwicklung der europäischen Gesamtsituation in beiden Ländern die Diskrepanz zwischen nationalen Machtinteressen und internationalen Entspannungs- und Verständigungsbemühungen unerträglich wurde und auf Lösungen im Sinne der ersteren hindrängte.

Dies geschah im Sommer 1928 vor allem auf deutscher Seite, und zwar in der Räumungsfrage. Das Auswärtige Amt kam, ohne daß es sich des Erfolges von vornherein sicher sein konnte, zu dem Schluß, daß die Zeit reif sei, um den rechtlich und moralisch begründeten deutschen Anspruch auf eine vorzeitige Räumung der Koblenzer und der Mainzer Zone mit Nachdruck geltend zu machen.

„Das Problem muß aus dem bisherigen Stadium der Stagnation und der vagen Besprechungen ohne greifbares Ergebnis herausgebracht werden. Nur eine authentische und in der Öffentlichkeit zu verwertende klare Feststellung des beiderseitigen Standpunktes kann das Problem entscheidend fördern. Wir dürfen Frankreich nicht den Vorteil lassen, daß es unter dem Deckmantel aufrichtigster Locarnopolitik und harmonischer Beziehungen zu Deutschland doch an seinem Kriegspfand festhält. Wenn Frankreich das letztere will, soll es auch der Welt gegenüber das damit verbundene Odium auf sich nehmen."[1]

Maßgebliche Kräfte im Auswärtigen Amt fühlten sich also nun stark genug, um das revisionistische Hauptziel notfalls im Streite mit den beiden Locarno-Partnern anzugehen. Eine Verständigungspolitik ohne vorzeitige Rheinlandräumung machte in dieser Sicht keinen Sinn mehr.

---

[1] Aufzeichnung des Vortragenden Legationsrats von Bülow, „Richtlinien für die bevorstehende Erörterung der Rheinlandfrage", 20. 8. 1928, ADAP, B IX, Nr. 247. Jacobson, Locarno Diplomacy, S. 175–183 datiert diese grundlegende Denkschrift des Auswärtigen Amts irrtümlich auf den 20. 7. 1928, was schon aufgrund ihrer einleitenden Bemerkung über die Anfang August durchgeführten Demarchen in Paris, London, Brüssel und Rom (siehe unten S. 34) ausgeschlossen ist.

Aber hiervon ganz unabhängig drängte auch die französische Politik im Sommer 1928 aus dem mit Locarno gesetzten Rahmen hinaus. Angesichts des sich stetig stabilisierenden und international wiederaufsteigenden Deutschen Reiches suchte sie verstärkt Rückversicherung bei den ehemaligen Verbündeten. Während allerdings das Bemühen um eine bilaterale Konsultationsabsprache mit Washington von amerikanischer Seite zum abstrakten Prinzip des Kellogg-Pakts verwässert wurde,[2] bahnte sich, nach ersten Fühlungnahmen im Sommer 1927,[3] in den Rüstungsfragen eine überraschende britische Stützung des französischen auf Kosten des deutschen Standpunktes an, die in dem britisch-französischen „Disarmament Compromise" vom Juli 1928 ihre erste Ausformung erhielt. Auch in der Reparationsfrage zeigte sich zwischen Paris und London unter dem Eindruck des deutschen Rheinlandanspruchs eine gewisse Konvergenz. Die deutsche Räumungsinitiative sollte somit als zusätzliches Bindemittel eines bereits vorher in Gang gekommenen französisch-britischen Zusammenrückens wirken, in dem manche Zeitgenossen eine neue *Entente cordiale* heraufziehen sahen.

Zwar hatte auch schon vor 1927/28 innerhalb der sich zwischen den drei Hauptmächten von Locarno bildenden Grundkonstellation ein gewisses britisch-französisches Sonderverhältnis bestanden.[4] Aber Mitte 1928 änderte sich, auch wenn die Gewohnheit „privater" Ministertreffen am Rande der Völkerbundsratstagungen vorerst noch weitergepflegt wurde, der Charakter der Locarno-Politik doch zum ersten Male grundlegend. Deutschland geriet mit seiner unbedingten Räumungsforderung in eine offene Frontstellung gegenüber den zusammenrückenden Westmächten Frankreich und England. Diese Situation, die nun fast ein Jahr lang, bis zum Ende der konservativen Ära Baldwin-Chamberlain in England im Mai 1929 erhalten blieb, bestimmte bereits die Entstehung des wichtigen Genfer Beschlusses vom 16. September 1928, danach den Gang der aus ihm folgenden Verhandlungen über die Reparations- und Räumungsfragen. Sie beeinflußte in dieser Zeit ebenso den Verlauf der Vorbereitungsarbeiten für die Weltabrüstungskonferenz. Für das deutsch-französische Verhältnis bedeutete dies eine erhebliche wechselseitige Verhärtung. Zwischen dem Sommer 1928 und dem Frühjahr 1929 blies dem gerade aktivierten deutschen Revisionsanspruch ein kräftiger britisch-französischer Wind entgegen.

---

[2] Zum Briand-Kellogg-Pakt siehe Robert H. Ferrell, Peace in their Time. The Origins of the Kellogg-Briand-Pact, London/New Haven 1952; Waldo Chamberlin, „Origins of the Kellogg-Briand-Pact", in: The Historian, 15, 1952, S. 77–92; Leffler, The Elusive Quest, S. 159–165. Zur deutschen Haltung Peter Krüger, „Friedenssicherung und deutsche Revisionspolitik. Die deutsche Außenpolitik und die Verhandlungen über den Kellogg-Pakt", in: VZG, 22, 1974, S. 227–257.

[3] Jacobson, Locarno Diplomacy, S. 119–128.

[4] Ibid., S. 12–26, 36–38. Hierzu Austen Chamberlain, Down the Years, London 1935, S. 151–171, 227–230.

1. Die deutsche Rheinlandforderung und der Genfer Beschluß vom 16. September 1928

Die deutscherseits mehrfach, vor allem in der Regierungserklärung des Reichskanzlers Hermann Müller am 3. Juli 1928[5] angekündigte Forcierung des Anspruchs auf eine vorzeitige Gesamträumung des Rheinlands begann am 28. des gleichen Monats. An diesem Tage wies Staatssekretär von Schubert, der in Vertretung des erkrankten Stresemann die Geschäfte des Auswärtigen Amts führte, die Botschaften in Paris und London sowie die Vertretungen in Brüssel und Rom an, den jeweiligen Außenministern „streng vertraulich" mitzuteilen, daß die Reichsregierung entweder anläßlich der für Ende August angesetzten Unterzeichnung des Kellogg-Pakts in Paris oder spätestens im Verlaufe der Septembertagung des Völkerbunds in Genf zwei Fragen an ihre Regierungen richten werde: „1. ob sie bereit seien, die Locarnopolitik tatkräftig weiterzuführen und 2., wenn ja, ob sie bereit seien, mit uns à l'amiable die Rheinlandfrage zu behandeln und hierzu eine Möglichkeit sähen."[6]

Wenngleich die in den folgenden Tagen in den betreffenden Hauptstädten ausgeführte Demarche der Logik der seit Jahren betriebenen Westpolitik Stresemanns entsprach und die französischen, britischen und belgischen Adressaten im Prinzip ja auf sie seit Anfang 1928 alles andere als unvorbereitet waren, wurde die mit einseitigem Nachdruck vorgetragene Forderung von ihnen nun doch als Provokation empfunden. Die Reichsregierung brach hier mit der seit 2½ Jahren beachteten Gewohnheit, in revisionspolitischen Fragen erst nach längeren Vorbereitungen, insbesondere gemeinsamer Beratung und Beschlußfassung unter den „Großen Drei" zur Tat zu schreiten. Die französische und die britische Regierung waren mit dem Zeitpunkt, der Überfallartigkeit des Vorgehens und vor allem der befremdlichen Unbedingtheit der deutschen Räumungsforderung nicht einverstanden. Da beide in der einen oder anderen Form an der Verknüpfung der Räumungsfrage mit dem Reparationsproblem interessiert waren, aber wegen der unzugänglichen amerikanischen Haltung den Zeitpunkt für Verhandlungen über die internationale Schuldenproblematik noch nicht für gekommen hielten, hatten sie die deutsche Diplomatie zuletzt wiederholt um Zurückhaltung in der Rheinlandfrage bis nach den bevorstehenden amerikanischen Präsidentschaftswahlen (November 1928), wenn möglich bis nach den britischen Unterhauswahlen (30. Mai 1929) ersucht.[7] Zumindest aber, so forderte der für das deutsche Anliegen prinzipiell durchaus aufgeschlossene Chamberlain, müsse die Reichsregierung, wenn sie die Räumungsfrage dennoch aufwerfen wolle, einen praktikablen Lösungsvorschlag für das Reparationsproblem mitliefern.[8] Die einseitige und isolierte

---

[5] Verhandlungen des Reichstags, IV. Wahlperiode, Stenographische Berichte, Bd. 423, S. 20 ff. Siehe hierzu Ministerbesprechung vom 29.6.1928, 11 Uhr, ARK Müller II, Nr. 2.

[6] Schubert an die Botschaft in London, 28.7.1928, ADAP, B IX, Nr. 193. Siehe auch ibid., Nr. 173, 183.

[7] Chamberlain hielt es für „impudent on the part of Germany to suggest that we had deviated from the policy of Locarno", DBFP, I A, V, Nr. 135. Siehe auch ibid., Nr. 127. Ein Resümee der internationalen Argumentation findet sich in Schubert an Stresemann, 24.7.1928, ADAP, B IX, Nr. 173.

[8] Sthamer an AA, 4.7.1928, ADAP, B IX, Nr. 116; Chamberlain an Nicolson, DBFP, I A, V, Nr. 79.

deutsche Forderung zwang nun die Verantwortlichen in London und Paris – wenn sie nicht einen Eklat in Genf in einer Frage in Kauf nehmen wollten, in der sich die Weltöffentlichkeit vermutlich eher auf deutscher Seite befinden würde – ihre Verzögerungstaktik aufzugeben und sich mit den Problemen einer vorzeitigen Rheinlandräumung offiziell zu befassen.[9]

Warum wurde die Forderung der vorzeitigen Räumung von der Reichsregierung zwischen Juli und September 1928 plötzlich derart vorangetrieben? Ein Bündel von Anlässen und Ursachen ist hier aufzuschnüren. Zu den ersteren gehörte, daß Stresemann offenbar nach dem Sieg Poincarés in den Aprilwahlen, zu dessen Verhinderung Geldmittel des Auswärtigen Amts nach Frankreich geflossen waren, auf die innerfranzösische Entwicklung keine Rücksichten mehr nehmen zu müssen glaubte.[10] Eine Rolle spielte wohl auch, daß dem Quai d'Orsay keine Möglichkeit geboten werden sollte, das deutsche Anliegen weiter, wie bereits geschehen, unter dem Vorwand des Fehlens eines offiziellen Räumungsgesuchs auf die lange Bank zu schieben.[11] Ebenso war es einleuchtend, daß aufgrund der internationalen politischen Stimmung nach mehreren Jahren Locarno-Politik die Räumungsforderung selbst dann für Deutschland politischen Gewinn versprach, wenn sie im ersten Anlauf abgewiesen werden sollte.[12]

Zu den tieferen Ursachen gehörte, daß, wie bereits angedeutet, im Auswärtigen Amt die Zeit als für politische Bewegung gegenüber Frankreich allgemein reif beurteilt wurde:

„In einer Frage, die, wie die der Besetzung, unsere ganze internationale Stellung im tiefsten berührt, können wir uns nicht durch die Rücksicht auf etwaige Schwierigkeiten der Gegenseite leiten lassen. Wenn wir von unserm moralischen, politischen und rechtlichen Anspruch auf alsbaldige Räumung überzeugt sind, müssen wir diesen Anspruch auch geltend machen, falls wir nicht Gefahr laufen wollen, seine Stoßkraft zu vermindern."[13]

Eher noch schwerer ins Gewicht fiel, daß sich zwischen dem in der deutschen Öffentlichkeit angewachsenen Erwartungsdruck und den konkreten Ergebnissen der Locarno-Politik eine merkliche Lücke geöffnet hatte. Wenngleich die vorzeitige Beendigung der Okkupation formal nicht zu den „Rückwirkungen" der Locarno-Verträge gehörte, wurde sie doch im Zeichen der deutschen Völkerbunds-Mitgliedschaft und des Kellogg-Paktes zunehmend zur eigentlichen Legitimation der Locarno-Politik. Ihr Ausbleiben konnte die polemischen Attacken namentlich der DNVP-Führung gegen die angeblich gescheiterte Stresemann-Politik nur weiter aufheizen. Die nachdrückliche Räumungsforderung des Sommers 1928 reihte sich unter diesem Aspekt in das Bemühen der Weimarer Kabinette ein, durch außenpolitische Erfolge auch die Stabilisierung der Republik zu suchen. Es war 1928 für den Außenminister offenkundig, „daß diese Räumungsfrage im Mittelpunkt der Innenpolitik Deutschlands steht und daß sie das Barometer bedeutet der Anerkennung oder Ablehnung der Locarnopolitik [...] Der Deutsche ist in seiner Ruhe und Objektivität viel zu einsichtig, so daß man gar keinen Zweifel darüber haben kann, daß

---

[9] Der grundsätzliche Unwille der Pariser und Londoner Regierungen, die Räumungsfrage zu behandeln, wird deutlich in DBFP I A, V, Nr. 139, 140.
[10] Vgl. oben, S. 30 mit Anm. 68. Für die Frage der Hilfsgelder siehe Jaques Bariéty, „L'appareil de presse de Joseph Caillaux et l'argent allemand 1920–1932", in: RH, 1972, S. 375–406.
[11] Schubert an Stresemann, 24.7.1928, ADAP, B IX, Nr. 173.
[12] Aufzeichnung des Vortragenden Legationsrats von Bülow, „Richtlinien für die bevorstehende Erörterung der Rheinlandfrage", 20.8.1928, ADAP, B IX, Nr. 247.
[13] Ibid.

die Lösung der Räumungsfrage einen wesentlichen Meilenstein für die innerpolitische Konsolidierung und die unbedingte Festigung der Verständigungspolitik bedeutet."[14]

Zu beachten ist schließlich, daß die drängende, nicht mit den Locarno-Partnern abgestimmte Räumungsforderung offenbar nur die besondere Spitze einer allgemeineren Aufladung der deutschen Revisionsmentalität während des Sommers 1928 darstellte. Dieses Phänomen, das bisher nur wenig Aufmerksamkeit gefunden hat, verdient es, hier hervorgehoben zu werden. Es steht, lange vor dem Einbrechen der Weltwirtschaftskrise in das europäische Nachkriegssystem, am Anfang einer außenpolitischen Offensive des Deutschen Reiches, die – nur nochmals zeitweilig von dem kräftezehrenden internationalen Tauziehen um den Young-Plan überdeckt und von gelegentlichen Konsolidierungspausen begleitet – in fast bruchlosem Crescendo über 1933 nach 1938/39 führte. Bereits die Regierungserklärung Hermann Müllers ließ mit der Ankündigung einer Aktivierung zugleich der Abrüstungs-, Reparations- und Südosteuropa-Politik sowie des Saarproblems aufhorchen.[15] Deutsche Politiker, angeführt von Reichstagspräsident Löbe, hielten den Sommer 1928 über öffentliche Reden über die Notwendigkeit eines baldigen Anschlusses Österreichs,[16] und auf der Genfer Völkerbundsversammlung im September kam es zu einem vom Reichskanzler persönlich provozierten scharfen Schlagabtausch mit Briand über die Abrüstungsfragen.[17] Es ist gut belegt, daß nach dem Sieg der gemäßigten Parteien in den Maiwahlen 1928 sich die Regierung der Großen Koalition, hierin vom Ausland zum Teil bestärkt, zu einem revisionspolitischen Anlauf besonders legitimiert fühlte.[18] Es bliebe zu prüfen, inwieweit sich hier der beginnende Einfluß der nach einem Weg zur Aufrüstung suchenden Militärs auf die Innen- und Außenpolitik der Weimarer Republik niederschlug,[19] und ob und inwieweit hier nicht allgemeiner ein – sozialpsychologisch schwer greifbares – nationales Grundgefühl durchbrach, ein sich wandelndes

---

[14] Aufzeichnung o. U. (offenbar Stresemann) vom Dezember 1928, „Die Vertrauenskrise der Locarno-Politik", ADAP, B X, S. 609–614.

[15] Siehe Anm. 5.

[16] Lerchenfeld an AA, 25.7.1928, ADAP, B IX, Nr. 180; Stresemann an Schubert, 4.8., ibid., Nr. 214; Aufzeichnung Stresemanns vom 27.8., ibid., Nr. 263; Aufzeichnung Schmidts, 5.9., B X, Nr. 5; Runderlaß des AA, 10.9., ibid., Nr. 15; Sthamer an AA, 11.9., ibid., Nr. 16; Aufzeichnung Stresemanns, 10.12.1928, ibid., Nr. 193.

[17] Schulthess' Europäischer Geschichtskalender, hrsg. von Ulrich Thürauf, Jg. 1928, S. 452–457.

[18] Stresemann machte sein Eintreten in das Kabinett Müller von der Bildung einer Großen Koalition abhängig, „um der großen außenpolitischen Fragen, namentlich die Frage der endgültigen Reparationslösung, mit der für die Regierung notwendigen Autorität zu vertreten", Stresemann an Müller, 23.6.1928, in Gustav Stresemann, Vermächtnis. Der Nachlaß in drei Bänden, Berlin 1932–33, Bd. III, S. 298. Vgl. ibid. S. 311. Chamberlain teilte am 29.6.1928 Berthelot seine Bewertung des deutschen Reichstagswahl-Ergebnisses mit, „namely, that our policy had reaped the measure of success which we had hoped from it and that we ought now to encourage a Germany which had affirmed its loyalty to the Republic and its desire for peace by developing that policy and by making the situation of Germany as little onerous as possible. We could in short do for a peaceful republican Germany what we should have been obliged to refuse to an Imperial and reactionary Germany. To this Monsieur Berthelot assented." DBFP, I A, V, Nr. 74. Siehe auch ibid., Nr. 33, 42.

[19] Siehe Andreas Hillgruber, „Die Reichswehr und das Scheitern der Weimarer Republik", in: Karl Dietrich Erdmann, Hagen Schulze (Hgg.), Weimar. Selbstpreisgabe einer Demokratie. Eine Bilanz heute, Düsseldorf 1980, S. 177–192. Vgl. Carsten, Reichswehr und Politik, und Geyer, Aufrüstung oder Sicherheit, passim.

Selbstverständnis der Deutschen nach einem Jahrzehnt mühseligen, aber stetigen Wiederaufstiegs aus der Niederlage.[20]

Die genauere Marschroute für das Aufrollen der Räumungsfrage wurde im Verlaufe des Juli und August im Auswärtigen Amt ausgearbeitet und am 22. August vom Kabinett sanktioniert. Danach wollte die Reichsregierung die möglichst baldige vorzeitige Räumung des gesamten Rheinlands rechtlich unter Berufung auf den Artikel 431 des Versailler Vertrags (vorzeitige Räumung bei Erfüllung) und politisch unter Beschwörung des „Geistes von Locarno" einfordern. Eine vorzeitige Teilräumung allein der Koblenzer Zone, die vertragsgemäß ohnehin bereits zum 15. Januar 1930 fällig war, wurde als keineswegs ausreichend angesehen; sie sollte jedoch, wenn französischerseits konkret angeboten, akzeptiert werden, sofern sie keine zusätzlichen Belastungen für die Mainzer Zone brächte und nicht als „Abspeisung" anstelle der Gesamträumung, sondern als Auftakt für diese verstanden würde.[21] Es wurde nun von vornherein erwartet, daß die Besatzungsmächte als Gegenleistung die Einleitung einer Endregelung des Dawes-Plans verlangen würden, und daß das deutsche Interesse an einer sukzessiven Behandlung beider Fragenkomplexe (d. h. Regelung der Reparationsfrage erst nach erfolgreicher Erledigung des Räumungsproblems) nicht ohne weiteres zu realisieren sein würde. Daher richtete sich das Bestreben der Reichsregierung nunmehr darauf, wenigstens einen abträglichen „Kuhhandel" zwischen Räumung und Reparationen zu vermeiden, das heißt eine junktimartige Verknüpfung beider Fragen derart, „daß unser Anspruch auf vorzeitige Räumung [...] kompromittiert wird, wenn die endgültige Reparationsregelung allzu lange auf sich warten läßt oder etwa überhaupt nicht möglich ist." Frankreich dürfe nicht die Möglichkeit gegeben werden, „unseren Räumungsanspruch nachher damit zurückzuweisen, daß die endgültige Reparationsregelung nicht hat gefunden werden können. Daher endgültige Reparationsregelung nicht als Gegenleistung für die Räumung, sondern als Parallelaktion, nur um Frankreichs innenpolitische Situation zu erleichtern."[22] Umgekehrt sollten die Reparationsgläubiger aber auch nicht die Möglichkeit erhalten, etwa die deutsche Räumungsforderung als Hebel zur Durchsetzung hoher Reparationsforderungen benutzen zu können.

Die deutsche Räumungsinitiative und die sich damit vermischenden allgemeinen revisionistischen Untertöne wurden, wie überall in Europa, in Paris und in London verärgert und besorgt registriert. Das Vertrauen sei eine äußerst zarte Pflanze, die sehr leicht beschädigt werden könne, warnte Briand in einer „Bösen Rede" im September 1928 in Genf.[23] Austen Chamberlain wurde deutlicher, als er Stresemanns Aufmerksamkeit auf die berühmte Warnung Sir Eyre Crowes vom 1. Januar 1907 lenkte, daß offenbar

---

[20] Die Untersuchung des Selbstverständnisses der Deutschen im internationalen Umfeld am Ende der zwanziger Jahre wäre eine interessante Forschungsaufgabe. Erste Versuche und Ergebnisse liegen in den Arbeiten von Thimme und Heß vor, siehe oben, S. 26, Anm. 51.
[21] Schubert an Paris, 30.6.1928, ADAP, B IX, Nr. 108; Schubert an Stresemann, 24.7., ibid., Nr. 173; Schubert an London, 28.7., ibid., Nr. 193; Aufzeichnung Bülows, 20.8., ibid., Nr. 247; Aufzeichnung Schmidts, 10.9., B X, Nr. 13; Ministerbesprechung vom 22.8.1928, 11 Uhr, ARK Müller II, Nr. 18 – zu Artikel 431 siehe oben, S. 30, Anm. 69.
[22] Aufzeichnung Ritters, 21.8.1928, ADAP, B IX, Nr. 251.
[23] Schulthess, 1928, S. 457.

„every concession made to Germany only whetted her appetite for more. In effect, far as we had pushed the policy of concession we had entirely failed to improve our relations with Germany or induce in her any kind of recognition of our friendly disposition towards her."[24]

Weitgehend weggeblasen war mit einem Schlage ein gewisses Wohlwollen, das sowohl im Foreign Office als auch im Quai d'Orsay nach dem Wahlerfolg der gemäßigten Weimarer Parteien Ende Mai und Anfang Juni Stimmen hatte laut werden lassen, die in Erwartung einer friedfertigen Weiterentwicklung der deutschen Außenpolitik für eine rechtzeitige Nutzung des „wasting asset" eines vorzeitigen Truppenabzugs aus dem Rheinland plädiert hatten.[25] Auch die britische Neigung, die Reste der Entwaffnungskontrollen in Deutschland als mit der im Geiste von Locarno entstandenen europäischen Situation nicht mehr vereinbar zu beseitigen, zeigte sich merklich verringert.[26] Vor allem aber beschleunigte sich, in der Berliner Wilhelmstraße beunruhigt verfolgt, ein schon seit Monaten beobachtetes französisch-britisches Zusammenrücken.

In Paris aktivierte das deutsche Räumungsbegehren unverzüglich reparations- und sicherheitspolitische Kompensationsforderungen. Poincaré betonte – seinen Überlegungen der letzten Monate entsprechend –, daß jede Bewegung in der Räumungsfrage von befriedigenden Fortschritten bei den Reparationen abhänge. Solche Fortschritte könnten sowohl in einer deutschen Zustimmung zu der vorzeitigen Mobilisierung größerer Tranchen von Dawes-Obligationen bestehen als auch in einer für Frankreich akzeptablen Endregelung des Dawes-Plans, durch die sowohl die französischen Schulden gegenüber Amerika und England als auch die Wiederaufbaukosten abgedeckt würden.[27] Briand und Berthelot zeigten sich zwar offen für das Argument, daß im Zeichen von Locarno die Rheinlandbesetzung als solche mit jedem Tag mehr zu einem Anachronismus werde, der die innere Entwicklung der Weimarer Republik belaste; sie hoben jedoch hervor, daß, auch wenn man die Verknüpfung mit der Reparationsfrage für weniger wichtig halte, doch bei einem vorzeitigen Truppenabzug das danach geltende rheinische Demilitarisierungsstatut in ausreichendem Maße Ersatzsicherheit bieten müsse.[28]

---

[24] Aufzeichnung Selbys, 22. 8. 1928, DBFP, I A, V, Nr. 135. – Zu der britischen Verstimmung siehe auch ibid., Nr. 123, 127.
[25] DBFP I A, V, Nr. 33, 42, 55, 60, 73, 74, 79, 81, 112; ADAP, B IX, Nr. 67. Vgl. Anm. 18.
[26] DBFP I A, V, Nr. 42, 74. Vgl. unten, S. 52–53.
[27] Aufzeichnung Stresemanns über seine Unterredung mit Poincaré am 27. 8. 1928, ADAP, B IX, Nr. 263. Vgl. oben, S. 24–25.
[28] Die Haltung des Quai d'Orsay zum Zusammenhang von Räumungs- und Reparationsproblem geht am deutlichsten aus einem französischen Dokument hervor, das das Datum des 21. 8. 1928 trägt und der Reichsregierung über die Gesandtschaft in Bern zugespielt (und dann in Berlin übersetzt) wurde: „Vademecum der französischen Regierung an Herrn Briand, redigiert von Berthelot", betreffend „Die Rheinlandräumung und die Regelung der deutschen Reparationsschuld", PA, 3243/D 724 934–49. – Siehe auch Ryan an Chamberlain, 11. 2. 1928, DBFP, I A, IV, Nr. 141; Hoesch an AA, 22. 6., ADAP, B IX, Nr. 88; Aufzeichnung Schuberts, 23. 6., ibid., Nr. 92. Charakteristisch das Schwanken Briands hinsichtlich des deutschen Rechtsanspruchs zur Räumung nach Artikel 431 des Versailler Vertrags in der ersten Sechsmächte-Besprechung in Genf am 11. 9. 1928, siehe ARK Müller II, S. 87 und 94. – Wegen der reservierten Haltung der französischen Öffentlichkeit sahen Briand und Berthelot im Sommer 1928 offenkundig eine Zeitlang in der vorgezogenen einseitigen Räumung lediglich der zweiten Zone bei gleichzeitiger Aufrechterhaltung der Besetzung der dritten Zone eine ideale Kompromißlösung, mit der dem internationalen Sicherheits- und Reparationsinteresse einerseits und dem Verständigungsinteresse andererseits gleichzeitig entsprochen werden könnte, siehe ADAP, B IX, Nr. 88, 92. – Über ein Interesse Briands, über die Räumungsfrage eine deutsch-französische wirtschaftliche Zusammenarbeit in

1. Die deutsche Rheinlandforderung

Die britische Regierung stellte sich zunehmend auf die französische Haltung ein. Im Foreign Office herrschte die Auffassung, daß, wenn die deutsche Forderung in Genf nicht mehr zurückzustellen sei, die vorzeitige Räumung jedenfalls nicht allein im Vertrauen auf deutschen „good will" ins Auge gefaßt werden könne, sondern nur bei angemessenen Gegenleistungen, vor allem im Reparationenbereich.[29] Mit dieser weitgehend an den französischen Bedürfnissen orientierten Linie des Foreign Office entstand vorübergehend ein Auffassungsgegensatz zu der von Winston Churchill geleiteten Treasury, wo aufgrund politischer und finanziell-wirtschaftlicher Überlegungen, zu denen nicht zuletzt auch Spekulationen hinsichtlich der deutschen Konjunkturentwicklung gehörten, davon ausgegangen wurde, daß für die britischen Interessen der günstigste Zeitpunkt für eine Revision des Dawes-Plans erst zwei Jahre später gekommen sein würde, und daß dann die Initiative für eine Gesamtschuldenregelung Amerika zugeschoben werden solle.[30] In der Folge der im September 1928 in Genf ausgehandelten Vereinbarungen schwenkte jedoch auch Churchill auf die Linie des Foreign Office ein, also die Anlehnung an die französische Politik.[31]

Zunächst allerdings fanden in Genf schwierige Beratungen und Verhandlungen über die deutsche Räumungsforderung statt. Die Forderung wurde zu Beginn der Völkerbundstagung Anfang September von Reichskanzler Müller, der auf Empfehlung des erkrankten Stresemann die deutsche Delegation persönlich leitete, offiziell aufgeworfen. Müller ließ keinen Zweifel, daß bei einer Zurückweisung der Forderung die deutsch-französische Verständigungspolitik den „schwersten échec" erleiden müßte.[32] Mehrere Tage lang wurde zwischen den Vertretern der fünf Locarno-Mächte und Japans[33] vergeblich um eine Lösung gerungen, ehe in drei schwierigen Sechsmächtebesprechungen am 11., 13. und 16. September schließlich ein Ergebnis zustandekam.[34] Neben dem Reichs-

---

der Sowjetunion die Wege zu leiten, berichtete Hesnard Stresemann Anfang Juni 1928, siehe ADAP, B IX, Nr. 58. – Zur Frage rheinischer Ersatzsicherheiten siehe unten, S. 41–43.
[29] Chamberlain an Nicolson, 4. 7. 1928, DBFP, I A, V, Nr. 79; Sthamer an AA, 4. 7., ADAP, B IX, Nr. 116. – Siehe auch DBFP, I A, V, Nr. 42, 55, 123; II, 153.
[30] „I had contemplated that nothing would be done about reparations until after the American elections, and that then something like a united European position would develop in regard both to war debts and reparations with evacuation as a stimulus. The foundation of our policy is the Balfour note. This involves bringing the United States into the negotiations or alternatively placing the onus upon them for arresting European appeasement and recovery", Churchill in DBFP, I A, V, Nr. 155. Vgl. ibid. Nr. 159.
[31] Der äußere Ausdruck dieses Kurswechsels der Treasury waren die Vereinbarungen Churchills und Poincarés in Paris vom 19. 10. 1928, siehe DBFP, I A, V, Nr. 187. Hierzu jetzt Clemens A. Wurm, „Interalliierte Schulden, Reparationen – Sicherheit/Abrüstung. Die Kriegsschuldenfrage in den britisch-französischen Beziehungen 1924–1929", in: Gustav Schmidt (Hrsg.), Konstellationen internationaler Politik 1924–1932. Politische und wirtschaftliche Faktoren in den Beziehungen zwischen Westeuropa und den Vereinigten Staaten, Bochum 1984, S. 89–121.
[32] Unterredung Reichskanzler Müller und dem französischen Außenminister Briand in Genf, 5. 9. 1928, 18.30–20 Uhr, ARK Müller II, Nr. 20.
[33] Der japanische Botschafter in Paris Adatci nahm an den Besprechungen in seiner Eigenschaft als Mitglied der Botschafterkonferenz teil.
[34] Aufzeichnungen über die drei entscheidenden Genfer Sechsmächte-Besprechungen vom 11., 13. und 16. 9. 1928 sind abgedruckt in ARK Müller II, Nr. 21, 23, 28 sowie identisch in ADAP, B X, Nr. 19, 21, 28. Aufzeichnungen über die Besprechungen von britischer Seite in DBFP, I A, V, Nr. 151, 156, 161. Belgische Aufzeichnungen in Documents Diplomatiques Belges 1920–1940 [DDB]. La Politique de sécurité extérieure. Bd. II: Période 1925–1931, Brüssel 1964, Nr. 187,

kanzler spielte in den Verhandlungen Briand die Hauptrolle, während der – den erkrankten Chamberlain vertretende – britische Delegierte Lord Cushendun sich bemühte, die britische Parteinahme für Frankreich nicht zu deutlich werden zu lassen. Unsichtbar saß auch die amerikanische Regierung mit am Verhandlungstisch, die über den Reparationsagenten Parker Gilbert in den vorangegangenen Monaten in den europäischen Hauptstädten das Interesse des Washingtoner Schatzamts und der New Yorker Banken an einer Endregelung des Dawes-Plans bekundet hatte.[35]

In den Verhandlungen suchten Briand und Cushendun zunächst einige Tage lang die deutsche Forderung nochmals ganz abzubiegen – durch das Angebot von Verhandlungen auf dem normalen diplomatischen Wege, durch die Lockung mit der unverzüglichen Räumung der zweiten Zone, durch die Einforderung deutscher Vorschläge für eine neue Reparationsregelung. Briand äußerte dabei immer wieder Verständnis dafür, daß die Reichsregierung zur Abwehr einer möglichen innerdeutschen Radikalisierung außenpolitische Erfolge benötige, er zeigte sich aber auch besorgt, daß in Berlin einmal eine weniger gemäßigte und verständigungswillige Regierung an die Macht kommen könnte. Am Ende glaubte das französische Kabinett, die deutsche Forderung nicht ohne eigenen Schaden abweisen zu können, und aktivierte ihre Kompensationsforderungen.

Dies galt zum einen für die Reparationen. Nach einer Blitzreise nach Paris[36] teilte Briand am 16. September mit, daß die französische Regierung der Einleitung von Verhandlungen über eine vorzeitige Räumung zustimme, falls man sich über die Einsetzung eines finanziellen Sachverständigenausschusses zur Endregelung des Dawes-Plans einig sei. Der französische Außenminister stellte dabei sogleich klar, daß dies für Frankreich ein formelles Junktim bedeutete:

„Er habe im übrigen nicht den geringsten Zweifel, daß die Verhandlungen der Finanzsachverständigen sehr schnell vonstatten gehen würden, so daß auch die Räumungsfrage, die in Verbindung mit diesen finanziellen Verhandlungen stehe, bald gelöst werden könne. Wenn auf dem finanziellen Gebiet eine Einigung zustande käme, könnte Deutschland in der Räumungsfrage befriedigt werden."[37]

---

189. Zu den Verhandlungen im Umfeld der Sechsmächte-Besprechungen siehe ARK Müller II, Nr. 18, 20, 25–27, 29–31; ADAP, B X, Nr. 5, 7, 11–14, 23–26, 29, 31, 33, 34, 38; DBFP, I A, V, Nr. 144, 146–149, 152–155, 158, 159, 162, 164, 166; DDB, II, Nr. 183–186.

[35] Das besondere Interesse der USA an der Revision des Dawes-Plans ergab sich aus der zunehmenden Sorge um die Sicherheit der seit 1924 nach Deutschland fließenden Kredite. Die sich zunehmend auftürmenden deutschen Zinsen- und Tilgungsverpflichtungen ließen zusammen mit der jährlichen Dawes-Normalannuität von 2,5 Mrd. RM in New York und Washington um die künftige deutsche Transferfähigkeit fürchten. Siehe hierzu Werner Link, Die amerikanische Stabilisierungspolitik in Deutschland 1921–1932, Düsseldorf 1970, S. 382–426; Eckhard Wandel, Die Bedeutung der Vereinigten Staaten von Amerika für das deutsche Reparationsproblem 1924–1929, Tübingen 1971, S. 183–201; Artaud, La question des dettes interalliées, S. 879–901; Joseph Brandes, Herbert Hoover and Economic Diplomacy. Department of Commerce Policy 1921–1928, Pittsburgh 1962, S. 151–213; Leffler, The Elusive Quest, S. 173–187; Lester V. Chandler, America's Greatest Depression 1929–1941, New York/Evanston/London 1970, besonders S. 67–90; ders., Benjamin Strong, Central Banker, Washington D.C. 1958.

[36] Offenkundig holte Briand die Zustimmung des Kabinetts durch eine Blitzreise von Genf nach Paris ein. Ein direkter Beleg hierfür war nicht auffindbar, da über französische Kabinettsberatungen traditionsgemäß keine Aufzeichnungen angefertigt wurden. Siehe aber die Aufzeichnung Cushenduns, 7.9.1928, DBFP, I A, V, Nr. 146, und die Aufzeichnungen über die Genfer Sechsmächte-Besprechung vom 16.9.1928, siehe Anm. 34.

[37] Aufzeichnung über die Sechsmächte-Besprechung in Genf am 16.9.1928, ARK Müller II, Nr. 28; ADAP, B X, Nr. 28.

1. Die deutsche Rheinlandforderung

Diese Erklärung Briands begründete einen folgenschweren deutsch-französischen Auffassungsgegensatz. Reichskanzler Müller bestand nämlich seinerseits auf der deutschen Position und gab ausdrücklich zu Protokoll, daß der Einsetzung eines Sachverständigen-Ausschusses zur endgültigen Regelung der Reparationsfrage nur unter der Voraussetzung zugestimmt werden könne, daß die Reparationsverhandlungen von den Räumungsverhandlungen „absolut getrennt" geführt würden.[38] Für die britische Regierung behielt zu diesem Zeitpunkt Cushendun grundsätzlich die Freiheit vor, „von Zeit zu Zeit im Einvernehmen mit den anderen interessierten Mächten jede von ihr angebracht gehaltene Maßnahme im Hinblick auf die Räumung des Rheinlandes zu ergreifen, ohne diese Maßnahme mit irgendeiner anderen Frage zu verknüpfen."[39]

Etwas überraschend erhob der französische Außenminister jedoch noch eine zweite, eine sicherheitspolitische Kompensationsforderung, die die Ersetzung der mit der Räumung entfallenden physischen Rheinlandgarantie durch eine politische Sicherung zum Ziel hatte. Die Forderung entsprang der Sorge, daß es nach dem vollständigen Abzug der Besatzungstruppen aus dem Rheinland eine Instanz geben müsse, die überwachen würde, daß das dann nach den Artikeln 42–44 des Versailler Vertrags sowie den Artikeln 1 und 2 des Locarno-Vertrags ohne zeitliche Begrenzung geltende rheinische Demilitarisierungsstatut[40] nicht von deutscher Seite allmählich in kleinen Schritten ausgehöhlt, durchlöchert, schließlich faktisch aufgehoben werden könne. Ohne eine solche Instanz würde, falls entsprechende Verstöße überhaupt erkennbar wären, die einzige verfügbare Kontrollmöglichkeit in der Ingangsetzung des Investigationsverfahrens nach Artikel 213 des Versailler Vertrags[41] bestehen – ein hochpolitisches Verfahren, das zweifellos das deutsch-französische Verhältnis jeweils stark belasten müßte und auch zu schwerfällig wäre, um kleineren Verstößen einfach und flexibel gerecht werden zu können. Es bestehe hier eine echte „Lücke im Locarno-Vertrag", suchte Briand den Vertretern der fünf anderen Mächte zu erläutern; sie könne geschlossen werden durch die rechtzeitige Einsetzung einer internationalen „Festellungs- und Schlichtungskommission" (Commission de Constatation et de Conciliation), mit deren Hilfe nach der Räumung jedwede deutsche Verletzung der rheinischen Demilitarisierungsbestimmungen unverzüglich und ohne

---

[38] Ibid. – Siehe auch ADAP, B X, Nr. 5.
[39] Aufzeichnung über die Sechsmächte-Besprechung in Genf am 16. 9. 1928, ARK Müller II, Nr. 28.
[40] Die Artikel 42–44 des Versailler Vertrags hatten den folgenden Wortlaut:
„Artikel 42: Es ist Deutschland untersagt, auf dem linken Ufer des Rheines und auf dem rechten Ufer westlich einer 50 km östlich des Stromes verlaufenden Linie Befestigungen beizubehalten oder anzulegen.
Artikel 43: Ebenso ist in der im Artikel 42 bezeichneten Zone die ständige oder zeitweise Unterhaltung oder Sammlung von Streitkräften untersagt. Das gleiche gilt für jedwede militärischen Übungen und die Beibehaltung aller materiellen Vorkehrungen für eine Mobilmachung.
Artikel 44: Jeder etwaige Verstoß Deutschlands gegen die Bestimmungen der Artikel 42 und 43 gilt als eine feindselige Handlung gegen die Signatarmächte des gegenwärtigen Vertrags und als Versuch einer Störung des Weltfriedens."
In Art. 1 und 2 des Locarno-Vertrages hatten sich die Unterzeichnerstaaten ausdrücklich zur Beobachtung dieser Bestimmungen des Versailler Vertrags über die demilitarisierte Zone verpflichtet.
[41] Artikel 213 des Versailler Vertrags lautete: „Solange der gegenwärtige Vertrag in Kraft bleibt, verpflichtet sich Deutschland, jede Untersuchung zu dulden, die der Rat des Völkerbunds mit Mehrheitsbeschluß für notwendig erachtet."

größere politische Verwicklungen erkannt, untersucht und geregelt, in besonders schweren Fällen vor den Völkerbundsrat gebracht werden könnte.[42]

Mit diesem Vorschlag einer besonderen rheinischen Kontrollkommission griff Briand ein Projekt wieder auf, das langgehegten Wünschen einiger französischer Militärs und Politiker entsprach und das in den Verhandlungen über die Räumung der Kölner Zone und das Investigationsprotokoll 1925/26 als „éléments stables" zeitweise eine gewisse Bedeutung erlangt hatte.[43] Anfang 1928 war es von Joseph Paul-Boncour und auch von Briand in der französischen Kammer neuerlich in die Diskussion gebracht, danach allerdings den Sommer 1928 über international kaum erörtert worden.[44] Nach den nun im September 1928 und in den folgenden Monaten von französischer Seite gegebenen Erläuterungen sollte die Kommission, indem sie eine „Lücke im Locarno-Vertrag" schloß, nicht nur für die beiden noch besetzten Rheinlandzonen zuständig sein, sondern rückwirkend auch für die bereits geräumte Kölner Zone. Ihre Tätigkeit sollte dementsprechend zeitlich nicht bis zum im Versailler Vertrag vorgesehenen Enddatum der Räumung (1935) begrenzt sein, sondern die vorerst unbegrenzte Gültigkeit des Locarno-Vertrages begleiten. Gemessen an den früheren „éléments stables" enthielt sie freilich gewisse Abschwächungen. Es sollte sich nicht mehr um eine ständige, sondern nur um eine fallweise bei Bedarf zusammentretende Kommission handeln, in der Deutschland gleichberechtigt vertreten sein würde, und die ihren Sitz außerhalb des deutschen Territoriums, etwa in Luxemburg, haben könnte. Die Kontrolleure müßten nicht unbedingt Militärs, sondern könnten auch Zivilisten sein – etwa Konsularbeamte, Militärattachés oder besonders bestellte Persönlichkeiten –, ihre Tätigkeit würde sich nicht nur auf deutsche, sondern auch auf französische und belgische Vertragsverletzungen erstrecken. Durch die Umschreibung „Constatation et Conciliation" sollte der inzwischen emotional aufgeladene Begriff „Investigation" vermieden werden.[45]

Die deutsche Delegation wurde in Genf von dieser französischen Kommissionsforderung einigermaßen überrascht. Reichskanzler Müller behielt sich eine Stellungnahme bis nach einer Beratung mit dem Kabinett in Berlin vor.[46] Auf telegraphischem Wege zwischen Genf, Berlin (wo Reichswehrminister Groener in Vertretung eine Kabinettssitzung einberief) sowie Baden-Baden (von wo aus der kurende Außenminister die Genfer Vorgänge aufmerksam verfolgte), wurde die Haltung der Reichsregierung festgelegt.[47] Jegliche Gegenleistung für die vorzeitige Räumung der zweiten Zone wurde abgelehnt. Erst für den Fall der baldigen Räumung auch der dritten Zone erklärte sich die Reichsregie-

---

[42] Siehe die Sechsmächte-Besprechungen vom 11., 13. und 16.9.1928, oben Anm. 34.
[43] Jacobson, Locarno Diplomacy, S. 294 ff.; Michael Salewski, Entwaffnung und Militärkontrolle in Deutschland 1919–1927, München 1966, S. 268 ff.
[44] Jacobson, Locarno Diplomacy, S. 145. – Ein aktueller Bezug ergab sich, als sich in der sog. „St. Gotthard-Affaire" im Sommer 1928 das Fehlen einer Feststellungs- und Schlichtungskommission unangenehm bemerkbar machte. Siehe hierzu Maurice Vaïsse, „Le désarmement en question: L'incident de Saint-Gothard (1928)", in: RHMC, 13, 1975, S. 530–548.
[45] Dieses Bild ergibt sich bei einer Analyse von ADAP, B X, Nr. 33, 40, 155, 199, 208, 213, 216, 234; B XI, Nr. 102; DBFP, I A, V, Nr. 166, 287.
[46] Sechsmächte-Besprechung in Genf am 13.9.1928, ARK Müller II, Nr. 23.
[47] Siehe hierzu Ministerbesprechung vom 15.9.1928, 11 und 15.45 Uhr, ARK Müller II, Nr. 25; Reichsregierung an deutsche Delegation in Genf, ibid., Nr. 26; ADAP, B X, Nr. 23–26, 29, 34, 38, 45.

rung – mit Rücksicht auf ein früheres Wort Stresemanns[48] und vor allem auf die Auffassung der Regierungen der übrigen Locarno-Mächte und der Weltöffentlichkeit – bereit, über eine zeitlich begrenzte Feststellungs- und Konziliationskommission mit sich reden zu lassen. Allerdings legte sie Gewicht darauf, daß diese Kommission nicht als eine Ausführungsinstitution des Locarno-Vertrages, sondern als eine solche des Versailler Vertrags konzipiert werden müsse – eine Unterscheidung, in der sich einmal mehr der Gegensatz zwischen französischem Beharrungs- und deutschem Revisionsziel spiegelte: auf der Basis des Versailler Vertrags konnte die Kommission nämlich, dem deutschen Interesse entsprechend, als eine zeitlich begrenzte Ersatzkonstruktion für das aus französischer Sicht vorzeitig entfallende Sicherheitspfand der Okkupation gelten, was eine zeitliche Limitierung bis zum Jahre 1935 und auch eine geographische Zuständigkeitsbeschränkung auf die zweite und dritte Zone implizierte. Ausnahmsweise spielte hier die Reichsregierung also revisionspolitisch „Versailles" gegen „Locarno" aus, nicht, wie sonst üblich, umgekehrt.

Angesichts der deutschen Einwendungen erklärte Briand es am 16. September für ausreichend, daß der Grundsatz der Einsetzung einer Feststellungs- und Schlichtungskommission allgemein anerkannt werde, die Einzelheiten könnten späteren Verhandlungen zwischen den Regierungen vorbehalten bleiben. Der Reichskanzler stimmte dem zu, der belgische Außenminister Hymans machte sich die Ausführungen seines französischen Kollegen vollinhaltlich zu eigen, und die italienischen und japanischen Delegierten, und nicht zuletzt auch Lord Cushendun, erklärten sich ebenfalls einverstanden, alle drei allerdings mit der Einschränkung, daß ihr Interesse an dieser Frage nur indirekter Natur sei.[49]

Nach diesem Kompromiß über die französische Kommissionsforderung stand der Formulierung einer umfassenden Vereinbarung nichts mehr im Wege. Sie wurde noch am gleichen Tage der internationalen Presse in Genf in Form eines Kommuniqués zur Kenntnis gegeben. Darin stellten die Vertreter der Locarno-Mächte und Japans ihre Einigung fest

„1. Über die Eröffnung einer offiziellen Verhandlung über die vom Reichskanzler vorgebrachte Forderung nach vorzeitiger Rheinlandräumung. 2. Über die Notwendigkeit, das Reparationsproblem vollständig und endgültig zu regeln und zu diesem Zweck eine Kommission von Finanzsachverständigen der sechs Regierungen einzusetzen. 3. Über den Grundsatz der Einsetzung einer Feststellungs- und Vergleichskommission. Die Zusammensetzung, das Funktionieren, der Gegenstand und die Dauer dieser Kommission sind einer Verhandlung zwischen den Regierungen vorbehalten."[50]

---

[48] Gemeint ist die Rede Stresemanns vom 30. 1. 1928 im Reichstag, siehe Verhandlungen des Reichstags, III. Wahlperiode, Stenographische Berichte, Bd. 394, S. 12495. Stresemann hatte dort ausgeführt: „Wir werden eine Diskussion über diese Fragen, und Fragen, die eine Beobachtung der Verhältnisse im Grenzgebiet bis zur Beendigung der für die Besatzung des Rheinlands in Aussicht genommenen Zeit vorsehen, nicht grundsätzlich ablehnen, aber wir können nicht die Auffassung Raum fassen lassen, als wenn Deutschland bereit wäre, die Verkürzung der Rheinlandbesatzung, auf die es ein Recht hat, mit dauernden Maßnahmen zu erkaufen, die über den Vertrag von Versailles hinausgehen und die geeignet wären, an Stelle des Vertrauens von Volk zu Volk das Mißtrauen zu verewigen und dadurch eine wirkliche und wirksame Friedenspolitik zu hindern."
[49] Sechsmächte-Besprechung vom 16. 9. 1928, ARK Müller II, Nr. 28.
[50] Das Kommuniqué wurde am 16.9.1928 durch WTB veröffentlicht, Bundesarchiv Koblenz, Reichskanzlei, R 43I/502. Der Wortlaut stimmt mit dem bei Schulthess, 1928, S. 439–40 abgedruckten Text überein.

Es ist bemerkenswert, daß dieser Genfer Septemberbeschluß, der zu Recht als „a watershed in the history of the Locarno era" bezeichnet wurde,[51] in der Historiographie bisher nur wenig zur Kenntnis genommen worden ist. Immerhin leitete er eine spannungsgeladene Phase der internationalen Entwicklung ein, die durch das Ringen um eine Neubestimmung der Grundlagen der Friedensregelungen und damit des deutsch-französischen Verhältnisses gekennzeichnet war. Im September 1928 ging es zunächst „nur" um eine Vereinbarung über die weitere Behandlung des Räumungs- und des Reparationsproblems, die Briand und sein belgischer Kollege Hymans im Verlaufe der Genfer Verhandlungen freilich als den Anlauf zu einer „Liquidation des Krieges" hochstylisierten.[52] Dieses Schlagwort, das in der Folgezeit auf allen Seiten mit der Tendenz zur inhaltlichen Weitung und Verallgemeinerung in Umlauf kam, hob das Erhoffte hervor, gab der Erwartung Ausdruck, daß es durch eine gemeinsame Anstrengung und mit allseitigem guten Willen gelingen könne, die den Nachkriegsregelungen innewohnenden Spannungen abzubauen, suggerierte auch, daß die Locarno-Politik in dem im September 1928 angestoßenen internationalen Verhandlungsprozeß einen neuen Höhepunkt, ja ihre Erfüllung finden könne. Aber dieses Schlagwort von der „Liquidation des Krieges" verdeckte auch die Realitäten. Im Grunde geschah im September 1928 nichts anderes, als daß der einseitige deutsche Räumungsvorstoß von den Locarno-Partnern aufgefangen wurde, indem sie ihre eigenen, konträren Interessen dagegen setzten. Der Wortlaut der Genfer Vereinbarung deckte so einen Kompromiß, der unterschiedliche und gegensätzliche Interessen nicht nur übertünchte, sondern sie auch verstärkte. Die machtpolitischen Spannungen zwischen den Locarno-Mächten wurden hier nicht abgemildert, sondern neu aufgeladen. Hinter dem formalen Konsens verbargen sich sachliche Divergenzen von beinahe unerträglicher Schärfe. Tatsächlich war der Genfer Septemberbeschluß eine Weichenstellung, die ein zähes, fast zwei Jahre währendes Ringen zwischen Deutschland, Frankreich und England um die Umsetzung des vereinbarten Verhandlungspakets in die Realität einleitete, ein Ringen, das neue, weitere Spannungen erzeugte, und an dessen Ende schließlich wenig Gemeinsames und viel Trennendes stehen sollte.

2. Die Zurückdrängung des Räumungsproblems hinter die Reparationsfrage

Die acht Monate zwischen Ende September 1928 und Anfang Juni 1929, die dem Genfer Kompromiß folgten, bildeten die erste Phase des Versuchs, die Vereinbarungen in die Wirklichkeit zu übertragen.

In diesem Zeitraum war für die internationale Entwicklung kennzeichnend, daß sich in den nun anstehenden Verhandlungen das französisch-britische Zusammenrücken zu einer weitgehenden Handlungsgemeinschaft zwischen Briand und Chamberlain konsolidierte. Es ist durchaus angemessen, in diesem Zusammenhang von einer vorübergehenden neuen *Entente cordiale* zu sprechen. Kaum eine andere Zeit zwischen den Weltkrie-

---
[51] Jacobson, Locarno Diplomacy, S. 200.
[52] Sechsmächte-Besprechung in Genf am 16. 9. 1928, ARK Müller II, Nr. 28.

2. Die Zurückdrängung des Räumungsproblems

gen sah eine so enge britisch-französische Zusammenarbeit wie die Monate zwischen Herbst 1928 und Frühjahr 1929. Nicht nur nach Stresemanns Auffassung wurde dadurch die seit 1925 praktizierte Solidarität der Locarno-Mächte in Frage gestellt.[53] Die Reichsregierung hatte freilich mit ihrem einseitig erhobenen Anspruch auf eine vorzeitige Rheinlandräumung sowie durch das Aufwerfen weiterer Revisionswünsche zu dieser Entwicklung ihren Teil beigetragen. Sie sah sich nun zunehmend isoliert gegenüber einer französisch-britischen Front, in die sich bei den Reparationsverhandlungen auch noch die USA einreihten. Weder in der Räumungs- noch in der Reparationsfrage konnten sich so vorerst die in Berlin an den Genfer Septemberbeschluß geknüpften Erwartungen erfüllen.

Die erste Enttäuschung war, daß es nicht gelang, Räumungsverhandlungen wenigstens parallel mit den Verhandlungen über eine Endregelung der Reparationen in Gang zu bringen. Die deutsche Forderung auf unbedingte und kompensationslose Räumung wurde undurchsetzbar, weil der Quai d'Orsay in seinem Beharren auf dem Prinzip reparations- (und sicherheits-) politischer Gegenleistungen eben vom Foreign Office Schützenhilfe erhielt. Damit lief die Entwicklung faktisch auf ein Nacheinander in der Behandlung von Reparations- und Räumungsfrage hinaus. Zunächst hofften zwar der Reichskanzler und Stresemann – der am 3. November seine Amtsgeschäfte wieder aufnahm – durch konstruktive Mitarbeit bei der Vorbereitung der neuen Konferenz der Reparationsexperten auch eine parallele Räumungsverhandlung befördern zu können.[54] Doch Anfang Dezember wiesen Chamberlain und Briand einmütig den Versuch Stresemanns, den in Genf nicht durchgesetzten Rechtsanspruch auf die vorzeitige Gesamträumung aufgrund des Artikels 431 des Versailler Vertrags nachträglich doch noch zur Anerkennung zu bringen, zurück.[55] Im Verlaufe des Januar 1929 erwies sich dann auch das Bemühen, über eine politische Absprache zu einer zeitlichen Parallelität von Räumungs- und Reparationsverhandlungen zu kommen, als vergeblich.

Zwar machte der französische Außenminister während der Völkerbundsratstagung in Lugano (9.–15. Dezember 1928) seinem deutschen Kollegen gewisse Hoffnungen auf einen politischen Kompromiß in dieser Frage. Im Einvernehmen mit Chamberlain schlug Briand Stresemann vor, daß nach dem Zusammentreten der Reparationsexperten auf diplomatischem Wege Verhandlungen über die Feststellungs- und Schlichtungskommission und die vorzeitige Gesamträumung beginnen sollten. Bei erfolgversprechendem Fortgang der Beratungen über die Reparationen und die Rheinlandkommission würde Frankreich als Geste guten Willens zu einer raschen Räumung der zweiten Zone bereit sein. Auch im Falle eines Scheiterns der Reparationsverhandlungen, und also der Fortgeltung des Dawes-Plans, sollten die Räumungsverhandlungen weiterlaufen können. Vor allem könne bei einem erfolgreichen Abschluß der Sachverständigenkonferenz und einer Lösung der hinsichtlich der Feststellungs- und Schlichtungskommission bestehenden Schwierigkeiten unverzüglich die Gesamträumung erfolgen – „as a matter of course and

---

[53] Aufzeichnung (Stresemanns?) von Ende Dezember 1928, ADAP, B X, Anhang II, S. 609–14. Vgl. Aufzeichnung Stresemanns vom 10.12.1928, ibid., Nr. 193; Stresemann an D'Abernon, 30.3.1929, B XI, Nr. 144.
[54] Jacobson, Locarno Diplomacy, S. 225–26.
[55] Rumbold an Chamberlain, 6.12.1928, DBFP, I A, V, Nr. 261. Vgl. ibid., Nr. 272, 287; Aufzeichnung Stresemanns, 9.12.1928, ADAP, B X, Nr. 188; Aufzeichnung Schuberts, 15.12., ibid., Nr. 213. – Zu Artikel 431 siehe oben, S. 30, Anm. 69 und S. 37.

as rapidly as technical conditions permitted", wie Chamberlain unterstrich.[56] Aber fünf Wochen später korrigierte sich der französische Außenminister und sprach sich für die Aufnahme von Räumungsverhandlungen erst parallel mit den auf die Expertenberatungen folgenden Regierungsverhandlungen, auf jeden Fall erst im Anschluß an ein befriedigendes Ergebnis der Sachverständigenberatungen aus.[57] Es war offenbar Poincaré, der hinter dieser Kursänderung steckte, indem er auch am Vorabend der neuen Expertenkonferenz den Pfandcharakter der Rheinlandbesetzung nicht vorzeitig preisgeben mochte. In mehreren Aufzeichnungen des Finanzministeriums für den Quai d'Orsay verpflichtete er Briand neuerlich auf den Zusammenhang, der zwischen vorzeitiger Räumung und vorzeitiger Zahlung der Reparationen durch ihre Mobilisierung, und also zwischen einem die Kommerzialisierung der deutschen politischen Schuld konkret sichernden Reparationsergebnis und der Aufnahme von Räumungsverhandlungen herzustellen sei.[58] Chamberlain entschloß sich, trotz vehementer innerbritischer Kritik seitens der Labour und der Liberal Party, auch dieser französischen Akzentverschiebung in der Rheinlandfrage zu folgen.[59]

Unter diesen Umständen verzichtete Stresemann vorerst darauf, die Parallelisierungsfrage zu vertiefen. Bemühungen um die britische Regierung erschienen angesichts von deren grundsätzlicher Stützung der französischen Position wenig sinnvoll, ja, sie mochten nur der These von der „Notwendigkeit des Rheinpfandes zur Sicherstellung der Reparationsleistungen" neue Nahrung geben. Es blieb nichts übrig, als abzuwarten, ob die französische Regierung nach Abschluß der Sachverständigenberatungen wenigstens ihre neueste Zusage einhielt, daß das Räumungsproblem nach den Sachverständigenverhandlungen in Angriff genommen werden könne, und ob sich nicht im übrigen vielleicht in der Folge der Ende Mai 1929 anstehenden britischen Unterhauswahlen eine günstigere internationale Gesamtkonstellation ergab. Auf jeden Fall war der deutsche Anspruch auf unbedingte vorzeitige Räumung, mit einer und notfalls auch ohne eine für Frankreich befriedigende Reparationsregelung, grundsätzlich aufrechtzuerhalten.[60]

Die Reichsregierung stimmte also angesichts des weitgehenden französisch-britischen Einvernehmens gezwungenermaßen zu, die Räumungsfrage für kurze Zeit hinter die Lösung des Reparationsproblems zurückzustellen. Entsprechendes galt implizit für die weitergehende Forderung nach einer vorzeitigen Auflösung des Saarstatuts, die in den Genfer Septemberbeschluß ja nicht einmal eingegangen war, und deren nachträgliche Mitberücksichtigung Briand und Chamberlain in Lugano ablehnten.[61] Umgekehrt wurden so natürlich ebenso die französischen Bemühungen um eine rheinische Feststellungs- und Schlichtungskommission zunächst zurückgestellt.[62]

Die dem Genfer Septemberbeschluß folgenden acht Monate brachten der Reichsregie-

---

[56] ADAP, B X, Nr. 199, 205, 206, 208, 209, 216; DBFP, I A, V, Nr. 287, 293.
[57] Hoesch an AA, 24.1.1929, PA, 2258/120 316–17; Jacobson, Locarno Diplomacy, S. 239–40.
[58] Hoesch an Schubert, 29.1.1929, ADAP, B XI, Nr. 41; Jacobson, Locarno Diplomacy, S. 240–41.
[59] Jacobson, Locarno Diplomacy, S. 241–46.
[60] Aufzeichnung Schuberts, 9.4.1929, PA, 4502/120385; Stresemann an Hoesch, 23.5., ADAP, B XI, Nr. 243; Jacobson, Locarno Diplomacy, S. 246–50. Das Zitat in ADAP, B XI, Nr. 97.
[61] Siehe hierzu u. a. DBFP, I A, V, Nr. 292; VI, Nr. 54, 60, 70, 71, 73, 79. – Für den in Lugano in Aussicht genommenen schriftlichen französischen Entwurf einer Feststellungs- und Schlichtungskommission siehe ibid., Nr. 90; ADAP, B XI, Nr. 102.
[62] Siehe unten, S. 51, 70–71.

2. Die Zurückdrängung des Räumungsproblems

rung aber noch eine zweite Enttäuschung: auch die Hoffnung auf eine der deutschen Leistungsfähigkeit entsprechende Reparationslösung erfüllte sich nicht. Während des wochenlangen diplomatischen Tauziehens im Vorfeld des Zusammentretens der Reparations-Sachverständigen in Paris ergaben sich bereits deutliche Anzeichen dafür, daß es bei dem Versuch einer Endregelung des Reparationsproblems unter Umständen mehr um die Deckung der durch die Kriegsschulden-Abkommen mit Amerika vorgegebenen Einnahmebedürfnisse der Gläubiger als um die Zahlungsmöglichkeiten des Schuldners gehen würde. Aus Mitteilungen Parker Gilberts im Oktober 1928, aber spätestens auch aus offiziellen französischen und britischen Noten vom 3. bzw. 15. November konnte die Reichsregierung bereits die Tatsache entnehmen, daß sich – dem Geiste des Septemberbeschlusses entsprechend – statt einer Schuldnerfront gegen Amerika eine Gläubigerfront gegen Deutschland anbahnte. Sowohl Poincaré als auch Churchill arbeiteten offenkundig einvernehmlich auf ein Endergebnis hin, welches die französischen und britischen „outpayments" an die USA nebst eines „surplus" für die französischen Kriegsschäden abdeckte und mithin eine langfristige Annuität von mindestens 2 Milliarden Reichsmark erforderte. Ebenso wurde deutlich, daß die französischen und britischen Sachverständigen diese Vorgabe ihrer Regierungen nicht würden ignorieren können.[63]

Es gab mehrere Gründe dafür, daß die Reichsregierung dennoch zwischen November 1928 und Januar 1929 auf konstruktive Weise an der internationalen Vorbereitung der Pariser Sachverständigenkonferenz mitwirkte. Das bloße Zusammentreten der Konferenz diente ja schon, wegen des vereinbarten oder faktischen Zusammenhangs mit dem Zustandekommen der Rheinland-Verhandlungen, dem deutschen Räumungsziel. Zudem konnte Deutschland sich wegen seiner finanziellen Abhängigkeit von den Westmächten den Vorbereitungen auf die nun einmal vereinbarte Konferenz der Reparationsexperten nicht ohne Schaden entziehen. Vor allem gab die Reichsregierung die – auch durch gelegentliche Äußerungen Gilberts und Briands gestützte[64] – Hoffnung nicht auf, daß die international renommierten Sachverständigen am Ende, ungeachtet der Positionen ihrer Regierungen, doch eine Herabsetzung der endgültigen Jahreszahlungen auf die Ebene der genuinen, nicht von ausländischem Kapitalimport abhängigen deutschen Transferfähigkeit – vielleicht 1,5 Milliarden RM – empfehlen würden. Schließlich würden ja auch amerikanische Bankiers an den Beratungen teilnehmen, die keine direkten Ansprüche gegenüber Deutschland zu verfechten hatten und denen vor allem an dem wirtschaftlichen und finanziellen Wohlergehen Deutschlands gelegen sein mußte.[65] Der deutsche Delegationsleiter, Reichsbankpräsident Schacht, reiste so in der Tat mit der Vorstellung nach Paris, Deutschland von der Dawes-Last befreien und jeden nicht akzeptabel erscheinenden Gläubigervorschlag ohne weiteres ablehnen zu können.[66]

---

[63] Siehe hierzu DBFP, I A, V, Nr. 187, 201; ADAP, B X, Nr. 128; Stresemann, Vermächtnis, III, S. 376–382. – Die internationalen Vorverhandlungen zur Einberufung des Sachverständigenausschusses sind eingehend dokumentiert in ADAP, B X, XI, passim; DBFP, I A, V, S. 279–601; VI, S. 1–113; Foreign Relations of the United States [FRUS] Jg. 1928, Bd. II, S. 871–81; 1929, II, S. 1025–28.

[64] Siehe hierzu Stresemann, Vermächtnis, III, S. 380; Hoesch an AA, 13.11.1928, ADAP, B X, Nr. 125.

[65] Stresemann, Vermächtnis, III, S. 384–86; Jacobson, Locarno Diplomacy, S. 225.

[66] Siehe hierzu Hjalmar Schacht, Das Ende der Reparationen, Oldenburg 1931, S. 56. Vgl. die neueste Schacht-Biographie von Heinz Pentzlin, Hjalmar Schacht. Leben und Wirkung einer umstrittenen Persönlichkeit, Berlin/Frankfurt a. M./Wien, 1980, S. 114–15.

Die Sachverständigenberatungen über die Endregelung der Reparationen, die zwischen dem 11. Februar und dem 7. Juni 1929 im Hotel George V. in Paris stattfanden und mit der Unterzeichnung des Young-Plans endeten, brauchen hier nur in ihrem Kerngehalt betrachtet zu werden.[67] Sie liefen in der Tat einseitig auf die Durchsetzung der Gläubigerforderungen gegen die den Gesichtspunkt der Leistungsfähigkeit reklamierenden Vorstellungen des Schuldners Deutschland hinaus. Eine Prüfung der deutschen Leistungsfähigkeit fand erst gar nicht statt. Allein entscheidend war, daß die französischen und britischen Experten (Emile Moreau, Josiah Stamp) von der Einigung ihrer Regierungen auf eine Annuität in der Größenordnung von mindestens 2 Milliarden RM ausgingen, und daß die eine Schlüsselrolle einnehmenden amerikanischen Bankiers (Owen D. Young, J. P. Morgan) in Rücksichtnahme auf die sich aus den Kriegsschulden-Abkommen ergebenden Verpflichtungen Frankreichs und Englands gegenüber den USA ebenfalls lediglich eine Herabsetzung der Dawes-Normalannuität auf etwa 2 Milliarden RM für vertretbar hielten.[68] Die im Laufe der Verhandlungen von Schacht unter bestimmten Bedingungen – zu denen zum Unwillen der Gläubigervertreter, aber auch Stresemanns, solche politischen Charakters gehörten – angebotenen Jahreszahlungen von einer Milliarde beziehungsweise von 1,65 Milliarden RM waren unter diesen Umständen von vornherein nicht annähernd durchsetzbar, ebensowenig freilich eine sich auf 2,9 Milliarden RM belaufende Summierung aller denkbaren Gläubigerdesiderate.[69] Es blieb dabei, daß die Zusammenfassung der französischen, britischen und amerikanischen Ansprüche nach unten hin auf eine feste Grenze stieß: rund 2 Milliarden RM wurden bei der Eröffnung der Beratungen im Februar von den Gläubigern gefordert, und rund 2 Milliarden RM betrug die Annuität des Ende April von dem Vorsitzenden Young entwickelten und schließlich allseits akzeptierten Kompromisses.[70]

Dieser Kompromiß wurde möglich durch die Aufteilung der deutschen Zahlungsverpflichtungen in eine transfergeschützte (bedingte) und eine nicht transfergeschützte (unbedingte) Tranche der Jahreszahlungen. Er beinhaltete im Kern, daß Deutschland für die Reduzierung der Dawes-Normalannuität um durchschnittlich 20 Prozent (ohne Berücksichtigung des Prosperitätsindexes) einen Teil des Transferschutzes (für 660 Millionen

---

[67] Für eine eingehende Behandlung siehe Die Entstehung des Young-Plans, dargestellt vom Reichsarchiv 1931–1933, durchges. und eingel. von Martin Vogt, Boppard a. Rh. 1970; Rolf E. Lüke, Von der Stabilisierung zur Krise, Zürich 1958; Kurt A. Holz, Die Diskussion um den Dawes- und Young-Plan in der deutschen Presse, Frankfurt 1975; Weill-Raynal, III, S. 422 ff.; sowie die ausführlichen Dokumentationen in ARK Müller II; ADAP, B X, XI; DBFP, I A, V, VI; FRUS, 1929, II, S. 1025–1083.
[68] Zu der britisch-französischen Einigung siehe oben, Anm. 31. Zur amerikanischen Haltung neben den vielfach belegten Äußerungen Gilberts die Ankündigung Youngs in Prittwitz an AA, 14. 11. 1928, ADAP, B X, Nr. 129. Vgl. Stephen A. Schuker, „American Foreign Policy and the Young Plan, 1929" in: Gustav Schmidt (Hrsg.), Konstellationen internationaler Politik 1924–1932. Politische und wirtschaftliche Faktoren in den Beziehungen zwischen Westeuropa und den Vereinigten Staaten, Bochum, 1984, S. 122–130.
[69] Für die deutschen Angebote siehe u. a. Aufzeichnung Ritters o. D., ADAP, B XI, Nr. 134; Herrick an Dept. of State, 3. 3. 1929, FRUS, 1929, II, S. 1029–34; Ruppel an Ritter, 18. 4. 1929, ADAP, B XI, Nr. 179. Hierzu Schacht, Ende der Reparationen, S. 58–85; Jacobson, Locarno Diplomacy, S. 250–58, bes. S. 254.
[70] Bericht Kastls vom 1. 3. 1929, ARK Müller II, Nr. 139; Herrick an Dept. of State, 3. 3. 1929, FRUS 1929, II, S. 1029–34; Aufzeichnung Ritters vom 3. 5. 1929, ADAP, B XI, Nr. 213; Thomas W. Lamont, „The Final Reparations Settlement", in: Foreign Affairs, 8, 1930, S. 336–63; Jacobson, Locarno Diplomacy, S. 250–262.

2. Die Zurückdrängung des Räumungsproblems

RM unbedingter Annuität) aufgab, während Frankreich für einen hohen Anteil an der unbedingten und mobilisierbaren Annuität (500 von 660 Millionen RM) die Verringerung seiner jährlichen Gesamtreparationseinkünfte um entsprechende 20 Prozent (von 1,3 auf 1,03 Milliarden RM) akzeptierte. Im Ergebnis wurden – mit einem faktischen, nicht juristischen Junktim – allen gegenüber den USA kriegsbedingt verschuldeten Staaten für 59 Jahre (bis 1988) die „outpayments" durch die deutschen Reparationsleistungen umfassend abgedeckt (74,2 Prozent der Annuität), wodurch Frankreich wunschgemäß die Schuldenraten unter dem Mellon-Bérenger-Abkommen und dem Caillaux-Churchill-Abkommen vergütet wurden. Außerdem erhielten alle Gläubiger, mit der alleinigen Ausnahme Englands, einen „surplus" für die Wiedergutmachung der Kriegsschäden, davon Frankreich den Löwenanteil. Deutschland wurde für die begrenzte Herabsetzung der Annuität und die Aufhebung der ausländischen Kontrollen eine Zahlungsverpflichtung für die Dauer von zwei Generationen auferlegt, davon ein erheblicher Teil – 660 Millionen RM – ohne jeden Transferschutz, völlig unabhängig von jedweder möglichen wirtschaftlichen Entwicklung. Zur Verwaltung des Eingangs und der Verteilung der Jahreszahlungen, zur technischen Realisierung der vorgesehenen Kommerzialisierungsmöglichkeiten und zur Übernahme einer Reihe weiterer mit dem vorgeschlagenen neuen Reparationsstatut zusammenhängender Aufgaben empfahlen die Experten, bei gleichzeitiger Auflösung der Reparationskommission, eine Bank für Internationalen Zahlungsausgleich einzurichten.[71]

Die schwierige Entscheidung der Reichsregierung, die Empfehlungen der Sachverständigen anzunehmen, basierte freilich ebensowenig wie die Ansprüche der Gläubiger auf Kalkulationen hinsichtlich der tatsächlichen (allerdings weder positiv noch negativ verläßlich erweisbaren) Leistungsfähigkeit Deutschlands.[72] Die Reichsregierung stand vor allem unter dem Eindruck, daß eine Ablehnung des Young-Plans voraussichtlich noch schwerwiegendere Folgen haben würde als die Annahme, die als die im Grunde alternativlose Wahl des vermeintlich kleineren Übels erschien. Eine Ablehnung mit der Folge der Fortzahlung der hohen Dawes-Annuitäten hätte nach dem Eindruck der meisten Verantwortlichen den bereits stark angespannten Reichshaushalt weiter ins Ungleichgewicht gebracht, Steuererhöhungen und Kreditrestriktionen bedingt, womöglich – so die Einschätzung vom Frühjahr 1929 – binnen zwei oder drei Jahren in eine schwere Wirtschaftskrise geführt, auch die Gefahr ernster sozialer und politischer Erschütterungen vergrößert.[73] Nicht nur war im Falle solch ungünstiger Entwicklungen mit wohlwollendem Verständnis seitens der Gläubigerregierungen nicht zu rechnen, schon kurzfristig waren vielmehr, wie in der zweiten Aprilhälfte drastisch deutlich wurde,[74] aktive Gläu-

---

[71] Für die Bestimmungen des Young-Plans siehe Reichsgesetzblatt, Jahrgang 1930, Teil II, Berlin 1930, S. 397–537; mit Kommentar: Eduard Heilfron und Paul Nassen (Hgg.), Der Neue Plan. Young-Plan und Haager Vereinbarungen nebst den deutschen Ausführungsvorschriften, Berlin 1931.

[72] Siehe hierzu die Ausführungen Hilferdings in der Ministerbesprechung vom 2.5.1928, 11 Uhr, ARK Müller II, Nr. 192, S. 625.

[73] Siehe hierzu die Diskussionen in den Berliner Ministerbesprechungen am 1., 2. und 3. Mai 1929, ARK Müller II, Nr. 190, 191, 192, 194; Jacobson, Locarno Diplomacy, S. 262–71.

[74] Eine endgültige Aufklärung der umstrittenen Frage, in welchem Maße es sich bei den Kreditrückzügen von Ende April 1929 um eine bewußte politische Maßnahme der französischen Regierung und der Banque de France handelte, dürfte erst aufgrund der – bisher nur in begrenztem Maße zugänglichen – Akten der Banque de France zu entscheiden sein.

bigermaßnahmen in Form massiver Kreditabzüge zu befürchten, ohne daß allzu große Hoffnungen auf einen Transferschutz durch den Reparationsagenten gesetzt werden konnten. Dagegen brachte die Annahme des ebenfalls alles andere als idealen Young-Plans immerhin kurzfristig wirksame Erleichterungen der Jahresleistungen, neues Vertrauen der ausländischen Investoren, effektiven und von ausländischer Mitsprache unabhängigen Transferschutz für zwei Drittel der Annuität, die – politisch nicht unwichtige – Befreiung von ausländischen Kontrollen (unter anderem die Ablösung des Reparationsagenten und die Überführung der Funktionen der Reparationskommission auf die Bank für Internationalen Zahlungsausgleich), mittelfristig potentielle Erleichterungen (im Falle einer Reduzierung der interalliierten Schulden). Vor allem wurde mit der Annahme des Young-Plans keineswegs die Möglichkeit versperrt, unter günstigeren Rahmenbedingungen die Frage einer neuerlichen Revision aufzuwerfen. Bereits die Zustimmung des Reichskabinetts zum Young-Plan enthielt die Erwartung, daß die Zahlungen ohnehin nicht die vorgesehenen 59 Jahre lang, sondern höchstens für ein Jahrzehnt zu leisten sein würden. Eine Absicht, die Unterschrift unter den Young-Plan voll zu honorieren, bestand bei den Berliner Verantwortlichen zu keiner Zeit.[75]

Es ist festzuhalten, daß am Ende das Ziel der vorzeitigen Räumung des Rheinlands für die deutsche Unterschrift unter den Pariser Sachverständigenplan nur wenig Bedeutung hatte. Für das Reichskabinett waren die vermuteten Auswirkungen von Annahme oder Ablehnung des Young-Plans auf die wirtschaftliche und politische Entwicklung in Deutschland ausschlaggebend. Aufgrund des sich in der Folge des Genfer Septemberbeschlusses ergebenden internationalen Verhandlungsfahrplans war offenkundig, daß ein erfolgreicher Abschluß der Beratungen der Reparationsexperten eine wesentliche Voraussetzung für das Ingangkommen der angestrebten Räumungsverhandlungen war. Aber die Reichsregierung hätte den Young-Plan auch ohne diese Räumungsperspektive annehmen müssen. Umgekehrt war die Räumungsforderung ja nach der Auffassung des Auswärtigen Amts von der Lösung der Reparationsfrage unabhängig; sie war nur für die Zeit der Pariser Sachverständigenberatungen zurückgestellt und sollte ungeachtet eines positiven oder negativen Ausgangs danach auf jeden Fall neu belebt werden.[76] Der Test auf die Realisierbarkeit dieser Absicht entgegen dem erklärten Junktim der französischen und – seit Ende 1928 – der britischen Regierung wurde der Reichsregierung erspart, weil durch die Unterschrift der Sachverständigen vom 7. Juni 1929 der Reparationsteil des Genfer Septemberbeschlusses einem erfolgreichen Abschluß nahegebracht wurde; aber auch, weil in den gleichen Tagen in London eine neue Regierung ihre Arbeit aufnahm.

---

[75] Aufzeichnung Pünders, 1. 5. 1929, PA, 3575/780 352; siehe dazu die Ausführungen Stresemanns vor dem Reichstag am 24. 6. 1929, Verhandlungen des Reichstags, IV. Wahlperiode, Stenographische Berichte, Bd. 425, S. 2810–15. Vgl. Wolfgang J. Helbich, Die Reparationen in der Ära Brüning. Zur Bedeutung des Young-Plans für die deutsche Politik 1930 bis 1932, Berlin 1962, S. 13.
[76] Dies ergibt zweifelsfrei die Analyse der Dokumente zur deutschen Entscheidung, den Young-Plan anzunehmen. Siehe insbesondere Stresemann an Hoesch, 23. 5. 1929, ADAP, B XI, Nr. 243. Vgl. Jacobson, Locarno Diplomacy, S. 267. Siehe auch oben, S. 46–47.

3. Britisch-französische Annäherungen in der Militärfrage

Das britisch-französische Zusammenrücken, das die deutsche Politik zwischen dem Sommer 1928 und dem Frühjahr 1929 zunehmend behinderte, war nicht ausschließlich eine Folge der forcierten deutschen Rheinlandforderung und der sich daran anschließenden Auseinandersetzung über Räumungs- und Reparationsprobleme. Schon vorher hatte sich zwischen London und Paris eine Interessenkonvergenz in Fragen der militärischen Rüstungen abgezeichnet. Während die Regierung Baldwin-Chamberlain gegenüber dem fortgesetzten französischen Bemühen um politische Sicherheiten unverändert nicht bereit war, über die Locarno-Garantie hinauszugehen,[77] fand sie sich doch in ihrem letzten Amtsjahr zu einer weitgehenden Unterstützung des französischen Standpunkts in den Entwaffnungs- und Rüstungsfragen bereit.

So sympathisierte das Foreign Office seit dem Herbst 1928 in zunehmendem Maße mit den französischen Bestrebungen, vorsorglich das nach einer vorzeitigen Räumung im Rheinland geltende Demilitarisierungsstatut abzusichern. Chamberlain machte sich nicht nur in den Wochen nach den Genfer Septemberberatungen die Forderung Briands, eine Feststellungs- und Schlichtungskommission einzurichten, nachträglich zu eigen; er stand sogar Anfang 1929 vorübergehend im Begriff, selbst eine Initiative in dieser Richtung zu ergreifen.[78]

Chamberlain begünstigte auch die französischen Auffassungen in der sogenannten rheinischen Eisenbahnfrage, obgleich er sie nicht teilte. In dieser Angelegenheit suchte der Quai d'Orsay, in Erinnerung an den deutschen Aufmarsch im Jahre 1914, über die Botschafterkonferenz die künftige militärische Verwendungsfähigkeit der Eisenbahnen im Rheinland einzuschränken. Anläßlich deutscher Neubauanträge bemühte er sich seit Anfang 1928, das linksrheinische Eisenbahnnetz einer engen Auslegung des Artikels 43 des Versailler Vertrags (materielle Vorkehrungen für eine Mobilmachung)[79] zu unterwerfen. Das Ziel war der Abbruch verschiedener Eisenbahn-Anlagen links des Rheins, die in einer Note der Botschafterkonferenz von 1922 als überwiegend militärischen Zwecken dienend gekennzeichnet, aber – im Unterschied zu den entsprechenden Anlagen rechts des Rheins – wegen der Anwesenheit der Besatzungstruppen bisher erhalten geblieben waren; außerdem sollten verschiedene deutsche Neu- und Ausbauwünsche vereitelt werden.[80] Das Foreign Office Chamberlains vertrat demgegenüber die Ansicht, daß im Jahre 1928 bei der Betrachtung des rheinischen Eisenbahnnetzes nicht mehr die strategisch-militärische, sondern die wirtschaftliche Funktion im Vordergrund zu stehen habe, und daß selbst Einrichtungen, die tatsächlich ausschließlich als „materielle Vorkehrungen für eine Mobilmachung" einzustufen seien, erst dann zerstört beziehungsweise verhindert werden dürften, wenn sie als „palpable and vitally dangerous violations" des Artikels 43 ei-

---

[77] Hierzu Aufzeichnung Paul-Boncours, 14.3.1929, MAE, SDN, II – Désarmement, Carton 291. – Zu den französischen Bemühungen um zusätzliche Sicherheitsgarantien siehe auch Survey of International Affairs, 1928, hrsg. von Arnold Toynbee, London 1929, S. 81–93; Jg. 1929, London 1930, S. 70–81; Jg. 1931, London 1932, S. 246–259; ADAP, B XI, Nr. 234; B XIII, Nr. 59, 201.
[78] DBFP, I A, V, Nr. 292; VI, Nr. 54, 60, 70, 71, 73, 79.
[79] Siehe oben, S 41, Anm. 40.
[80] Für die Entwicklung dieser Frage im Jahre 1928 siehe DBFP, I A, IV, Nr. 106, 117, 120, 132, 138, 169, 171; V, Nr. 28, 30, 45, 60, 75, 94, 134, 161; ADAP, B VIII, Nr. 225, 239; IX, Nr. 85, 93.

nen bestimmten Bedrohungsgrad erreichten.⁸¹ Nach diesen Kriterien konnte die britische Regierung in einem Ende Oktober 1928 von der französischen Abteilung des Versailler Militärkomitees vorgelegten Berichtsentwurf über den Bestand und die Neubaupläne des rheinischen Eisenbahnnetzes nichts erkennen, was Artikel 43 widersprochen hätte, so daß sich nach ihrer Auffassung Eisenbahn-Entwaffnungsverhandlungen mit Deutschland vor der Räumung völlig erübrigten.⁸² Immerhin erklärte man sich in London aber einverstanden, die unter diesen Umständen in Paris angestrebten bilateralen deutsch-französischen Eisenbahnverhandlungen nicht durch die Offenlegung der britischen Haltung zu präjudizieren.⁸³ Diese Zurückhaltung sollte die französische Verhandlungsposition gegenüber der Reichsregierung wesentlich stärken.

In ähnlicher Weise trug die britische Regierung den Winter 1928/29 über das auch nach der Auflösung der Interalliierten Militärkontrollkommission – Anfang 1927 – unvermindert aktive französische Bestreben mit, Deutschland auf dem Entwaffnungsstand gemäß Teil V des Versailler Vertrags festzuhalten. Die französische Entwaffnungspolitik stützte sich nun auf die Botschafterkonferenz, das Versailler Militärkomitee, und nicht zuletzt auf die Militärexperten in Berlin, die zwar nur über höchst begrenzte Kompetenzen verfügten, deren Tätigkeit aber in Paris im Lichte der Informationen über deutsche Geheimrüstungen für unerläßlich gehalten wurde.⁸⁴ In London wurde dagegen nach der zunächst als beruhigend empfundenen Reichstagswahl vom Mai 1928 die baldige Schließung des gesamten Entwaffnungsdossiers und die Rückberufung der Militärexperten ins Auge gefaßt, da deren Kosten in keiner vernünftigen Relation mehr zu ihrer praktischen Bedeutung stünden, sie die Arbeit der regulären Militärattachés behinderten und einen unnötigen Irritationsfaktor in den Beziehungen zu Deutschland bildeten.⁸⁵ Nichtsdestoweniger beschloß die britische Regierung aus Solidarität mit Paris und wegen der in wichtigeren Punkten (Reparationen-Schulden-Komplex, Räumung, rheinische Eisenbahnen) noch nicht ganz überschaubaren britisch-französischen Interessenlage die relativ unwichtige Frage der Militärexperten vorerst nicht zu problematisieren. Der britische Sachverständige in Berlin Gosset nahm, ähnlich wie seine italienischen und belgischen Kollegen, aber im Gegensatz zum Eifer des französischen Sachverständigen Durand eine betont inaktive Haltung ein, und auch der britische Vertreter in der Pariser Botschafterkonferenz hielt sich stark zurück. Allerdings wurden französische Anregungen, die Botschafterkonferenz und das Versailler Militärkomitee institutionell fortzuentwickeln, mit Nachdruck zurückgewiesen.⁸⁶

---

⁸¹ Ibid., insbesondere Chamberlain an Crewe, 24.1.1928, DBFP, I A, IV, Nr. 120.
⁸² Chamberlain an Tyrrell, 30.11.1928, DBFP, I A, V, Nr. 248. Vgl. ibid., Nr. 281; VI, Nr. 14, 26, 46.
⁸³ DBFP, I A, VI, Nr. 43, 55, 114; ADAP, B XI, Nr. 59; Hoesch an AA, 16.2.1929, PA, L 379/ L 110 808–13.
⁸⁴ Siehe oben, S. 22, Anm. 40.
⁸⁵ Siehe hierzu z. B. Aufzeichnungen Perownes, 2.3.1928, DBFP, I A, IV, Nr. 157; 18.4.1928, V, Nr. 3.
⁸⁶ Ibid, sowie Sargent an Wigram, 20.11.1928, DBFP, I A, V, Nr. 230. – Hierzu Jürgen Heideking, Areopag der Diplomaten. Die Pariser Botschafterkonferenz der alliierten Hauptmächte und die Probleme der europäischen Politik 1920–1931, Husum 1979, bes. S. 287–314. Siehe auch ders., „Vom Versailler Vertrag zur Genfer Abrüstungskonferenz. Das Scheitern der alliierten Militärkontrollpolitik gegenüber Deutschland nach dem Ersten Weltkrieg", in: MGM, 2/1980, S. 45–68.

3. Britisch-französische Annäherungen in der Militärfrage

Im Ergebnis bedeutete all dies, daß bis in das Frühjahr 1929 hinein die französische Entwaffnungslinie maßgebend blieb, nach der der Rückzug der Militärexperten aus Berlin von der vorherigen Klärung einer Reihe von Entwaffnungs-Restfragen abhängig gemacht wurde. Zu diesen gehörten eine befriedigende deutsche Verordnung über die Ausbildung von Generalstabsoffizieren, die Änderung bestimmter Ausbildungsvorschriften der Reichswehr, die offizielle Bekanntgabe einer neuen deutschen Militäreisenbahnordnung, Zusicherungen hinsichtlich der Durchführung der neuen Polizeigesetze in den verschiedenen Ländern sowie die Aufstellung eines Vierjahresprogramms für die Veräußerung beziehungsweise den Umbau ehemaliger militärischer Gebäude und Anlagen.[87] Drängende Vorstellungen der Reichsregierung, daß die Reste der Entwaffnungskontrollen zügig beseitigt und vor allem die Militärexperten abgezogen werden müßten, stießen in Paris in dieser Zeit nicht nur auf Unnachgiebigkeit, sie provozierten sogar die Drohung, daß die vorzeitige Rheinlandräumung gefährdet sei.[88]

Vor allem aber konnte sich Frankreich die britische Unterstützung in der heranreifenden internationalen Abrüstungsfrage sichern. Hier befand sich die französische Regierung, wie erwähnt, in einer unangenehmen Defensive, da die deutsche Seite unter Hinweis auf die Präambel zu den Entwaffnungsklauseln des Versailler Vertrags einen Anspruch auf die einseitige Reduzierung der französischen Landrüstungen geltend machen konnte. Die Reichsregierung forderte insbesondere, daß in einer künftigen Abrüstungskonvention auch die ausgebildeten Reserven und das lagernde Kriegsgerät berücksichtigt würden, Rüstungselemente also, über die das dem Entwaffnungsstatut unterliegende deutsche Berufsheer nicht verfügte.[89] Deutsche Hoffnungen, diese Auffassungen mithilfe eines in die gleiche Richtung wirkenden finanz- und wirtschaftspolitischen Drucks der angelsächsischen Mächte, vor allem der USA, auf Frankreich durchsetzen zu können,[90] erwiesen sich allerdings zwischen dem Sommer 1928 und dem Frühjahr 1929 als illusorisch. Vielmehr fand die französische Haltung, im Bereich der Landrüstungen keinerlei effektive Abrüstungsmaßnahmen zu akzeptieren, seit dem Frühjahr 1928 plötzlich in England Verständnis. Der Grund ergab sich vor allem aus der zugespitzten britisch-amerikanischen Flottenrivalität, die zunächst London die Unterstützung der Seemacht Frankreich für seine Position in der Frage der Seerüstungen unterhalb der Ebene der „capital ships" suchen ließ.[91] Eine französische Bereitschaft, sich den britischen Auf-

---

[87] Siehe hierzu den Notenwechsel zwischen Botschafterkonferenz und Reichsregierung vom 20. 8., 20. 10. und 16. 12. 1928, ADAP, B IX, Nr. 250; B X, Nr. 74; DBFP, I A, V, Nr. 133, 302; VI, 208. Die Forderung der Botschafterkonferenz nach Verifikationen in der Polizei- und Gebäudefrage wurde auf deutschen Widerspruch hin fallengelassen, ebenso die Forderung nach Überwachung der militärischen Aktivitäten von Verbänden wie des Stahlhelm und des Grenzschutzes in Ostpreußen, ibid.
[88] Siehe Hoesch an AA, 28. 3. 1929, ADAP, B XI, Nr. 142; AA an Botschaft Paris, 6. 5. 1929, ibid. Nr. 223.
[89] Vgl. oben, S. 23.
[90] Siehe hierzu die grundlegende Aufzeichnung Stülpnagels, „Die Abrüstungsfrage nach realpolitischen Gesichtspunkten betrachtet", die am 6. 3. 1926 dem Auswärtigen Amt (Bülow) zugeleitet wurde, auszugsweise abgedruckt in ADAP, B I, 1, Nr. 144. Das ganze Dokument erläutert Geyer, Abrüstung oder Sicherheit, S. 126 ff. Vgl. oben, S. 22, Anm. 39.
[91] Frankreich stellte seit 1923 ein Hindernis für die Ausweitung des auf der Washingtoner Flottenkonferenz von 1921/22 für die Großkampfschiffe vereinbarten Rüstungsbegrenzungsschlüssels auf die kleineren Kriegsschiffe (Kreuzer, Zerstörer, U-Boote usw.) dar (Erklärung Poincarés vom 16. 6. 1923 „que le Gouvernement français n'accepterait pas l'extension à tous les bâtiments des

fassungen in den Seeabrüstungsfragen (entgegen den amerikanischen Vorstellungen) anzuschließen – so ließ das Foreign Office den Quai d'Orsay im Frühjahr 1928 mehrmals wissen – würde der britischen Regierung erlauben, ihrerseits die Ablehnung der Nichtanrechnung der ausgebildeten Reserven in einer künftigen Abrüstungskonvention zu revidieren.[92] Der Ende Juli bekanntwerdende englisch-französische „Disarmament Compromise" beinhaltete eben diesen Handel. Beide Mächte einigten sich auf eine Vorverständigung im Abrüstungsbereich auf amerikanische beziehungsweise deutsche Kosten.[93] „There was no new entente with France", so kommentierte Lord Cushendun die Vereinbarung, „for the old one had never been dissolved".[94]

Dies war für die deutsche Abrüstungsposition von erheblichem Nachteil. Zwar zeigte sich rasch, daß der „Disarmament Compromise" aufgrund des nachdrücklichen Einspruchs der beiden Seemächte USA und Italien zum Scheitern verurteilt war. Frankreich bestand jedoch nichtsdestoweniger darauf, daß der Landrüstungsteil der Absprache weiter gültig sei.[95] In der Tat bestätigte sich ein halbes Jahr später, im Verlaufe der 6. Tagung der Vorbereitenden Abrüstungskommission in Genf im April 1929,[96] daß Frankreich auf angelsächsische Unterstützung für seine These zählen konnte. Die von dem deutschen Delegationsführer Graf Bernstorff angemeldete Forderung der Abrüstung aller „im Frieden für den sofortigen militärischen Gebrauch bereitgestellten Faktoren", zu denen er auf personellem Gebiet die unter den Fahnen stehenden Heeresangehörigen und die ausgebildeten Reserven rechnete, und auf materiellem Gebiet das im Gebrauch der Streitkräfte befindliche sowie das für den Kriegsfall gelagerte Rüstungsmaterial, stieß nun auf die Ablehnung nicht nur des französischen und britischen, sondern sogar auch des amerikanischen Delegierten.[97] Außerdem konnte die deutsche Seite es nicht verhindern, daß die Seemächte einen Zusammenhang zwischen See- und Landabrüstung in dem Sinne herstellten, daß die abschließende Vorberatung der Landabrüstungsfragen erst dann fortgesetzt werden sollte, wenn die Marinefragen ausreichend vorangeschritten seien. Frank-

---

coefficients de Washington", Briand an Claudel, 8.1.1929, MAE, SDN, II-Désarmement, Carton 290; AE an Marineattaché Washington, 10.1.1929, ibid.). Siehe unten S. 91, 137, 177, 190.
[92] Zu den Verhandlungen während des Frühjahrs und Sommers 1928 siehe DBFP, I A, V, S. 602–928.
[93] John W. Wheeler-Bennett, Disarmament and Security since Locarno. Being the Political and Technical Background of the General Disarmament Conference, 1932, London 1932, S. 127–142; Survey of International Affairs, 1928, S. 61–81; David Carlton, „The Anglo-French Compromise on Arms Limitation, 1928", in: Journal of British Studies, 8, 1969, S. 141–162; Dülffer, S. 142 ff.
[94] Zitiert bei Wheeler-Bennett, Disarmament and Security, S. 141.
[95] Wheeler-Bennett, Disarmament and Security, S. 67 ff.
[96] Zusammenfassende Orientierung in Survey of International Affairs, 1929, S. 22–34. Aus deutscher Sicht: Runderlaß des AA vom 17.5.1929, ADAP, B XI, Nr. 238; aus französischer Sicht: Massigli an Briand, 14.5.1929, MAE, SDN, I I – Désarmement, Carton 290.
[97] „Bemerkungen des Grafen Bernstorff zu der 6. Tagung der Vorbereitenden Abrüstungskommission", 5.4.1929, ADAP, B XI, Nr. 155; ibid., Nr. 238. Ein gewisses Maß an Entgegenkommen in der Frage der ausgebildeten Reserven wurde allerdings für möglich gehalten, siehe ibid., Nr. 204. – Der französische Vorschlag einer Budgetlimitierung für das Material wurde von deutscher Seite als unwirksam abgelehnt, „einmal weil [die Festlegung von Budgethöchstzahlen] das bei dem Inkrafttreten der Konvention vorhandene Material nicht erkennen ließe, ferner weil die militärisch sehr wichtige Art der Bewaffnung sich nicht ersehen ließe, und überdies weil Budgetziffern bei den großen zeitlichen und örtlichen Verschiedenheiten der Kaufkraft des Geldes und der Beschaffungskosten für die Beschränkung der Rüstungen überhaupt keinen geeigneten Vergleichsmaßstab darstellten", ibid., Nr. 155.

reich behielt sich so für einige Zeit die Möglichkeit vor, die eigene Landabrüstung gegen die angelsächsische Seeabrüstung auszuspielen.[98]

Deutschland geriet hierüber im Frühjahr 1929 in der Abrüstungsfrage in eine Isolierung gegenüber Frankreich und den angelsächsischen Mächten. Der deutsche Delegierte gab zu dem Ergebnis der Genfer April-Tagung eine formelle „Distanzerklärung" zu Protokoll, kündigte aber seine weitere Mitarbeit nicht auf. Der Grund für diese differenzierte Entscheidung der Reichsregierung ergab sich aus dem Kalkül, daß sich die deutsche Position nach der schwierigen Vorbereitungsphase später auf der eigentlichen Abrüstungskonferenz entscheidend verbessern würde.[99]

Hinter dieser Erwartung stand das Wissen, daß durch die – von dem französischen Unterhändler Massigli alsbald offen als „Fehler" bezeichnete,[100] aber angesichts des deutschen Sitzes im Völkerbundrat wohl kaum vermeidbare – Einbeziehung Deutschlands in die Vorbereitende Abrüstungskommission schon seit 1926 ein verdecktes faktisches Junktim zwischen den beiden nicht ohne weiteres miteinander zu vereinbarenden Abrüstungsstipulationen des Versailler Vertrags entstanden war: der Präambel zu Teil V, nach der sich Deutschland zur Entwaffnung verpflichtete, „um die Einleitung einer allgemeinen Rüstungsbeschränkung aller Nationen zu ermöglichen", und dem Artikel 8 (der Völkerbundssatzung), der eine allgemeine Abrüstung auf das „Mindestmaß" postulierte, „das mit der nationalen Sicherheit und mit der Erzwingung internationaler Verpflichtungen durch gemeinschaftliches Vorgehen vereinbar ist".[101] Es war bereits absehbar, daß das Junktim sich spätestens an dem Tage verselbständigen würde, an dem Deutschland seine Unterschrift unter eine von Artikel 8 der Völkerbundssatzung ausgehende Abrüstungskonvention setzen und gleichzeitig in dem entwaffneten Status nach Teil V des Versailler Vertrags verbleiben sollte. Sofern – was kaum zu erwarten stand – eine allgemeine Abrüstung bis herab auf das deutsche Niveau nicht erreicht werden könnte, würde es für die hochgerüsteten Staaten schwierig werden, Deutschland weiter jenes für die nationale Sicherheit und zur Erzwingung internationaler Verpflichtungen durch gemeinschaftliches Vorgehen erforderliche „Mindestmaß" vorzuenthalten.[102]

---

[98] Zu den britischen und amerikanischen Positionen in den Abrüstungsfragen siehe DBFP, I A, VI, S. 622–758; FRUS, 1929, I, S. 65–111. Vgl. ADAP, B XI, Nr. 160, 189, 199, 201, 204, 206, 216, 238.

[99] ADAP, B XI, Nr. 206, 238.

[100] Aufzeichnung Weizsäckers (Genf) vom 28.11.1930, ADAP, B XVI, Nr. 84.

[101] Die Präambel zu Teil V des Versailler Vertrags lautete: „Um die Einleitung einer allgemeinen Abrüstungsbeschränkung aller Nationen zu ermöglichen, verpflichtet sich Deutschland, die im folgenden niedergelegten Bestimmungen über das Landheer, die Seemacht und die Luftfahrt genau innezuhalten."
  Artikel 8, Absatz 1 und 2 der Völkerbundsatzung hatte den Wortlaut: „Die Bundesmitglieder bekennen sich zu dem Grundsatz, daß die Aufrechterhaltung des Friedens eine Herabsetzung der nationalen Rüstungen auf das Mindestmaß erfordert, das mit der nationalen Sicherheit und mit der Erzwingung internationaler Verpflichtungen durch gemeinschaftliches Vorgehen vereinbar ist. – Der Rat entwirft unter Berücksichtigung der geographischen Lage und der besonderen Verhältnisse eines jeden Staates die Abrüstungspläne und unterbreitet sie den verschiedenen Regierungen zur Prüfung und Entscheidung."
  Zu dem sich aus diesen beiden Stipulationen des Versailler Vertrags ergebenden Abrüstungsdilemma siehe auch Samuel David Knisley, Jr., German Diplomacy and the Preparatory Commission for the Disarmament Conference 1925–1930, Diss., Univ. of North Carolina at Chapel Hill 1972, bes. S. 209ff.

[102] ADAP, B XI, Nr. 160; Vaïsse, Securité d'abord, S. 18–19.

In einem Runderlaß des Auswärtigen Amts vom 17. Mai 1929 wurde daher die Position festgelegt, daß man nicht zu voreiligen Entschlüssen kommen wolle, „solange noch nicht ganz zweifelsfrei feststeht, wie die geplante Weltabrüstungskonferenz ihre Aufgabe bewältigt. Unser rechtlicher und moralischer Anspruch auf Rüstungsausgleich, der vorläufig nicht realisiert werden kann, muß in vollem Umfang intakt erhalten und vor der Mißdeutung bewahrt bleiben, als suchten wir jetzt eine abrupte Lösung, nachdem wir bis kurz vor der endgültigen Probe auf den internationalen Abrüstungswillen Geduld geübt haben. Je ungestörter diese Prüfung abgelegt wird, umso schwerer wird gegebenenfalls dann das Gewicht unerfüllter Vertragsverpflichtungen der Gegenseite anhängen".[103]

---

[103] Runderlaß des AA vom 17.5.1929, ADAP, B XI, Nr. 238.

III. Im Zenit der Locarno-Ära (Juni–September 1929)

Im Verlaufe des Sommers 1929 änderte sich die zwischen den drei Hauptmächten von Locarno bestehende Grundkonstellation, und mit ihr das äußere Rahmenwerk des deutsch-französischen Verhältnisses ein zweites Mal. Die Ursache war zum einen, daß die britische Außenpolitik eine Neuorientierung erfuhr, nachdem in den am 30. Mai in England abgehaltenen Unterhauswahlen die regierenden Konservativen eine schwere Niederlage erlitten hatten. Die Labour Party stieg zur stärksten Partei auf, ohne freilich die absolute Mehrheit zu erreichen. Neuer Premierminister wurde mit Unterstützung der Liberal Party am 5. Juni Ramsay MacDonald, das Amt des Außenministers übernahm Arthur Henderson, der mit Chamberlain den ersten der „Großen Drei" von Locarno ablöste. Der neue Chef des Foreign Office bezog seine Amtsräume in der erklärten Absicht, die dauerhafte Befriedung Europas durch die überfällige volle Rehabilitierung und Gleichberechtigung Deutschlands zu fördern und dementsprechend das von Chamberlain entwickelte Sonderverhältnis zu Frankreich zu beenden, in diesem Sinne die sofortige und bedingungslose Rheinlandräumung durchzusetzen und eine allgemeine, nicht einseitige Abrüstung voranzubringen.[1]

Die Konstellation zwischen den Locarno-Mächten verschob sich wenige Wochen später noch einmal, als nach dem krankheitsbedingten Ausscheiden Poincarés Briand an die Spitze der französischen Regierung rückte. Der neue französische Ministerpräsident, für den das Zusammenwirken mit der britischen Regierung unverändert einen besonders hohen Stellenwert besaß, mußte sich auf dieselben Gruppierungen der politischen Rechten stützen wie das vorhergehende Kabinett, er fühlte sich aber in der parlamentarischen Sommerpause weniger von ihnen abhängig. Offenkundig sah er während seines kurzlebigen „Ferienkabinetts" (29. Juli – 22. Oktober 1929), das die letzte von ihm gebildete Regierung überhaupt sein sollte, Möglichkeiten, außenpolitisch etwas flexibler zu agieren als während der dreijährigen Ministerpräsidentschaft Poincarés. Er suchte weiter Entente mit England, das sich aber nun zurückzuziehen begann, und Détente mit Deutschland, das nach der taktischen Zurückhaltung während der Verhandlungen über den Young-Plan wieder in verstärktem Maße revisionspolitische, vorerst vor allem auf die Rheinland-

---

[1] Siehe zu Regierungsübernahme und Außenpolitik des Labourkabinetts Robert Skidelsky, Politicians and the Slump. The Labour Government of 1929–1931, London/Melbourne/Toronto 1967; David Carlton, MacDonald versus Henderson. The Foreign Policy of the Second Labour Government, London 1970; Hans Heinrich Rass, Britische Außenpolitik 1929–1931: Ebenen und Faktoren der Entscheidung, Frankfurt a. M. 1975; David Marquand, Ramsay MacDonald, London 1977; A. J. P. Taylor, English History 1914–1945, Oxford 1965, S. 321–350; F. S. Northedge, The Troubled Giant. Britain among the Great Powers 1916–1939, New York/Washington 1967, S. 327 ff.; Jacobson, Locarno Diplomacy, S. 279–286.

räumung gerichtete Vorstellungen aktivierte und dabei nun auf größeres britisches Verständnis stieß.[2]

Die Neuorientierung der britischen Außenpolitik, die personelle Veränderung an der Spitze des französischen Kabinetts und das Vorwärtsdrängen der Stresemannschen Politik bewirkten nun zusammengenommen keineswegs, daß die Spannungen zwischen den Locarno-Mächten, und insbesondere zwischen Paris und Berlin sich während des Sommers 1929 verminderten. Vielmehr konstatierte man auf französischer Seite mit zunehmender Gereiztheit, daß man einem sich verbessernden deutsch-britischen Verhältnis gegenüber mehr in die Defensive geriet. Für das deutsche Revisionsbemühen bedeutete dies andererseits innerhalb kürzester Zeit ein Überwechseln von einer Schlechtwetter- in eine Schönwetterzone. In den zur politischen Sanktionierung des Sachverständigenplans erforderlichen Regierungsverhandlungen der ersten Haager Konferenz (6.–31. August 1929) vermochte Stresemann mit dem Beschluß zur vorzeitigen Räumung des Rheinlands zum 30. Juni 1930 und mit der Öffnung der Saarfrage zwei bedeutsame Erfolge zu erzielen, die gleichzeitig seine größten und letzten sein sollten. Art und Umfang der Beschlüsse, zu denen auch die schwierige Einigung in dem finanziellen Tauziehen um die Annahme des Young-Plans durch die Regierungen zu rechnen ist, können aus deutscher Sicht sogar als der eigentliche Höhepunkt der Locarno-Ära angesehen werden. Die Locarno-Politik trug hier für Deutschland die schönsten Früchte. Zwei wesentliche Belastungselemente der Versailler Regelungen wurden vorzeitig zur Disposition gestellt. Daneben zeichneten sich im Sommer 1929, vorerst weniger spektakulär, auch in der westeuropäischen Militärfrage und, kaum wahrnehmbar noch, ebenfalls in der sich erst ankündigenden deutsch-französischen Rivalität in Südosteuropa Entwicklungen ab, welche die deutschen revisionspolitischen Zielsetzungen begünstigten.[3] Daß sich Briand über die Risiken der Entwicklung, die die Neuorientierung der britischen Politik und die vorzeitige Rheinlandräumung mit sich bringen konnten, sehr im klaren war, zeigte sein Vorschlag zur Vorbereitung einer engeren Zusammenarbeit der europäischen Staaten im Rahmen einer „fédération". Das hinter diesem Vorschlag stehende Hauptanliegen war offenkundig die Suche nach neuen Formen der französischen Sicherheitsorganisation angesichts des unaufhaltsamen deutschen Wiederaufstiegs.

1. Die erste Haager Konferenz und die Annahme des Sachverständigenplans durch die Regierungen

Mit der Unterzeichnung des „Young-Plans" durch die Sachverständigen am 7. Juni 1929 trat das mit den Vereinbarungen vom 16. September 1928 eingeleitete Bemühen der Locarno-Mächte um eine Regelung der Reparations- und Räumungsprobleme in ein neues Stadium. Alle beteiligten Regierungen waren sich darüber einig, daß als nächstes der neue Sachverständigenplan, ebenso wie seinerzeit der Dawes-Plan, durch eine Konferenz der Regierungen politisch sanktioniert werden müsse. In den folgenden Wochen er-

---

[2] Zu der Bildung des Briandschen „Ferienkabinetts" siehe ADAP, B XII, Nr. 129, 137; Bonnefous, V, S. 360 ff.
[3] Zu den südosteuropäischen Fragen zusammenfassend unten, S. 205 ff.

gaben sich indessen unterschiedliche Auffassungen nicht nur über organisatorische Einzelheiten der schließlich auf den 6. August nach Den Haag einberufenen „Konferenz für die Generalliquidierung des Weltkrieges", sondern vor allem auch über die Frage, welche Folgerungen aus den Fortschritten bei den Reparationen für die Lösung des Räumungsproblems gezogen werden sollten.

Die Reichsregierung war, ungeachtet der in der Ankündigung eines Volksbegehrens durch den Parteivorstand der DNVP am 15. Juni gipfelnden öffentlichen Kritik, entschlossen, den Sachverständigenplan zu sanktionieren.[4] Das Kabinett erklärte sich am 21. Juni auf Drängen Stresemanns einverstanden, ihn als das kleinere Übel „als Grundlage für die Konferenz der Regierungen anzunehmen", vorausgesetzt, daß „im notwendigen Zusammenhang hiermit [...] gleichzeitig die Gesamtliquidation der noch schwebenden Fragen aus dem Weltkriege" herbeigeführt werde.[5] Der deutsche Außenminister war nun entschlossen, das von Franzosen und Briten den Winter 1928/29 über behauptete Junktim des Genfer Septemberbeschlusses gegen seine Urheber zu wenden: es verstehe „sich von selbst, daß auch ein mit voller Zustimmung der deutschen Sachverständigen zustandekommender Bericht von uns nicht bindend angenommen werden kann, ohne daß gleichzeitig die alsbaldige Räumung der zweiten und dritten Rheinlandzone unter ganz präziser Festsetzung der Räumungsfristen vereinbart wird".[6]

Deutscherseits wurde also, nachdem das Ergebnis der Reparationsexperten vorlag, die Räumung als eine zwar – wegen der noch zu vereinbarenden Räumungsmodalitäten – nicht ohne weiteres automatische, aber doch als eine normale und selbstverständliche Folge betrachtet. Eine Absprache über eine vorzeitige Räumung wurde damit in direkter Weise zur Bedingung für die Annahme des Young-Plans durch die Reichsregierung gemacht, ungeachtet des fortbestehenden Anspruchs auf unbedingte Räumung und der genuinen deutschen Eigeninteressen an der neuen Reparationslösung.[7]

Für diese Position konnte man in Berlin auf Unterstützung seitens der neugewählten britischen Regierung hoffen, deren Haltung, wie schon angemerkt, in der Räumungsfrage erheblich von der ihrer Vorgängerin abwich. Das Foreign Office Hendersons betrachtete einen raschen Truppenabzug als unerläßlich und erkannte Deutschland nun auch den Rechtsanspruch nach Artikel 431 des Versailler Vertrags zu.[8] Das Ziel des neuen britischen Außenministers war der gemeinsame Abzug aller britischen, französischen und belgischen Besatzungstruppen zu einem möglichst frühen Zeitpunkt, bis spätestens Weihnachten 1929. Falls sich dies als nicht erreichbar erweisen würde, sollten, nach einem vorerst geheimgehaltenen Kabinettsbeschluß vom 24. Juli, die britischen Truppen einseitig und auch ohne ein Ergebnis der Regierungsverhandlungen über den Young-Plan aus der zweiten und dritten Rheinland-Zone abgezogen werden.[9]

---

[4] Hierzu paradigmatisch die Rede Stresemanns vor dem Reichstag am 24. 6. 1929, Verhandlungen des Reichstags, IV. Wahlperiode, Stenographische Berichte, Bd. 425, S. 2810–15. – In der folgenden, überaus gut dokumentierten Vorgeschichte der ersten Haager Konferenz werden nur die hier unmittelbar relevanten Belegstellen angegeben.
[5] Ministerbesprechung vom 21. 6. 1929, 11 Uhr, ARK Müller II, Nr. 233.
[6] Stresemann an Hoesch, 23. 5. 1929, ADAP, B XI, Nr. 243.
[7] Aufzeichnung Hoeschs vom 19. 6. 1929, ADAP, B XII, Nr. 33; Ministerbesprechung vom 21. 6., 11 Uhr, ARK Müller II, Nr. 233; Stresemann an Sthamer, 25. 6., PA, 3058/D 607 473–75.
[8] Zu Artikel 431 siehe oben, S. 30, Anm. 69.
[9] Siehe hierzu Jacobson, Locarno Diplomacy, S. 280–284. Siehe auch Sthamer an AA, 5. 7. 1929, ADAP, B XII, Nr. 61.

Diese letztere Absicht war bedeutsam, weil die britische Regierung ein Scheitern der Finanzverhandlungen nicht ausschloß. Sie lehnte nämlich eine Billigung des Young-Plans ab, solange nicht – wie der neue Schatzkanzler Snowden am 26. Juli vor dem Unterhaus erklärte – eine Nachbesserung zu britischen Gunsten in drei Punkten erfolgt sei: (1.), vor allem, in der allgemeinen Annuitätenaufteilung, in der der sogenannte „Spa-Schlüssel"[10] von den Sachverständigen zum Nachteil Großbritanniens (und zum Vorteil vor allem Italiens, aber auch Frankreichs und Belgiens) verändert worden war, so daß zwar der von der Balfour-Formel[11] postulierte Ausgleich zwischen Schulden- und Reparationszahlungen künftig gerade ermöglicht, ein Ausgleich des in den vorangegangenen Jahren aufgelaufenen Defizits von annähernd 200 Millionen Pfund aber ausgeschlossen wurde; (2.) in der Verteilung der unbedingten Annuität, wo England im Vergleich zu Frankreich ungewöhnlich schlecht abschnitt; (3.) schließlich bei den im Young-Plan immer noch vorgesehenen, wenngleich degressiven Sachlieferungen, die den britischen Handelsinteressen zuwiderliefen.[12] Snowden vermochte sich mit diesen Nachforderungen im Londoner Kabinett gegen Außenminister Henderson durchzusetzen, der seinerseits von der Wiederaufrollung einzelner Punkte des mühsam erreichten, von den Experten als „unteilbares Ganzes" bezeichneten Sachverständigenplans dessen Scheitern befürchtete; eine Blockierung oder zumindest Komplizierung der Räumung und womöglich internationale Erschütterungen könnten die Folgen sein.[13]

Die französische Regierung war, wie durch eine offizielle Billigung des Young-Plans durch den Pariser Ministerrat bereits am 18. Juni nach außen hin deutlich wurde, an der raschen Sanktionierung der neuen Reparationsregelung in besonderer Weise interessiert. Zwar wurden im Pariser Finanzministerium unwillig die realen Einnahmeverluste Frankreichs gegenüber dem Dawes-Plan registriert, die Annahme des Young-Plans versprach jedoch durch die Erleichterung einer Ratifizierung der Schuldenabkommen mit Amerika und England der französischen Regierung rechtzeitig vor dem fatalen Datum des 31. Juli 1929 aus der Klemme zu helfen.[14] Dieses besondere aktuelle Interesse wurde nicht da-

---

[10] Auf der Konferenz von Spa (5.–16. Juli 1920) war eine grundsätzliche Aufteilung der deutschen Reparationsleistungen – ohne Besatzungskosten – auf die anspruchsberechtigten Empfängerländer festgelegt worden. Danach sollten Frankreich 52 %, England 22 %, Italien 10 % und Belgien – mit Priorität – 8 % erhalten. (Außerdem wurden Japan und Portugal je 0,75 % sowie Griechenland, Rumänien, Jugoslawien, der Tschechoslowakei und anderen anspruchsberechtigten Staaten zusammen 6,5 % zugesprochen.)

[11] Der britische Außenminister Balfour hatte am 1. August 1920 in einer Note an die Vertreter Frankreichs, Italiens, Jugoslawiens, Rumäniens, Portugals und Griechenlands in London den Verzicht Großbritanniens auf die ihm geschuldeten Reparationen und Kriegsschulden als Beitrag zu einer weltweiten Schuldenregelung in Aussicht gestellt. „But if this is found impossible of accomplishment [...] in no circumstances do we propose to ask more from our debtors than is necessary to pay our creditors. And while we do not ask for more, all will admit than we can hardly be content with less." Text in International Conciliation, published monthly by the American Association for International Conciliation, 181, Dezember 1922, S. 5–10. Der erste Teil der Note erwies sich als unrealisierbar, aber die folgende sog. Balfour-Formel bildete fortan die Grundlage der britischen Reparationen- und Schuldenpolitik.

[12] Aufzeichnung Snowdens, 15.7.1929, DBFP, I A, VI, Nr. 234; House of Commons, Parliamentary Debates, Bd. 227, Spalten 119–121; Bd. 229, Sp. 683–685, 1676–83.

[13] Minutes of Cabinet (Cab), 23/61/30 vom 24.7.1929; DBFP, I A, VI, Nr. 171, 172, 182, 224; ADAP, B XII, Nr. 156.

[14] Siehe hierzu Schulthess, 1929, S. 326; Artaud, La question des dettes interalliées, S. 908 ff. Vgl. oben, S. 24.

durch geringer, daß Poincaré sich nach dem Mißerfolg seines Bemühens, die Regierungskonferenz rechtzeitig vor diesem Datum, zu Anfang oder Mitte Juli, einzuberufen, am Ende zu dem Kraftakt entschließen mußte, die Ratifizierung der Schuldenabkommen in Abgeordnetenkammer und Senat doch vor der internationalen Annahme des neuen Reparationsplans durchzusetzen. Vielmehr machte nach der Schuldenratifizierung die somit anerkannte Verpflichtung gegenüber den USA zur Zahlung von 59 Annuitäten ja nun für Frankreich eine Blockierung des Young-Plans mit seinem faktischen Schuldenjunktim erst recht unerträglich.[15]

Dagegen bestanden in Paris gegen einen faktischen Räumungsautomatismus, wie ihn Stresemann forderte, starke Widerstände. Die politische Rechte zeigte sich wie die Militärs über eine drohende Schwächung der gesamten französischen Nachkriegsposition alarmiert. Bei Verhandlungen über eine vorzeitige Räumung waren nach ihrem Verständnis, wenn sie nicht überhaupt ganz verhindert werden konnten, ein möglichst später Termin sowie weitestgehende sicherheitspolitische Räumungsbedingungen (Feststellungs- und Schlichtungskommission, Entmilitarisierung der rheinischen Eisenbahnen usw.) durchzusetzen.[16] Poincaré, der bis zu seinem unvorhergesehenen Rücktritt die französische Delegation im Haag persönlich zu leiten gedachte, bestand seinerseits bis zuletzt auf einem stufenweisen Gleichschritt von Räumungs- und Mobilisierungsfortschritten.[17] Briand und sein Generalsekretär Berthelot bezeichneten zwar gegenüber deutschen Vertretern wiederholt die Gesamträumung als die selbstverständliche Folge der Annahme des Young-Plans und darüberhinaus als Basis und Ausgangspunkt für die auf einen deutsch-französischen Generalausgleich abzielende „Liquidierung des Krieges"; sie ließen jedoch dabei stets erkennen, daß ihr Handlungsspielraum durch starke oppositionelle Kräfte in Frankreich empfindlich eingeengt werde.[18]

Die Haager Konferenz, die am 6. August 1929 unter dem Vorsitz des belgischen Ministerpräsidenten Jaspar und in Anwesenheit eines amerikanischen Beobachters eröffnet wurde und später die „erste" heißen sollte, teilte ihre Verhandlungsmaterie in zwei Teile auf, die zwei Hauptausschüssen zugewiesen wurden: einem Finanzausschuß (unter Leitung des belgischen Finanzministers Houtart), in dem die Reparationsfragen, und einem Politischen Ausschuß (unter Henderson), in dem die Räumungsfrage nebst Feststellungs- und Schlichtungskommission verhandelt werden sollten. Die organisatorische Planung sah vor, daß beide Ausschüsse parallel verhandelten und am Ende möglichst zu einem komplementären Ergebnis gelangten. Es zeigte sich jedoch rasch, daß diese Absicht durch die von dem britischen Schatzkanzler Snowden entschlossen in den Vordergrund gerückte Forderung nach einer Neuverhandlung von Teilen des Young-Plans durchkreuzt wurde, denn das Bemühen um Kompromisse in den Finanzfragen absorbierte die Energien der Delegationsleiter weitgehend. Fast drei Wochen lang sollten so im Haag die Räumungsverhandlungen im Schatten der Auseinandersetzungen um die britische Unzufriedenheit in den finanziellen Fragen stehen.[19]

---

[15] Ibid. – Hoesch an AA, 2. 8. 1929, PA, 3375/D 732 872–73.
[16] DBFP, I A, VI, Nr. 165, Anm. 1; Hoesch an AA, 27. 6. 1929, ADAP, B XII, Nr. 51.
[17] Siehe unten, S. 70–73.
[18] Aufzeichnung Schmidts, 11. 6. 1929, ADAP, B XII, Nr. 19; Pünder (z. Z. Madrid) an AA, 12. 6., ibid., Nr. 21; Hoesch an AA, 14. 6., ibid., Nr. 29; 27. 6., ibid., Nr. 51.
[19] Jacobson, Locarno Diplomacy, S. 309–49; Weill-Raynal, III, S. 489–523.

Die unerwartete Härte, mit der Snowden seine Positionen im Finanzausschuß der Konferenz verfocht, und die weder durch Bedenken seines Premierministers MacDonald noch durch die offene Drohung der Banque de France, größere Mengen Gold und Devisen von London abzuziehen, gemildert werden konnte,[20] richtete sich im Prinzip gegen Frankreich und andere Gläubigermächte des Young-Plans (darunter vor allem Italien). Insofern war die Haltung des britischen Schatzkanzlers im Grunde ein Ausdruck der neuen Europapolitik seiner Regierung. Sie berührte jedoch auch die deutsch-französischen Beziehungen insoweit, als die von Frankreich angeführte Front der „Opfermächte" versuchte, Deutschland für die Erfüllung der britischen Forderungen mithaftbar zu machen. Snowden nahm diesen Abwälzungseffekt stillschweigend hin, und in der Folge wurde das langwierige Tauziehen um die erforderlichen Neuregelungen von verbalen Heftigkeiten nicht nur zwischen Franzosen und Briten, sondern auch zwischen Deutschen und Franzosen begleitet. Zwar zeigte sich im Verlaufe der Verhandlungen zeitweise eine gewisse deutsch-französische Interessenparallelität gegen das als shylock-artig empfundene Vorgehen der Briten, und ein französischer Delegierter äußerte sogar, „das Verhalten Snowdens habe dem Gedanken einer deutsch-französischen Kooperation mehr gedient als eine zehnjährige Propaganda".[21] Es überwogen jedoch die belastenden Elemente, die von dem britischen Verhalten auf das Klima zwischen der deutschen und der französischen Delegation abfärbten.

Es erscheint trotz der relativen Geringfügigkeit der Streitpunkte aufschlußreich, der inneren Struktur dieser Haager Finanzverhandlungen nachzugehen. Ihr politischer Gehalt eröffnet sich freilich nur bei der Betrachtung der finanztechnischen Details. In der zentralen Verteilungsfrage verlangte Snowden von den übrigen Gläubigern die den „Spa-Schlüssel" wiederherstellende Herausgabe von 2,4 Millionen Pfund (48 Millionen RM) als Großbritannien rechtmäßig zustehenden zusätzlichen Annuitätenanteil.[22] Die Mitgläubiger unter Führung Frankreichs wiesen die Forderung zunächst unter Hinweis auf die innere Ausgewogenheit des Sachverständigenplans, auf die eigenen Einbußen gegenüber dem Dawes-Plan sowie auf die heimischen Öffentlichkeiten zurück,[23] signalisierten aber, als die Inflexibilität der Snowdenschen Position sichtbar wurde, Entgegenkommen. Briand und sein Arbeitsminister Loucheur erklärten sich bereit, unter Entschädigung auch der kleineren anspruchsberechtigten Staaten auf den Frankreich gemäß den Ziffern 83 und 84 des Young-Plans zustehenden Anteil an dem „Überschuß" (Surplus) von insgesamt rund 300 Millionen RM, der sich aus der fünfmonatigen Überschneidung des Young-Plans mit dem Dawes-Plan ergab, zu britischen Gunsten zu verzichten. Auf diesem Wege wurde am Ende unter Ausschöpfung aller „zahlenneutralen" Möglichkeiten eine Einigung bei 80 Prozent der Forderung Snowdens erzielt.[24] Allerdings bedeutete dies faktisch ebenso eine Ausgleichsleistung der Gläubiger wie eine Zusatzbe-

---

[20] Hierzu DBFP, I A, VI, Nr. 304, 306, 307, 309; Phipps an Sargent, 7. 8. 1929, ibid. Nr. 293; Stephen Clarke, Central Bank Cooperation 1924–31, New York 1967, S. 32, 150, 166–67; Sir Henry Clay, Lord Norman, London 1957, S. 252; Skidelsky, Politicians and the Slump, S. 116.
[21] Pünder an AA, 17. 8. 1929, ADAP, B XII, Nr. 183.
[22] Aufzeichnung Snowdens, 15. 7. 1929, DBFP, I A, VI, Nr. 234.
[23] Telegramme Massiglis Nr. 6, 19–21 vom 7./10. 8. 1929, MAE, I R-Réparations, 1024/II; Henderson an Lindsay, 7. 8., DBFP, I A, VI, Nr. 292.
[24] DBFP, I A, VI, Nr. 319, 320, 321, 328, 332, 340, 343; Massigli an AE, 22./23. 8. 1929, MAE, I R-Réparations, 1024/II.

lastung des Schuldners Deutschland, denn die Reichsregierung erhob auch ihrerseits Anspruch auf den Überschuß, nicht zuletzt zur Deckung der rheinischen Besatzungskosten nach dem 1. September 1929.[25] Neben den Beratungen der Gläubiger untereinander lief daher in den drei Haager Verhandlungswochen das Bemühen der Franzosen und Belgier, die deutsche Delegation zum Verzicht auf ihre Surplus-Ansprüche zu bewegen. Sie forderten sogar zu einer nachträglichen Erhöhung der deutschen Jahreszahlungen um 7,4 Millionen RM auf, ein Ansinnen, das kategorisch zurückgewiesen wurde.[26] Indessen gab die Reichsregierung wegen ihres Interesses an einem positiven Ausgang der Gesamtkonferenz dem Druck der Gläubiger in der Frage des Surplus nach, nachdem diese sich untereinander geeinigt hatten. Zuvor freilich hatte ein scharfer, den grundsätzlichen deutschen Anspruch unterstreichender Wortwechsel zwischen Reichswirtschaftsminister Curtius und dem französischen Finanzminister Chéron stattgefunden.[27]

Auch die britische Forderung nach einem erhöhten Anteil an der unbedingten Annuität[28] führte im Ergebnis zu einer deutschen Zusatzleistung zugunsten Frankreichs. Unter den argwöhnischen Augen ihrer heimischen Öffentlichkeit verteidigte die französische Delegation gegenüber Snowden mit Zähigkeit den Standpunkt, daß der im Sachverständigenplan vorgesehene überproportionale Anteil Frankreichs an der unbedingten Annuität (500 von 660 Millionen RM) nicht nur durch die Notwendigkeit des Wiederaufbaus der zerstörten französischen Ostgebiete gerechtfertigt sei, sondern darüberhinaus den einzigen Ausgleich für die Hinnahme zahlreicher Verschlechterungen gegenüber dem Dawes-Plan (zeitliche Begrenzung des Young-Plans, Annuitätenkürzung, Abschaffung des Wohlfahrtsindex) sowie für die anderen Gläubigern und namentlich Großbritannien zuerkannten Vorteile (Garantiefonds, Berücksichtigung der in den ersten Jahren überproportionalen britischen Schuldenraten, britische Vorteile nach dem sogenannten Recovery-Act-Verfahren) darstelle. Eine Minderung des Frankreich von den Sachverständigen zuerkannten Sonderanteils an der unbedingten Annuität könne daher auf keinen

---

[25] Dorn (Scheveningen) an Reichsfinanzministerium, 13.8.1929; Adam an Dorn, 14.8., PA, L130/L 026 707–08; 715–17; ADAP, B XII, Nr. 175.
[26] ADAP, B XII, Nr. 202, 203, 204, 207, 210.
[27] ADAP, B XII, Nr. 204, 222; ARK Müller II, Nr. 279. – Nach der endgültigen Einigung erhielt England zusätzlich: einmalig 100 Millionen RM aus dem Surplus zur Deckung der britischen Kriegsschulden an die USA im Rechnungsjahr 1929/30, die als 37 Jahresraten zu 7,2 Mill. RM (zu 6½ Prozent) ausgebracht wurden; 37 Jahresraten von 19,8 Mill. RM von Frankreich (16,65 Mill. RM) und Belgien (3,15 Mill. RM), die deren umgerechnetem Anspruch auf den Surplus (200 Mill. RM) plus einem Zuschlag von 5,4 Mill. RM entsprachen; schließlich 37 Jahresraten von 9 Mill. RM durch die Abtretung italienischer Ansprüche aus österreichisch-ungarischen Befreiungsschulden (wovon die französische Regierung der italienischen Regierung in einem vor der Öffentlichkeit geheim gehaltenen Abkommen 3,5 Mill. RM erstattete), zusammen 36 Mill. RM. Durch eine Verschiebung der Zahlungstermine ergab sich ein weiterer technischer Vorteil von knapp 4 Mill. RM jährlich, so daß England im Ergebnis zusätzlich knapp 40 von den geforderten 48 Mill. RM zuerkannt wurden. Siehe hierzu DBFP, I A, VI, Nr. 340, 343, sowie Runderlaß des AA vom 10.9.1929, L 140/L 033 270–325; Weill-Raynal, III, S. 510–14.
[28] Nach Mitteilungen Loucheurs ging das britische Bemühen um einen erhöhten Anteil an der unbedingten Annuität auch auf ein neues Mobilisierungsinteresse zurück: „Die englische Regierung wünsche jetzt eine Mobilisierungsaktion, um [...] Möglichkeiten für die Stützung des englischen Pfundes und vor allem zu einer Hilfsaktion bezüglich des Arbeitslosenproblems zu schaffen", Aufzeichnung Bodens vom 13.8.1929, PA, 3375/733 037–39. – Siehe auch DBFP, I A, VI, Nr. 234, 290; 304, Anm. 4; 319, 320.

Fall in Frage kommen.²⁹ Ersatzweise bedrängten insbesondere Berthelot und Loucheur die deutsche Delegation, auch in dieser Angelegenheit durch eine zusätzliche Anstrengung den Konferenzerfolg zu befördern.³⁰ Die deutsche Delegation beharrte darauf, daß sie „unter keinen Umständen weitere Opfer" bringen könne, und wies den französischen Vorschlag, den Dawes-Anleihedienst aus der unbedingten Annuität herauszulösen – was *de facto* deren Erhöhung um rund 45 Millionen RM bedeutet hätte – nachdrücklich zurück.³¹ Hingenommen wurde von ihr jedoch schließlich, im Interesse eines positiven Ausgangs der Konferenz, eine hinsichtlich der Gesamtbelastung auf den ersten Blick rechnerisch neutrale Umstrukturierung, die England, ohne Schmälerung des französischen Anteils, mit sofortiger Wirkung einen gleichbleibenden zusätzlichen Anteil an der unbedingten Annuität in Höhe von ebenfalls 80 Prozent der Snowdenschen Forderung (rund 96 Millionen RM) zuerkannte und den britischen Schatzkanzler zufriedenstellte. Danach wurde der Dawes-Anleihedienst als Sonderleistung von der auf die fixe Summe von 612 Millionen RM abgesenkten unbedingten Annuität abgetrennt, wodurch entsprechend dem degressiven Zinsen- und Tilgungsplan der Dawes-Anleihe die effektive unbedingte deutsche Jahresleistung im ersten Jahr auf 700,5 Millionen RM anstieg, um sich bis zur völligen Ablösung der Dawes-Anleihe im 20. Jahr schrittweise bis auf die 612 Millionen zu ermäßigen.³² Die deutsche Delegationsmehrheit hielt dieses Arrangement wegen der Erhöhung in den ersten Jahren zwar für „innenpolitisch unbequem", sie tröstete sich aber gleichzeitig mit den „Vorteilen", daß es im arithmetischen Mittel der 37 Jahre sogar eine leichte Ermäßigung der unbedingten Annuität gegenüber dem Sachverständigenplan (von 660 auf 654 Millionen RM) brachte, und daß nun eine eventuelle vorzeitige Konvertierung der Dawes-Anleihe Deutschland und nicht mehr den Reparationsgläubigern zugute kommen würde.³³ Demgegenüber gab indessen Schacht seine Ablehnung zu Protokoll, weil die Erhöhung der unbedingten Annuität in den ersten Jahren bei einem zu erwartenden vorzeitigen Zusammenbruch des Young-Plans („Das kann nach 10 Jahren, es kann aber auch schon nach zwei Jahren der Fall sein") Deutschland einen handfesten Nachteil eintrage. Außerdem sei die Spekulation auf eine vorzeitige Konvertierung der Dawes-Anleihe unrealistisch.³⁴

Weniger eindeutig verliefen die Fronten hinsichtlich der britischen Zusatzforderungen im Sachlieferungs-Bereich. Zum ersten stieß die allgemeine Forderung des freihändleri-

---

²⁹ Tel. Massiglis Nr. 6 vom 7. 8. 1929, MAE, SDN, I R-Réparations, 1024/II; DBFP, I A, VI, Nr. 292. – Briand und Loucheur lehnten den Vorschlag Snowdens, den französischen Anteil an der unbedingten Annuität um 20 Mill. RM herabzusetzen, ebenso ab wie die Anregung, die französische Kapitalbeteiligung bei der BIZ über die im Young-Plan vorgesehene Summe hinaus zu erhöhen, siehe Aufzeichnung o. U. vom 22. 8. 1929, PA, 4498/E 108 200-02.
³⁰ ADAP, B XII, Nr. 169, 171, 195, 199; Aufzeichnung Bodens vom 13. 8. 1929, PA, 3375/733 037-39; DBFP, I A, VI, Nr. 311.
³¹ Ibid., sowie ADAP, B XII, Nr. 170, 173; Aufzeichnung o. U. vom 26. 8. 1929,. PA, 3375/733 281-83.
³² ADAP, B XII, Nr. 185, 202, 204, 217, 222, 223. – England erhielt von der neu auf 612 Mill. RM (zuzüglich Dienst der Dawes-Anleihe) festgesetzten unbedingten Annuität 55 Mill. RM, denen die zusätzlich vereinbarte Annuität von 40 Mill. RM, die aufgrund der hierzu im Haag getroffenen (interalliierten) Vereinbarungen garantiert wurde, hinzugerechnet werden konnte (zusammen knapp 96 Mill. RM). Siehe hierzu DBFP, I A, VI, Nr. 343, 344; 348, Anm. 4; Heilfron/Nassen, S. 175.
³³ ADAP, B XII, Nr. 223.
³⁴ ADAP, B XII, Nr. 216, 222; ARK Müller II, Nr. 279.

schen Board of Trade nach weiterer Reduzierung und möglichster Beseitigung der im Young-Plan gegenüber dem Dawes-Plan ohnehin bereits stark beschnittenen Sachlieferungsmöglichkeiten[35] auf den gemeinsamen Widerstand der deutschen und französischen und der meisten anderen Delegierten. Curtius unterstrich ebenso wie Loucheur, daß alle europäischen Mächte ein Interesse an einer stabilen deutschen Wirtschaftsentwicklung haben müßten, die eben unter dem Reparationsregime ein gewisses Maß an Sachleistungen unumgänglich erfordere.[36] – Zum zweiten fand das speziellere britische Gravamen, daß die von den Pariser Sachverständigen Italien in den ersten Young-Jahren zugewiesene Quote an deutschen Sachlieferungen den bereits seit einiger Zeit zu verzeichnenden Rückgang britischer Kohlelieferungen nach Italien zugunsten deutscher Reparationskohle noch verstärken möchte, auf französischer Seite Entgegenkommen, das für Deutschland vorteilhaft schien. Frankreich vereinbarte mit Italien, daß der italienische Anspruch auf Reparationskohle durch Verrechnung mit dem entsprechenden französischen Anspruch derart auf die zehn im Young-Plan vorgesehenen Sachlieferungsjahre verteilt wurde, daß die italienischen Staatsbahnen garantieren konnten, drei Jahre lang je eine Million Tonnen britischer Kohle abzunehmen.[37] Für die Reichsregierung erschien diese den jährlichen Gesamtbetrag der deutschen Sachlieferungen nicht verändernde Erhöhung der französischen Quote in den ersten Jahren als „günstig, da dadurch die Durchführung des französischen Programms für öffentliche Arbeiten auf Reparationskonto, die eine zusätzliche Ausfuhr bedeuten, erleichtert wird".[38] – Drittens fand die britische Kritik an der Sachverständigen-Empfehlung, daß bei der erforderlichen Anpassung der sogenannten „Wallenberg-Vorschrift"[39] an den Young-Plan der bisher untersagte Reexport von Sachlieferungen in Drittländer erlaubt werden solle, sowohl auf deutscher als auch auf französischer Seite Zustimmung. In Abänderung des Young-Plans erteilte die Regierungskonferenz dem für die Erarbeitung der neuen Verfahrensregeln zu berufenden Ausschuß die ausdrückliche Weisung, das absolute Verbot des Reexports von Sachleistungen zu beachten.[40] – Lediglich der britische Einwand gegen die Empfehlung des Young-Plans, daß im Falle eines Moratoriums nicht transferierbare Reichsmarkbeträge für besondere Sachlieferungsprogramme verwendet werden sollten (und dies auch noch nach Ablauf der zehn Übergangsjahre) führte – viertens – zu britisch-französischem

---

[35] Tel. Massiglis Nr.19–21 vom 10.8.1929, MAE, SDN, I R-Réparations, 1024/II; ADAP, B XII, Nr.164, 170, 172; Weill-Raynal, III, S.516–17; Heilfron/Nassen, S.89, 143–4.

[36] Tel. Pünders (Scheveningen) Nr.44 vom 12.8.1929, PA, L 140/L 033 147–8; Telegramme Massiglis Nr.27–28 und 34 vom 12./14.8., MAE, SDN, I R-Réparations, 1024/II; DBFP, I A, VI, Nr.312, 315; Weill-Raynal, III, S.478–488.

[37] Haager Protokoll vom 31.8.1929, Unteranlage 2 zu Anlage II, Heilfron/Nassen, S.181–182; DBFP, I A, VI, Nr.344; ADAP, B XII, Nr.204. – Zum internationalen Kohleproblem nach dem ersten Weltkrieg siehe Henri Marcesche, Le charbon, élément de réparations et de négociations dans le traité de Versailles et les accords qui l'ont suivi, Lorient 1933.

[38] Runderlaß des AA vom 10.9.1929, PA, L 140/L 033 270–325. – Allerdings sagte die Reichsregierung London Entgegenkommen in der Preisfrage zu, Tel. Massiglis Nr.19–21 vom 10.8.1929, MAE, SDN, I R-Réparations, 1024/II; Tel. Pünders (Scheveningen) Nr.44 vom 12.8., PA, L 140/L 033 147–8. – Das deutsche Kohlensyndikat hatte vorher zugestimmt, siehe ADAP, B XII, Nr.213.

[39] Zur sog. Wallenberg-Regelung vom 9. Juni 1925 betr. Reparations-Sachlieferungen siehe Weill-Raynal, III, S.180–200.

[40] Ibid., S.455–456; Tel. Massiglis Nr.34 vom 14.8.1929, MAE, SDN, I R-Réparations, 1024/II; Heilfron/Nassen, S.89, 179.

Einvernehmen zu Lasten deutscher Interessen. Im Ergebnis sollten eventuelle Sonderprogramme (sowohl während der ersten zehn Young-Jahre als auch danach) nicht – wie im Young-Plan vorgesehen – durch eine bloße Vereinbarung zwischen der Reichsbank und der Bank für Internationalen Zahlungsausgleich zustandekommen können, sondern der Genehmigung durch einen von der BIZ einzuberufenden und von allen Regierungen zu beschickenden Ausschuß unterliegen, in dem im Konfliktsfall ein einziges Mitglied gegen die Mehrheit aller anderen die Möglichkeit hatte, einen neutralen Schiedsrichter anzurufen.[41]

Symptomatisch für die deutsch-französischen Irritationen im Haag war die Behandlung der durch die wochenlange Blockierung der Finanzverhandlungen immer vordringlicher werdenden Frage, welches Reparationsstatut nach dem 1. September 1929, dem vorgesehenen Datum der Umstellung von den Dawes- auf die Young-Annuitäten, gelten sollte. Für die deutsche Delegation kam es im Hinblick auf die nach einem Haager Mißerfolg zu erwartenden zusätzlichen finanziellen und innenpolitischen Schwierigkeiten darauf an, wenigstens die faktische Herabsetzung der Dawes-Leistungen auf das Niveau der Young-Zahlungen zu erreichen. Die britische Seite erklärte sich hiermit unter der Voraussetzung, daß an den übrigen Bestimmungen des Dawes-Plans und insbesondere an dessen Annuitätenaufschlüsselung nichts geändert werde, einverstanden. Indessen schloß Briand nach einigem Zögern eine solche Zwischenlösung, die die französische Rechtsposition schwächen würde, kategorisch aus: wenn der Young-Plan verschwinde, dann müsse eben der Dawes-Plan wieder in Kraft treten, der ja ebenfalls durchaus Erleichterungsmöglichkeiten enthalte.[42] Kurz bevor die Konferenz insgesamt eine positive Wende nahm, ließ Stresemann dem französischen Ministerpräsidenten auch in dieser Frage vorsorglich seine im Haag wiederholt ausgesprochene Warnung zukommen: „Wenn Frankreich seinerseits unnachgiebig bleibe, so würde dadurch die Politik der deutsch-französischen Verständigung aufs schwerste gefährdet."[43] Ein Wort, daß man zweimal lesen muß.

Mit den am 28. August endlich erreichten Kompromissen zu den britischen Nachforderungen war der Weg frei für die grundsätzliche Annahme des Young-Plans durch alle beteiligten Regierungen. Für Beratungen über recht bedeutsame Spezialfragen, wie zum Beispiel über das Mobilisierungsproblem, fehlte jedoch nun, am Vorabend der Genfer Völkerbundsversammlung, die Zeit; sie wurden auf eine spätere zweite Regierungskonferenz verschoben. Zu deren Vorbereitung wurde die Einsetzung einer Reihe von – zum Teil im Young-Plan vorgesehenen – Expertenkomitees (für Sachlieferungen, Liquidierungsfragen, Ostreparationen, juristische Probleme u. a.) beschlossen und die rasche Einrichtung des wichtigen Organisationskomitees für die Bank für Internationalen Zahlungsausgleich empfohlen. Die Berichte dieser Ausschüsse sollten ebenfalls auf der zweiten Regierungskonferenz behandelt werden, die „sich zu einem Zeitpunkt und an einem Ort wiedervereinigen" würde, „die der Vorsitzende nach Beratung mit den einladenden Mächten bestimmen soll".[44]

---

[41] Tel. Pünders Nr. 44 vom 12. 8. 1929, PA, L 140/L 033 147–48; DBFP, I A, VI, Nr. 338; Haager Protokoll vom 31. 8. 1929, Unteranlage 1 zu Anlage II, Heilfron/Nassen, S. 180–181.
[42] ADAP, B XII, Nr. 186, 192, 196, 198; DBFP, I A, VI, Nr. 328.
[43] Aufzeichnung Bodens, 21. 8. 1929, ADAP, B XII, Nr. 199.
[44] Heilfron/Nassen, S. 176. Siehe unten, S. 113 ff.

Die finanziellen Resultate der ersten Haager Konferenz waren insgesamt zu geringfügig und vor allem zu kompliziert, um neben den politischen Ergebnissen – Räumung, Saar – für sich die Öffentlichkeit in den drei hauptbeteiligten Ländern nachhaltiger zu beschäftigen. Sie waren aber die Voraussetzungen für das Zustandekommen der politischen Resultate. Auf deutscher Seite, wo die Anti-Young-Kampagne der Rechtsparteien beständig an Kraft gewann, war, nach manchen während der Konferenz ausgetauschten Heftigkeiten, selbst für Schacht in finanzieller Hinsicht trotz der zusätzlichen deutschen Belastungen „das Gesamtresultat der ersten Haager Konferenz nicht derart, daß ein öffentliches Abrücken für mich notwendig gewesen wäre".[45] In Paris hinterließ das Auftreten Snowdens für einen Moment immerhin soviel Eindruck, daß es Gedanken einer stärkeren französisch-deutschen Annäherung zu befördern geeignet schien.[46] Auf britischer Seite herrschte allgemeine Genugtuung über das finanzielle Ergebnis, und darüberhinaus die Auffassung, daß im Grunde alle Beteiligten, besonders auch Deutschland, damit zufrieden sein könnten.[47]

2. Der Beschluß zur vorzeitigen Räumung des Rheinlands

Das wesentliche Ergebnis der Verhandlungen des Sommers 1929 war die am Ende der Haager Konferenz zustandekommende Vereinbarung, daß das besetzte Rheinland definitiv bis zum 30. Juni 1930 geräumt werden sollte.

Diese Entscheidung war zu einem guten Teil die Folge eines – verglichen mit dem vorangegangenen Jahr – neuartigen deutsch-britischen Zusammenwirkens gegenüber Frankreich. Stresemann und Henderson, übereinstimmend die baldmöglichste und unbedingte Räumung betreibend, drängten in der Politischen Kommission, und in Gesprächen am Rande der Haager Konferenz, zunehmend Briand in eine Isolierung. Der französische Ministerpräsident, der eine insgesamt räumungsfeindliche Stimmung in der heimischen Öffentlichkeit und schwere Bedenken seiner Militärs gegen die vorzeitige Preisgabe der rheinischen „couverture" gegen sich wußte, suchte Zeit zu gewinnen und verwies in den ersten zwei Konferenzwochen auf die ungelösten Schwierigkeiten in den Finanzverhandlungen. Ehe nicht mit der politischen Sanktionierung des Young-Plans die französischen Reparationsinteressen gesichert waren, glaubte er nicht einmal einem grundsätzlichen Beschluß über die vorzeitige Räumung zustimmen zu können, geschweige denn der von Stresemann und Henderson immer dringlicher eingeforderten Festlegung von endgültigen Räumungsdaten.[48] Schließlich nannte er zwar mögliche Termine für die zweite Zone (entsprechend den britischen und belgischen Vorstellungen Beginn des Truppenabzugs im September, Abschluß im Dezember 1929); hinsichtlich des Enddatums für die Räumung der dritten Zone (für die innerhalb der französischen

---

[45] Schacht, Ende der Reparationen, S. 101.
[46] ADAP, B XII, Nr. 232; DBFP, I A, VII, Nr. 1.
[47] ADAP, B XII, Nr. 230.
[48] Siehe hierzu ADAP, B XII, Nr. 140, 155, 157, 158, 159, 161, 179, 255; DBFP, I A, VI, Nr. 295, 296, 300, 308, 314; Tel. Massiglis Nr. 9–10 vom 8. 8. 1929, MAE, SDN, I R-Réparations, 1024/II.

Delegation zunächst vom 1. April 1931, dann vom 1. Januar 1931, schließlich vom 1. Oktober 1930 die Rede war) wich er aber hartnäckig unter Hinweis auf tatsächliche oder vorgebliche logistische Probleme (Schwierigkeiten der Truppenverlegung in den Wintermonaten usw.) aus.[49]

Es war nicht leicht, den Widerstand Briands zu überwinden. Dazu reichten weder ein wohl aus persönlicher Enttäuschung entstandener, emotionsgeladener Brief Stresemanns vom 19. August aus, der eine Rücktrittsdrohung enthielt und auf die gefährlichen Rückwirkungen eines Stockens des Räumungsprozesses auf die deutsche öffentliche Meinung und die deutsch-französische Verständigung hinwies, noch die Drohung Hendersons, die britischen Truppen einseitig zurückzuziehen.[50] Erst als am 28. August in den Finanzverhandlungen mit Snowden eine Einigung erzielt war und damit die Annahme des Sachverständigenplans durch die Regierungen möglich wurde, stimmte Briand einer vorzeitigen Räumung grundsätzlich zu. Nach längerem Zögern erklärte er sich schließlich auch bereit, das seinen Militärs abgerungene Enddatum Oktober 1930 nochmals bis zum 30. Juni zu verkürzen. Dieses Entgegenkommen in der Terminfrage war offenbar eine Folge der Drohung Hendersons, bei einem späteren Datum keinen britischen Vertreter mehr in der – mit der Räumung der zweiten Zone von Koblenz nach Wiesbaden übersiedelnden – interalliierten Rheinlandkommission zu belassen; der von Stresemann in der Frage des deutschen Verzichts auf Entschädigungen aus dem Rheinlandabkommen ausgeübte Druck spielte demgegenüber wohl eher eine untergeordnete Rolle. Es lag Briand sichtlich daran, möglichst viel von der seit dem Amtsantritt des Labour-Kabinetts gefährdet erscheinenden Solidarität der Ex-Alliierten, von der in seinen Augen sicherheitspolitisch entscheidenden *Entente cordiale* festzuhalten.[51]

Das Ergebnis der Verhandlungen war der Haager Räumungsbeschluß vom 31. August 1929, in dem die drei Besatzungsmächte sich verpflichteten,

„die Räumung des Rheinlandes während des Monats September unter den in den anliegenden Noten festgesetzten Bedingungen zu beginnen. Die Zurückziehung der belgischen und britischen Truppen wird innerhalb einer Frist von drei Monaten, gerechnet vom Beginn der Räumungsoperationen, vollständig durchgeführt sein. Die französischen Truppen werden die zweite Zone innerhalb derselben Frist räumen. Die Räumung der dritten Zone durch die französischen Truppen wird unmittelbar nach der Ratifikation des Young-Plans durch das deutsche und französische Parlament und der Ingangsetzung dieses Planes beginnen. Die Räumung wird ohne Unterbrechung und so schnell durchgeführt werden, wie es die natürlichen Bedingungen erlauben; sie wird in jedem Falle spätestens in einem Zeitraum von acht Monaten, der sich jedoch nicht über das Ende des Monats Juni 1930 hinaus erstrecken darf, beendet werden".[52]

Dieser Haager Räumungsbeschluß wurde im Endergebnis erreicht gegen nur geringfügige deutsche Gegenleistungen. Zunächst bedingten die Durchführungsmaßnahmen, die aufgrund der Räumungsnoten der drei Besatzungsmächte[53] vereinbart wurden, zwei zusätzliche finanzielle Belastungen des Reiches. Die deutsche Delegation verzichtete auf

---

[49] ADAP, B XII, Nr. 167, 168, 171, 172, 175, 178, 183, 185, 188, 189, 193, 195, 196, 197, 205, 208, 213; DBFP, I A, VI, Nr. 313, 316; Telegramme Massiglis Nr. 29–30, 50–51 vom 12. und 19.8.1929, MAE, SDN, I R-Réparations, 1024/II.
[50] Stresemann an Briand, 19.8.1929, ADAP, B XII, Nr. 191. Vgl. ibid., 194, 195; DBFP, I A, VI, Nr. 324, 343.
[51] ADAP, B XII, Nr. 188, 189, 197, 207, 222; DBFP, I A, VI, Nr. 326, 329, 339.
[52] Reichsgesetzblatt, 1930, II, S. 51.
[53] Ibid., S. 52–58.

2. Der Beschluß zur vorzeitigen Räumung des Rheinlands

britisches Drängen auf alle vor und nach dem 1. September 1929 entstandenen oder noch entstehenden deutschen Entschädigungsansprüche an die Besatzungsmächte nach Artikel 6 und nach den Artikeln 8–12 des Rheinlandabkommens vom 28. Juni 1919. Diese Ansprüche beliefen sich nach groben Schätzungen auf eine Summe in der Größenordnung zwischen 36 und 45 Millionen RM.[54] Und die deutsche Delegation stimmte zweitens zu, daß die Frage der nach dem 1. September noch entstehenden allgemeinen Besatzungskosten (monatlich ca. 14 Millionen RM), die von den Reparationsexperten offengelassen und einer Vereinbarung zwischen den Regierungen zugewiesen worden war, durch einen Kompromiß geregelt wurde. Danach sollte ein Reservefonds von 60 Millionen RM gebildet werden, an dem sich die Reichsregierung mit 30, Frankreich mit 21, England mit 7,2 und Belgien mit 1,8 Millionen Reichsmark à fonds perdu beteiligten.[55]

Es gelang auch, die auf französischer Seite vieldiskutierten reparations- und sicherheitspolitischen Räumungsbedingungen weitgehend zu vermeiden. Was die ersteren anbetraf, so schienen sich bis zum Rücktritt Poincarés Ende Juli dessen Mobilisierungsvorstellungen zu einer formellen reparationspolitischen Räumungsbedingung zu verdichten. In enger Abstimmung mit dem Gouverneur der Banque de France Moreau, aber auch mit Innenminister Tardieu hatte er das Mobilisierungsprinzip des Young-Plans zu konkretisieren und den Rückzug der rheinischen Besatzungstruppen von einer möglichst weitgehenden vorherigen oder zumindest gleichzeitigen Kapitalisierung größerer Tranchen der unbedingten Annuitäten abhängig zu machen gesucht. Dabei gab es offenbar verschiedene Modellüberlegungen, auf welche Weise die Räumung „au fur et à mesure de la mobilisation" durchgeführt werden könnte.[56] Aber Briand wandte sich gegen ein derartiges formelles Junktim, da zum überwiegenden Teil die Reichsregierung nicht für den Erfolg oder Mißerfolg internationaler Mobilisierungsaktionen verantwortlich gemacht werden dürfe. Mithin könne für die Ingangsetzung („mise en oeuvre") des Young-Plans – neben der allseitigen Ratifizierung und der Verabschiedung der erforderlichen Gesetze durch den Reichstag – allenfalls informell ein gewisser Beginn der Mobilisierung postuliert werden und zusätzlich der gute Wille der Deutschen, den Mobilisierungserfolg nicht durch eine provozierende Haushalts- und Anleihepolitik zu gefährden.[57] Nach seiner Regie-

---

[54] Zu den schwierigen Verhandlungen über die Ablösung des rheinischen Besatzungsstatuts siehe DBFP, I A, VI, Nr. 219, 235, 287, 300, 316, 324, 326, 328, 345; ADAP, B XII, Nr. 157, 159, 161, 167, 168, 171, 172, 173, 175, 178, 179, 188, 189, 195, 196, 197; Aufzeichnung o. U. vom 16. 8. 1929, PA, 4498/E 107 872–76. – Der Text des sogenannten „Arrangement rhénan" ist abgedruckt in FRUS, The Paris Peace Conference 1919, Bd. XIII, S. 762–769. Die genannten Artikel betreffen Beschlagnahmungen, Flurschäden, Quartier- und Versorgungsfragen, Verkehrs- und Transportbestimmungen, Telegraphen-, Telefon- und Postbenutzung.

[55] Zu den Verhandlungen über die Besatzungskosten siehe ADAP, B XII, Nr. 120, 168, 172, 186, 217, 219, 222, 223, 225, 227; Aufzeichnung Voigts vom 16. 8. 1929, PA, L 142/L 034 937–44; Aufzeichnung Wirths vom 14. 8., PA, 4498/E 107 765–68; DBFP, I A, VI, Nr. 235, 296, 316, 324, 345, 346; Tel. Massiglis Nr. 89 vom 28. 8. 1929, MAE, SDN, I R-Réparations, 1024/II. Der deutsche Anspruch auf Verwendung des „Surplus" zur Deckung der Besatzungskosten konnte nicht durchgesetzt werden, siehe oben S. 62–63. – Neben weiteren Durchführungsfragen wurde außerdem vereinbart, daß möglichst bis zum 1. Oktober 1929 Bevollmächtigte der deutschen, französischen und belgischen Regierungen die Einzelheiten einer Amnestie vorbereiten sollten „für Handlungen [...], die mit der Besetzung in Zusammenhang stehen", Reichsgesetzblatt, 1930, II, S. 52–58. Siehe hierzu auch DBFP, I A, VI, Nr. 235; ADAP, B XII, Nr. 214.

[56] Hoesch an AA, 21. 6. 1929, ADAP, B XII, Nr. 39; 1. 7., ibid., Nr. 56; 6. 7., ibid., Nr. 63; Aufzeichnung Schuberts, 9. 7., ibid., Nr. 98; Tyrrell an Lindsay, 3. 7., DBFP, I A, VI, Nr. 219.

[57] Hoesch an AA, 1. 7. 1929, ADAP, B XII, Nr. 56; Aufzeichnung Schmidts, 21. 8., ibid., Nr. 196.

rungsübernahme am Vorabend der Haager Konferenz behandelte Briand die Mobilisierungsfrage fast wie eine lästige Erbschaft Poincarés. Er beschwichtigte die deutschen Proteste, daß die Räumung mit den Reparationen nichts mehr zu tun habe und schon gar nicht von der Verfassung der internationalen Kapitalmärkte abhängig gemacht werden dürfe, und daß die Mobilisierung Deutschland überhaupt nichts anzugehen brauche.[58] Gegenüber britischen Warnungen, daß die Räumung durch die Mobilisierungsfrage keine Verzögerung erfahren dürfe,[59] ließ Briand im Haag eher beiläufig erkennen, daß er von einem formellen Junktim nichts halte, allerdings mit Rücksicht auf die französische Öffentlichkeit und vor allem die parlamentarische Rechtsopposition auf eine gewisse Mobilisierungsaktion vor der Räumung nicht völlig verzichten könne. Dabei könne es sich um eine sehr geringfügige, eher symbolische Aktion handeln, deren Bedingungscharakter dadurch, daß die Begebung auf den amerikanischen und französischen Kapitalmärkten gut vorbereitet würde, kaum in Erscheinung zu treten brauche, für die allerdings eine gewisse deutsche Mitwirkung, etwa durch die Beteiligung deutscher Kreditinstitute, erwartet werden müsse.[60] Natürlich bedeutete die Festsetzung des Räumungsendtermins auf den 30. Juni 1930 unter anderem auch, daß bis zu diesem Zeitpunkt die Möglichkeiten einer vorherigen Mobilisierungsaktion noch erheblich gefördert werden konnten.[61]

Auch dem französischen Bemühen um die Durchsetzung sicherheitspolitischer Räumungsbedingungen war wenig Erfolg beschieden. In den deutsch-französisch-britischen Vorhutgefechten um die Behandlung der Räumungsfrage während des Juni und Juli 1929 hatte sich eine verstärkte Auseinandersetzung um die Frage der Feststellungs- und Schlichtungskommission angekündigt. Stresemann suchte nun diese Kommission unter Hinweis auf die allgemeine Loyalität der Reichsregierungen und auf die bereits vorhandenen Ausgleichsmechanismen (diplomatische Ebene, Völkerbunds-Investigation, Vergleichskommissionen des Locarno-Vertrags) als überflüssig und – mit Blick auf die parlamentarischen Schwierigkeiten und eine allgemeine Komplizierung des deutsch-französischen Verhältnisses – als gefährlich zu kennzeichnen. Ihre grundsätzliche Beseitigung anstrebend, war er unverändert allenfalls bereit, im Interesse der vorzeitigen Räumung einer Kommission lediglich für die dritte Zone und nur für eine Übergangszeit bis 1935

---

[58] Aufzeichnung Schuberts, 11.7.1929, ADAP, B XII, Nr. 82; 16.7., ibid., Nr. 98.
[59] Aufzeichnung Lindsays, 26.6.1929, DBFP, I A, VI, Nr. 201; Lindsay an Tyrrell, 15.7., ibid., Nr. 235; Tyrrell an Henderson, 18.7., ibid., Nr. 241; Henderson an Tyrrell, 26.7., ibid., Nr. 266; Sthamer an AA, 22.7., ADAP, B XII, Nr. 113; Aufzeichnung Breitscheids, 22.7., ibid., Nr. 114; Pünder an AA, 9.8.1929, PA, L 142/L 034 879–83.
[60] Hoesch an AA, 1.8.1929, ADAP, B XII, Nr. 140; Aufzeichnung Schmidts, 10.8., ibid., Nr. 161; 13.8., ibid., Nr. 168; 21.8., ibid., Nr. 196; Pünder an AA, 9.8., PA, L 142/L 034 879–83.
[61] Hierauf weist Jacobson, Locarno Diplomacy, S. 327 hin. – Das französische (und britische) Bemühen, anläßlich der Räumungsverhandlungen eine stärkere politische Kontrolle über die vorgesehene Bank für Internationalen Zahlungsausgleich zu vereinbaren, spielte auf der Haager Konferenz keine Rolle, siehe hierzu Schubert an Paris, 4.7.1929, PA, K 480/K 135 789–90. Siehe auch ADAP, B XII, Nr. 56, 71, 72, 78, 91. – Größere Kreise zog die an die Äußerung Stresemanns vom 23. Juni 1929, daß der Young-Plan allenfalls 10 Jahre lang Bestand haben werde, anschließende französische Forderung, daß vor einem Räumungsbeschluß ausdrücklich nochmals die „Endgültigkeit" der Reparationsregelung festzustellen sei, doch wurde auch sie im August im Haag noch nicht thematisiert, siehe hierzu DBFP, I A, VI, Nr. 197, 210, 226; ADAP, B XII, Nr. 56, 137, 140, 152, 176, 198; Hoesch an AA, 2.8.1929, PA, 3985/D 732 872–73. Siehe unten, S. 105 ff.

2. Der Beschluß zur vorzeitigen Räumung des Rheinlands

zuzustimmen.[62] Auf der Haager Konferenz gab Briand etwas überraschend nach kurzem Insistieren die gesamte Forderung, die ja Teil des Genfer Septemberbeschlusses gewesen war, preis. Die Ursachen dieser Kehrtwendung werden in den Akten nicht völlig klar. Offenbar war der Hauptgrund, daß die Labour-Regierung sich auch in der Kommissionsfrage wesentlich distanzierter verhielt als ihre Vorgängerin, ihre Zustimmung allenfalls für ein bis 1935 begrenztes und nicht-ständiges Gremium in Aussicht stellte und vor allem für ihren Teil die völlige Unabhängigkeit der Räumungs- von der Kommissionsfrage unterstrich.[63] Ein zweiter Grund ergab sich daraus, daß die deutsche Delegation im Haag begann, die französische Kommissionsforderung gegen die durch den Genfer Septemberbeschluß nicht abgedeckte Saarforderung aufzurechnen.[64] Jedenfalls suchte Briand nach wenigen Tagen einen graziösen Rückzug in der Kommissionsfrage, der ihm offenbar unter dem Eindruck einer gewissen Relativierung dieser Forderung in der französischen Öffentlichkeit[65] und des erwähnten Briefes Stresemanns vom 19. August leichter wurde.[66] Nach außen hin suchte der französische Ministerpräsident den Eindruck zu erwecken, daß es sich um eine Verständigungsgeste handele: aufgrund der deutscherseits erhobenen Einwendungen habe er, Briand, „eingesehen [...], daß es infolge des Widerstandes der deutschen öffentlichen Meinung [...] nicht möglich sein würde, den ursprünglichen französischen Gedanken einer besonderen Schieds- und Vergleichskommission durchzusetzen".[67] Die zur Prüfung des Kommissionsvorschlags im Haag konstituierte Juristenkommission kam daraufhin mit der Stimme des französischen Vertreters Fromageot zu dem Ergebnis, daß, der deutschen These entsprechend, die im Rahmen der deutsch-französischen beziehungsweise deutsch-belgischen Schiedsabkommen vom 16. Oktober 1925 bestehenden Ständigen Vergleichskommissionen völlig geeignet seien, die Funktionen der postulierten Feststellungs- und Schlichtungskommission mitzuübernehmen.[68] Am Ende wurde sogar die französische Rückzugsposition, jene beiden bilateralen Kommissionen der Locarno-Verträge zu einer besonderen neuen – Mehrheitsbeschlüssen in französischem Sinne günstigen – deutsch-französisch-belgischen Dreierkommission zu kombinieren, gegenüber der deutschen Ablehnung noch aufgegeben und in der Haager Schlußvereinbarung ausdrücklich der *status quo* bekräftigt.[69] Deutschland erreichte also von Frankreich die Zustimmung zu der um 4½ Jahre vorgezogenen Rheinlandräumung, ohne daß es Frankreich gelang, für die Zeit nach dem Truppenabzug die lange für unverzichtbar erklärte besondere Kontrollinstanz zur Überwachung des rheinischen Demilitarisierungsstatuts zu installieren.

Von begrenztem Erfolg war während des Sommers 1929 auch das französische Bemühen, angesichts der zunehmenden Wahrscheinlichkeit einer vorzeitigen Räumung recht-

---

[62] Hierzu ADAP, B X, Nr. 199, 208, 209, 213, 216, 234; B XI, Nr. 29, 41, 153, 243; B XII, Nr. 102.
[63] Tel. Massiglis, Nr. 16–18 vom 9.8.1929, MAE, SDN, I R-Réparations, 1024/II; DBFP, I A, VI, Nr. 325; ADAP, B XII, Nr. 157, 167, 173, 179. – Zu dem zunächst fortdauernden französischen Interesse an der Kommission siehe das am 9.8.1929 im Haag vorgelegte Konzept, ADAP, B XII, Nr. 160.
[64] ADAP, B XII, Nr. 86.
[65] DBFP, I A, VI, Nr. 180, 241, 250, 289.
[66] Vgl. oben S. 68. Stresemann an Briand, 19.8.1929, ADAP, B XII, Nr. 191; siehe auch Nr. 194.
[67] Aufzeichnung Schmidts, 21.8.1929, ADAP, B XII, Nr. 197; vgl. DBFP, I A, VI, Nr. 326.
[68] DBFP, I A, VI, Nr. 343, Anlage; Heilfron/Nassen, S. 171–172.
[69] Aufzeichnung Schmidts, 23.8.1929, ADAP, B XII, Nr. 205; Pünder an AA, 25.8., ibid., Nr. 210; 29.8., ibid., Nr. 222; DBFP, I A, VI, Nr. 348.

zeitig eine Reihe rheinländischer Entwaffnungsfragen zu erledigen. Bereits im Juni waren in Paris, unabhängig von den Räumungsverhandlungen, zwischen René Massigli (als Generalsekretär der Botschafterkonferenz) und dem General Baratier (als Vorsitzendem des Versailler Militärkomitees) einerseits und dem Legationsrat Ebeling vom Reichsverkehrsministerium andererseits Verhandlungen über die rheinischen Eisenbahnfragen geführt worden, die binnen eines Monats zu abschließenden Ergebnissen gelangten. Es handelte sich um einen in Abwesenheit der britischen Regierung[70] erzielten Kompromiß, der die deutsche Seite im Hinblick auf die weitergehenden Forderungen der Botschafterkonferenz von 1922 und die französische Seite angesichts der seit 1922 veränderten Lage und vor allem der fehlenden britischen Unterstützung zufriedenstellte. Deutschland verpflichtete sich, drei kleinere Streckenabschnitte der Ahrtalbahn sowie ein 14 Kilometer langes Teilstück der Linie Homburg – Münster am Stein von der bestehenden Doppelgleisigkeit in die Eingleisigkeit zurückzuversetzen und eine als „strategisch" erachtete Verbindungskurve zu beseitigen; von 78 noch intakten Militärrampen waren 11 zu kürzen und 3 ganz zu beseitigen; die beiden Hauptstrecken Trier–Koblenz und Düren–Köln durften 12 Jahre lang nicht ausgebaut, die Anzahl der Rheinbrücken während derselben Zeitspanne nicht vergrößert werden; in einigen grenznahen Bezirken wurde ohne zeitliche Begrenzung jegliche Veränderung am bestehenden Netz ausgeschlossen. Demgegenüber wurde allerdings der Botschafterkonferenz für die Zukunft für Neubauten kein Genehmigungsrecht nach Artikel 43 mehr eingeräumt, sondern nur noch das Recht nachträglicher Beschwerdeführung.[71]

Weitere französische Entwaffnungswünsche für das künftig geräumte Rheinland wurden in einem Notenwechsel festgehalten, der während des Sommers 1929, ebenfalls unabhängig von den eigentlichen Räumungsverhandlungen, zwischen Paris und Berlin geführt wurde. Die französische Regierung war beunruhigt über die Stärke, Verteilung und Ausrüstung der Polizei und anderer von Amts wegen bewaffneter deutscher Beamtengruppen (Feldhüter, Zollwächter usw.) links des Rheins. Sie wünschte Auskunft über die deutschen Vorstellungen von Zerstörung, Veräußerung, Umbau und künftiger Verwendung ehemaliger militärischer Anlagen. Sie zeigte sich besorgt über „paramilitärische" Aktivitäten von Sportvereinen, namentlich Reitervereinen. Sie suchte, nachdem die Frage des rheinischen Eisenbahnnetzes geklärt war, ähnliche Zusicherungen für den künftigen Ausbau des Straßen- und Luftverkehrs im Rheinland. Sie hielt nicht zuletzt eine bindende Regelung des außerordentlichen Zugangs von Reichswehrangehörigen und -einheiten in die entmilitarisierte Zone für notwendig.[72] Die Verhandlungen über diese Fragen, die sich eng mit den Restproblemen der allgemeinen Entwaffnung und der Frage der Abberufung der alliierten Militärexperten aus Berlin berührten und die im Sommer 1929 insgesamt nur erst gestellt, aber noch nicht beantwortet wurden, zogen sich bis weit in den Winter 1929/30 und zum Teil bis in das folgende Frühjahr hinein, ehe sie,

---

[70] Siehe oben, S. 51–52.
[71] Aufzeichnung Forsters, 25.7.1929, ADAP, B XII, Nr. 121; Clodius an Forster, 30.7., ibid., Nr. 135; Aufzeichnung Bülows, 11.11.1929, B XIII, Nr. 114; Aufzeichnung o. D., o. U., „Gegenüberstellung der früheren Forderungen der Botschafterkonferenz und des durch die Verhandlungen erzwungenen Ergebnisses", PA, 3085/D 607 846–49; DBFP, I A, VI, Nr. 200, 235.
[72] Aufzeichnungen o. U. vom 2.8.1929, PA, 4498/E 107 848–851; vom 15.8., PA, 4498/E 107 782; Aufzeichnung Massiglis vom 15.8., PA, 4498/E 107 841–47; Aufzeichnung Friedbergs, 16.8., ADAP, B XII, Nr. 177.

rechtzeitig vor dem Enddatum der Räumung, zu für Frankreich im ganzen wenig befriedigenden Klärungen führten.[73]

Insgesamt erbrachte so die politische Seite der Haager Augustkonferenz der Reichsregierung mit britischer Hilfe einen überragenden Erfolg. Die für die Wiedererringung einer unabhängigen deutschen Großmachtstellung von Stresemann für wesentlich gehaltene Rheinlandräumung war – als feste Zusage – vorzeitig gewonnen, und zwar fast ohne zusätzliche reparations- und sicherheitspolitische Auflagen. Dies war nichts weniger als ein Durchbruch der deutschen Außenpolitik, in dem der schon vom Tode gezeichnete deutsche Außenminister selbst „einen gewissen Abschluß" sah, von dem er sich erhoffte, „daß er eine Etappe der Außenpolitik abschließt und uns die Möglichkeit gibt, frei und unabhängig von den ewigen Kämpfen um die Reparationsfrage und das besetzte Gebiet, eine großzügigere Verständigungspolitik in Zukunft zu treiben".[74] Ähnlich sah es in erstem Überschwang die breite deutsche Öffentlichkeit, nur die Hugenberg-Presse und einige andere radikale Stimmen standen abseits.[75]

Das Auswärtige Amt hielt es für wesentlich, jetzt nicht in vorzeitiges Jubelgeschrei auszubrechen, und wies die betreffenden Staatskanzleien darauf hin, „daß deutscherseits vereinbarungsgemäß alle Maßnahmen getroffen werden müssen, um Provokationen und Manifestationen beim Abmarsch der Truppen zu verhindern. Es liegt im dringenden Interesse Deutschlands und der deutschen Außenpolitik, daß sich die Räumung reibungslos vollzieht und daß seitens der deutschen Behörden alles geschieht, um die nur allzu begreifliche und verständliche Freude der deutschen Bevölkerung über die endlich erreichte Befreiung erst dann zum Ausdruck kommen zu lassen, nachdem nicht nur der letzte Mann der fremden Besatzung den betreffenden Ort verlassen hat, sondern erst wenn die Gemeinde auch in rechtlicher Hinsicht als unbesetztes Gebiet zu betrachten ist."[76]

Auf französischer Seite war das politische Ergebnis der Haager Augustkonferenz von Anfang an stark umstritten. Frankreich hatte zwar die nach der Schuldenratifizierung wichtige Annahme des Young-Plans durch die Regierungen erreicht, aber sich, ohne reparations- und sicherheitspolitische Ersatzsicherheiten zu gewinnen, zur vorzeitigen Rheinlandräumung zum 30. Juni 1930 verpflichtet. Die politische Linke, angeführt von den Sozialisten Léon Blums, begrüßte zwar dieses Ergebnis lebhaft als einen ermutigenden Schritt zu einer deutsch-französischen Verständigung; auch die gemäßigte Mitte bekundete Briand zurückhaltende, doch deutliche Sympathie. Auf der nationalen Rechten jedoch, die das Kabinett Briands mittrug, brach ein erbitterter Sturm los, der um die Zukunft der Regierung beim Wiederzusammentritt des Parlaments fürchten ließ.[77] In der Presse der äußersten Rechten wurde dem Ministerpräsidenten Würdelosigkeit, Demütigung und sogar Verrat vorgeworfen, von den gemäßigteren Kritikern mangelhafte Vorbereitung einer so wichtigen Konferenz und, bei einer vorzüglichen Verhandlungsposi-

---

[73] Siehe unten, S. 119–124, 176 ff.
[74] Stresemann an Löbe, 19.9.1929, ADAP, B XIII, Nr. 26. – Der überragende Erfolg einer mehrjährigen Stresemannschen Politik ist unbestreitbar, so auch etwa Jacobson, Locarno Diplomacy, passim; Maxelon, Stresemann, S. 242–273. Daher nicht ganz verständlich die Kritik von Martin Vogt, „Letzte Erfolge? Stresemann in den Jahren 1928 und 1929", in: Wolfgang Michalka, Marshall M. Lee (Hgg.), Stresemann, Darmstadt 1982, S. 441–462.
[75] Hierzu etwa Rumbold an Henderson, 6.9.1929, DBFP, I A, VII, Nr. 4; 11.9., ibid., Nr. 7.
[76] Runderlaß Köpkes, 5.9.1929, PA, L 142/L 035 034–37.
[77] Vgl. unten S. 95.

tion, vorschnelle Preisgabe der französischen Interessen im Rheinland. Als ein besonders schweres Versäumnis galt der Verzicht auf ein formelles Junktim zwischen dem Räumungsbeschluß und einer Vereinbarung über die Mobilisierung der Reparationen. Dies müsse bei der parlamentarischen Behandlung des Haager Abkommens unbedingt wiedergutgemacht werden, etwa indem dem Ausdruck „Ingangsetzung des Young-Plans" eine dem Mobilisierungsinteresse Frankreichs angemessene Auslegung gegeben würde.[78]

Bemerkenswert wenig Beachtung fand in der französischen Öffentlichkeit der Verzicht auf eine besondere Feststellungs- und Schlichtungskommission,[79] dafür aber eine umso größere in der internen Beurteilung durch die Militärs. Der französische Generalstab sah einen schweren Rückschlag für die französische Sicherheitsplanung: „La seule garantie sérieuse de sécurité capable de compenser dans une certaine mesure le retrait de nos troupes d'occupation nous est refusée".[80] Resigniert bereitete man den Aufbau eines effizienten Geheimdienstnetzes im Rheinland vor.[81]

3. *Pactum de contrahendo* in der Saarfrage

Der zweite, begrenztere Erfolg der deutschen Außenpolitik im Sommer 1929 bestand darin, daß es Stresemann in der nach der Vorlage des Pariser Sachverständigenberichts herrschenden „Augenblickskonjunktur"[82] um die Reparations- und Räumungsfrage gelang, mit der französischen Regierung auch die Aufnahme von Verhandlungen über eine vorzeitige Rückgliederung des Saargebiets an das Deutsche Reich zu verabreden.

Den allgemeinen Hintergrund dieser Vereinbarung bildete die Problematik des im Versailler Vertrag festgelegten Saarstatuts. Danach hatte Frankreich „als Ersatz für die Zerstörung der Kohlengruben in Nordfrankreich und als Anzahlung auf die von Deutschland geschuldete völlige Wiedergutmachung der Kriegsschäden [...] das volle und unbeschränkte, völlig schulden- und lastenfreie Eigentum an den Kohlengruben im Saarbekken" zugesprochen erhalten, auch war das Saargebiet dem französischen Zollsystem eingeordnet worden. Politisch unterstand es einer fünfköpfigen Regierungskommission des Völkerbunds, deren Zusammensetzung dem französischen Vertreter Jean Morize einen erheblichen Einfluß sicherte. Diese Privilegien Frankreichs waren allerdings zeitlich be-

---

[78] Hoesch an AA, 2.9.1929, ADAP, B XII, Nr. 232; Müller (Bern) an AA, 24.9.1928, ADAP, B XIII, Nr. 33; Henderson (Paris) an Henderson (London), 3.9., DBFP, I A, VII, Nr. 1. – Zu der Reaktion der Linken Jacques Bariéty, „Léon Blum et l'Allemagne (1930–1938)", in: Les Relations Franco-Allemandes 1933–1939 (Strasbourg, 7–10 Octobre 1975), Paris 1976, S. 33–55.

[79] Henderson (Paris) an Henderson (London), 3.9., DBFP, I A, VII, Nr. 1.

[80] Protokoll einer Sitzung des französischen Generalstabs vom 5.9.1929, zitiert von Maurice Vaïsse, „La ligne stratégique du Rhin (1919–1930). De la réalité au mythe", in: Problèmes de la Rhénanie. Die Rheinlandfrage nach dem Ersten Weltkrieg. Actes du Colloque d'Otzenhausen, 14–16 Octobre 1974, Metz 1975, S. 1–11, hier S. 10.

[81] Ibid. („L'Armée d'occupation rentrée, nous n'aurons d'autre moyen efficace de savoir au jour le jour ce qui se passe dans la zone démilitarisée, que d'y faire fonctionner un service de renseignements actif et étoffé".) Ähnlich sah es das britische Foreign Office, siehe Sargent an Nicolson, 20.8.1929, DBFP, I A, VI, Nr. 325.

[82] Bülow an Smend, 5.6.1929, ADAP, B XII, Nr. 11.

grenzt, da die Saarbevölkerung nach Ablauf von 15 Jahren darüber abstimmen sollte, ob sie für die Dauer die Beibehaltung des Völkerbundsregimes, die Vereinigung mit Frankreich oder die Vereinigung mit Deutschland wünschte. Da es sich um eine fast rein deutsche Bevölkerung handelte und die somit zu erwartende Rückgliederung an Deutschland erhebliche französische Wirtschaftsinteressen berührte, vor allem die mit der Industrialisierung seit der zweiten Hälfte des 19. Jahrhunderts zusammengewachsene und nun von Frankreich kontrollierte lothringisch-saarländische Erz-Kohle-Kombination zerreißen würde, gab es auf französischer Seite Grund, sich über die weitere Entwicklung Gedanken zu machen.[83] Den seit 1925 gelegentlich unternommenen deutschen Bemühungen, im Kielwasser der Räumungsforderung auch eine vorzeitige Rückgliederung des Saargebiets zu befördern, war freilich bis zum Frühjahr 1929 kein Erfolg beschieden.[84] Die Saarforderung war im Herbst 1928 allerdings auf deutscher Seite, im Interesse der Konzentration auf die Rheinlandforderung, taktisch zurückgehalten worden, und sie war so nicht Teil des Genfer Septemberbeschlusses. Briand und Chamberlain lehnten es im Dezember 1928 in Lugano ab, sie nachträglich dazu zu machen.[85]

Im Verlaufe der Völkerbundsrats-Tagung in Madrid am 12. Juni 1929 meldete indessen Stresemann mit Nachdruck die Forderung an, daß als natürliches Pendant der Rheinlandräumung das Saargebiet vorzeitig an Deutschland zurückgegliedert werden müsse.[86] Hinter dieser Initiative standen offenbar mehrere Überlegungen. Wenn, so argumentierte das Auswärtige Amt, nach einer vorzeitigen Rheinlandräumung die noch bis Anfang 1935 geltenden französischen Gruben- und Handelsprivilegien im Saargebiet weiterbestehen würden, drohte sich alles die Möglichkeiten einer deutsch-französischen Verständigung zersetzende Gift in diesem einen Punkte zu konzentrieren und der innerdeutschen Revisionspolemik einen neuen Angriffspunkt zu bieten. Umgekehrt würde die schlagartige gleichzeitige Bereinigung sämtlicher territorialen Westfragen und der Verzicht auf ein Plebiszit günstige allgemeine Auswirkungen auf den Fortgang der deutsch-französischen Beziehungen haben. Außerdem konnte eine erfolgversprechende Inangriffnahme des Saarproblems der Reichsregierung einen zusätzlichen Trumpf für die voraussichtlich schwierige Ratifizierung des Young-Plans im Reichstag bieten. Schließlich lag, vor dem Hintergrund zunehmender Rückgliederungsforderungen aus der Saarbevölkerung, in der Ankoppelung des Saarproblems an die Regelung der Räumungs- und Reparationsfragen offenkundig vor 1935 die letzte reale Gewinnmöglichkeit in der Saarfrage.[87] In interministeriellen Beratungen schuf sich das Reichskabinett bereits Ende Juni Klarheit darüber, daß für die vorzeitige Rückgliederung ein konkreter wirtschaftlicher Preis an Frankreich zu zahlen sein würde, daß jedoch der Rückfall der Saargruben in das uneingeschränkte deutsche Eigentum nicht verhandlungsfähig sein könne. Allenfalls sollten geringfügige Ausnahmen zugunsten von drei von der französischen Grubenverwaltung an private Gesellschaften verpachtete Gruben – Großrosseln (de Wendel),

---

[83] Für die Bestimmungen des Saarstatuts siehe Friedensvertrag. Sonderabdruck Nr. 140 des Reichs-Gesetzblattes von 1919, S. 769–803. Zur Situation des Saargebiets in der europäischen Nachkriegsordnung ausführlich Zenner, Parteien und Politik im Saargebiet.
[84] Siehe hierzu resümierend Stresemann an Hoesch, 23.5.1929, ADAP, B XI, Nr. 243.
[85] Zu Lugano siehe ADAP, B X, Nr. 207, 234; B XI, 243.
[86] Aufzeichnung Schmidts, 11.6.1929, ADAP, B XII, Nr. 19; Pünder an AA, ibid., Nr. 21.
[87] Ibid., sowie Stresemann an Hoesch, 23.5.1929, ADAP, B XI, Nr. 243; Jacobson, Locarno Diplomacy, S. 287 ff.; Zenner, S. 222 ff.

Carlsbrunn (Peyerimhoff) und Frankenholz – zugelassen werden.[88] Möglichkeiten einer längerfristigen deutsch-französischen Kooperation in der Grubenverwaltung wurden von Anfang an nicht gesehen.

Auf französischer Seite bestand demgegenüber im Juni und Juli 1929 weder im von Poincaré geleiteten Ministerrat noch in der Öffentlichkeit eine Bereitschaft, das Saarproblem vorzeitig aufzurollen, schon gar nicht im Rahmen der laufenden Reparations- und Räumungsverhandlungen. Niemand in Frankreich hatte die Absicht, für eine den nationalen Interessen entsprechende Reparationsregelung neben der vorzeitigen Rheinlandräumung noch einen Zusatzpreis im Saargebiet zu zahlen. Zwar hatte seit einiger Zeit der Saarkommissar Morize dem Quai d'Orsay zu erwägen gegeben, ob Frankreich nicht durch eine vorzeitige Saarregelung sich ein aussichtsloses Plebiszit ersparen, die zeitlich begrenzten französischen Wirtschaftsprivilegien dauerhaft konsolidieren, damit insgesamt die deutsch-französischen Beziehungen entlasten könne.[89] Zwar auch war Briand offenbar überzeugt, daß Frankreich das Saargebiet wegen seiner weit überwiegend deutschen Bevölkerung auf längere Sicht nicht würde halten können, daß es sich also um ein „Pfand" handele, das es auszuspielen gelte, so lange es noch etwas wert sei.[90] Die Befassung von Parlament und Öffentlichkeit mit dem Saarproblem zusätzlich zu den Reparations- und Räumungsfragen erschien der Pariser Regierung jedoch offenkundig als zu schwierig. Sie wußte zudem, daß die neue britische Regierung in der Saarfrage einen reservierten Standpunkt Frankreichs unterstützte, da sie eine zusätzliche Komplizierung der durch die Nachforderungen Snowdens bereits stark belasteten Verhandlungssituation des Sommers 1929 befürchtete.[91] Im Quai d'Orsay wurde dementsprechend die deutsche Forderung vorerst zurückgewiesen. Ende Juni dementierte der französische Außenminister den von Stresemann geäußerten Eindruck, daß in Madrid französischerseits der Aufnahme der Saarfrage in das Verhandlungsprogramm der bevorstehenden Regierungskonferenz zugestimmt worden sei. Er, Briand, habe Stresemann lediglich zu verstehen gegeben, daß er zu einer informellen Erörterung etwaiger deutscher Vorüberlegungen bereit sei, allerdings nur unabhängig von den Reparations- und Räumungsfragen.[92] In den gleichen Tagen gab Berthelot Hoesch zu verstehen, daß vorgezogene Saarverhandlungen nach Paragraph 38 des Saarstatuts allein Deutschland und Frankreich beträfen und daher keinerlei Veranlassung bestehe, die Haager Reparationskonferenz mit der Frage zu befassen. Frankreich werde sich einem entsprechenden deutschen Versuch energisch widersetzen. Eine deutsch-französische Vereinbarung über eine vorzeitige Saarrückgliederung, die den Saarbewohnern das zugesagte Plebiszit nehme, erfordere zudem wohl eine Änderung des Versailler Vertrags, der alle Unterzeichner zustimmen müßten.[93]

---

[88] Hierzu Kabinettssitzung vom 28.6.1928, ARK Müller II, Nr. 237; Aufzeichnung Friedbergs, 31.7.1929, ADAP, B XII, Nr. 136.
[89] Aufzeichnung Morizes, „Note pour M. Berthelot", 5.9.1929, MAE, Direction des Affaires Politiques et Commerciales [DAPC], Sarre, Carton 172.
[90] Ibid. sowie Zenner, S. 233–34 mit Anm. 11; siehe auch Aufzeichnung Köpkes, 12.7.1929, ADAP, B XII, Nr. 86.
[91] Für die britische Haltung siehe u. a. ADAP, B XII, Nr. 38, 41, 49, 52, 53.
[92] Hoesch an AA, 3.7.1929, ADAP, B XII, Nr. 58. Hierzu Stresemann an Hoesch, 9.7., ibid., Nr. 73.
[93] Siehe hierzu ADAP, B XII, Nr. 56, 69, 80, 102, 134.

Ungeachtet solcher Hemmnisse suchte Stresemann vorzeitige Saarverhandlungen unter Ausnutzung des französischen Interesses an der Sanktionierung des Young-Plans dennoch in die Wege zu leiten. Ende Juni ließ er von Berlin aus den Regierungen der Locarno-Mächte übermitteln, daß die Reichsregierung die Saarfrage neben der Räumungs- und der Kommissionsfrage auf der Tagesordnung der Regierungskonferenz zu sehen wünsche und daß dort zumindest ein Vorvertrag über die baldige Aufnahme von Saarverhandlungen geschlossen werden müsse. Er sehe keine Möglichkeit, „wie ich die Annahme des Young-Plans hier durchsetzen könnte, wenn ich nicht neben der Räumung des Rheinlands auch eine Abmachung über die Regelung der Saarfrage mitbrächte".[94] Botschafter von Hoesch ließ im Laufe des Juli seine Pariser Gesprächspartner nicht im Zweifel darüber, daß die Reichsregierung nur die Alternative sehe, entweder die Saarfrage formell vor dem Plenum der Haager Konferenz aufzuwerfen und damit eine Ablehnung mit daraus folgendem Scheitern des Young-Plans zu riskieren, oder aber auf dem Wege bilateraler deutsch-französischer Verhandlungen das Ergebnis eines schriftlichen, auf der Schlußsitzung der Konferenz formell zu registrierenden *pactum de contrahendo* zu erreichen.[95]

Diese Drohung sollte in der Tat ausreichen, um im Haag über die Ablehnung der ersten zu der zweiten Option zu gelangen. Auf der ersten Sitzung der sechs „einladenden" Mächte am 7. August beantragte Stresemann, die Saarfrage nachträglich offiziell in die Tagesordnung der Konferenz aufzunehmen. Briand, von Henderson unterstützt, wies den Antrag unter Hinweis auf den Wortlaut des Genfer Septemberbeschlusses zurück, entschied sich aber nunmehr dafür, den Weg zu bilateralen deutsch-französischen Kontakten über das Saarproblem am Rande der Konferenz freizugeben. In einem Sonderbericht an Staatspräsident Doumergue vom 7. August führte er zu diesem Entschluß aus: „La question de la Sarre est uniquement une question franco-allemande qui ne peut pas être traitée autrement que par des conversations directes entre les deux pays. Si M. Stresemann avait à cet égard, comme il le prétend, des propositions à faire au Gouvernement français, celui-ci, qui est dans la position du défendeur, ne se refuserait certainement pas à les écouter, étant bien entendu d'ailleurs que les droits du peuple sarrois inscrits dans le traité, seraient sauvegardés."[96]

Hinter diesen Erläuterungen wurden bereits wichtige Markierungspunkte erkennbar, die der französische Ministerpräsident für die kommenden Verhandlungen abzustecken gedachte. Es war klargestellt, daß die Haager Konferenz sich ohne einen gemeinsamen deutsch-französischen Antrag nicht mit der Saarfrage befassen würde. Dies bedeutete wenigstens eine teilweise Entwertung des deutschen Reparationshebels zur Beförderung der Saarfrage, wenngleich der deutsche Außenminister nicht versäumte zu warnen, daß bei einem negativen Ausgang der bilateralen Saargespräche für ihn eine völlig neue Lage entstehen würde.[97] Außerdem nahm die französische Regierung hier bereits entschieden

---

[94] Stresemann an Paris, London, Brüssel, Rom, 29.6.1928, ADAP, B XII, Nr. 55.
[95] Hoesch an AA, 29.7.1929, ADAP, B XII, Nr. 134; 31.7., PA 4498/E 107 143–45. Siehe auch ADAP, B XII, Nr. 69, 80, 102, 109, 119, 123, 140.
[96] Briand an Doumergue, 7.8.1929, MAE, DAPC, Sarre 172. – Zu der Sitzung der Hauptdelegierten der einladenden Mächte am 7.8.1929 siehe die zusammenfassende Darstellung der Saargespräche, die während der ersten Haager Konferenz stattfanden, in Aufzeichnung o.D., o.U., „Saar", PA, 4498/E 106 106–35, hier: 106–8.
[97] Ibid.

die Position des Rechtsinhabers ein, der darauf wartete, daß die antragstellende deutsche Seite ihm Vorschläge unterbreitete, die eine vorzeitige Preisgabe der bis 1935 geltenden Vertragsrechte für ihn sinnvoll und lohnend machen könnten, der selbst sich aber nach Festlegung der Verhandlungsbasis zu Initiativen oder gar Konzessionen nicht verpflichtet fühlte. Schließlich bedeutete die Reservierung der Rechte der Saarbevölkerung (Plebiszit) natürlich nichts anderes als den – vor allem aus innerfranzösischen Rücksichten unerläßlichen – Vorbehalt des politischen Aspekts einer vorzeitigen Saar-Rückgliederung und die Betonung seiner letztlichen Verankerung im Versailler Vertrag und damit jenseits bloßer bilateraler deutsch-französischer Vereinbarungen.

Die französischen Akten lassen deutlich erkennen, wie schwer sich die französische Delegation im Haag mit der Realisierung der so verabredeten Saar-Kontakte am Rande der Konferenz tat. Erst jetzt, seit dem 7. August, wurde die deutsche Saarforderung im Quai d'Orsay ernst genommen und eine zusammenhängende Marschroute abgesteckt.[98] Hinter dem in der zweiten und dritten Augustdekade in der deutschen Delegation als Verzögerungsmanöver empfundenen französischen Verhalten gegenüber allen Bemühungen, in erste Erörterungen einzutreten, verbarg sich zweifellos zu einem Teil generelle Abneigung gegen die Aufrollung der Saarfrage überhaupt, zu einem guten Teil aber auch konzeptionelle Verlegenheit.

Am 10. August überreichte Stresemann Briand eine Zusammenstellung der Punkte, über die nach deutscher Auffassung bereits im Haag in eine Beratung eingetreten werden sollte: den Rückkauf der Saargruben und ein zollpolitisches Übergangsregime, Nebenfragen wie etwa der kleine Grenzverkehr, die Befassung des Völkerbundsrats; notfalls könne darüber ja, nach Festhalten des erreichten Verhandlungsstandes im Haager Schlußprotokoll, im Anschluß an die Konferenz weiterberaten werden.[99] Der französische Außenminister nahm das Memorandum reserviert entgegen, stimmte aber schließlich einer informellen Fühlungnahme auf Sachverständigenebene zu.[100] Am 15. August erläuterte daraufhin der stellvertretende Leiter der deutschen Delegation von Friedberg dem sich völlig rezeptiv verhaltenden Massigli („Ich habe zwei Ohren und einen Bleistift"), zu welchen Gegenleistungen die Reichsregierung für die vorzeitige Rückkehr des Saargebiets unter die deutsche Regierungsgewalt bereit sein könnte: den Verzicht auf das Plebiszit, eine frei ausgehandelte Barzahlung für die Saargruben unter Preisgabe jeglichen Anspruchs auf eine Anrechnung auf die Young-Annuitäten, wirtschaftliche Zusammenarbeit, insbesondere die Einräumung zollfreier oder zollbegünstigter französischer Kontingente für das Saargebiet für eine Übergangsperiode.[101]

Französische Einwendungen, die deutschen Vorschläge seien zu wenig konkret, nutzte Stresemann zu dem Vorschlag, beide Seiten sollten zur Vertiefung der Fragen ihre eigentlichen Saarexperten nach dem Haag anreisen lassen.[102] Am 23. August kam daraufhin eine weitere Unterredung zwischen dem eilends aus Berlin herbeigerufenen Ministe-

---

[98] Das Dossier „Négociations Sarre" wurde am 7. August im Quai d'Orsay eingerichtet. Sein erstes Schriftstück ist das o. g. Schreiben Briands an Doumergue, siehe Anm. 96.
[99] Stresemann an Briand, 10. 8. 1929, ADAP, B XIII, Nr. 162, Anlage.
[100] Ibid.
[101] Aufzeichnung Massiglis, 15. 8. 1929, MAE, DAPC, Sarre 172; Aufzeichnung Friedbergs, 15. 8., ADAP, B XII, Nr. 174. Hierzu auch Aufzeichnungen Schuberts, 15. 8., PA, 4498/E 107 783–86, und Friedbergs, 16. 8., PA 4498/E 107 860.
[102] Aufzeichnung „Saar", siehe Anm. 96.

rialdirektor Posse und dem französischen Delegationsmitglied Coulondre zustande. Posse entwickelte die grundsätzliche deutsche Auffassung über die „Möglichkeiten einer wirtschaftlichen Regelung in der Saar, die für die Dauer in der Form einer Ergänzung des Handelsvertrages oder eines Grenzabkommens und für ein Übergangsregime in der einer Sonderregelung verabredet werden könne". Coulondre erwiderte in einer ersten französischen Stellungnahme, für Frankreich gehe es bei vorgezogenen Saarverhandlungen um die Erhaltung seines Absatzmarktes im Saargebiet bis zum Jahre 1940 und vor allem um eine gewisse großzügige und dauerhafte Zusammenfügung des lothringischen Erzes und der Saarkohle als der soliden Grundlage für eine weiterreichende deutsch-französische Verständigung und Zusammenarbeit. Posse und Coulondre kamen überein, daß nun möglichst rasch von der allgemeinen Aussprache zu konkreten Beratungen übergegangen werden müsse.[103]

Tags darauf erklärte Briand sein Einverständnis mit der Bildung einer deutsch-französischen Verhandlungskommission.[104] Der von deutscher Seite nun vorgetragene Wunsch nach einem formellen *pactum de contrahendo* stieß auf zögernde französische Zustimmung und verursachte längeres Taktieren um den Wortlaut und Status eines solchen Dokuments. Während Stresemann am Ende durchzusetzen glaubte, daß das Mandat der Verhandlungskommission nicht, wie französischerseits vorgeschlagen, auf „Wirtschafts-, Gruben- und Finanzfragen" begrenzt wurde, erreichte Briand praktisch eben dies durch die formelle „Reservierung der politischen Rechte der Saarbevölkerung". In der am Ende geschlossenen Vereinbarung wurde in Aussicht genommen, daß die Einzelheiten einer Lösung des Saarproblems zum Gegenstande deutsch-französischer Verhandlungen gemacht würden, die „alsbald" in Paris beginnen und, soweit irgend möglich, in einem Zuge zu Ende geführt werden sollten.[105] Die offenbar absichtliche französische Verzögerung des Notifizierungsakts ließ nur, in den letzten Minuten der Haager Konferenz, einen formlosen Austausch des Dokuments zwischen den beiden Delegationen zu, so daß die deutscherseits gewünschte Registrierung des *pactum de contrahendo* in den offiziellen Schlußdokumenten der Konferenz nicht erfolgte.[106]

In den folgenden Septemberwochen bereitete man sich sowohl in Berlin als auch in Paris auf den Beginn der so vereinbarten Saarverhandlungen vor. Auf deutscher Seite wurde man sich nicht recht schlüssig, ob nicht doch noch eine gewisse Anbindung dieser Verhandlungen an den Räumungs-Reparationen-Komplex möglich sein könnte. Zu offen-

---

[103] Aufzeichnung Coulondres, 24.8.1929, MAE, DAPC, Sarre 167; Aufzeichnung Gérardins, 24.8., ibid., Sarre 169; Aufzeichnungen Posses vom 23.8., ADAP, B XII, Nr. 206, sowie vom 22.8., PA, 4498/E 108 194–95.
[104] Aufzeichnung „Saar", siehe Anm. 96.
[105] Die endgültige deutsche Fassung des Textes lautete: „Haag, den 30. August 1929. – Herr Ministerpräsident! Mit Beziehung auf unsere Besprechungen über die alsbaldige Lösung der Saarfrage beehre ich mich Eurer Exzellenz hiermit das beiderseitige Einverständnis darüber zu bestätigen, daß unter Vorbehalt der politischen Rechte der Saarbevölkerung die mit dieser Frage zusammenhängenden Einzelheiten zum Gegenstande deutsch-französischer Verhandlungen gemacht werden sollen, die alsbald in Paris beginnen und, soweit irgend möglich, in einem Zuge zu Ende zu führen sind. Genehmigen Sie, usw.". Für die französische Fassung siehe ADAP, B XII, Nr. 224, Anm. 3. – Zur Genesis des Textes siehe Aufzeichnung „Saar", oben Anm. 96; Aufzeichnung o.D., o.U., PA 4498/E 108 363–64; Aufzeichnung Strohms, 25.8., PA, 4498/E 108 276–77.
[106] Aufzeichnungen Schuberts vom 27.8.1929 (PA 4498/E 108 309), 28.8. (PA 4498/E 108 333), 29.8. (ADAP, B XII, Nr. 221), 30.8. (ibid., Nr. 224); Pünder an AA, 30.8., PA, 3375/733 329.

kundig war, daß man anderenfalls über keinerlei konkreten Verhandlungshebel verfügen würde, sondern eine bloße Forderung vertrat. In einer Chefbesprechung am 17. September in der Reichskanzlei warnte der Staatssekretär im Preußischen Staatsministerium Weismann, daß ein entsprechendes Junktim die Annahme des Young-Plans auf unbestimmte Zeit verzögern würde, zumal nicht sicher sei, wie ernst es Frankreich mit den Saarverhandlungen meine. Reichsfinanzminister Hilferding erinnerte an das Eigeninteresse Deutschlands an der Ratifizierung des Young-Plans und an das Fehlen jeglicher Rechtsgrundlage für die Forderung einer vorzeitigen Rückgliederung des Saargebiets. Dagegen verwies der Reichsminister für die besetzten Gebiete Wirth auf neueste Verlautbarungen aus den Reihen des Zentrums und der DVP, in denen die Zustimmung zum Young-Plan von einer befriedigenden Regelung der Saarfrage abhängig gemacht werde; dies könne von der deutschen Verhandlungsführung, auch wenn es sich nicht um eine *conditio sine qua non* handele, in geeigneter Weise gegenüber Frankreich als Druckmittel benutzt werden. Wenn die – zu diesem Zeitpunkt bereits für Ende Oktober erwartete – zweite Regierungskonferenz über die Reparationen zusammentrete, müsse mindestens eine Skizze vorliegen, aus der man den Fortschritt der Saarverhandlungen erkennen könne, unter Umständen in Form eines zweiten *pactum de contrahendo*.[107]

Ähnlich hielt Stresemann selbst die Möglichkeit einer Verknüpfung der Saarfrage mit dem Young-Plan für noch nicht ausgereizt. Am Tage vor seinem Tode ließ er an Botschafter von Hoesch telegraphieren:

„Es kommt nicht auf die formale Redaktion der im Haag gefaßten Entschließungen, sondern darauf an, daß wir vor dem Haag und im Haag selbst nie einen Zweifel über den inneren politischen Zusammenhang zwischen den beiden Problemen gelassen haben. Wenn wir uns damit abgefunden haben, daß die Saarfrage im Haag nicht in der Politischen Kommission auf gleichem Fuße mit den anderen politischen Fragen behandelt, sondern daß sie zum Gegenstand eines deutsch-französischen pactum de contrahendo gemacht wurde, so ändert das nichts daran, daß dieses pactum de contrahendo und seine Durchführung für die Haltung der deutschen Parteien zum Gesamtergebnis der Haager Konferenz von großer Bedeutung sein wird. Die [...] Tendenzen, die Annahme des Young-Plans im Reichstag von einer vorherigen Regelung der Saarfrage abhängig zu machen, sind, selbst in Kreisen der Regierungsparteien, zweifellos vorhanden. [...] Unter diesen Umständen muß die Reichsregierung bei der Diskussion des Youngplans im Reichstag zum mindesten in der Lage sein zu erklären, daß die im Gange befindlichen Saarverhandlungen auf gutem Wege sind."[108]

Unabhängig von dieser wichtigen verhandlungstaktischen Frage hatte Stresemann nach der Rückkehr aus dem Haag auf die zügige Vorbereitung der Saarverhandlungen gedrängt. Offenbar befürchtete er, daß sich die Haltung des Quai d'Orsay wieder versteifen könnte, und hoffte dem zuvorzukommen. Am 7. September ordnete er – von der inzwischen angelaufenen Völkerbundstagung in Genf aus – die umgehende Bildung einer deutschen Verhandlungsdelegation an, außerdem eine Mitteilung an die französische Regierung, daß die deutschen Unterhändler zur baldmöglichsten Abreise nach Paris bereitstünden.[109] Seinem Vorschlag entsprechend wurde der ehemalige Unterstaatssekretär für Wirtschaftsfragen im Auswärtigen Amt Ernst von Simson, zu der Zeit hauptberuflich

---

[107] Chefbesprechung vom 17.9.1929, 16 Uhr, ARK Müller II, Nr. 293; hierzu Kabinettssitzung vom 17.9., ibid., Nr. 294; Aufzeichnung Voigts, 17.9., ADAP, B XIII, Nr. 20. – Letzteres war auch die Auffassung der Wirtschaftspartei, siehe Schulthess, 1929, S. 166.
[108] Stresemann an Paris, 1.10.1929, ADAP, B XIII, Nr. 39.
[109] Stresemann (z. Z. Genf) an AA, 7.9.1929, ADAP, B XIII, Nr. 6.

Vorstandsmitglied der IG Farben, zum Delegationsleiter ernannt.[110] Ihm wurden Vertreter des Auswärtigen Amts, des Reichswirtschaftsministeriums, des Reichsfinanzministeriums, des Reichsministeriums für die besetzten Gebiete sowie – als ehemaligen Grubeneigentümern – der preußischen und bayerischen Regierung zugeordnet.

In der bereits erwähnten Chefbesprechung am 17. September wurden, in Anknüpfung an die bereits im Juni angestellten Überlegungen, auch die endgültigen Richtlinien für die Saardelegation festgelegt, freilich lediglich in mündlicher Form. Das deutsche Verhandlungsziel war, umfassend, ein nationalpolitisches: „die möglichst baldige Rückführung des Saargebiets ohne jede territoriale Beschneidung in die unbeschränkte deutsche Souveränität sowie die Rückgabe der Gruben in die deutsche öffentliche Hand". Taktisch wurde Simson völlig freie Hand gegeben, vor allem im Hinblick auf die für die französische Seite vermutlich aus innerpolitischen Rücksichten unentbehrlichen wirtschaftlichen Kooperationsvorschläge, notfalls auch in der Grubenfrage. Sachlich sollte es hingegen hinsichtlich der uneingeschränkten Rückgewinnung der Gruben keinerlei Kompromiß-, sondern nur Kompensationsmöglichkeiten geben, etwa für die Festsetzung von Kohlenkontingenten und besonderen Kohlenpreisen für langfristige Lieferungen an die lothringische Erzindustrie, allenfalls noch bei der Festsetzung des Rückkaufspreises, der zweifellos eine Grubeninspektion vorausgehen müsse. Die deutschen Konzessionsmöglichkeiten wurden vor allem in der Einrichtung eines Zollübergangsregimes gesehen, doch sollten hier alle Zugeständnisse sorgsam und umsichtig ausgehandelt werden. Vielleicht schließlich dürfte, wegen der möglichen Präjudizwirkung für andere Fragen (wie etwa Eupen-Malmedy) die Möglichkeit des Plebiszits nicht unter allen Umständen aufgegeben werden.[111] Die Wünsche der Saarbevölkerung, denen wegen der Plebiszit-Frage besondere Beachtung zu schenken war, sollten während der Rückgliederungsverhandlungen in der Form Berücksichtigung finden, daß ein vom sogenannten Saarausschuß am 23. September in Heidelberg bestelltes Neunergremium (Gremium A), bestehend aus Vertretern der politischen Parteien, der Gewerkschaften, der Handelskammer und der Landwirtschaft des Saargebiets, vor jeder wichtigen Entscheidung von der deutschen Delegation konsultiert werden würde, außerdem bei Bedarf auch besondere Sachverständige für Spezialfragen (Gremium B) zugezogen werden könnten. Damit war die Delegation bei ihren Schritten nicht nur an die Einholung der Zustimmung der Reichsregierung gebunden, sondern mußte sich auch der Zustimmung der Vertretung der Saarbevölkerung immer wieder versichern.[112]

Auf französischer Seite hatte man es weniger eilig. In Paris wurde eigentlich erst aufgrund der bereits übernommenen Verpflichtung zur Aufnahme von Saarverhandlungen das materielle Interesse Frankreichs daran systematischer überprüft – unter dem dreifachen Vorzeichen, daß die Saarfrage nicht mit dem Young-Plan verknüpft werden dürfe,

---

[110] Zur Person Simsons jetzt auch Hans von Herwarth, Zwischen Hitler und Stalin. Erlebte Zeitgeschichte 1931 bis 1945, Frankfurt/Berlin/Wien 1982, S. 27–29. – Zur personellen Zusammensetzung der deutschen Delegation für die Saarverhandlungen: Aufzeichnung o. U. vom 18. 9. 1929, PA, 4517/E 133 244–46.

[111] Chefbesprechung vom 17. 9. 1929, ARK Müller II, Nr. 293; Aufzeichnung Voigts, ADAP, B XIII, Nr. 20. – Der Übergang der Gruben in die deutsche öffentliche Hand statt in Privatgesellschaften wurde vor allem auch von den Bergarbeitern und den Saarparteien gefordert.

[112] Ibid. sowie Aufzeichnung o. U. vom 18. 9. 1929, PA 4517/E 133 244–46; Köpke an Paris, 26. 9., ADAP, B XIII, Nr. 36. Vgl. Zenner, S. 227–28.

daß Frankreich seine Position als Rechtsinhaber verteidigen müsse, und vor allem – wie der wegen des Haager Räumungsabkommens heftig angegriffene französische Außenminister vor der Abgeordnetenkammer ausdrücklich bekräftigte – daß zunächst nur über die wirtschaftlichen, und erst, wenn diese befriedigend gelöst seien, auch über die politischen Fragen einer vorzeitigen Saarlösung zu verhandeln sein würde.[113]

Die erste Meinungsbildung in den französischen Ministerien wurde in erheblichem Maße beeinflußt von einer umfassenden Situationsanalyse des Saarkommissars Morize, die seit dem 23. August in Paris kursierte. Morize betonte darin, daß Frankreich von dem für 1935 vorgesehenen Saar-Plebiszit weder ein Votum für den Anschluß an Frankreich noch für das Fortbestehen des *status quo* erwarten könne und vielleicht daran im Grunde auch nicht interessiert sei. Allenfalls könnte der Versuch sinnvoll sein, durch eine systematische Propaganda auf ein profranzösisches Votum des kohlenreichen Warndt-Gebietes hinzuwirken. Unter diesen Umständen bestehe durchaus ein französisches Interesse an den verabredeten Saarverhandlungen, vorausgesetzt, Deutschland wolle nicht schlicht auf eine vorzeitige Vertreibung der Franzosen aus dem Saargebiet hinaus, sondern sei – wie man vielleicht gewissen Äußerungen Stresemanns entnehmen könne – seinerseits zu einer deutsch-französischen Kooperation auf der Grundlage der Respektierung der französischen Wirtschaftsinteressen bereit. Dies müßte konkret vor allem bedeuten, daß die Reichsregierung nicht darauf bestehe, daß die Saargruben durch Rückkauf in das uneingeschränkte deutsche Eigentum, womöglich gar in das des preußischen und bayerischen Fiskus zurückfielen, sondern daß sie – den in Frankreich seit Jahren entwickelten Vorstellungen eines Kondominiums entsprechend – der Gründung mehrerer privatwirtschaftlich organisierter deutsch-französischer Grubengesellschaften mit teils deutscher, teils französischer Mehrheitsbeteiligung, die dann in eine engere Verbindung zu den lothringischen Erzgruben treten könnten, ihre Zustimmung gebe. Es müßte weiter bedeuten, daß der auf den Handel mit dem Saargebiet eingestellten französischen Wirtschaft, besonders der Wirtschaft des seit 1870 ununterbrochen mit dem Saargebiet verbundenen Elsaß-Lothringen, ein Zollübergangsregime bis 1940 und danach besondere Kontingentierungsvereinbarungen eingeräumt würden. Schließlich seien Garantien für Leben und Eigentum der im Saarland ansässigen und arbeitenden Franzosen unabdingbar. Morize glaubte, daß die französische Verhandlungsposition in den bevorstehenden Saarverhandlungen stärker sei als allgemein angenommen werde.[114]

Hinter dem umfänglichen Gutachten des französischen Saarvertreters wird ansatzweise die nationalpolitische Zielsetzung einer möglichst weitgehenden und dauerhaften Festsetzung Frankreichs im Saargebiet erkennbar, wie sie in unverhüllter und radikaler Form seit 1928 die *Association française de la Sarre* verfolgte.[115] Briand indessen scheint nach der Rückkehr aus dem Haag zunehmend von der Perspektive angeregt worden zu sein, daß mit einer großzügigen deutsch-französischen Kooperation im Saargebiet die

---

[113] Briand an die Finanz-, Handels- und Arbeitsministerien, 9. 9. 1929, MAE, DAPC, Sarre 167, Bl. 50–53; Aufzeichnung o. U., 12. 9., ibid., Sarre 172.

[114] Die Aufzeichnung Morizes mit begleitenden Schriftstücken befindet sich in MAE, DAPC, Sarre 167, Bl. 1–35. Für die interne Willensbildung offenbar noch wichtiger eine Aufzeichnung Morizes vom 5. 9. 1929, ibid., Sarre 172, Bl. 80–89.

[115] Das Anliegen dieser von Jean Revire gegründeten und geführten Vereinigung war eine stärkere politische Aktivität zugunsten einer Angliederung des Saargebiets an Frankreich. Eine Sammlung von Unterlagen über die „Association" befindet sich in MAE, DAPC, Sarre 203.

3. Pactum de contrahendo in der Saarfrage

„pacification définitive" im Geiste von Locarno[116] einen wichtigen Schritt näherrücken würde. Vielleicht auch mochte das Saargebiet eine Art Modell für die zur gleichen Zeit reifenden größeren Pläne einer europäischen Union werden.[117] Zu welchem Ergebnis die Umsetzung des Saarpfandes führen sollte, blieb ihm allerdings offenbar vorerst selbst noch unklar. Auf keinen Fall sollten die französischen Wirtschaftsinteressen eine Einbuße oder gar eine „éviction" erfahren! Doch ob ihm als Gegenleistung für die vorzeitige Rückgliederung insgesamt eine Verbesserung oder lediglich eine ungefähre Aufrechterhaltung der Saar-Privilegien Frankreichs in einer allerdings neuen und über das Jahr 1935 hinausweisenden Form vorschwebte, und ob er die französische Beteiligung an den Saargruben letztlich für essentiell hielt, muß auch nach eingehendem Quellenstudium offen bleiben: „Il semble que les solutions à rechercher dans ces différents domaines doivent tendre à établir une collaboration franco-allemande aussi large que possible sur le terrain économique et éviter ainsi de donner au règlement à intervenir l'apparence d'une éviction des intérêts et du commerce français contre indemnité."[118] Bemerkenswert ist auf jeden Fall, daß nach den französischen Vorstellungen vom September 1929 in die beabsichtigte deutsch-französische Kooperation im Grubenbereich auch die lothringischen Erzgruben in gewissem Maße miteinbezogen werden sollten.[119]

Die eigentliche Vorbereitung der Saarverhandlungen wurde auf französischer Seite einer interministeriellen Kommission übertragen, die seit dem 9. September im Quai d'Orsay zusammengestellt wurde.[120] Die konstituierende Sitzung, an der Vertreter des Außenministeriums, des Finanzministeriums, des Ministeriums für Öffentliche Arbeit, des Handelsministeriums und des Landwirtschaftsministeriums teilnahmen, fand am 26. September statt.[121] Zu ihrem Vorsitzenden und gleichzeitig zum Leiter der französi-

---

[116] Aufzeichnung Coulondres, 12.9.1929, MAE, DAPC, Sarre 172, Bl. 113–4.
[117] Siehe unten, S. 84 ff.
[118] Briand an die Finanz-, Handels- und Arbeitsministerien, 9.9.1929, MAE, DAPC, Sarre 167, Bl. 50–53. Zur generellen Zielsetzung heißt es dort: „Le Gouvernement français est d'ailleurs fermement résolu à ne sanctionner ces résultats politiques que si la France y trouve des garanties matérielles de nature à compenser les avantages que lui assure le régime actuel de la Sarre." – In der Aufzeichnung Morizes vom 5.9.1929 (siehe Anm. 114) heißt es: „Il [Briand] m'a dit quil entendait en première ligne sauvegarder les intérêts français en Sarre pour ne pas s'exposer au reproche d'avoir attendu, sans agir ni négocier, l'échéance de 1935. Il n'admettrait point, a-t-il déclaré, de solutions qui ne conserveraient pas nos positions en Sarre". – In einem zusammenfassenden „Rapport Coulondre" vom 21.10.1929 (MAE, DAPC, Sarre 186, S. 7) heißt es hierzu: „Le Gouvernement considère que la réalisation de cet accord repose sur l'établissement d'une active collaboration économique franco-allemande en Sarre, spécialement dans le domaine minier et métallurgique; il estime qu'en contre-partie du bénéfice politique que l'Allemagne attend du résultat de la négociation, la France doit obtenir le maintien, au-delà de 1935 et pour une période aussi longue que possible, sinon de la totalité, du moins d'une partie des avantages dont elle est, dans l'état de droit actuel, assurée de jouir sans restriction jusqu'à cette date. Il entend enfin assurer la sauvegarde des intérêts français en Sarre et obtenir, pour ceux qui se trouveraient atteints, une juste indemnité."
[119] Siehe hierzu Briand an die Finanz-, Handels- und Arbeitsministerien, 9.9.1929, MAE, DAPC, Sarre 167, Bl. 50–53; „Rapport Coulondre" vom 21.10.1929, ibid., Sarre 186; Aufzeichnung o. U. vom 27.9.1929, ibid., Sarre 172, Bl. 192–194. Vgl. auch die Besprechung Posse-Coulondre vom 23.8. und die Aufzeichnung Morizes unter dem gleichen Datum, S. 78–79, 82.
[120] Die betreffenden Akten befinden sich in MAE, DAPC, Sarre 167.
[121] „Conférence Interministérielle du 26 Septembre 1929. Affaires de la Sarre, ibid., Bl. 96–104. – Am 28.9. wurde im Quai d'Orsay ein Ständiges Sekretariat für die Saarverhandlungen (unter

schen Verhandlungsdelegation wurde der Präsident des provisorischen Saar-Grubenrats, Arthur Fontaine, ernannt, ein älterer Herr von ausgleichendem Wesen, der im sogenannten Mayrisch-Komitee für eine deutsch-französische Verständigung mitwirkte und das volle Vertrauen Briands besaß.[122] Die Sitzung am 26. September zeigte sogleich, daß angesichts der Vielzahl der auf französischer Seite von einer vorzeitigen Saar-Rückgliederung betroffenen Wirtschaftsinteressen eine umfassende und gründliche Vorbereitung der Verhandlungsrichtlinien erforderlich wurde, die eine gewisse Zeit in Anspruch nehmen würde. Wieder waren es so wesentlich technische Gründe, die für das auf deutscher Seite unwillig registrierte Zögern verantwortlich waren, weniger eine fehlende Verhandlungsbereitschaft oder taktisches Kalkül im Hinblick auf die Ratifizierung des Young-Plans. Das Kabinett Briand hatte im Laufe des September in den Möglichkeiten einer vorzeitigen Saar-Rückgliederung eine gewisse Perspektive gefunden. Drei Unterkommissionen wurden gebildet, die parallel die betroffenen Interessen prüfen und die Elemente der französischen Verhandlungsposition erarbeiten sollten: eine Grubenkommission unter Fontaine, eine Handelskommission unter dem Direktor des Handelsministeriums Elbel, und eine Politische Kommission unter de Laboulaye vom Quai d'Orsay. Die drei Unterkommissionen sollten nach etwa 10 Tagen der interministeriellen Hauptkommission, die am 11. Oktober erneut zusammentreten würde, Bericht erstatten. Die Verhandlungen mit der deutschen Saardelegation würden dann vielleicht am 15. oder 16. Oktober nachmittags beginnen können.[123]

Der einzige zwischen 1919 und 1935 ernsthaft unternommene Versuch einer vorzeitigen Revision der Saarfrage war in Gang gekommen.

4. Briands Vorschlag einer Europäischen Union

Etwas überraschend für die anderen Regierungen wurde auf französischer Seite parallel zu den nach dem Erfolg der Pariser Sachverständigenkonferenz verstärkt einsetzenden Bemühungen um die Lösung von Reparations-, Räumungs- und Saarfrage noch eine ganz andere Initiative ergriffen. Im Verlaufe der Madrider Völkerbundsratstagung regte Briand am 12. Juni gegenüber Stresemann an, daß auf der Grundlage der laufenden Bemühungen um die „Liquidierung des Krieges" eine engere Zusammenarbeit der europäischen Staaten hergestellt werden müsse. Ihm schwebe eine Art „fédération européenne" vor, „politisch, um den Frieden zu stabilisieren, und vor allen Dingen wirtschaftlich, um sich vor der amerikanischen Übermacht zu schützen".[124]

Arnal und Lozé) eingerichtet, „en vue de centraliser la documentation et d'organiser le travail de la Commission", ibid., Bl. 107–8.
[122] Zur Person Fontaines siehe Simson an AA, 4.7.1930, ADAP, B XV, Nr. 120. – Zum Mayrisch-Komitee siehe Fernand L'Huillier, Dialogues Franco-Allemands 1925–1933, Paris 1971; Jacques Bariéty und Charles Bloch, „Une tentative de réconciliation franco-allemande et son échec (1932–1933)", in: RHMC, 15, 1968, S. 433–465.
[123] „Conférence Interministérielle du 26 Septembre 1929. Affaires de la Sarre, MAE, DAPC, Sarre 167, Bl. 96–104.
[124] Aufzeichnung Schmidts, 11.6.1929, ADAP, B XII, Nr. 19; Pünder an AA, 12.6., ibid., Nr. 21.

4. Briands Vorschlag einer Europäischen Union

Es handelte sich um den ersten ernsthaften politischen Anlauf zu einer Europäischen Union, der zwar im Verlaufe der folgenden zwei Jahre scheiterte, aber doch vorübergehend für die internationale Entwicklung zwischen den Weltkriegen von Bedeutung war. Nachdem er bereits häufiger untersucht und – unterschiedlich – interpretiert wurde,[125] vermag auch eine genaue Prüfung der Akten des Quai d'Orsay[126] die Hintergründe dieser französischen Initiative nur teil- und annäherungsweise zu erhellen. Offenbar äußerte Briand zunächst in Madrid, mehr spielerisch sondierend, eine noch nicht genauer durchdachte Anregung, die sich erst in der Folge des weltweit zustimmenden Echos, das eine hochgespielte Indiskretion des „Oeuvre" vom 12. Juli 1929 über „europäische" Äußerungen des französischen Außenministers anläßlich der Unterzeichnung eines französisch-spanischen Freundschaftsvertrags hervorrief, zu einem – immer noch recht allgemeinen – Vorschlag verdichtete. In seiner mit Spannung erwarteten Rede vor der Völkerbundsversammlung am 5. September 1929 umriß Briand dann seine Vorstellungen so:

„Je pense qu'entre des peuples qui sont géographiquement groupés, comme les peuples d'Europe, il doit exister une sorte de lien fédéral. Ces peuples doivent avoir à tout instant la possibilité d'entrer en contact, de discuter de leurs intérêts communs, de prendre des résolutions communes. Ils doivent, en un mot, établir entre eux un lien de solidarité qui leur permette de faire face, au moment voulu, à des circonstances graves, si elles venaient à naître. – C'est ce lien, messieurs, que je voudrais m'efforcer de créer. – Evidemment, l'association agira surtout dans le domaine économique: c'est la nécessité la plus pressante. Je crois qu'on peut, dans ce domaine, obtenir des succès. Mais je suis sûr aussi qu'au point de vue politique ou au point de vue social, le lien fédéral, sans toucher à la souveraineté d'aucune des nations qui pourraient faire partie d'une telle association, peut être bienfaisant."[127]

Der dargelegten Genesis des Vorschlags entsprechend, und angesichts der zu diesem Punkt recht dürftigen und auch verwirrenden Quellenlage, ist es vielleicht nicht zweckmäßig, allzu zielgerichtet nach ausgereiften Beweggründen zu fahnden oder gar eine monokausale Erklärung zu suchen. In der internationalen Situation des Sommers 1929 lag die Möglichkeit eines engeren Zusammenrückens der europäischen Staaten förmlich in der Luft, war namentlich das französische Interesse an einer europäischen Organisation mit Händen zu greifen.[128] Es verdichtete sich bei Briand offenbar zu Motivationen politischer, wirtschaftlicher und auch ideeller Natur, in dieser Reihenfolge.

---

[125] In der bisherigen Forschungsliteratur ist zu erinnern an Karl Dietrich Erdmann, „Der Europaplan Briands im Licht der englischen Akten", in: GWU, 1, 1950, S. 16–32; Josef Winfried Ewald, Die deutsche Außenpolitik und der Europaplan Briands, Marburg 1961; Walter Lipgens, „Europäische Einigungsidee 1923–1930 und Briands Europaplan im Urteil der deutschen Akten", in: HZ 203, 1966, S. 46–89 (1. Teil) und S. 316–363 (2. Teil); Jacques Bariéty, „Idée européenne et Relations franco-allemandes", in: Bulletin de la Faculté des Lettres de Strasbourg, 46, 1968, S. 571–584.

[126] Es handelt sich um den umfangreichen Aktenbestand der Sous-Direction de la Société des Nations im französischen Außenministerium, Cartons 1253 bis 1264. Die folgende Darstellung basiert, soweit nicht anders vermerkt, auf diesem Bestand. Für die Ursprünge des Briandschen Europa-Vorschlags erweist er sich als verhältnismäßig dürftig. Dafür belegt er, was hier nicht zu vertiefen ist, eine Fülle von Zusammenhängen zwischen „paneuropäischen" und „mitteleuropäischen" Fragen, die eine gesonderte Studie verdienten. Siehe hierzu unten, S. 205 ff.

[127] Société des Nations, Journal Officiel: Actes de la dixième Session ordinaire de l'Assemblée. Séances plénières, Compte-Rendu des Débats, Genf 1929, S. 52.

[128] Dieser Eindruck entsteht bei der Durchsicht der französischen Europaakten, namentlich Carton 1263 „Associations pour l'Union européene". Siehe auch Reinhard Frommelt, Paneuropa oder Mitteleuropa. Einigungsbestrebungen im Kalkül deutscher Wirtschaft und Politik 1925–1933, Stuttgart 1977, Anhang S. 100 ff. Vgl. Suarez, Bd. VI, S. 324 ff.

Im politischen Kern ging es offenkundig um einen Neuansatz zu einer kollektiven Friedenssicherung, mit dem das durch die internationale Entwicklung während des gesamten Nachkriegsjahrzehnts tiefgreifend veränderte Versailler System erneut fortentwickelt werden sollte. Angesichts der schwerwiegenden strategischen und politischen Bedeutung der bevorstehenden vorzeitigen Rheinlandräumung sowie der sich abzeichnenden Probleme im Rüstungsbereich einerseits, des als halbherzig empfundenen amerikanischen (Kellogg-Pakt) und – neuerdings wieder – britischen Engagements zugunsten der Sicherheit Frankreichs andererseits, sollten offenbar neue, von der Politik der ehemaligen Verbündeten unabhängigere Sicherheitsbindungen geschaffen werden, nicht zuletzt auch zugunsten des unter dem Locarno-System zunehmend ungesicherten Polen. Unter einem europäischen Dach würden alle künftig noch zu erwartenden deutschen Revisionsforderungen gleichsam vorbeugend entschärft, wie in einem Solidarnetz aufgefangen werden können. Das europäische Staatensystem würde so an jenem delikaten Punkt der Nachkriegsentwicklung dauerhaft festgeschrieben werden, an dem Frankreich mit der vorzeitigen Räumung dem Deutschen Reich Teilsatisfaktion gewährt hatte, ohne dabei prinzipiell die auf diesem System beruhende französische Sonderstellung und mithin Sicherheit bereits entscheidend aufgegeben zu haben. Offenkundig machte dieser sicherheitspolitische Aspekt der „conception française de l'union européenne fondée sur le statu quo politique" auch Politiker wie Poincaré und Tardieu geneigt, an dem Vorschlag Briands mitzuwirken.[129]

Daneben gab es wirtschaftliche Interessen. Ganz allgemein war natürlich zu erwarten, daß durch verstärkte wirtschaftliche Zusammenarbeit, in welcher Form immer, die aus den Friedensverträgen herrührenden Schwächen der europäischen Wirtschaftsstruktur, nicht zuletzt in und zwischen den Frankreich nahestehenden neuen Staaten Ost- und Südosteuropas, überwunden und durch eine rationellere Produktions- und Verteilungsorganisation für alle Beteiligten Prosperitätszuwächse erreicht werden könnten. Andererseits mochte hier ein solidarisierendes Mittel zur Abwehr des amerikanischen Wirtschaftsimperialismus gegenüber Europa liegen, der zudem in gefährlicher Weise die Entwicklung der deutschen Wirtschaftsmacht zu begünstigen schien. Die mit der Einbringung der Smoot-Hawley-Bill in den Kongreß (7. Mai 1929) angekündigte amerikanische Hochzollpolitik, von der sich alle europäischen Exporteure getroffen fühlen mußten, verschärfte speziell in Frankreich eine bereits seit zwei Jahren schwelende handelspolitische Auseinandersetzung mit den USA, und zwar in eben den Wochen, in denen die Regierung Poincaré die Mühsal auf sich nahm, durch die Ratifizierung des Mellon-Bérenger-Abkommens den USA langfristig die Rückzahlung der Kriegsschulden zu garantieren.[130] Zudem nährte die zunehmende amerikanische Beteiligung an deutschen Unternehmen (z. B. Anfang 1929 General Motors an den Opelwerken und General Electric an der AEG) in Paris Sorgen vor einer sich künftig weiter intensivierenden deutsch-ameri-

---

[129] Das Zitat aus Briand an Fleuriau, 10. 8. 1930, MAE, SDN, Union Européenne, 1, Carton 1253. – Nach dem Zeugnis Coudenhove-Kalergis trug Briand bereits im November 1928 den Plan der Einberufung einer paneuropäischen Konferenz nach dem Vorbild der Panamerikanischen Konferenzen mit sich herum. Anfang 1929 glaubte man in diplomatischen Kreisen zu wissen, daß er die Absicht habe, sich nach der Lösung der Reparationsfrage der Frage einer möglichen europäischen Zusammenarbeit anzunehmen, Aufzeichnung Coudenhove-Kalergis, 18. 7. 1929, MAE, SDN, UE 1/1253.

[130] Siehe oben, S. 60–61.

kanischen Sonderverflechtung auf Kosten der wirtschaftlichen und finanziellen Position Frankreichs in Europa. Frankreich hatte ein Interesse, Deutschland stärker in eine französisch geführte europäische Wirtschaftsgruppierung mit anti-amerikanischer Stoßrichtung einzubinden.[131]

Indessen würde man dem Briandschen Vorschlag wohl nicht gerecht, wenn das für ihn persönlich wichtige historisch-idealistische Grundmotiv außer Betracht bliebe. Briand bekannte sich seit Jahren zu dem Europa-Gedanken, der zu jener Zeit in einer Fülle von Bewegungen und Verbänden, in der – durch die Bestrebungen Coudenhove-Kalergis besonders eindrücklich verkörperten – „Erkenntnisbewegung eines beträchtlichen Teils der europäischen Intelligenz" seinen Ausdruck fand. Mit der politischen, wirtschaftlichen und kulturellen Identität des fragmentierten Nachkriegseuropa zwischen den beiden aufstrebenden Weltmächten – den „imperialistischen" USA und der „kulturfeindlichen" Sowjetunion – war es Briand ernst. Es handelte sich nicht nur um Worte, wenn er die Hoffnung äußerte, daß in einem regionalen europäischen Rahmen gelingen könne, was im universal orientierten Völkerbund auf Schwierigkeiten zu stoßen schien: die Spannung zwischen der friedfertigen „Einsicht der Völker" und der „Realität der Staaten" abzubauen. „Nous sommes à un moment décisif où il s'agit de savoir si l'on défendra la civilisation européenne ou si l'on l'abandonnera à son sort".[132] In diesem Sinne handelte es sich im Sommer 1929 sicherlich nicht allein um einen spontanen, auf aktuelle politische oder wirtschaftliche Vorgänge reagierenden Schritt des französischen Außenministers, sondern auch, vielleicht noch mehr, um die Äußerung der „pendant les dernières années" herangereiften Überzeugung von einer historisch-politischen Notwendigkeit, deren Verwirklichungsform zunächst noch ein ganz zweitrangiges Problem war.

Briand hatte zunächst offenbar nicht unbedingt vor, selbst ein konkretes Europa-Programm auszuarbeiten. Für die entscheidende Aussprache, die vier Tage nach seiner Rede vom 5. September in Genf mit den Delegierten der übrigen 26 im Völkerbund vertretenen europäischen Staaten stattfand, hatte das französische Außenministerium einen Resolutionsentwurf vorbereitet, der vorsah, daß zunächst jede Regierung für sich die Möglichkeiten einer regelmäßigen und dauerhaften europäischen Kooperation prüfen solle, daß danach ein Ausschuß zu bilden sei, der die diversen Meinungsäußerungen zu einem Bericht verarbeiten und diesen einer für September 1930, während der nächsten Tagungsperiode der Völkerbundsversammlung, anzusetzenden zweiten paneuropäischen Besprechung zur Beratung vorlegen würde.[133] Erst aufgrund eines Vorschlages Hendersons und des schweizerischen Außenministers Motta kam es im Laufe der Sitzung am 9. September zu der Verfahrensregelung, daß zunächst der französische Außenminister den anderen Regierungen ein Memorandum unterbreiten und dann auf der Grundlage der Stellungnahmen der europäischen Regierungen dazu in der für September 1930 vorgesehenen

---

[131] Zum französisch-amerikanischen Zollkonflikt siehe Leffler, The Elusive Quest, S. 165 ff.; Doehle (Paris) an AA, 11. 6. 1929, PA, L 1508/L 444 581–87. Zur deutsch-amerikanischen Industrieverflechtung jetzt Raymond Poidevin, L'Allemagne et le monde au XXe siècle, Paris 1983, S. 98–99.
[132] Zu den „europäischen" Bewegungen in der zweiten Hälfte der zwanziger Jahre siehe oben, mit Anm. 128. Allgemein hierzu etwa Rolf Hellmut Foerster, Europa. Geschichte einer politischen Idee. Mit einer Biographie von 182 Einigungsplänen aus den Jahren 1306–1945, München 1967. Das Zitat entstammt der Rede Briands vor der ersten paneuropäischen Versammlung am 9.9.1928, Protokoll in MAE, SDN, UE 1/1253. Zu vergleichbaren Ergebnissen kommt Jules Hermans, L'évolution de la pensée européenne d'Aristide Briand, Nancy 1965.
[133] Resolutionsentwurf mit Anmerkungen Massiglis, in MAE, SDN, UE 1/1253.

zweiten Besprechung einen zusammenfassenden Bericht erstatten solle. „C'est seulement sur le vu de ce rapport qu'il sera possible de décider s'il y a lieu d'engager une négociation officielle".[134]

Unter der Flut der Äußerungen aus den verschiedensten Ländern, die im Verlaufe des Sommers 1929 dem Vorschlag Briands mehr oder weniger enthusiastisch zustimmten oder zurückhaltend Bedenken anmeldeten, ist hier die Ratlosigkeit der britischen Regierung wegen der erforderlichen Berücksichtigung der Interessen der Dominions hervorzuheben sowie der Hinweis der südosteuropäischen Agrarstaaten auf die besondere Krise des Donauraums.[135] Die Haltung der Reichsregierung läßt sich am ehesten als „skeptisch abwartend" charakterisieren. Schon seit längerem herrschte auf deutscher Seite große Aufgeschlossenheit für den Gedanken einer verstärkten wirtschaftlichen Zusammenarbeit in Europa, einmal, damit die durch die Friedensverträge entstandenen handels- und finanzpolitischen Verzerrungen auf dem Kontinent behoben würden, aber bis zu einem gewissen Grade auch, um der offensiven amerikanischen Außenwirtschaftspolitik entgegenzuwirken.[136] Allerdings bestand in Berlin wegen der besonderen finanziellen und wirtschaftlichen Abhängigkeit Deutschlands von den USA eine starke Abneigung, ein europäisches wirtschaftliches Zusammenrücken als eine Kampfansage an die USA zu konzipieren, wie es französischerseits offenkundig zunächst beabsichtigt war.[137] Hinsichtlich einer politischen Zusammenfassung Europas gab es in Berlin – selbst wenn sich eine allgemeine Zustimmung der übrigen Europäer ergeben sollte und eine antiamerikanische Komponente ausgeschlossen würde – die stärksten Bedenken, da dahinter sogleich vor allem der Aspekt einer drohenden Zementierung des *status quo* im Interesse Frankreichs gesehen wurde.

In einer für Stresemann vorbereiteten grundlegenden Aufzeichnung vom 7. August mutmaßte der Vortragende Legationsrat des Auswärtigen Amts von Bülow:

„Briands Plan dürfte nur auf eine (evtl. periodische) Konferenz hinauslaufen, die – unabhängig vom Ort – das volle polit[ische] Scheinwerferlicht auf Frankreich als Vormacht Europas werfen würde. Dies entspräche seiner Politik, die übersteigerte Versailler Machtstellung Fr[an]kr[eich]s abzubauen u[nd] neue Grundlagen bzw. Sicherungen für den V[ersailler] V[ertrag] u[nd] die fr[an]z[ösische] Hegemonie zu schaffen. Er sucht eine Konstruktion, in der dem Mächtigsten (Fr[an]kr[eich]) die Vorherrschaft Europas automatisch zufällt. Das bedeutet für uns neue Fesseln, für ihn neue Garantien."[138]

Setze man die europäischen Verhältnisse in Analogie zu den Verhältnissen im Deutschen Reich, so Bülow weiter, dann würde eine politische Föderation auf der Grundlage der Versailler Ordnung auf die Dauer gleichsam Frankreich die Stellung Preußens, Deutschland aber nur die Sachsens, bestenfalls Bayerns zubilligen. Eine solche Föderation würde Deutschland einen Teil der sich aus der Mitgliedschaft im Völkerbund ergebenden Vorteile kosten, sie würde ungünstige Rahmenbedingungen für eine Fortentwicklung der Rüstungsfrage bieten, vor allem aber die bestehenden Grenzen verewigen:

---

[134] Protokoll der ersten paneuropäischen Versammlung am 9.9.1929, ibid.
[135] Zeitungsausschnittsammlung ibid. Diskussionsbeiträge der Vertreter der europäischen Staaten in der ersten paneuropäischen Versammlung am 9.9.1929, ibid. – Zur Problematik Südosteuropa siehe unten, S. 205 ff.
[136] Siehe hierzu ADAP, B XII, Nr. 47.
[137] Daß eine europäische Union keine Frontstellung gegen die USA haben dürfe, hatte Stresemann bereits in Madrid Briand entgegengehalten, siehe oben, Anm. 124.
[138] Aufzeichnung Bülows, 7.8.1929, ADAP, B XII, Nr. 153.

„Mir will scheinen, daß wir für ein Paneuropa nur dann politisches Interesse haben, wenn es auf einer neuen Basis, also nicht in Anlehnung an den Völkerbund und an die Verträge aufgebaut wird und uns völlige Gleichberechtigung z.B. auch in der Sprachenfrage sichert. Ferner wenn es uns die Möglichkeit bietet, unsere zentrale geographische Lage auszuwerten und nicht umgekehrt uns hindert, unsere geographische Lage gegen die Alliierten auszuspielen."[139]

Bülow wies auch darauf hin, daß durch die paneuropäischen Bestrebungen Frankreichs das besondere deutsche Interesse an mitteleuropäischen Regelungen nicht verbaut werden dürfe.[140]

Aber dies war im Sommer 1929 nicht unbedingt schon das abschließende Wort. Auch Stresemann selbst unterstrich bei seinem letzten Genfer Aufenthalt zwar, daß ein europäischer Zusammenschluß sich nicht gegen andere Erdteile richten und auch nicht autarkistischen Vorstellungen folgen dürfe. Aber er besaß genügend Sensibilität für die historische Größe des französischen Vorschlags, um sich auf der mehr ideellen Ebene mit Briands Anregung zu treffen. Es bestehe keinerlei Anlaß zu prinzipieller Skepsis, führte er am 9. September vor der Völkerbundsversammlung aus, indem er den deutschen Dichter zitierte: „Ein großer Einfall scheint am Anfang toll." Warum sollten die europäische Münze, die europäische Briefmarke unmöglich sein? Stresemann verspürte eine Notwendigkeit zum europäischen Zusammenrücken vor allem im wirtschaftlichen Bereich. Europa mit seinen zahlreichen Zollgrenzen müsse endlich aufhören, in der großräumigen Weltwirtschaft eine Art Kleinkrämergeschäft zu betreiben.[141] Allerdings wisse er nicht recht, so führte er in der anschließenden Sitzung der europäischen Delegierten nachdenklich aus, wohin es politisch gehen solle; regionale Gruppenbildungen innerhalb des Völkerbunds erschienen ihm bedenklich. Dennoch: da es zunächst weniger um Entscheidungen als um weiteres Nachdenken gehe, könne er sich bereit erklären, die Frage genauer zu prüfen, und zwar unter dem doppelten Aspekt der Wirtschaft und der Politik.[142] Dies war keine Absage an Briand, sondern ließ die Zukunft offen.

Drei Wochen später entwand indessen der Tod dem deutschen Außenminister das Ruder.

5. Akzente in den Abrüstungsfragen

Während sich die internationale Aufmerksamkeit zwischen Juni und Oktober 1929 auf die Vorgänge um Reparationen, Räumung, Saarverhandlungen und bis zu einem gewissen Maße auf den französischen Europa-Vorschlag richtete, blieben Fragen der militärischen Sicherheit mehr im Hintergrund. Die nähere Betrachtung zeigt jedoch, daß gerade in diesem Bereich die Veränderung der Grundkonstellation zwischen den drei großen Locarno-Mächten eine unmittelbare politische Auswirkung hatte: England begann in den Entwaffnungs- und Abrüstungsfragen von Frankreich abzurücken.[143]

---

[139] Ibid.
[140] Ibid.
[141] Société des Nations, Actes de la dixième session ordinaire de l'Assemblée, S. 70–71.
[142] Protokoll der ersten paneuropäischen Versammlung am 9.9.1929, MAE, SDN, UE 1/1253.
[143] Zu in den Sommermonaten 1929 von der französischen Regierung fortgesetzten Bemühungen,

Hinsichtlich der allgemeinen deutschen Entwaffnung ging den Sommer 1929 über das verdeckte deutsch-französische Tauziehen weiter. In Berlin bemühte man sich, während Reichswehrminister Groener am 15. Juni vor dem Reichstag erstmals verschlüsselt von Aufrüstung sprach[144] und die Reichswehr das „Erste Rüstungsprogramm" zu realisieren begann,[145] um die Ausräumung der letzten offenen Entwaffnungsmonita und vor allem um die Abberufung der Militärexperten. Von Ende Juni bis zum 20. Juli fanden in Paris neben den Eisenbahnverhandlungen[146] auch Verhandlungen Forsters mit Massigli (als Generalsekretär der Botschafterkonferenz) über die verbliebenen Entwaffnungs-Restpunkte statt, die am Ende nach dem Eindruck des deutschen Unterhändlers mit einer einzigen Ausnahme – die Ausbildungsvorschriften der Reichswehr – einvernehmliche Lösungen erbrachten.[147] Am 7. August überreichte in Paris Botschafter von Hoesch eine Entwaffnungsnote, in der unter Bezug auf dieses Verhandlungsergebnis die Regelung des letzten verbliebenen Streitpunktes auf diplomatischem Wege angeboten und folgerichtig der Rückzug der Militärexperten aus Berlin eingefordert wurde. Ein Mandat der Experten für die Entmilitarisierungsfragen im Rheinland könne die Reichsregierung nicht mehr anerkennen.[148] Die französische Regierung war jedoch anderer Auffassung. Massigli widersprach den harmonisierenden Erinnerungen Forsters an die Pariser Verhandlungen, bezeichnete die deutsche Note vom 7. August als völlig unzureichend und erklärte die Fortführung der Arbeiten der alliierten Militärexperten in Berlin namentlich wegen der von ihnen mitzubetreuenden neuen rheinischen Demilitarisierungsaufgaben für unerläßlich.[149]

Auf britischer Seite vermutete man hinter der deutschen Entwaffnungsnote den Widerstand der Reichswehr, doch bestand wenig Neigung, sich mit den Verhandlungen Massiglis und Forsters zu identifizieren. Wenn dennoch nochmals zurückhaltende Zustimmung erfolgte, so vor allem, weil als Ausgleich für die Haager Spannungen „it is now our policy to show ourselves as accomodating to the French as possible over the Rhineland and German disarmament".[150] Prinzipiell sah man jedoch in London nun, nicht zuletzt unter dem Aspekt des vereinbarten Räumungs-Endtermins, die Zeit der Militärexperten für abgelaufen an. Künftige deutsche Entwaffnungsverstöße würden wohl als unvermeidlich hinzunehmen oder zu ignorieren sein. Die Haltung des Foreign Office wurde ganz zutreffend von Botschaftsrat Nicolson wiedergegeben, wenn er feststellte, „that the whole disarmament question has long passed the stage where one can think in terms of

---

die kollektive Sicherheit im Rahmen des Völkerbunds zu verbessern (Inkrafttreten des Acte Général d'Arbitrage, Beitritt zur Fakultativklausel des Statuts des Internationalen Gerichtshofs) siehe Survey of International Affairs, 1929, S. 80; 1931, S. 248.

[144] Für die Rede Groeners siehe Verhandlungen des Reichstags, IV. Wahlperiode, Stenographische Berichte, Bd. 425, S. 2497–2501. Vgl. Geyer, Aufrüstung oder Sicherheit, S. 144; ADAP, B XII, Nr. 36; XIII, Nr. 76.

[145] Siehe hierzu Geyer, Aufrüstung oder Sicherheit, S. 200 ff.

[146] Siehe oben, S. 51–52, 72.

[147] Aufzeichnung Forsters vom 25. 7. 1929, ADAP, B XII, Nr. 121. Der letzte in Berlin als offen erachtete Punkt rührte allerdings an ein „Lebensinteresse der Reichswehr", siehe ADAP, B XI, Nr. 223.

[148] Hoesch an Briand, 7. 8. 1929, ADAP, B XII, Nr. 154. Zur Frage der Abberufung der Militärexperten siehe auch ibid., Nr. 121, 135, 144.

[149] Rieth an AA, 28. 9. 1929, PA, 9743/H 294 893–97.

[150] Smith an Henderson (Paris), 10. 9. 1929, DBFP, I A, VII, Nr. 6. Vgl. Nicolson an A. Henderson (London), 9. 8. 1929, ibid., VI, Nr. 302.

5. Akzente in den Abrüstungsfragen

foreign control commissions insisting upon detailed execution of the Treaty stipulations. I will thus refrain, unless I receive definite instructions, from pressing the German Government to reply to the note in the near future. Gosset will adopt a similar attitude. We cannot, of course, answer for the French, but our own attitude, unless and until you advise us to the contrary, will be to allow this particular sleeping dog to lie."[151] Die Zeit, in der Frankreich in der Entwaffnungsfrage auf allgemeine britische Unterstützung oder wenigstens Tolerierung zählen konnte, neigte sich dem Ende zu.

Die Abrüstungsfrage stand zwischen Juni und Oktober 1929, und auch noch darüberhinaus bis zum Frühsommer 1930, entsprechend dem Beschluß der Vorbereitenden Abrüstungskommission im Zeichen des Abwartens auf Fortschritte bei der Seeabrüstung als Voraussetzung für die Fortsetzung der Verhandlungen über die Landabrüstung. In der Frage der Rüstungen zur See gab nun die britische Labour-Regierung die von Chamberlain eingeschlagene Linie einer gegen die USA gerichteten Abstimmung mit Frankreich auf und bemühte sich stattdessen um eine direkte Verständigung mit dem amerikanischen Flottenrivalen. Das Kabinett MacDonald kam mit der neuen Hoover-Administration (seit 4. März 1929) überein, eine bilaterale Verständigung zu suchen, die als Ausgangspunkt für eine Fortsetzung der Washingtoner Fünfmächtekonferenz von 1921/22 dienen könne. Die hierzu aufgenommenen britisch-amerikanischen Verhandlungen erstreckten sich über den ganzen Sommer 1929, fanden einen augenfälligen Höhepunkt in der ersten Reise eines amtierenden britischen Premierministers in die USA (4.–10. Oktober 1929) und gipfelten am 7. Oktober in der gemeinsamen britisch-amerikanischen Einladung an die japanische, die französische und die italienische Regierung, im Januar 1930 Delegierte zu einer neuen Konferenz der fünf Seemächte nach London zu entsenden.[152]

Sowohl Deutschland als auch Frankreich waren mehr oder weniger unbeteiligte Beobachter dieser sich im Sommer 1929 anbahnenden amerikanisch-britischen Verständigung. Die kaum informierte Reichsregierung stand ohne besonderen Groll beiseite, da sie, nachdem die Apriltagung der Vorbereitenden Kommission ohnehin ihr Interesse an dem Fortgang der Abrüstungsfragen stark gedämpft hatte, in der Frage der Seerüstungen ein „Zustandekommen baldiger Einigung über wesentliche Rüstungsverminderung" wünschte, „ohne an Einzelheiten des Verfahrens oder allzu beschleunigtem Tempo Interesse zu haben". Lediglich der Behandlung der – Deutschland untersagten – U-Boote schenkte sie einige Beachtung.[153] Frankreich jedoch, das zum Schutze dreier Meeresküsten und zur Sicherung der Verbindungen zu seinen überseeischen Kolonialbesitzungen über eine beachtliche Seemacht verfügte,[154] bemühte sich den ganzen Sommer 1929 über um möglichst umgehende Beteiligung an den amerikanisch-britischen Beratungen. Es ging der französischen Regierung einmal darum, frühzeitig ihre Interessen in den Fragen der Verhandlungsprozedur, der Abrüstungsmethoden und – wegen des lästigen und unannehmbaren italienischen Paritätsanspruchs[155] – der Tonnageziffern zu wahren. Au-

---
[151] Nicolson an Sargent, 12.7.1929, ibid., Nr. 233. Vgl. ibid., Nr. 263, 302.
[152] Die britisch-amerikanischen Verhandlungen im Sommer 1929 sind dokumentiert in DBFP, II, I, S. 3–124; FRUS, 1929, I, S. 112–265. Zusammenfassende Darstellung in Survey of International Affairs, 1929, S. 34–49; Wheeler-Bennett, Disarmament and Security since Locarno, S. 142–157.
[153] Köpke an Botschaft London, 28.6.1929, PA, 8591/H 214 728–29; Freyberg-Eisenberg-Allmendingen an Weizsäcker, 14.8.1929, PA, 8591/H 214 779–81. Siehe auch Dülffer, S. 139 ff.
[154] Vaïsse, Sécurité d'abord, S. 66–69. Siehe unten, S. 137–138.
[155] Siehe unten, S. 138.

ßerdem sorgte sie sich um die britischerseits angestrebte Abschaffung der U-Boote und um den deutschen Panzerschiffbau, sowie, vor allem, um die in der Frühjahrssitzung der Vorbereitenden Abrüstungskommission errungenen Vorteile in der Frage der Landabrüstung.[156] Das Ergebnis der französischen Bemühungen war jedoch lediglich, daß aus amerikanischen Quellen (Gibson, Dawes) ein gewisser Informationsfluß nach Paris zustandekam. Die britischen Stellen zeigten sich indessen nun gegenüber den Franzosen völlig verschlossen. Bis zum Tage der amerikanisch-britischen Einladung zur Fünfmächte-Konferenz (7.10.) blieben alle französischen Bemühungen um eine Beteiligung, auch etwa auf dem Wege einer Vermittlung, erfolglos.[157]

In der Frage der Landabrüstung trat währenddessen den Sommer 1929 über eine Verhandlungspause ein, die sowohl auf deutscher als auch auf französischer Seite zur Überprüfung und Fortentwicklung der jeweiligen Positionen genutzt wurde. In Paris wurde etwa das auf der Frühjahrstagung erörterte Konzept einer Abrüstung durch Budget-Kontrolle weiterentwickelt. In Berlin stellte man dagegen die gravierenden Nachteile dieses Verfahrens (keine Erfassung des älteren lagernden Materials usw.) zusammen.[158] Auf französischer Seite zeigte man sich befriedigt über die in Genf errungenen Vorteile hinsichtlich der ausgebildeten Reserven und des lagernden Materials.[159] Auf deutscher Seite wurde anläßlich der Rede Groeners vor dem Reichstag am 15. Juni vom Auswärtigen Amt der Reichswehr gegenüber die offizielle deutsche Position klargestellt,

„daß wir den notwendigen Ausgleich der Rüstungen auf dem Weg der schrittweisen Rüstungsverminderung der anderen Nationen erstreben. Der Gedanke, daß Deutschland, wenn die anderen Mächte die Abrüstungsverpflichtungen auf Grund der Völkerbundssatzung und des Versailler Vertrags nicht erfüllen, Freiheit zur Ausgestaltung seiner Wehrorganisation nach eigenem Gutdünken erhält, ist vom Auswärtigen Amt und von Graf Bernstorff absichtlich niemals ausgesprochen worden [...] Eine verfrühte amtliche Erörterung des Aufrüstungsgedankens [...] könnte [...] unsere Stellung in den Abrüstungsverhandlungen, insbesondere auf der kommenden Weltabrüstungskonferenz, von vornherein diskreditieren und es uns unter Umständen außerordentlich erschweren, aus einer Nichteinlösung des Abrüstungswechsels gegebenenfalls einmal wirklich Konsequenzen zu ziehen."[160]

Auf beiden Seiten erschien es schließlich für die nächste Zukunft als besonders wichtig, durch gezielte nationale und internationale Propagandaaktivitäten die Weltöffentlichkeit bis zur Abrüstungskonferenz für die jeweils eigenen Positionen zu gewinnen.[161]

Allerdings schien in die Landabrüstungsfrage im Spätsommer 1929 unversehens wieder Bewegung zu kommen, als die britische Regierung die 10. Völkerbundsversammlung im September zu nutzen suchte, um wesentliche Resultate der – ja noch von der konservativen Vorgängerregierung beschickten – April-Tagung der Vorbereitenden Abrüstungs-

---

[156] Umfängliche Dokumentation über die Entwicklung der französischen Positionen im Sommer 1929 in MAE, SDN, I I-Désarmement, Cartons 290 und 291; insbesondere Briand an London/Washington vom 13.6.1929; Briand an Washington vom 21.6.1929; „Note pour le Ministre" vom 6.7.1929, o.U.; „Note Pour le Président du Conseil" vom 30.8.1929, o.U.
[157] Ibid.
[158] U.a. „Note sur des Variations des Indices de Dépenses de Défense Nationale", o.U., 13.7.1929, MAE, SDN, I I-Désarmement, Carton 291; Reichswehrminister an Weizsäcker, 24.6.1929, PA, 9126/H 245 737–47.
[159] Briand an Fleuriau, 14.5.1929, MAE, SDN, I I-Désarmement, Carton 290.
[160] Aufzeichnung Köpkes, 26.6.1929, ADAP, B XII, Nr. 46.
[161] Aufzeichnung o.U., 3.7.1929, MAE, SDN, I I-Désarmement, Carton 291; Aufzeichnung Frohweins, 26.6.1929, ADAP, B XII, Nr. 48.

kommission wieder in Zweifel zu ziehen. Nachdem bereits in der zweiten Augusthälfte Gerüchte über entsprechende britische Absichten in Umlauf gelangt waren, ließ der neue britische Abrüstungsdelegierte Lord Cecil in den ersten Septembertagen in Genf in der dritten Kommission der Völkerbundsversammlung den Vertretern der wichtigsten Delegationen einen Resolutionsentwurf zugehen, der sinngemäß sowohl die Frage der ausgebildeten Reserven als auch die des lagernden Materials wieder zur Diskussion stellte.[162] Intensive Beratungen hinter den Kulissen ließen eine knappe Mehrheit für die Annahme der Cecil-Resolution erwarten. Während dies naturgemäß von Graf Bernstorff emphatisch begrüßt wurde, unternahm die französische Delegation alles, um einen Rückfall hinter die Ergebnisse der Frühjahrstagung abzuwenden. Unter anderem brachte sie eine die britische Position in der Seeabrüstung angreifende Gegenresolution ein, appellierte an die in der Frage seit dem April ebenfalls exponierte amerikanische Regierung, suchte die eigenen Verbündeten zu mobilisieren.[163] Am Ende erklärte sich Cecil einverstanden, seine Resolution zugunsten eines Kompromißpapiers des Ausschußvorsitzenden Politis zurückzuziehen, demzufolge die Überweisung der Protokolle der dritten Kommission an die Vorbereitende Abrüstungskommission die Möglichkeit eröffnete, diese Sachfrage dort später weiterzuverhandeln.[164] Während man in Frankreich damit die Gefahr, die im Frühjahr 1929 errungenen Vorteile in der Landabrüstungsfrage wieder zu verlieren, als vorerst abgewendet betrachtete, unterstrich Graf Bernstorff, in Übereinstimmung mit Cecil, daß nun die beiden Probleme der ausgebildeten Reserven und des lagernden Materials beim Wiederzusammentreten der Vorbereitenden Abrüstungskommission erneut verhandelt werden müßten.[165] Wie sich später herausstellte, bedeutete all dies dann doch keine prinzipielle Änderung der britischen Position, aber das letzte Wort in der Abrüstungsfrage war zum Zeitpunkt des Todes Stresemanns sichtlich noch nicht gesprochen.

---

[162] U. a. Aufzeichnung Massiglis, 19. 8. 1929, MAE, SDN, I I-Désarmement, Carton 291; Massigli an AE, Nr. 93–94, 13. 9. 1929, ibid.
[163] U. a. „Note pour Monsieur Massigli", 10. 9. 1929, ibid.; Massigli an AE, Nr. 109–10, 111–14, ibid., 18. 9., Nr. 134–35, ibid.
[164] Darstellungen zu der Angelegenheit in Survey of International Affairs, 1930, S. 93–96; Wheeler-Bennett, Disarmament and Security since Locarno, S. 75–78.
[165] Ibid. – Allerdings war man sich in Berlin intern im klaren darüber, daß der Antrag Lord Cecils nicht als Widerruf der früheren britischen Abrüstungsposition anzusehen sei, siehe Aufzeichnung Schönheinz', 6. 1. 1930, ADAP, B XIV, Nr. 9.

IV. Die Verschärfung der Gegensätze im Winter 1929/30 (Oktober 1929 – März 1930)

Seit dem Oktober 1929 änderte sich das politische Grundverhältnis zwischen Deutschland, Frankreich und England ein weiteres Mal. Es stellte sich zum einen zunehmend heraus, daß die Akzentverschiebung der britischen Außenpolitik unter dem Labour-Kabinett, die die Erfolge Stresemanns im Sommer 1929 ermöglicht hatte, im Grunde weniger einem deutschfreundlichen Impuls entsprang als vielmehr dem traditionellen Interesse, zwischen den beiden Hauptmächten des Kontinents die Herausbildung eines Gleichgewichts zu begünstigen und im übrigen aus ihren Händeln den bestmöglichen eigenen Vorteil zu ziehen. Zum zweiten setzten sich unter dem Druck politischer Kräfte sowohl in Deutschland als auch in Frankreich neue außenpolitische Orientierungen durch, die die beiderseitigen Ansprüche mit vermehrter Wucht aufeinanderprallen ließen. Personelle Veränderungen an der Regierungsspitze beider Länder waren Ausdruck und Antrieb dieses Vorgangs zugleich. Sie signalisierten auch, auf beiden Seiten, einen Generationenwechsel auf der politischen Rechten.

Innerhalb weniger Wochen traten im Oktober 1929 in Berlin und in Paris die Protagonisten der „Locarno-Ära" ab, beziehungsweise in den Hintergrund. Am 3. Oktober starb, nach längerer Krankheit, Gustav Stresemann. Sein – anfangs nur kommissarischer – Nachfolger *Julius Curtius* lenkte, teils aus persönlicher Überzeugung, teils unter innenpolitischem Druck, die deutsche Außenpolitik in eine stärker national geprägte Richtung. Er verhielt sich nach innen und außen als Vertrauen erweckender „Testamentsvollstrecker" Stresemanns und war darauf bedacht, die weitgehend präformierten Lösungen der Reparations-, Räumungs- und Saarfragen zu einem befriedigenden Abschluß zu bringen. Andererseits war er, der sich selbst als „nationaler Realpolitiker" bezeichnete, wohl skeptischer als Stresemann hinsichtlich der Möglichkeit, auf der Grundlage deutscher „Lebensinteressen" zu einem Ausgleich mit Frankreich gelangen zu können. Auf dem Wege einer betont national orientierten Außenpolitik, die ihn in wachsende konzeptionelle Spannungen mit Stresemanns Staatssekretär von Schubert führte, suchte er in weitestmöglicher Anlehnung an England, aber ohne stete Fühlung mit Frankreich aus dem Riesenschatten seines Vorgängers herauszutreten. Curtius agierte unter dem Eindruck einer durch erste wirtschaftliche Sorgen mitbedingten, nicht zuletzt durch die Stresemannschen Erfolge des Sommers 1929 befeuerten radikalrevisionistischen Aufladung der Stimmung in der deutschen Öffentlichkeit, die sich vor allem gegen die Ergebnisse der Reparationsverhandlungen richtete und in dem Volksbegehren der Rechtsparteien gegen den Young-Plan ihren ersten Höhepunkt fand. Er konnte auch nicht davon absehen, daß sich in der ihn politisch tragenden DVP die egoistischen Zielsetzungen des rechten Wirtschaftsflügels durchsetzten, die schon zu einer Belastung der letzten Monate Stresemanns geworden waren. Sie hatten ihren Anteil daran, wenn Curtius verstärkt außenpolitische Akzente in ost- und südosteuropäische Richtungen setzte, die das Verhältnis zu Frankreich in der Zukunft ebenso belasten mußten wie sie es in bedenklicher Weise vernachlässigten.[1]

In Paris stürzte am 22. Oktober das letzte Kabinett Briands, zu einem guten Teil wegen der Unzufriedenheit einer Mehrheit in der Abgeordnetenkammer mit dem Haager Räumungsbeschluß und der allgemein als zu nachgiebig empfundenen Deutschlandpolitik des Sommers 1929. Briand selbst blieb zwar auch unter den folgenden Regierungen André Tardieus weiter Chef des Quai d'Orsay, die französische Außenpolitik erfuhr jedoch eine signifikante Veränderung. Die Handlungsspielräume des Außenministers wurden stark eingeengt, da er sich in die Disziplin eines Kabinetts eingebunden sah, in dem seinen politischen Überzeugungen die eines dynamischen jungen Ministerpräsidenten gegenüberstanden, der regelmäßige Berichterstattung aus dem Quai d'Orsay erwartete und die Bestimmung der außenpolitischen Richtlinien beanspruchte.[2]

André Tardieu war als einer der Mitverfasser des Versailler Vertrags bis Mitte der zwanziger Jahre der Anführer der „opposition clemenciste" gegen jede Form des Kompromisses gegenüber dem Buchstaben der Friedensverträge gewesen, er hatte sich aber seit seinem Eintritt in das von Poincaré geführte Kabinett der *Union nationale* (seit Juli 1926) der erfolgreich scheinenden Verständigungspolitik Briands angeschlossen. Das Ende der „Entente cordiale" der Chamberlain-Ära bestimmte ihn zur Rückbesinnung auf die verbliebenen autonomen, „nationalen" Möglichkeiten französischer Sicherheitspolitik. Auch Tardieu hielt, wie Briand, die Zusammenarbeit zwischen Paris und London für wesentlich, er zog jedoch, durchaus im Einklang mit der Stimmung in der französischen Öffentlichkeit, aus ihrer vorläufigen Beendigung durch die Labour-Regierung radikalere Schlüsse. Die Möglichkeit einer nachhaltigen Befriedung der deutschen Revisionsmentalität allein durch französische Zugeständnisse skeptisch beurteilend, stellte er der relativen britischen Begünstigung des deutschen Revisionismus Elemente der „poincaristischen" Traditionslinie der französischen Nachkriegspolitik gegenüber. Zwar bejahte er grundsätzlich die Fortsetzung der Briandschen Deutschland-Politik, angesichts der verminderten britischen Solidarität jedoch nachdrücklicher nur aus einer Position der Stärke heraus. Nur wenn „les garanties de notre indépendance matérielle et morale" gewährleistet seien, so setzte er in seiner Regierungserklärung am 7. November 1929 dezidiert die Prioritäten, nur dann sei es für Frankreich möglich „à assainir les legs irritants du passé, à renforcer dans le monde les bases de la paix, à développer entre les peuples la compréhension et la confiance".[3] Mit einer entschiedenen Rückwendung auf das nationale Interesse Frankreichs suchte er den in seinen Augen abschüssigen Gang der französischen Deutschlandpolitik aufzuhalten und zu wenden, durch entschlossenes und zähes Gegensteuern auf allen Ebenen, und durch möglichste Nachbesserung in den laufenden Verhandlungen über Reparationen, Räumung, Saar, Abrüstung. Dabei stellte er,

---

[1] Wie sehr die Zeitgenossen fühlten, daß das Ableben Stresemanns eine Zäsur der deutschen Außenpolitik bedeutete, wird gut sichtbar in zwei Berichten Rumbolds an das Foreign Office vom 10. und 11.10.1929, DBFP, I A, VII, Nr. 22, 23. – Zu Curtius siehe Helmut Lange, Julius Curtius (1877–1948). Aspekte einer Politikerbiographie, Kiel 1970, sowie mehrere Studien Curtius' mit autobiographischem Charakter: Bemühung um Österreich. Das Scheitern des Zollunionsplans von 1931, Heidelberg 1947; Sechs Jahre Minister der Deutschen Republik, Heidelberg 1948; Der Young-Plan, Stuttgart 1950. Zu den südosteuropäischen Fragen siehe zusammenfassend unten, S. 205 ff.
[2] Siehe hierzu Hoesch an AA, 29.12.1929, ADAP, B XII, Nr. 228.
[3] Die Rede ist abgedruckt in André Tardieu, L'épreuve du pouvoir, Paris 1931, S. 131–143.

besorgt die sich in der deutschen Anti-Young-Bewegung andeutenden Tendenzen einer Radikalisierung der deutschen Politik registrierend, offenkundig erste Überlegungen hinsichtlich der Möglichkeiten einer politischen Umsetzung der zunehmend starken monetären Position Frankreichs an.[4]

Hatten die Verhärtungen im deutsch-französischen Verhältnis seit Mitte 1928 unter anderem zugenommen, weil zunächst die deutsche, dann die französische Politik sich gegen eine Zweierfront des Rivalen mit England zu behaupten hatte, so spiegelte die weitere Klimaverschärfung seit dem Herbst 1929, als eine gewisse britische Abkehr vom Kontinent einsetzte, ein direkteres Aufeinanderprallen der wechselseitigen deutschen und französischen Ansprüche wider. Das Ergebnis war eine weitgehende Paralysierung dessen, was von dem „Geist von Locarno" übriggeblieben war. In den Verhandlungen über die verschiedenen laufenden Angelegenheiten entspann sich eine Art zähes Tauziehen, das auf beiden Seiten den Willen zum Ausgleich weitgehend vermissen ließ. Beide Seiten suchten auf allen politischen Berührungsebenen, bis in die letzten Detailfragen hinein, verbissen ihre Positionen zu halten und zu verbessern. Eine starke Zunahme der wechselseitigen Spannungen mit der Tendenz zu einer polemischen Konfrontation war die Folge.

Zu betonen ist, daß wirtschaftliche Zwänge während des Winters 1929/30 weder für die Neuakzentuierung der deutschen noch für die der französischen Außenpolitik eine ausschlaggebende Rolle spielten, wenngleich sie in diesen Monaten in Deutschland – zu beachten ist die zunehmende Kreditnot – an Stärke gewannen. Insgesamt reflektierte jedoch die deutsch-französische Klimaverschlechterung zwischen Oktober 1929 und März 1930 noch kaum eine geistige Verarbeitung der von dem Wetterleuchten des „Schwarzen Donnerstag" an der New Yorker Stock Exchange (27. Oktober 1929) signalisierten Tatsache, daß der ohnehin brüchige materielle Grund der internationalen Politik, die Weltwirtschaft, ungewöhnlich stark zu schwanken begann, um am Ende in einer Schockbewegung, in der letztlich die aus den Zerrüttungen des Krieges überkommenen Spannungen dekompensiert wurden, vollends nachzugeben.

1. Der Abschluß der Reparationsverhandlungen

Die größten Energien der politisch Verantwortlichen in den beteiligten Ländern absorbierten in den Wintermonaten 1929/30 jene Fragen des neuen Reparationsstatuts, die vor seiner Ratifizierung und Ingangsetzung noch zu regeln, auf der Haager Augustkonferenz aber aus Zeitmangel offen geblieben waren. Die Verhandlungen darüber wurden, nachdem während des vorangegangenen Sommers die finanziellen Nachforderungen Großbritanniens im Mittelpunkt gestanden hatten, nun vor allem geprägt durch das Aufeinanderprallen gegensätzlicher Positionen des Hauptgläubigers Frankreich und des

---

[4] Eine wissenschaftlich befriedigende Biographie Tardieus fehlt, siehe aber Louis Aubert u. a., André Tardieu, Paris 1957; Rudolph Binion, Defeated Leaders. The Political Fate of Caillaux, Jouvenel and Tardieu, New York 1960; Jacques Debû-Bridel, L'Agonie de la Troisième République, 1929–1939, Paris 1968. Sehr hilfreich sind die in Tardieu, L'épreuve du pouvoir, gesammelten Reden von 1929/30.

Schuldners Deutschland, das sich unter anderem in heftigen verbalen Zusammenstößen zwischen Tardieu und den deutschen Ministern während der zweiten Regierungskonferenz entlud, die – vom 3. bis 20. Januar 1930 – wieder in Den Haag stattfand.

Die deutsche Seite, nun unter der Führung von Curtius, ging in die Reparationsverhandlungen des Winters 1929/30 mit der Zielsetzung hinein, den Gläubigermächten einen möglichst günstigen Abschluß der Reparationen-Endregelung abzuringen, „Deutschland vor weiteren Belastungen zu bewahren und dafür zu sorgen, daß das gesamte Vertragswerk in Übereinstimmung mit den Grundgedanken der Sachverständigen aufgebaut würde".[5] Dieses Vorhaben wurde von zunehmend radikaleren Angriffen der rechten und linken Oppositionsparteien und von der kritischen Wachsamkeit der Regierungsparteien begleitet, aber auch durch eigenwillige Sonderaktionen des Reichsbankpräsidenten Schacht behindert. Auf französischer Seite bemühte sich das Kabinett Tardieu, ebenfalls unter dem Druck einer gegenüber der innerdeutschen Entwicklung zunehmend skeptischen Öffentlichkeit, und namentlich der parlamentarischen Rechtsgruppen, „über eine Reihe von politischen Punkten gegenüber der deutschen Seite völlige Klarheit zu erzielen".[6] Dies hieß auch, daß möglichst noch gewisse sachliche Nachbesserungen erreicht werden sollten, zu denen nicht zuletzt eine bindende Regelung der Mobilisierungsfrage und eine akzeptable Lösung des Sanktionenproblems gehörten, die hier beide für eine gesonderte Behandlung in den folgenden Abschnitten zunächst ausgeklammert seien.[7] Die britische Regierung schließlich suchte, in neuerlich zähem Zugriff des Schatzkanzlers Snowden, weitere Nachbesserungen zu ihren Gunsten sowohl auf deutsche (Liquidationsfrage, Sachlieferungsproblem) als auch auf französische Kosten (Schuldenzahlungstermin, Garantiefonds) durchzusetzen, was ihr umso leichter wurde, als sich sowohl Berlin als auch Paris bemühten, zur Realisierung ihrer verschiedenen konträren Verhandlungsziele London zum Verbündeten zu gewinnen. Sowohl Deutsche als auch Franzosen vermochten indessen von den an den eigenen nationalen Zielen orientierten Engländern trotz entgegenkommender Gesten in den genannten Fragen nur punktuelle Unterstützung ihrer respektiven Positionen zu erreichen.

Während die aufgrund des Haager August-Abkommens gebildeten Sachverständigen- und Organisationskomitees an verschiedenen Orten zu speziellen Weiterberatungen zusammentraten, entspann sich eine erste deutsch-französische Kontroverse um den Eröffnungstermin der zweiten, ebenfalls wieder für Den Haag verabredeten Regierungskonferenz. Die Reichsregierung bemühte sich um ein möglichst frühes Datum (Mitte November oder Anfang Dezember 1929), um gegebenenfalls die Verhandlungsergebnisse noch rechtzeitig in den Reichstagsdebatten über Volksbegehren und Volksentscheid verwenden und vielleicht auch umgekehrt die innerdeutsche Bewegung um das Volksbegehren als verhandlungstaktischen Faktor einsetzen zu können.[8] Auf französischer Seite fand man an derartigen Verhandlungsperspektiven wenig Gefallen. Durch das Volksbegehren, so verlautete aus Paris, werde doch die parlamentarische Behandlung des Young-

---

[5] Curtius am 11. 2. 1930 vor dem Reichstag, Verhandlungen des Reichstags, IV. Wahlperiode, Stenographische Berichte, Bd. 426, S. 3906.
[6] Tardieu am 28. 3. 1930 vor der französischen Abgeordnetenkammer, in deutscher Übersetzung wiedergegeben in Schulthess, 1930, S. 303.
[7] Siehe hierzu unten, S. 105 ff. und S. 112 ff.
[8] Curtius an Brüssel, 9. 10. 1929, ADAP, B XIII, Nr. 47; an Paris, 18. 11., ibid., Nr. 136; Aufzeichnung Wellesleys, 14. 10., DBFP, I A, VII, Nr. 24.

Plans in Deutschland wohl ohnehin verzögert; außerdem scheine erst, wenn Volksbegehren und Volksentscheid vorüber seien, eine ruhige internationale Verhandlungsatmosphäre gewährleistet. Schließlich zog man sich in Paris auf die unverfänglichere Argumentation zurück, daß wegen der Verzögerung bei der Aufstellung des Budgets, die durch den kürzlichen Kabinettswechsel eingetreten sei, Finanzminister Chéron im Dezember von Paris unabkömmlich sei; zudem werde zumindest die Kommission für die Ostreparationen[9] nicht vor Jahresende zu einem befriedigenden Ergebnis kommen. Daher sei es zweckmäßig, einen Termin Anfang Januar 1930, unmittelbar vor dem Zusammentreten des Völkerbundsrats und der Londoner Flottenkonferenz, festzulegen.[10] Der durch die schließliche Fixierung des Eröffnungsdatums auf den 3. Januar erforderlichen Verlängerung des in Anlage III, Ziffer I, 3 des Haager August-Abkommens vorgesehenen Übergangsregimes zwischen Dawes- und Young-Plan über den 31. Dezember 1929 hinaus mochte man in Paris andererseits mit Rücksicht auf die französische Öffentlichkeit nur bis zum 31. Januar 1930 zustimmen.[11]

Das deutsch-französische Tauziehen während der zweiten Haager Konferenz ging, von den Mobilisierungs- und Sanktionsfragen abgesehen, vor allem um Fragen der Revisionsmöglichkeiten des Young-Plans, des monatlichen Zahlungstermins der Reparationen, und der neuen Bank für Internationalen Zahlungsausgleich. Hinsichtlich der ersten der drei Fragen kam es zu einem Kompromiß. Dem Bemühen der französischen Seite, die mit den Ziffern 118 und 119 des Young-Plans (Moratorium bzw. Beratender Sonderausschuß der BIZ) eröffneten Revisionsmöglichkeiten durch besondere Auslegungen zu entschärfen, arbeitete die deutsche Seite, die diese Klauseln in Paris als Kompensation für die Annuitätenhöhe durchgesetzt und die von Anfang an über die frühzeitige Revisionsbedürftigkeit des Young-Plans wenig Zweifel gelassen hatte, nachdrücklich entgegen.[12] Zwar konnte sie nicht umhin, die von der französischen Regierung postulierte Vollständigkeit und Endgültigkeit der neuen Reparationsregelung besonders zu bekräftigen und sich weiter, entsprechend Ziffer 101 des Young-Plans, nochmals feierlich zu verpflichten, „die im Neuen Plan vorgesehenen Annuitäten gemäß den Bestimmungen dieses Planes zu zahlen"; doch wurde beides nicht in der Präambel, sondern an einer – nach deutscher Auffassung[13] – weniger exponierten Stelle in Artikel I des Haager Abkommens vom 20. Januar 1930 festgehalten.[14] Andererseits konnte die deutsche Seite aber nicht einer Bekundung ihrer Entschlossenheit ausweichen, „sich auf jede mögliche Weise zu bemühen, die Erklärung eines Moratoriums zu vermeiden und dazu erst dann zu schreiten,

---

[9] Siehe oben, S. 66.
[10] Aufzeichnung Ritters vom 6.11.1929, PA, L 140/L 033 397–97/1; 13.11.1929, L 140/L 033 414–15; Hoesch an AA, 14.11., ADAP, B XIII, Nr. 126; 15.11., ibid., Nr. 128; 16.11., PA, L 140/L 033 439–40; 17.11., ADAP, B XIII, Nr. 135; 19.11., PA, L 140/L 033 454–56.
[11] Hoesch an AA, 11.12.1929, PA 102/109 536–37; 12.12., PA, K 508/K 142 677–79; Ruppel an AA, 17.12., PA, 4498/E 109 545. Während der Zweiten Haager Konferenz wurde das Übergangsregime nochmals (bis zum 31.3.1930) verlängert, siehe Pünder an AA, 18.1.1930, L 140/ L 033 710–13.
[12] Siehe Curtius, Young-Plan, S. 69–70.
[13] Vgl. zur französischen Auffassung unten, S. 104 mit Anm. 46.
[14] Möglicherweise war der eigentliche Sinn des französischen Bemühens, der Reichsregierung einen Rückgriff auf Artikel 234 des Versailler Vertrags (Zahlungsnachlaß) zu beschneiden, siehe Weill-Raynal, III, S. 540–41. Tardieu kennzeichnete es Ende März vor der französischen Kammer auch als Antwort auf die nationalistische Kampagne Hugenbergs, die die Reichsregierung versucht sein lassen könnte „de laisser la porte entr'ouverte à une espérance de révision", ibid.

wenn sie in gutem Glauben zu der Feststellung gelangt, daß die Währung und das Wirtschaftsleben Deutschlands durch den teilweisen oder vollständigen Transfer des aufschiebbaren Teils der Annuitäten ernstlich gefährdet werden könnte [sic]"; doch konnte sie dafür die Klarstellung durchsetzen, „daß Deutschland allein berechtigt ist, darüber zu entscheiden, ob zu der Erklärung eines Moratoriums, so wie sie im Neuen Plan vorgesehen ist, Anlaß besteht".[15] Deutsche Bestrebungen, verbesserte Modalitäten für die Nachzahlung eventuell moratoriumsgestundeter Beträge zu erreichen, hatten demgegenüber kaum Erfolg,[16] umgekehrt aber ebensowenig die Bemühungen der Gläubiger, die Unabhängigkeit und die Befugnisse des Beratenden Sonderausschusses nachträglich zu relativieren.[17]

Weitgehend durchzusetzen vermochte die französische Regierung, hier von britischer Seite unterstützt,[18] ihren Standpunkt in der im Young-Plan nicht explizit geregelten Frage des monatlichen Zahlungstermins. Der Empfehlung der Finanzsachverständigen der fünf alliierten einladenden Mächte, daß die Reparationen jeweils am 10. eines Monats, der Reichsbahnanteil bereits am 7. gezahlt werden sollte, stellte die Reichsregierung die Auffassung entgegen, daß es sich grundsätzlich um erst jeweils zum Monatsende zu leistende Postnumerandozahlungen handele.[19] Es ging aus deutscher Sicht um eine zusätzliche Belastung in der Größenordnung von 80 Millionen RM, d. h. den entgangenen Zinsgewinn während der gesamten Laufzeit des Young-Plans. Mit Blick auf die zu erwartenden innenpolitischen Schwierigkeiten endete der Widerstand der deutschen Delegation – die auf dem Höhepunkt der Auseinandersetzung die Einsetzung eines Schiedsrichters in der Person Owen Youngs forderte[20] – dementsprechend erst, als die gesamte Konferenz über dieser Frage zu scheitern drohte. Die Reichsregierung mußte am Ende der Regelung zustimmen, daß für die Reichskasse die gesamten Reparationszahlungen zur Monatsmitte fällig wurden, daß aber die Reichsbahn erst am Monatsende ihren Teil der Reichskasse zu erstatten hatte.[21] Die Gegenleistung der Gläubiger für dieses deutsche Einlenken bestand darin, daß die Forderung nach Aktivierung des im Young-Plan vorgesehenen negativen Pfandrechts (auf Zölle sowie Tabak- und Alkoholsteuern, für den dem Reichshaushalt entstammenden Annuitätenteil) fallengelassen wurde.[22] Dagegen mußte die Reichsregierung in einem Notenwechsel der Gläubigerforderung nachgeben, daß die Reichsbahngesellschaft die Verpflichtung zu übernehmen habe, die Eisenbahntarife auf einer zur Zahlung der Reparationssteuer und des Zinsen- und Tilgungsdienstes der Schuldverschreibungen erforderlichen Höhe zu halten.[23]

---

[15] Artikel VIII des Haager Abkommens, siehe Heilfron/Nassen, S. 196.
[16] Siehe Weill-Raynal, III, S. 541–2.
[17] Ibid., S. 542–3.
[18] Hoesch an AA, 10.12.1929, PA, L 140/L 033 530–31.
[19] ARK Müller II, Nr. 406, 441; Pünder an AA, ADAP, B XIV, Nr. 12; Curtius, Young-Plan, S. 71–72.
[20] Pünder an AA, 9.1.1930, ADAP, B XIV, Nr. 17.
[21] Pünder an AA, 13.1.1930, ibid., Nr. 27; vgl. Weill-Raynal, III, S. 543–45.
[22] Ibid., S. 546–47. Ein positives Pfandrecht bestand dagegen für die Dawes-Anleihe fort, ibid. Vgl. ARK Müller II, Nr. 406; John W. Wheeler-Bennett and Hugh Latimer, Information on the Reparation Settlement. Being the Background and History of the Young Plan and the Hague Agreements 1929–1930, London 1930, S. 139–140.
[23] Weill-Raynal, III, S. 545–46. Der Text des Notenwechsels Curtius-Jaspar vom 20.1.1930 ist abgedruckt in ‚Europe Nouvelle' vom 22.2.1930, S. 355.

Auf der zweiten Haager Konferenz spielte, ebenso wie in den vorhergehenden und nachfolgenden Sitzungen des Organisationsausschusses für die Bank für Internationalen Zahlungsausgleich, die Frage des Charakters und der Ingangsetzung der vorgesehenen neuen Internationalen Bank eine besondere Rolle.[24] Von französischer, italienischer und belgischer Seite wurde versucht, die BIZ mehr als eine Art Weltbank zu konzipieren, die als aus dem Young-Plan herausgezogene und über ihn hinausgehende, verselbständigte Institution die Reparationen dauernd und unwiderruflich aus der politischen Sphäre lösen und sie insgesamt kommerzialisieren und somit einer Revisionsfähigkeit möglichst entziehen sollte.[25] Demgegenüber konnte sich, mit britischer und amerikanischer Unterstützung, zum guten Teil vorerst die deutsche Auffassung durchsetzen, daß es sich zuallererst um eine Reparationsbank handeln solle, „daß die Grundlage für alles, was die Bank tut und läßt, die Bestimmungen des Young-Plans seien und daß die in letzterem verankerten Rechte Deutschlands keineswegs geschmälert oder verletzt werden dürften."[26] In den Statuten der BIZ wurden ausdrücklich die Grenzen ihrer Aktivitäten festgehalten (Artikel 25), auch wurde klargestellt (Artikel 22m), daß die Bank keine Treuhändervereinbarungen mit den Gläubigerregierungen abschließen könne, deren Inhalt den durch den Young-Plan begründeten Rechten der Reichsregierung zuwiderliefe.[27] Weiter wurde das französisch-britische Bemühen, über die BIZ eine unmittelbare Verbindung in der Reparationsfrage zwischen Amerika und Deutschland herzustellen, durch das am 29. Dezember separat abgeschlossene deutsch-amerikanische Schuldenabkommen durchkreuzt.[28] Nach einigen heftigen Verhandlungsrunden rückte die deutsche Delegation im Haag von der von Schacht in einem Schreiben an den Vorsitzenden der amerikanischen Gruppe in der BIZ, de Sanchez, am 31. Dezember 1929 erhobenen Forderung ab, daß die Beteiligung der Reichsbank an der BIZ von einem befriedigenden wirtschaftlichen und politischen Gesamtergebnis der (zweiten) Haager Konferenz abhängig sei.[29] Im Gegenzug erreichte sie zufriedenstellende Regelungen hinsichtlich der Goldeinlösungspflicht der Reichsbank und des von Deutschland in die BIZ einzubringenden zinslosen Depots.[30]

Vor einer Ingangsetzung der BIZ waren die strittigen Fragen ihres Sitzes und ihrer Leitung zu lösen. Während sich in der Frage des Sitzes das französische Bemühen, als Standort Brüssel festzulegen, gegen den – mit der Forderung der Rückgliederung von Eupen-Malmedy verknüpften – deutschen Widerspruch nicht realisieren ließ und am

---

[24] Zu den Haager Beschlüssen über die BIZ siehe Weill-Raynal, III, S. 561–66. Zur Entstehung und Funktion der BIZ allgemein Roger Auboin, The Bank for International Settlements, 1930–1935, Princeton 1955; Henry A. Schloss, The Bank for International Settlements. An Experiment in Central Bank Cooperation, Amsterdam 1958; Frank Costigliola, „The Other Side of Isolationism: The Establishment of the First World Bank, 1929–1930", in: JAH, 59, 1972, S. 602–620.
[25] Aufzeichnung Bergers und Rondes vom 15.11.1929, K 480/K 135 946–60.
[26] Ibid. – Siehe auch ADAP, B XIII, Nr. 92. Es handelte sich nur um einen vorübergehenden Erfolg, da sich, zumal nach dem Ende der Reparationen, die Konzeption einer allgemeinen Weltbank durchsetzen sollte.
[27] Weill-Raynal, III, S. 563–64.
[28] Ibid., S. 570–73; ADAP, B XIII, Nr. 68, 77, 100, 112, 119, 148, 222, 229; FRUS 1929, II, S. 1083–1106.
[29] Zu dem Schreiben an de Sanchez siehe Schacht, Das Ende der Reparationen, S. 109–114; Pünder an AA, 13.1.1929, ADAP, B XIV, Nr. 27; Nr. 37 vom 14.1., PA, L 140/L 033 680; Die Entstehung des Young-Plans, S. 362–69.
[30] In beiden Fällen blieb es bei der Regelung des Young-Plans, siehe Weill-Raynal, III, S. 543, 562.

9. November im Organisationskomitee definitiv Basel benannt wurde,[31] gelang es der Pariser Regierung, in der wichtigen Frage des Direktoriums der BIZ ihre Vorstellungen voranzubringen. Mit dem Vorschlag, den Archivar der Banque de France Pierre Quesnay zum Generaldirektor (Agent principal d'exécution) der BIZ zu ernennen – während die Amerikaner MacGarrah und Fraser Präsident und Vizepräsident des Board of Directors werden sollten –, verfolgte die französische Seite das Ziel, ihre bisherige dominierende Rolle in der Reparationskommission in die neue Internationale Bank hinüberzuretten. Von deutscher Seite wurde gegen die Ernennung Quesnays massiv Front gemacht. Reichsbankpräsident und Reichsregierung erhoben hier gemeinsam den Einspruch, daß neben zwei Amerikanern als Präsidenten nur ein weiterer Neutraler die zweite entscheidende Leitungsfunktion übernehmen könne und es keinesfalls angehe, daß die Leitung der Bank von dem interessierten Vertreter der mit 52 Prozent an den Reparationen beteiligten Hauptgläubigermacht gegen die Interessen des 100prozentigen Schuldners besetzt werde. Unvergessen blieb auf deutscher Seite, daß Quesnay während der Pariser Sachverständigenverhandlungen offenbar wiederholt Pressekampagnen gegen die deutsche Verhandlungsführung sowie den – vermeintlichen – Angriff auf die deutsche Währung im April und Mai 1929 inszeniert, schließlich in der Endphase der Verhandlungen durch eine Art Täuschungsmanöver versucht hatte, die deutsche Durchschnittsbelastung noch um jährlich 100 Millionen RM zu erhöhen. Französischerseits wurde, unter Anrufung der deutsch-französischen Verständigung, geltend gemacht, daß die BIZ im wesentlichen ein Gläubigerorgan sei, und daß im übrigen deutsche Vertreter wichtige andere Positionen in der Bank besetzen könnten.[32] Wenngleich die Konferenz der Notenbankleiter in Rom am 26. und 27. Februar 1930 eine Entscheidung über die Besetzung des Generaldirektoriums noch nicht fällte, war doch Ende März die Kandidatur Quesnays aufgrund amerikanischer Unterstützung, bei isoliertem Widerspruch allein der deutschen Seite, auf gutem Wege.[33]

Eine besondere Rolle spielte in den Reparationsverhandlungen des Winters 1929/30 das „Problem Schacht", das die Interessen der Gläubigerregierungen wie der Reichsregierung und der sie tragenden Parteien (SPD, Zentrum, DVP) gegen die Person des Reichsbankpräsidenten zusammenführte. Mit seinem nationalpolitischen und finanzkonservativen Selbstverständnis zog Schacht in seinem im Herbst 1929 aktivierten Protest gegen die „sozialistische Ausgabenwirtschaft" und die auf der Haager Augustkonferenz übernommenen Zusatzverpflichtungen nicht nur die Gegnerschaft des Kabinetts Müller auf sich. Sein schon bald nach der Pariser Sachverständigenkonferenz öffentlich geäußertes Urteil, daß der Young-Plan die deutsche Leistungsfähigkeit übersteige und eine frühzeitige Revision unvermeidlich sei, sein Memorandum vom 5. Dezember 1929,[34] sein Schreiben an de Sanchez vom 31. Dezember, und nicht zuletzt sein selbstge-

---

[31] Aufzeichnung Schachts und Vockes vom 9.11.1929, PA, 3375/D 733 825–27. Vgl. ADAP, B XIII, Nr. 95, 105, 112; Hoesch an AA, 21.10., K 480/K 135 900; DBFP, I A, VII, Nr. 184.
[32] Siehe hierzu ADAP, B XIII, Nr. 53; B XIV, Nr. 119, 128, 173. Benutzt wurde weiter der Bestand PA, K 480: Wirtschafts-Reparationen, Bank für Internationalen Zahlungsausgleich. Der in den Archives Nationales in Paris deponierte Fonds Quesnay ist, soweit zugänglich, hinsichtlich dieser Frage wenig ergiebig.
[33] Schacht an Müller, 1.3.1930, PA, L 1643/L 492 006–11. – Die französische Regierung konnte ihre Vorstellungen am Ende mit amerikanischer Hilfe durchsetzen, siehe Costigliola, „The Other Side of Isolationism", S. 618–19.
[34] Abgedruckt in ARK Müller II, Nr. 369.

rechtes Auftreten auf der zweiten Haager Konferenz führten auch die Gläubigerregierungen, namentlich die britische und die französische, zu der Überzeugung, daß die Interessen der Reparationsempfänger an der Durchführung des Young-Plans auf das schwerste gefährdet seien, solange Schacht die Schlüsselposition des deutschen Reichsbankpräsidenten innehabe. Der britische Schatzkanzler Snowden, der ein Doppelspiel zwischen Reichsbank und Reichsregierung zu Lasten der Gläubiger fürchtete, sah unter Schacht „no assurance whatever of the loyal collaboration of the Reichsbank, and it seems to me impossible to come to any agreement with the German Government on this basis. In substance, Schacht would succeed in avoiding all responsibility for the execution of the New Plan, while the German Government would be avoiding responsibility for Schacht, and would leave him free, while President of the Reichsbank, to make a campaign against the Young Plan and even against its ratification."[35] Tardieu seinerseits befürchtete weniger einen „eklatante[n] Sabotageakt" Schachts, „in welchem Falle ihm eine Gegenaktion der Reichsregierung sicher erscheine, als vielmehr ein[en] passive[n] Widerstand im kleinen, der bei der Wichtigkeit der Mitarbeit der Reichsbank große Nachteile mit sich bringen könnte".[36]

Briten und Franzosen unternahmen im Haag den Versuch, neben zusätzlichen Garantien für die Durchführung des Young-Plans auch – über Änderungen des Reichsbankgesetzes – die Ablösung Schachts zu erreichen. Dieser Versuch wurde nur deshalb von der Reichsregierung nicht aufgegriffen, weil sie nicht den Eindruck einer auswärtigen Einmischung in innerdeutsche Angelegenheiten entstehen lassen wollte. Sie stellte jedoch ein eigenes Vorgehen gegen Schacht in Aussicht.[37] Als Tardieu am 9. Februar 1930 bei Hoesch nachfragte, wie es nun damit stehe, erfuhr er, das Reichskabinett sei sich inzwischen darüber klar geworden, daß eine dem Zweck entsprechende Änderung des Reichsbankgesetzes eine durchaus zweischneidige Angelegenheit sei, doch sei es entschlossen, „bei einem etwaigen weiteren mit der Reichspolitik unvereinbaren Akt des Reichsbankpräsidenten mit voller Energie gegen diesen einzuschreiten".[38] Schachts Rücktritt am 7. März machte dies unnötig. Am 12. März wurde Hans Luther sein Nachfolger.

Im Anschluß an die zweite Haager Konferenz wurde in allen beteiligten Ländern die Prozedur der Ratifizierung des Young-Plans eingeleitet. Sie bot allseits den Parlamenten und der Öffentlichkeit Gelegenheit zur Auseinandersetzung nicht nur mit den Verhandlungsergebnissen des Winters 1929/30, sondern mit dem Neuen Plan insgesamt – in seiner Entstehung seit dem Genfer Beschluß vom 16. September 1928, und mit den durch ihn eröffneten Zukunftsperspektiven. In Deutschland wie in Frankreich suchten die Regierenden gegen mannigfachen öffentlichen Widerspruch, mit der nationalen Interessenlage entsprechenden und daher zum Teil einander widersprechenden Argumenten, die jeweils gesehenen Vorteile der komplexen Reparationenregelung so überzeugend wie möglich darzutun.

Auf deutscher Seite hatten die beteiligten Minister es in den Parlamentsdebatten des Februar und März 1930 naturgemäß schwer, den demagogischen, durch den Rücktritt

---

[35] Snowden an Tardieu, 16.1.1930, MAE, Papiers Tardieu, Carton 25/II.
[36] Hoesch an AA, 9.2.1930, ADAP, B XIV, Nr. 91.
[37] ARK Müller II, Nr. 411, 414, 431; ADAP, B XIV, Nr. 8; Aufzeichnung Schuberts, 6.1.1930, PA, 4498/E 110 109–13; Aufzeichnung Hagenows, 10.1., PA, 3375/D 734 165–69; Vermerk Pünders, 30.1., PA, K 2245/K 620 822–27.
[38] Hoesch an AA, 9.2.1930, ADAP, B XIV, Nr. 91.

Schachts zusätzlich aufgewerteten Ausfällen namentlich deutschnationaler und nationalsozialistischer Abgeordneter hinsichtlich der Erfüllbarkeit und Revidierbarkeit des Young-Plans den Wind aus den Segeln zu nehmen. Es gehe, so warben die Verantwortlichen um Zustimmung, nicht um die absolute Höhe der Annuitätenverpflichtungen, sondern um eine Verminderung um rund 700 Millionen RM im Vergleich zum Dawes-Plan, der bei Ablehnung des Young-Plans automatisch weiterlaufen würde und in eine schwere Wirtschaftskrise hineinzuführen drohe; eine spätere Revision – zu deren Notwendigkeit sich alle deutschen Parteien und Politiker mehr oder weniger offen bekannten – sei in den Artikeln 118 (Moratorium) und 119 (Beratender Sonderausschuß) vorgesehen, wohingegen die bisherigen Sanktionsbestimmungen durch das Haager Abkommen faktisch außer Kraft gesetzt worden seien;[39] wichtig sei, daß Deutschland die vielfältigen ausländischen Kontrollen des Dawes-Plans loswerde; entscheidend sei vor allem die mit dem Young-Plan erreichte und gesicherte vorzeitige Rheinlandräumung, ohne die die „elementarsten Voraussetzungen für eine nach neuer Macht und Geltung strebende Entwicklung Deutschlands" nicht gegeben seien.[40]

Und dann das Bemerkenswerte: im Verlaufe der parlamentarischen Debatte stimmten mit einem Male Redner aus den verschiedensten Parteien in einen *cantus firmus* ein, daß die Endregelung der Reparationen durch den Neuen Plan grundsätzlich die Ausgangsbasis für eine neue, aktivere Phase der deutschen Außenpolitik herstelle! Zumal Außenminister Curtius erklärte während der zweiten Lesung der Young-Gesetze am 6. März, der Neue Plan müsse angenommen werden, „wenn wir versuchen wollen, unser Volk auf einer neuen außenpolitischen Grundlage wieder vorwärtszubringen".[41] Bei der Annahme sechs Tage später verlas der Vorsitzende der Zentrumsfraktion, Heinrich Brüning, eine Entschließung der Regierungsparteien, die die Feststellung enthielt, daß selbst nach Auffassung der Pariser Sachverständigen „die Gestaltung des neuen Reparationsplanes von den durch den Ausgang des Weltkrieges geschaffenen politischen Machtverhältnissen über rein wirtschaftliche Erwägungen hinaus beeinflußt worden" sei; die Reichsregierung solle die Außenpolitik in dem Sinne führen, daß Deutschland nicht darauf verzichten könne und werde, „mit allen zu Gebote stehenden friedlichen Mitteln der Außenpolitik der durch den Versailler Vertrag geschaffenen Notlage entgegenzuwirken. Nicht die augenblicklichen Machtverhältnisse, sondern Ehre, Freiheit und Gleichberechtigung der Völker müssen die alleinige Grundlage der internationalen Beziehungen werden. Die künftige Entwicklung dieser Beziehungen muß Raum für die Anerkennung der noch nicht befriedigten Lebensnotwendigkeiten Deutschlands schaffen. Nur so kann eine wirkliche Liquidierung der Vergangenheit herbeigeführt werden und ein gesicherter Friede zwischen den Völkern entstehen."[42]

Die offizielle Erklärung des Reichspräsidenten zum Neuen Plan vom 13. März 1930 lenkte den Blick noch darüber hinaus, nach vorn: „Nach Anhörung von Befürwortern

---

[39] Siehe unten, S. 112–119.
[40] Für den Wortlaut der Beratungen im Reichstag siehe Verhandlungen des Reichstags, IV. Wahlperiode, Stenographische Berichte, Bd. 426, S. 3901–4024 (1. Lesung); Bd. 427, S. 4153–4317 (2. Lesung); ibid., S. 4361–4396 (3. Lesung und Annahme am 12.3.1930). Das Zitat entstammt der Rede Rheinbabens vom 11.2.1930, ibid., Bd. 426, S. 3941. Zur Haltung der deutschen Presse siehe DBFP, I A, VII, Nr. 291.
[41] Ibid., Bd. 427, S. 4174.
[42] Ibid., S. 4371.

und Gegnern des Planes, nach sorgfältiger Abwägung des Für und des Wider bin ich zur Überzeugung gelangt, daß trotz der schweren Belastung, die der Neue Plan dem deutschen Volke auf lange Jahre hinaus auferlegt, und trotz der großen Bedenken, die gegen manche seiner Bestimmungen erhoben werden können, der Young-Plan im Vergleich zum Dawes-Plan eine Besserung und Entlastung darstellt und wirtschaftlich und politisch einen Fortschritt auf dem schweren Wege der Befreiung und des Wiederaufbaus Deutschlands bedeutet." Nach dem Kampf um die Young-Gesetze, der mit ihrer Verkündung im Reichsgesetzblatt nun zu Ende sei, müßten fortan neue, innenpolitische Aufgaben in den Vordergrund rücken: „die Gesundung unserer Finanzen, die Belebung unserer gesamten Wirtschaft und damit die Beseitigung der ungeheuren Arbeitslosigkeit und nicht zuletzt die Linderung der schweren Lage der deutschen Landwirtschaft und die Wiederherstellung ihrer Rentabilität".[43]

Auf französischer Seite waren es ebenfalls die Rechtsparteien, die das Kabinett Tardieu in den parlamentarischen Ratifizierungsdebatten über den Neuen Plan in einen besonderen Begründungszwang brachten. Tardieu hob hervor, der Neue Plan habe, als Gegenstück zu den französischen Schuldenabkommen mit den USA und Großbritannien, vor allem einen finanziellen, in gewissen Teilen aber auch einen politischen Charakter, so etwa in der Frage der Rheinlandräumung. Der Young-Plan sei die Ersetzung des bisher in Geltung gewesenen Systems der deutschen Zahlungen durch ein neues System, das System der Zinsengarantie, da es die Reparationsschuld Deutschlands mit seiner öffentlichen Schuld verknüpfe. Die Voraussetzung für die Verwirklichung dieses Systems, die Unterbringung der ersten Tranche der Young-Obligationen im Publikum, sei durch das Haager Januar-Abkommen weitestgehend gesichert.[44] Der deutsche Kredit sei eine bessere Reparationssicherheit als das politisch schlechte Mittel der Besetzung, die, wie Tardieu und Briand bei dieser Gelegenheit einmütig bekräftigten, loyal und pünktlich zum 30. Juni 1930 aufgehoben werden solle.

Schwierig gestaltete sich angesichts der parlamentarischen Verhältnisse in Paris vor allem die Interpretation der Ergebnisse hinsichtlich der Sanktionen und der Revisionsfähigkeit des Neuen Plans. Während Tardieu in der Sanktionsfrage besonders wegen einer Selbstrechtfertigungskampagne Herriots in die Defensive geriet,[45] unterstrich er hinsichtlich des Revisionsproblems offensiv, daß die deutsche Delegation im Haag ausdrücklich den vollständigen und endgültigen Charakter der neuen Reparationsregelung bekräftigt habe, und zwar nicht in der Präambel – was nach Tardieus Auffassung (im Gegensatz zur deutschen Auslegung) nur eine eingeschränkte völkerrechtliche Bindungswirkung gehabt hätte – sondern in Artikel I des Abkommens selbst, denn Frankreich könne keinen Revisionshoffnungen, wie sie die deutsche Regierung vielleicht hege, Vorschub leisten.[46]

---

[43] UF, VII, S. 630–631.
[44] Vgl. unten, S. 110–111.
[45] Siehe unten, S. 118–119 mit Anm. 107.
[46] Vgl. oben, S. 98. – Die Rede Tardieus vor dem französischen Senat am 5. 4. 1930 ist abgedruckt in Tardieu, L'épreuve du pouvoir, S. 144–184. Die Reichsregierung bemühte sich, ähnlich wie in der Sanktionsfrage auch auf die parlamentarischen Ausführungen Tardieus zur Revisionsfrage Einfluß zu nehmen, siehe hierzu Curtius (z. Z. Locarno) an Müller, 14. 3. 1930, ADAP, B XIV, Nr. 150; Curtius an Schubert, 22. 3., PA, 4498/E 110 526–9; Curtius an Hoesch, 22. 3., ADAP, B XIV, Nr. 173; Breitscheid an Schubert, 18. 3. 1930, PA, 3375/D 734 621–24.

2. Das Problem der Mobilisierung der Reparationen

Mit dem Kabinett Tardieu rückte in den Wintermonaten 1929/30 auch das Bemühen um die Realisierung eines französischen Anspruchs auf die frühzeitige Mobilisierung unbedingt zu leistender Teile der Reparationsannuitäten wieder stärker in den Vordergrund. Dieser Anspruch Frankreichs leitete sich nach Ziffer 165 (in Verbindung mit 161) des Young-Plans aus der Reduzierung der deutschen Jahreszahlungen gegenüber dem Dawes-Plan ab. Tardieu knüpfte hier wieder an jene Vorstellungen Poincarés an, die Briand während des Sommers 1929 zu einem Teil zurückgenommen hatte.[47] Das Pariser Hauptanliegen war unverändert die – nun mit Rücksicht auf die französische Öffentlichkeit unverzichtbar erscheinende – Ersetzung des mit der Räumung entfallenden physischen Reparationspfands durch eine neue finanzielle Zahlungssicherheit. Sie wurde ermöglicht durch die mit dem Young-Plan vorgenommene teilweise Umwandlung der politischen Wiedergutmachungsschuld Deutschlands in eine kommerzielle Verpflichtung.

Neben diesem eher defensiven Mobilisierungsinteresse gab es indessen für Tardieu offenbar von Anfang an auch ein mehr offensives Anliegen. Frankreich war aufgrund seiner im Herbst 1929 bereits sehr stark gewordenen Finanzposition in zunehmend geringerem Maße auf den deutschen Reparationenfluß angewiesen als in früheren Jahren. Die französische Regierung scheute sich nicht, der Reichsregierung für ein kooperatives Verhalten in der Mobilisierungsfrage im Gegenzug neben allgemeiner politischer Verständigung auch Kredite in Aussicht zu stellen. Beides zusammen, die Mobilisierung der Reparationen und die an sie geknüpfte Bereitschaft zur Kreditgewährung, sollte offenbar auch finanzielle Bindungen begründen, die Frankreich anstelle der Rheinland-Okkupation neue konkrete Einwirkungsmöglichkeiten auf die Entwicklung der deutschen Politik eröffneten. Insofern diente beides dem Versuch der Restabilisierung der französischen Position in Europa in der Zeit nach der Rheinlandräumung. Es war darüberhinaus Teil des zwischen 1928 und 1932 durchgängigen – und letztlich gescheiterten – Bemühens, Frankreich eine finanziell begründete und womöglich politisch umsetzbare europäische Präponderanz neuer Art zu verschaffen.[48]

Konkret ging es um die Durchführung einer ersten Mobilisierungsaktion, in Form der internationalen Begebung langfristiger Reparationsbonds, rechtzeitig vor der Räumung der dritten Rheinlandzone. Tardieu legte am 7. November 1929 vor dem französischen

---

[47] Siehe oben, S. 69–70.
[48] Siehe hierzu Aufzeichnung Moldenhauers vom 4.1.1930, PA, 4498/E 110 053–55 (Chéron: „Die Frage der deutschen Finanzen sei die des Kredits. Wenn Deutschland und Frankreich sich annäherten, dann würden wir Kredit haben und seien alle Sorgen überstanden."); Aufzeichnungen Stern-Rubarths vom 8.1.1930, ADAP, B XIV, Nr. 14; 18.1., ibid., Nr. 37; Pünder an AA, 11.1., ibid., Nr. 22. Die Frage wird jetzt zugespitzt behandelt in Jean Bouvier, René Girault, Jacques Thobie, L'impérialisme à la française 1914–1960, Paris 1986, S. 199–218. – Zu dem für die internationale Politik zunehmend wichtigen Vorgang des – wesentlich die Unterbewertung des Poincaré-Franc widerspiegelnden – Gold- und Devisensogs in Richtung Paris siehe Albert Aftalion, „Les causes et les effets des mouvements d'or vers la France", in: SDN, Documents sélectionnés sur la distribution de l'or, soumis à la Délégation de l'Or du Comité Financier, Genf 1931; Günter Schmölders, Frankreichs Aufstieg zur Weltkapitalmacht, Berlin 1933. Knapp zusammenfassend Charles P. Kindleberger, Die Weltwirtschaftskrise 1929–1939, Nördlingen, 2. Aufl. 1979, S. 65–69. Siehe auch Melchior Palyi, The Twilight of Gold, 1914–1936, Chicago 1972.

Senat Wert darauf, den Zusammenhang zwischen Mobilisierung und Räumung zu präzisieren. Das Haager Räumungsabkommen vom August 1929 mache die Räumung der dritten Besatzungszone nicht nur von der Ratifikation des Young-Plans durch das deutsche und das französische Parlament abhängig, sondern darüberhinaus auch von der „Ingangsetzung des Planes". Darunter verstehe seine Regierung (1.) die Verabschiedung der Ausführungsgesetze durch den Reichstag, (2.) die Zeichnung des Kapitals für die Internationale Bank, und (3.) die Übergabe der mobilisierbaren deutschen Schuldtitel an die Bank für Internationalen Zahlungsausgleich. Die Durchführung der Mobilisierungsaktion selbst könne indessen keine Räumungsbedingung sein, da es sich dabei um eine Zuständigkeit der BIZ handele und ihr Erfolg nicht, oder wenigstens nicht allein, vom guten Willen Deutschlands abhänge.[49]

Die dritte Räumungsbedingung – Bonds-Übertragung auf die BIZ – war neu. Man nahm sie indessen auf deutscher Seite nicht allzu tragisch. Zwar wurde befürchtet, daß sie sich als eine mögliche Quelle für Verzögerungen erweisen könnte, doch betrachtete man den vorgesehenen Übertragungsakt insgesamt eher als „einen rein technischen Vorgang [...], der für uns kaum eine Belastung bedeuten dürfte".[50]

Anders stand es jedoch mit der zusätzlichen – inoffiziellen – Erwartung des Kabinetts Tardieu, daß die Reichsregierung bei der Herstellung günstiger Mobilisierungsvoraussetzungen mitwirkte. Damit war gemeint, daß die Reichsregierung in ihrer allgemeinen Finanzgebarung das Interesse der Reparationsgläubiger an dem Erfolg der Mobilisierungsaktion berücksichtigen müsse. In Pariser Sicht schienen sowohl eine Überforderung der Kapitalmärkte, namentlich des amerikanischen, durch Auslandsanleihen des Reiches, als auch, damit partiell zusammenhängend, eine mangelnde Solidität und damit Kreditwürdigkeit der deutschen Finanzen geeignet, die internationalen Voraussetzungen zur Begebung langfristiger Reparationsbonds erheblich zu verschlechtern.[51] Das deutsche Interesse – das in der grundsätzlichen Zurückhaltung der britischen und amerikanischen Finanzmärkte gegenüber Reparationsbonds eine gewisse Stütze fand – lag demgegenüber darin, die effektive Mobilisierung so klein und damit die faktisch revisionsfähige Reparationssumme so groß wie möglich zu halten. Freilich gab man sich in Berlin – wohl vor allem in dem Bestreben, vor dem Räumungsendtermin nicht noch zusätzliche Mobilisierungsbedingungen zu provozieren – prinzipiell kooperativ und erklärte, mit den

---

[49] Die Rede Tardieus ist abgedruckt in Tardieu, L'épreuve du pouvoir, S. 131 ff. Vgl. Schulthess, 1929, S. 343–344 sowie Hoesch an AA, 7. 11. 1929, ADAP, B XIII, Nr. 107; 9. 11., ibid., Nr. 113. Vgl. den Wortlaut des Haager Räumungsabkommens, oben, S. 68.

[50] Hoesch an AA, 7. 11. 1929, ibid., Nr. 197; Aufzeichnung Schuberts, 11. 11., PA, 4498/E 108 810–14. Vgl. aber unten, S. 164.

[51] Aus ähnlicher Sorge forderte Parker Gilbert seit Ende Oktober Auskunft über die Anleihepläne der Reichsregierung und über die beabsichtigte Finanzreform als Voraussetzung für die Freigabe von Schatzwechseln über den Unterschiedsbetrag zwischen Dawes- und Young-Zahlungen sowie im Interesse der Mobilisierung. In Berlin wurde allerdings vermutet, daß es bei Gilberts Forderung auch um Rivalitäten zwischen amerikanischen Banken (Morgan vs. Dillon) ging. Siehe Aufzeichnung Schmidts vom 28. 10. 1929, PA, 4458/109 625–27; Aufzeichnung Schuberts vom 29. 10., ADAP, B XIII, Nr. 82; Aufzeichnung Selzams vom 18. 11., PA, L 140/L 033 467–68; Aufzeichnungen Schuberts, 20. 11., PA, 4498/109 673–74; 23. 11., 4498/109 679–81; 5. 12., 4498/109 682–83. – Über die Zusammenhänge zwischen deutscher Haushalts- und Kreditpolitik im Spätjahr 1929 siehe Ilse Maurer, Reichsfinanzen und Große Koalition. Zur Geschichte des Kabinetts Müller (1928–1930), Bern/Frankfurt a. M. 1973, S. 95 ff.

2. Das Problem der Mobilisierung der Reparationen

französischen Mobilisierungswünschen zu sympathisieren.[52] Konkret entwickelte sich jedoch während des Winters 1929/30 ein zähes Tauziehen zwischen dem französischen Mobilisierungsinteresse und dem Interesse des Reiches an der Aufnahme von Auslandskrediten.

Zu einem ersten Disput über die Mobilisierungsvoraussetzungen kam es Mitte November 1929, als die französische Regierung durch Mitteilungen von amerikanischer Seite – vermutlich von Parker Gilbert, den als Treuhänder der Reparationsgläubiger ähnliche Sorgen plagten – aufgeschreckt wurde. Die Reichsregierung, so hieß es, verhandele in New York über eine größere Reichsanleihe, die sie, mit Rücksicht auf die unter dem Dawes-Regime geltenden Beschränkungen, unmittelbar nach Inkrafttreten des Young-Plans zum Abschluß bringen wolle. Tardieu eröffnete in Paris Hoesch, er „würde die Aufnahme einer solchen Anleihe im Augenblick, wo sich gerade [die] Frage der Mobilisierung stellen würde, nicht für loyal halten und dagegen protestieren müssen, da ja auf diese Weise die Chance für einen schnellen Mobilisierungsakt stark gefährdet werden müßte".[53] Die Reichsregierung ermächtigte unter diesen Umständen den Botschafter in Paris, die französische Regierungsspitze vertraulich über den wahren Sachverhalt ins Bild zu setzen. Das Deutsche Reich habe, wie allgemein bekannt sei, im Zusammenhang mit der geplanten Regelung der deutschen Zündholzwirtschaft einen Anleihevertrag in Höhe von 125 Millionen Dollar mit dem schwedischen Trust Kreuger & Toll abgeschlossen, von denen 50 Millionen Dollar spätestens 7 Monate und die anderen 75 Millionen spätestens 16 Monate nach der Verabschiedung des zugrundeliegenden Monopolgesetzes durch den Reichstag verfügbar würden.[54] Weitere Anleiheverhandlungen führe das Deutsche Reich zur Zeit nicht. Der Reichsbankpräsident verhandele lediglich mit dem Hause Morgan über eine Eisenbahnanleihe, wobei auch die Notwendigkeit einer Anleihe für die Reichspost erwähnt worden sei. Bei den in Frankreich aufgetauchten Gerüchten handele es sich offenbar nur um Kombinationen amerikanischer Bankiers für die Zukunft. Deutschland stehe den französischen Mobilisierungswünschen aufgeschlossen gegenüber und wolle sie keinesfalls in irgendeiner Form hemmen. Natürlich könne im Laufe des Jahres 1930, nach Abschluß des Young-Plans, ein Anleihebedürfnis des Reiches entstehen, weshalb die Reichsregierung sich hinsichtlich der möglichen Aufnahme einer Anleihe nicht binden könne, doch brauche hieraus „weder dem Zeitpunkte nach noch dem Quantum nach eine Störung für die Mobilisierung sich zu ergeben".[55] Briand, der die Mitteilung entgegennahm,[56] zeigte sich nur über die Erklärung zur Mobilisierung befriedigt. Hinsichtlich möglicher späterer deutscher Anleihepläne machte er jedoch den Vorbehalt, die französische Regierung erwarte, daß Deutschland, „möge es sich nun um

---

[52] Siehe hierzu Tagebuch Schäffer, 2.1.1930, Institut für Zeitgeschichte, ED 93/8. Ähnliche Überlegungen finden sich in BA, Reichsfinanzministerium (R 2), Die Ausführung des Friedensvertrags von Versailles, Bd. 3207: Reparationen, Mobilisierung 1929/30.
[53] Hoesch an AA, 14.11.1929, ADAP, B XIII, Nr. 124; vgl. den ähnlichen Hinweis Briands, 11.11., ibid., Nr. 115.
[54] Von der Möglichkeit einer Einbeziehung der Anleihe in eine größere Anleihe, etwa von Dillon Read, von der Gilbert erfahren hatte, mache die Reichsregierung keinen Gebrauch, Curtius an Paris, 19.11.1929, ibid., Nr. 139; Aufzeichnung Schuberts, 29.10., ibid., Nr. 82.
[55] Curtius an Paris, 19.11.1929, ADAP, B XIII, Nr. 139; Aufzeichnung Schuberts vom 19.11., PA, 4498/E 109 653–55.
[56] Dabei hielt Hoesch die Information über die Verhandlungen Schachts über eine Eisenbahnanleihe zurück, Hoesch an AA, 21.11.1929, PA, 3243/D 728 089–90.

IV. Die Verschärfung der Gegensätze im Winter 1929/30

eine Reichsanleihe oder um Spezialanleihen handeln, so vorgehe, daß unter keinen Umständen [der] Mobilisierungsakt erschwert oder präjudiziert werde".[57]

Einen Monat später kam es zu einer Art Kraftprobe, die mit einem französischen Scheinerfolg endete. Im Zusammenhang mit den Beratungen über die Reichsfinanzreform trat die Reichsregierung Anfang Dezember 1929 in Verhandlungen mit dem Bankhaus Dillon Read über eine Anleihe von 100 Millionen Dollar. Am 17. Dezember wurden diese Verhandlungen als kurz vor dem Abschluß stehend in Paris bekannt, woraufhin Tardieu, Briand und Finanzminister Chéron unverzüglich gemeinsam Botschafter von Hoesch empfingen, um über den Ernst der Lage keinen Zweifel zu lassen. Eine solche Anleihe, die, auch wenn sie zunächst als kurzfristig deklariert würde, zweifellos früher oder später in eine langfristige umgewandelt werden solle, könne Frankreichs Stellung zum Young-Plan nicht unberührt lassen. Nicht nur würde dadurch nach Auskunft amerikanischer Bankiers fürs erste der Markt für Reparationsbonds zerstört; vor allem drohten, wegen der offenbar drakonischen Anleihebedingungen, der deutsche Kredit für geraume Zeit ruiniert und damit Mobilisierungspapiere überhaupt unbegebbar zu werden. Es müsse für die Reichsregierung doch möglich sein, stattdessen zu versuchen, ihre Kassenschwierigkeiten über die deutschen Banken zu beheben.[58]

Diese massive französische Intervention, die durch nachdrückliche Demarchen Parker Gilberts in Berlin noch unterstrichen wurde,[59] ließ im Auswärtigen Amt die Befürchtung aufkommen, „daß Deutschland für den Fall des Zustandekommens der Anleihe auf der kommenden [zweiten] Haager Konferenz hinsichtlich der Mobilisierung Bedingungen zugemutet würden, die gänzlich unerfüllbar sein würden".[60] Dennoch ließ sich das Reichskabinett von den Mitteilungen Tardieus und Gilberts nicht wirklich beeindrucken. Die großen Kassenprobleme zum Jahresultimo wegen unaufschiebbarer Zahlungsverpflichtungen ließen der Reichsregierung keine Wahl, so sollte Hoesch der französischen Regierung übermitteln. Man verhandle mit Dillon Read über einen kurzfristigen Kredit über 70–80 Millionen Dollar zu durchaus günstigen Bedingungen. Dabei werde sichergestellt, daß eine eventuelle Konvertierung in eine langfristige Anleihe mit der Möglichkeit zur Begebung von Schuldverschreibungen nicht vor dem 1. Oktober 1930 erfolgen würde, daß also bis dahin keinerlei die Mobilisierung störende Belastung des internationalen Kapitalmarktes eintreten könne. Die Reichsregierung stehe dem französischen Wunsch nach Mobilisierung unverändert aufgeschlossen gegenüber, aber „wir seien der Ansicht, daß sich die Chancen der Mobilisierbarkeit der Young-Annuität durch die Aufnahme dieses kurzfristigen Kredits in keiner Weise verschlechtern würden. Wir glaubten vielmehr, daß es die Durchführung der Mobilisierung allerdings ungünstig beeinflussen würde, wenn wir diese Maßnahme unterließen und wenn das Reich infolgedessen in folgenschwere Zahlungsschwierigkeiten käme".[61]

Es war mithin nicht der französische Einspruch, ebensowenig wie der Gilberts, der die Reichsregierung einige Stunden später, und noch ehe Hoesch im Quai d'Orsay die deut-

---

[57] Ibid.
[58] Hoesch an AA, 17.12.1929, ADAP, B XIII, Nr. 203. Zu dem Tauziehen zwischen Reichskabinett und Schacht siehe ARK Müller II, Nr. 379, 381, 389, 390.
[59] Aufzeichnung Schuberts, 18.12.1929, ADAP, B XIII, Nr. 206; Aufzeichnung Michaelis', 19.12., ARK Müller II, Nr. 391.
[60] Curtius in der Ministerbesprechung vom 19.12.1929, ARK Müller II, Nr. 392.
[61] Curtius an Paris, 18.12.1929, ADAP, B XIII, Nr. 208.

2. Das Problem der Mobilisierung der Reparationen

sche Antwort zustellen konnte, zur Aufgabe des Dillon Read-Kredits veranlaßte.[62] Entscheidend hierfür war die ablehnende Haltung des mit der Finanzpolitik der Großen Koalition nicht mehr einverstandenen Reichsbankpräsidenten, der das deutsche Bankenkonsortium zum Rückzug von der Beteiligung an der Anleihe veranlaßte und der National City Bank als Vertreterin des amerikanischen Anleihekonsortiums auf Anfrage die Auskunft erteilte, daß er die Rückzahlung des Kredits nicht unter allen Umständen nach Ablauf der Termine für gesichert halte.[63] Angesichts des daraufhin erkennbaren Zögerns der amerikanischen Bankiers und des vom Jahresultimo diktierten Zeitdrucks beschloß das Reichskabinett bekanntlich, sich den Vorstellungen Schachts zu beugen und bei gleichzeitiger Schaffung eines Schuldentilgungsfonds von 450 Millionen Reichsmark einen Kassenkredit von 300 Millionen RM über das deutsche Bankensystem zu beschaffen.[64] Zur Erklärung dieses innenpolitischen, vom Rücktritt des Staatssekretärs Popitz und des Finanzministers Hilferding gefolgten Fiaskos nach außen wurde allerdings dem von seiten der französischen Regierung und des Reparationsagenten ausgeübten Druck eine gewisse Bedeutung zugeschrieben.[65] Es wird berichtet, daß Briand, als er von der Preisgabe der Kreditverhandlungen hörte, in eine „rosige Stimmung" geriet.[66]

Das Bemühen des Kabinetts Tardieu, diesen Vorfall vom Dezember 1929 zum Anlaß einer Verschärfung der ohnehin anstehenden formellen Regelung der Mobilisierungsbedingungen zu nehmen, zeitigte mit dem auf der zweiten Haager Konferenz zwischen den Reparationsgläubigern und Deutschland ausgehandelten Mobilisierungsabkommen nur einen geringen Erfolg. Am 21. Dezember hatten die Finanzsachverständigen der fünf einladenden Mächte auf einer die Konferenz vorbereitenden Zusammenkunft in Paris übereinstimmend empfohlen, daß der Reichsregierung die formelle Zusicherung abverlangt werden müsse, daß sie sich jeder Maßnahme enthalten werde, „welche die Mobilisierung der Reparationsbonds erschweren würde, insbesondere [dürfe] sie keine Ausgabe (no issue) auf ausländischen Märkten für eigene Rechnung vor der ersten Ausgabe der internationalen Reparationsbonds vornehmen".[67] Tardieu schlug, eine alte, schon 1920 erstmals angestellte Überlegung aufgreifend,[68] zu Beginn der zweiten Haager Konferenz vor, einen Schritt weiter zu gehen und eine Mobilisierungsvereinbarung anzusteuern, die sowohl – negativ – die Gefahr von mit der Mobilisierung konkurrierenden Auslandsanleihen des Reiches beseitigte als auch – positiv – dem deutschen Anleihebedürfnis Befriedigungsmöglichkeiten auf dem Wege einer kontrollierten Anbindung an die Mobilisierung

---

[62] Aufzeichnung Schuberts vom 19.12.1929, PA, 4498/E 109 713–14; Curtius an Paris, 19.12., ADAP, B XIII, Nr. 216.
[63] Ministerbesprechung vom 19.12.1929, ARK Müller II, Nr. 392; Vermerk Pünders vom 19.12., ibid., Nr. 393. – Zu den Hintergründen siehe Lutz Graf Schwerin von Krosigk, Staatsbankrott. Die Geschichte der Finanzpolitik des Deutschen Reiches von 1920 bis 1945, geschrieben vom letzten Reichsfinanzminister, Frankfurt/Zürich 1974, S. 55; vgl. ders., Es geschah in Deutschland, Menschenbilder unseres Jahrhunderts, Tübingen/Stuttgart 1951, S. 83, 340.
[64] ARK Müller II, Nr. 392, 393, 394; Reichsfinanzministerium an AA, 20.12.1929, PA, 3087/D 620 979–80.
[65] Curtius an Paris, 19.12.1929, ADAP, B XIII, Nr. 216; Curtius an Washington, 20.12., PA, 3087/D 620 973–77. – Die Reichsregierung blieb aber sorgfältig bemüht, hinsichtlich ihrer künftigen Anleihepolitik auf keine Bedingungen einzugehen, ibid.
[66] Hoesch an Paris, 20.12.1929, PA, 4498/E 109 838–42.
[67] Kabinettssitzung vom 2.1.1930, Anlage, ARK Müller II, Nr. 406.
[68] Siehe hierzu Weill-Raynal, III, S. 557–61, besonders S. 560.

eröffnete.[69] Ein entsprechend ausgearbeiteter Vorschlag wurde am 8. Januar im Haag von den französischen Juristen vorgelegt. Er zielte darauf ab, die offenkundige Konkurrenz zwischen dem französischen Mobilisierungsinteresse und dem Interesse von Reichsregierung, Reichsbahn und Reichspost an Auslandskrediten dadurch zu beenden, daß beide Interessen in einer einzigen Gesamtaktion, eben der Mobilisierung, miteinander verknüpft und ausgeglichen wurden, und zwar möglichst für die gesamte Laufzeit der unbedingten Annuitätenteile, d. h. 36 Jahre vom zweiten Young-Jahr an. Deutschland sollte nach diesem Vorschlag eine günstige Kreditmöglichkeit bei der BIZ erhalten, indem es *pari passu* mit den Gläubigerregierungen an den Ergebnissen der Mobilisierung beteiligt wurde, und zwar in dem Maße, indem es bereit war, den unbedingten Annuitätenanteil gegenüber dem bedingten Teil zu erhöhen.[70] Der Vorteil der Gläubiger würde darin bestehen, daß sich größere Mobilisierungssicherheit durch ein deutsches Eigeninteresse an dem Erfolg der Mobilisierung ergab.[71]

Auf deutscher Seite herrschten indessen andere Vorstellungen. In den im wesentlichen bilateral geführten deutsch-französischen Verhandlungen – in denen die deutsche Seite von britischen Sympathien für ihren Standpunkt ausgehen konnte – lehnte die deutsche Delegation unter Hinweis auf die öffentliche Stimmung im Reich zunächst nicht nur strikt alles ab, was auch nur entfernt nach einer Erhöhung der deutschen Reparationslast aussehen konnte; sie weigerte sich auch, kreditpolitische Verpflichtungen für einen längeren Zeitraum einzugehen. Überhaupt war ihr die Verknüpfung von Mobilisierungs- und Kreditfrage, die als partieller Souveränitätsverzicht interpretiert werden konnte, unangenehm. Der deutsche Gegenvorschlag lautete, Deutschland und Frankreich sollten sich, ohne dies formell im Schlußprotokoll der Konferenz festzuhalten, in einem *Gentlemen's Agreement* über das beiderseitige Anleihebedürfnis für das bevorstehende erste Jahr der neuen Reparationsregelung auf gütliche Weise einigen. Dieses Agreement sollte sich allerdings ausdrücklich nur auf langfristige Auslandsanleihen beziehen.[72] Gegenüber dem Drängen der Franzosen, und auch anderer Gläubiger, daß die Reichsregierung angesichts des „Falles Schacht" ihre Loyalität bei der Durchführung des Neuen Plans vor der Weltöffentlichkeit erneut bekräftigen müsse, sah sich die deutsche Delegation dann jedoch genötigt, der Beteiligung des Reiches wenigstens an der ersten Mobilisierungsaktion zuzustimmen, und am Ende sogar der Einbeziehung der Kreuger-Anleihe in die Regelung. Immerhin konnte sie jedoch jegliche Bindung über den für die Durchführung der ersten Mobilisierungsaktion veranschlagten Zeitraum hinaus vermeiden. Weiter gelang es ihr, das Ansinnen einer Erklärung guten Willens für die gesamte Laufzeit des Young-Plans zurückzuweisen, und schließlich ebenso die von Frankreich gewünschte Einbeziehung kurzfristiger äußerer und langfristiger innerer Anleihen in die Regelung. Hinsichtlich einer Erhöhung des unbedingten Annuitätenanteils ließ sie ohnehin nicht mit sich reden.[73]

---

[69] Aufzeichnung Schmidts, 4.1.1930, ADAP, B XIV, Nr. 6.
[70] Gedacht war an 100 bis 125 Millionen Reichsmark. Zu der technischen Seite des Problems siehe die Aufzeichnungen Ritters vom 3. und 5.12.1929, PA, 3243/D 728 133–137.
[71] „Proposition française relative à la mobilisation", 7.1.1930, Papiers Tardieu, Carton 25/II; „Moyen d'intéresser l'Allemagne à une mobilisation partielle des annuités", 8.1.1930, ibid.
[72] Aufzeichnung Schmidts, 4.1.1930, ADAP, B XIV, Nr. 6; Pünder an AA, 14.1., ibid., Nr. 27; Kabinettssitzung vom 14.1.1930, ARK Müller II, Nr. 417; „Proposition pour un ‚Gentlemen's agreement' concernant la Mobilisation", o. D., PA, L 138/L 032 227.
[73] Pünder an AA, 14./16.1.1930, ADAP, B XIV, Nr. 28, 34; 16./17./18.1., PA, L 140/L 033 693;

2. Das Problem der Mobilisierung der Reparationen 111

Das Mobilisierungsabkommen vom 20. Januar 1930 legte fest, daß sobald möglich, jedenfalls vor dem 1. Oktober 1930, durch Vermittlung der BIZ eine erste Mobilisierungsanleihe im Gesamtbetrage von real 300 Millionen Dollar auf den internationalen Kapitalmärkten aufgelegt werden sollte. Reichsregierung, Reichsbahn und Reichspost verpflichteten sich, bis zum 1. Oktober 1930, im Falle einer Verzögerung der Mobilisierung bis längstens zum 31. März 1931, keine längerfristige Auslandsanleihe aufzunehmen. Das Abkommen bestimmte außerdem, daß die für die Kreuger-Anleihe (die materiell von dem Abkommen nicht tangiert wurde) auszustellenden Schuldverschreibungen erst nach dem 30. Juni 1933 aufgelegt werden und keine Diskriminierung für die Reparationsbonds bringen durften, und es vermerkte, daß die deutsche Regierung „sich die Befugnis [vorbehielt]", an Erlös und Dienst der Mobilisierungsanleihe zu einem Drittel „zu den Originalbedingungen" teilzunehmen.[74] Es handelte sich insgesamt um einen Kompromiß, bei dem die französische Seite, unter Aufgabe weiterreichender Vorstellungen, eine eng umschriebene Sicherheit für die Mobilisierung allein einer ersten Tranche der unbedingten Annuitäten erhielt, während die deutsche Seite im Grunde lediglich ihre schon im Zusammenhang mit dem Dillon Read-Prospekt vom Dezember 1929 bekundete Bereitschaft zur Zurückstellung langfristiger Auslandskredite bis zum Herbst 1931 erneuerte. Die Reichsregierung erwarb außerdem einen Anspruch auf einen Anteil an dem Erlös der Mobilisierungsanleihe in Höhe von 100 Millionen Dollar, der für die dringenden Kreditbedürfnisse von Reichsbahn und Reichspost verwendet werden konnte. Im übrigen behielt sie für die Zukunft freie Hand.

Bei einem kurzen Nachspiel, zu dem es einige Wochen später kam, wurde jeder weitergehende Anspruch Frankreichs auf Mitsprache bei der deutschen Kreditgebarung rundweg abgewiesen. Im März 1930 erklärte sich ein von Lee, Higginson & Co. geführtes internationales Bankenkonsortium bereit, der Reichsregierung den Gegenwert der Kreuger-Anleihe vorzufinanzieren. Da die Kreuger-Anleihe im Gesamtwert von 125 Millionen Dollar in zwei Tranchen zum 30. August 1930 (50 Millionen Dollar) und zum 29. Mai 1931 (75 Millionen Dollar) verfügbar wurde, bedeutete ihre im April beziehungsweise Mitte Juni 1930 vorgesehene Eskomptierung durch Lee, Higginson, daß die Reichsregierung zwei weniger als 12 Monate laufende, jedenfalls nicht langfristige Auslandskredite erhielt und somit nicht formell gegen das Haager Mobilisierungsabkommen verstieß. Dessen ungeachtet suchte die französische Regierung, erneut im Einklang mit dem Reparationsagenten, die Vorfinanzierung zu verhindern.[75] Sie äußerte sich besorgt, daß die beiden Kredite in Deutschland neuerlich zum Budgetausgleich statt zur Schuldentilgung verwandt würden und das Interesse des Reichs an der Finanzreform erlahmen lassen könnten. Die französische Regierung fürchtete vor allem die Reaktion ihrer Öffentlichkeit, bei der eine ausgerechnet in den Tagen der parlamentarischen Ratifizierungsdebatten über den Young-Plan eingehende Nachricht, Deutschland habe das Haager Abkom-

---

705–707; 710–713; Aufzeichnung Pünders vom 17.1., ARK Müller II, Nr. 419. Ebenfalls benutzt wurden die vorbereitenden französischen Verhandlungsunterlagen in Papiers Tardieu, Carton 25/II. Die französische Regierung suchte die Reichsregierung vergeblich auf die umfassende Erklärung zu verpflichten „qu'il ne procédera à aucune opération de crédit à l'extérieur autre que le renouvellement de crédits en cours", ibid. Siehe auch Die Entstehung des Young-Plans, S. 381.
[74] Heilfron/Nassen, S. 385–88.
[75] Siehe FRUS, 1930, III, S. 96–97, 98–99.

men umgangen, verheerende Auswirkungen haben mochte.⁷⁶ Nachdem indessen deutscherseits ein französisches Einspruchsrecht zurückgewiesen worden war und ein von Gilbert angestrengtes Veto der amerikanischen Regierung nicht erreicht wurde,⁷⁷ waren die Möglichkeiten des Kabinetts Tardieu erschöpft. Am 26. März 1930 kam es in New York zum Abschluß des Eskomptierungsvertrages. Dabei gab die Reichsregierung die ausdrückliche Versicherung ab, daß die Lee, Higginson-Vorfinanzierung, ebenso wie die Kreuger-Anleihe selbst, zur Schuldentilgung verwendet würde, und daß sich im übrigen an der beschlossenen Schuldentilgung von 450 Millionen Reichsmark im Finanzjahr 1930/31 nichts ändere.⁷⁸ Zudem entschloß sie sich nun – eine der letzten Maßnahmen des Kabinetts Müller – die auf der Haager Januar-Konferenz eingehandelte Option auszuüben und an der Mobilisierungsanleihe teilzunehmen.⁷⁹

3. Der Sanktionen-Kompromiß

Für einiges Aufsehen sorgte in den Herbst- und Wintermonaten 1929/30 auch das Problem der sogenannten Reparationssanktionen. Es betraf die juristische Frage, ob die Durchführung des Neuen Plans noch durch die im Versailler Vertrag vorgesehenen Sanktionsmöglichkeiten mit abgesichert war. Um diese Frage entwickelte sich ein zähes deutsch-französisches Tauziehen, dessen Verlauf die britische Regierung interessiert, aber insgesamt untätig verfolgte.⁸⁰

Die Reparationssanktionen leiteten sich zum einen ab aus den Paragraphen 17 und 18 der Anlage II des Teils VIII (Reparationsteil, nach Artikel 244) des Versailler Vertrags, die durch das Londoner Protokoll vom August 1924 ergänzt worden waren. Danach hatten die Gläubigerregierungen, „falls Deutschland vorsätzlich seinen Verpflichtungen nicht nachkommt", das Recht, „wirtschaftliche und finanzielle Sperr- und Vergeltungs-

---

⁷⁶ Hoesch an AA, 25.3.1930, ADAP, B XIV, Nr. 175. – Tardieu wies gegenüber Hoesch auch auf die wegen der entgegenkommenden französischen Räumungspolitik bestehende moralische Verpflichtung zur Berücksichtigung der französischen Mobilisierungswünsche hin: „Er sprach von seiner Treue zu Haager Vereinbarungen und erzählte, daß er trotz Verkürzung der zur Verfügung stehenden Zeit doch schon Anordnungen zur Räumung gegeben habe und Räumung auch rechtzeitig zu beenden bestrebt sein werde. Demgemäß müsse er auch von uns Rücksichtnahme auf seine Schwierigkeiten erbitten", Hoesch an AA, 26.3., ibid., Nr. 177.
⁷⁷ FRUS, 1930, III, S. 96–101.
⁷⁸ Ibid., S. 101–102.
⁷⁹ Briefwechsel Moldenhauer-Margerie vom 27.–29.3.1930, PA, L 1646/L 492 033–36.
⁸⁰ Für die britische Regierung war die Lösung des Problems dem generellen Zustandekommen des Haager Abkommens untergeordnet. Nach Auffassung der britischen Kronjuristen würden die Sanktionsartikel ohne ausdrückliche Vorkehrungen im Haager Abkommen mit der Annahme des Young-Plans erlöschen; sollte Deutschland aber auf die französischen Vorstellungen eingehen, wollte man in London nicht deutscher sein als die Deutschen. Über die britische Haltung insgesamt und namentlich die vergeblichen deutschen und französischen Bemühungen um die britische Unterstützung ihrer respektiven Thesen, siehe DFBP, I A, VII, Nr. 107, 111, 129, 131, 146, 158, 159, 164, 166, 169, 172, 173, 178, 180, 184, 191, 201, 210, 211, 214, 237, 306. – Die übrigen Gläubigerregierungen verfolgten das deutsch-französische Tauziehen ebenfalls mit relativer Gleichgültigkeit.

3. Der Sanktionen-Kompromiß

maßnahmen" zu ergreifen sowie „überhaupt [...] solche Maßnahmen", die sie „als durch die Umstände geboten erachten". Hinzu kam zweitens der Artikel 430 des Versailler Vertrags, der vorsah, daß im Falle einer Weigerung Deutschlands, „die Gesamtheit oder einzelne der ihm nach dem gegenwärtigen Vertrag obliegenden Wiedergutmachungsverpflichtungen zu erfüllen", geräumte rheinische Besatzungszonen „sofort wieder durch alliierte und assoziierte Streitkräfte ganz oder teilweise besetzt" würden.[81] Nach der allgemeinen Interessenlage, zumal am Vorabend der endgültigen Rheinlandräumung, konnte es kaum verwundern, daß die Frage, ob diese Sanktionsmöglichkeiten des Versailler Vertrags neben oder hinter dem Young-Regime noch weiter Geltung behielten, auf seiten des deutschen Schuldners eine verneinende, seitens Frankreichs, des Hauptgläubigers, aber eine bejahende Antwort fand.

Die Reichsregierung, die das auf der Pariser Sachverständigenkonferenz ungeklärt gebliebene Problem[82] im Spätsommer 1929 aufwarf, nahm den Standpunkt ein, daß mit dem Young-Plan die deutsche Reparationsschuld durch „Novation" eine völlig andere als vorher geworden sei. Zum einen sei im Bericht der Sachverständigen ausdrücklich gesagt, daß die Young-Schuld vollständig an die Stelle der alten Reparationsschuld trete. Außerdem sei dort an mehreren Stellen der andersgeartete Charakter der neuen Schuld als einer kommerziellen Verpflichtung ausdrücklich hervorgehoben worden. Mithin könne eine Fortgeltung oder ein Wiederaufleben alter Rechte, die mit der alten Schuld erloschen seien – und hierzu gehörten eben auch die Sanktionsrechte des Versailler Vertrags – unter keinen Umständen in Frage kommen.[83] Nach Auffassung der Reichsregierung war also 1929 die 1919 zwangsweise auferlegte politische in eine freiwillig übernommene kommerzielle Schuldverpflichtung übergegangen, und damit hatten die Gläubiger die Legitimation für ein Festhalten an besonderen, über das allgemeine Völkerrecht hinausgehenden Zwangsmaßnahmen verloren. Eine „Bereinigung dieser Frage im Sinne der vollständigen und endgültigen Ausschaltung der Möglichkeiten der Reparationssanktionen"[84] erschien ihr als die normale Folge.

Zur Stützung dieser Rechtsthese wurden in Berlin Argumente allgemeinpolitischen Charakters geltend gemacht. Angesichts der mit dem Young-Plan erfolgten Anbindung der Reparationszahlungen an den deutschen Kredit wurde es, zumal nach Jahren der Locarno-Politik, als nicht länger zumutbar erachtet, daß das Reich unter Umständen bis 1988 mit der Drohung leben sollte, bei Verstößen gegen das Reparationsstatut vertraglich

---

[81] Siehe hierzu Reichsminister für die besetzten Gebiete an AA, 23.7.1929, ARK Müller II, Nr. 256. – Eine Darstellung der Verhandlungen über die Sanktionsfrage im Herbst und Winter 1929/30 findet sich in Die Entstehung des Young-Plans, S. 319–348, 369–380; Weill-Raynal, III, S. 566–71; Schacht, Ende der Reparationen, S. 121–132. – Eine eingehende Quellenstudie, die zu einem eher Tardieu-freundlichen Ergebnis führt, bietet Christian Baechler, „Une difficile négociation franco-allemande aux conférences de La Haye: le règlement de la question des sanctions (1929–1930)", in: RA, 12, 1980, S. 238–260.

[82] Siehe hierzu Aufzeichnung Gaus', 2.8.1929, ADAP, B XII, Nr. 142; Die Entstehung des Young-Plans, S. 324–25. – Die Frage, ob es sich auf französischer Seite bei der Ausklammerung der Sanktionsfrage auf der Sachverständigenkonferenz um eine bewußte Strategie gehandelt hat oder ob – wie es scheint – in Paris vor der Anmeldung des deutschen Anspruchs die Frage überhaupt nicht problematisiert wurde, läßt sich wohl nur in genauer Kenntnis der französischen Reparationsakten klären.

[83] Eine ausführliche Diskussion der rechtlichen Grundlagen findet sich in Aufzeichnungen Dorns und Schäffers vom 30.10.1929, PA, 4498/E, 109 756–69.

[84] Reichsminister für die besetzten Gebiete an AA, 23.7.1929, ARK Müller II, Nr. 256.

legitimierte Sanktionsmaßnahmen bis hin zur Wiederbesetzung des Rheinlands hinnehmen zu müssen;[85] Deutschland habe vielmehr „durch die freiwillige Belastung zweier Generationen [...] ein moralisches Recht darauf, daß diese Sanktionsmöglichkeiten endgültig ausgeschaltet werden".[86] Zudem ließ die wachsende Kritik in der deutschen Öffentlichkeit an der Unterzeichnung des Neuen Plans es der Reichsregierung geraten erscheinen, die Zeitbombe, als die sich ein stillschweigendes „Vergessen" der Reparationssanktionen in der Folgezeit leicht erweisen mochte, vorbeugend zu entschärfen. Die Meinungsbildung in den Regierungsparteien, namentlich im rheinischen Zentrum und in der Wirtschaftspartei, sowie in den Auswärtigen Ausschüssen von Reichstag und Reichsrat ließ befürchten, daß eine nicht befriedigende Klärung der Sanktionsfrage die Ratifizierung des Young-Plans gefährdete.[87] Und die Haltung der auf das Volksbegehren hinarbeitenden Oppositionsparteien gab allen Anlaß zu der Sorge, daß sie die Sanktionsfrage „zum Angelpunkt ihres ganzen Kampfes gegen die Haager Vereinbarungen machen" würde.[88] Die positive Bedeutung einer Durchsetzung der deutschen Rechtsthese bestand natürlich darin, daß die Reparationen an einem zentralen Punkt aus ihrer Verankerung im Wurzelgrund der Friedensverträge herausgelöst und damit einer späteren Revision leichter zugänglich gemacht wurden.

Verfahrenstaktisch entschied sich die Reichsregierung, einen indirekten Weg einzuschlagen, da ein direktes Anrennen gegen die Sanktionsartikel des Versailler Vertrags im Hinblick auf die öffentliche Meinung in den Gläubigerländern wenig erfolgversprechend schien. Indem in den beiden Sanktionsfällen des Versailler Vertrags die Reparationskommission die Instanz war, die „die vorsätzliche Nichterfüllung" festzustellen hatte, die Funktionen der Repko gegenüber Deutschland aber durch den Young-Plan zugunsten der BIZ aufgehoben worden waren, lag es nahe, das Erlöschen aller nicht ausdrücklich auf die BIZ übergeleiteten Funktionen der Repko, und damit auch der Sanktionsmöglichkeiten zu postulieren.[89]

Die französische Regierung, die offenbar der deutschen Initiative zunächst unvorbereitet und ratlos gegenüberstand, stellte sich nach einigem Zögern auf den entgegengesetzten Rechtsstandpunkt. Durch den Young-Plan sei ebensowenig wie seinerzeit durch den Dawes-Plan eine „Novation" der Schuld eingetreten. Vielmehr stelle der Young-Plan eine Fortentwicklung des Dawes-Plans (und damit des Teils VIII des Versailler Vertrags) dar, von dem er sich zwar unter anderem durch eine Herabsetzung der Summen, eine Änderung des Zahlungsmodus, neuartige Bestimmungen über den Transferschutz sowie die Ermöglichung der Mobilisierung eines Teils der Annuitäten unterscheide, dessen grundsätzlich politisches Schuldverhältnis er aber, trotz der kommerziellen Züge des neuen Statuts, insgesamt weiterführe.[90] Praktisch handele es sich indessen überhaupt nur

---

[85] Ibid.
[86] Ibid.
[87] Siehe hierzu Köpke an Genf, 11.9.1929, ADAP, B XIII, Nr. 13; Köpke an Paris, 19.9., ibid., Nr. 25; Köpke an Paris, 21.9., PA, L 142/L 035 076–77; Niederschrift über die Sitzung des Auswärtigen Ausschusses vom 26.11., PA, 4498/E 108 891–924, besonders 915–16; Hoesch an AA, 17.12.1929, ADAP, B XIII, Nr. 204; Aufzeichnung Schmidts vom 4.1.1930, ibid., B XIV, Nr. 6.
[88] Curtius an Paris, 6.12.1929, PA, 4498/E 109 801–02.
[89] Aufzeichnung Gaus', 2.8.1929, ADAP, B XII, Nr. 142; Köpke an Paris, 19.9., ibid., B XIII, Nr. 25.
[90] Siehe hierzu Aufzeichnungen Dorns und Schäffers vom 30.10.1929, PA, 4498/E 109 756–69.

um eine Scheinfrage, die ohne Not das deutsch-französische Verhältnis zu belasten geeignet sei, denn die Sanktionsbestimmungen des Versailler Vertrags seien ohnehin längst überholt.[91]

Hinter diesem französischen Abwiegeln stand offenbar das Interesse, die Sanktionsmöglichkeiten des Versailler Vertrags tunlichst nicht zu problematisieren, um diese Rechtsbehelfe für den Fall einer späteren deutschen Nichterfüllung als zusätzliche Sicherheit des Young-Plans im Hintergrunde intakt und notfalls reaktivierbar zu erhalten. Daneben war das Aufrollen der Sanktionsfrage, namentlich hinsichtlich der Fortgeltung des Artikels 430, dem Kabinett Tardieu innenpolitisch höchst unbequem. Ein direkt oder indirekt formulierter Verzicht auf irgendwelche Rechte aus dem Versailler Vertrag, und seien sie noch so obsolet, wurde von Berthelot, Briand und Tardieu gegenüber der Öffentlichkeit und dem Parlament für unvertretbar gehalten. In der Abgeordnetenkammer formierten sich sogar vorübergehend Bestrebungen, das Kabinett Tardieu und insbesondere Briand über die – die öffentliche Aufmerksamkeit eine Zeitlang stark auf sich ziehende – Sanktionsfrage zu stürzen.[92] Der Annahme des Young-Plans durch Deutschland stünden doch schon andere französische Gegenleistungen, etwa die Reduktion der Reparationseinkünfte Frankreichs gegenüber, ließ Berthelot Botschafter von Hoesch wissen. Wenn aber die Reichsregierung auf einer expliziten Regelung dieser Scheinfrage bestehe, dann könne es nur „darauf ankommen, so unerfreulich das auch sei, eine zweideutige Formel zu finden, die in Deutschland in einem Sinne und in Frankreich, wenn nötig, in einem anderen Sinne ausgelegt werden könne".[93] Wenn sich die französische Regierung im Oktober 1929 dennoch darauf einließ, sowohl in einer der Vorbereitungskommissionen für die zweite Haager Konferenz als auch auf dem normalen diplomatischen Wege nach einem Kompromiß zu suchen, so wohl aus der Sorge heraus, daß der Konflikt, wenn er auf der Konferenz selbst vor aller Öffentlichkeit ausgetragen werden müßte, für Frankreich zu einem ungünstigeren Ergebnis führen werde. Vor allem nahm man in Paris an, daß die britische Regierung in dieser Frage der deutschen These zustimmen würde.[94] Am Ende konnte der Austrag im Haag nicht vermieden werden; die britische Delegation unter Schatzkanzler Snowden nahm indes dabei eine frankreichfreundlichere Haltung ein als erwartet.

Sachlich stellte sich das Problem nach einer ersten Abklärung als ein doppeltes dar. Konnten – erstens – die Reparationssanktionen von den Gläubigern im Falle von Schwierigkeiten bei der Durchführung des Young-Plans (seines „Stockens") aktiviert werden, bestanden also die Sanktionsmöglichkeiten des Versailler Vertrags als zusätzliche Sicherheiten neben dem Young-Regime mit seinen eingebauten Sicherungen weiter? Und wenn dies – zweitens – nicht der Fall war, ruhten dann die Sanktionsmöglichkeiten des Versailler Vertrags nur für die Dauer des Young-Regimes, oder waren sie mit seinem Inkrafttreten unwiderruflich erloschen? Konnten sie unter Umständen bei einer eventuellen vorzeitigen Beendigung des Young-Regimes (seiner „Zerreißung") wiederaufleben, gleich-

---

[91] Hierzu u. a. Hoesch an AA, 21.10.1929, ADAP, B XIII, Nr. 63; 23.10., ibid., Nr. 70; Dorn an AA, 27.10., ibid., Nr. 78.
[92] Hierzu Hoesch an AA, 14.12.1929, ADAP, B XIII, Nr. 198.
[93] Hoesch an AA, 23.10.1929, ADAP, B XIII, Nr. 70.
[94] Der Gang der Verhandlungen ist dokumentiert in ADAP, B XIII, Nr. 13, 25, 58, 63, 70, 78, 93, 107, 113, 117, 129, 142, 145, 181, 198, 204, 213, 227. Die Darstellung basiert zusätzlich auf den im folgenden angegebenen unveröffentlichten Akten des Politischen Archivs des AA.

sam hinter dem Young-Plan wieder aus dem Hintergrund hervor und in Kraft treten, oder nicht?

Die erste Frage fand eine verhältnismäßig rasche Klärung. Die französischen Juristen zeigten sich für die deutsche Auffassung aufgeschlossen, daß in den Ablauf des Young-Plans nicht gut externe Sanktionsmöglichkeiten des Versailler Vertrags eingreifen könnten.[95] Einige Wochen lang suchte man einen Kompromiß in Form einer Erschwerung von Sanktionen, doch bestand bereits am Vorabend der Haager Januar-Konferenz grundsätzliche Einigkeit, daß Sanktionsmöglichkeiten des Versailler Vertrags während der Dauer des Young-Plans nicht anwendbar seien. In Fällen, in denen es zwischen dem Schuldner und den Gläubigern streitig sein würde, ob Deutschland sich innerhalb des Rahmens seiner Reparationsverpflichtungen halte oder nicht, sollte eine Entscheidung nur durch die im Young-Plan selbst vorgesehenen Verfahren (Anrufung des Schiedsgerichts oder des Beratenden Sonderausschusses bei der BIZ) und nach dem allgemeinen Völkerrecht herbeigeführt werden.[96] Zu Beginn der Haager Konferenz bestätigte Tardieu persönlich nochmals diese französische Auffassung: für den Fall von Schwierigkeiten bei der Abwicklung der deutschen Zahlungsverpflichtungen, auch solchen ernsterer Art, sollten Sanktionsmöglichkeiten des Versailler Vertrags ausscheiden.[97]

Alles Tauziehen während der zweiten Haager Konferenz konzentrierte sich danach auf die nun von dem französischen Ministerpräsidenten allerdings in den Vordergrund gerückte zweite Frage, welche Sanktionsmöglichkeiten den Gläubigern im „äußersten Fall" einer vorzeitigen „Zerreißung" des Young-Plans durch Deutschland zur Verfügung stehen würden.[98] Bereits in den Verhandlungen im November und Dezember 1929 war Übereinstimmung erzielt worden, daß ein solcher „äußerster Fall" gegebenenfalls auf Antrag der Gläubiger durch eine Schiedsinstanz festgestellt werden sollte, die, wie Tardieu zu Beginn der Haager Konferenz der deutschen Delegation zugestand, der Internationale Gerichtshof in Den Haag sein könne.[99] Was aber würde geschehen, nachdem der Gerichtshof eventuell zu dem Urteil gelangt sein würde, daß Deutschland den Young-Plan einseitig aufgekündigt habe? Die französische Delegation blieb in dieser Frage unzugänglich. Sie verwies auf die provozierenden Sonderaktivitäten Schachts und auf die Anti-Young-Propaganda und das Volksbegehren im Reich. Tardieu und Briand äußerten wiederholt die Sorge, daß es in der absehbaren Zukunft zu einer ultrarevisionistischen Regierung Hugenberg-Hitler kommen könnte,[100] die ihren Ankündigungen

---

[95] Siehe hierzu Aufzeichnungen Dorns und Schäffers, 30. 10. 1929, 4498/E 109 756–69.
[96] Hierzu Hoesch an AA, 27. 12. 1929, ADAP, B XIII, Nr. 223; Curtius an Paris, 28. 12., ibid., Nr. 227; Hoesch an AA, 1. 1. 1930, ibid., Nr. 237.
[97] Aufzeichnung Schmidts, 9. 1. 1930, ADAP, B XIV, Nr. 16. Siehe hierzu auch Heilfron/Nassen, S. 215.
[98] Tardieu stand hierbei offenbar unter dem Eindruck der britischen Rechtsauffassung, nach der ohne eine besondere Vorkehrung im Haager Abkommen die Sanktionsbestimmungen des Versailler Vertrags mit der Annahme des Young-Plans ipso facto erlöschen würden, siehe DBFP, I A, VII, Nr. 180, 191; ADAP, B XIV, Nr. 47.
[99] Siehe ibid., B XIII, Nr. 227; B XIV, Nr. 6.
[100] Zu Schacht siehe ADAP, B XIV, Nr. 8 mit Anm. 2. Hinsichtlich der Perspektive eines Kabinetts Hugenberg-Hitler teilte Pünder am 13. 1. 1930 dem Auswärtigen Amt mit (ibid., Nr. 24): „Die heutigen überaus schwierigen und heftigen Kämpfe zwischen der deutschen und französischen Delegation haben erneut die schlimmen Folgen der Hugenbergschen Politik gezeigt. Nur die Anti-Young-Propaganda und das Volksbegehren haben die Gegner vor ihrer eigenen Öffent-

entsprechend den Young-Plan unverzüglich „zerreißen" würde. Würden dann, nach der französischen These, die für die Zeit des Funktionierens des Young-Plans ruhenden Sanktionsmöglichkeiten des Versailler Vertrags wiederaufleben? Oder würden in einem solchen Falle, der deutschen Auffassung entsprechend, Frankreich lediglich die Zwangsmittel des allgemeinen Völkerrechts zur Verfügung stehen? Am Ende der langwierigen Haager Verhandlungen[101] stand, der Berthelotschen Voraussage entsprechend, ein Formelkompromiß, dem die britischen, belgischen, italienischen und japanischen Regierungen ohne eigene Abänderungswünsche beitraten, und der geeignet schien, sowohl die französische als auch die deutsche Regierung gegenüber ihrer jeweiligen Öffentlichkeit zu salvieren. Die Reichsregierung erkannte für den von einer oder mehreren Gläubigerregierungen reklamierten „äußersten Fall" die Feststellungskompetenz des Internationalen Gerichtshofs an und erklärte, „daß sie es im Falle einer bejahenden Entscheidung des Gerichtshofs als berechtigt ansieht, daß die Gläubigerregierung oder die Gläubigerregierungen ihre volle Handlungsfreiheit wiedergewinnen, um die Ausführung der sich aus dem Neuen Plane ergebenden finanziellen Verbindlichkeiten sicherzustellen".[102]

In diesem Haager Sanktionen-Kompromiß verzichtete die französische Seite auf eine explizite Bezugnahme auf die Sanktionsartikel des Versailler Vertrags. Diese Bezugnahme war nicht nur wegen der deutschen Haltung unerreichbar, sondern auch wegen der allgemeinen Reserven der britischen und belgischen Regierungen hinsichtlich eines Wiederbesetzungsrechts nach Artikel 430 des Versailler Vertrags illusorisch. Sie war im Grunde auch sinnlos, da in die Sanktionsprozedur die Einbeziehung der Reparationskommission vorgesehen war, mit der jedenfalls Deutschland in einem solchen Falle nicht mehr verkehrte und die daher nur eine Quelle von Verzögerungen sein konnte. „L'essentiel de la disposition à établir", so heißt es in einem von Tardieu redigierten Positionspapier, „c'est-à-dire l'engagement de l'Allemagne de tenir pour légitime l'action éventuelle s'appliquait, d'après ces deux articles (a) à une action commune, (b) à une action declenchée par la C[ommission des] R[éparations], deux conditions dont la réalisation ne dépendait pas de nous seuls".[103] Damit verzichtete Frankreich indessen in der Tat implizit wohl auch auf die Fortdauer der rechtlichen Bindekraft der Sanktionsbestimmungen des Versailler Vertrags. Freilich konnte die französische Regierung die ihr für den „äußersten Fall" zuerkannte „volle Handlungsfreiheit" nicht nur als ein Äquivalent, sondern sogar als eine den materiellen Gehalt der Sanktionsartikel mitumgreifende Positionsverbesserung interpretieren. Die folgenden Wochen sollten zeigen, daß zumindest Tardieu selbst das Haager Sanktionsabkommen in eben diesem Sinne begriff. Für ihn war es keine Verzichterklärung. Vielmehr hatte Deutschland es für legitim erklärt, daß im „äußersten

---

lichkeit geradezu gezwungen, auch den Fall des Zerreißens des Young-Plans durch Deutschland in den Kreis der politischen Erörterung zu ziehen, und es war außerordentlich schwer, die für diesen Fall drohende Gefahr von der Periode des Funktionierens des Young-Plans abzuwenden [...]"

[101] Der Gang der Verhandlungen während der zweiten Haager Konferenz ist hinreichend dokumentiert in ADAP, B XIV, Nr. 1, 6, 7, 8, 12, 15, 16, 17, 19, 21, 24, 26. Die Darstellung basiert zusätzlich auf den im folgenden angegebenen unveröffentlichten Akten des Politischen Archivs des AA.

[102] Anlage I des Haager Abkommens vom 20.1.1930, Heilfron/Nassen, S. 204–206.

[103] Aufzeichnung o. D., MAE, Papiers Tardieu, Carton 25/II.

Fall" die Gläubigermächte einzeln oder gemeinsam ihre volle Handlungsfreiheit in Anspruch nehmen würden, „pour permettre l'exécution".[104]

Die deutsche Seite freilich „anerkannte" in dem Sanktionen-Kompromiß die aus einem hypothetischen Urteil des Internationalen Gerichtshofes folgende Handlungsfreiheit der Gläubiger nicht, sondern sie sah sie nur „als berechtigt an". Für die Reichsregierung wog diese den Gläubigern eingeräumte „Handlungsfreiheit" erheblich leichter als die Sanktionsmöglichkeiten des Versailler Vertrags. „Die jetzt geschaffene Rechtslage ist die, daß wir unsererseits den Gläubigern nichts gegeben haben, was sie nach allgemeinem Völkerrecht nicht auch ohne jede Regelung hatten [...]; da eine deutsche Regierung im Falle des Zerreißens des Young-Plans für sich die Handlungsfreiheit schon vorweg in Anspruch genommen hätte, erscheint die Konzedierung der Handlungsfreiheit an die Gegner für den Fall als eine Selbstverständlichkeit".[105] Auf keinen Fall konnte aus deutscher Sicht „Handlungsfreiheit" das Wiederaufleben von Sanktionsmöglichkeiten des Versailler Vertrags bedeuten, die vielmehr nun ein für allemal erloschen seien. In den Haager Schlußverhandlungen gab die deutsche Delegation einseitig die – von französischer Seite bestrittene – Erklärung ab, daß „für den Fall der Bejahung dieser Frage [daß der Young-Plan „zerrissen" worden sei] durch das Haager Gericht [...] damit aber noch nicht die von den Gläubigern dann in Aussicht genommenen Zwangsmaßnahmen legitimiert [werden...]; vielmehr wären hinsichtlich der Wahl der Mittel die Gläubigermächte nach wie vor an die Bestimmungen des Kellogg-Pakts, Völkerbunds und so weiter gebunden". In einem resümierenden Bericht nach Berlin ging Curtius noch einen Schritt weiter: „Würden die Geläubiger von ihrer Handlungsfreiheit in einer Weise Gebrauch machen, die nach deutscher Auffassung mit den allgemeinen Grundsätzen des Rechts in Widerspruch ständen, so wären wir durchaus in der Lage, dagegen den Völkerbund, ja auch den Internationalen Gerichtshof anzurufen, da [den] Gegnern die Rechtsbasis des Artikels 430 genommen ist". Die Gläubiger hatten nach deutscher Auffassung mit der Haager Formel nicht nur nichts gewonnen, was sie nicht nach dem Völkerrecht ohnehin schon besaßen, sie hatten sich vielmehr ihrerseits zusätzlich gebunden, nämlich „selbst in dem äußersten Fall, vor irgendeinem Vorgehen gegen Deutschland zunächst noch den Internationalen Gerichtshof anzurufen".[106]

Somit gab es bei dem ja lediglich auf eine entferntere Zukunft bezogenen, vorerst in keiner Weise aktuellen Tauziehen um die Sanktionsmöglichkeiten der Gläubiger unter dem Young-Regime am Ende eigentlich weder Sieger noch Besiegte, wohl aber eine neue Quelle für deutsch-französische Irritationen. Schon die folgenden Wochen sollten dies zeigen. Obwohl im Haag vereinbart worden war, daß bei der Kommentierung des Kompromisses allseits Zurückhaltung gewahrt werden solle, führten öffentliche Auslegungen der sich aus der hypothetischen „Handlungsfreiheit" ergebenden Möglichkeiten alsbald zu wechselseitigen Beschwerden. Zunächst beklagte sich Tardieu bei Hoesch über den dem Reichsrat unterbreiteten amtlichen deutschen Kommentar zur Sanktionsfrage, in dem „nichts davon erwähnt sei, daß Deutschland die Wiedergewinnung der vollen Handlungsfreiheit zur Sicherstellung der Ausführung der deutschen Verbindlichkeiten als berechtigt ansehen würde", und der auch sonst der Opposition von Marin bis Herriot

---
[104] Ibid., Zusatz von der Hand Tardieus.
[105] Pünder an AA, 13.1.1930, ADAP, B XIV, Nr. 24; Curtius an AA, 13.1., ibid., Nr. 26.
[106] Ibid.

Munition gegen ihn liefere.[107] Auf deutscher Seite nahm man Anstoß an Äußerungen Tardieus, daß Frankreich im „äußersten Fall" zu Maßnahmen gegen Häfen und Minen berechtigt sei, Zolleinnahmen beschlagnahmen und unter Umständen sogar das Rheinland wiederbesetzen könne.[108] Während Berthelot gegenüber Hoesch „territoriale Besitzergreifungen" allerdings kategorisch ausschloß,[109] sah man in Berlin in dem Verlauf der Pariser Kammerdebatten über den Young-Plan Anlaß zu erheblicher Beunruhigung. Unbehaglich studierte man die Möglichkeit, daß Frankreich aufgrund eines positiven Votums des Internationalen Gerichtshofs versuchen könnte, über Artikel 13 der Völkerbundssatzung einmal einen Sanktionskrieg des Völkerbunds gegen Deutschland zu organisieren.[110]

Die Reparationssanktionen des Versailler Vertrags wurden so im Winter 1929/30, der deutschen Zielsetzung entsprechend, formell beseitigt. Aber Frankreich und die übrigen Gläubiger hatten dabei für einen „äußersten Fall" informelle neue, nicht eindeutig definierte Sanktionsmöglichkeiten erhalten, die eine deutsche Regierung, die eine vorzeitige grundsätzliche Revision des neuen Reparationsstatuts ins Auge faßte, als ein gewisses Risiko mitzuberücksichtigen haben würde.

4. Tauziehen um die Räumungsbedingungen

Die Tatsache, daß die Rheinlandräumung prinzipiell beschlossen, aber praktisch erst noch vorzubereiten und durchzuführen war, bot einen weiteren Boden für den Austrag gegensätzlicher deutsch-französischer Bestrebungen im Winter 1929/30. Für die Reichsregierung stellte nach dem Tode Stresemanns die Sicherung des mühsam errungenen Rechtstitels auf die vorzeitige Räumung das oberste politische Ziel dar, das nicht gefährdet, aber auch möglichst nicht durch Kompensationsansprüche der ehemaligen Kriegsgegner, und namentlich Frankreichs, „verteuert" werden durfte.[111] Auf französischer Seite drang offenbar im Laufe des September und Oktober 1929 die ganze Tragweite des Haager Räumungsbeschlusses erst nachhaltiger ins Bewußtsein. Die indirekte Folge war

---

[107] Hoesch an AA, 9.2.1930, ADAP, B XIV, Nr. 91. Tardieu sah sich einer Selbstrechtfertigungskampagne Herriots gegenüber, der zu beweisen suchte, daß er 1924 während der Londoner Konferenz die französischen Sanktionsinteressen besser gewahrt hätte als nunmehr Tardieu im Haag, Hoesch an AA, 17.2.1930, PA, L 141/L 033 868–69.
[108] Ibid. mit dem Eindruck Hoeschs, daß Tardieu so tue, „als ob auch aus der Handlungsfreiheit sich ergebende Aktion von uns ohne weiteres als berechtigt anerkannt werden müsse". Sinngemäß ähnlich Hoesch an Bülow, 9.2.1939, Papiers Tardieu, Carton 25/II.
[109] Hoesch an AA, 10.2.1930, PA, 3375/D 734 506.
[110] Hierzu Curtius an Hoesch, 22.3.1930, ADAP, B XIV, Nr. 173; Schubert an Hoesch, 24.3., PA, 4498/E 110 541–44; Aufzeichnungen Schuberts, 25.3., PA, 4498/E 110 547–49; 558–59; 26.3., 574–75; Hoesch an AA, 26.3., PA, L 141/L 033 911–14; Curtius an Paris, 3.4.1930, PA, K 504/K 142 622–26; Aufzeichnung Curtius', 4.4., ADAP, B XIV, Nr. 188; Hoesch an AA, 4.4., ibid., Nr. 190.
[111] Julius Curtius, Sechs Jahre Minister der Deutschen Republik, Heidelberg 1948, S. 7; Lange, S. 223 ff.

der Sturz des elften und letzten Kabinetts Briand.[112] Tardieu war offenkundig über die von seinem Vorgänger eingegangene Verpflichtung „sehr wenig glücklich",[113] da er mit vielen seiner Landsleute die Toträumung des Rheinlands viereinhalb Jahre vor dem friedensvertraglich vorgesehenen Termin als eine nicht wiedergutzumachende Schwächung der französischen Nachkriegsposition empfand. „L'occupation de la rive gauche du Rhin", so hatte er 1921 geschrieben, „c'était pour nous, Français, en même temps qu'une indispensable garantie de l'exécution du traité, une sûreté nécessaire contre une effraction deux fois répétée en cinquante ans".[114] Ende 1929 konnte er nur noch die Grundsatzentscheidung vom August durch die Beeinflussung der Räumungsmodalitäten etwas zu verbessern suchen.

Der Möglichkeiten einer Nachbesserung des Räumungsbeschlusses waren freilich nicht viele. Es hatte in der Mächtekonstellation des Winters 1929/30 wenig reale Bedeutung, wenn der neue französische Ministerpräsident gelegentlich rhetorisch das Enddatum des 30. Juni 1930 in Frage stellte.[115] Auch die Möglichkeiten, den Truppenabzug wegen des sich verzögernden Inkrafttretens des Young-Plans hinauszuschieben, erschienen angesichts des allseitigen Interesses an den Lösungen im Reparationsbereich begrenzt. Tardieu richtete so die französischen Bemühungen vor allem auf flankierende Sicherheitsmaßnahmen. Die Beschleunigung des Baus der „Maginot-Linie" war eine davon.[116] Eine zweite war die Intensivierung der Bemühungen, das künftige rheinische Demilitarisierungsstatut so gut wie möglich vorsorglich abzusichern. Nachdem das Projekt einer besonderen Feststellungs- und Schlichtungskommission sich nicht hatte realisieren lassen,[117] sahen sowohl der Ministerpräsident als auch das Außenministerium eine Art moralischer Pflicht Deutschlands, an anderweitiger Absicherung des Demilitarisierungsstatuts mitzuwirken. Bei der Räumung der zweiten (Koblenzer) Zone, die gemäß der Haager Vereinbarung zum 30. November 1929 erfolgte, zeigte sich allerdings, wie wenig diese französische Erwartung der Stimmungslage auf der deutschen Seite entsprach. Als die französische Seite versuchte, den Truppenabzug noch in letzter Minute mit der Erledigung diverser Entwaffnungs- und Entmilitarisierungsfragen zu verknüpfen, wurde dies auf deutscher Seite als unmögliches Ansinnen zurückgewiesen, zu einem Teil freilich vergeblich.[118] Die unharmonische Stimmung wurde verstärkt, als es in Berlin abgelehnt

---

[112] Siehe hierzu Bonnefous, IV, S. 367–69; Suarez, VI, S. 307 ff.; Tardieu, L'épreuve du pouvoir, S. 131 ff. Zu der Kampagne des Generals Mordacq siehe Jacobson, Locarno Diplomacy, S. 325–327.

[113] Hoesch an AA, 14. 11. 1929, ADAP, B XIII, Nr. 124; 29. 12., ibid., Nr. 228.

[114] Tardieu, La Paix, S. 162.

[115] So führte er etwa in seiner Rede vor dem Senat am 7. 11. 1929 aus, das im Haag genannte Datum des 30. Juni 1930 sei rein theoretisch; Verzögerungen seien eingetreten durch den Tod Stresemanns, durch die französische Regierungskrise und wohl auch durch das deutsche Volksbegehren; unter diesen Umständen verpflichte das Datum des 30. Juni die französische Regierung nicht, siehe Tardieu, L'épreuve du pouvoir, S. 140; vgl. Schulthess, 1929, S. 343–44. Siehe auch Aufzeichnung Schuberts vom 9. 11. 1929, ADAP, B XIII, Nr. 111; Hoesch an AA, 9. 11., ibid., Nr. 113.

[116] Hierzu Rede Tardieus am 8. 11. 1929 vor der Pariser Abgeordnetenkammer, L'épreuve du pouvoir, S. 131 ff.

[117] Siehe hierzu Hoesch an AA, 7. 11. 1929, ADAP, B XIII, Nr. 113; 29. 11., PA, 4501/E 116 599. Vgl. oben, S. 70–71.

[118] Durand an AA, Nr. 283 vom 29. 11. 1929 mit Anlage, PA, Akten der Abt. II F.-M., Restpunkte Bes. Gebiet, Bd. 1. – Hierzu Aufzeichnung Curtius' vom 16. 11. 1929, ADAP, B XIII, Nr. 132;

wurde, die französische Empfindlichkeiten verletzenden „spontanen" Befreiungsfeiern in den rheinischen Städten und Dörfern der zweiten Zone auf ein unvermeidbares Minimum einzuschränken.[119]

Diese unerfreuliche Erfahrung vermehrte in den folgenden Wochen das Bemühen der – zunehmend von ihren Militärs bedrängten[120] – französischen Regierung, rechtzeitig vor dem definitiven Truppenabzug aus der dritten Zone möglichst weitgehende Absicherungen hinsichtlich der Lage in der künftig nach den Artikeln 42 und 43 des Versailler Vertrags entmilitarisierten Zone links und – mit einem 50 Kilometer breiten Streifen – rechts des Rheins[121] durchzusetzen. Gestützt auf ihre Einwirkungsmöglichkeiten über die Pariser Botschafterkonferenz vertrat sie den Standpunkt, daß die rheinische „Demilitarisierung" gegenüber der für ganz Deutschland geltenden „Entwaffnung" über die Bestimmungen der Artikel 42 und 43 hinaus auch für die Polizei und andere waffentragende Beamtenkategorien ein Spezialregime erfordere.[122] Die in mehreren Memoranden zusammengestellten französischen Entmilitarisierungswünsche, „über deren Regelung im Augenblick der Räumung des Rheinlandes keinesfalls ein Zweifel bestehen darf", bezogen sich in der Tat vor allem auf das künftige rheinische Polizeistatut, darüberhinaus aber auch auf die Regelung des Zugangs bewaffneter deutscher Streitkräfte im Notfall, auf die weitere Verwendung der militärisch relevanten Anlagen und Befestigungen, auf die Entwicklung der verkehrsmäßigen Infrastruktur des Rheinlands sowie auf Aktivitäten paramilitärischen Charakters.[123] Diese Problemkreise bildeten den Herbst und Winter 1929/30 über auf mehreren Ebenen den Gegenstand deutsch-französischer Verhandlungen, vor allem zwischen Vertretern der Wilhelmstraße und den in Berlin residierenden Militärexperten.[124] Schließlich konnten in einer offiziellen Zusammenkunft deutscher Vertreter mit der Botschafterkonferenz in Paris vom 4. bis 9. Januar 1930 die strittigen rheinischen Demilitarisierungsfragen zusammen mit den Restfragen der allgemeinen Entwaffnung weitgehend geklärt werden. Zugleich wurde das Institut der Militärexperten in Berlin zum 31. Januar 1930 aufgehoben.[125]

Hoesch an AA, 22.11., ibid., Nr.150; 3.12., ibid., Nr.175. Hoesch an AA, Nr.1173 vom 29.11.1929, PA, 4501/E 116 599; Nr.1181, 1190 vom 29./30.11., ADAP, B XIII, Nr.161, 167. – Aus französischer Sicht: Paul Tirard, La France sur le Rhin. Douze anneés d'occupation rhénane, Paris 1930, S. 425–30. Ein Antrag des Abgeordneten Franklin-Bouillon auf Einsetzung einer Enquête-Kommission fand allerdings keine Zustimmung, siehe ADAP, B XIII, Nr.162.

[119] Aufzeichnungen Schuberts, 14.11.1929, ADAP, B XIII, Nr.122, mit Note Margeries vom 13.11., PA, 4501/E 116 565–67; 29.11., PA, 4501/E 116 594–96.

[120] Unter André Maginot arbeitete das französische Kriegsministerium der Räumungspolitik des Quai d'Orsay offen entgegen, siehe ADAP, B XIII, Nr.64, 115, 163.

[121] Siehe oben, S. 41 mit Anm. 40.

[122] Diese Forderung wurde erstmals während der ersten Haager Konferenz im August 1929 erhoben, siehe Aufzeichnung Frohweins vom 23.11.1929, PA, 9743/H 205 005–09: „Beurteilung: Forderung unberechtigt. Nachgeben aus grundsätzlichen Erwägungen nicht angezeigt, da dies dauernde Einmischung der Alliierten im Rheinland zur Folge hätte. Praktisch wäre Nachgeben möglich, wenn die Situation sich so zuspitzen sollte, daß der Grundsatz der Freiheit des Rheinlands im Interesse der Erlangung der Räumung geopfert werden müßte."

[123] Die Darstellung stützt sich vor allem auf das Memorandum der französischen Regierung vom 15.8.1929, PA, 4498/E 107 841–47, und das Memorandum Nr.121 der Botschafterkonferenz vom 8.11.1929, das übersetzt ist in PA, 9743/H 294 963, und dem das Zitat entstammt. Siehe auch Aufzeichnung Curtius', 16.11.1929, ADAP, B XIII, Nr.132.

[124] Siehe hierzu ADAP, B XIII, Nr.66, 79, 132, 173.

[125] Das Protokoll der Pariser Verhandlungen vom 10.1.1930 ist nebst Anlagen abgedruckt in

Das Ergebnis der Pariser Konferenz erbrachte hinsichtlich des Polizeistatuts ein *agreement to disagree*. Die deutsche Seite zeigte zwar eine gewisse Bereitschaft, über die Polizeikräfte im Rheinland Auskünfte zu erteilen,[126] sie wies jedoch die französische Auffassung zurück, daß sich aus Artikel 43 des Versailler Vertrags oder früheren deutschen Mitteilungen[127] besondere rechtliche Bindungen ableiteten, die über die für die Polizei im übrigen Reichsgebiet geltenden Bestimmungen hinausgingen.[128] Insbesondere lehnte sie es ab, die Polizei und die in Artikel 162 des Versailler Vertrags aufgeführten waffentragenden Beamtenkategorien (Zollwächterdienst, Forstschutz) nach französischer Vorstellung als „Streitkräfte" im Sinne des Artikels 43 einzustufen.[129] Die Botschafterkonferenz ließ die Frage der Zollwächter und Forstbeamten stillschweigend fallen, hielt aber daran fest, daß für die Polizei im Rheinland ein rechtlicher Sonderstatus bestehe: „Les Gouvernements représentés à la Conférence tiennent [...] à rappeler que les effectifs de la police dans la zone démilitarisée ont été antérieurement fixés séparément pour la rive droite et pour la rive gauche du Rhin. Ce fait témoigne de l'intérêt tout spécial que ces Gouvernements attachent à ce que soit respectée la répartition ainsi arrêtée et ils doivent signaler à l'attention du Gouvernement allemand l'importance particulière que revêtirait à leurs yeux toute modification temporaire anormale de cette répartition."[130]

Derselbe Auffassungsgegensatz zeigte sich in der Frage, ob und in welcher Form bewaffnete deutsche Streitkräfte in besonderen Notfällen (z. B. bei erheblicher Störung der öffentlichen Ordnung) Zugang zum Rheinland erhalten sollten. Hier ergab sich zwar Übereinstimmung, daß in solchen Fällen Einheiten der Reichswehr dann vorübergehend in die entmilitarisierte Zone einrücken dürften, wenn die „interessierten Regierungen" ausdrücklich zugestimmt hätten; auch kam Einvernehmen zustande, daß einzelne Reichswehrangehörige sich nur mit Urlaub von begrenzter Dauer und unbewaffnet in das Rheinland begeben dürften.[131] Aber die Frage, ob dieselben Einschränkungen auch für Polizisten aus dem Reich gelten sollten, erforderte einen weiteren Kompromiß, den die Reichsregierung im Interesse der Abberufung der Militärexperten aus Berlin einging.[132]

DBFP, I A, VII, Nr. 188. Siehe hierzu auch Forster an AA, 10.1.1930, ADAP, B XIV, Nr. 18; Aufzeichnung Forsters, 15.1., ibid., Nr. 31.

[126] Es handelte sich um Auskünfte hinsichtlich der Anzahl und geographischen Verteilung der Polizeioffiziere und der Bereitschaften, der Stärke der Luftpolizei, der Verteilung der Bewaffnung und der Ausrüstung der Polizeibeamten sowie der Ausstattung mit Nachrichtenmaterial und Kraftwagen.

[127] So hatte die Botschafterkonferenz am 26.11.1926 hinsichtlich der Höchstzahlen zugestimmt, daß in der unbesetzten entmilitarisierten Zone rechts des Rheins 20000 Polizisten und in den drei Besatzungszonen nach der Räumung 10000 Mann, davon 3000 kaserniert, stationiert sein sollten, Memorandum der französischen Regierung vom 15.8.1929, PA, 4498/E 107 841–47.

[128] Im Anhang 4 des deutsch-französischen Protokolls vom 10.1.1930 teilte Hoesch der Botschafterkonferenz mit: „Mon Gouvernement estime en effet que, pour autant que les articles 42 et 43 du Traité de Versailles ne contiennent aucune disposition spéciale, les clauses de la Partie V du Traité s'appliquent à la zone démilitarisée dans les mêmes conditions qu'au reste du territoire allemand", DBFP, I A, VII, Nr. 188 (S. 362).

[129] Ibid.

[130] Dieser Vorbehalt war vor allem Ausdruck der belgischen Sorge, daß die im Rheinland stationierten 30000 Polizisten bei einer Konzentration an einem Ort der belgischen Armee an Schlagkraft überlegen sein würden, ibid.

[131] Ibid.

[132] Hoesch an AA, 6.1.1930, ADAP, B XIV, Nr. 11.

4. Tauziehen um die Räumungsbedingungen

Dabei unterstrich sie jedoch ausdrücklich ihren Rechtsstandpunkt hinsichtlich der Reichweite des Artikels 43. Sie erklärte sich bereit, den interessierten Regierungen die Entsendung von Polizeiverstärkungen ins Rheinland dann zur Kenntnis zu bringen, wenn das für die gesamte entmilitarisierte Zone vorgesehene Maximum um mindestens 200 Polizisten überschritten würde. Die Botschafterkonferenz versah ihre Zustimmung zu dieser Regelung mit der Anmerkung: „Cette adhésion ne doit, à aucun degré, être considérée comme impliquant une approbation de la thèse juridique développée par le Gouvernement allemand dans sa communication, et la Conférence des Ambassadeurs doit maintenir, à cet égard, le point de vue formulé dans ses notes antérieures."[133]

In der Frage der künftigen Verwendung der von den Besatzungstruppen benutzten militärischen Anlagen und Befestigungen kam es zu verhältnismäßig klaren Vereinbarungen, die freilich spätere deutsch-französische Mißverständnisse und Reibungen nicht ausschließen konnten. Was die zurückbleibenden Waffen- und Munitionslagerstätten anbetraf, die nach Artikel 168 des Versailler Vertrags zu beseitigen waren, so gab sich die Botschafterkonferenz mit der deutschen Zusicherung zufrieden, daß die in einem Protokoll vom 10. Dezember 1927 geregelte Beseitigung binnen drei Monaten nach der Rückgabe an die Reichsbehörden beendet sein würde und eventuelle Verkaufsaktionen innerhalb eines Jahres durchgeführt werden sollten.[134] Die in den Artikeln 42 und 180 des Versailler Vertrags geforderte Zerstörung der Befestigungen in Koblenz und Mainz sollte binnen drei Monaten nach der alliierten Räumung der Anlagen abgeschlossen sein.[135] Am schwierigsten gestaltete sich die Frage, was mit den übrigen von den Besatzungstruppen benutzten militärischen Anlagen, die nach der Räumung gemäß Artikel 43 des Versailler Vertrags als „materielle Vorkehrungen für eine Mobilmachung" angesehen werden konnten, geschehen sollte. Dies betraf vor allem die Kasernen. Die Botschafterkonferenz gestand zu, daß deutsche wirtschaftliche und zivile Nutzungsinteressen hier Ausnahmen von dem Grundsatz der Zerstörung rechtfertigen könnten. Die Reichsregierung wurde allerdings zur Zerstörung eines erheblichen Teils der Kasernen verpflichtet und sollte für die übrigen ihre Veräußerungs- und Umbauwünsche (etwa für die kasernierte Polizei, Dienststellen oder Wohnungen) detailliert begründen. Wie auch für die ehemaligen militärischen Anlagen im Gesamtreich sicherte sie zu, daß die Zerstörungs- und Umwidmungsaktion staffelweise im Verlauf von drei Jahren, unter Vorlage periodischer Berichte, zum Abschluß gebracht werden könnte.[136]

Hinsichtlich der künftigen Entwicklung der verkehrsmäßigen Infrastruktur des Rheinlands bestätigte die Botschafterkonferenz die im Juni 1929 vereinbarte Regelung für die rheinischen Eisenbahnen,[137] wies jedoch darauf hin, daß eine künftige anormale Ausdehnung des Eisenbahnnetzes, vor allem aber des ohnehin bereits stark entwickelten Straßennetzes im Rheinland, aus militärischer Sicht „von schwerwiegender Bedeutung sein würde".[138] Hinsichtlich des Luftverkehrs im Rheinland stimmte sie zu, daß beste-

---

[133] DFBP, I A, VII, Nr. 188, Anlagen 4 und 5.
[134] Siehe hierzu das Memorandum der französischen Regierung vom 15. 8. 1929, PA, 4498/E 107 841–47; Memorandum der Botschafterkonferenz Nr. 121 vom 8. 11. 1928, übersetzt in PA, 9743/H 294 963, sowie Anm. 125.
[135] Wie Anm. 125.
[136] Wie Anm. 125.
[137] Siehe oben, S. 72.
[138] Memorandum der Botschafterkonferenz vom 8. 11. 1929, PA, 9743/H 294 963, S. 12.

hende Beschränkungen für das Überfliegen des besetzten Gebietes und das Landen in ihm aufgehoben wurden. Die vier bzw. zwölf bestehenden Flughäfen und Landeplätze in den geräumten Zonen sollten für die Zivilluftfahrt erhalten bleiben. Eine deutscherseits gewünschte Vermehrung der Flugplätze um zwei Flughäfen und sechs Landeplätze traf hingegen auf die - freilich bis Ende März 1930 noch nicht offiziell notifizierte - Ablehnung der in der Botschafterkonferenz vertretenen „interessierten Regierungen" (neben Frankreich in diesem Punkte auch England). Hierfür wurde keine sachliche Berechtigung gesehen. Für alle Flugplätze im Rheinland sollte im übrigen weiter die früher vereinbarte Begrenzung des gesamten genutzten Terrains auf 80 Hektar gelten.[139]

Schließlich verwies die Botschafterkonferenz, wie schon seit Jahren, mahnend auf von französischer Seite mit Sorge beobachtete paramilitärische Aktivitäten im Rheinland. Offenbar betrieben Sportverbände, wie die von der Rheinlandkommission zunehmend als Problem empfundenen Reitervereine, weiter mehr oder weniger verschleiert militärische Ausbildung.[140] Die Reichsregierung, die ja durch einzelne Gesetzgebungsmaßnahmen bereits indirekt bestätigt habe, daß es sich um begründete Sorgen handele, werde in diesem Punkte nach der Räumung im entmilitarisierten Rheinland eine besondere Verantwortung tragen.

5. Sonderverhandlungen über die Saar

Einen recht aufwendigen Teil des deutsch-französischen Tauziehens während des Winters 1929/30 stellte der erste Abschnitt der auf der Haager Augustkonferenz vereinbarten Verhandlungen über eine vorzeitige Rückgliederung des Saargebiets an das Deutsche Reich dar. Diese Verhandlungen, die von der Öffentlichkeit sorgsam abgeschirmt wurden, begannen am 21. November in Paris. Vorher hatten im Oktober die umfassende Vorbereitung der französischen Richtlinien und Anfang November der Regierungswechsel von Briand zu Tardieu zweimalige, von deutscher Seite ungeduldig angemahnte Terminverschiebungen verursacht. Die Verhandlungen gliederten sich in zwei vierwöchige, durch die Weihnachtspause getrennte Phasen. Auf den ersten Austausch der beiderseitigen Positionen Ende November und Anfang Dezember folgte zwischen Mitte Januar und Mitte Februar 1930 ein Tauziehen, das durch eine vorübergehende Verhärtung der deutschen und Aufweichung der französischen Position gekennzeichnet war, jedoch zu keiner wirklichen Annäherung der Standpunkte führte. Eine kurzzeitige Regierungskrise in Paris führte Ende Februar und Anfang März zu einer mehrwöchigen, erst in den letzten Märztagen beendeten Unterbrechung. Insgesamt blieben die Saarverhandlungen im Winter 1929/30 noch ohne abschließendes Ergebnis.

Eine Betrachtung der Verhandlungen im einzelnen bestätigt zunächst die seit Oktober 1929 eingetretene grundlegende Änderung des deutsch-französischen Klimas. Im August und September zuvor hatte sich zwischen Stresemann und Briand Übereinstimmung angedeutet, daß mit einer vorzeitigen Saarregelung ein möglicher Störfaktor der erhofften

---

[139] Wie Anm. 125 und 134. Vgl. unten S. 136–137, 144.
[140] Siehe hierzu Tirard, La France sur le Rhin, S. 477–86; ADAP, B XII, Nr. 177.

positiven Entwicklung der deutsch-französischen Beziehungen ausgeschaltet werden könnte, wenngleich sich an den konkreten Modalitäten einer Saarlösung die Geister weiter schieden.[141] Schon vor Beginn der Verhandlungen deutete sich nun an, daß der Graben tiefer geworden war. Der Regierungswechsel von Briand zu Tardieu führte zu einer Versteifung, ja zu einer Neuorientierung der französischen Position. Es war nicht nur eine Personalfrage, sondern ein Programm, daß der Briand-Vertraute Fontaine als Leiter der französischen Saardelegation abgelöst wurde durch den neuen Minister für öffentliche Arbeiten Georges Pernot, der ein Vertreter der politischen Rechten und enger Vertrauter Tardieus war und während der Verhandlungen stets zunächst den Rat und die Zustimmung des Ministerpräsidenten, dann erst des Quai d'Orsay suchte. Es ging nun französischerseits in den Saarverhandlungen weniger um eine französisch-deutsche Verständigungsaktion als vielmehr um die Beförderung der nationalen Interessen Frankreichs. Bei einer vorzeitigen Saar-Rückgliederung an Deutschland sollten nicht mehr bloß Nachteile für die französische Wirtschaft vermieden, sondern zusätzliche Vorteile gewonnen werden. Alternativen zu dem Modell einer dauernden gemeinsamen Verwaltung der Saargruben, nun im übrigen ausdrücklich unter Ausschluß der lothringischen Erzminen, wurden nicht mehr zugelassen und außerdem Maximalforderungen für ein Handels- und Zollregime über 1935 hinaus angemeldet. Allgemeinpolitisch gewann auf französischer Seite die Vorstellung an Raum, daß sich aus den Saarverhandlungen Ansatzpunkte und Kristallisationskerne für eine dauerhafte und in die Zukunft gerichtete Saarpräsenz Frankreichs über die Stipulationen des Versailler Vertrags (Plebiszit 1935) hinaus ergeben müßten. Indem die Reichsregierung ihrerseits mit der vorzeitigen Souveränitätsübertragung im Grunde nichts anderes als die vorzeitige politische und wirtschaftliche Vertreibung der Franzosen aus der „Grenzmark Saar" erreichen wollte, wurden die Saarverhandlungen im Winter 1929/30 zu einem Probierfeld der Rivalität sich wechselseitig aufladender Nationalismen. Beide Seiten suchten die Verhandlungen nun, auf Kosten der Position des anderen, mit politischem und wirtschaftlichem Gewinn abzuschließen. Die Schwelle zu einem Verhandlungserfolg wurde so naturgemäß entscheidend angehoben.[142]

Neben der allgemeinen Verhärtung der französischen Position blieben die drei von Briand bereits im August postulierten Verhandlungsprinzipien unverändert in Geltung.[143] Erstens erkannte auch das Kabinett Tardieu eine qualitative Gleichrangigkeit der beiderseitigen Verhandlungspositionen nicht an und vertrat die französischen Gruben- und Handelsinteressen bewußt aus einer Position der Stärke. Pernot erhielt die Weisung, von der im Versailler Vertrag bis zum Jahre 1935 gesicherten Stellung Frankreichs als Rechtsinhaber aus defensiv darauf zu warten, daß die fordernde deutsche Delegation Konzessionen anböte, die für Frankreich die vorzeitige Preisgabe der Vertragsrechte sinnvoll und lohnend machten: „Il faut garder nettement la position de défendeur. C'est l'Allemagne qui a provoqué les conversations, nous sommes là pour écouter ses demandes." Das französische Kabinett ging davon aus, daß die Reichsregierung zunächst, mit Rücksicht auf die nationale Opposition in Deutschland, überzogene Forderungen stel-

---

[141] Siehe oben, S. 74–84.
[142] Die Verhärtung in der Saarfrage seit dem Regierungsantritt Tardieus vermerkt auch Jean-Noël Jeanneney, François de Wendel en République. L'argent et le pouvoir 1914–1940, Paris 1976, S. 475 ff.
[143] Siehe oben, S. 77–78, 81–82.

len, von diesen aber nach und nach abgehen werde.[144] Demgegenüber suchte die deutsche Seite, die, zumal unter dem eigenes Profil suchenden Nachfolger Stresemanns, alles andere als zu den französischerseits erwarteten „Opfern" bereit war, den ganzen Winter 1929/30 über vergeblich, aus der ungünstigen Position des „demandeur" herauszukommen.[145]

Dies konnte deshalb nicht gelingen, weil – zweitens – die Saarverhandlungen den Charakter einer von allen anderen deutsch-französischen Fragen losgelösten Sonderveranstaltung behielten. Der deutschen Delegation stand kein Verhandlungshebel zur Verfügung, der die französische Seite aus ihrer starken Stellung hätte herausdrängen können. Das in der deutschen Öffentlichkeit weiter diskutierte Junktim von Saar- und Reparationsfrage, das auch die letzten Äußerungen Stresemanns nicht ausgeschlossen hatten,[146] erwies sich als unrealisierbar. Zu groß war das deutsche Eigeninteresse an dem raschen Inkrafttreten des Neuen Plans, zu dezidiert aber auch die französische Ablehnung: „La question de la Sarre est tout à fait indépendante de celles de la Rhénanie et du Plan Young".[147] Angesichts der Vielzahl von Problemen, in denen man ebenfalls französisches Entgegenkommen erhoffte (Reparationen, Mobilisierung, Sanktionen usw.), wurde diese Frage deutscherseits nicht vertieft. Vielmehr beruhigte Curtius seinen französischen Amtskollegen zu Beginn der zweiten Haager Konferenz ausdrücklich, „daß er dem Reichstag gegenüber keine Verpflichtung zu einem Junktim zwischen der Saarfrage und der Annahme des Young-Plans habe". Man müsse nur darauf achten, daß keine „Panne" in Form eines Abbruchs der Saarverhandlungen noch vor der Ratifizierung des Haager Abkommens erfolge.[148] Auch in Paris bestand ein Interesse daran, daß der Verlauf der Saarverhandlungen sich nicht nachteilig auf das Inkrafttreten des Neuen Plans auswirkte,[149] doch war dies offenbar ein sekundäres Interesse. Alle deutschen Überlegungen hinsichtlich einer Verknüpfung von Saar- und Reparationsfrage erledigten sich, als nach verhältnismäßig zurückhaltender Thematisierung dieses Punktes in den Ratifizierungsdebatten der Neue Plan am 12. März 1930 vom Reichstag angenommen wurde.[150]

Der dritte französische Grundsatz in den Saarverhandlungen des Winters 1929/30 blieb, daß die politischen Umstände und Folgeprobleme einer vorzeitigen Rückgliederung solange ausgeklammert wurden, bis sich in den Gruben- und Handelsfragen ausreichende Fortschritte zeigten. Dementsprechend trat die zu Beginn der Verhandlungen konstituierte Kommission für die politisch-juristischen Fragen einer vorzeitigen Rückgliederung vorerst überhaupt nicht zusammen; sie sollte am Ende gar nie zusammentreten. Vorsorglich hatte die französische interministerielle Saarkommission zwar im Okto-

---

[144] Aufzeichnung Pernots vom 18.11.1929, MAE, DAPC, Sarre 187, Bl. 2–3.
[145] Siehe hierzu zusammengefaßt den Abschlußbericht Simsons vom 4.7.1930, ADAP, B XV, Nr. 120.
[146] Siehe oben, S. 80.
[147] Aufzeichnung Pernots, 18.11.1929, MAE, DAPC, Sarre 187, Bl. 2–3.
[148] Aufzeichnung Schmidts, 4.1.1930, ADAP, B XIV, Nr. 4.
[149] So riet Tardieu Pernot am 19.12.1929: „N'hésitez pas [...] à donner dès maintenant aux Allemands un certain nombre de renseignements statistiques qu'ils vous demandent afin qu'à La Haye, ils ne puissent pas nous reprocher d'avoir manqué de cordialité. Mais par ailleurs maintenez ferme la position que vous avez prise", Aufzeichnung Pernots, 19.12.1929, MAE, DAPC, Sarre 172.
[150] Siehe oben, S. 102–104.

ber, nach Anhörung der zahlreichen Betroffenen, einen umfangreichen Katalog der rechtlichen und politischen Probleme einer vorzeitigen Rückgliederung zusammengestellt, der indessen, als er dem deutschen Delegationsleiter bekannt wurde, auch Simson vorerst alle Lust nahm, den politischen Aspekt zu forcieren. Es ging in der französischen Liste um Durchführungsgarantien in Form eines unabhängigen Schiedsgerichts nach dem Vorbild des deutsch-polnischen Abkommens über Oberschlesien von 1922, eine Generalamnestie für jegliche politische Betätigung seit 1920, die Entmilitarisierung entsprechend den Bestimmungen der Artikel 42 und 43 des Versailler Vertrags über das Rheinland,[151] den Status von drei der französischen Eisenbahn gehörenden Saarstrecken, das Statut der neu zu bauenden Grenzbahnhöfe, die Regelung der Währungsumstellung von Franc auf Reichsmark, das Schiffahrtsstatut für die Saar, die Entschädigungen für die Angestellten der französischen Dienststellen und vor allem der Grubenverwaltungen im Saarland, die Anpassung der Sozialversicherungen, eventuelle Entschädigungsansprüche französischer Wirtschaftsunternehmen, den Sonderstatus der im Saargebiet lebenden Elsässer und Lothringer, und so weiter.[152] In einer Programmbesprechung am 17. Dezember meldete der deutsche Verhandlungsführer seinerseits Interesse an der Regelung der Frage der drei französischen Eisenbahnstrecken im Saarland an sowie an einer Verabredung über den politisch-juristischen Status, der einer deutsch-französischen Saarvereinbarung gegenüber dem Völkerbund und den anderen Unterzeichnern des Versailler Vertrags zukommen würde. Pernot, zu letzterem nicht bevollmächtigt, wehrte ab ,,qu'il avait été convenu que toutes questions de cette nature ne seraient discutées que lorsqu'un accord sur les autres points de la négociation apparaît comme possible".[153] Umgekehrt stand so natürlich alles, was über die Gruben- und Handelsfragen verhandelt wurde, unter dem Vorbehalt der anschließend noch erforderlichen politischen Sanktionierung.

Die eigentlichen Verhandlungen drehten sich mithin um die Gruben- und die Handelsfragen. In den Grubenverhandlungen ging die französische Seite von den Überlegungen aus, daß es vorteilhaft sein könnte, das Frankreich unter dem Saarstatut des Versailler Vertrags eingeräumte umfassende, aber zeitlich begrenzte Eigentumsrecht gegen ein partielles, aber zeitlich nicht begrenztes Nutzungsrecht einzutauschen; daß ein solches Nutzungsrecht, in der Größenordnung von etwa einem Drittel der gesamten Saarkohleförderung, am besten über Beteiligungen an mehreren neu zu gründenden privaten deutsch-französischen Grubengesellschaften mit teils deutscher, teils französischer Mehrheitsbeteiligung realisiert werden könnte, wobei die für die Nutzung durch französische Firmen vorgesehenen Gruben von Deutschland nicht zurückgekauft zu werden brauchten.

---

[151] Wegen des besonderen Völkerbundsstatuts des Saargebiets und insbesondere wegen der mit dem Plebiszit gegebenen Möglichkeiten politischer Alternativentwicklung waren die Artikel 42 und 43 des Versailler Vertrags (siehe oben, S. 41, Anm. 40) nicht ohne weiteres auf das Saargebiet übertragbar. Hierzu Maginot an Pernot, 18. 12. 1929, und Briand an Maginot, 10. 1. 1930, MAE, DAPC, Sarre 186.
[152] Hierzu ,,Rapport Coulondre" vom 21. 10. 1929, S. 15–22, MAE, DAPC, Sarre 186. – Die vorbereitenden Sitzungen der dritten französischen Unterkommission im Oktober 1929 sind, zusammen mit dem ausführlichen Abschlußbericht über die juristisch-politischen Ausführungsprobleme, dokumentiert ibid., Sarre 167, 171, 188.
[153] Pernot an Simson, 25. 11. 1929; Laboulaye an Pernot, 7. 12.; Pernot an Simson, 16. 12.; Simson an Pernot, 16. 12.; Laboulaye an Pernot, 17. 12.; ,,Réunion de la Délégation française" vom 19. 12. 1929, MAE, DAPC, Sarre 185, 200; Simson an AA, 18. 2. 1930, ADAP, B XIV, Nr. 115.

Das Kabinett Tardieu hatte bei diesem Gruben-Modell weniger eine deutsch-französische Verständigung im Auge als vielmehr konkrete französische Wirtschaftsinteressen, die hier weitgehend identisch waren mit den Interessen der ostfranzösischen Schwerindustrie. Für diese bedeutete die „Lösung" der Saarfrage in der Form einer politischen Angliederung des Saargebiets an das Deutsche Reich nichts Geringeres als die Zerreißung des in der Ära der Industrialisierung zwischen 1880 und 1900 organisch zusammengewachsenen, komplementären Industriezentrums Lothringen-Saar, das, von 1870 bis 1918 unter deutscher Herrschaft, danach unter – durch das Völkerbundsregime optisch überdecktem – französischem Einfluß 60 wichtige Jahre lang ununterbrochen eine wirtschaftliche Einheit gebildet hatte. Von einer solchen politischen Zerreißung des schwerindustriellen Zusammenhangs hatten der lothringische Erzbergbau und der französische Kohlenbergbau nur geringe Nachteile zu erwarten.[154] Betroffen waren vor allem die Stahlindustrie in Lothringen und insbesondere, nach Kriegsende von der französischen Regierung kräftig gefördert, im Saargebiet selbst.[155] Auf den gesicherten Verbrauch des leichten saarländischen Hochofen-Kokses eingestellt, befürchteten beide von einem Übergang der Gruben in die deutsche öffentliche Hand eine Gefährdung ihrer Kohlenbasis. Die französischen Stahlbarone im Saargebiet mußten darüberhinaus auf mittlere Sicht den Verlust ihrer Existenz befürchten. Langfristige Kohlenlieferungsverträge, wie sie die deutsche Seite in Aussicht stellte, wurden wegen der Bedeutung, die Frankreich für den Saarkohlenabsatz hatte, nicht als Zugeständnis anerkannt. Vor allem wurden solche Verträge, zumal unter der Regie des preußischen und bayerischen Fiskus, als politisch manipulierbar angesehen, zum Beispiel über die Preisentwicklung. Andererseits war man nun in Paris fest entschlossen, als Gegenleistung für eine weitere französische Beteiligung an den Saargruben auf keinen Fall eine deutsche Beteiligung an den lothringischen Erzgruben zuzugestehen, die in einschlägigen Gutachten als keineswegs unerschöpflich bezeichnet wurden. Frankreich würde zudem auf solche Weise die Beteiligung an den Saargruben doppelt bezahlen.[156]

In den Verhandlungen des Winters 1929/30 suchte die deutsche Delegation vergeblich, gegenüber dieser französischen Position ihre eigenen Ziele zum Hauptgegenstand zu erheben: den integralen Grubenrückkauf durch den preußischen und bayerischen Fiskus gegen einen nach einer Grubeninspektion zu vereinbarenden Kaufpreis, langfristige Kohlen-Lieferverträge für die französische Industrie in Lothringen und im Saargebiet. Die französische Regierung beharrte darauf, daß eine Einigung über das künftige Grubenregime allen anderen Erörterungen vorangehen müsse, und daß es nicht ihre Sache sei, besondere „Opfer" in die Verhandlungen einzubringen. „Le fait même par la France d'avoir accepté, dès 1929, des négociations relatives à la Sarre, alors qu'elle a la propriété

---

[154] Siehe hierzu Bariéty, Les Relations Franco-Allemandes après la Première Guerre Mondiale, S. 121–149. Benutzt wurden ebenfalls „La Métallurgie française et la Question de la Sarre. Note du Comité des Forges de France" vom 26.10.1929, MAE, DAPC, Sarre 169; „Rapport Coulondre" vom 21.10., ibid., Sarre 186, S. 12–13.

[155] Hierzu informativ James Donnadieu, La Liquidation de la Victoire. I: La Sarre, Paris 1930, besonders S. 113–114. Wichtige Details in Jeanneney, François de Wendel, S. 472 ff. und passim.

[156] Hierzu Aufzeichnung Guillaumes vom 14.2.1930, „Rapport à la Commission Interministérielle chargée d'étudier les mesures à prendre en vue de ménager les ressources en minerais de fer du Bassin Lorrain", MAE, DAPC, Sarre 169, Bl. 255–77; „Eisenerz und Saargebiet", Sonder-Ausgabe der Franco-Saarländischen Handelskammer, Saarbrücken, Auszug aus dem monatlichen Bericht Nr. 57, ibid., Sarre 190, Bl. 300–07.

incontestable des mines, jusqu'en 1935, constitue une preuve manifeste d'esprit de conciliation".[157] Immerhin entschloß sie sich Mitte Januar zu einer Modifizierung ihres Konzepts der Bildung privater deutsch-französischer Saar-Grubengesellschaften. Die Ursache dafür war offenbar, daß sich bei den im Reich und in Preußen regierenden Sozialdemokraten und bei den saarländischen Bergleuten starker Widerstand gegen eine Privatisierung der Saargruben regte, und daß Frankreich im Falle eines Scheiterns der Verhandlungen (das wegen der sich nach der Jahreswende offenbar verhärtenden deutschen Haltung nicht unmöglich schien) propagandistisch in die Rolle eines „Protektors des Kapitalismus" gedrängt zu werden drohte. Jedenfalls schloß die französische Delegation seit der zweiten Januarhälfte 1930 eine staatliche Direktbeteiligung an den geplanten Grubengesellschaften nicht mehr aus.[158]

Diese neuen Vorstellungen gingen in einen Plan ein, der Mitte Januar von der französischen Delegation vorgelegt wurde und nach seinem Verfasser den Namen „Plan Guillaume" erhielt.[159] Nach den komplizierten Bestimmungen dieses Plans sollten die Saargruben prinzipiell in das Eigentum der Reichsregierung zurückfallen. Im Hinblick auf die künftige Nutzung der Gruben wurde das gesamte Saarkohlebecken, mit Ausnahme der bereits an französische Gesellschaften verpachteten Gruben von Großrosseln und Carlsbrunn sowie des Warndt-Gebietes, in drei etwa gleich große Sektoren aufgeteilt. Der erste Sektor wurde dem Reich frei von jedweden Bedingungen zugesprochen. Den zweiten Sektor sollte es mit der Auflage erhalten, daß er an eine als Aktiengesellschaft deutschen Rechts organisierte Grubengesellschaft verpachtet würde, deren Aktien zu zwei Dritteln dem deutschen Staat zu übertragen seien, welcher davon eine Hälfte alsbald zu privatisieren haben würde; das dritte, später ebenfalls zu privatisierende Aktiendrittel sollte auf den französischen Staat übergehen. Den dritten Sektor des Saarkohlebeckens würde die Reichsregierung an eine weitere als Aktiengesellschaft deutschen Rechts organisierte Grubengesellschaft zu verpachten haben, deren Aktien nur zu einem – zur Hälfte zu privatisierenden – Drittel dem Reich, dagegen zu zwei – ganz zu privatisierenden – Dritteln dem französischen Staat zugeteilt werden sollten. Dementsprechend würde der von Deutschland an Frankreich zu entrichtende (und noch zu vereinbarende) Rückkaufpreis für den ersten Sektor zwar anteilige 100 Prozent betragen, sich aber für den zweiten Sektor auf 66,7 Prozent und für den dritten auf 33,3 Prozent ermäßigen. Für den – in Paris nicht ausgeschlossenen – Fall, daß das Beteiligungsinteresse der französischen Wirtschaft sich als geringer als angenommen erweisen würde, sollte die Reichsregierung ab 1940 ein Rückkaufsrecht auch für die vorerst in französischer Hand verbleibenden Beteiligungen erhalten.[160]

Die deutsche Delegation stellte diesem französischen Grubenplan, den sie schließlich ablehnte,[161] ihrerseits die Bereitschaft entgegen, die schon an französische Gesellschaften verpachteten Gruben von Frankenholz, Großrosseln und Carlsbrunn, vorbehaltlich deutscher Bilanzprüfungen, in privater französischer Pachtregie zu belassen, sie machte

---

[157] Pernot zu Simson am 14.12.1929, in Pernot an Briand, 16.12., MAE, DAPC, Sarre 177.
[158] „Réunion de la Délégation française", 16.1.1930, MAE, DAPC, Sarre 168, Bl. 62–75.
[159] „Projet de collaboration économique franco-allemande dans l'exploitation des Mines de la Sarre", 16.2.1930, MAE, DAPC, Sarre 192.
[160] Ibid.
[161] „1ère sous-commission franco-allemande (Mines), 3ème réunion du 2 avril 1930", MAE, DAPC, Sarre 180, Bl. 34–43; Aufzeichnung Pernots vom 3.4.1930, ibid., Sarre 174, S. 198–201.

hierbei allerdings entsprechende deutsche Beteiligungen an den lothringischen Erzgruben zur Vorbedingung.[162] Die Reichsregierung könne außerdem, zum Beweis ihres guten Willens zur Förderung der deutsch-französischen Zusammenarbeit, beim Abschluß langfristiger Kohlen-Lieferverträge zu besonderen Preisgarantien bereit sein.[163] Von einer aussichtsreichen Annäherung in der Grubenfrage war man so Mitte März 1930 noch weit entfernt.

Der zweite Verhandlungskomplex betraf die handelspolitischen Konsequenzen einer vorzeitigen Rückgliederung des Saargebiets. Hier stand die französische Regierung unter dem Eindruck massiver Einwendungen der in hohem Maße auf den Handel mit den 800000 Saarländern eingestellten mittelständischen Wirtschaft (vor allem Vieh- und Milchwirtschaft, Textil, Wein, Keramik) in den drei Grenzdepartementen Haut-Rhin, Bas-Rhin und Moselle, aber auch von Interessenten aus dem Saarland selbst.[164] Sie beharrte darauf, daß das nach dem Versailler Vertrag gültige Zollregime (Zollfreiheit zwischen Frankreich und dem Saargebiet, Zollgrenze zwischen Deutschland und der Saar) auf jeden Fall bis 1935 nicht verändert werden dürfe. Die Schwierigkeit, daß im Falle einer vorzeitigen Rückgliederung die Zollgrenze für eine Zeit mitten durch deutsches Territorium verlaufen würde, müsse in Kauf genommen werden. Darüberhinaus forderte die französische Regierung, daß der ostfranzösischen Wirtschaft Zeit zur Anpassung an die geänderten Verhältnisse und vor allem an die Konkurrenz mit der deutschen Wirtschaft gegeben werde, indem für die Zeit von 1935 bis 1945 das Saargebiet für französische und deutsche Importe zur Freihandelszone erklärt würde. Drittens schließlich sollten zwischen 1945 und 1955 bestimmte französische Güter noch in vereinbarten Kontingenten zollfrei in das Saargebiet eingeführt werden können.[165] Demgegenüber ging die deutsche Delegation davon aus, daß gleichzeitig mit der politischen auch die wirtschaftliche Grenze vorzeitig verschoben würde, sie bot jedoch in Anerkennung der über Jahrzehnte hinweg gewachsenen handelspolitischen Verflechtung zwischen den ostfranzösischen Departements und dem Saargebiet besondere Übergangs-Vereinbarungen, vorerst ohne genauere zeitliche Begrenzung, über zollfreie und zollbegünstigte Kontingente an.[166]

In diesen handelspolitischen Fragen zeichnete sich in den Verhandlungen zwischen November 1929 und Februar 1930 eine gewisse Annäherung der beiderseitigen Positionen ab. Unter dem Eindruck pertinenter deutscher Argumente gegen den „paradiesischen Zustand" einer zehnjährigen Freihandelszone sowie im Hinblick auf das Meistbegünstigungsproblem ließ die französische Seite die Forderung einer Freihandelsperiode stillschweigend wieder fallen. Allerdings fand sie sich, auch in der Handels- und Zollfrage stets darauf pochend, daß die deutsche Seite sich in der Position des „demandeur" befinde und daher die für einen Verhandlungserfolg entscheidenden Konzessionen machen müsse, zu Beratungen über Kontingente nur für die Zeit nach 1935 bereit.[167] Sie lehnte

---

[162] Aufzeichnung Pernots vom 4.12.1929, MAE, DAPC, Sarre 187, Bl. 34–37; Simson an AA, 21.1.1930, ADAP, B XIV, Nr. 41.
[163] „Résumé de conversation" Pernot-Simson, 4.12.1929, MAE, DAPC, Sarre 187; „Réunion de la Délégation française", 10.12., ibid., Sarre 168.
[164] Die beeindruckende Fülle von Eingaben und Petitionen an den Quai d'Orsay findet sich ibid., Cartons 170, 173.
[165] „Rapport Coulondre" vom 21.10.1929, ibid., Sarre 186, S. 7–15; Aide-mémoire der französischen Regierung vom 30.11.1929, ADAP, B XIII, Nr. 165.
[166] Aide-mémoire der deutschen Delegation vom 25.11.1929, ibid., Nr. 154.
[167] „Compte-rendu de la réunion tenue au Ministère du Commerce le 30 novembre 1929 entre les

auch einen Vorschlag Simsons ab, für die Zeit bis 1935 französische Kontingente nicht nur für das Saargebiet, sondern für ganz Deutschland zu vereinbaren, so daß das Gesamtvolumen den Wert der französischen Lieferungen in das Saargebiet (reichlich 2 Milliarden Francs) sogar übersteigen könne. Es komme Frankreich, so erläuterte der französische Verhandlungsführer Elbel, mit Rücksicht auf die Interessen der betroffenen ostfranzösischen Wirtschaftszweige nicht auf eine „équivalence", sondern auf die „identité" der zollfreien Exporte in das Saargebiet an.[168] Die deutsche Delegation stellte seit Februar 1930 ein Einlenken auf die französische Forderung nach Aufrechterhaltung der vertragsmäßig geltenden Situation bis 1935 in Aussicht, und damit auf die französische Position insgesamt. Allerdings wurde zur Bedingung gemacht, daß gleichzeitig „Fortschritte" in deutschem Sinne in der Grubenfrage erreicht würden.[169]

Diesem deutschen Vorschlag einer Verkoppelung von Gruben- und Zollfrage lag die Vermutung Simsons zugrunde, daß das Interesse Frankreichs an einer befriedigenden Lösung der Frage des Saarhandels größer sei als das Interesse an der Grubenbeteiligung, groß genug jedenfalls, damit ein deutsches Entgegenkommen in der Zollfrage französisches Nachgeben in der Grubenfrage bewirken und damit den Erfolg der Verhandlungen sichern könne. Diese Einschätzung sollte sich als unzutreffend erweisen. Bei aller seit der zweiten Januarhälfte zu beobachtenden Zunahme des französischen Interesses an den Saarverhandlungen bestand im Kabinett Tardieu wenig Bereitschaft, in der Grubenfrage nachzugeben. Vor allem war man sich in Paris darüber im klaren, daß die Herstellung eines auch nur faktischen „parallelisme" von Gruben- und Zollverhandlungen die Preisgabe der starken Defensivposition des auf deutsche Konzessionsangebote wartenden Rechtsinhabers bedeutete: „Ils nous tiendraient donc la dragée haute jusqu'à ce que les négociations de la Ière Sous-Commission [Grubenkommission] aient abouti. C'est un jeu auquel il semble dangereux de se prêter."[170]

6. Abzug der Militärexperten und Londoner Flottenkonferenz

Auch das zähe deutsch-französische Ringen in den Rüstungsfragen[171] setzte sich während des Winters 1929/30 fort. Während auf deutscher Seite mehr oder weniger geheime Rüstungsvorbereitungen zu Lande, zu Wasser und in der Luft an Bedeutung gewannen, bemühte sich die Reichsregierung auf diplomatischem Wege, die Reste der auswärtigen Entwaffnungskontrollen zu beseitigen und die eigenen Entwaffnungsverstöße zu legali-

---

Délégations française et allemande de la 2e Sous-Commission pour les négociations sur la Sarre", 30.11.1929, MAE, DAPC, Sarre 186.

[168] „Réunion de la Délégation française", 5.12.1929, MAE, DAPC, Sarre 168; Elbel an Pernot, 6.12., ibid., Sarre 200; 10.2.1930, 14.2., ibid., Sarre 181; „Compte-rendu de la réunion du 13 février de la 2e Sous-Commission", ibid., Sarre 182. – Eine Einzelaufstellung des französischsaarländischen Handelsvolumens 1929 in Elbel an Weymann, 4.12.1929, ibid., Sarre 200.
[169] Aide-mémoire der deutschen Delegation, 21.1.1930, ADAP, B XIV, Nr. 41.
[170] Elbel an Pernot, 14.2.1930, MAE, DAPC, Sarre 181; „Réunion de la Commission des Affaires de la Sarre" vom 23.6.1930, ibid., Sarre 168.
[171] Siehe oben, S. 90–93.

sieren. Freilich gab ihr die am 21. Januar 1930 in London zusammentretende Konferenz der fünf Seemächte USA, England, Japan, Frankreich und Italien Anlaß zu der Besorgnis, daß in ihrer Abwesenheit Absprachen getroffen würden, die die französische Sicherheits- und Rüstungsposition in Europa für längere Zeit zu Lasten der deutschen Interessen begünstigen könnten. In der Frage der Landabrüstung gingen währenddessen, in Erwartung der Londoner Ergebnisse, auf allen Seiten die Positionsbestimmungen weiter.

In den Entwaffnungsfragen brachten die Herbst- und Wintermonate 1929/30 in vier Punkten eine Klärung: hinsichtlich des Abzugs der Militärexperten aus Berlin, der meisten Entwaffnungs-Restfragen, der Entfestigung von Kehl und der Entwicklung des deutschen Flugzeugbaus. In den ersten beiden Punkten konnte sich im wesentlichen der deutsche, in den beiden letzten der französische Standpunkt behaupten. Ausschlaggebend war in allen Fällen die Haltung der britischen Regierung.

In der Frage der Militärexperten entschloß sich das Labour-Kabinett in der zweiten Oktoberhälfte, endgültig auf die Rückberufung zum Jahresende 1929 hinzuarbeiten. In London erschien die weitere Beschäftigung der Sachverständigen mit wenig bedeutsamen Kontroversen über deutsche Entwaffnungsbagatellen zunehmend als kostspieliger Anachronismus.[172] Sollte die französische Seite zu derselben Auffassung gelangen und ein gemeinsames Vorgehen ermöglichen, so brauchte es auf einige Wochen oder auch Monate über den 31. Dezember 1929 hinaus nicht anzukommen, zumal es als wünschenswert erachtet wurde, den Experten noch Gelegenheit zur Erstellung eines Abschlußberichts zu geben, mit dem der Reichsregierung verwehrt werden sollte, den Abzug ungerechtfertigterweise als Beweis für eine vollständige Erfüllung der Militärklauseln des Versailler Vertrags zu interpretieren. Sollte sich die französische Regierung aber gegen den baldigen Rückruf der Militärexperten aus Berlin sträuben, dann müßte der britische Vertreter Gosset eben einseitig und unter Erstellung eines separaten Abschlußberichts abgezogen werden. Es sollten auch weder die neu anstehenden rheinischen Entmilitarisierungsfragen als Verlängerungsgrund für das Mandat der Experten anerkannt noch ein Junktim zwischen ihrem Abzug und der vorherigen Klärung der noch offenen Entwaffnungsfragen hingenommen werden.[173] Auf französischer Seite war man demgegenüber der Auffassung, daß „des points d'une réelle importance restent encore à régler".[174] Indessen entschloß sich der Quai d'Orsay angesichts der britischen Haltung, wenngleich nicht ganz ohne Sorgen wegen des zu erwartenden Widerstands in Parlaments- und vor allem Militärkreisen, den Rückzug des französischen Experten Durand ebenfalls zu Beginn des Jahres 1930 ins Auge zu fassen. Freilich sollte dieses Zugeständnis zuvor noch als Hebel für eine Generalbereinigung der Entwaffnungs-Restfragen in französischem Sinne benutzt werden. Da die britische Regierung – ähnlich wie in der rheinischen Eisenbahnfrage fünf Monate zuvor[175] – sich einverstanden erklärte, ihre eigene Rückzugsentscheidung vorerst geheimzuhalten,[176] schien in einer ersten Phase, im November 1929, diese

---

[172] Henderson an Tyrrell, 23.10.1929, DBFP, I A, VII, Nr. 33.
[173] Ibid. sowie Tyrrell an Henderson, 25.10.1929, ibid., Nr. 35; Henderson an Tyrrell, 31.10., ibid., Nr. 44; ebenso ibid., Nr. 49, 52.
[174] Briand an Hoesch, 8.11.1929, DBFP, I A, VII, Nr. 68, Anlage 1 (Note der Botschafterkonferenz). Für die französische Haltung hinsichtlich der Militärexperten siehe auch DBFP, I A, VII, Nr. 35, 36, 49, 113; ADAP, B XIII, Nr. 79.
[175] Siehe oben, S. 51–52.
[176] Siehe hierzu DBFP, I A, VII, Nr. 35.

6. Abzug der Militärexperten und Londoner Konferenz 133

französische Strategie aufzugeben. Die Pariser Regierung vermochte in der Tat zunächst nochmals alle in der Botschafterkonferenz vertretenen Ex-Alliierten für die Absendung zweier Entwaffnungsnoten am 8. November zu gewinnen (für die allgemeinen Entwaffnungsfragen und für die neu hinzutretenden rheinischen Demilitarisierungsprobleme);[177] danach am 16. November durch eine Kollektivdemarche in der Wilhelmstraße dem Grundsatz Nachdruck zu verleihen, daß die Reichsregierung die Entwaffnungsfrage einschließlich der rheinischen Demilitarisierungsfragen nur über die Militärexperten und nicht direkt mit der Botschafterkonferenz zu verhandeln habe;[178] und schließlich durch eine Art Bluff die Teilerfüllung der für die zweite Zone postulierten Entwaffnungsmaßnahmen vor Ausstellung der offiziellen Räumungsbescheinigung am 30. November zu erreichen.[179] Anfang Dezember ging der Reichsregierung jedoch der entscheidende Hinweis zu, daß die britische Regierung ihren Militärsachverständigen in jedem Falle zum Jahresende aus Berlin abzuziehen gedenke.[180] Es war wenig verwunderlich, daß daraufhin in den vom 4. bis 9. Januar 1930 in Paris stattfindenden Verhandlungen zwischen deutschen Vertretern und der Botschafterkonferenz der dort vereinbarte Expertenrückzug zum 31. Januar 1930 französischerseits nur noch in recht begrenztem Umfang in Entwaffnungsfortschritte umgemünzt werden konnte.

In ähnlicher Weise wirkte sich bei der konkreten Behandlung der Entwaffnungs-Restfragen ein allgemeines britisches Desinteresse zu deutschen Gunsten aus. Ende November 1929 weigerte sich die britische Regierung, zu einem Bericht des Versailler Militärkomitees über die deutschen Polizeien überhaupt Stellung zu nehmen, da diese Frage ihr wenig bedeutsam erscheine und sie hierüber im Hinblick auf den bevorstehenden Rückzug Gossets keinen Disput mit der Reichsregierung mehr wünsche. Massigli versah diesen Vorgang im Quai d'Orsay mit dem verzweifelten Kommentar, daß dies das Ende einer gemeinsamen Entwaffnungspolitik der Ex-Alliierten gegenüber Deutschland bedeute, und daß damit die deutsche Entwaffnung unvollendet bleiben werde.[181]

Am Ende der Pariser Konferenz vom 4.–9. Januar 1930 fanden sich die seit Oktober 1929 verstärkt diskutierten Restprobleme der Entwaffnung weitgehend im Sinne der deutschen Auffassungen aufgelöst.[182] In der Frage der Ausbildung der deutschen Generalstabsoffiziere hatte die Botschafterkonferenz, „fidèle à l'esprit de conciliation", schon in ihrer Note vom 8. November den deutschen Standpunkt anerkannt.[183] Auch die Frage, wie weit Deutschland berechtigt sei, sich für den Fall eines nicht-provozierten äußeren Angriffs auf den Einsatz von Waffen vorzubereiten, die ihm nach dem Versailler Ver-

---

[177] Siehe DBFP, I A, VII, Nr. 68, Anlage 1; Rieth an AA, 8. 11. 1929, PA, Abteilung II F-Militär und Marine: Die Stellung der im Genfer Protokoll vom 12. Dez. 1926 vorgesehenen technischen Sachverständigen, Bündel 93/1.
[178] Siehe DBFP, I A, VII, Nr. 68, Anlagen 2 und 3; Nicolson an Henderson, 16. 11. 1929, ibid., Nr. 80; Aufzeichnung Curtius', 16. 11., ADAP, B XIII, Nr. 132.
[179] Siehe hierzu Hoesch an AA, 22./29./30. 11., 3. 12. 1929, ADAP, B XIII, Nr. 150, 161, 167, 175; 22. 11. (Nr. 1151), PA, 9743/H 295 003–4; 29. 11. (Nr. 1173), PA, 4501/E 116 599; Curtius an Hoesch, 2. 12. 1929, PA, 9743/H 295 064–65; Wigram an Sargent, 30. 11., DBFP, I A, VII, Nr. 104; Henderson an Campbell (Paris), ibid., Nr. 120; Tyrrell an Henderson, ibid., Nr. 139.
[180] Köpke an Botschaft London, 7. 12. 1929, PA, 9743/H 295 072–74.
[181] Campbell (Paris) an Henderson, 6. 12. 1929, DBFP, I A, VII, Nr. 113.
[182] Siehe hierzu DBFP, I A, VII, Nr. 188; Aufzeichnung Forsters, 15. 1. 1930, ADAP, B XIV, Nr. 31.
[183] Siehe DBFP, I A, VII, Nr. 68, Anlage 1.

trag verboten waren, wurde aus deutscher Sicht zufriedenstellend beantwortet. Die Botschafterkonferenz erkannte das Recht der Reichswehr an, an verbotenen Waffen (vor allem Panzer beziehungsweise Panzerattrappen) zu üben und eine entsprechende Erwähnung in ihre Ausbildungsvorschriften aufzunehmen. Demgegenüber forderte sie zwar die Wiederauflösung von in der Reichswehr hierzu bereits aufgestellten Spezialeinheiten und die Zusage, daß diese auch künftig nicht neu gebildet würden, doch erklärte sie sich einverstanden, daß die Frage dem deutschen Vorschlag entsprechend auf dem normalen diplomatischen Wege weiterbehandelt und nicht als Hindernis für den Expertenabzug betrachtet würde. Auch die nach Auffassung des Versailler Militärkomitees in Einzelpunkten noch vorzunehmende Harmonisierung der neugefaßten deutschen Militäreisenbahnordnung mit dem Versailler Vertrag wurde auf den diplomatischen Weg im Anschluß an die Pariser Konferenz verwiesen. Hinsichtlich der künftigen Verwendung ehemaliger militärischer Gebäude und Anlagen wurde der Reichsregierung eine bis zu dreijährige Berichterstattung auferlegt; weiterhin wurde festgelegt, daß größere Gemeinschaftseinrichtungen (Küchen, Waschräume, Ställe usw.) im Regelfall zu zerstören seien (wobei begründete Ausnahmen zugelassen wurden), andererseits sollten aber Räumlichkeiten von großen Dimensionen dauerhaft zu Wohnungen umgebaut und Kasernenhöfe und Exerzierplätze für zivile Zwecke umgewandelt oder veräußert werden können. Auf Truppenübungs- und Schießplätzen waren alle militärischen Spezialeinrichtungen (Scheibenzugwerke, Fernsprechleitungen, Kugelfänge usw.) zu beseitigen, doch konnten diese Plätze in gewissem Maße für zivile Besiedlungszwecke verwendet werden. Auch die dornige Frage der Polizeien in den deutschen Einzelstaaten, in denen Frankreich und einige andere europäische Regierungen mißtrauisch Kristallisationskerne für Heereskader vermuteten, wurde weitgehend entschärft. Die Reichsregierung mußte sich lediglich verpflichten, bis zum Datum des Abzugs der Militärexperten am 31. Januar 1930 der Botschafterkonferenz zusätzliche Informationen über die Stärke und Organisation der Polizei in den sieben wichtigsten deutschen Einzelstaaten zu übermitteln, nebst Unterlagen über die geltenden Polizeigesetze, Ausführungsbestimmungen, Ausbildungsvorschriften, Ausrüstungen usw.[184]

Dagegen wurde die französische Forderung, daß die Reichsregierung rechtzeitig vor dem Räumungs-Endtermin eine „Verifikation" der Zerstörung der zum 31. Januar 1930 in die deutsche Hand zurückkehrenden Festungswerke des Kehler Brückenkopfes durch die Militärexperten ermöglichen solle, von der britischen Regierung unterstützt. Am 4. Oktober ließ Henderson Botschafter Tyrrell in Paris wissen, daß die britische Regierung zwar unverändert der Auffassung sei, daß die alliierten Regierungen nicht mehr über ein „legal right to insist on verification by Allied representatives" verfügten, daß sie sich in dieser Frage aber dennoch auf die französische Seite stelle, „as [...] I am anxious to do nothing to delay a settlement of outstanding questions, and also to avoid controversy with the French Government and as I understand that the French Military Authorities attach importance to the matter".[185] Der britische Botschafter in Berlin wurde angewiesen,

---

[184] DBFP, I A, VII, Nr. 188; ADAP, B XIV, Nr. 31. – In der wichtigen Frage, ob im demilitarisierten Rheinland für Polizei, Zollwächter, Forstschutzbeamte usw. hinsichtlich Zahl und Verteilung auf einzelne Orte, Bewaffnung und Verkehr ein verschärftes, über die Entwaffnungsvorschriften hinausgehendes Spezialregime gelten sollte, ging die Konferenz, wie bereits dargestellt, mit einem folgenlosen *agreement to disagree* auseinander, siehe oben, S. 121–122.
[185] DBFP, I A, VII, Nr. 21.

6. Abzug der Militärexperten und Londoner Konferenz

Curtius die Erfüllung der französischen Forderung zu empfehlen.[186] Der deutsche Außenminister, alles andere als begeistert über eine neue Kontrollforderung, gab sich zunächst reserviert, doch erschien es der Reichsregierung, als ihr „aus besonderer geheimer Quelle streng vertraulich" die grundsätzliche britische Entscheidung zum Rückzug des Militärexperten Gosset bekannt wurde, als „nicht zweckmäßig, die britische Regierung durch unnachgiebige Haltung in der von ihr mit besonderem Nachdruck betriebenen, an sich belanglosen Frage der Kehler Verifikation zu verärgern und sie so womöglich zur Aufgabe ihrer obigen Absicht zu bestimmen". Sie stimmte daher einer Verifikation Kehls durch die Militärexperten schließlich zu, sofern sie vor der Räumung der dritten Zone stattfinde, nicht als Präzedenzfall betrachtet werde und künftig keine weiteren Inspektionen irgendwelcher Art verlangt würden.[187] Hinter der letzten Bedingung stand die Sorge, daß noch Investigationen auf dem Gebiet der Kasernen- und Polizeifrage im ganzen Reichsgebiet einschließlich der demilitarisierten Zone verlangt werden könnten.[188] Die französische Regierung erklärte sich nach einigem Zögern mit diesen Bedingungen einverstanden, sofern die Reichsbehörden die erwarteten Zerstörungen rechtzeitig zum 30. Juni 1930 beendet haben würden und sichergestellt sei, daß grundsätzlich das allgemeine Investigationsrecht nach Artikel 213 des Versailler Vertrags nicht eingeschränkt werde.[189] Auf dieser Basis wurde am 30. Dezember 1929 zwischen der Reichsregierung und dem die französische Seite mitvertretenden Obersten Gosset ein Protokoll unterzeichnet, das eine Verifikation in Kehl nach Abschluß der bis zum 30. Juni 1930 geforderten Zerstörungsarbeiten vorsah.[190]

Hinsichtlich der Entwicklungen im Bereich des deutschen Flugzeugbaus vermochte die französische Seite ebenfalls vorerst ihre Entwaffnungsvorstellungen durchzuhalten, weil sie dabei von der britischen Regierung unterstützt wurde. Die Briten waren in den Fragen der Luftrüstung, durch die der historische Vorteil ihrer Insularität entwertet werden konnte, besonders empfindlich. Im Verlaufe des Sommers 1929 hatten Air Ministry und Foreign Office unwillig registriert, daß die Reichsregierung ihren im Pariser Luftfahrtabkommen von 1926 übernommenen Verpflichtungen zur Offenlegung der Gesamtzahl der einsatzfähigen Piloten und zum namentlichen Ausweis der seit dem 1. April 1927 neu lizenzierten Flugzeugführer nur höchst nachlässig oder überhaupt nicht nachkam, außerdem auch nicht, wie vereinbart, die Zahlen der in Deutschland produzierten und der aus Deutschland exportierten Flugkörper veröffentlichte.[191] Als die französische Regierung in diesen Angelegenheiten von London zu einer gemeinsamen Demarche in Berlin aufgefordert wurde, schlug sie sogleich, aufgrund von Erkenntnissen des Deuxième Bureau, eine Ausweitung des Beschwerdekatalogs vor. Auch Verstöße gegen das Verbot der Subventionierung der privaten Sportfliegerei aus öffentlichen Mitteln so-

---

[186] Henderson an Rumbold, 8.11.1929, ibid., Nr. 57.
[187] Rumbold an Henderson, 12.11.1929, ibid., Nr. 67; Köpke an Botschaft London, 7.12.1929, PA, 9743/H 295 072–74; Henderson an Campbell (Paris), 10.12., DBFP, I A, VII, Nr. 117; Aufzeichnung Schuberts, 12.12., ADAP, B XIII, Nr. 192.
[188] Schubert an Botschaft Paris, 15.12.1929, PA, 9743/H 295 123–25.
[189] Campbell (Paris) an Henderson, 13.12.1929, DBFP, I A, VII, Nr. 127; Hoesch an AA, 16.12., ADAP, B XIII, Nr. 202; Schubert an Botschaft London, 18.12., ibid., Nr. 207. Siehe oben, S. 41, Anm. 41.
[190] Rumbold an Henderson, 30.12.1929, DBFP, I A, VII, Nr. 157.
[191] Lindsay an N. Henderson (Paris), 26.8.1929, DBFP, I A, VI, Nr. 341. – Zur besorgten britischen Einschätzung der Entwicklung der deutschen Luftwaffe siehe ibid., Nr. 102, 265.

wie die Hinzuziehung von Flugzeugen zu Marineübungen wurden daraufhin am 31. Januar 1930 in parallelen, wenngleich nicht identischen britischen und französischen Noten der Reichsregierung zum Vorwurf gemacht.[192]

In der Wilhelmstraße nahm man diese alliierten Gravamina zur Kenntnis, machte sich über sie selbst indessen weniger Sorgen als über die Rückwirkung auf gerade in jenen Tagen anlaufende deutsche Bemühungen, in Anknüpfung an die Forster-Massigli-Verhandlungen vom vorangehenden Sommer einige Abänderungen des Pariser Luftfahrtabkommens von 1926 zu erreichen.[193] Ein entsprechender deutscher Antrag an die Botschafterkonferenz vom 27. Januar 1930 forderte (1.) eine Vermehrung der bisher für die entmilitarisierte Zone zugestandenen Flughäfen und Landeplätze um zwei bzw. sechs (darunter vier bereits von der interalliierten Rheinlandkommission genehmigte Landeplätze); (2.) das Recht, für die Polizei zivile Flugzeuge im Rahmen der Anzahl der in einem anderen europäischen Lande verwendeten Polizeiflugzeuge zu halten, und (3.), vor allem, die Legalisierung der öffentlichen Subventionierung der Sportfliegerei in der Größenordnung von jährlich 2 Millionen RM (für Flugzeuge bis 100 PS).[194] Der Antrag wurde allgemein begründet mit der stürmischen Entwicklung des Luftverkehrswesens, er stellte aber offenkundig auch den Versuch der Reichsregierung dar, ihren in absehbarer Zeit ohnehin unvermeidbaren Beitritt zur Internationalen Luftfahrtkommission[195] noch so gut wie möglich in Revisionsmünze umzuprägen. Weder die französische Regierung noch das britische Air Ministry waren geneigt, auf diese Forderungen einzugehen. Sie bereiteten eine abschlägige Note der Botschafterkonferenz vor.[196] In den Entwürfen dazu wurde für die Anlage zusätzlicher Flughäfen und Landeplätze in der entmilitarisierten Zone über die bereits vorhandenen vier bzw. zwölf hinaus ein sachliches Bedürfnis nicht anerkannt. Die Botschafterkonferenz wurde aufgefordert, der Reichsregierung zu diesem Punkte rasch einen ablehnenden Bescheid zu übermitteln, damit die französischen Besatzungstruppen in der dritten Zone rechtzeitig vor ihrem Abzug die Möglichkeit erhielten, wie vorgesehen die beiden Landeplätze in Griesheim und Neustadt „umzupflügen".[197] Die Forderung nach Polizeiflugzeugen wurde als indiskutabel zurückgewiesen, da – im Einklang mit dem Pariser Luftfahrtabkommen – bisher kein europäischer Staat über solche verfüge.[198] Eine öffentliche Subventionierung des Sportflugs war wegen der Bedeutung der Sportfliegerei für die allgemeine Flugzeugentwicklung in allen Ländern üblich und wurde in Deutschland auf halblegalen Wegen ebenfalls längst praktiziert. Die offizielle deutsche Forderung wurde jedoch von der französischen Regierung und dem britischen Kabinett strikt abgelehnt; man vermutete, daß hier die Ausbildung von Piloten für

---

[192] Note des Quai d'Orsay an die britische Botschaft in Paris, 18.11.1929, DBFP, I A, VI, Nr. 82; Vansittart an Tyrrell, 15.1.1930, ibid., Nr. 205; Rumbold an Henderson, 31.1., ibid., Nr. 234; AA an Botschaft London, 3.2.1930, ADAP, B XIV, Nr. 75.
[193] AA an London, Rom, Brüssel, 30.11.1929, ADAP, B XIII, Nr. 164a; Forster an Dieckhoff (London), ibid., XIV, Nr. 123.
[194] Aide-mémoire der Reichsregierung an die britische Regierung, siehe DBFP, I A, VII, Nr. 239. Vgl. ibid., Nr. 230, 232 sowie ADAP, B XIV, Nr. 49, 75.
[195] Abgekürzt CINA = Commission Internationale de Navigation Aérienne.
[196] Hoesch an AA, 15.3.1930, ADAP, B XIV, Nr. 151. Vgl. ibid., Nr. 158, 165.
[197] Henderson an Tyrrell, 19.3.1930, DBFP, I A, VII, Nr. 288; Sargent an Campbell, ibid., Nr. 289.
[198] Hoesch an AA, 15.3.1930, ADAP, B XIV, Nr. 151.

6. Abzug der Militärexperten und Londoner Konferenz 137

den Kriegsfall getarnt werden sollte.[199] Eine baldige Stellungnahme der Botschafterkonferenz wurde indessen Ende März 1930 nur in der Frage der Flughäfen und Landeplätze vorgesehen.[200]

Während dieses Tauziehens um die deutschen Entwaffnungsfragen stand das internationale Abrüstungsproblem im Winter 1929/30 im Zeichen der Londoner Konferenz der fünf führenden Seemächte USA, Großbritannien, Japan, Frankreich und Italien (21. Januar – 22. April 1930). Auf dieser Konferenz sollten, wie dargelegt, die Voraussetzungen für den Abschluß der Arbeiten der Vorbereitenden Abrüstungskommission des Völkerbunds an dem Entwurf einer Abrüstungskonvention geschaffen werden.[201]

Das Deutsche Reich war an dem Versuch Großbritanniens und der USA, ihre Rivalität in der „Kreuzerfrage" zu überwinden, indem die auf der Washingtoner Flottenkonferenz 1922 für die Großkampfschiffe vereinbarten Rüstungsbegrenzungen auch auf die Einheiten unterhalb der „capital ships" ausgeweitet wurden, nicht beteiligt. Die Reichsregierung war, da sie einer internationalen Problematisierung des deutschen Panzerschiffbaus aus dem Wege gehen wollte, an einer Einladung zu der Konferenz auch wenig interessiert. Sie wahrte zunächst, wie in den vorangegangenen Jahren, bewußte Zurückhaltung: „Auch für die Londoner Konferenz trifft zu, daß uns in unserer besonderen Lage die zu vereinbarenden Flottenabrüstungsmethoden im einzelnen verhältnismäßig wenig berühren, wenn nur die Abrüstung zur See tatsächlich gefördert wird, wenn ferner die Londoner Ergebnisse geeignet sind, die uns stärker angehende Landabrüstung zu begünstigen, und wenn schließlich in London nicht Fragen der allgemeinen Politik in einem uns ungünstigen Sinne präjudiziert werden."[202]

Indessen wurde man in Berlin unruhig, als die von der Konferenz eingehenden Nachrichten Besorgnisse weckten, daß zwischen den Seemächten womöglich Dinge verhandelt wurden, die die deutschen Sicherheits- und Rüstungsinteressen nicht unberührt lassen konnten.[203] Der Grund für diese Sorge waren die von der französischen Haltung ausgelösten Komplikationen. Tardieu erklärte es in London für mit dem nationalen Interesse Frankreichs unvereinbar, ohne weiteres auf die in der britisch-amerikanischen Vorverständigung vorgesehene allgemeine Flottenrelation zwischen den Seemächten einzugehen. Frankreich, so argumentierte Tardieu, habe nicht relative, sondern absolute Tonnagebedürfnisse. Es müsse nicht nur 4000 Kilometer Küstenlinie verteidigen, sondern auch ein über die ganze Welt verstreutes Kolonialreich von mehr als 13 Millionen Quadratkilometern, mit mehr als 25 000 Kilometern Küstenlänge und über 60 Millionen Bewohnern wirtschaftlich in Gang halten und militärisch schützen können. Die in der Nordsee heraufziehende, auch das französisch-polnische Verhältnis berührende Herausforderung in Gestalt der deutschen Panzerschiffe zwinge Frankreich, ungeachtet der für den

---

[199] Ibid., sowie Nr. 123.
[200] DBFP, I A, VII, Nr. 288, 289.
[201] Siehe oben, S. 53–56, 91–93. – Der Verlauf der Londoner Flottenkonferenz ist ausführlich dokumentiert in DBFP, II, 1, S. 205–311; FRUS, 1930, I, S. 1–131. Hierzu zusammenfassend Jean Rivault, Les Conventions de Londres de 1929 et de 1930 sur la sécurité en mer, Paris 1936.
[202] AA an Botschaft London, 31.12.1929, ADAP, B XIII, Nr. 234. – Zu der Frage des deutschen Interesses an der Konferenzteilnahme auch Freyberg-Eisenberg-Allmendingen an Nolda vom 20.12.1929, PA, 8591/H 215 544–50; Runderlaß Schuberts vom 21.12.1921, PA, 8591/H 215 443–44.
[203] Aufzeichnung Weizsäckers vom 27.12.1929, PA, 4553/E 145 490–92.

Schlachtschiffneubau vorgesehenen Feierzeit bis 1936, in dieser Kategorie die von ihm unter dem Washingtoner Abkommen noch nicht ausgeschöpfte Marge von 70000 Tonnen zu nutzen, um der deutschen Neukonstruktion eigene überlegene Neubauten entgegensetzen zu können. Vor allem aber bedrohe im Mittelmeer Italien mit seinem Paritätsanspruch die vitale Verbindung Marseille-Algier, über die im Ernstfalle auch Kolonialtruppen zur Verstärkung an die deutsch-französische Grenze herangeführt werden müßten. Aufgrund dieser Gegebenheiten müsse Frankreich, ohne Rücksicht auf die Flottenstärken und -relationen der anderen Seemächte, aber im Einklang mit Artikel 8 der Völkerbundssatzung, auf einer Gesamttonnage von 682000 (1930) bzw. 725000 Tonnen (1936) bestehen.[204] Es gebe für Frankreich allerdings, so spann Tardieu den Gedanken weiter, durchaus eine Möglichkeit, seine absoluten in relative Flottenbedürfnisse umzuwandeln und seine Tonnageziffern entsprechend den amerikanisch-britischen Vorstellungen zu verringern. Sie sei gegeben, wenn Frankreich zusätzliche politische Sicherheitsgarantien etwa entsprechend den Vorkehrungen des Genfer Protokolls erhalte. Diese könnten gegenüber der italienischen Bedrohung in einem regionalen Mittelmeer-Pakt („Mittelmeer-Locarno") bestehen, und gegenüber Deutschland und allgemein in globalen Beistands- oder wenigstens Konsultationsvereinbarungen.[205]

Es waren die von dieser französischen Argumentation in London ausgelösten Verhandlungen zwischen Briten, Amerikanern und Franzosen, die das Berliner Auswärtige Amt in Nervosität versetzten und im Foreign Office und im State Department vorstellig werden ließen. Der eventuelle Abschluß eines „Mittelmeer-Locarno" unter angelsächsischer Garantie wurde in Berlin zwar als für die deutschen Interessen nur sekundär bedeutsam beurteilt. Verhältnismäßig geringe Besorgnisse weckte auch die Aussicht auf die häufig erörterte Möglichkeit eines Ausbaus des Kellogg-Pakts, etwa in Form der Anfügung eines zusätzlichen Konsultationsartikels, da davon ausgegangen wurde, daß daran dann alle Unterzeichner des Kellogg-Pakts einschließlich Deutschlands beteiligt werden müßten. Als äußerst bedrohlich wurde aber in Berlin die in einer Havas-Meldung angesprochene (in Wirklichkeit freilich aufgrund der negativen amerikanischen Haltung zu keinem Zeitpunkt realistische) Möglichkeit empfunden, daß die in London versammelten fünf Seemächte unter sich ein räumlich nicht begrenztes Konsultations- oder Sicherheitsabkommen abschließen und damit eine Art Weltdirektorium zur Behandlung aller künftigen Krisenfälle begründen könnten. Eine solche Lösung, so mutmaßte Hoesch, würde für Deutschland sehr unerwünscht sein, „würden wir doch dadurch plötzlich wieder aus der zurückerworbenen Position einer leitenden Großmacht hinausgedrängt werden und in gewissem Sinne von einem Subjekt der Sicherheitsregelung zu einem Objekt derselben werden, ganz abgesehen davon, daß dadurch eine Art Wiederbelebung des ehemaligen Feindbundes wenigstens unter den führenden Großmächten entstehen würde."[206] Deutschland würde, so meinte auch Curtius, bei einer solchen Entwicklung „nötigenfalls Gegenwirkung eintreten lassen" müssen, das heißt auf seiner Zuziehung zu bestehen haben.[207]

---

[204] Zu der französischen Haltung auf der Londoner Flottenkonferenz siehe Survey of International Affairs, 1930, S. 31 ff., bes. S. 33–34, 38, 47–48. Hierzu Rass, S. 153–157.
[205] Hierzu grundlegend das französische Memorandum vom 20. Dezember 1929, abgedruckt in DBFP, II, I, Nr. 123.
[206] Hoesch an AA, 9. 3. 1930, ADAP, B XIV, Nr. 142.
[207] Curtius an Botschaft Washington, 11. 3. 1930, PA, 8591/H 216 251–52. – Zu der Frage möglicher

6. Abzug der Militärexperten und Londoner Konferenz

Als wenigstens ebenso schwerwiegend wurde in Berlin die Möglichkeit empfunden, daß in London im Falle eines Scheiterns aller kollektiven Sicherheitslösungen neuerlich französisch-angelsächsische Kompensationsgeschäfte zwischen See- und Landrüstung zur *ultima ratio* eines Konferenzerfolgs werden könnten. Die französische Regierung hatte den Grundsatz der Interdependenz der Waffengattungen in ihrem programmatischen Memorandum vom 20. Dezember 1929[208] erneut unterstrichen und verhandelte in London in der Tat in erheblichem Maße mit Blick auf die Landabrüstung. Nach französischer Vorstellung sollte es sich bei dem Konferenzergebnis der Seemächte nach Möglichkeit um Absprachen lediglich über Abrüstungsmethoden handeln, in die erst später im Zuge der allgemeinen Weltabrüstungskonferenz Ziffern eingefügt werden sollten. Hinter dieser Vorstellung verbarg sich das Kalkül, daß bei den kommenden Verhandlungen über die Abrüstung zu Lande Frankreich Aspekte der Seeabrüstung noch als Druckmittel gegenüber den angelsächsischen Mächten verwenden und sie auf diese Weise hindern könne, ihre Festlegungen vom April 1929 wieder zu ändern (wie es sich ja im September 1929 in Genf angedeutet hatte[209]). Noch erstrebenswerter erschienen in Paris natürlich unverzügliche neue Vereinbarungen über ein Junktim oder wenigstens eine Bestätigung des günstigen Sachstands in den Fragen der ausgebildeten Reserven und des gelagerten Materials. Energische deutsche Vorstellungen in London und Washington trugen offenkundig dazu bei, daß trotz beunruhigender Pressemeldungen bis Ende März 1930 die französische Regierung ihre Ziele auch in dieser Frage nicht erreichte, daß sich vielmehr eine Aufspaltung der Londoner Konferenz in Fünfmächte- und Dreimächte-Interessen (England, USA, Japan, unter partiellem Ausscheren Frankreichs und Italiens) abzeichnete.[210]

Die Frage der Landabrüstung selbst stand im Winter 1929/30 in der internationalen Aufmerksamkeit hinter der Londoner Seemächte-Konferenz ganz zurück. Auf französischer Seite wurde nach innen die Notwendigkeit fortgesetzter hoher Rüstungsausgaben propagandistisch mit den zunehmenden deutschen Angriffsmöglichkeiten begründet,[211] und nach außen wurde die Argumentation vertieft, daß Frankreich zu Lande in erheblichem Ausmaß bereits Abrüstungs-Vorleistungen erbracht habe.[212]

Auf deutscher Seite bemühte man sich verstärkt um die interne Positionsbestimmung und vor allem um eine interministerielle Koordinierung im Hinblick auf die künftigen Landabrüstungs-Verhandlungen. In einer Aufzeichnung Bülows vom 25. Oktober 1929 hieß es dazu: „Es wäre nun sehr erwünscht, für künftige Fälle die Sprache unserer Vertreter in Genf so zu regeln, daß sie nicht mit den von uns tatsächlich später einmal zu vertretenden Wünschen in Widerspruch geraten. Zu diesem Zweck sollte mit dem Reichswehrministerium geklärt werden, welche Änderungen unseres Wehrsystems für den Fall,

---

Sicherheitskompensationen siehe ADAP, B XIII, Nr. 234; XIV, Nr. 142, 153, 156, 170, 179; Aufzeichnung Schuberts vom 15.3.1930, PA, 8591/H 216 360–61; Hoesch an AA, 20.3., PA, 8591/H 216 401–03; Prittwitz (Washington) an AA, 27.3., PA, 4553/E 145 964–65; Sthamer (London) an AA, PA, 8591/H 216 534–35.

[208] Siehe Anm. 205.
[209] Siehe oben, S. 92–93.
[210] Siehe hierzu ADAP, B XIII, Nr. 234; XIV, Nr. 14, 29, 153, 156; Aufzeichnung Weizsäckers vom 27.12.1929, PA, 4553/E 145 492; Dieckhoff (London) an AA, 12.3.1930, PA, 8591/H 216 285–88; Sthamer (London), 17.3., PA, 4553/E 145 721–22; 18.3., 723–24; Aufzeichnung Schuberts, 25.3., PA, 8591/H 216 473–76.
[211] Müller (Bern) an AA, 31.12.1929, PA, 5986/H 440 428–30.
[212] Siehe hierzu Tyrrell an Henderson vom 31.3.1930, DBFP, I A, VII, Nr. 305.

daß wir die nötige außenpolitische Handlungsfreiheit hätten, als besonders erstrebenswert angesehen werden könnten. Dabei dürfte aber das Reichswehrministerium nicht im unklaren darüber gelassen werden, daß der Moment der Handlungsfreiheit zur Zeit noch nicht gekommen ist und daß sich vorläufig auch noch nicht übersehen läßt, wann dieser Moment einmal eintreten wird."[213]

Aktivitäten nach außen hin erschienen der Reichsregierung vor dem Ende der Londoner Konferenz nicht ratsam. Auch im Reichswehrministerium hielt man es Anfang Januar 1930 für zweckmäßig, erst einmal das Ende der Londoner Konferenz abzuwarten, da bis dahin England und Amerika für Konzessionen an den französischen Standpunkt bei den Landrüstungen anfällig seien. Nach den – auch durch den Antrag Lord Cecils in der Völkerbundsversammlung vom September 1929 nicht außer Kraft gesetzten[214] – französisch-angelsächsischen Absprachen über die ausgebildeten Reserven und das lagernde Material würde vermutlich jeder neue deutsche Vorschlag zur Landabrüstung „sofort als Handelsobjekt bei der Londoner Konferenz verwendet und dadurch endgültig erledigt" werden. Indessen: „Sobald ein Sonderabkommen über die Abrüstung zur See getroffen ist, hört die zu Lande auf, in bisheriger Weise Handelsobjekt zu sein. Deutsche Vorschläge werden dann eher Verständnis bei England und Amerika finden."[215]

---

[213] Aufzeichnung Bülows vom 25.10.1929, ADAP, B XIV, Nr. 76.
[214] Allerdings blieb man in Paris den ganzen Winter 1929/30 über wegen einer möglichen Neuauflage des Vorstoßes Lord Cecils beunruhigt, Aufzeichnung Jean Paul-Boncours für Briand, 7.12.1929, MAE, SDN, I I-Désarmement, Carton 291. Ähnlich Dieckhoff (London) an AA, 12.3.1930, PA, 8591/H 216 285–88.
[215] Aufzeichnung Schönheinz' vom 6.1.1930, ADAP, B XIV, Nr. 9.

V. Der Wettersturz des Sommers 1930
   (April – September 1930)

Die Entwicklung der deutsch-französischen Beziehungen während des Frühjahrs und Sommers 1930 brachte mehrere Enttäuschungen, die zu weiterer wechselseitiger Klimaverschlechterung und Entfremdung führten. Während sich die Briten gegenüber den kontinentalen Angelegenheiten noch vermehrt zurückhielten, wurde im Verhältnis zwischen Deutschen und Franzosen eine weitere wichtige Etappe in der Auflösung der Locarno-Ära, im Übergang von einer Zeit kooperativen Bemühens um Problemlösungen zu einer neuen Phase konfrontatorischen Konfliktaustrags erreicht. Auf deutscher Seite wuchs unter dem Eindruck zunehmender wirtschaftlicher Schwierigkeiten die Ernüchterung über die vereinbarte Endregelung der Reparationen, die in weiten Teilen der Bevölkerung nun als ein untragbar hoher Preis für die vorzeitige Rheinlandräumung beurteilt wurde; Ernüchterung auch über den enttäuschenden Fortgang der Saarverhandlungen. Auf französischer Seite kam es aufgrund des beunruhigenden, eine Verstärkung der revisionistischen Antriebskräfte anzeigenden deutschen Verhaltens im Zusammenhang mit der Rheinlandräumung zu einem allgemeinen Stimmungsumschwung, einem veritablen deutschlandpolitischen Klimasturz, der durch die reservierte Stellungnahme der Reichsregierung zu dem französischen Europa-Memorandum vom Mai 1930 noch vergrößert wurde. Etwas vereinfachend könnte man sagen: offenbar wurden zur gleichen Zeit die deutsche politische Öffentlichkeit durch die Reparationsregelung und die französische durch die vorzeitige Rheinlandräumung überfordert.

Auf deutscher Seite scheinen zwischen April und September 1930 mehrere Faktoren die allgemeine Revisionsstimmung aktiviert zu haben. In manchen Reichstagsreden und besonders in dem im August anlaufenden Wahlkampf zeigte sich, daß die Ablösung von auswärtigen Kontrollen durch den Young-Plan und die Rheinlandräumung offenbar befreiend auf das internationale Selbstverständnis wirkten. Hinzukam, daß unter den sich verschlechternden Wirtschaftsbedingungen die ökonomische Verpflichtung des Young-Plans zunehmend politisiert wurde und die Forderung nach ihrer Revision sich als eine Art Katalysator zwischen innerer Radikalisierung und nach außen gerichteter Polemik erwies. Die schwierige Konjunkturentwicklung und die zu einem guten Teil reparationsbedingte Devisennot verstärkten zudem die Interessen an einem wirtschaftlichen und politischen Ausgreifen Deutschlands in die ost- und südosteuropäische Region. Der neue Reichskanzler Heinrich Brüning benötigte freilich für die Konzipierung seiner Außenpolitik nicht den Druck radikalrevisionistischer Parolen der Rechtsparteien, auch nicht die Einflüsterungen der nach Mitsprache strebenden Militärs. Auf die zügige Wiedererrichtung einer deutschen Großmachtstellung bedacht, war Brüning ebenso wie der alte und neue Außenminister Curtius innerlich davon überzeugt, daß eine angemessene Realisierung berechtigter deutscher Revisionsansprüche die Verständigung mit Frankreich letztlich ausschlösse. Er suchte daher ganz bewußt die deutschen außenpolitischen

Ziele mehr in Anlehnung an die angelsächsischen Mächte, und an Frankreich vorbei zu erreichen. Die Ersetzung des Staatssekretärs des Auswärtigen Amts von Schubert, des engen Mitarbeiters Stresemanns, durch Bernhard von Bülow, einen Neffen des ehemaligen Reichskanzlers (2. Juni 1930), hatte programmatische Bedeutung. Bülows „illusionsfreie Beurteilung der Lage Deutschlands nach der Niederlage von 1918, zähe Verfolgung der Planungen für eine diplomatische Rehabilitierung Deutschlands als Großmacht" fügten sich nahtlos in die von Anfang an in eine entschieden revisionistischere Richtung lenkende Orientierung des Kabinetts Brüning ein.[1]

Auf französischer Seite gab es im Sommer 1930 noch wenig wirtschaftliche Sorgen. Dafür machte man in Paris die schockierende Erfahrung, daß eine so eindeutige Verständigungsgeste wie der um viereinhalb Jahre vorgezogene Truppenabzug aus dem Rheinland auf deutscher Seite nicht eine Abschwächung, sondern offenbar im Gegenteil eine Verstärkung des Revisionsdrucks zur Folge hatte. Dies war eine fundamentale Erfahrung, die, auch wenn dies nicht unmittelbar realisiert wurde, die Hauptprämisse französischer Ausgleichsbemühungen außer Kraft setzte. Die politischen Auswirkungen waren zweifacher Art. Zum einen wurde eine gewisse Entschlossenheit zur Gegenwehr ausgelöst, die sich etwa beim Abbruch der Saarverhandlungen andeutete und ihren subtilsten Ausdruck in verstärktem Bemühen fand, Frankreich ein neues wirtschaftliches und finanzielles Druck- und Sanktionsinstrumentarium gegenüber Deutschland zu verschaffen. Auf der anderen Seite zeigten sich neue Ansätze zu einer „positiven Politik", zu vermehrten Verständigungsbemühungen. Die französische Politik vermittelte so in den Sommermonaten 1930 den Eindruck eines Schwankens, das sich auch bei Tardieu selbst zeigte. Es verdeckte Enttäuschung, Unbehagen, zunehmende Ratlosigkeit, die keineswegs auf die Regierungsebene beschränkt blieben. Auch in der französischen Öffentlichkeit bahnte sich ein grundlegender Stimmungswandel an, es verbreiteten sich Verbitterung, aber auch Furcht und Resignation. In Presse, Film und Literatur tauchten mit einem Male Fragen auf, ob man nicht vielleicht im Begriffe sei, in eine neue Vorkriegszeit einzutreten. Plötzlich wurde das Thema des gefährdeten Friedens und eines womöglich drohenden Krieges aktuell. „On parle de la guerre comme si on en était à la veille." Es war der Beginn einer nagenden Angst, die die französische Öffentlichkeit im Angesicht des sich wiedererhebenden deutschen Nachbarn in der Folgezeit immer stärker beschleichen sollte.[2]

---

[1] Eine wissenschaftlich befriedigende Brüning-Biographie fehlt. Neben den Memoiren siehe etwa Wilhelm Vernekohl (mit Rudolf Morsey) (Hrsg.), Heinrich Brüning. Reden und Aufsätze eines deutschen Staatsmanns, Münster 1968; Rudolf Morsey, „Heinrich Brüning (1885–1970)", in: ders., (Hrsg.) Zeitgeschichte in Lebensbildern. Aus dem deutschen Katholizismus des 20. Jahrhunderts, Mainz 1973, S. 251–262; Eilert Lohe, Heinrich Brüning. Offizier – Staatsmann – Gelehrter, Stuttgart 1969. – Zu den Staatssekretären des Auswärtigen Amts Robert B. Dockhorn, The Wilhelmstraße and the Search for a New Diplomatic Order (für Schubert); Peter Krüger/Erich J. Hahn, „Der Loyalitätskonflikt des Staatssekretärs Bernhard Wilhelm von Bülow im Frühjahr 1933", in: VZG, 20, 1972, S. 376–410. Zu Brüning und Bülow siehe auch Schwerin von Krosigk, Es geschah in Deutschland, S. 130–140, 307–10. Das Zitat aus Gottfried Reinhold Treviranus, Das Ende von Weimar. Heinrich Brüning und seine Zeit, Düsseldorf/Wien 1968, S. 147f. und passim.

[2] Zu dem Stimmungsumschwung in Frankreich eindrucksvoll Ladislas Mysyrowicz, Anatomie d'une Défaite, Lausanne 1973, S. 292–302. Siehe auch Prost, Les Ancien Combattants, Bd. I, S. 130–137.

1. Entfremdungen um die Rheinlandräumung

Die Vorgänge um die beim Regierungsantritt Brünings „unmittelbar bevorstehende"[3] Rheinlandräumung standen im Zentrum der deutsch-französischen Entfremdungen während des Sommers 1930. Bis zum Vorabend des Abmarsches der letzten Besatzungssoldaten aus der dritten Zone am 30. Juni zog sich ein zähes, französisches Unbehagen und geringe deutsche Kompromißbereitschaft widerspiegelndes Ringen um reparations- und sicherheitspolitische Räumungsbedingungen hin. Am Tage nach dem Abzug der Truppen stellte sich heraus, daß das politische Ergebnis der vorzeitigen Rheinlandräumung keineswegs, wie auf französischer Seite zumindest erhofft wurde, ein befreiender Antrieb zur Verständigung war, sondern vielmehr ein – wiedererwachendes deutsches Großmachtbewußtsein reflektierender – Impuls zur Verschärfung der Gegensätze.

Hinsichtlich der in Paris erwarteten reparationspolitischen Räumungsvoraussetzungen war inzwischen auf deutscher wie auf französischer Seite die nach dem Räumungsbeschluß vom 30. August 1929 erforderliche Ratifikation des Young-Plans erfolgt (am 12. März bzw. 5. April 1930),[4] nicht aber – wegen der durch einen Streit um die letzten 22 Annuitäten[5] bewirkten Verzögerung – seine „Ingangsetzung" mit dem postulierten deutschen Übertragungsakt der ersten mobilisierbaren Schuldtitel an die BIZ.[6] Erst am 17. Mai 1930 trat der Neue Plan mit der Feststellung der Reparationskommission, daß alle erforderlichen Bedingungen für die Ingangsetzung erfüllt seien und namentlich die Reichsregierung der BIZ das Gesamtschuldenzertifikat ausgehändigt habe, formell in Kraft. Daraufhin erteilte Tardieu, wie in wiederholten Erklärungen seiner Regierung angekündigt, den Befehl zur Räumung der dritten Zone.[7] Am 10. Juni wurde auch, nach langwierigen Verhandlungen, die auf der zweiten Haager Konferenz vereinbarte erste Mobilisierungsanleihe über 300 Millionen Dollar unter deutscher Drittelbeteiligung termingerecht unterzeichnet.[8] Dessen ungeachtet dienten nun die bei der Ingangsetzung des Neuen Plans aufgetretenen Verzögerungen den französischen Militärs und einigen Politikern als Vorwand für den Versuch, das Räumungs-Enddatum über den 30. Juni hinauszuschieben. Zwar könnte, so Tardieu zu Hoesch, die vom französischen Kriegsministerium beanspruchte technische Dreimonatsfrist für den Truppenabzug bei größtmöglicher Beschleunigung vermutlich derart verkürzt werden, daß Truppen und Material pünktlich zum 30. Juni abgezogen würden, doch erforderten Verwaltungsmaßnahmen wie die Übergabe der Wohnungen und Inventarfeststellungen die Anwesenheit französischer Beamter noch über diesen Zeitpunkt hinaus.[9] Es bedurfte der nachdrücklichen deutschen Berufung auf die klare Datumsangabe des Haager Räumungsbeschlusses und vor allem der britischen Unterstützung, um schließlich rechtzeitig zum 30. Juni 1930 die

---

[3] Regierungserklärung Brünings vom 1.4.1930, Verhandlungen des Reichstags, IV. Wahlperiode, Stenographische Berichte, Bd. 427, S. 4728.
[4] Ibid., S. 4395–96 sowie Schulthess, 1930, S. 306–7.
[5] Siehe unten, S. 164.
[6] Siehe oben, S. 106.
[7] Siehe Heilfron/Nassen, S. 194.
[8] Siehe oben, S. 111–112 und unten, S. 164–165.
[9] Siehe hierzu ADAP, B XIV, Nr. 194; B XV, Nr. 5, 16, 19, 29, 32, 38; Aufzeichnung Schuberts vom 17.5.1930, PA, L 143/L 035 665–66.

restlose Räumung und die Mitteilung der Botschafterkonferenz über das Ende der Besetzung zu erreichen.[10]

Daneben bemühten sich das Kabinett Tardieu und die französischen Militärs bis zuletzt um die Realisierung sicherheitspolitischer Räumungsbedingungen. Hierbei ging es vor allem um die rheinische Flugplatzfrage,[11] in der der französische Standpunkt von den Briten unterstützt wurde. Die Pariser Regierung bestand, auch zur Beschwichtigung der innerfranzösischen Opposition, mit Nachdruck darauf, daß ihrer Auffassung bis zum 30. Juni in vollem Umfange entsprochen würde. In einer Note der Botschafterkonferenz vom 13. Mai wurde die deutscherseits beantragte Vermehrung der Flugplätze in der künftigen demilitarisierten Zone zurückgewiesen, darüberhinaus unverändert auf der Zerstörung der Flugplätze in Griesheim und Neustadt nebst Flugplatzanlagen sowie von Flugzeughallen in Kaiserslautern und Trier insistiert. Alles deutsche Bemühen um die Erhaltung wenigstens der überwiegend wirtschaftlich genutzten Teile dieser Anlagen erwies sich auch gegenüber Briand und Berthelot als zwecklos. Seit Ende Mai wurden die beiden Flugplätze „umgepflügt" und die Anlagen mit der Auflage ihrer Zerstörung vor dem 30. Juni meistbietend versteigert. Dies war das letzte Bemühen Frankreichs um vorsorgliche Absicherungen im künftig geräumten und entmilitarisierten Rheinland.[12] Indirekt wurde, wie dargelegt, auch die Kehler Entfestigungsverifikation, die termingerecht vom 27. bis 29. Juni stattfand, mit dem Räumungsdatum verknüpft.[13]

Pünktlich am Vormittag des 30. Juni 1930, einem Montag, wurde in Wiesbaden und Mainz in feierlichen Zeremonien, unter Beschwörung einer erfüllten historischen Mission Frankreichs, die Trikolore eingeholt, traten die letzten französischen Bataillone die Heimreise an. Der Präsident der interalliierten Rheinlandkommission, Paul Tirard, hatte in den vorhergehenden Tagen mit dem Reichskommissar im besetzten Rheinland, dem Freiherrn Langwerth von Simmern, besondere Amnestievereinbarungen getroffen und darüberhinaus den Wunsch angemeldet, daß eventuelle deutsche Befreiungsfeiern in möglichst zurückhaltender Form durchgeführt würden. Außerdem hoffe die französische Regierung auf eine Beschränkung der Agitation rechtsradikaler Gruppen im Rheinland. Am 28. Juni hatte sich die interalliierte Rheinlandkommission offiziell aufgelöst.[14] Nicht nur Stresemann und seine Nachfolger wußten, daß mit der Rheinlandräumung die europäische Nachkriegsordnung an einem entscheidenden Wendepunkt angelangt war. Auch die Verantwortlichen auf französischer Seite waren sich darüber im klaren, daß sie die gleichzeitige Preisgabe einer dreifachen Garantie bedeutete: für die Reparationen (trotz des Young-Plans), für die Sicherheit Frankreichs und für die Sicherheit der Frankreich politisch zugewandten ost- und südosteuropäischen Staaten. Es handelte sich hier objektiv in der Tat um einen durch die Locarno-Politik möglich gewordenen „acte de foi dans la politique de la paix, un acte de confiance en la loyauté de l'Allemagne".[15] Bei allen französischen Bedenken und Widerständen war dies letztlich ein wirklicher französischer

---

[10] Siehe hierzu DBFP, II, I, Nr. 301–04.
[11] Vgl. oben, S. 123–124, 136–137.
[12] Siehe hierzu ADAP, B XIV, Nr. 223, XV, Nr. 5, 9, 14, 19, 27, 30, 33, 37, 47.
[13] Siehe oben S. 134–135.
[14] Tirard, La France sur le Rhin, S. 445 ff. Die Notifizierung der Räumung der dritten Zone erfolgte, ebenso wie zum 30. 11. 1929 die der zweiten Zone, durch Briand als Präsidenten der Botschafterkonferenz, siehe Hoesch an AA, 28. 6. 1930, PA, L 143/L 035 703–04.
[15] Tirard, La France sur le Rhin, S. 448.

Verständigungsbeitrag. Man erhoffte sich davon nun in Paris, daß er zum Auftakt einer Phase des Ausgleiches und der Versöhnung zwischen den beiden Nachbarn würde.

Die Enttäuschung dieser Erwartung markiert ein wichtiges Datum in der Entwicklung der deutsch-französischen Beziehungen zwischen den Weltkriegen. Das deutsche Verhalten nach dem Truppenabzug präsentierte sich in französischer Sicht als eine Kette provozierender, unerhörter Beweise dafür, daß das Axiom der langjährigen französischen Verständigungspolitik falsch war. Großzügige Gesten gegenüber dem deutschen Nachbarn verminderten offenbar jenseits des Rheins nicht den Revisionsdruck, sondern verstärkten ihn im Gegenteil! Die Wette auf die Möglichkeit der Entwicklung der Weimarer Außenpolitik in eine gemäßigte, ausgleichswillige Richtung schien nicht aufzugehen. Botschafter von Hoesch, der den Stimmungsumschwung in der französischen Öffentlichkeit aus nächster Nähe miterlebte, glaubte als tiefere Ursache der französischen Enttäuschung die unterschiedliche Bewertung des Räumungsakts hüben und drüben zu erkennen:

„Während wir die Rheinlandräumung als einen unter schweren Opfern erkauften und viel zu spät gewährten Akt der Gerechtigkeit ansehen und dabei leicht vergessen, wie unendlich weit wir noch vor wenigen Jahren von der Wiedererlangung der Freiheit am Rhein entfernt waren, stellt sich für die Franzosen die Preisgabe des linken Rheinufers dar als eine gewaltige, fast unbegreifliche Tat des Entgegenkommens."[16]

Offenbar ging, nach den Ratifizierungsdebatten über den Young-Plan, nun von der Rheinlandräumung ein weiterer, das machtpolitische, revisionistische Bewußtsein in der deutschen Öffentlichkeit verstärkender Impuls aus. Außenminister Curtius setzte in seiner Reichstagsrede am 25. Juni den Ton, als er die vorzeitige Rheinlandräumung als nur einen Teil einer Außenpolitik bezeichnete, die weit darüber hinaus auf „die volle politische Freiheit und Gleichberechtigung für Deutschland" abziele und den „natürlichen und unverzichtbaren deutschen Lebensinteressen Genüge" verschaffen müsse.[17] In dem am 1. Juli von Reichspräsident und Reichsregierung erlassenen Aufruf wurde „der Leidensweg der rheinischen Bevölkerung" für beendet erklärt und unter Anspielung auf den Young-Plan vermerkt, daß „durch Jahre schwerer Leiden, durch Übernahme drückender Lasten [...] dem Land am Rhein die Freiheit wiedergewonnen" worden sei: „Einig wollen wir sein in dem Streben, unser geliebtes Vaterland auf friedlichem Wege nach Jahren der Not einem besseren und helleren Tag entgegenzuführen. Einig wollen wir sein in dem Schwur: Deutschland, Deutschland über alles!"[18] Gleichzeitig wurde die Forderung laut, daß der entmilitarisierten Zone auf der deutschen eine entmilitarisierte Zone auf der französischen Seite der Grenze entsprechen und daß, vor allem, nun auch beschleunigt die vorzeitige Rückgliederung des Saargebiets erfolgen müsse. In der deutschen Presse fanden sich kaum Bemerkungen, die der Hoffnung auf eine deutsch-französische Entspannung Ausdruck gaben, eher verbreitete sie den Eindruck, daß mit dem Ende der Rheinlandbesetzung ein wesentliches Hindernis für eine Forcierung der Revisionspolitik entfallen sei. Auffassungen dieser Art sollten auch in den Themen des Reichstagswahlkampfes im August und in der ersten Septemberhälfte, die sich mit praktisch allen übrig-

---
[16] Hoesch an AA, 25.7.1930, ADAP, B XV, Nr. 160.
[17] Verhandlungen des Reichstags, IV. Wahlperiode, Stenographische Berichte, Bd. 428, S. 5814–15.
[18] UF, VII, S. 222–223.

gebliebenen Bindungen des Versailler Vertrages unter besonderer Betonung des Problems der Ostgrenzen beschäftigten, vielfältigen Ausdruck finden.[19]

Darüberhinaus versagte das offizielle Berlin Paris die öffentliche Anerkennung für die pünktliche Einhaltung des im Haag vereinbarten Termins. Eine solche Geste hätte die Meinungsbildung in der deutschen ebenso wie in der französischen Öffentlichkeit vielleicht nachhaltiger in einer ausgleichenden Richtung beeinflussen können.[20] Die Reichsregierung zögerte jedoch in geradezu provozierender Weise sogar, auf diplomatischem Wege den Truppenabzug mit einem versöhnlichen Wort des Dankes zu quittieren, obwohl sie wußte, daß man in Paris ungeduldig darauf wartete. Erst auf nachdrückliche Vorstellungen Hoeschs hin ließ Curtius Briand die deutsche Genugtuung über die Beseitigung des „schwersten Hindernisses", der „höchsten Barriere" für die Entwicklung der deutsch-französischen Beziehungen übermitteln, verbunden mit dem Ausdruck der Erwartung, „daß die endliche Vollziehung des Aktes der Gerechtigkeit, wie wir die vorzeitige Räumung betrachteten, gute Früchte tragen würde".[21]

Als besonders problematisch wurden in Frankreich die Befreiungsfeiern empfunden, die im unmittelbaren Gefolge des französischen Truppenabzugs in fast allen Städten und Gemeinden des Rheinlands abgehalten wurden. Schon seit Ende März 1930 hatte sich die französische Diplomatie wegen der möglichen Wirkung solcher Jubelfeiern auf die französische Öffentlichkeit bemüht, in Berlin Zusicherungen für eine weitgehende Zurückhaltung bei den deutschen öffentlichen Kundgebungen zu erreichen. Dabei verwies sie auch auf das gemessene französische Verhalten bei dem deutschen Truppenabzug aus Ostfrankreich im Jahre 1873. Briand regte eine gemeinsame deutsch-französische Rheinlandfeier als äußere Demonstration der Verständigung im Geiste von Locarno an.[22] Aber Locarno hatte seine versöhnende Kraft verloren, und auch die Bemühungen Tirards gegenüber dem Freiherrn Langwerth von Simmern blieben ohne Erfolg. Nicht nur wurden

---

[19] Siehe hierzu die von Rumbold für die britische Regierung zusammengestellte Übersicht der deutschen öffentlichen Meinung nach der Räumung vom 3.7.1930, DBFP, II, I, Nr. 307, 308. Für die Aufladung der revisionspolitischen Atmosphäre in Deutschland während des Wahlkampfes siehe den Bericht Rumbolds vom 29.8., ibid., Nr. 318.

[20] Hoesch an AA, 15.7.1930, PA, L 143/L 035 848–49. Wie sehr es sich hier um eine bewußte Brüskierung seitens der Reichsregierung handelte, belegt eine Aufzeichnung o. U. vom 12.10.1930, „Zu der Frage einer Geste an die Adresse Frankreichs aus Anlaß der Rheinlandräumung", PA, L 143/L 036 035–38.

[21] Hoesch an AA, 2.7.1930, ADAP, B XV, Nr. 114; 4.7., ibid., Nr. 119; Aufzeichnung Curtius, 3.7., ibid., Nr. 116.

[22] Zu den Befreiungsfeiern siehe ADAP, B XIV, Nr. 198; B XV, Nr. 34, 102, 119; ARK Brüning, Nr. 45, 47, 48. – Hierzu resignierte Töne aus dem AA (Köpke an Hoesch, 15.7.1930, PA, L 143/L 035 834–37): „Ihre wehmütigen Betrachtungen am Schluß Ihres freundlichen Briefes teile ich durchaus. Die Befreiung des Rheinlands hat hier trotz Glockenklang und Festgetriebe bisher eigentlich nur eine Versteifung unserer Beziehungen zu Frankreich zur Folge gehabt. Daß die Erklärung hierfür in den französischen Quengeleien in Kehl und auf den Flugplätzen oder in den Separatisten-Pogromen allein zu suchen sein soll, glaube ich nicht. Jedenfalls erscheint mir die Haltung der deutschen öffentlichen Meinung unverständlich und undankbar. Daß sich daran etwas durch die nunmehr bevorstehenden Befreiungsfeiern ändern sollte, glaube ich auch nicht recht. Ich finde überhaupt diese verspäteten Feiern nach Ausmaß und sonstigem Arrangement recht wenig glücklich; aber gegen befreite Bürgermeister kämpfen die Götter selbst vergebens. Ich denke und hoffe, daß bis zum Herbst das Gewölk sich wieder verzogen haben wird, und die Besprechungen über das Briand-Memorandum und andere gemeinschaftliche Sorgen vielleicht wieder die Sonne von Locarno scheinen lassen."

1. Entfremdungen um die Rheinlandräumung

Anfang Juli zu den wichtigsten rheinischen Befreiungsfeiern Vertreter der Reichsregierung entsandt, der Reichspräsident persönlich unternahm eine demonstrative Reise durch das Rheinland, auf der er in Speyer, Mainz, Koblenz, Trier und Aachen das Wort ergriff und jeweils selbst das Deutschlandlied anstimmte.[23] Im gesamten Reich ordnete die Reichswehr in der Nacht vom 30. Juni zum 1. Juli „in allen Standorten, wo Musik vorhanden ist", und zentral im Berliner Stadion einen großen Zapfenstreich an.[24] Ein „Befreiungstaler" mit der provozierenden Umschrift „Der Rhein, Deutschlands Strom, nicht Deutschlands Grenze" wurde geprägt und in Umlauf gesetzt.[25] Gravierender noch waren in französischen Augen das Auftauchen nationalistischer und nationalsozialistischer Gruppen, auch des Stahlhelm, links des Rheins, und Ausschreitungen gegen das Eigentum ehemaliger Separatisten und Sympathisanten der französischen Besatzung sowie der direkt oder indirekt in französischen Diensten beschäftigten Rheinländer. Sie lösten einen energischen Protest Tardieus über den Kopf Briands hinweg aus. Darin beschwerte sich der französische Ministerpräsident auch über das unzureichende Eingreifen der deutschen Polizei und die mangelhafte Unterrichtung der deutschen Öffentlichkeit über die Amnestievereinbarungen vom Oktober 1929.[26]

Das bedeutende Ereignis regte in Deutschland wie in Frankreich zu grundsätzlicheren Betrachtungen über den Tag hinaus an. Aus deutscher Sicht war mit dem Ende der rheinischen Besetzung der Zwang, jeden außenpolitischen Schritt am deutsch-französischen Verhältnis zu orientieren, zumindest abgemildert. In historischer Perspektive schien der französische Versuch, die linksrheinischen Gebiete zu annektieren, für die überschaubare Zukunft gescheitert. Deutschland hatte aber für die vorzeitige Räumung einen hohen, vielleicht zu hohen Preis in Gestalt des Young-Plans bezahlt, und die Räumung schien, um einen günstigen psychologischen Effekt zu erzielen, um wenigstens drei Jahre zu spät gekommen.[27]

Auch auf französischer Seite herrschte die Auffassung, daß dem vorzeitigen Räumungsakt ein hoher, geradezu historischer Rang zuzumessen sei, daß er „einen entscheidenden Wendepunkt zum Guten oder zum Schlimmen" darstelle. Er war möglich geworden durch eine versöhnliche Geste Frankreichs, die freilich nur Sinn machte, wenn sie auf deutscher Seite eine positive, nicht eine negative Antwort fand. Denn die erstere würde die Politik Briands, die letztere die seiner Kritiker bestärken. Würde die Räumung auf die in ihren Grundlagen ungefestigte Republik von Weimar am Ende stabilisierend oder destabilisierend wirken? Die französische Rechte, sogleich die Nichterwähnung der Verdienste Stresemanns im Aufruf der Reichsregierung registrierend, verwies darauf, daß in Deutschland das Wiedererwachen und Wiedererstarken einer imperialistischen Mentalität erkennbar werde, die sich nur durch die Sprache der Macht beeindrucken lasse, und daß daher mit der Räumung der Mainzer Zone die letzte wirkliche Friedensgarantie preisgegeben worden sei. Die politische Mitte vermerkte, daß man einer zwangsläufigen Folge der von Frankreich in den letzten Jahren betriebenen Verständigungspolitik bei-

---

[23] Zu den Hintergründen der Reise Hindenburgs siehe Otto Braun, Von Weimar zu Hitler, Hamburg 1949, S. 169–74.
[24] Kabinettssitzung vom 3.6.1930, 18 Uhr, ARK Brüning, Nr. 45.
[25] Kabinettssitzung vom 13.6.1930, 16 Uhr, ibid., Nr. 47.
[26] Hoesch an AA, 4.7.1930, ADAP, B XV, Nr. 119; 5.7., PA, L 143/L 035 746–48; 7.7., ADAP, B XV, Nr. 124; Aufzeichnung Curtius', 7.7., ibid., Nr. 125.
[27] Siehe hierzu etwa DBFP, II, I, Nr. 306, 307.

wohne, die einen neuerlichen Beweis der französischen Friedensliebe und des Vertrauens gegenüber Deutschland darstelle. Die Linke stellte mit Genugtuung fest, daß die 1924 eingeleitete Verständigungspolitik zu dem längst überfälligen Ergebnis geführt habe, was neue Schwierigkeiten in der Zukunft freilich nicht auszuschließen brauche: „Les ponts du Rhin sont évacués. Il s'agit maintenant de ne pas les rompre."[28]

2. Das Scheitern der Saarverhandlungen

Eine weitere Enttäuschung bedeutete das Scheitern der deutsch-französischen Sonderverhandlungen über eine vorzeitige Rückgliederung des Saargebiets an das Deutsche Reich. Die Gründe für dieses Scheitern sind, unter dem Eindruck der gleichzeitigen allgemeinen Verschlechterung des deutsch-französischen Verhältnisses, von den nur unvollständig informierten Öffentlichkeiten beiderseits des Rheins in erheblichem Maße mystifiziert worden und sogar heute noch umstritten.[29] Das Studium der deutschen und französischen Akten zeigt, daß die Ursache in der Unvereinbarkeit der beiderseitigen nationalen Zielsetzungen lag, die sich bereits im Verlaufe des vorhergehenden Winters in der Grubenfrage zuzuspitzen begonnen hatte. Vor dem Hintergrund des Inkrafttretens des Neuen Plans, der Rheinlandräumung, der Debatte über das französische Europa-Memorandum führte sie im Sommer 1930 zu Krise und Abbruch der Saarverhandlungen.

Die Entwicklung wurde vorangetrieben durch den in Berlin in den ersten Tagen des Kabinetts Brüning auf Vorschlag des deutschen Delegationsleiters Simson gefaßten Entschluß, die Saarverhandlungen zu forcieren. Die französische Seite sollte vor die Alternative gestellt werden, entweder ihre starre Defensivhaltung aufzugeben oder eine Vertagungspause einzulegen. Für den deutschen Beschleunigungswunsch war die Überlegung maßgebend, daß spätestens bis zum August 1930 ein abschließendes Verhandlungsergebnis vorliegen mußte, wenn Rat und Versammlung des Völkerbunds, denen die letzte politische Sanktionierung einer deutsch-französischen Rückgliederungsvereinbarung zustand, sich noch rechtzeitig im September damit befassen sollten. Anderenfalls ging unter Umständen ein volles Jahr bis zum erneuten Zusammentritt der nächsten Völkerbundsversammlung im Herbst 1931 verloren.[30] Falls es nicht gelänge, die französische Delegation von ihrer inflexiblen Defensivposition in der Grubenfrage abzubringen, würde es

---

[28] ADAP, B XV, Nr. 113. Zur Nichterwähnung Stresemanns siehe auch Braun, Von Weimar zu Hitler, S. 169–170. – „Que nous reste-t-il donc, l'évacuation faite, pour résister à l'agression possible allemande? Des frontières sans fortifications, des fortifications sans canons, des canons sans munitions, des unités sans effectifs, des effectifs sans instruction", General Lavigne-Delville am 30.6.1930 in der Action française über die Konsequenzen der Rheinlandräumung, zitiert in Maurice Vaïsse, „La Ligne Stratégique du Rhin (1919–1930). De la réalité au mythe" in: Problèmes de la Rhenanie. Die Rheinfrage nach dem Ersten Weltkrieg. Actes du Colloque d'Otzenhausen, 14–16 Octobre 1974, Metz 1975, S. 11.

[29] Während etwa Brüning, Memoiren, S. 171, die Verantwortung für das Scheitern der Saarverhandlungen Frankreich zuschiebt, sieht Jeanneney, François de Wendel, S. 477, mehr deutsche Obstruktion. Offenkundig unterliegt die Bewertung der Frage immer noch einem starken nationalen Impuls. Ausgeglichener, aber ohne Kenntnis der französischen Akten, Zenner, S. 247–249.

[30] Chefbesprechung vom 7.4.1930, 11 Uhr, ARK Brüning, Nr. 10.

2. Das Scheitern der Saarverhandlungen

richtiger sein – so Brüning und Curtius am 7. April zu Simson – die Verhandlungen auf einen günstigeren Zeitpunkt zu vertagen und notfalls das Jahr 1935 abzuwarten. Allerdings gingen das Kabinett und die Delegation, an einem Verhandlungserfolg grundsätzlich weiter interessiert, vorläufig davon aus, daß die französische Seite gegenüber deutschem Entgegenkommen in den Handels- und Zollfragen schließlich auf die deutsche Grubenforderung einschwenken werde.[31] Einige Wochen später, in der zweiten Maihälfte, als sich nach einer Unterredung zwischen Curtius und Briand in Genf[32] im optimistischen Urteil des deutschen Außenministers die Aussichten auf einen positiven Ausgang der Verhandlungen zu verbessern schienen, drängte die Reichsregierung neuerlich auf Beschleunigung. Im Hinblick auf den Septembertermin des Völkerbunds müsse rechtzeitig geklärt werden, ,,auf welcher rechtlichen Grundlage [die] Rückgliederung weiterbetrieben werden solle, wenn in Paris [eine] Einigung auf zollpolitischem Gebiet und hinsichtlich [der] Gruben erzielt sei".[33] In den folgenden Wochen bemühte sich die deutsche Delegation dementsprechend um die Einberufung der zur Klärung der politischen und juristischen Fragen zuständigen dritten Unterkommission.[34]

Auf französischer Seite zeigte man sich bereit, auf die deutschen Beschleunigungs-Wünsche einzugehen. Paris hatte ein Interesse an der Fortführung der Verhandlungen, freilich das Interesse dessen, der einen erreichbar scheinenden Vorteil dem bereits günstigen *status quo* vorzieht und durch Weiterverhandeln nichts verlieren, sondern nur etwas gewinnen, allerdings auch ohne weiteres ein Scheitern in Kauf nehmen kann.[35] Die Pernot-Kommission ging unverändert von der Erwartung aus, in der Grubenfrage einen Durchbruch in französischem Sinne erreichen zu können. Sie verhandelte weiter unter den Prämissen, daß auf keinen Fall Frankreich seine starke Defensivstellung verlassen dürfe und daher einen ,,Parallelismus" von Gruben- und Zollfragen nicht akzeptieren könne; daß es weder dem französischen Interesse diene noch am Ende parlamentarisch durchsetzbar sein würde, wenn die Delegation ihre Verhandlungsziele in der Grubenfrage für das Erreichen eines vorteilhaften Handels- und Zollregimes über das Jahr 1935 hinaus preisgäbe; daß eine 1935 zu erwartende Abstimmungsniederlage einem freiwilligen vorzeitigen Rückzug zu unbefriedigenden Bedingungen in der Grubenfrage vorzuziehen sein würde: ,,On est beaucoup plus atteint moralement par une retraite sans com-

---

[31] Ibid.; vgl. oben, S. 131.
[32] Darstellungen über die auf die Saarfrage bezüglichen Teile der Unterredung in Aufzeichnungen Pernots, 19.5.1930, MAE, DAPC, Sarre 187, Bl. 265–266.
[33] Bülow an Paris, 21.5.1930, PA 4517/E 133 810–12.
[34] Zu den Bemühungen um die Einberufung der Politischen Kommission, die am Ende wegen des Scheiterns der Verhandlungen überhaupt nicht zusammentrat, siehe Friedberg an AA, 22.5.1930, ADAP, B XV, Nr. 41; Hoesch an AA, 23.5., PA 4517/E 133 844; Simson an AA, 6.6.1930, PA, 4517/E 133 898–99; Friedberg an AA, 16.6., PA, 3058/D 609 548–50; Friedberg an Köpke, ADAP, 20.6.1930, B XV, Nr. 88. Aufzeichnungen Pernots vom 4./5./6.6.1930, MAE, DAPC, Sarre 175, Bl. 65–68; Sarre 187, Bl. 276; Aufzeichnungen Pernots, 16.6.1930, Sarre 183, Bl. 6–10; Aufzeichnung Laboulayes, 19.6., Sarre 175, Bl. 93–95; ,,Réunion de la Troisième Sous-Commission des Affaires de la Sarre (Délégation française)" vom 21.6.1930, Sarre 171, Bl. 239–255; Laboulaye an die französischen Mitglieder der dritten Unterkommission, 30.6., Sarre 188, Bl. 168.
[35] Ende Januar war man im Quai d'Orsay vorübergehend zu der Einschätzung gekommen, daß Frankreich von einer vorgezogenen Rückgliederungsvereinbarung wirtschaftlichen und politischen Nutzen auch dann erwarten könne, wenn die erhoffte Beteiligung an den Gruben nicht durchzusetzen sei, Aufzeichnung Laboulayes, 20.1.1930, ibid., Sarre 186.

bat que par une défaite". ³⁶ Immerhin nährte das im Verlaufe der Verhandlungen erwachte Problembewußtsein hinsichtlich der 1935 zu erwartenden Schwierigkeiten, namentlich im handelspolitischen Bereich, die Bereitschaft, die Möglichkeiten einer sofortigen Verständigung möglichst weit auszuloten.

Indessen lieferte die sich von Ende März bis in die ersten Julitage hinziehende letzte Verhandlungsphase den endgültigen Beweis, daß es zwischen den beiderseitigen Vorstellungen keine Brücke gab. Freilich kam es zunächst Mitte April noch zu dem scheinbaren Fortschritt der Einigung auf ein „Gemeinsames Arbeitsprogramm". Nach seiner Rückkehr aus Berlin schlug Simson Pernot vor, die beiden Delegationen sollten zur Beschleunigung der Verhandlungen versuchen, alle offenen Einzelfragen zu einem gemeinsamen Arbeitsprogramm zusammenzufassen. Anderenfalls bleibe nichts übrig, als das Scheitern der Saarverhandlungen festzustellen.³⁷ Die deutsche Delegation halte es für erforderlich, daß in dem Programm zwischen den Arbeiten der beiden Unterkommissionen für die Gruben- und für die Zollfragen ein gewisser Parallelismus hergestellt werde. Ohne Präjudizierung der beiderseitigen grundsätzlichen Standpunkte und unter Aufrechterhaltung der Entschlußfreiheit der Delegationsführer solle die Grubenkommission ausschließlich auf der Basis der deutschen und die Zollkommission ausschließlich auf der Basis der französischen Vorschläge weiterberaten.³⁸ Pernot lehnte diesen *modus procedendi*, der sowohl die Preisgabe der starken französischen Defensivstellung als Rechtsinhaber als auch die Aufgabe des Zieles einer französischen Beteiligung an den Saargruben implizierte, unverzüglich ab, stimmte aber im Interesse der Fortführung der Verhandlungen zu, sich an der Umredigierung des von Simson vorgelegten Entwurfs eines Arbeitsprogramms zu beteiligen.

In den folgenden Redaktionssitzungen wurde die Vorstellung eines Parallelismus zwischen Gruben- und Zollfragen ebenso fallengelassen wie der Vorschlag, in den Grubenverhandlungen von der deutschen Position auszugehen, daß präferenzielle Kohlenlieferungsverträge anzustreben seien. Betont wurde dagegen nun der vorläufige Charakter des Arbeitsprogramms und die bloße Eventualität der deutscherseits geforderten Grubeninspektion. Nach dem endgültig vereinbarten Papier sollte die erste (Gruben-) Unterkommission zunächst folgende Punkte behandeln: „a) Bedingungen, unter denen die von der französischen Grubenverwaltung verpachteten Felder weiter verpachtet werden könnten, b) etwaige Befahrung der Gruben, c) Festsetzung des Rückkaufspreises der Gruben und Modalitäten der Bezahlung des Rückkaufspreises." In der zweiten Unterkommission für die Handels- und Zollfragen sollte verhandelt werden über „a) Beibehaltung des gegenwärtigen Zollregimes des Saargebietes bis zum Jahre 1935 unter Anpassung an die staats- und völkerrechtliche Lage, die sich aus der Rückgliederung des Saargebiets an Deutschland ergeben würde, b) Wirtschafts- und Zollsystem, insbesondere Kontingentsystem, vom Jahre 1935 ab."³⁹ Das besondere Kennzeichen dieses Kompromißpro-

---

[36] Guillaume an Pernot, 14. 4. 1930, ibid., Sarre 196, Bl. 86–89.
[37] Aufzeichnung Pernots vom 9. 4. 1930, ibid., Sarre 174, Bl. 198–205; Simson an AA, 9. 4., PA, 4517/133 673–74.
[38] Aufzeichnung Pernots vom 12. 4. 1930, MAE, DAPC, Sarre 187, Bl. 224–26.
[39] Das vollständige französische Dossier „Élaboration du Programme de Travail" findet sich in MAE, DAPC, Sarre 187, Bl. 223–43; vgl. Simson an AA, 12., 15., 16. 4. 1930, PA, 4517/E 133 680–81; 692–93; 700–02.

gramms war, daß in der Grubenfrage das strittige Hauptproblem des Grubenregimes – französischer Beteiligungsplan versus deutsche Kohlenlieferungsgarantien – schlicht zurückgestellt wurde. Stattdessen wurden zunächst technische Fragen auf die Tagesordnung gesetzt, deren Lösung möglich schien und dann eine Annäherung im Grundsätzlichen erleichtern mochten.

In den folgenden Wochen führten die nach dem „Gemeinsamen Arbeitsprogramm" in den beiden Unterkommissionen geführten Verhandlungen in eine Sackgasse. Wohl deutete sich in den zehn Sitzungen der Kommission für die Handels- und Zollfragen, die zwischen dem 2. Mai und dem 4. Juli stattfanden,[40] die Möglichkeit einer Einigung an, wenngleich auch hier in einer Reihe von rechtlichen und praktischen Einzelfragen noch Auffassungsunterschiede bestehen blieben. Immerhin ergab sich Übereinstimmung, daß im Falle einer vorzeitigen Rückgliederung des Saargebiets an das Deutsche Reich die Zollgrenze bis 1935 nicht geändert werden und somit bis dahin auf deutschem Boden der Dualismus einer französischen Zollverwaltung neben einer deutschen Hoheitsverwaltung weiterbestehen solle. Freilich wurde über die Organisationsstruktur des jedenfalls gemischten deutsch-französischen Zollpersonals noch keine Einigung erzielt. Für die Zeit nach 1935 beanspruchte die französische Delegation nun, unter Hinweis auf die vor 1935 zu erwartenden Einbußen Frankreichs, ein materiell (für praktisch alle Positionen des Zolltarifs) und zeitlich (für 20 Jahre) weit gespanntes Kontingentsystem für ihre Exporte in das Saargebiet. Die deutsche Seite erklärte dies in so weitgehender Form für nicht akzeptabel und wies auch die gewählten Berechnungsgrundlagen (Basisjahr 1928) zurück. Indessen hätten die Saarverhandlungen nach der Einschätzung Simsons an den Handels- und Zollfragen nicht zu scheitern brauchen.[41]

Dagegen erwies sich in der Grubenfrage alsbald, daß der Versuch, über die Lösung von Nebenfragen eine Annäherung im Grundsätzlichen zu erreichen, an der Realität vorbeiging. Natürlich führte die Verhandlung jeder Nebenfrage rasch auf den Hauptdissens zurück. In den 13 Sitzungen der Gruben-Unterkommission, die zwischen dem 30. April und dem 5. Juli stattfanden, drehten sich infolgedessen die Beratungen überwiegend im Kreise.[42] Selbst eine Vereinbarung über die Weiterverpachtung der Kohlenfelder von Carlsbrunn (Peyerimhoff) und Großrosseln (de Wendel) machte die französische Delegation von der grundsätzlichen Einigung über das Grubenregime abhängig, doch kam hier mit einer Übereinkunft über wichtige Punkte der Folgeverträge, die im Falle der vorzeitigen Rückgliederung des Saargebiets an Deutschland abzuschließen sein würden, noch die weiteste Annäherung zustande. Deren Grenze wurde freilich bereits in der Frage der Laufzeit dieser Verträge (Deutschland: bis 1940; Frankreich: 99 Jahre) sichtbar, aber auch in der Frage der eventuellen Entschädigungen, deren Höhe die deutsche Seite von der Höhe des Rückkaufspreises abhängig machte. Über diesen Rückkaufspreis wurde ebenfalls ausgiebig beraten, doch gelangte man hier unter Heranziehung verschiedener Berechnungsmethoden nur zu einer vorläufigen Zahlenopposition (Deutschland: 290 Millionen RM, Frankreich: 473 Millionen RM). Die deutsche Delegation wollte sich verbindlich nicht aufgrund von alten Schätzungen oder französischen Bilanzen, sondern –

---

[40] Die Darstellung basiert auf der Analyse der französischen Sitzungsprotokolle der zweiten Unterkommission in MAE, DAPC, Sarre 182, 194.
[41] Simson an AA, 4.7.1930, ADAP, B XV, Nr. 120.
[42] Die Darstellung basiert auf der Analyse der französischen Sitzungsprotokolle der ersten Unterkommission in MAE, DAPC, Sarre 169, 180, 187, 190–192.

was auf französischer Seite prinzipiell als berechtigt anerkannt wurde – erst aufgrund einer Grubenbefahrung und Inspektion des Zustands der Gruben äußern. Die Verhandlungen über die Grubenbefahrung wiederum konnten wohl Vereinbarungen über deren Modalitäten, also die Befugnisse und Zusammensetzung der Inspektionsdelegation erwarten lassen, nicht aber über das Datum, zu dem sie ihre Tätigkeit im Saargebiet würde aufnehmen können, denn die französische Regierung machte dies von einer grundsätzlichen Einigung über das künftige Grubenregime in ihrem Sinne abhängig. Die deutsche Delegation verzichtete daher vorerst auf eine Weiterberatung. Sogar die Möglichkeit, die Zahlungsmodalitäten des Rückkaufs festzulegen, entschwand, als deutscherseits eine teilweise Verrechnung mit Kohlenlieferungen und Pachtzinsen gefordert wurde, deren Verhandlung aus französischer Sicht wiederum die grundsätzliche Frage des künftigen Grubenregimes präjudiziert hätte.

Bei diesem insgesamt sehr schwierigen und wenig aussichtsreichen Verhandlungsstand entschloß sich die deutsche Delegationsführung in Paris in der zweiten Junihälfte, den Dingen an der entscheidenden Stelle auf den Grund zu gehen. Eine erneute Konsultation mit der Reichsregierung scheint – nach dem Grundsatzbeschluß vom 7. April – nicht mehr vorangegangen zu sein. „Nach einstimmiger Überzeugung der Delegation war ein längeres Hinauszögern der Entscheidung nicht möglich", informierte Simson den Reichsaußenminister. „Auch Stimmung des Saargebiets geht nach unseren Eindrücken dahin, daß endlich Klarheit geschaffen werden müsse."[43] Curtius erklärte sein nachträgliches Einverständnis und sicherte die Zustimmung des Kabinetts.[44] Damit entfällt offenkundig die auf französischer Seite geäußerte Vermutung, daß ein besonderes wirtschaftliches oder parteipolitisches Kalkül des Kabinetts Brüning beim Scheitern der Saarverhandlungen eine maßgebliche Rolle gespielt habe.[45] Allerdings brauchte Ende Juni in Berlin die Rheinlandräumung nicht länger verhandlungstaktisch im Auge behalten zu werden; womöglich war auch Simson persönlich nicht unglücklich, bei Gelegenheit der Rheinlandräumung einigermaßen unbeschadet aus einer unter den Umständen unlösbaren Aufgabe wieder herauszukommen. Jedenfalls erklärte am 19. Juni das deutsche Delegationsmitglied von Friedberg in einer Vorsondierung dem stellvertretenden Leiter der Politischen Abteilung des Quai d'Orsay, Laboulaye, unverblümt, daß die französischen Vorstellungen einer deutsch-französischen Zusammenarbeit im Saargebiet auf deutscher Seite niemals geteilt worden seien, daß eine wirtschaftliche Zusammenarbeit mit Frankreich von der Reichsregierung zwar auch gewünscht werde, aber nicht in der Grenzregion Saar, wo die Herrschaft Frankreichs sich nun zehn Jahre lang geltend gemacht habe und versucht sein könnte, sich künftig erneut geltend zu machen.[46] Fünf Tage später, am 24. Juni, bat Simson Pernot um eine definitive Auskunft, ob es der französischen Regierung überhaupt grundsätzlich möglich sei, ihren Standpunkt hinsichtlich des künftigen Grubenregimes zu modifizieren.[47]

---

[43] Simson an AA, 28.6.1930, ADAP, B XV, Nr. 105.
[44] Ministerbesprechung vom 2.7.1930, ARK Brüning, Nr. 61.
[45] Hierzu James Donnadieu, „Un infructueux essai de collaboration franco-allemande en Sarre", in: RPP, 144, 1930, S. 337–57 (hier: S. 353–4); Aufzeichnung Laboulayes vom 9.8.1930, MAE, DAPC, Sarre 175, Bl. 203; Friedberg an Köpke, 20.6.1930, ADAP, B XV, Nr. 88.
[46] Aufzeichnung Laboulayes vom 19.6.1930, MAE, DAPC, Sarre 175, Bl. 96–100.
[47] Simson an AA, 24.6.1930, PA, 3058/D 609 561–63; Aufzeichnung Pernots, 24.6., MAE, DAPC, Sarre 175, Bl. 106–113.

2. Das Scheitern der Saarverhandlungen

Die etwas verwirrte französische Reaktion verrät – ebenso wie auch das deutsche Verhandlungsverhalten der vorangegangenen Wochen – einiges über das Illusionäre der Erwartungen, mit denen auf beiden Seiten fast ein Jahr lang verhandelt worden war. In einer Aufzeichnung des Direktors der französischen Saargrubenverwaltung, Guillaume, heißt es zu den Ausführungen Friedbergs:

„Si le principe de collaboration, qui est à la base des negociations, n'est pas admis du côté adverse il est bien évident que les deux délégations, dont les points de départ sont divergents, ne pourront arriver à trouver un terrain d'entente. Si cette collaboration n'est pas franchement admise, je dirai même souhaitée de part et d'autre, les assurances qui pourront nous être données au sujet du maintien des intérêts français existant en Sarre, perdent en fait toute valeur, car aucune formule, qui ne vaut qu'en fonction de l'esprit suivant lequel elle sera appliquée, ne peut nous donner les apaisements nécessaires. Bien au contraire ces formules – qu'elles soient relatives aux conditions de livraison des charbons à la métallurgie, à l'exclusion de participations, ou encore au traitement égal des intérêts industriels français et allemands en cas d'institution de concessions de mines privées – seraient l'occasion de frictions incessants entre les deux pays."[48]

Pernots Rücksprache mit Ministerpräsident und Außenminister ließ über die Simson zu erteilende Antwort keinen Zweifel. Tardieu erklärte seinem Chefunterhändler knapp „qu'il n'y avait rien à changer à la position de la Délégation française, et qu'il appartenait à la Délégation allemande, si elle le jugeait convenable, de formuler de nouvelles propositions".[49] Briand informierte Pernot, er habe bereits dem deutschen Botschafter neuerlich die französische Position als Rechtsinhaber erläutert, der auf Angebote der antragstellenden deutschen Seite warte. „Il n'y avait rien à changer à la position prise par la Délégation française, un accord relatif à la Sarre n'étant susceptible d'être ratifié par les Chambres qu'au cas où cet accord procurerait à la France des avantages substantiels".[50]

Am 28. Juni bekräftigte Pernot gegenüber Simson die Unbedingtheit der französischen Forderung nach Beteiligung an den Saargruben – als Nutznießer, nicht als Eigentümer. Daraufhin erklärte der deutsche Verhandlungsführer, angesichts dieser „divergence fondamentale" in der Grubenfrage erscheine es ihm unmöglich, die Verhandlungen sinnvoll fortzusetzen. Als Pernot daraufhin erkennen ließ, daß er sich in Erwartung einer konstruktiven Weiterentwicklung der Verhandlungen über die Prozedur ihrer Beendigung noch keinerlei Gedanken gemacht habe, schlug Simson vor, entweder ein gemeinsames oder zwei getrennte Kommuniqués zu veröffentlichen. Er behalte sich vor, die Presse über den Verlauf der Verhandlungen und die Gründe für ihre Ergebnislosigkeit zu informieren. Ebenso wie Briand erachte er es im übrigen als wünschenswert, daß der Kontakt zwischen den Delegationen im Hinblick auf eine mögliche spätere Wiederaufnahme der Gespräche vorerst aufrechterhalten werde.[51] Unter diesen Umständen ging nunmehr Tardieu, wohl auch unter dem Eindruck der enttäuschenden Vorgänge um die Rheinlandräumung, einen Schritt weiter. In dem Entwurf des gemeinsamen Kommuniqués, das eine „suspension prochaine" wegen ernsthafter Auffassungsunterschiede ankündigte, wurde zunächst vorgesehen, daß beide Delegationen in der Sommerpause eine Überprüfung der Situation im Lichte der Arbeiten der beiden Unterkommissionen vornehmen

---

[48] Hschr. Aufzeichnung Guillaumes o. D., ibid., Sarre 193.
[49] Aufzeichnung Pernots vom 25.6.1930, ibid., Sarre 187, Bl. 299.
[50] Aufzeichnung Pernots vom 26.6.1930, ibid., Sarre 187, Bl. 300–301; Hoesch an AA, 26.6., ADAP, B XV, Nr. 101. Hierzu auch Hoesch an AA, 27.6., PA, 3058/D 609 573–75.
[51] Aufzeichnung Pernots vom 28.6.1930, MAE, DAPC, Sarre 175, Bl. 144–48; Simson an AA, 28.6., ADAP, B XV, Nr. 105.

würden, „dans la pensée que cet examen leur permettra de reprendre utilement les pourparlers à la rentrée d'octobre". Der französische Ministerpräsident änderte den letzten Halbsatz eigenhändig ab zu: „et rechercher si cet examen est de nature à permettre une reprise utile des pourparlers qui pourrait avoir lieu[52] à la rentrée d'octobre". Als Briand hierzu bemerkte, daß diese Formulierung „la rupture" bedeute, erwiderte Tardieu, daß die erstere Fassung Frankreich in eine ungünstige Position bringen würde, denn es sei Simson gewesen, der die Absichten zur Beendigung der Verhandlungen bekundet und die Weichen gestellt habe, „auxquelles nous répondions".[53]

Dies war in den ersten Julitagen 1930 das Ende der Verhandlungen über eine vorzeitige Lösung der Saarfrage. Kaum jemand in Frankreich oder in Deutschland glaubte noch ernsthaft an eine Wiederaufnahme. Wie in der sich über den Sommer 1930 hinziehenden und erst im September in Genf bereinigten Frage des nach der Räumung fälligen Rückzugs der sogenannten französischen Bahnschutztruppen aus dem Saargebiet sogleich sichtbar wurde,[54] diente dieser Ausgang nicht der Beruhigung des deutsch-französischen Verhältnisses, sondern trug im Gegenteil Erhebliches zu der von den Vorgängen um die Rheinlandräumung ausgehenden Entfremdung bei. In den folgenden Wochen wurden in Deutschland wie in Frankreich einseitige Darstellungen darüber verbreitet, wem die Schuld für das Scheitern der Saarverhandlungen zuzumessen sei. In beiden Ländern begannen die Vorbereitungen auf die Abstimmung des Jahres 1935. Deutscherseits wurde, zunehmend rituell, das nationale Erfordernis einer möglichst raschen Rückkehr der Saar zum Reich unterstrichen, die auch dem deutsch-französischen *rapprochement* dienlich sei. Jede Berechtigung für eine französische Beteiligungsforderung an den Gruben sei längst entfallen. Im übrigen gelte es, in engem Benehmen mit der Saarbevölkerung und den Saarparteien abzuwarten, wie sich die französische Haltung mit dem Näherrücken des Abstimmungstermins entwickele. Auf französischer Seite wurde die Ankurbelung einer Saarpropaganda für wichtig gehalten, die politisch defensiv, wirtschaftlich offensiv sein müsse. Man machte sich in Paris gewisse Hoffnungen, daß aufgrund der starken wirtschaftlichen Hinordnung des Saargebiets zu Frankeich 1935 eine Fortsetzung des *status quo* oder wenigstens ein französischer Teilerfolg im Warndt-Gebiet erreicht werden könnte. Die Schaffung neuer finanzieller Bindungen könnte vielleicht hilfreich sein. Eine eventuelle deutsche Nichterfüllung des Neuen Plans mochte dem Saargebiet sogar unter Umständen eine neue Pfandrolle zuwachsen lassen.[55]

Kurzum, das Saargebiet war dabei, in der Folge des Scheiterns des 1929/30 unternommenen Versuchs einer vorzeitigen Rückgliederung an das Deutsche Reich statt zu einem „Bindeglied" (trait d'union) zu einem Trennungsgrund des deutsch-französischen Verhältnisses zu werden.

---

[52] In der Endfassung auf Ersuchen Simsons abgeändert zu: „qui aurait lieu".
[53] Randbemerkungen zu „Projet de Communiqué à la Presse", o. D., MAE, DAPC, Sarre 175, Bl. 164.
[54] Der sogenannte saarländische „Bahnschutz" diente der Sicherung der Verbindungswege zwischen Frankreich und den Besatzungstruppen im Rheinland und verlor dementsprechend mit der Räumung seine Existenzberechtigung. Trotz dieser eindeutigen Rechtslage zögerte die französische Regierung zwei Monate lang, die Bahnschutztruppen zurückzuziehen, siehe u. a. ADAP, B XVI, Nr. 12, 122, 176, 177, 186, 211.
[55] Aufzeichnung Voigts vom 27.4.1932, BA, R 43 I/252; Aufzeichnungen in MAE, DAPC, Sarre 195.

3. Das französische Europa-Memorandum

Gegenüber den die deutsch-französischen Beziehungen belastenden Vorgängen um Rhein und Saar hätte das Europa-Memorandum, das die französische Regierung entsprechend dem Auftrag der Genfer europäischen Delegierten vom vorangegangenen September im Mai 1930 vorlegte,[56] theoretisch eine Möglichkeit bieten können, die auseinanderstrebenden Kräfte wieder zusammenzuführen. Es wurde jedoch statt zu einem Kristallisationskern europäischer Zusammenarbeit zu einem besonderen Anlaß für die Polarisierung unvereinbarer nationaler Positionen der europäischen Staaten im allgemeinen und Deutschlands und Frankreichs im besonderen. Zwar wurde, was die Notwendigkeit vermehrter wirtschaftlicher Zusammenarbeit unter den 26 von Paris angesprochenen europäischen Staaten anbetraf, ein breiter Konsens erkennbar. Dagegen zeigten sich in politischer Hinsicht unüberbrückbare Differenzen. Frankreich suchte eine seine Nachkriegsposition absichernde Fortentwicklung der europäischen Ordnung, während das Deutschland Brünings klarstellte, daß es einer seiner autonomen machtpolitischen Entfaltung entgegenstehenden europäischen Organisation nicht zustimmen werde.

Die bisher zu einem Teil erschlossene Genesis des französischen „Mémorandum sur l'organisation d'un régime d'union fédérale européenne" läßt sich nunmehr im Lichte der französischen Akten rekonstruieren.[57] Es entstand in seinen wesentlichen Teilen im Verlaufe des Winters 1929/30 im Quai d'Orsay. Auf offenbar recht summarische Anweisungen Briands hin, und unter skeptischem Beiseitestehen des Generalsekretärs Berthelot, unternahmen Beamte der Politischen Abteilung des französischen Außenministeriums, in enger Konsultation mit beim Völkerbund in Genf residierenden französischen Vertretern, umfangreiche Kompilationsarbeiten, die sich zu zwei ganz unterschiedlichen Entwürfen verdichteten: einem aus der Feder des Direktors der Politischen Abteilung Alexis Léger, und einem von Jacques Fouques-Duparc, Sektionsleiter in der Völkerbundsabteilung des Quai d'Orsay. Es war René Massigli, der auf der Grundlage des Entwurfs von Fouques-Duparc eine vorläufige, von Briand leicht retouchierte Zwischenredaktion erstellte (und zwar Ende März, als das Ergebnis der Genfer Zollfriedenskonferenz vorlag, während eines Aufenthalts in London anläßlich der Flottenkonferenz). Offenbar erfuhr dieser Entwurf im Laufe des April 1930 noch eine weitere Überarbeitung aufgrund einer Kabinettsberatung und spiegelt so wohl auch Einflüsse der nach der Kabinettsumbildung von Anfang März unverändert national orientierten Linie Tardieu-Maginot-Marin wider. Hervorzuheben ist, daß die in Paris während des Winters 1929/30 ausgiebig geführte Diskussion darüber, ob das freihändlerische und den Dominions verpflichtete England weiter an der Europa-Initiative beteiligt werden solle oder – im Interesse des Erfolgs – vielleicht besser nicht, eine Entscheidung in ersterem Sinne fand.[58] Die endgültige Aus-

---

[56] Das Europa-Memorandum ist u. a. in französischer Sprache abgedruckt in DBFP, II, I, Nr. 186; in deutscher Übersetzung in: Europa. Dokumente zur Frage der Europäischen Einigung. Herausgegeben im Auftrag des Auswärtigen Amts, Bonn 1962, S. 29–40.
[57] Die folgende Darstellung rekonstruiert die Genesis des französischen Europa-Memorandums auf der Grundlage der französischen Akten, die sich in MAE, SDN, V, UE, Cartons 1254 und 1255 befinden.
[58] Das Konzept einer europäischen Union unter Ausschluß Englands wurde unter anderem von der paneuropäischen Bewegung Coudenhove-Kalergis vertreten, siehe Richard N. Coudenhove-Kalergi, Pan-Europa, Wien/Leipzig 1924.

formulierung der französischen Europa-Vorstellungen wurde, nach der vorherigen Ausräumung der dornigen Frage der Ostreparationen[59] und termingerecht zur Eröffnung eines großen Paneuropäischen Kongresses in Berlin,[60] den europäischen Mitgliedsstaaten des Völkerbunds am 17. Mai 1930 zugeleitet.

In dem französischen Memorandum wurde eingangs zunächst unterstrichen, daß eine engere europäische Zusammenarbeit unumgänglich notwendig sei, da die politische und wirtschaftliche Zerrissenheit der europäischen Nachkriegsordnung die Bemühungen um eine weltweite Organisation des Friedens behindere, die Arbeit des Völkerbunds erschwere und die wirtschaftliche Wohlfahrt aller europäischen Staaten beeinträchtige. Die vorgeschlagene Europäische Union solle, so hieß es weiter, völkerrechtlich einen der in Artikel 21 der Völkerbundssatzung vorgesehenen regionalen Zusammenschlüsse bilden und als solcher organisatorisch und sachlich die universell ausgerichteten Aktivitäten des Völkerbunds ergänzen. Zu den Grundsätzen der Europäischen Union solle gehören, daß sie nach außen hin mit der übrigen Welt vertrauensvolle Kooperation erstrebe und sich vor allem, speziell im wirtschaftlichen Bereich, gegen niemanden, Staat oder Kontinent, richte. Im Innenverhältnis sollten, bei Ausschluß der Vormachtstellung eines einzelnen Mitgliedstaates, die Grundsätze der „souveraineté absolue" und der „entière indépendance politique" gelten, außerdem die Gleichberechtigung aller Mitglieder und die Respektierung ihrer nationalen, besonders auch ihrer kulturellen Besonderheiten. Von diesen allgemeinen Erwägungen ausgehend bat die französische Regierung ihre europäischen Partner um eine Stellungnahme, möglichst bis zum 15. Juli, zu vier Überlegungen.

Erstens erscheine die Einigung auf eine Art *Grundlagenvertrag* erforderlich. Die europäischen Regierungen sollten in einer Grundsatzresolution feierlich das Prinzip ihrer moralischen Verbundenheit und Solidarität sowie das Ziel einer friedlichen Organisierung Europas deklarieren. Außerdem sollten sie sich zur regelmäßigen Teilnahme an künftigen Beratungen über gemeinsam interessierende Fragen verpflichten.

Zweitens ergebe sich die Aufgabe einer *Institutionalisierung* der europäischen Zusammenarbeit, für die man vielleicht die Einrichtung von drei selbständigen europäischen Organen ins Auge fassen könne: als Hauptorgan eine repräsentative und letztlich verantwortliche Europäische Konferenz, zu der die Vertreter aller Mitgliedstaaten in regelmäßigen Abständen und unter einem jährlich wechselnden Präsidenten zusammentreten würden; als Exekutivorgan und gleichzeitig Programmkommission einen Ständigen Politischen Ausschuß, dem reihum eine begrenzte Anzahl von Delegierten unter wechselndem Vorsitz angehören würden, und der bei Bedarf Vertreter von an bestimmten Fragen besonders interessierten europäischen oder auch nichteuropäischen Regierungen hinzuziehen könne; als administrative Koordinierungsstelle schließlich ein Sekretariat.

Hinsichtlich der allgemeinen Orientierung der Europäischen Union erscheine es drittens ratsam – und dies war gegenüber den Überlegungen des Sommers 1929 das eigentlich Neue – grundsätzlich von dem *Primat der Politik* vor der Wirtschaft auszugehen. Denn einerseits könne nur dann, wenn durch verbesserte politische Kooperation für alle Beteiligten die Sicherheitsfrage befriedigend gelöst werde, auch mit solchen Fortschritten

---

[59] Zu den Pariser Verträgen vom 28. 4. 1930 über die sogenannten „Ostreparationen" (Österreich, Ungarn, Bulgarien) siehe Weill-Raynal, III, S. 573–87.
[60] Es handelte sich um den II. Paneuropa-Kongreß Coudenhove-Kalergis, der vom 17. bis 19. Mai in Berlin stattfand. Siehe hierzu aus deutscher Sicht die Kabinettssitzung vom 14. 5. 1930, ARK Brüning, Nr. 33.

3. Das französische Europa-Memorandum

im wirtschaftlichen Bereich gerechnet werden, die Opfer einzelner Staaten zugunsten der Gemeinschaft erforderten. Andererseits würde ohne einen politischen Grundkonsens das Bemühen um wirtschaftliche Zusammenarbeit die ökonomisch schwächeren Staaten schutzlos der Gefahr politischer Bevormundung seitens der stärker entwickelten Industriestaaten aussetzen.

Die politische Organisation solle sich an der lockeren Form eines Staatenbundes, nicht an der eines Bundesstaates orientieren, somit den Mitgliedern gleichzeitig die Vorteile der ungeschmälerten Souveränität und Unabhängigkeit sowie der Solidarität in übernationalen Fragen sichern. Hierzu folgte die Präzisierung:

„Une telle conception pourrait impliquer, comme conséquence, le développement général pour l'Europe du système d'arbitrage et de sécurité, et l'extension progressive à toute la communauté européenne de la politique de garanties internationales inaugurée à Locarno, jusqu'à intégration des accords ou séries d'accords particuliers dans un système plus général."

Die wirtschaftliche Organisation Europas solle auf eine Annäherung der Einzelwirtschaften unter der politischen Verantwortung der solidarischen Regierungen abzielen. In dieser Frage blieb das französische Memorandum recht allgemein. Es könnten etwa eine Vereinbarung über das Ziel der europäischen wirtschaftlichen Zusammenarbeit (wie Schaffung eines gemeinsamen Marktes zwecks Optimierung des Lebensstandards) getroffen sowie erste Schritte zur Rationalisierung der Produktion und zur Liberalisierung des Waren-, Kapital- und Personenverkehrs eingeleitet werden, freilich „sous la seule réserve des besoins de la défense nationale dans chaque Etat".

Die vierte Überlegung des Memorandums galt den möglichen *Tätigkeitsbereichen* einer Europäischen Union, die in einer langen Liste zusammengestellt wurden. Zu denken sei an die Wirtschaftspolitik im allgemeinen, an Finanz- und Strukturfragen, an Transport und Verkehr, an das Gesundheitswesen, den Dozenten- und Parlamentarieraustausch, die europäische Verwaltungsrationalisierung. Es eröffneten sich eine Reihe von weiteren Möglichkeiten verstärkter Zusammenarbeit der europäischen Staaten untereinander sowie mit dem Völkerbund und mit außereuropäischen Staaten. „S'unir pour vivre et prospérer", so faßte das französische Memorandum den Sinn der Europäischen Union abschließend zusammen.

In den Stellungnahmen der europäischen Regierungen, die zwischen Mitte Juni und Mitte Juli 1930 in Paris eingingen,[61] wurde dem Grundgedanken einer verstärkten Zusammenarbeit ausnahmslos Reverenz erwiesen. Im einzelnen enthielten sie jedoch eine Fülle von – den jeweiligen nationalen Sonderinteressen entsprechenden – Einwendungen. So erklärte sich etwa die britische Regierung mit den französischen Vorstellungen weitgehend einverstanden, sie machte jedoch einen Vorbehalt wegen der besonderen Beziehungen Englands zu den Dominions, wandte sich gegen jegliche antiamerikanische Frontstellung und fand vor allem die vorgeschlagene Einrichtung unabhängiger europäischer Institutionen neben dem Völkerbund problematisch: „[His Majesty's Government are] convinced it would be possible, perhaps by establishing European Committees of the Assembly, of the Council and of the Technical Organisations of the League, or perhaps in other ways, to create whatever machinery is required for promoting closer Eu-

---

[61] Hierzu die Drucksache des französischen Außenministeriums „Documents relatifs à l'organisation d'un régime d'union fédérale européenne", in MAE, SDN, UE 1254.

ropean cooperation without incurring the risks and difficulties which a system of new and independent institutions might involve."⁶²

Die ost- und südosteuropäischen Agrarstaaten verwiesen andererseits insbesondere auf die Notwendigkeit, vorrangig eine verbesserte wirtschaftliche Zusammenarbeit in Europa zu organisieren, von der sie sich – wie bei den im Juli und August in Sinaia, Warschau und Bukarest organisierten Agrarkonferenzen deutlich wurde⁶³ – eine wirkungsvolle Abhilfe der akuten Schwierigkeiten ihrer Landwirtschaften, insbesondere eine Steigerung des Getreideabsatzes erhofften.⁶⁴

Auf deutscher Seite, wo man den Winter 1929/30 über eine abwartende Haltung eingenommen hatte, stieß das französische Memorandum sogleich auf die größten Reserven, vor allem wegen des postulierten Vorrangs des politischen vor dem – zudem nur unzulänglich skizzierten – wirtschaftlichen Zusammenschluß, aber auch wegen der Schaffung eigenständiger neuer Institutionen neben dem Völkerbund. Im Auswärtigen Amt glaubte Bülow in einer ersten Reaktion den Zweck der französischen Initiative darin zu erkennen,

„uns neue Fesseln anzulegen unter Ausnutzung der Tatsache, daß nach herrschender Ansicht die Konsolidierung Europas nur auf der Basis des Status quo möglich ist [...] Hierbei handelt es sich nicht nur um den territorialen Status quo, sondern auch um alle Auflagen der Friedensverträge. Dieser Status soll in einem engeren Kreise, als es der Völkerbund ist, verankert werden, weil in einem solchen engeren Rahmen Frankreichs Einfluß noch stärker wäre. Zugleich sollen unsere außereuropäischen Beziehungen (Amerika und Rußland) abgeschnürt werden, die uns bisher eine gewisse Rückendeckung gewährten."⁶⁵

Damit war nichts Geringeres als „die fundamentalsten Probleme"⁶⁶ der deutschen Außenpolitik aufgeworfen. In einem vierwöchigen interministeriellen Beratungsprozeß suchte sich das Kabinett Brüning Klarheit über die Möglichkeiten und Chancen einer in erster Linie nicht politischen, sondern wirtschaftlichen, verkehrstechnischen, sozialen und kulturellen Zusammenarbeit im europäischen Rahmen und vor allem über die mit der deutschen Antwort zweckmäßigerweise einzuschlagende Generalstrategie zu verschaffen.⁶⁷ Brüning persönlich war es, der, mit einem längeren Entwurf der deutschen Ant-

---

⁶² Das britische Antwortmemorandum ist abgedruckt in DBFP, II, I, Nr. 194. Weitere die britische Haltung belegende Unterlagen ibid., S. 313–353. Siehe auch Robert W. D. Boyce, „Britain's first ‚No' to Europe: Britain and the Briand Plan, 1929–30", in: Euorpean Studies Review, 10, 1980, S. 17–45.
⁶³ Zu der Problematik der Agrarkrise in den Ländern des Donau-Balkan-Raums siehe unten, S. 209 ff.
⁶⁴ Die Antworten der südosteuropäischen Staaten finden sich in der Sammlung der in Anm. 61 angegebenen Drucksache des französischen Außenministeriums.
⁶⁵ Aufzeichnung Bülows vom 21.5.1930, ADAP, B XV, Nr. 39.
⁶⁶ Curtius an die Reichsminister, 31.5.1930, ADAP, B XV, Nr. 56.
⁶⁷ Siehe hierzu Curtius an die Reichsminister, 31.5.1930, ADAP, B XV, Nr. 56; Aufzeichnung Bülows, 11.6., ibid., Nr. 71; Trendelenburg (Reichswirtschaftsministerium) an AA, 12.6., ibid., Nr. 78; Reichsfinanzminister an AA, 21.6., PA, L 1714/L 506 753–60; Reichsbankpräsident Luther an AA, PA, L 1714/L 506 791–94; Treviranus (Reichsminister für die besetzten Gebiete) an AA, 24.6., ADAP, B XV, Nr. 95; Reichspostminister an AA, 12.6., PA, L 1714/L 506 698–706; Reichsminister der Justiz an AA, 14.6., PA, L 1714/L 506 682; Reichsarbeitsminister Stegerwald an AA, 18.6., PA, L 1714/L 506 710–19; Reichsminister des Innern an AA, 19.6., PA, L 1714/L 506 731–37; Reichsverkehrsminister Guérard an AA, 26.6., PA, L 1714/L 506 738–43; Aufzeichnung Sthamers über eine Ressortbesprechung vom 19.6., ADAP, B XV,

wort aus den Fachministerien befaßt, darauf drängte, daß Deutschland sich nicht nur reaktiv verhalten dürfe:

„Die Antwort [sei] bisher vielleicht etwas zu vorsichtig gehalten [...] Den Absichten Briands, die jetzigen europäischen Zustände zu stabilisieren, müsse Deutschland eine Antwort geben, die als grundsätzliche Festlegung seiner Politik von geschichtlichem Wert sein könne. In deutlichen, wenn auch vorsichtig abgewogenen Worten müsse Deutschland gegenüber den französischen Aspirationen klare Grenzen aufzeichnen. Seine Voraussetzungen für eine gerechte und dauerhafte Ordnung Europas, in dem Deutschland seinen ausreichenden natürlichen Lebensraum haben müsse, seien klarzulegen. In wirtschaftlicher Hinsicht dürfe man sich auch nicht zu optimistisch äußern und dürfe man nicht unterlassen, die bevorstehenden Schwierigkeiten nachzuweisen. Man müsse bedenken, daß Deutschland weder landwirtschaftlich noch industriell konkurrenzfähig sein würde, sobald die europäischen Zollschranken fallen würden. Im ganzen werde es sich empfehlen, die deutsche Antwort kürzer zu halten."[68]

In dem auf den 11. Juli datierten deutschen Antwortmemorandum[69] wurde zunächst unter Hinweis auf die in Europa bestehenden großen politischen und wirtschaftlichen Spannungen die französische Initiative nachdrücklich begrüßt und die deutsche Mitarbeit zugesichert. Als Endziel wurde anerkannt, „im Geiste der Verständigung eine mutige Reform der einmal als unhaltbar erkannten Verhältnisse ins Auge zu fassen und so eine wirkliche Befriedung Europas herbeizuführen, die nur auf den Grundsätzen der Gerechtigkeit und Gleichheit beruhen kann." Sodann folgten allerdings vier Einwände, die als so gewichtig betrachtet wurden, daß sie es insgesamt ausschlossen „jetzt schlechthin die Bereitschaft zur Unterzeichnung eines formellen Europa-Pakts zu erklären".[70]

Erstens erwartete die Reichsregierung, daß die Europakonzeption geographisch und materiell „so elastisch wie möglich" entwickelt werde, indem jede Spitze gegen andere Länder und Kontinente vermieden, die interkontinentalen Wechselbeziehungen nicht eingeschränkt, die besonderen staatsrechtlichen und zollpolitischen Verbindungen einzelner Länder (z. B. Englands) mit außereuropäischen Gebieten respektiert, nicht zuletzt die Mitarbeit der Nichtmitglieder des Völkerbunds Rußland und Türkei ermöglicht würden.

Zweitens sah sich die Reichsregierung außerstande, der Priorität der Politik vor der Wirtschaft zuzustimmen. Zwar sei auch nach deutscher Auffassung die Beseitigung der politischen Ursachen der Notlage Europas ein entscheidender Beitrag zur Lösung der bestehenden Schwierigkeiten, aber – wie ja aufgrund der deutschen Haltung in den Fragen der Sicherheit, der Abrüstung, der nationalen Minderheiten und des Ausbaus einzelner Artikel des Völkerbundpakts bekannt sei – nicht in der Form einer Festschreibung des *status quo*: „Alle Versuche einer Besserung der politischen Lage in Europa werden davon abhängen, daß die Grundsätze der vollen Gleichberechtigung, der gleichen Sicherheit für alle und des friedlichen Ausgleichs der natürlichen Lebensnotwendigkeiten der Völker zur Anwendung kommen. Wo bestehende Verhältnisse diesen Grundsätzen widersprechen, müssen wirksame Mittel für ihre Änderung gefunden werden. Es wäre aussichtslos,

---

Nr. 84; Niederschrift über die Ministerbesprechung am 5.7.1930 in der Reichskanzlei, ADAP, B XV, Nr. 123.
[68] Niederschrift über die Ministerbesprechung am 8. Juli 1930, 20 Uhr, in der Reichskanzlei, ADAP, B XV, Nr. 127.
[69] Abgedruckt in ADAP, B XV, Nr. 136. Ein Entwurf ist abgedruckt ibid., Nr. 96.
[70] Curtius an die Botschaft in Paris, 11.7.1930, ADAP, B XV, Nr. 134; PA, L 1712/L 503 880–93.

ein neues Europa auf einem Fundament aufbauen zu wollen, das der lebendigen Entwicklung nicht standhalten würde."

Drittens vermißte die Reichsregierung eine stärkere Beachtung der auf wirtschaftlichem Gebiete unabhängig von politischen Erwägungen bestehenden Möglichkeiten europäischer Zusammenarbeit, die „wesentlich zur Verstärkung des Bewußtseins der Solidarität und damit des Gefühls der Sicherheit beitragen" könnten. Namentlich erfordere die aktuelle Krise der Landwirtschaft und die Absatznot der Industrie Maßnahmen zur Erweiterung der Märkte und zur Erleichterung des Güteraustausches zwischen den vorwiegend agrarischen und den vorwiegend industriellen Gebieten Europas. Die mit den Weltwirtschaftskonferenzen 1927 eingeleiteten und im Frühjahr 1930 fortgeführten Bemühungen um weltweite Zollsenkungen müßten trotz aller Enttäuschungen fortgesetzt werden, da die bisherigen Mißerfolge in hohem Maße besonderen krisenhaften Entwicklungen der vergangenen Jahre zuzuschreiben seien. Wichtig sei weiter, daß im Rahmen der nationalen Wirtschaftspolitiken die Initiative der freien Wirtschaft stärker gefördert werde und daß wirtschaftliche Überlegungen nicht von militärischen Erwägungen überlagert würden. In einzelnen Ländern müßten schließlich die durch ihre sozialen Strukturen und den Krieg bedingten besonderen Lasten berücksichtigt werden.

Viertens schließlich wollte die Reichsregierung sichergestellt wissen, daß durch neue Formen europäischer Zusammenarbeit nicht weitere kontinentale Gruppenbildungen ausgelöst würden, die die universalen Funktionen des Völkerbunds nur schwächen könnten. Daher erklärte sie sich vorerst gegen eine formelle Verfassung und Institutionalisierung der europäischen Zusammenarbeit, die vermutlich nur eine Konkurrenz der Aufgabenstellungen mit dem Völkerbund nach sich ziehen würde, und von der in Berlin für die deutschen Interessen Nachteile erwartet wurden. Zusammenfassend hielt die Reichsregierung es in ihrer Antwort zunächst für wichtig, „einen Überblick über die Materien zu gewinnen, die in europäischer Gemeinschaftsarbeit behandelt werden können und müssen". Auf der Völkerbundstagung im September in Genf könne dann über den Fortgang der Angelegenheit weiterberaten werden.

Wenngleich Curtius diese deutsche Antwort als „Begräbnis erster Klasse" gewertet wissen wollte[71] und ein so kompetenter Beobachter wie Poincaré Anfang August öffentlich bekundete, daß „les réserves contenues dans chacune des réponses détruisent dans l'ensemble le projet du Ministre des Affaires Etrangères",[72] war der französische Außenminister von dem Gesamtergebnis dieser ersten europäischen Konsultationsrunde keineswegs entmutigt. Er konnte in den Antworten keine einzige Ablehnung im Grundsätzlichen entdecken, vielmehr – vorbehaltlich der weiteren Prüfung der Einzelheiten – allseitige Bekundungen des Interesses an der Weiterverfolgung des Projekts.

Eine wichtige Änderung wurde allerdings durch den von mehreren Regierungen geäußerten Wunsch nahegelegt, die europäische Bewegung institutionell stärker mit dem Völkerbund zu verbinden. Im französischen Außenministerium gewann man *nolens volens* dem Gedanken positive Seiten ab, daß anstelle der im Mai-Memorandum vorgesehenen unabhängigen europäischen Gemeinschaftsorgane als zweitbeste Lösung auch die Bildung eines Europa-Ausschusses des Völkerbunds „pour assurer le contact entre les

---

[71] Ministerbesprechung vom 8.7.1930, 20 Uhr, ARK Brüning, Nr.68.
[72] Artikel Poincarés im ‚Manchester Guardian' vom 1.8.1930, in Fleuriau an AE, 2.8.1930, MAE, SDN, V, UE, Carton 1254.

Gouvernements intéressés"[73] ins Auge gefaßt werden könnte, „à la fois parce qu'elle sauverait la face en évitant bien des difficultés, et parce qu'elle n'engagerait l'avenir qu'avec prudence". Durch eine solche Lösung der Institutionen-Frage würde zwar vermutlich zunächst die europäische Initiative verwässert und ihre Realisierung verzögert, doch längerfristig keineswegs verstellt werden. Außerdem böte sie den Vorteil, daß schwierigen Fragen vorerst die Schärfe genommen würde: den dornigen Problemen der geographischen und politischen Abgrenzung Europas, der Behandlung der Beziehungen einzelner europäischer Staaten zu ihren außereuropäischen Besitzungen, der Hinzuziehung der Sowjetunion, der Souveränitätsbeschränkungen der Einzelstaaten, der Priorität zwischen politischen und wirtschaftlichen Zielen. Darüberhinaus würde auf diese Weise zum Beispiel auch die Gefahr ausgeräumt, daß ein turnusmäßig die Geschäfte führender deutscher Präsident unabhängige europäische Institutionen zu einem Forum deutscher Revisions- und Minderheitenpolitik umfunktionieren könnte.[74]

Im Laufe des Juli und August stellte sich endgültig heraus, daß in der Tat nur das Zurückgehen auf ein „Comité européen constitué dans l'Assemblée de la Societé des Nations" konsensfähig sein würde.[75] Im Verlaufe der von Briand auf den 8. September 1930, den Vorabend des Beginns der Völkerbundsversammlung, nach Genf einberufenen zweiten Paneuropäischen Besprechung, in der besonders der britische Außenminister Henderson sich erneut nachdrücklich gegen jedwede europäische Organisation außerhalb des Völkerbunds aussprach, beschlossen die 27 beteiligten Delegationen, das Ergebnis ihrer bisherigen Beratungen der Assemblée vorzulegen mit dem Ziel der Einrichtung eines Europaausschusses des Völkerbunds.[76] „Convaincus qu'une étroite collaboration des Gouvernements européens, dans tous les domaines de l'activité internationale, a, pour le maintien de la paix dans le monde, une importance capitale" – wie es in der im Quai d'Orsay vorbereiteten, von Briand am 11. September im Auftrage der beteiligten Delegationen vor der Vollversammlung verlesenen Resolution hieß – begab sich die zweite Paneuropäische Versammlung für das weitere Procedere ganz in die Hand des Völkerbunds.[77] Ob damit bereits ein Scheitern des Europaprojekts angezeigt war, oder ob ein späterer Ausgleich der in den Konsultationen des Sommers 1930 sichtbar gewordenen sachlichen Divergenzen den formalen und institutionellen Aspekt einer europäischen Einigung zweitrangig werden lassen würde, war Anfang September 1930 in der insgesamt optimistischen Sicht Briands noch keineswegs abgemacht.[78]

---

[73] Im Quai d'Orsay wurde hierin im übrigen ein durchaus beachtlicher Erfolg des Mai-Memorandums gesehen: „C'est sans doute son habileté d'avoir amené les Etats, effrayés à l'idée de se lier dans une Fédération Européenne, à rechercher leur ligne de retraite précisément dans la direction de la Société des Nations. Ils se sont employés gratuitement à la défendre et, par cette tactique, ils se sont coupés la retraite pour refuser une Fédération Européenne conçue sous la forme plus modeste d'un Comité Européen de la Société des Nations" („Note pour M. Massigli" vom 8.7.1930, ibid., 1253/3, Bl. 67).
[74] Aufzeichnung Fouques-Duparc für Massigli, 8.7.1930, ibid., 1253.
[75] Die betreffenden Akten befinden sich ibid., 1253 und 1254.
[76] „Conférence tenue à Genève sur l'organisation d'un régime d'Union fédérale européenne. Lundi, 8 septembre 1930", ibid., 1254.
[77] Société des Nations, Journal Officiel: Actes de la onzième session ordinaire de l'Assemblée. Séances plénières, Compte Rendu des Débats, Genf 1930, S. 37–39, 117–18.
[78] Dies wird unter anderem belegt durch umfassende interministerielle Konsultationen, die zwischen Oktober und Dezember vom Quai d'Orsay initiiert wurden und der Prüfung der Möglichkeiten des Ausbaus der europäischen Zusammenarbeit dienten, MAE, SDN, V, UE, 1254.

4. Revision des Young-Plans durch Sanierung

In der Reparationsfrage brachten die Monate zwischen April und September 1930 das Inkrafttreten des Neuen Plans, aber zugleich auch erste Vorboten für seine Kurzlebigkeit. In Deutschland wurden, während die extremen Parteien auf der Rechten und Linken in immer stärkerem Maße die sich in der Bevölkerung verbreitenden Krisenängste zu radikalen Forderungen nach einer unverzüglichen Beseitigung aller Reparationsverpflichtungen wendeten, in der Regierung Brünings, die sich hiervon vorerst kaum beeinflussen ließ, nur sehr zurückhaltend Erwägungen angestellt, ob und in welcher Weise der Frage einer Revision des Young-Plans in den vorrangigen Bemühungen um die Sanierung der deutschen Wirtschaft und Finanzen ein Platz zuzuweisen sei. Im Ausland wurde unbehaglich-skeptisch die Entwicklung der vom Young-Plan angeheizten politischen Stimmung in Deutschland verfolgt und besorgt die Frage nach ihren möglichen Rückwirkungen auf den Regierungskurs gestellt. Auf französischer Seite stellte man unter anderem, wie im folgenden Abschnitt zu zeigen sein wird,[79] Überlegungen an, wie durch Maßnahmen wirtschaftlicher Zusammenarbeit auch die Sicherheit der Reparationen verbessert und die Möglichkeit einer frühzeitigen deutschen Forderung nach erneuter Revision verringert werden könnten.

Die bisher in der Forschung kontrovers interpretierte Frage nach Rolle und Funktion der Reparationsrevision in den ersten Monaten der Regierung Brüning[80] stellt sich vor dem Hintergrund, daß der Young-Plan zu keinem Zeitpunkt von den Berliner Verantwortlichen ohne die Mentalreservation akzeptiert worden war, daß möglichst frühzeitig seine Revision erfolgen müsse.[81] Brüning selbst hatte sich als Vorsitzender der Zentrumsfraktion in den Ratifikationsdebatten des Februar und März 1930 eindeutig in dem Sinne ausgesprochen, daß Jahresleistungen von 2 Milliarden Reichsmark, bei Berücksichtigung der kommerziellen Tilgungsverpflichtungen sogar von mehr als 3,5 Milliarden RM, nicht zwei Generationen lang getragen werden könnten. Wohl niemand könne „die im

---

[79] Siehe unten, S. 168 ff.
[80] Das besondere Interesse gilt der Frage, welchen Stellenwert das Ziel der Revision des Young-Plans in der ersten Phase der Ära Brüning besaß, bzw. von welchem Zeitpunkt an die Reparationsrevision in das Zentrum der innen- und außenpolitischen Krisenstrategie rückte. Eine durchgehende Priorität des Reparationsproblems für das gesamte Kabinett Brüning von Anfang an, wie sie in der Folge der Arbeiten von Helbich, Die Reparationen in der Ära Brüning (1962) und Bennett, Germany and the Diplomacy of the Financial Crisis (1962) nahegelegt wurde, wird neuerdings wieder angenommen von Winfried Glashagen, Die Reparationspolitik Heinrich Brünings 1930–1931. Studien zum wirtschafts- und außenpolitischen Entscheidungsprozeß in der Auflösungsphase der Weimarer Republik, 2 Bde., Bonn 1980. Als Versuch einer die verschiedenen Phasen der Ära Brüning in der zeitlichen Entwicklung stärker differenzierenden Betrachtung sei hier genannt Winfried Gosmann, „Die Stellung der Reparationsfrage in der Außenpolitik der Kabinette Brüning", in: Josef Becker, Klaus Hildebrand (Hgg.), Internationale Beziehungen in der Weltwirtschaftskrise 1929–1933, München 1980, S. 237–263. Innenpolitische Hintergründe beleuchtet Michael Grübler, Die Spitzenverbände der Wirtschaft und das erste Kabinett Brüning. Vom Ende der Großen Koalition 1929/30 bis zum Vorabend der Bankenkrise 1931. Eine Quellenstudie, Düsseldorf 1982, hier bes. S. 186–87. – Die folgenden Ausführungen sowie die Darlegungen unten, S. 192 ff. bilden den Versuch, die Fragestellung auf der Grundlage eingehender Quellenstudien weiterzuführen.
[81] Siehe oben, S. 50.

4. Revision des Young-Plans durch Sanierung

Young-Plan festgesetzten Leistungen für dauernd erfüllbar halten"; der Neue Plan sei „ein Diktat, und nur diesem Diktat fügen wir uns".[82] Der Sinn der Zentrumsforderung nach einem Junktim zwischen der Annahme des neuen Reparationsstatuts und der Haushaltssanierung war gerade gewesen, die innenpolitischen Voraussetzungen für eine sinnvolle Nutzung der Revisionsklauseln des Young-Plans herzustellen.[83] In diesem allgemeinen Sinne waren der neue Reichskanzler und sein Kabinett, der Zustimmung des gesamten deutschen Volkes gewiß, seit dem Tage ihrer Regierungsübernahme darauf vorbereitet, daß früher oder später die Frage einer Revision des Young-Plan aktuell werden könnte. Wohin eine solche Revision zielen sollte, konnte bis dahin offenbleiben. Mit bedenkenswerten Argumenten wird in einer neueren Untersuchung die Auffassung vertreten, daß Brüning von Anfang an nicht an einer Teilrevision, etwa in Form einer weiteren Herabsetzung der Schuldensumme, interessiert war, sondern an eine Totalrevision, an die restlose Liquidierung des gesamten Reparationsstatuts dachte.[84]

Ein eingehendes Quellenstudium läßt deutlich werden, daß die allgemeine Disposition zu einer künftigen Revisionsforderung, die vielleicht nach zwei oder drei Jahren aktuell werden mochte, keineswegs verwechselt werden darf mit einer festen Konzeption, gar einem konkreten Revisionsfahrplan. Für solche finden sich, das sei hier ausdrücklich festgehalten, bisher für das erste Halbjahr der Regierung Brüning keine überzeugenden Belege.[85] Von einem Konzept des Kabinetts Brüning zur Revision des Young-Plans kann nicht vor Ende 1930, im Grunde nicht vor dem Frühjahr 1931 gesprochen werden. In seinen ersten Regierungsmonaten stellte die Reparationsrevision eine ganz allgemeine Zielvorstellung dar, nicht aber ein zentrales außenpolitisches Anliegen, dem etwa sogar alle anderen Zielsetzungen nachgeordnet waren. Im Gegenteil sprachen die politischen und wirtschaftlichen Rahmenbedingungen vorerst für eine loyale Erfüllung, nicht für ein Drängen auf Revision des Neuen Plans. Neben dem Hauptinteresse an der Sanierung der deutschen Wirtschaft und Finanzen, zunächst auch noch an der pünktlichen Rheinlandräumung, war das frühe Kabinett Brüning reparationspolitisch in Erwartung günstigerer Zeiten zunächst mehr passiv daran orientiert, „den Revisionsgedanken gleich von allem Anfang an nicht aus dem Auge zu lassen".[86]

---

[82] Brüning am 11.2. und 12.3.1930 vor dem Reichstag, Verhandlungen des Reichstags, IV. Wahlperiode, Stenographische Berichte, Bd. 426, S. 3924; Bd. 427, S. 4370–71.

[83] Brüning am 11.2.1930 vor dem Reichstag: „Man mag über die Erfüllungsmöglichkeit der Leistungen denken, wie man will, eines ist sicher: wenn man überhaupt aus den Moratoriums- und Transferklauseln Sicherungen für uns entnehmen will, so haben diese Sicherungen zur Voraussetzung, daß wir vom ersten Tage der Annahme des Young-Planes eine innerpolitische Finanzpolitik treiben, die uns gewisse Garantien für die Zukunft schafft", ibid., Bd. 426, S. 3929.

[84] Glashagen, S. 232–255.

[85] Am nächsten kommt solchen eine Aufzeichnung des Ministerialrats Ronde vom Reichswirtschaftsministerium, die während des Frühsommers 1930 mit dem Reichsfinanzministerium und dem Auswärtigen Amt beraten wurde. Das Dokument entstand vor dem 17. Mai 1930 und wurde bei den hier folgenden Überlegungen herangezogen. Es ist archiviert in PA, L 255/L 077 223–33. Für die mögliche zeitliche Perspektive einer Reparationsrevision (2–3 Jahre) siehe noch Ende Oktober 1930 Aufzeichnung Westarps, in: Politik und Wirtschaft in der Krise 1930–1932. Quellen zur Ära Brüning, eingel. von Gerhard Schulz, bearb. von Ilse Maurer und Udo Wengst, unter Mitwirkung von Jürgen Heideking (Quellen zur Geschichte des Parlamentarismus und der politischen Parteien. Dritte Reihe: Die Weimarer Republik, Bde. 4/I und II), Düsseldorf 1980 [PWK], Nr. 157, S. 443–4; vgl. hiermit Heinrich Brüning, Memoiren 1918–1934, Stuttgart 1970, S. 222. Siehe auch Grübler, S. 187.

[86] Aufzeichnung Rondes, siehe Anm. 85.

Diese Einstellung bestimmte zum Beispiel das Bemühen, nachteilige Rückwirkungen der Rheinlandräumung auf die Revisionsfähigkeit der Reparationen zu vermeiden. Eine solche Gefahr schien heraufzuziehen, als Mitte April 1930 auf gemeinsame Initiative Snowdens und Tardieus die Hauptgläubigermächte unter Bezugnahme auf Ziffer 89 des Young-Plans von der Reichsregierung die Anerkennung forderten, daß der unbedingte, mobilisierbare Annuitätenteil nicht nur in den ersten 37 Jahren der Laufzeit des Neuen Plans zu entrichten sei, sondern auch (als Teil der dann ermäßigten Jahreszahlungen) in den folgenden letzten 22 Jahren von 1966 bis 1988, und als französischerseits von der einvernehmlichen Klärung dieser Frage die Inkraftsetzung des Young-Plans und damit die Einhaltung des Räumungs-Endtermins 30. Juni abhängig gemacht wurde.[87] Als die Reichsregierung dieser Auslegung des Neuen Plans wochenlang mit guten Gründen widersprach – unter Hinweis auf seine innere Logik, auf die Verhandlungen der ersten Haager Konferenz, auf ein ausdrückliches Votum des Juristenkomitees vom Dezember 1929 –, da spielte Tardieu Mitte Mai offenkundig mit der Absicht, die Regelung der Frage der letzten 22 Annuitäten mit der Androhung einer Räumungsverzögerung über den 30. Juni hinaus zu erzwingen.[88] Nur die Tatsache, daß Frankreich, und nun auch England, wegen ihres Mobilisierungsinteresses im Grunde ebenfalls an einer baldigen Ingangsetzung des Young-Plans gelegen war, nahm diesem für die Entwicklung der innerdeutschen Stimmung höchst brisant erscheinenden Pressionsversuch einiges von seiner Gefährlichkeit. Der schließlich verabredete Kompromiß war ein für die Reichsregierung nicht ungünstiges *agreement to disagree:* die Reichsregierung mußte zwar eine den Young-Plan für sie formal verschlechternde Rechtsauffassung der Gläubiger entgegennehmen, sie widersprach jedoch offiziell mit der eigenen Rechtsthese und brauchte vor allem der BIZ für die Jahre 1966 bis 1988 zunächst nur sogenannte B-Coupons (für bedingte Annuitäten) zu übergeben. Das Kabinett Brüning konnte so in seinen ersten Wochen den Versuch der Gläubiger, nachträglich den vorzeitig mobilisierbaren und damit schwerer revidierbaren Teil der Reparationsschuld zu vergrößern, *de facto* zurückweisen.[89]

In analoger Absicht bemühte sich die Reichsregierung, in den internationalen Verhandlungen über die nach dem Haager Abkommen vom 20. Januar 1930 vorgesehene erste internationale Mobilisierungsanleihe über 300 Millionen Dollar („Young-Anleihe") die Revisionsmöglichkeit für den gesamten Young-Plan im weitesten Sinne nicht beschneiden zu lassen. Brüning fand, da das Kabinett Müller in seinen letzten Amtsstunden beschlossen hatte, die deutsche Option auf ein Drittel der Anleihe definitiv auszuüben,[90] bei seinem Regierungsantritt die Verpflichtung vor, von 300 Millionen Dollar vorgesehener internationaler Mobilisierungsanleihe 100 Millionen als Reichsanleihe zu übernehmen. In den komplizierten Verhandlungen der internationalen Finanzsachverständigen über die Anleihebedingungen, die sich über den April und Mai 1930 hinzogen, gelang es der deutschen Seite, wie schon auf der zweiten Haager Konferenz, die von einigen Gläubigern geforderte Erhöhung der unbedingten Annuität um den Deutschland zufließen-

---

[87] Ruppel an AA, 17. 4. 1930, PA, K 474/K 134 341–45. Zu diesem sog. „Annuitätenstreit" jetzt ausführlich Glashagen, S. 163–199.
[88] Siehe Hoesch an AA, 15. 5. 1930, ADAP, B XV, Nr. 29.
[89] Die Darstellung stützt sich auf die Akten PA, K 474, Wirtschafts-Reparationen: Frage der Annuitäten im Young-Plan. Siehe auch Hoesch an AA, 16. 5. 1930, PA, L 143/L 035 561–4; ADAP, B XV, Nr. 17, 19, 20, 29; ARK Brüning, Nr. 33, 35.
[90] Siehe oben, S. 112.

den Anleihebetrag zurückzuweisen; es gelang jedoch nicht, der von allen Gläubigern verlangten Doppelhaftung für die ihnen zufließenden zwei Drittel zu entgehen, das heißt deren ausdrücklicher Absicherung durch den kommerziellen Kredit des Reiches zusätzlich zu der im Young-Plan verankerten Garantie für die unbedingten Annuitätenteile.[91] Dies bedeutete, daß die Reichsregierung für den Umfang der am 10. Juni unterzeichneten ersten Mobilisierungsanleihe formal die Trennung zwischen politischer und kommerzieller Auslandsverschuldung nicht durchhalten konnte, sondern Reparationszahlungen *expressis verbis* mit Attributen von Privatschulden ausstatten mußte. In der Folgezeit nahm die Reichsregierung allerdings auch hier faktisch keine Vermischung von kommerzieller und politischer Auslandsverschuldung vor. Die Tatsache, daß sie es ablehnte, die Young-Anleihe eindeutig als Privatanleihe zu behandeln (etwa durch Kurspflege), verweist auf die Entschlossenheit, nicht nur auch die mobilisierbaren Teile der Annuitäten, sondern unter Umständen sogar noch die bereits mobilisierten Teile als revisionsfähig zu betrachten und zu erhalten.[92].

Der Versuch einer positiven Bestimmung der deutschen Reparationspolitik in den ersten Monaten des Kabinetts Brüning erscheint aufgrund des weitgehenden Fehlens aussagefähiger Belege nicht unproblematisch. Die Quellen zur allgemeinen deutschen Finanz- und Wirtschaftspolitik in dieser Zeit legen den Schluß nahe, daß das im Zentrum stehende Bemühen um die innere Sanierung nicht reparationspolitisch determiniert war, sondern allgemein als der zentrale Dreh- und Angelpunkt für eine durchgreifende – innere und äußere – Stabilisierung des gesamten deutschen Staatswesens betrachtet wurde, mithin als der Schlüssel zu künftigen Erfolgen nicht in einzelnen, sondern in allen innen- und außenpolitischen Bereichen.[93] Wirtschaftlich und politisch gesundet sollte sich die Republik von Weimar am Ende womöglich, so wurde Brüning wiederholt interpretiert,[94] in eine als konstitutionelle Monarchie, unter Umständen nach englischem Muster, verfaßte europäische Großmacht verwandeln und an das Wilhelminische Kaiserreich wiederanknüpfen. Nur am Rande wurde in diesen Monaten zwischen April und September 1930, in denen erst allmählich das ganze Ausmaß der nicht „hausgemachten" depressiven Einwirkungen von außen ins Blickfeld rückte, auch die Frage gestellt, ob die wirtschaftlich-finanzielle Sanierung nicht auch dem außenpolitischen Ziel einer Revision des Young-Plans dienlich sei, doch blieb dies eine Frage von untergeordneter Bedeutung.[95] In diesem

---

[91] Die Darstellung stützt sich auf die Akten PA, K 481, Wirtschafts-Reparationen: Die Reparationsanleihe. Siehe auch Reichsbankpräsident Luther an AA, 25.4.1930, PA, L 1644/L 492 013–22; ADAP, B XV, Nr.35; ARK Brüning, Nr.31, 36, 39, 45.
[92] Zur Young-Anleihe jetzt ausführlich Glashagen, S. 200–255.
[93] Untersucht wurden hierzu die Protokolle des Kabinetts Brüning nebst Anlagen, BA, R 43/I, 1442–1446.
[94] Siehe Josef Becker „Brüning, Prälat Kaas und das Problem einer Regierungsbeteiligung der NSDAP 1930–1932", in: HZ, 196, 1963, S. 74–111; Werner Conze, „Brüning als Reichskanzler, Eine Zwischenbilanz", in: HZ, 214, 1972, S. 310–334.
[95] Eine gründliche Durchleuchtung der Wirtschafts- und Finanzpolitik des Kabinetts Brüning zwischen April und September 1930 ist ein Desiderat. Informativ hierzu Horst Sanmann, „Daten und Alternativen der deutschen Wirtschafts- und Finanzpolitik in der Ära Brüning", in: Heinz-Dietrich Ortlieb, Bruno Molitor (Hgg.), Hamburger Jahrbuch für Wirtschafts- und Gesellschaftspolitik, Tübingen 1965, S. 109–140, bes. S. 117–121; jetzt Grübler, S. 105–205. – Die gegenwärtige Forschungsdiskussion über die Wirtschaftspolitik des Kabinetts Brüning, die sich zum guten Teil an den Thesen von Knut Borchardt entzündet hat, betrifft im wesentlichen die Frage der möglichen Alternativen in den Jahren 1931 und 1932. Siehe Knut Borchardt, „Zwangs-

eingeschränkten Sinne könnte man die reparationspolitischen Vorstellungen in den ersten Monaten der Ära Brüning mit der Formel „Revision durch Sanierung" umschreiben. Oder anders gewendet: in den Frühjahrs- und Sommermonaten des Jahres 1930 sah Brüning den Revisionsweizen bei einem Erfolg der inneren Sanierungspolitik blühen und keineswegs bei einer sich verschärfenden deutschen Wirtschaftskrise.

Welches war der Inhalt dieser reparationspolitischen Orientierung? Die Dürftigkeit des zu dieser Frage aussagefähigen Quellenmaterials erlaubt Befunde, die in den Zusammenhängen einleuchten, aber zum Teil den Charakter von Konjekturen tragen. So war zunächst an ein direktes Herangehen an die Reparationsrevision schon deshalb nicht zu denken, weil es die Politik der Sanierung von Wirtschaft und Finanzen in Frage gestellt hätte, ehe sie überhaupt auf den Weg gebracht werden, geschweige denn greifen konnte. Das Wiederaufrollen des ja gerade erst in Kraft tretenden Neuen Plans ohne einen begründeten Rechtstitel oder überwältigende Sachzwänge konnte eigentlich nur zu einem unerwünschten engeren Wiederzusammenrücken der ehemaligen Kriegsgegner – einschließlich der vorerst zu einer Schuldenstreichung nicht bereiten USA – gegen Deutschland führen, womöglich noch mit negativen Rückwirkungen auf die Rheinlandräumung. Der vorerst jedenfalls noch zerrüttete Zustand der deutschen Wirtschaft und Finanzen mußte befürchten lassen, daß die Reparationsgläubiger dem Deutschen Reich bei einer verfrühten Revisionsforderung neuerlich Sanierungsempfehlungen und Kontrollmaßnahmen aufbürden würden. Vor allem aber drohte der Rückzug kurzfristiger Kredite aus Deutschland in einem Augenblick, in dem von einer Konsolidierung der Auslandsverschuldung keine Rede war und die Folgen für das gesamte deutsche Wirtschaftsgefüge nur katastrophal sein konnten.[96]

Andererseits war es Brüning und seinen Mitarbeitern offenkundig klar, daß die unter dem inneren Sanierungsziel eingeschlagene Finanz- und Anleihepolitik, Wirtschafts- und Handelspolitik umgekehrt auf die Frage einer eventuellen Revision des Young-Plans positive Rückwirkungen haben konnte, ja mußte. Die Rückgewinnung einer Position wirtschaftlicher Stärke versprach hierfür in mehrfacher Weise nützlich zu sein. Die Ordnung der öffentlichen Finanzen würde die Reichsregierung bei einer Überprüfung der deutschen Zahlungsfähigkeit (etwa durch den in Ziffer 119 des Young-Plans vorgesehenen Beratenden Sonderausschuß) unangenehmer Vorhaltungen und Sanierungs- sowie Kontrollierungszumutungen entheben. Eine Konsolidierung der deutschen Verschuldungsstruktur – durch Zurückhaltung bei der auswärtigen Neuverschuldung und Umwandlung kurzfristiger in langfristige Auslandskredite – verringerte die Gefahr, daß das Reich, wie im April 1929 geschehen, aufgrund einer prekären Währungssituation kaum vertretbare Kompromisse würde eingehen müssen.[97]

---

lagen und Handlungsspielräume in der großen Wirtschaftskrise der frühen dreißiger Jahre: Zur Revision des überlieferten Geschichtsbildes", in: Josef Becker, Klaus Hildebrand (Hgg.), Internationale Beziehungen in der Weltwirtschaftskrise 1929–1933, München 1980, S. 287–325. Siehe hierzu die in der Literaturliste aufgeführten Beiträge von T. Balderston (1982), Carl-Ludwig Holtfrerich (1982), Claus-Dieter Krohn (1982), Werner Conze (1983), Henning Köhler (1983) und wieder Knut Borchardt (1983).

[96] Siehe hierzu etwa die Ausführungen des Reichsfinanzministers Dietrich am 29. 10. 1930 vor dem Auswärtigen Ausschuß des Reichstags, PWK, Nr. 159, S. 449–50.

[97] Rede Brünings am 11. 2. 1930 vor dem Reichstag, siehe oben, Anm. 82. Die Darstellung folgt hier und im folgenden zum guten Teil den Überlegungen der oben in Anm. 85 angeführten Aufzeichnung Rondes. Sie stützt sich auch auf die ausführlichen Erwägungen Glashagens, siehe Anm. 80,

Insbesondere von einer Verbesserung der deutschen Exportposition, der das Bemühen um den Ausbau der Golddiskontbank zu einer Exportkreditbank sowie um die Verbesserung der internationalen Wettbewerbsfähigkeit durch Preis- und Lohnsenkungen diente, würden vermutlich revisionspolitische Wirkungen ausgehen. Eine „Exportoffensive", die mit dem Zwang zur Gewinnung des für die Reparationszahlungen notwendigen Devisenüberschusses begründet werden konnte, würde nach allen Erfahrungen entweder die Weigerung der Reparationsgläubiger aufdecken, ihren Anteil an dem Funktionieren des Young-Plans mitzutragen, und so eine zumindest moralische Moratoriumsbegründung liefern; oder sie mochte sogar bei manchen Gläubigern, insbesondere bei den freihändlerischen Briten, ein genuines Eigeninteresse an der Beseitigung der Reparationen als der Triebfeder der deutschen Exportforcierung auf Kosten der Konkurrenz wecken. Die erstere Erwartung erschien realistischer. Bereits in der degressiven Sachlieferungsregelung des Young-Plans und den Beschlüssen der ersten Haager Konferenz[98] war die Unwilligkeit der Handelskonkurrenten deutlich geworden, einem verstärkten deutschen Export aus reparationspolitischen Rücksichten tatenlos zuzusehen. Künftige protektionistische Maßnahmen der Gläubiger würden mit Blick auf die von ihnen für das Funktionieren des Young-Plans übernommene handels- und finanzpolitische Mitverantwortung als Verstöße gegen den nun in Kraft befindlichen Young-Plan gebrandmarkt werden können. In interministeriellen Überlegungen wurde es in Berlin für wesentlich gehalten, daß dieser „nach einigen Jahren" zu führende Nachweis, „daß die Nichtdurchführbarkeit des Planes in Gründen zu suchen ist, die nicht in Maßnahmen der deutschen Regierung, sondern in Handlungen und Unterlassungen der Gläubigerregierungen, vielleicht auch der Bank für den internationalen [Zahlungs-]Ausgleich oder auch in der gesamten Weltwirtschaftslage liegen", frühzeitig vorbereitend dokumentiert würde. Zu diesem Zweck sollten auf internationaler und nationaler Ebene in zurückhaltender Form ständig die für die Erfüllung des Young-Plans wesentlichen finanz- und wirtschaftspolitischen Beiträge des Auslands (Kapitalhilfe, Verzicht auf Handelsschranken) und ihr eventuelles Ausbleiben angemahnt werden. Außerdem sei zu überlegen, ob die auslaufende Berichterstattung des Reparationsagenten nicht durch regelmäßig von einer deutschen „prominenten neutralen Stelle" zu veröffentlichende Übersichten über die deutsche Finanz- und Wirtschaftsentwicklung fortgesetzt werden könnte, „die der deutschen Reparationspolitik der nächsten Jahre aufgrund objektiven und erschöpfenden Materials dienstbar gemacht werden können".[99] Aber daneben erschien es, wie gesagt, auch nicht ganz abwegig, darauf zu bauen, daß mancher Gläubiger, England voran, mit der Zeit ein Interesse daran finden könnte, die augenscheinliche Ursache der deutschen Exportforcierung selbst zu beseitigen, das heißt auf eine Revision oder völlige Streichung der Reparationen zu dringen.

Diesen mittelfristig orientierten, behutsam-zurückhaltenden Überlegungen in der Frühzeit der Regierung Brüning im Sommer 1930 standen nun freilich zunehmend scharfe innenpolitische Revisionsparolen seitens der politischen Rechten und Linken, der DNVP, der NSDAP und KPD gegenüber, die – angesichts der konjunkturellen Entwick-

---

der insgesamt allerdings, wie bereits angedeutet, schon für den Sommer 1930 ein aktives Reparationskonzept Brünings annimmt als es sich den verfügbaren Quellen entnehmen läßt.
[98] Siehe oben, S. 65.
[99] Der Gedankengang folgt hier der Aufzeichnung Rondes, siehe Anm. 85.

lung nicht ganz ohne Logik – auf das Eintreffen ihrer früheren Reparations-Prognosen verweisend und die Haltung der Regierung als Erfüllungs- und Verelendungspolitik brandmarkend, die sofortige völlige Revision der Reparationsverpflichtungen als den einzigen Ausweg aus der wachsenden Not und Arbeitslosigkeit zu ihrem bevorzugten Propagandathema machten.[100] Die Bedeutung dieser radikalen Reparationspolemik des Sommers 1930 lag, ehe sie sich mit der Reichstagswahl vom 14. September nachträglich als ein zentrales Einfallstor für die Destabilisierung des politischen Systems der Weimarer Republik erwies, keineswegs darin, daß sie etwa zu dieser Zeit den Kurs der Regierung beeinflußt hätte. Ende August machte vielmehr der Reichskanzler anläßlich einer Ermahnung des Ministers für die besetzten Gebiete Treviranus zu größerer Zurückhaltung bei der Behandlung der polnischen Korridorfrage das Kabinett gerade ausdrücklich „darauf aufmerksam, daß neuerdings alle Parteien des Reichstags die Schwierigkeiten des Young-Plans in auffälliger Weise betonten. Auch hier sei nach seiner Auffassung eine gewisse Zurückhaltung geboten, weil ein Moratorium nicht zu früh kommen dürfe".[101] Die eigentliche Bedeutung der Reparationsparolen der radikalen Parteien im Sommer 1930 lag in der verunsichernden Wirkung, die sie im Ausland, namentlich in England und Frankreich auslösten. Diese Propaganda, nicht die zurückhaltenden Erwägungen des Kabinetts Brüning war es, die in der Reparationsfrage im Sommer 1930 das Verhältnis Deutschlands zu den Westmächten belastete. Bestand die Gefahr, so stellte sich die beunruhigende Frage in London und Paris, daß sich das Kabinett Brüning in die Richtung der radikalen Revisionsforderungen bewegte? Und wenn ja: wann würde es sie sich öffentlich zu eigen machen?[102]

So wurde die Revision des Neuen Plans, im frühen Kabinett Brüning „von allem Anfang an nicht aus dem Auge" gelassen, auf der Seite der Gläubiger, und namentlich Frankreichs, schon bald nach dem Inkrafttreten der Reparationen-Endregelung zum Gegenstand ernster Besorgnisse.

5. Französische Wirtschaftshilfe?

Unter den bis hierher dargestellten Umständen erscheint es auf den ersten Blick bemerkenswert, daß es während des Sommers 1930 mehrere Ansätze einer wirtschaftlichen und finanziellen Unterstützung Frankreichs für das in die Krise abgleitende Deutschland Brünings gab. Hierfür waren offenbar zwei unterschiedliche politische Motivationszusammenhänge maßgebend, die zwei entgegengesetzte Prognosen einer französischen „Deutschland-Astrologie"[103] im Sommer 1930 widerspiegelten und insgesamt eine

---

[100] Siehe hierzu Helbich, Die Reparationen in der Ära Brüning, S. 14–16. – Die Wahlkampfpropaganda der Parteien im Sommer 1930 würde eine eingehendere Untersuchung verdienen.
[101] Ministerbesprechung vom 20. 8. 1930, 16 Uhr, ARK Brüning, Nr. 104.
[102] Siehe hierzu die Berichterstattung des britischen Botschafters in Berlin Rumbold während des Sommers 1930, in DBFP, II, I, S. 473–508.
[103] Der Begriff wird gewählt, um die grundlegende französische Unsicherheit darüber zu umschreiben, ob sich in der deutschen Führung schließlich die gemäßigten oder die radikalen Kräfte durchsetzen würden. Ähnlich spricht Bernd-Jürgen Wendt von britischer „Wilhelmstraßen-

wachsende französische Unsicherheit und Ratlosigkeit verdeutlichen. Zum einen handelte es sich um einen Reflex der Verständigungspolitik in einem Augenblick zunehmender Schwierigkeiten. Briand und seine Anhänger, in gewissem Maße aber nun auch der – in Brüning eine Zeitlang einen kongenialen Partner vermutende – Ministerpräsident Tardieu waren offen für die Überlegung, daß den im Zusammenhang mit der Rheinlandräumung, dem Inkrafttreten des Neuen Plans, den Saarverhandlungen, der Europa-Diskussion aufgetauchten Komplikationen der Versuch einer „positiven Politik" in Form eines deutsch-französischen Generalausgleichs entgegengesetzt werden müsse. Zu der gemeinsamen Inangriffnahme einer solchen „positiven Politik" seien Deutschland und Frankreich „umso mehr verpflichtet", so Tardieu und Briand am 9. Juli zu Hoesch, „als sie den Kern des gegenwärtigen Europas darstellten, in welchem die englische Labour-Regierung keine wirkliche Außenpolitik treibt und in welchem das faschistische Italien eher ein Element der Störung darstellt".[104] Das zweite sichtbar werdende Motiv entsprach im Grunde mehr den Neigungen Tardieus. Eine durch die relative wirtschaftliche und absolute monetäre Stärke Frankreichs gehaltene und kontrollierte ökonomische Verklammerung mit dem Deutschen Reich konnte als das praktische Grundelement solch „positiver Politik" nach der Preisgabe des rheinischen Besatzungspfands die französischen Druck- und Einflußmöglichkeiten auf den künftigen Gang der deutschen Politik einigermaßen wahren und vielleicht vermehren. Namentlich bot sie – angesichts des Debakels der Young-Anleihe und der radikalen innerdeutschen Revisionspolemik gegen den Young-Plan – unter Umständen nachträgliche Reparationsgarantien durch die präventive Anbindung der deutschen Zahlungsverpflichtung an französische wirtschaftliche und finanzielle Wohltaten. Insgesamt handelte es sich hier also um eine tastende, zwischen Vertrauen und Kontrollbedürfnis schwankende Neuorientierung der französischen Politik im Zeichen der Rheinlandräumung.[105]

Zeitlich bildete den Auftakt ein Vorschlag, den Handelsminister Flandin – in Wiederaufnahme gelegentlicher früherer Sondierungen französischer Handelspolitiker und auch in Anknüpfung an eine frühere eigene Anregung – am 14. Juni Botschafter von Hoesch unterbreitete.[106] Zu einer raschen Besserung der europäischen Wirtschaftslage, so Flandin, erscheine es dringend erforderlich, daß sich zunächst Deutschland und Frankreich als europäische Kernländer auf eine wirtschaftliche Zusammenarbeit verständigen. Wenn es zum Beispiel gelänge, nach dem Muster der Schwerindustrie, der chemischen Industrie und der Kali-Industrie noch weitere führende Industriezweige, wie die Textil- und Elektroindustrie, unter einheitlicher Kontrolle zur Zusammenarbeit zu führen, so würde sich unter Umständen in der Folge sogar die Möglichkeit einer Zollunion eröffnen, in die dann auch die Schweiz und Belgien einbezogen werden könnten.[107] Dieser

---

-Astrologie", in „Economic Appeasement – Das Gewicht einer ökonomischen Krisenstrategie in der britischen Innen- und Außenpolitik", in: Karl Rohe, Die Westmächte und das Dritte Reich, S. 57–82, hier S. 69.

[104] Hoesch an AA. 9.7.1930, ADAP, B XV, Nr.129.

[105] Augenscheinlich verliert die deutschlandpolitische Linie Tardieus während des Jahres 1930 etwas von ihrer Eindeutigkeit. Es ist zu vermuten, daß die zunehmenden innerdeutschen Radikalisierungstendenzen ihn für eine Zeit für die Linie Briands aufgeschlossener machten. Siehe auch unten, S. 182 mit Anm. 4. Zum Younganleihen-Debakel siehe Heilfron/Nassen, S. 389–390.

[106] Aufzeichnung o.U., vom 5.9.1930, PA, L 1488/L 435 886–90; Aufzeichnung Windels vom 23.4.1931, PA, L 1488/L 436 056–58.

[107] Hoesch an AA, 14.6.1930, ADAP, B XV, Nr.82.

Vorschlag Flandins, mit dem sich auch der in den wirtschaftlichen Details unsichere Briand identifizierte,[108] wurde knapp vier Wochen später von Tardieu wiederholt. Unter Hinweis auf in den gleichen Tagen unbefriedigend abgelaufene Privatverhandlungen zwischen deutschen und französischen Kohle- und Stickstoff-Industriellen setzte sich der französische Ministerpräsident dafür ein, daß die Regierungen künftig die deutsch-französischen Wirtschaftsbeziehungen stärker selbst in die Hand nehmen müßten, „mit dem Ziel, zu einer Vereinheitlichung und systematischen Organisierung der wirtschaftlichen Zusammenarbeit zu kommen". Tardieu wies bei der Gelegenheit auch auf das besondere französische Interesse an entsprechend vermehrter Zusammenarbeit auf landwirtschaftlichem Gebiet hin.[109]

In Berlin indessen stieß die Anregung auf freundliches Desinteresse. Zwar stimmte Curtius der Auffassung zu, daß die Wirtschaft das wichtigste Betätigungsfeld für die Zusammenarbeit der beiden Regierungen darstelle, und er begrüßte auch, daß zur Beförderung der internationalen Diskussion über den Paneuropa-Plan ein paralleles deutsch-französisches Zwiegespräch stattfinden solle. Angesichts der vielfältigen und seit Jahren gut funktionierenden privatwirtschaftlichen Abmachungen bilateraler und multilateraler Art hielt er jedoch die Verallgemeinerung Tardieus, daß die privatwirtschaftliche Zusammenarbeit mißglückt sei, für abwegig.[110] Hinter der reservierten Haltung des Auswärtigen Amts stand im wesentlichen die relative Zufriedenheit mit dem *status quo* der deutsch-französischen Wirtschaftsbeziehungen. Nach der Beendigung laufender Verhandlungen zwischen den Elektro- und Automobilindustrien beider Länder erschienen aus deutscher Sicht die Möglichkeiten privatwirtschaftlicher Absprachen weitgehend erschöpft; und in neue Regierungsverhandlungen konnte man angesichts des sich für Deutschland äußerst befriedigend entwickelnden Handelsvertrages freiwillig nur zum voraussehbaren eigenen Schaden eintreten.[111]

Auf erheblich größere Resonanz stieß hingegen auf deutscher Seite ein Vorschlag, den Tardieu Mitte August ins Gespräch brachte – offenbar ohne zunächst Briand in Kenntnis zu setzen,[112] und vielleicht unter dem Eindruck des enttäuschenden Echos auf die Anregung zur wirtschaftlichen Zusammenarbeit. In einer Unterredung mit dem ehemaligen Staatssekretär Kühlmann und dem Ex-Minister und Elektro-Industriellen von Raumer regte der französische Ministerpräsident an, den beabsichtigten großzügigen Ausbau der ökonomisch-sozialen Infrastruktur Frankreichs, der „outillage national",[113] auch im

---

[108] Hoesch an AA, 11.8.1930, ibid., Nr. 175.
[109] Hoesch an AA, 9.7.1930, ibid., Nr. 129.
[110] Curtius an Paris, 7.8.1930, PA, K 516/K 147 559–81 (Entwurf); ADAP, B XV, Nr. 172 (Ausfertigung).
[111] „Aufzeichnung über deutsch-französische wirtschaftliche Zusammenarbeit", o. D., o. U., PA, L 1488/L 435 864–85; Respondek, Wirtschaftliche Zusammenarbeit zwischen Deutschland und Frankreich, S. 98 ff., 168 ff.; Jacques Marseille, „Le commerce entre la France et l'Allemagne pendant les années 1930", in: La France et l'Allemagne 1932–1936. Communications présentées au Colloque franco-allemand tenu à Paris (Palais du Luxembourg, salle Médicis) du 10 au 12 mars 1977, Paris 1980, S. 279–284.
[112] Kühlmann an Bülow, 26.8.1930, PA, L 1488/L 435 543–44.
[113] Zu diesem umfassenden Programm zur Erneuerung der wirtschaftlichen Infrastruktur Frankreichs siehe die Regierungserklärung Tardieus am 7.11.1929, in Tardieu, L'épreuve du pouvoir, S. 21–34; Bonnefous, IV, S. 375–78; Monique Clague, „Vision and Myopia in the New Politics of André Tardieu", in: French Historical Studies, 8, 1973–74, S. 105–129.

Sinne vermehrter deutsch-französischer Wirtschaftsbeziehungen fruchtbar werden zu lassen. Der französische Staat (die Pariser Behörden, Departements, Kommunen) werde für Elektrifizierungs-, Tiefbau-, Hafen- und Bahnprojekte und für andere öffentliche Arbeiten im Laufe der kommenden zehn Jahre Aufträge im Werte von 30 Milliarden Francs zu vergeben haben, an denen auch die deutsche Industrie in einem erheblichen Umfange beteiligt werden könne. Zur Finanzierung der an deutsche Firmen vergebenen Aufträge könnten – was der Neue Plan nicht untersage – die nach Frankreich fließenden Reparationszahlungen verwendet werden.[114] Es handelte sich hier, wie der Fortgang der Angelegenheit zeigen sollte, in hohem Maße um einen Versuch, durch die – Elemente des alten Seydoux-Plans[115] wiederaufnehmende – Ökonomisierung der Reparationen der im deutschen Wahlkampf mit zunehmender Lautstärke reklamierten Revision des Young-Plans frühzeitig ein faktisches Hemmnis entgegenzusetzen.

In einer ersten Stellungnahme reagierte im Reichsfinanzministerium Staatssekretär Schäffer auf die von Kühlmann und Raumer überbrachte Mitteilung verhalten positiv. Zwar bezweifelte er, daß die englische Regierung eine solche neuartige Form von Sachlieferungen ohne weiteres als mit dem Young-Plan vereinbar hinnehmen werde. Er vermutete auch sogleich, daß eines der Motive für den französischen Vorschlag die Absicht sei, in Deutschland eine einflußreiche Interessentengruppe der Industrie zu schaffen, die im Falle eines Reparationen-Moratoriums große Verluste zu befürchten haben würde.[116] Dennoch war er dafür, auf die französische Anregung einzugehen. Zum einen verheiße sie angesichts der schwierigen Beschäftigungslage in Deutschland einen höchst willkommenen Arbeitsbeschaffungs-Effekt. Zum anderen seien in den nächsten ein oder zwei Jahren in Frankreich, England und den USA die „psychischen Voraussetzungen" für eine Revision des Young-Plans wohl ohnehin noch nicht vorhanden, so daß eine Verzögerung möglicher deutscher Bestrebungen in dieser Richtung praktisch nicht eintreten könne.[117]

In dieser letzteren Hinsicht schärfte jedoch die Anregung Tardieus in Berlin nun offenbar das Problembewußtsein und beförderte so indirekt deutsche Revisionsüberlegungen. Eine eingehendere Erörterung im Finanzministerium am 21. August führte zu dem Befund, daß bei andauernder Verschlechterung der Wirtschaftslage sehr wohl frühzeitig der Tag kommen könne, an dem die Reichsregierung für die Zahlung der bedingten Annuitäten das im Young-Plan vorgesehene Moratorium anmelden müsse. Auf keinen Fall dürfe dieses Ventil verschlossen werden, auch nicht in der guten Absicht, die Beschäftigungslage zu verbessern.[118] Die Kontaktleute Tardieus wurden dementsprechend unterrichtet,

---

[114] Aufzeichnung Schäffers vom 20. 8. 1930, ADAP, B XV, Nr. 192.
[115] Siehe oben, S. 16.
[116] Als weiteres Motiv vermutete Schäffer: „Möglicherweise hätten [die Franzosen] weiter vielleicht den Gedanken, da eine weitere Mobilisierung auf dem Weltmarkte ausgeschlossen sei und bei dem Stand der Young-Anleihe eine Konvertierung der inneren französischen Schuld in deutsche Verpflichtungen vorläufig nicht in Frage käme, eine anderweitige Verwendung des Geldes zu finden, die in einem späteren Zeitpunkt einmal ermöglichte, auf große in die Augen fallende Anlagen als auf ein Ergebnis des Young-Planes gegenüber innerpolitischen Angriffen hinzuweisen", ADAP, B XV, Nr. 192.
[117] Ibid.
[118] Aufzeichnung Eisenlohrs vom 22. 8. 1930, PA, L 1488/L 435 899–901; vgl. Aufzeichnung Schäffers vom 6. 9., ADAP, B XV, Nr. 208. Hoesch war sowohl hinsichtlich des möglichen Umfangs als auch überhaupt der Realisierbarkeit einer französischen Auftragsvergabe an die deutsche In-

daß die Reichsregierung prinzipiell an einer zusätzlichen französischen Auftragsvergabe an die deutsche Industrie interessiert sei, daß aber „die Angelegenheit vollständig von der Reparation und den Organen des Young-Plans zu sondern und als unmittelbares und rein wirtschaftliches Geschäft französischer Besteller mit deutschen Lieferanten zu behandeln wäre".[119]

Indessen verfehlte die ökonomische Attraktivität des Tardieuschen Vorschlags in Berlin in den Tagen vor der Reichstagswahl durchaus nicht seine Wirkung. Während Kühlmann die Stellungnahme der Reichsregierung nach Paris übermittelte und noch auf eine Antwort wartete, äußerte Brüning persönlich den ungeduldigen Wunsch, „die Unterhaltungen sollten so geführt werden, daß bis zum 1. September ein gewisser Abschluß sich erzielen ließe, so daß in Genf schon über die Angelegenheit gesprochen werden könne".[120] Unter diesen Umständen wurde französischerseits nun offen das eigentliche Interesse benannt. Tardieus Vertrauter Serruys bedeutete Otto Wolff, „die Angelegenheit werde freilich nur zu machen sein, wenn die Sicherheit bestünde, daß während der Zeit, die für die Bezahlung der großen Sachlieferungen erforderlich sei, also schätzungsweise während eines Zeitraums von 5 Jahren, ein Moratorium der im Young-Plan vorgesehenen Art seitens Deutschlands nicht erklärt werde".[121]

Solch offene politische Auflage für einen keineswegs sicheren wirtschaftlichen Vorteil hielten selbst die interessierten deutschen Industriellen nicht für opportun, sie suchten jedoch sogleich nach möglichen Aushilfen. Einen Ansatzpunkt schien das technische Erfordernis zu bieten, bei einem Zustandekommen des Geschäfts zur Vorfinanzierung der deutschen Lieferungen ein deutsches oder deutsch-französisches Finanzkonsortium einzuschalten, das natürlich auf ausreichender Absicherung der Geschäftsgrundlage bestehen würde. Könnte nicht die Reichsregierung diesem Konsortium gegenüber erklären, daß sie für den Fall, daß die französischen Besteller aufgrund eines Stockens der deutschen Reparationszahlungen die Rechnungen ihrer deutschen Lieferanten nicht beglichen, im Interesse der Exportförderung direkt selbst einspringen werde? Unter den Umständen sah Staatssekretär Schäffer darin nicht viel Sinn. Zwar seien die politischen Bedenken gegen eine solche Garantie geringer als gegen einen Moratoriumsverzicht. Aber finanziell würde sie der Zusicherung gleichkommen, in der Höhe der Rechnungsbeträge das Moratorium nicht geltend zu machen. In ökonomischer Hinsicht würden die Franzosen gar von der deutschen Wirtschaft auf Kosten der Regierung eine Gratisleistung bekommen, die sie sich nicht auf ihre Reparationsforderung anrechnen lassen brauchten.[122] Mit dem Hinweis auf eine zumutbare Risikobeteiligung der interessierten Industrien und ausführlicher Informierung von Reichskanzlei, Auswärtigem Amt, Finanz- und Wirt-

---

dustrie unter dem „outillage national"-Programm skeptisch und hielt es schon für erfreulich, „wenn es uns gelinge, bei dieser Gelegenheit wenigstens einen Teil der über 400 Millionen RM lautenden bereits abgeschlossenen notleidenden Sachlieferungsverträge mit hineinzubekommen". Eine formelle Verbindung zwischen diesen Sachlieferungsverträgen und dem von Tardieu vorgeschlagenen Projekt wollten sowohl Eisenlohr als auch Hoesch indessen möglichst vermeiden, Aufzeichnung Eisenlohrs s. o.

[119] Dorn (Reichsfinanzministerium) an AA, 21. 8. 1930, PA, L 1488/L 435 902.
[120] Kühlmann an Bülow, 26. 8. 1930, PA, L 1488/L 435 543–44. Gemeint ist die Genfer Völkerbundstagung im September 1930.
[121] Aufzeichnung Schäffers vom 6. 9. 1930, ADAP, B XV, Nr. 208.
[122] Ibid.

schaftsministerien war die Angelegenheit bereits am Vorabend der Reichstagswahl trotz des grundsätzlichen beiderseitigen Interesses in eine Sackgasse geraten.

Neben der wirtschaftlichen suchte die Regierung Tardieu während der Sommermonate 1930 jedoch auch eine stärkere finanzielle Verflechtung mit Deutschland. Man interessierte sich in Paris vor allem für eine vermehrte und besser kontrollierte Gewährung kurzfristiger Kredite, die in mehr als einer Hinsicht politisch nutzbar gemacht werden konnten. Durch sie konnten gleichzeitig der Anlagebedarf des französischen Kapitals befriedigt und die deutsche Wirtschaft und damit auch die deutsche Zahlungsfähigkeit stabilisiert werden. Sie würden außerdem deutsche Anwandlungen zu einer Revision des Young-Plans mit einem stärker als bisher französisch gefärbten Kreditrisiko behaften. Am 9. Juli wies der französische Ministerpräsident im Beisein Briands und Berthelots Botschafter von Hoesch darauf hin, daß zur Zeit rund 25 Milliarden Francs an kurzfristigen Krediten unkontrolliert und großenteils von profitgierigen Zwischenhändlern verteuert in Deutschland umliefen. Er regte an, daß sich die deutsche und die französische Regierung unter Hinzuziehung von Sachverständigen darüber ins Benehmen setzen sollten, auf welche Weise künftig kurzfristige Kredite direkt von französischen Banken an deutsche Kreditinstitute gegeben werden könnten.[123]

In Berlin löste dieser Wink eingehende Konsultationen des Auswärtigen Amts mit führenden Berliner sowie in Paris arbeitenden deutschen Bankiers aus, die zu dem Ergebnis führten, daß zum einen die umlaufenden kurzfristigen Gelder aus Frankreich wesentlich niedriger als von Tardieu angegeben zu beziffern seien,[124] und daß zum zweiten zwischen 60 und 90 Prozent dieser kurzfristigen französischen Kredite den direkten Weg von französischen zu deutschen Banken nähmen, ein ordnendes Eingreifen der Regierungen mithin nicht erforderlich erscheine.[125] Gleichzeitig förderten diese Konsultationen, wie Curtius am 7. August Hoesch mitteilte, aber auch die „einhellige Auffassung" der Bankiers und der Reichsregierung zutage,

„daß eine sprunghafte Vermehrung der französischen kurzfristigen Kredite [...] nicht erwünscht wäre. So wie die Verhältnisse auf den Geldmärkten in Deutschland und im Auslande gegenwärtig liegen, würde es den deutschen Banken im Augenblicke keine Schwierigkeiten machen, die französischen Kredite zurückzuzahlen, wenn sie aus irgendeinem Anlaß plötzlich teilweise oder sogar ganz zurückgezogen würden. Bei der politischen Unsicherheit der französischen Kredite und bei der Ungewißheit, wie die Geldmärkte sich später gestalten werden, möchten die deutschen Bankiers aber das gegenwärtig bestehende Verhältnis der Kreditaufnahme in Frankreich, England, den Vereinigten Staaten und auf anderen Geldmärkten nicht in der Richtung einer stärkeren Engagierung in Frankreich verschieben".[126]

Anders verhielt es sich mit langfristigen Krediten, an denen das Deutsche Reich mit seiner chronischen Kapitalarmut und seiner voranschreitenden Finanzkrise erheblichen, durch das Ausbleiben amerikanischer Gelder stark vergrößerten Bedarf hatte. So war es

---

[123] Hoesch an AA, 9.7.1930, ADAP, B XV, Nr. 129; vgl. 11.8., ibid., Nr. 175.
[124] Nämlich auf nur rund ein Fünftel der von Tardieu genannten 25 Milliarden Francs, d.h. auf 700–1000 Millionen RM, bei einer geschätzten kurzfristigen Gesamtnettoverschuldung Deutschlands von 5 Milliarden RM, Curtius an Paris, 7.8.1930, PA, K 516/K 147 559–81 (Entwurf), ADAP, B XV, Nr. 172 (Ausfertigung).
[125] Auch die Effizienz einer administrativen Kontrolle kurzfristiger Privatkredite wurde in Berlin in Zweifel gezogen, ibid. sowie „Aufzeichnung über deutsch-französische wirtschaftliche Zusammenarbeit", o.D., o.U., PA, L 1488/L 435 864–85.
[126] Curtius an Paris, 7.8.1930, ADAP, B XV, Nr. 172.

naheliegend, daß der französische Hinweis auf Möglichkeiten einer Ausweitung der kurzfristigen Kreditvergabe deutscherseits genutzt wurde, um den Wunsch nach vermehrtem langfristigen Kapital zu betonen.[127] Angesichts des Überflusses an unbeschäftigtem Kapital in Frankreich und der in Deutschland gebotenen hohen Verzinsung erblickte Curtius hier ein vielversprechendes Feld für die Ausdehnung der finanziellen Zusammenarbeit. Langfristige französische Investitionen in Deutschland würden nicht ohne vorteilhafte Auswirkungen auf die politischen Beziehungen bleiben können, wenn nur die französische Regierung, und insbesondere Tardieu, Deutschland und seiner Wirtschaft das erforderliche Vertrauen entgegenbrächten. In diesem Sinne ließ der deutsche Außenminister Anfang August 1930 der französischen Regierung die Bereitschaft zu sofortiger Kontaktaufnahme signalisieren.[128]

In Paris bestand in den Sommermonaten des Jahres 1930 auch an einer längerfristigen deutsch-französischen Finanzverflechtung durchaus Interesse. Eine durchgreifende Besserung der deutschen Finanz- und Wirtschaftslage würde die Fähigkeit zur Zahlung von Reparationen entscheidend sichern. Zwar stieß der Wunsch aus dem Auswärtigen Amt bei dem französischen Ministerpräsidenten offenbar zunächst auf Zurückhaltung.[129] Doch nicht nur im Quai d'Orsay, sondern auch in der Banque de France und im Finanzministerium beschäftigte man sich in diesen Wochen ernsthaft mit den finanziellen und politischen Chancen und Risiken vermehrter langfristiger Kapitalverflechtung mit Deutschland. Briand förderte in französischen Banken- und Industriekreisen vorhandene Bestrebungen, die Vergabe zehnjähriger Kredite nach Deutschland zu organisieren und bemühte sich um einen politisch verbilligten Zinssatz.[130] Gouverneur Moreau bat Anfang Juli Luther um eine Liste der deutschen Wertpapiere, die an der Pariser Börse eingeführt werden könnten, und erhielt daraufhin eine Aufstellung über geeignete deutsche Pfandbriefe, Eisenbahnschatzanweisungen und Industrieaktien.[131]

Finanzminister Reynaud schließlich, der am 3. August öffentlich die langfristige Anlage französischen Kapitals in Auslandswerten als notwendiges Regulativ des Goldzuflusses nach Frankreich bezeichnet hatte,[132] erklärte sich wenige Tage später gegenüber Hoesch mit der Förderung der Investierung in deutschen Werten, die vorzugsweise auf dem Wege der Börsenzulassung in Paris ermöglicht werden könne, im Prinzip einverstanden. Zugleich warb er jedoch, unter Hervorhebung seiner bekannten deutschfreundlichen Einstellung, um Verständnis für das für jeden französischen Anleger bestehende Kardinalproblem langfristiger Finanzverflechtung mit Deutschland: die Frage des Vertrauens und der Sicherheit, „und zwar in erster Linie auf politischem Gebiet. Daran fehle

---

[127] Hoesch an AA, 9.7.1930, ibid., Nr. 129. – Über den Umfang des zu diesem Zeitpunkt in Deutschland investierten französischen Kapitals lagen nach Kenntnis des Auswärtigen Amts Schätzungen nicht vor. „Falls derartige Geschäfte zustandegekommen sein sollten, dürften diese zahlenmäßig nicht ins Gewicht fallen" („Aufzeichnung über deutsch-französische wirtschaftliche Zusammenarbeit", o. D., o. U., L 1488/L 435 864–85).
[128] Curtius an Paris, 7.8.1930, ADAP, B XV, Nr. 172.
[129] Briand empfahl Hoesch am 11. August, von einer Unterredung mit Tardieu über diese Frage zunächst Abstand zu nehmen, Hoesch an AA, 11.8.1930, ADAP, B XV, Nr. 175.
[130] Ibid. sowie Aufzeichnung o. U. vom 5.9.1930, PA, L 1488/L 435 886–90; Kühlmann an Bülow, 26.8., PA, L 1488/L 435 543–44 spricht von einem Vorzugszins von 5 Prozent.
[131] Aufzeichnung o. U. vom 5.9.1930, PA, L 1488/L 435 886–90; Hoesch an AA, 13.8., ADAP, B XV, Nr. 178.
[132] Zitiert in Bonnefous, V, S. 44.

es nun im Augenblick einigermaßen, nachdem die verschiedenen Kundgebungen in Deutschland in jüngster Zeit Zweifel bezüglich der zukünftigen Einstellung der deutschen Außenpolitik hervorgerufen hätten. Langfristige finanzielle Verflechtung bedeute eben Zutrauen, Annäherung und Zusammenarbeit, und hierfür müßten Vorbedingungen psychologischer Art geschaffen werden, ohne die Versuche der fraglichen Art scheitern würden. Vielleicht werde es nötig sein, [das] Ergebnis [des] deutschen Wahlakts abzuwarten, ehe man [die] Angelegenheit ernstlich in Angriff nehmen könne". Bis dahin werde er die Sache unter Zuziehung des Ministerpräsidenten persönlich weiter voranzutreiben suchen.[133]

6. Bewegungen in der Militärfrage

In der Militärfrage stellte der Sommer 1930 eine Übergangsphase dar. Sie war gekennzeichnet durch den weiteren, wenngleich immer noch nicht völligen Abbau der verbliebenen Restpunkte der deutschen Entwaffnung und durch allseits aktivierte Bemühungen um die Probleme der Landabrüstung. Diese rückten nun, nach dem insgesamt erfolgreichen Abschluß der Londoner Flottenkonferenz, und in Vorbereitung der Wiederaufnahme der Verhandlungen der Vorbereitenden Abrüstungskommission in Genf, wieder in den Vordergrund des Interesses.

In der Entwaffnungsfrage schien es nur noch um letzte Nachhutgefechte zu gehen, die, bei nunmehr weitgehender Zurückhaltung der Briten, zu einer rein deutsch-französischen Angelegenheit wurden. Auf französischer Seite entluden sich hier die Verärgerung und Besorgnis der Militärs, aber ebenso der Presse und der Parlamentarier, des Kriegsministers Maginot und des Ministerpräsidenten Tardieu über die vorzeitige Rheinlandräumung und die Begleitumstände ihrer Durchführung, auch über immer offenkundigere, Vorbereitungen für eine Wiederaufrüstung anzeigende Verstöße der Reichswehr gegen das Entwaffnungsstatut.[134] Andererseits wurde aber im Quai d'Orsay zunehmend der Anachronismus fortgesetzter internationaler Verhandlungen über Entwaffnungsbagatellen anerkannt. Ende Juli räumte Massigli gegenüber Clodius ein, „daß die Diskrepanz zwischen der Entwicklung der politischen Stellung Deutschlands in den letzten Jahren und der Art, in welcher die Restpunkte jetzt noch behandelt würden, tatsächlich beängstigend zu werden drohe".[135] Einen Ausdruck fand diese großzügigere Einstellung der französischen Diplomatie, als Anfang August 1930 Massigli in seiner Funktion als Generalsekretär der Botschafterkonferenz in der seit Jahren schwebenden Frage der Ausbildungsvorschriften der Reichswehr, in der sich die Reichsregierung in den Wochen nach der Räumung auf schwierige Verhandlungen vorbereitet hatte, überraschend alle bisherigen Forderungen der Ex-Alliierten fallen ließ: die Forderung einer Nachprüfung der Ausbildungsvorschriften der Reichswehr ebenso wie die einer Einschränkung ihrer Ausbildungsbefugnisse, einer Verwendungsprüfung für gepanzerte Kraftwagen, eines Ver-

---

[133] Hoesch an AA, 13. 8. 1930, ADAP, B XV, Nr. 178.
[134] Siehe hierzu ibid., Nr. 142, 161.
[135] Hoesch an AA, 25. 7. 1930, ibid., Nr. 161.

zichts auf sogenannte Nebelzüge und der Beendigung der Spezialisierung bestehender Reichswehreinheiten mit Nachbildungen verbotener Waffen.[136] Der Quai d'Orsay setzte sich hier gegen die französischen Militärs durch. Mit dem am 13. August zwischen Massigli und Clodius unterzeichneten Protokoll wurde den Wünschen des Reichswehrministeriums in derart umfassender Weise Rechnung getragen, daß sich Groener zu einem formellen Dankschreiben an das Auswärtige Amt für die schnelle Erledigung dieser von der Reichswehr als lebenswichtig erachteten Frage veranlaßt sah.[137]

Demgegenüber ging in anderen Entwaffnungsfragen das Tauziehen zwischen den deutschen und französischen Stellen noch weiter. In einigen Punkten suchte die französische Seite mit dem Räumungsdatum Druck auszuüben. Auf die Zerstörung von zwei Flugplätzen im künftig entmilitarisierten Rheinland wurde bereits hingewiesen.[138] Die Zerstörungsarbeiten am Brückenkopf Kehl wurden gemäß dem Protokoll vom 30. Dezember 1929 ebenfalls mit Blick auf den 30. Juni durchgeführt. Das Ergebnis der vom 27. bis 29. Juni von den ehemaligen Berliner Militärexperten Gosset und Durand sowie Vertretern der Reichsregierung unter der Leitung Forsters durchgeführten Kehler Entfestigungsverifikation (bei der der britische Sachverständige durch Zurückhaltung, der französische wieder durch kleinliche Nörgeleien auffiel) wurde auf deutscher Seite als „für uns in jeder Hinsicht günstig" beurteilt. Zwar waren für 5000 RM zusätzliche Nachsprengungen vorzunehmen, aber ein guter Teil der Auflagen des Verifikationsprotokolls vom 29. Juni traf sich mit deutschen Absichten einer wirtschaftlichen Nutzung. Vor allem erkannte Frankreich grundsätzlich an, daß es sich hier um den letzten besonderen Investigationsakt außerhalb des Artikels 213 des Versailler Vertrags gehandelt hatte.[139] Hinsichtlich der nach Auffassung des Versailler Militärkomitees erforderlichen Harmonisierung der neugefaßten Militär-Eisenbahnordnung mit dem Versailler Vertrag bemühte sich die Reichsregierung mit Erfolg, die von dem Pariser Protokoll vom 10. Januar 1930 stipulierte und durch eine Note der Botschafterkonferenz vom 27. Februar bereits praktisch eingeleitete Verhandlung über den 30. Juni hinaus zu verzögern.[140] Auch in anderen Punkten vermochte sie ihren Standpunkt zu behaupten. Versuche der Botschafterkonferenz, in der Frage der Verwendung ehemaliger militärischer Gebäude und Anlagen nachträglich Informationen über die Vereinbarungen des Protokolls vom 10. Januar 1930 hinaus einzufordern, wurden erfolgreich abgewehrt; dabei wurden zugleich die Schwierigkeiten angesprochen, welche die den deutschen Behörden auferlegte Pflicht zur In-

---

[136] Köpke an Botschaft Paris, 11.7.1930, ibid., Nr. 135; Bülow an Botschaft Paris, 21.7., ibid., Nr. 153; Hoesch an AA, 23.7., ibid., Nr. 156; 25.7., ibid., Nr. 161; Aufzeichnung von Friedbergs, 6.8.1930, ibid., Nr. 169.

[137] Groener an AA, 13.8.1930, PA, 9743/H 295 804. – Die französische Zustimmung zu dem Protokoll erfolgte erst nach Berücksichtigung von Zusätzen, auf denen General Weygand bestanden hatte, Hoesch an AA, 12.8.1930, PA, 9743/H 295 787–90.

[138] Siehe oben, S. 144.

[139] Rieth an AA, 26.4.1930, ADAP, B XIV, Nr. 223; Hoesch an AA, 5.5., B XV, Nr. 5; 15.5., ibid., Nr. 29; 17.5., ibid., Nr. 34; 21.5., ibid., Nr. 40; Aufzeichnung Forsters, 30.6., ibid., Nr. 110. Vgl. ibid. Nr. 135, 142, 148, 161. Das Verifikationsprotokoll verpflichtete die Reichsregierung noch zu einer letzten Mitteilung auf diplomatischem Wege über die Durchführung von zwei Breschen durch die Sprengtrümmer zum 31. August. Danach war Kehl entfestigt. Vgl. oben, S. 134–135, 144.

[140] Note der Botschafterkonferenz Nr. 17 vom 27.2.1930, PA, 9743/H 295 582–84; Rieth (Paris) an Forster, 2.5.1930, ADAP, B XV, Nr. 1.

formation über die Unterbringung der Polizeien aufwerfe.[141] Auch die Behauptung der Botschafterkonferenz, die ihr von deutscher Seite übermittelten Übersichten über die örtliche Verteilung der von Amts wegen bewaffneten Beamten in der dritten Zone hätten endgültige Verbindlichkeit, wurde von der Reichsregierung zurückgewiesen.[142] Die am 13. Mai von der Botschafterkonferenz erteilte Antwort auf den deutschen Antrag zu den Luftfahrtfragen vom 27. Januar 1930 hatte insgesamt vorläufigen Charakter, so daß nach Auffassung Schuberts „für die von uns gewünschten und als notwendig bezeichneten Einzelverhandlungen Möglichkeit bleibt".[143]

Trotz der Schwierigkeiten bei der Erledigung dieser Restfragen neigte sich das Entwaffnungsproblem „alter Art" im Sommer 1930 dem Ende zu, und die Funktion der Botschafterkonferenz als Institution der Entwaffnungskontrolle war darüber so unerheblich geworden, daß in Berlin sogar der Gedanke zurückgestellt wurde, eine Initiative zu ihrer Beseitigung zu unternehmen. Die dadurch auf dieses Gremium gelenkte öffentliche Aufmerksamkeit wurde als für die deutschen Interessen nachteiliger erachtet als ein ruhiges Ignorieren seiner Fortexistenz.[144] Freilich kündigten sich nun Entwaffnungsfragen „neuer Art" an. Die französische Regierung nahm zum Beispiel unversehens Anstoß an der Höhe des Reichswehrbudgets im Haushalt 1931, besonders an den darin enthaltenen neuen Positionen für den Panzerschiff-Bau, und sie beunruhigte sich zunehmend über Nachrichten, die den Ausbau von Grenzschutz und Landesschutz meldeten.[145]

In der Abrüstungsfrage ermöglichte das Ergebnis der am 22. April 1930 beendeten Londoner Seemächte-Konferenz die Wiederaufnahme der im Mai 1929 unterbrochenen Arbeiten der Vorbereitenden Abrüstungskommission des Völkerbunds. Der Londoner Flottenvertrag[146] war insofern ein Abrüstungserfolg, als er die maritime Rivalität zwischen den USA und England, in gewissem Maße auch die beider Mächte mit Japan beendete. Die USA erreichten die volle Parität mit England. Alle drei Haupt-Seemächte profitierten von einer bis 1936 vereinbarten Feierzeit für den Neubau von Schlachtschiffen, die den Verzicht auf 32 geplante Ersatzbauten und die Einsparung hoher Millionenbeträge bedeutete. Sie einigten sich außerdem auf eine Limitierung der Tonnagen aller Kampfschiffe unterhalb der Ebene der „capital ships": Kreuzer, Zerstörer, U-Boote.[147] Der Londoner Flottenvertrag war indessen insofern nur ein Teilerfolg, als Frankreich – und in seinem Gefolge das die volle Parität mit ihm beanspruchende Italien – sich nur zu einem Teil auf ihn einließen. Frankreich erreichte, daß es bis 1936 für die nach den Washingtoner Höchstziffern von ihm noch nicht ausgeschöpften 70 000 Tonnen ungeachtet der Feierzeit neue Schlachtschiffe auf Kiel legen durfte, und es vermochte auch in der U-Boot-Frage seine Interessen festzuschreiben. Dagegen sah Frankreich bei den Hilfsschiffen in Ermangelung ausreichender politischer Garantien und wegen der italienischen Paritätsforderung am Ende keine Möglichkeit, seine hohen Tonnageziffern proportional zu reduzieren, so daß in diesem entscheidenden Teilbereich der Seerüstungen statt eines

---
[141] Bülow an Botschaft Paris, 15.7.1930, ADAP, B XV, Nr.142.
[142] Ibid.
[143] Hoesch an AA, 13.5.1930, PA, L 383/L 111 685–86; Schubert an Genf, 13.5., L 383/L 111 687–89. Vgl. oben, S. 136–137.
[144] Aufzeichnung Martius', 12.9.1930, ADAP, B XV, Nr.215.
[145] Curtius (Genf) an AA, 16.5.1930, ibid., Nr.30; Forster an Hoesch, 31.5., ibid., Nr.57.
[146] Abgedruckt in DBFP, II, I, S. 589–97.
[147] Siehe hierzu Survey of International Affairs, 1930, S. 72 ff.

Fünfmächte- vorerst nur ein Dreimächte-Abkommen zustandekam. Hierzu wurde allerdings vereinbart, daß im Anschluß an die Londoner Konferenz unter britischer Vermittlung französisch-italienische Sonderverhandlungen mit dem Ziel des nachträglichen Beitritts beider Regierungen zum Dreimächte-Abkommen stattfinden sollten.[148] Unter den Umständen bestand jedoch vorerst England, das dem Kontinent gegenüber den Two-Power-Standard gewahrt wissen wollte, auf einem Vorbehalt, der erforderlichenfalls Neubauten über die Abmachungen des Dreimächtepakts hinaus ermöglichen sollte (und dann zweifellos auch die USA und Japan zum „Nachziehen" zu veranlassen drohte).[149]

Für das Deutsche Reich, das an der Seeabrüstungsmaterie unverändert wenig interessiert war, enthielt die Aufspaltung des Londoner Konferenzergebnisses in einen Fünfmächte- und einen Dreimächte-Pakt die beruhigende Gewißheit, daß es Frankreich nicht gelungen war, politische Sicherheitsfortschritte zu erreichen, durch die deutsche Interessen beeinträchtigt werden konnten.[150] Zwar hatte eine überraschende amerikanische Ankündigung am 25. März, daß die USA im Falle einer vorherigen anderweitigen Lösung des französischen Sicherheitsproblems einem allgemeinen Konsultativpakt beizutreten geneigt seien, für kurze Zeit neue Bemühungen um ein Mittelmeer-Locarno, eine Ausweitung des Kellogg-Pakts und einen Fünf-Mächte-Konsultativpakt ausgelöst. Diese Bemühungen erwiesen sich jedoch rasch wieder als vergeblich.[151] Lediglich ein Pariser Bestreben, England zu einer Spezialinterpretation der kollektiven Sicherheitsklauseln des Völkerbundspakts, namentlich des Artikels 16 zu veranlassen, erhielt in der ersten Aprilhälfte größere Bedeutung. Indessen erwies sich in ausgiebigen französisch-britischen Beratungen, die auf deutscher Seite besorgt verfolgt wurden, die britische Bereitschaft zum Engagement auf dem Kontinent an der Seite Frankreichs als nicht ausreichend.[152] Schließlich blieb in London auch ein zusätzlicher französischer Anlauf, die eigene Seeabrüstung gegen britische Konzessionen bei den Landrüstungen zu verrechnen, fruchtlos.[153]

---

[148] Runderlaß Briands, 15.6.1930, MAE, SDN, I I-Désarmement, Carton 291.
[149] Dieser Vorbehalt wurde in Artikel 21 des Londoner Flottenvertrags festgehalten: „If, during the term of the present Treaty, the requirements of the national security of any High Contracting Party in respect of vessels of war limited by Part III of the present Treaty are in the opinion of that Party materially affected by new construction of any Power other than those who have joined in Part III of this Treaty, that High Contracting Party will notify the other Parties to Part III as to the increase required to be made in its own tonnages within one or more of the categories of such vessels of war, specifying particularly the proposed increases and the reasons therefor, and shall be entitled to make such increase. Thereupon the other Parties to Part III of this Treaty shall be entitled to make a proportionate increase in the category or categories specified; and the said other Parties shall promptly advise with each other through diplomatic channels as to the situation thus presented", DBFP, II, I, S. 596.
[150] Hierzu Rieth (Paris) an AA, 27.4.1930, ADAP, B XIV, Nr. 224; Runderlaß des AA vom 3.5.1930, ibid., XV, Nr. 3. Über den Verlauf der Londoner Sicherheitsdiskussion aus französischer Sicht informiert ein Runderlaß Briands vom 15.6.1930, MAE, SDN, I I-Désarmement, Carton 291.
[151] Siehe hierzu Curtius an London, 1.4.1930, ADAP, B XIV, Nr. 186; Hoesch an AA, 4.4., PA, 4543/E 146 040–41; Schubert an London/Paris/Rom/Washington, 16.4., PA, 8591/H 216 872–73.
[152] Siehe hierzu, neben den betreffenden Dokumenten in DBFP, II, I, S. 238–311, auch ADAP, B XIV, Nr. 186, 193, 195; Neurath an AA, 5.6.1930, PA, 8591/H 217 131–132.
[153] Aufzeichnung Schuberts, 12.4.1930, PA, 4543/E 146 125–27.

Immerhin war das Ergebnis der Londoner Flottenkonferenz ausreichend, um in den europäischen Hauptstädten den Blick auf die Fortsetzung der Arbeiten der Genfer Vorbereitenden Abrüstungskommission zurückzulenken, deren Wiederzusammentreten auf den 3. November 1930 festgesetzt wurde. In der Sicht der Reichsregierung handelte es sich hier allerdings, nach der „Distanzerklärung" des Grafen Bernstorff vom 4. Mai 1929, nur um eine unvermeidliche weitere Etappe auf dem Wege zur eigentlichen Abrüstungskonferenz, wo dann erst die grundlegenden Entscheidungen fallen sollten. Ermutigt durch Anzeichen zunehmenden Verständnisses für den deutschen Abrüstungsstandpunkt in der Weltöffentlichkeit beabsichtigte die Reichsregierung, sofern sich auf der Septembertagung des Völkerbunds nicht noch eine eindeutigere Änderung des britischen Standpunkts zu deutschen Gunsten ergeben würde, in der Vorbereitenden Abrüstungskommission eine im wesentlichen passive Rolle zu spielen: „Treten keine Änderungen grundlegender Art in der Behandlung der uns wichtigsten Fragen ein, so wird die deutsche Delegation sich zwar an den weiteren Beratungen durch ihre Anwesenheit beteiligen, aber in die Diskussion nur noch da eingreifen, wo entweder Möglichkeiten bestehen, den grundlegenden Fragen eine von uns angestrebte Wendung zu geben, oder wo eine Stellungnahme erforderlich wird, wenn unsere Stellung nicht präjudiziert werden soll."[154] Gegebenenfalls sollte der deutsche Verhandlungsführer hinsichtlich der ausgebildeten Reserven einen früheren, auf einem differenzierten Personal-Bewertungssystem basierenden deutschen Kompromißvorschlag vertiefen, in der Frage des lagernden Materials auf ähnliche Weise das prinzipielle Problem nochmals aufrollen, die deutsche Ablehnung der Budgetlimitierung erneut bekräftigen und die deutsche Auffassung hinsichtlich der Publizität und der Kontrolle der Rüstungen wiederholen.

Neu war allerdings die – offenbar eine Einflußnahme der Militärs auf die Außenpolitik des Kabinetts Brüning reflektierende – Überlegung, ob nicht vielleicht nun doch die explosive Frage des Verhältnisses der künftigen Abrüstungskonvention zum Teil V des Versailler Vertrags angeschnitten werden sollte. Mit Blick auf den betreffenden Artikel EA des Teils V des Konventionsentwurfs hieß es hierzu in einem vorbereitenden Positionspapier des Auswärtigen Amts: „Eine erneute Bindung unsererseits auf die Entwaffnung des Vertrags von Versailles kann nicht in Frage kommen. Wir müssen davon ausgehen, daß die Abrüstungskonvention den Rüstungsstand aller Staaten auf der Basis der Gleichberechtigung regelt."[155]

Auch auf französischer Seite begann man sich nach dem Ende der Londoner Seemächtekonferenz wieder stärker den Fragen der Landabrüstung zuzuwenden. Dabei blieb es vorerst umstritten, ob es vorteilhafter wäre, die Flottenverhandlungen mit Italien vor dem Wiederzusammentritt der Vorbereitenden Abrüstungskommission bereits zu einem Abschluß zu bringen, oder ob diese Folgefrage der Londoner Konferenz, die als Kompensationshebel gegenüber den angelsächsischen Mächten verwendet werden konnte, besser noch offen blieb.[156] In den während des Sommers 1930 einsetzenden Überlegungen der verschiedenen französischen Ministerien für die *Préparatoire* wurde es als beson-

---

[154] Undatierte Aufzeichnung o. U., „Notizen für eine Besprechung mit Herrn Liang", ADAP, B XV, Nr. 94; vgl. ibid., Nr. 3.
[155] Ibid.
[156] Massigli (Genf) an AE, 7. 5. 1930, MAE, SDN, I I-Désarmement, Carton 291; „Note pour le Représentant de la France", o. U., 29. 8. 1930, ibid.

ders wichtig erachtet, in Kontakten mit britischen und amerikanischen Vertretern sowie den Delegierten der anderen Mächte die französischen Standpunkte hinsichtlich der ausgebildeten Reserven, des lagernden Materials, der Budgetlimitierung und der Publizität zu bekräftigen und zu erläutern. Außerdem sollte auf bereits „spontan" vorgenommene französische Abrüstungsmaßnahmen im Verlaufe der zwanziger Jahre hingewiesen, auch sollten die Möglichkeiten von Abrüstungskontrollen überdacht, nicht zuletzt eine Befassung der Völkerbundsversammlung im September mit dem Abrüstungsthema verhindert werden.[157]

In Paris wurde nun ebenfalls das Grundproblem des Verhältnisses zwischen der künftigen Abrüstungskonvention und der Fortgeltung des Teils V des Versailler Vertrags problematisiert. Es war klar, daß Deutschland als ständiges Mitglied des Völkerbundsrats von den Abrüstungsverhandlungen nicht wieder ausgeladen werden konnte. Aber wie sollte man sich verhalten, wenn am Ende der deutsche Vertreter die Unterschrift unter eine Abrüstungskonvention, die den Teil V des Versailler Vertrags nicht ausdrücklich aufhob, verweigerte, und die gleichberechtigte Gültigkeit der Konvention auch für Deutschland beanspruchte? Die Frage wurde mit großem Unbehagen in Paris zwischen Militärs und Diplomaten hin- und hergeschoben, aber die sich herausbildende Grundtendenz war eindeutig: „on passera outre à ces protestations"; die deutsche Unterschrift „n'est pas nécessaire pour mettre en vigueur une convention qui concerne les armements des autres et non les siens".[158]

Der Boden für die entscheidende deutsch-französische Auseinandersetzung im Rüstungsbereich wurde so auf beiden Seiten des Rheins seit dem Sommer 1930 vorbereitet.

---

[157] Aufzeichnung o. U. vom 1. 8. 1930, ibid.; „Note a. s. des déclarations de M. Henderson sur le désarmement", o. U., 13. 9. 1930, ibid.
[158] Aufzeichnung Massiglis vom 4. 8. 1930, ibid.; Briand an Tripier (Warschau), 8. 8. 1930, ibid.; Général Réquin an Massigli, o. D., mit dem Vermerk, daß Briand und Berthelot dieser Auffassung zustimmten, ibid.

VI. Winter 1930/31: Deutschland und Frankreich am Scheideweg (September 1930 – März 1931)

Die Entwicklung der deutsch-französischen Beziehungen während der Wintermonate 1930/31 wurde geprägt durch zwei grundlegende Veränderungen der internationalen Situation. Zum einen verschlechterte sich die internationale und insbesondere die deutsche Wirtschaftslage. Zu einem Teil dadurch bereits mit verursacht, vermittelten die deutschen Reichstagswahlen vom 14. September 1930 im In- und Ausland die schockierende Erfahrung, daß die Weimarer Republik für radikale Parolen anfällig geworden war. Beide Vorgänge zusammen bewirkten eine weitere Zunahme der wechselseitigen Entfremdung zwischen Deutschen und Franzosen, fast mehr noch aber eine große Ratlosigkeit. Das deutsch-französische Verhältnis bewegte sich in diesen Monaten zwischen den Extremen konfrontatorischer Abgrenzungsparolen und beiderseitiger Ansätze zur Verständigung, und zwar im wirtschaftlichen ebenso wie im politischen und im Sicherheitsbereich.

Die weitere Entfremdung ging vor allem von der Verschärfung des Berliner Revisionskurses aus, die dem Wahlerfolg der eine härtere außenpolitische Gangart fordernden radikalen Parteien auf dem Fuße folgte. Das Reichskabinett beauftragte unverzüglich den auf der Völkerbundsversammlung in Genf weilenden Außenminister, vor dem Weltforum die Mitschuld des Auslands an der innerdeutschen Entwicklung, namentlich die zu geringen Revisionsfortschritte während der Locarno-Ära anzuprangern und das Wort „Verständigung" zu ächten: „Schnellere Entschlüsse des Auslands wären weiser gewesen. Die langjährige Erfolgsarmut unserer Politik [hat] eine Reaktion herbeigeführt, wie sie bei allen Völkern naturnotwendig eingetreten wäre".[1] Eine Verschärfung des Tons in den Fragen der militärischen Rüstung und eine Aktivierung der Südosteuropapolitik waren zum guten Teil die direkte Folge, nicht freilich die ebenfalls während des Winters 1930/31 beginnende Aktualisierung der Reparationsrevision, die weniger politischem, als vielmehr zunehmendem wirtschaftlichen Druck auf die Reichsregierung entsprang. In der französischen Politik, deren Konturen in der Abfolge der Kabinette Tardieu (bis 4. Dezember 1930), Steeg (13. Dezember 1930 – 22. Januar 1931) und Laval (seit 27. Januar 1931), aber auch aufgrund des sich ankündigenden Übergreifens der Depression auf Frankreich an Klarheit weiter einbüßten, zeigte sich als unmittelbare Reaktion eine zusätzliche politische und namentlich sicherheitspolitische Verhärtung. Die verschiedenen Vorgänge rekapitulierend, die in den vorangegangenen viereinhalb Monaten eine französische „malaise" ausgelöst und ständig vergrößert hatten, klagte Tardieu die Reichsregierung an, feierlich gegebene Unterschriften für unwirksam erklären zu wollen. „Nous avions l'impression [...] que, pour l'Allemagne des différents partis, la paix était une révi-

---
[1] Bülow an die Deutsche Delegation in Genf, 15.9.1930, ADAP, B XV, Nr. 216. Vgl. Aufzeichnung Pünders vom 15.9.1930, ARK Brüning, Nr. 112; Curtius, Sechs Jahre Minister, S. 171–172.

sion continue. C'est cela qui nous a émus psychologiquement d'abord et politiquement ensuite".[2] Die Ausschreitungen im Rheinland, die Auflösung des Reichstags, Wahlkampf und Wahlergebnis, eine Großveranstaltung des Stahlhelm in Koblenz und eine Fülle von alarmierenden deutschen Politikerreden nährten eine stetige Erosion des französischen Vertrauens in den Sinn einer Annäherungspolitik. Nach dem Sturz des Kabinetts Tardieu vermochte freilich für wenige Wochen Briands auf die innere Entwicklung der Weimarer Republik abgestimmte Linie wirtschaftlicher und politischer Ausgleichsbereitschaft vorübergehend nochmals etwas an Boden zu gewinnen.

Beinahe noch kennzeichnender für die deutsch-französische Entwicklung des Winters 1930/31 war die auf beiden Seiten, vor allem aber in der französischen Öffentlichkeit, zunehmende Unsicherheit und Ratlosigkeit. Wie sollte es weitergehen? Kündigte das Wahlergebnis vom 14. September 1930 einen Umsturz mit einer für Frankreich bedrohlichen Radikalisierung der deutschen Außenpolitik an? Wie weit würde das Kabinett Brüning, wenn es sich überhaupt halten konnte, dem Druck der erstarkenden extremistischen Kräfte nachgeben? Wie weit war überhaupt das europäische Nachkriegssystem zu halten, der steigende deutsche Revisionsdruck mit dem französischen Gegendruck auszugleichen, ohne daß eine immer gespanntere und gewaltverdächtigere Situation in Europa entstand? Würde bald die „Sonne von Locarno"[3] wieder scheinen oder stand eine schwere internationale politische Krise bevor? Neue, zum Teil atemberaubende Entwürfe einer anderen europäischen Ordnung wurden in dieser Situation in Frankreich erdacht, Entwürfe, in denen das deutsche Revisions- und das französische Sicherheitsbedürfnis vielleicht dauerhaft miteinander versöhnt werden könnten.[4] Ein Kreuzpunkt der internationalen Entwicklung schien erreicht. Deutschland und Frankreich standen vor einem Scheideweg zwischen Ausgleich und Konfrontation.

1. Weichenstellungen für die Abrüstungskonferenz

Die von dem Ergebnis der deutschen Reichstagswahlen ausgehenden Erschütterungen des deutsch-französischen Verhältnisses zeigten sich zuerst in der Militärfrage. Nach der Klimaverschlechterung des vorangegangenen Sommers bewirkte der Wahlschock nun auf deutscher wie auf französischer Seite eine weitere Verhärtung der Positionen in der Entwaffnungs- und Abrüstungsproblematik. Im Verlaufe der Verhandlungen der letzten

---

[2] Rede Tardieus am 13.11.1930 vor der französischen Abgeordnetenkammer, abgedruckt in L'épreuve du pouvoir, S. 185–207, hier S. 188.
[3] Siehe S. 146, Anm. 22.
[4] Besonders bemerkenswert erscheint ein Plan, der im Januar 1931 im Umkreis Tardieus entstanden ist, wenn er nicht sogar von ihm selbst stammt. Danach sollte das Problem des deutschen Revisionsdrucks gegen Frankreich durch die Umlenkung der deutschen Energien in östliche Lebensräume – gegen die Sowjetunion – aufgelöst und gleichzeitig dem Italien Mussolinis der Weg gegen die Türkei freigegeben werden. Frankreich würde sich nach Westen und Süden, in den kolonialen Bereich hinein orientieren. Deutschland und Frankreich würden so quasi einen Ausgleich „Rücken an Rücken" finden können: „Esquisse, qui ne pouvait, sans perdre sa force et ses chances, être rendue publique ni à la Tribune ni par Article ou Volume d'une Politique internationale, capable de parer aux dangers presents et prochains", Papiers Tardieu, Carton 284.

Tagung der Vorbereitenden Abrüstungskommission des Völkerbunds (6. November – 9. Dezember 1930) erfuhren die Gegensätze wichtige Präzisierungen, die bereits den Weg zu der schließlich für Februar 1932 anberaumten Weltabrüstungskonferenz vorzeichneten. Daneben gab es vorübergehend bemerkenswerte Bemühungen, über alle Frontstellungen hinweg zu einem deutsch-französischen Ausgleich in den Militärfragen zu gelangen.

Unmittelbar nach den deutschen Wahlen setzte zwischen Berlin und Paris eine deutsch-französische Polemik über die Rüstungsfrage ein. Deutscherseits blieb es nicht bei diplomatischen Andeutungen über die Mitverantwortung, die der fortdauernden Diskriminierung durch Teil V des Versailler Vertrags für das Wahlergebnis zuzumessen sei. Kreise der politischen Rechten, die sich auf die Autorität Seeckts berufen konnten, forderten offen das Recht Deutschlands zur Aufrüstung, und am 29. Oktober billigte der Auswärtige Ausschuß des Reichstags mit den Stimmen aller Parteien außer SPD und KPD eine Resolution, in der die von den Siegermächten seit dem Kriege verfolgte Rüstungs- und Abrüstungspolitik scharf verurteilt wurde.[5] Auf französischer Seite wurden demgegenüber die Heiligkeit der bestehenden Verträge und die Stärke der französischen Armee beschworen. Tardieu beorderte die französischen Delegierten, mit Briand an der Spitze, von der Genfer Völkerbundsversammlung zur Lageberatung an den Pariser Kabinettstisch und ließ danach den internationalen Nachrichtenagenturen mitteilen, daß der französische Haushalt für 1930/31 bei einer leichten Senkung des Gesamtvolumens eine sechsprozentige Steigerung (um 725 Millionen Francs) des Rüstungsbudgets ausweise.[6] Fast noch größeres Aufsehen erregte Edouard Herriot, der als Führer der von jeher den Rüstungsfragen zurückhaltend gegenüberstehenden Radikalsozialisten in einem Zeitschriftenartikel Alarm schlug, daß das deutsche Wahlergebnis eine Situation ausweise, die alle französischen Parteien zur Unterstützung einer Politik der Vorsicht, Umsicht und Festigkeit verpflichte.[7]

Mit einem Male erwies sich sogar die Frage der deutschen Entwaffnung – acht Monate nach dem Rückzug der alliierten Militärexperten aus Berlin, und nachdem die Restfragen während des Sommers 1930 im wesentlichen bereinigt schienen – als noch keineswegs ausgestanden. Ende Oktober überraschte Massigli in Paris den deutschen Botschaftsrat Rieth mit einem Dutzend unerledigter Entwaffnungs-Restpunkte. Offenbar waren die französischen Militärs beunruhigt über geheimdienstliche Erkenntnisse, nach denen es in Deutschland schon längst nicht mehr um die Durchführung der Entwaffnung ging, sondern um ihre bewußte Nichtbeachtung, also getarnte Aufrüstung. Damit nahm nun naturgemäß die Zahl der zu beanstandenden Entwaffnungsverstöße, die beinahe schon erschöpft schien, wieder zu.[8] Hinter den neuen französischen Gravamina verbarg sich allerdings auch die Tatsache, daß die Frage, ob Deutschland entwaffnet sei oder nicht, im Vorfeld der Abrüstungskonferenz eine Schlüsselbedeutung sowohl für die deutsche als auch für die französische Abrüstungsthese gewann. Indem die Reichsregierung aus der Entwaffnung Deutschlands einen juristisch-moralischen Anspruch auf die Abrüstung

---

[5] Margerie an AE, 21./28.10.1930, MAE, SDN, I I-Désarmement, Carton 292; Schulthess, 1930, S. 220.

[6] „The World" vom 19.9.1930, Zeitungsausschnittsammlung in MAE, SDN, I I-Désarmement, Carton 292.

[7] Ibid.

[8] Rieth an Forster, 31.10.1930, PA, 9743/H 295 857–62. Siehe hierzu auch Aufzeichnung Forsters vom 22.11., ADAP, B XVI, Nr. 70.

der anderen Mächte und insbesondere des hochgerüsteten Frankreich ableitete, konnte die französische Regierung, die diesen Anspruch nicht anerkannte, ihre Position durch den Nachweis der nicht oder nicht völlig durchgeführten Entwaffnung Deutschlands erheblich verbessern.[9]

Unter solchen Vorzeichen ist es kaum verwunderlich, daß die französische Seite unter dem Druck ihrer Militärs vorschlug, den nachträglichen Schlußbericht der Berliner Militärexperten, der Ende 1930 im Entwurf vorlag, mit der Feststellung der Botschafterkonferenz zu beschließen, daß „de l'ensemble des faits exposés ci-dessus il ressort que l'Allemagne ne peut être considérée comme ayant satisfait à toutes les clauses de la partie V du traité de Versailles". Hervorgehoben wurden in dem Berichtsentwurf Verstöße gegen Artikel 160 des Versailler Vertrags (Überschreitung der erlaubten Mannschafts- und Offizierszahlen, Nichtauflösung des Grenzschutzes), Artikel 162 (Überschreitung der Polizei-Effektiven, Nichteinhaltung der Kasernierungsbestimmungen, Nichtvorlage der Ausbildungsvorschriften der Polizei), Artikel 177 (beunruhigend anwachsende militärische Aktivitäten von Verbänden, insbesondere des Stahlhelm) und Artikel 178 (Nichtregelung des Verkaufs ehemaliger militärischer Gebäude). Angemerkt wurden auch die seit 1926 in alliierter Sicht übermäßig angewachsenen Militärbudgets des Reichshaushalts. Zwar gelang es dem Auswärtigen Amt, mit Unterstützung des italienischen und britischen Vertreters in der Botschafterkonferenz zu verhindern, daß diese formelle Schlußfolgerung der Nichterfüllung am Ende tatsächlich gezogen wurde. Aber immerhin lenkte Briand als Präsident der Konferenz bei der Übersendung der „observations" der Militärexperten an den Völkerbundsrat am 16. März 1931 dessen Aufmerksamkeit auf die zu beanstandenden Punkte, „qui ne permettaient pas de considérer les résultats obtenus comme satisfaisants".[10] Damit endete die nunmehr nahezu elfjährige Entwaffnungskontrolle nach Teil V des Versailler Vertrags im März 1931 zumindest französischerseits mit einer Nicht-Entlastung Deutschlands.[11]

Ebenso zeichnete sich im Vorfeld der für den 6. November angesetzten letzten Tagungsperiode der Vorbereitenden Abrüstungskommission des Völkerbunds in Berlin und Paris eine Verhärtung der Positionen ab. Auf deutscher Seite blieb die Forderung, nun offener auf die Aufrüstung zuzusteuern, nicht auf Öffentlichkeit und Parlament beschränkt. Auch das Reichswehrministerium sprach sich unter Hinweis auf das Fehlen des „primitivsten Maßes von Sicherheit" und des außen- wie innenpolitisch zunehmend unangenehmen, allenfalls noch ein Jahr lang durchzuhaltenden Zustandes der Rüstungsillegalität dafür aus, fortan weniger vorsichtig zu taktieren, vielmehr offensiv

„bei der Beratung des Vertragsentwurfs für die Rüstungsbeschränkungen diesmal zwar nicht die quantitative, wohl aber die qualitative, beziehungsweise moralische Rüstungsgleichheit für Deutschland zu fordern. Das heißt, Deutschland soll berechtigt sein, entgegen den bisherigen Bestimmungen des Friedensvertrages alle Waffengattungen, auch die bisher verbotenen zu besitzen, wie z. B. Militärflugzeuge und Tanks".[12]

---

[9] Aufzeichnung o. U., „Préparation de la Conférence générale du Désarmement", 24.12.1930, MAE, SDN, I I-Désarmement, Carton 292.
[10] Siehe hierzu ADAP, B XVI, Nr. 142, 145, 161, 162, 178, 211, 213, 221. Vgl. Castellan, Le Réarmement Clandestin du Reich, S. 537–40.
[11] Die Botschafterkonferenz trat am 12.1.1931 zu ihrer letzten Sitzung zusammen, das Versailler Militärkomitee wurde offiziell zum 16.3.1931 aufgelöst.
[12] Notiz zur Chefbesprechung über die Abrüstungsfrage am 30. Oktober 1930 nachmittags, PA, 3642/810 809–10.

1. Weichenstellungen für die Abrüstungskonferenz

Und – offenbar auf besonderen Wunsch des Reichspräsidenten – wurde sogar erwogen, unter diesen Vorzeichen den General von Seeckt anstelle des Grafen Bernstorff mit den weiteren Abrüstungsverhandlungen zu betrauen oder ihn zumindest der deutschen Delegation beizuordnen! Demgegenüber sprach sich das Auswärtige Amt mit Erfolg weiter dafür aus, den entscheidenden Vorstoß erst auf der eigentlichen Abrüstungskonferenz zu führen, da er in der Vorbereitenden Abrüstungskommission aller Voraussicht nach ohne die erwünschte Wirkung verpuffen würde und unter Umständen sogar das baldige Zusammentreten der eigentlichen Abrüstungskonferenz erschweren könne. Gegen den sofortigen Übergang von Abrüstungsforderung zu Aufrüstungsankündigung sprächen weiter – was auch der Reichskanzler selbst hervorhob – innenpolitisch die Finanzlage und außenpolitisch die Reparationsfrage. Im Falle eines eventuell im Jahre 1931 erforderlich werdenden Zusammentretens des Beratenden Sonderausschusses des Young-Plans könnte die Tatsache hoher deutscher Rüstungsausgaben sich für eine Reparations-Revision nachteilig auswirken. Zwar könne der deutsche Ton in der Abrüstungsfrage ruhig angehoben werden, sachlich erscheine jedoch vorerst allein wesentlich, daß eine Festschreibung der Entwaffnungsbestimmungen des Versailler Vertrags im Entwurf der Abrüstungskonvention verhindert werde. Im übrigen sei das Auswärtige Amt gewillt, alle illegalen Rüstungsmaßnahmen der Reichswehr zu decken. In diesem Sinne beschloß das Reichskabinett, die Frage einer Zuziehung Seeckts vorerst zurückzustellen, aber noch im Laufe des November die Weltöffentlichkeit durch Reden oder Interviews des Reichsaußenministers und des Reichswehrministers auf eine schärfere deutsche Gangart in der Abrüstungsfrage vorzubereiten.[13] Die von Graf Bernstorff auf der Vorbereitenden Abrüstungskommission zu verfolgende Zielrichtung lautete, auf der Grundlage des Artikels 8 der Völkerbundssatzung, nicht „Aufrüstung", sondern „paritätische Sicherheit". Grundsätzlich sollte die „Distanzerklärung" vom Mai 1929 maßgebend bleiben, doch könnte die deutsche Delegation sich in den Deutschland interessierenden Einzelfragen (ausgebildete Reserven, lagerndes Material, Budgetkontrolle usw.) von Fall zu Fall aktiv beteiligen. Eine Festschreibung der Entwaffnungsbestimmungen des Versailler Vertrags in dem Entwurf der Abrüstungskonvention war nach Möglichkeit zu verhindern, außerdem auf einen frühzeitigen Beginn der Abrüstungskonferenz, möglichst noch im Jahre 1931, hinzuarbeiten.[14]

In der französischen Öffentlichkeit verbreitete sich unter dem Eindruck des Ergebnisses der Reichstagswahlen seit der zweiten Septemberhälfte 1930 die Vermutung, Deutschland, das selbst noch gar nicht richtig entwaffnet sei, dränge auf ein beschleunigtes Zusammentreten der Abrüstungskonferenz, um über deren Scheitern zur Rüstungsfreiheit zu gelangen.[15] Die französische Beunruhigung spiegelte sich in der Rede Briands am 30. September vor der Völkerbundsversammlung, in der er nachdrücklich die Priorität der Sicherheit vor der Abrüstung unterstrich. Der Lärm aus den deutschen Wahlkabinen habe ihn in einem Augenblick erreicht, in dem er Worte der Versöhnung gesprochen habe; nichts beweise besser, daß die französische Doktrin „Arbitrage, Sécurité, Désar-

---

[13] Ibid. sowie Chefbesprechung vom 30.12.1928, ARK Brüning, Nr.158. Vgl. Aufzeichnung Frohweins vom 9.10.1930, PA, 8890/H 220 367; Aufzeichnung Weizsäckers, 24.10., ADAP, B XVI, Nr.19.
[14] Bülow an Bernstorff (Genf), 3.11.1930, ADAP, B XVI, Nr.36.
[15] Siehe hierzu Survey of International Affairs, 1930, S.96.

mement" die einzig sichere Haltung für Frankreich umschreibe.[16] Die internen Richtlinien für die Vorbereitende Abrüstungskommission, die in den „Avis" des Conseil Supérieur de la Défense Nationale vom 3. November festgelegt wurden, ließen keinen Zweifel, daß das Kabinett Tardieu sich von der bisherigen französischen Abrüstungsthese in keinem einzigen Punkt abbringen zu lassen gedachte. Voraussetzung für die Zustimmung zu irgendwelchen Abrüstungsmaßnahmen sei die Sicherheit Frankreichs, von der die Entwaffnung Deutschlands, die Frankreich bereits in den vorangegangenen Jahren durch „spontane" Abrüstungsmaßnahmen honoriert habe, ein wesentlicher und nicht mehr diskussionsfähiger Teil sei. Die französischen Kolonialtruppen dürften nicht auf die Truppen in der Metropole angerechnet werden. Jede Abrüstungsmaßnahme müsse das Prinzip der Interdependenz der Rüstungen zu Lande, zu Wasser und in der Luft beachten. Alle Abrüstungs- und Rüstungsbegrenzungsmaßnahmen sollten, unbeschadet der Fortgeltung des Investigationsartikels 213 des Versailler Vertrags, einer internationalen Kontrolle unterworfen werden. Eine Begrenzung der ausgebildeten Reserven sei nicht annehmbar, begrenzt werden könnten nur die in Friedenszeiten unter Waffen stehenden Truppen sowie die sonstigen militärisch organisierten Verbände. Rüstungsmaterial sei über die Publizität der Budgets zu begrenzen, und bereits vorhandenes gelagertes Material könne keiner Begrenzung unterworfen werden. Schließlich: das Inkrafttreten einer Abrüstungskonvention sei unabhängig von der Unterzeichnung und Ratifikation durch Deutschland oder die anderen entwaffneten Mächte.[17]

Angesichts dieser Verhärtung der Positionen auf deutscher ebenso wie auf französischer Seite war es von vornherein wenig wahrscheinlich, daß das Ergebnis der abschließenden Verhandlungen der Vorbereitenden Abrüstungskommission ein Konventionsentwurf sein könnte, der beide Regierungen zufriedenstellen würde. Ohnehin würde nach dem Schock der Reichstagswahlen weder auf deutscher noch auf französischer Seite im Substanziellen eine besondere Konzessionsbereitschaft bestehen. Gegenüber diesem deutsch-französischen „Duell" hatten die übrigen beteiligten Delegationen, voran die britische und die amerikanische unter Cecil beziehungsweise Gibson, im Grunde nur die Wahl, sich den Vorstellungen Frankreichs als der stärksten und daher für den Abrüstungserfolg unerläßlichen Militärmacht anzunähern oder das ganze Abrüstungsbemühen als illusorisch aufzugeben. Es kennzeichnete die gesamten Genfer Verhandlungen, daß die beiden angelsächsischen Vertreter durchweg gemäß der ersteren Option die französische Abrüstungsposition unterstützten. Zum guten Teil war dies eine Konsequenz der noch immer ungeklärten französischen und italienischen Dissidenz in der Flottenfrage (die erst später, Anfang März 1931, mit den „Bases of Agreement" provisorisch aufgelöst wurde). Solange Frankreich dem Teil III des Londoner Flottenabkommens vom 22. April 1930 nicht beigetreten war, befand es sich gegenüber England und den USA, die wegen des Artikels 21 des Londoner Vertrages um das Wiederausbrechen ihrer Flottenrivalität fürchten mußten, in einer vorteilhaften Verhandlungsposition. Beide angelsächsischen Regierungen waren an erheblichen Landabrüstungs-Maßnahmen durchaus interessiert und gaben gegenüber besorgten deutschen Vorstellungen entsprechende Zusicherungen. Da sie jedoch keine Möglichkeit sahen, auf die französischerseits gefor-

---

[16] Société des Nations, Journal Officiel, Actes de la onzième session ordinaire de l'Assemblée. Séances plénières, Compte Rendu des Débats, Genf 1930, S. 164.
[17] Avis du Conseil Supérieur de la Défense Nationale du 3 novembre 1930, MAE, SDN, I H – Arbitrage, Sécurité, Désarmement, Carton 720.

1. Weichenstellungen für die Abrüstungskonferenz

derten zusätzlichen kollektiven Sicherheitsabmachungen, etwa in Form eines Konsultativpakts, einzugehen, konnten sie französische Abrüstungsbereitschaft zur See nur durch kompensatorische Behandlung der Landabrüstung erreichen.[18]

Unter diesen Umständen sah die deutsche Delegation bei der dritten Lesung des Konventionsentwurfs ihre Landabrüstungs-Positionen sämtlich mit zum Teil großen Mehrheiten abgewiesen. Ein letzter Versuch des Grafen Bernstorff, die ausgebildeten Reserven der Staaten mit allgemeiner Wehrpflicht doch noch in die Abrüstungskonvention einzubeziehen, wurde von der von Franzosen und Briten geführten Kommissionsmehrheit ebenso abgelehnt wie das Bemühen des deutschen Delegationsführers, in der Frage des Rüstungsmaterials statt der Budgetlimitierung die direkte Begrenzung aller, der in Verwendung befindlichen wie auch der gelagerten Waffen zu erreichen. Ebenso erfolglos blieb sein Versuch, bestimmte Deutschland nach dem Versailler Vertrag verbotene Waffen allgemein verbieten zu lassen, und schließlich auch sein Antrag, die Abrüstungskonferenz für den November 1931 anzuberaumen.[19]

Die entscheidende Kontroverse über das Verhältnis zwischen der künftigen Abrüstungskonvention und dem Teil V des Versailler Vertrags wurde auf zwei Ebenen ausgetragen, nicht nur in den Genfer Kommissionsberatungen seit dem 27. November, sondern auch – einige Tage vorher – in einem Rede-Fernduell zwischen Tardieu und Curtius. Dabei traf die deutsche These von der „Symmetrie der Verpflichtungen", von Curtius mit dem „Lebensrecht der Völker" begründet, auf den französischen Widerspruch, daß die Erfüllung des Versailler Vertrags Deutschland kein Anrecht auf die Abrüstung der Siegermächte gebe, sondern dafür nur die Voraussetzung bilde. Daher müßten logischerweise die Entwaffnungsbestimmungen des Versailler Vertrags neben der künftigen Abrüstungskonvention in Kraft bleiben.[20] Auch in diesem zentralen Punkt schloß sich die britische Delegation der französischen Auffassung an, während der amerikanische Vertreter Gibson hier allerdings nur mit der Einschränkung zustimmte, daß die USA den entsprechenden Artikel 53 des Konventionsentwurfs nur auf die Washingtoner und Londoner Flottenverträge, nicht aber auf die Pariser Friedensverträge bezögen.[21]

Unter diesen Umständen erklärte Bernstorff, daß er dem Entwurf der Abrüstungskonvention insgesamt nicht zustimmen könne, da er dem Grundsatz der paritätischen Sicherheit nicht Rechnung trage. Die Reichsregierung werde jedoch ihre Auffassungen auf der eigentlichen Abrüstungskonferenz erneut vortragen. Der französische Delegierte

---

[18] Zu dem allgemeinen Verlauf der letzten Tagung der Vorbereitenden Abrüstungskommission siehe Survey of International Affairs, 1930, S. 91–125; Wheeler-Bennett, Disarmament and Security since Locarno, S. 78–102. – Zu Artikel 21 des Londoner Flottenvertrages siehe oben, S. 177, Anm. 149.

[19] Runderlaß des AA vom 12.1.1931, ADAP, B XVI, Nr. 153.

[20] Siehe hierzu Margerie an Briand, 17.11.1930, MAE, SDN, I I-Désarmement, Carton 292; Tardieu, L'épreuve du pouvoir, S. 185 ff.; Curtius, Sechs Jahre Minister, S. 177–87.

[21] Survey of International Affairs, 1930, S. 120. – Der Artikel 53 des Konventionsentwurfs hatte in der letzten Fassung den folgenden Wortlaut: „The present convention shall not affect the provisions of previous treaties under which certain of the High Contracting Parties have agreed to limit their land, sea or air armaments and have thus fixed in relation to one another their respective rights and obligations in this connection. The following High Contracting Parties ... signatory to the said treaties declare that the limits fixed for their armaments under the present Convention are accepted by them in relation to the obligations referred to in the preceding paragraph, the maintenance of such provisions being for them an essential condition for the observance of the present Convention." Ibid.

Massigli unterstrich in seiner Schlußrede die These von der Abhängigkeit der Abrüstung von der Sicherheit. Lord Cecil suchte unter Hinweis auf den rein formalen Charakter des mehrheitlich verabschiedeten Konventionsrahmens abzuwiegeln, daß hinsichtlich der künftigen Verhandlungen durchaus noch Optimismus gestattet sei: „All that can be said now is that within the ambit of the present document almost any degree of reduction is possible."[22]

Nachdem am 9. Dezember 1930 mit einem Mehrheitsvotum über den Entwurf einer Abrüstungskonvention die Arbeiten der Vorbereitenden Abrüstungskommission abgeschlossen waren, begann in den meisten europäischen Hauptstädten unverzüglich die Vorbereitung auf die eigentliche Weltabrüstungskonferenz. Ihre Eröffnung wurde auf der Völkerbundsratstagung im Januar 1931 auf den 2. Februar 1932 festgesetzt. In Berlin ebenso wie in Paris erfolgten in den ersten Monaten des Jahres 1931 bereits wichtige Positionsbestimmungen und konzeptionelle Weichenstellungen. Die Reichsregierung rüstete sich nach den Enttäuschungen in der Vorbereitenden Abrüstungskommission nun für die eigentliche Entscheidung über das künftige westeuropäische Militärstatut. Die ersten zwischen dem Auswärtigen Amt und dem Reichswehrministerium vereinbarten Grundsätze gingen aus von dem Ziel der nationalen Sicherheit auf der Grundlage der Parität. Das taktische Kalkül galt den Wegen, auf denen dieses Ziel am ehesten zu erreichen wäre.[23]

Nach den Vorüberlegungen des Auswärtigen Amts und des Reichswehrministeriums schienen die deutschen Interessen am besten gewahrt, wenn bis zum Zusammentreten der großen Abrüstungskonferenz unverändert – ungeachtet der Realisierungschancen – das Ziel der Abrüstung der hochgerüsteten Mächte auf den Entwaffnungsstand der Kriegsverlierer in den Vordergrund gerückt wurde. Dadurch bliebe Deutschland weiter in der günstigen Rolle des Abrüstungsgläubigers und wahrte darüberhinaus bedenkenswerte finanzielle und reparationspolitische Vorteile. In diesem Sinne sollte, mit genügendem propagandistischem Nachdruck, eine Neubearbeitung des Konventionsentwurfs unter Einbeziehung der bisher abgelehnten deutschen Positionen gefordert werden. Eine Verknüpfung der Abrüstung mit anderen Problemen – Reparationen, Sicherheit – schien geeignet, die deutsche Abrüstungsposition eher zu schwächen als zu stärken.

Auf der Abrüstungskonferenz selbst sollte dann, sofern eine Reduzierung der Rüstungen bis herab auf die Ebene vollständiger Entwaffnung nicht erreichbar sein würde, auf ein möglichst niedriges Rüstungsniveau hingearbeitet werden. Die entsprechende Konvention müßte jedenfalls, wenn auch vielleicht nur etappenweise, für Deutschland an die Stelle der Entwaffnungsbestimmungen des Versailler Vertrags treten. Dementsprechend hätte darin das Prinzip der Anwendung gleicher Grundsätze auf alle Staaten seinen Platz zu finden; der Artikel 53 des Entwurfs müßte beseitigt werden; Deutschland müsse die Möglichkeit zugebilligt erhalten, die von ihm angestrebte Wehrorganisation zu verwirklichen; die Deklassierung der deutschen Wehrmacht durch das Verbot bestimmter Waffen sei jedenfalls zu beenden, und Deutschland müßten Rüstungsziffern zugestanden

---

[22] Ibid., S. 122–24.
[23] Die im folgenden skizzierte, im Frühjahr 1931 gültige deutsche Abrüstungsthese ergibt sich aus einem Vermerk Weizsäckers vom 18. 2. 1931, PA, 9095/H 221 345–48; der Aufzeichnung Weizsäckers vom 3. 2. 1931, ADAP, B XVII, Nr. 1; der Aufzeichnung Schönheinz' vom 10. 3. 1931, ibid., Nr. 8; der Sprachregelung vom 20. 3., PA, 9095/H 221 435–38. Siehe auch die Aufzeichnungen Mackensens vom 11. 2. 1931, ADAP, B XVI, Nr. 210, betr. Abrüstungspropaganda.

werden, die seiner Sicherheit im Verhältnis zu den Rüstungen der Nachbarstaaten entsprächen; schließlich müsse die Einseitigkeit der entmilitarisierten Rheinlandzone beseitigt werden. Eine solche Lösung der Abrüstungsfrage, bei der „Deutschlands natürliche Kraft von Phase zu Phase besseren Ausdruck finden" könnte, wurde wegen des Interesses der Ex-Alliierten an der deutschen Unterschrift unter eine Abrüstungskonvention für keineswegs aussichtslos gehalten.

Erst im Falle eines Scheiterns der Konferenz wegen ungenügender Abrüstungsbereitschaft der hochgerüsteten Staaten und somit des Fortbestehens der Diskriminierungen im Rüstungsbereich sollte – was jedoch zu Beginn des Jahres 1931 nur als „ultima ratio" durchgespielt wurde – Deutschland die volle Rüstungsfreiheit für sich in Anspruch nehmen. Diese Möglichkeit sollte unter keinen Umständen besonders herausgestellt, aber in den Verhandlungen auf jeden Fall offengehalten werden. Der Umfang, in dem von der gegebenenfalls beanspruchten Rüstungsfreiheit Gebrauch gemacht werden sollte, blieb noch unbestimmt. Zum mindesten würde die Realisierung der mit der Unterschrift unter eine Konvention verbundenen Erwartungen einzuleiten sein.

In Paris war man sich darüber im klaren, daß trotz des insgesamt den Vorstellungen Frankreichs entsprechenden Ergebnisses der Verhandlungen der Vorbereitenden Abrüstungskommission die eigentlichen Schwierigkeiten in der Zukunft lagen. Der Konventionsentwurf konnte angesichts der zahlreichen Vorbehalte verschiedener Delegationen keineswegs als endgültige Grundlage für die Abrüstungskonferenz angesehen werden, und es stand daher eine grundsätzliche Neuaufrollung wesentlicher Probleme zu erwarten. Bei dieser Sachlage schien eine besonders sorgfältige Vorbereitung geboten, würde sich doch die französische Politik binnen kurzem vor ein äußerst schwerwiegendes Problem gestellt sehen: vor die Alternative, entweder Kompromisse einzugehen, welche auf längere Sicht die Sicherheit und Unabhängigkeit Frankreichs in Frage stellen könnten, oder die Verantwortung für ein Scheitern der Abrüstungsbemühungen zu tragen, dessen Konsequenz zweifellos die – dann vermutlich von dem Einverständnis der meisten Staaten begleitete – Aufrüstung Deutschlands sein würde. In beiden Fällen drohte nichts Geringeres als der völlige Zusammenbruch der französischen Nachkriegsposition in Europa, denn

„c'est la puissance politique que la victoire a assuré à la France qui est directement visée [...] Il s'agit bien au fond et dans toute la mesure où les armements d'un pays sont considérés comme le symbole de sa puissance politique, d'égaliser, de ‚niveller' les armements français, allemands et italiens".[24]

Im übrigen wurde in Paris unbehaglich registriert, daß die Einberufung der Abrüstungskonferenz auf den 2. Februar 1932 voraussichtlich den Höhepunkt der internationalen Debatten in die Zeit vor den französischen Parlamentswahlen im Mai 1932 fallen lassen und den Wahlkampf prägen würde.[25]

Die französische Antwort auf diese Schwierigkeiten wurde seit Dezember 1930 zunächst in einer Reihe von Studien in den beteiligten Ministerien – Heeres-, Marine- und Außenministerium – gesucht. Ende März 1931 setzte das Kabinett Laval zur technischen und politischen Koordinierung eine – aus zwölf militärischen und zwei diplomatischen

---

[24] Aufzeichnung o. U. vom 24.12.1930, „Préparation de la Conférence générale du Désarmement", MAE, SDN, I I-Désarmement, Carton 292.
[25] Ibid.

Vertretern zusammengesetzte – interministerielle „Commission spéciale" ein.[26] In den ersten Wochen des Jahres 1931 zeichnete sich die französische Abrüstungsthese, wie sie ihre endgültige Ausformulierung in dem Memorandum vom 15. Juli 1931 und dann im sog. „Tardieu-Plan" vom 7. Februar 1932 finden sollte,[27] bereits in Umrissen ab. Danach mußte das Ziel eine Abrüstungskonvention sein, durch die die nationale Sicherheit und Unabhängigkeit Frankreichs nicht beeinträchtigt würde. Diese Bedingung war im Grunde nur mit einer Konvention zu erfüllen, die „grosso modo et en fin de compte" nichts anderes beinhaltete als „une simple stabilisation des armements à leur niveau actuel". Eine solche Rüstungsbegrenzung auf der Grundlage des *status quo* würde indessen, selbst wenn sie trotz des entgegengesetzten deutschen Standpunkts zustande käme, zweifellos nur von begrenztem Wert sein, da ohne einen Ausgleich der grundlegenden internationalen politischen Spannungen Umgehungen und Verstöße einzelner Staaten durch noch so präzise schriftliche Vereinbarungen nicht verhindert werden könnten. Außerdem flößten die denkbaren Kontrollmöglichkeiten wenig Vertrauen ein. Immerhin versprach eine solche Konvention aber einen gewissen internationalen Solidarisierungseffekt:

„L'essentiel est que les conclusions de ses travaux [de la Conférence général du Désarmement], dûment enregistrées contractuellement entre tous les pays européens, engagent, que l'Allemagne souscrive ou non au Traité, la responsabilité de tous ses signataires, et puissent dégager la solidarité d'un grand nombre d'entre eux, au premier rang desquels l'Angleterre et la France, dans le maintien effectif des clauses militaires des traités de paix, condition préalable fixée en 1919 au Désarmement général."[28]

Eine überzeugende Lösung des Dilemmas, in das Frankreich auf der Abrüstungskonferenz hineinzugeraten drohte, war dies nicht. Unter den Umständen erschien es am ratsamsten, einige Grundsätze zu entwickeln, an die sich die französische Abrüstungspolitik zu halten haben würde. Am wichtigsten schien, daß Frankreich in den Verhandlungen nicht in eine Isolierung geriet, sondern sich die bei der abschließenden Lesung des Konventionsentwurfs gewonnene britisch-amerikanische Unterstützung seiner Position erhielt. Aber hatte es sich hier um eine grundsätzliche angelsächsische Haltung gehandelt oder nur um ein taktisches Verhalten der Briten und Amerikaner, hinter dem als Hauptmotiv der Wunsch nach einem raschen französischen Beitritt zu dem – ihre gemeinsame Flottenhegemonie sichernden – Teil III des Londoner Flottenabkommens stand? Im letzteren Falle würde es ratsam sein, die Schwierigkeiten der französisch-italienischen Flottenverhandlungen in richtiger Dosierung zu kultivieren, um auf der Abrüstungskonferenz gegenüber Briten und Amerikanern über handfeste Argumente zu verfügen, „d'arguments de nature à garantir la persistance de leur esprit de conciliation au sujet de nos armements terrestres et aériens et à empêcher ces puissances de prendre trop facilement en

---

[26] Zur Commission Spéciale siehe Vaïsse, Sécurité d'abord, S. 130 ff. In den Akten des französischen Außenministeriums SDN, I I-Désarmement, Cartons 292 und 293 finden sich eine Fülle von Studien in Vorbereitung der Abrüstungskonferenz, die im folgenden zusammengefaßt sind. Neben der in Anm. 24 angeführten ist wichtig die „Note au sujet de la thèse française en matière de sécurité et de désarmement" vom März 1931.

[27] Beide Dokumente sind, nach den Drucksachen des Völkerbunds, in deutscher Übersetzung abgedruckt in Karl Schwendemann, Abrüstung und Sicherheit. Handbuch der Sicherheitsfrage und der Abrüstungskonferenz, Bd. 1, Leipzig 1933, S. 593–612, 774–783. Siehe hierzu Vaïsse, Sécurité d'abord, S. 130–135, 200–208.

[28] Briand an Charles-Roux (Prag), 30.10.1930, MAE, SDN, I I-Désarmement, Carton 291.

considération les revendications de ‚nivellement' émises par les Allemands et les Italiens".[29]

Als wichtig erschien weiter die Formulierung einer kohärenten Sicherheitsthese. Da wenig Hoffnung bestand, daß zusätzliche politische Sicherheitsgarantien erreichbar sein würden, wurde es für vorteilhafter gehalten, sich auf der Basis der bestehenden Garantien einzurichten, als fortgesetzt als unbefriedigter Bittsteller aufzutreten. Dies bedeutete, daß jene Abrüstungsmaßnahmen herauszustellen wären, die Frankreich unter dem bestehenden Sicherheitsregime in den vergangenen Jahren bereits ,,spontan" vorgenommen hatte, und daß klarzustellen wäre, daß weitere, dieser ,,ersten Etappe" folgende französische Abrüstungsschritte nur im Gleichklang mit neuen Sicherheitsmaßnahmen erfolgen könnten. Für wichtig wurde weiter der Nachweis der zwischen den Entwaffnungsbestimmungen des Versailler Vertrags und dem tatsächlichen deutschen Rüstungsstand bestehenden oder entstandenen Differenz gehalten. Die französische Delegation könnte dies als Beleg für den guten Willen Frankreichs bei seinem Festhalten an den bestehenden Rüstungsziffern verwenden. Hilfreich sein könnte schließlich der Hinweis auf die aus der besonderen geographischen und politischen Situation Frankreichs erwachsenden hohen Rüstungsbedürfnisse. Relative Stärkeberechnungen müßten sich bei den in der Metropole stationierten Truppen stets an Deutschland, bei den Überseetruppen an England orientieren.[30]

Indessen gab es im Winter 1930/31 neben dem allseitigen Bemühen um Ausformulierung der jeweiligen Abrüstungsdoktrin bemerkenswerte Überlegungen, wie man die internationalen Schwierigkeiten, die sich infolge der Unüberbrückbarkeit der deutschen und französischen Abrüstungsthese ankündigten, von ganz anderen Seiten her angehen könne. Sie seien hier wenigstens kurz angesprochen. Während die französische Regierung angesichts ihres sich abzeichnenden Abrüstungsdilemmas erste Anwandlungen einer prosowjetischen Orientierung erkennen ließ,[31] wurde auf deutscher Seite die interessante Frage eines möglichen deutsch-französischen Militärbündnisses aufgeworfen, durch welches das bisherige Sicherheitsproblem völlig überholt und vielleicht ein Deutschland und Frankreich gleichermaßen befriedigender Rüstungskompromiß abseits der bisher betretenen Wege ermöglicht würde; im günstigsten Falle könnten Deutschland und Frankreich vielleicht sogar gemeinsam als Gendarmen des Kontinents auftreten. Befürworter des Versuchs, die Möglichkeiten einer deutsch-französischen militärischen Annäherung auszuloten, waren auf deutscher Seite General Schleicher und der neue Chef der Heeresleitung General von Hammerstein, aber offenbar auch Hindenburg und Brüning. Das Auswärtige Amt war zunächst besorgt, daß durch eine derartige deutsch-französische Verständigung noch vor dem Beginn der Abrüstungskonferenz Deutschland seine starke Position als Abrüstungsgläubiger vorzeitig verlassen und sich die Möglichkeit verbauen würde, im Falle eines Scheiterns der Konferenz die Rüstungsfreiheit in An-

---

[29] Aufzeichnung o. U. vom 24. 12. 1930, ,,Préparation de la Conférence générale du Désarmement", MAE, SDN, I I-Désarmement, Carton 292.
[30] Ibid.
[31] In den Akten SDN, I I – Désarmement des Quai d'Orsay befinden sich mehrere Hinweise darauf, daß die französischen Diplomaten und Militärs seit Anfang 1931 angesichts der zunehmenden Sicherheitsrisiken eine Annäherung an die Sowjetunion ins Auge zu fassen begannen. Sie nahm allerdings erst nach der Ankündigung des deutsch-österreichischen Zollunionsprojekts konkrete Formen an.

spruch zu nehmen.[32] Indessen modifizierte Anfang 1931 auch die Wilhelmstraße ihre Auffassungen, da, so Bülow, „die Aufhebung des Teils V des Versailler Vertrags nach einer mißglückten Abrüstungskonferenz uns auch nicht besser stellen würde als das Hammersteinsche Programm, falls sich die Franzosen auf dieses einließen. Der Hammerstein vorschwebende Weg hätte ferner den Vorteil, daß wir unser nächstes militärisches Ziel ohne schwere politische Erschütterungen erreichen könnten".[33]

Diese im einzelnen erst noch in den Archiven zu klärende Anregung zu einer deutschfranzösischen Verständigung, hinter der offenbar nicht zuletzt ein später Ehrgeiz der Militärs stand, sich noch mit in die „Locarno-Politik" einzuordnen,[34] war nach Auffassung des Botschafters von Hoesch auch geeignet, ein künftiges Wettrüsten zu verhindern, das Deutschland langfristig ohnehin nicht gewinnen könne.[35] Die Anregung wurde zwischen November 1930 und März 1931 über mehrere deutsche Mittler (Freiherr von Lersner, Papen, Hoesch) bei verschiedenen Pariser Stellen vorgetragen und im Januar 1931 auch von dem – sich um die Präsidentschaft auf der Abrüstungskonferenz bemühenden – tschechoslowakischen Außenminister Beneš nachdrücklich gefördert. Sie stieß auf französischer Seite auf einige Resonanz, wenn auch zum Teil in der irrigen Annahme, daß mit der Hinwendung der Reichswehr zu Frankreich ihre Abwendung von Rußland parallel gehen würde. Als Sofortmaßnahmen befürworteten Tardieu, Berthelot und der neue Generalstabschef Weygand eine Verstärkung der Kontakte zwischen Reichswehr und französischer Armee, namentlich vermehrte wechselseitige Manöverbesuche und die Akkreditierung eines deutschen Militärattachés in Paris.[36] Diese letztere Frage wurde freilich auf deutscher Seite aus grundsätzlichen Erwägungen zurückgestellt.

Solche Ansätze zu einer militärischen Annäherung wurden indessen nach den Verstimmungen, die der Ankündigung des deutsch-österreichischen Zollunionsprojektes folgten, zunächst nicht mehr weiter betrieben.

2. Reparationen: Vom Sanierungs- zum Krisenrevisionismus

Eine entscheidende Wende nahm im Verlaufe des Winters 1930/31 auch die Reparationspolitik des Kabinetts Brüning. Unter dem Eindruck des unverminderten Fortschreitens der deutschen Finanz- und Wirtschaftskrise mit ihren zu befürchtenden sozialen und politischen Destabilisierungsfolgen ging der Reichskanzler über die Vorstellung einer Revisionsmöglichkeit, die sich mittelfristig, nach vielleicht zwei bis drei Jahren, als Frucht der Sanierungspolitik einstellen könnte, hinaus. Er folgte zunächst schrittweise der Logik eines neuen, kürzerfristigen Krisenrevisionismus, um sie schließlich aktiv zu instrumentalisieren.

---

[32] Siehe hierzu ADAP, B XVI, Nr. 50, 94, 159, 166, 170, 174, 176, 181, 194, 201, 212; Bericht Regendanz' über eine Unterredung mit General Tournès am 27.12.1930, BA, R 43 I/68, Bl.10–14.
[33] Bülow an Hoesch, 23.1.1931, ADAP, B XVI, Nr. 181.
[34] So Geyer, Aufrüstung oder Sicherheit, S. 166–168. Siehe hierzu auch Campbell, S. 220–221.
[35] Hoesch an Bülow, 31.1.1931, ADAP, B XVI, Nr. 201.
[36] Siehe Hoesch an AA, 29.1.1931, ibid., Nr. 194.

Entgegen einer in der Forschung verbreiteten Auffassung[37] zog das Ergebnis der Reichstagswahlen vom 14. September 1930 zunächst keineswegs eine grundlegende Kursänderung in der Reparationspolitik des Kabinetts Brüning nach sich. Vor dem Hintergrund der jedwedes Wiederaufrollen des Neuen Plans vorerst strikt ausschließenden Haltung der Reparationsgläubiger veranlaßten die durch den Wahlausgang bewirkte schlagartige Aufladung des politischen Klimas und der sich fast über Nacht verstärkende Revisionsdruck der Parteien, Verbände und sogar einiger Regierungspolitiker die Regierung vorerst nicht zu grundsätzlicher Abkehr von ihrer bisherigen Haltung. In den Wochen zwischen Mitte September und Anfang Dezember 1930 blieben Brüning, Curtius, Dietrich, Luther weiter überzeugt, daß die erfolgreiche Durchführung des Sanierungsprogramms das Primäre sein müsse, nicht das Bemühen um Revision des Young-Plans. Am 8. Oktober unterrichtete der Reichskanzler den Reichspräsidenten, daß seit den Wahlen etwa eine Milliarde Reichsmark kurzfristiger Auslandsgelder abgezogen worden seien:

„Da die kurzfristige Verschuldung mehrere Milliarden betrage, könnten weitere Kündigungen die Folge sein, was einen völligen Zusammenbruch des größten Teils der deutschen Wirtschaft zur Folge haben werde. Daher nach seiner – des Reichskanzlers – Ansicht Reparationsverhandlungen nur nach Durchführung des Reformprogramms."[38]

Wohl könne, so hieß dies wohl, letzteres erstere befördern, nicht aber umgekehrt erstere letzteres. Eine Fortführung des wirtschaftlich-finanziellen Reformprogramms unter Verzicht auf eine verfrühte Aktivierung des Reparationsproblems versprach mittelfristig die einer Revision günstigen Voraussetzungen weiter zu verbessern. Das für den Auslandskredit erforderliche Vertrauen würde bewahrt und vergrößert, eine Stabilisierung und vielleicht Expansion der deutschen Exportwirtschaft befördert, allgemein das ökonomische und finanzielle Schwergewicht des Deutschen Reiches in Europa wiederhergestellt werden. Zu einem absehbaren Zeitpunkt, in vielleicht zwei oder drei Jahren,[39] würde die Reichsregierung dann Reparationsverhandlungen aus einer Position der Stärke, aus einer die Revisionsbereitschaft auch der Gläubigermächte stimulierenden „Erfüllungsoffensive" heraus fordern können.[40] Die Forderung nach unverzüglicher „Tributherabsetzung" hingegen erschien, angesichts der einmütig ablehnenden französischen, britischen und amerikanischen Haltung,[41] zum einen weniger aussichtsreich,

„denn es geht umgekehrt wie mit dem Wunder von Jericho: wenn man hier die Posaunen zu laut bläst, dann fallen nicht die Wände um uns ein, sondern sie werden erst recht wieder festgemacht";[42]

---

[37] Siehe etwa Helbich, Die Reparationen in der Ära Brüning, S. 17 ff.; Bennett, Germany and the Diplomacy of the Financial Crisis, S. 15 ff.; Glashagen, S. 256 ff.; Sanmann, Daten und Alternativen, S. 122 ff.; Lüke, S. 262.
[38] ARK Brüning, Nr. 135. – Nach Angaben Luthers vor dem Kabinett am 3. 6. 1931 gingen nach den Reichstagswahlen insgesamt von 3,8 Milliarden RM an Devisenreserven etwa 1,8 Milliarden verloren, siehe ibid., Nr. 324.
[39] Brüning am 2. 10. 1930 zu Graf Westarp, siehe PWK, Nr. 157, S. 443–44.
[40] Siehe hierzu die Ausführungen Luthers am 6. 11. 1930, Aufzeichnung Schäffers, PWK, Nr. 161.
[41] Hierzu Bennett, Germany and the Diplomacy of the Financial Crisis, S. 24–29. Siehe hierzu auch Klaus Jaitner, „Deutschland, Brüning und die Formulierung der britischen Außenpolitik, Mai 1930 – Juni 1931" in: VZG, 28, 1980, S. 440–86.
[42] Brüning vor dem Hauptausschuß des RDI, 27. 11. 1930, PWK, Nr. 167.

zum anderen drohte sie, in einem Augenblick großer wirtschaftlicher und – durch die Kreditabzüge des September und Oktober erwiesen – finanzieller Verwundbarkeit, neue Kontrollen der Gläubiger zu provozieren, den Auslandskredit zu verschrecken und die deutsche Wirtschaft, statt sie zu sanieren, einfach zu „vernichten".

Natürlich stellte auch die Reichsregierung zwischen Mitte September und Anfang Dezember in verstärktem Maße systematische Revisionsüberlegungen an, in denen sich die aufmerksame Beobachtung der Entwicklung der drei dafür maßgebenden Variablen niederschlug: der innerdeutschen Willensbildung, der abweisenden Haltung des Auslands, und der deutschen Wirtschaftslage. Die verschiedenen Äußerungen von Regierungsvertretern lassen den Schluß zu, daß zunehmend stärker die Überlegung maßgebend wurde, daß wegen der Haltung des Auslands die Willensbildung in der deutschen Öffentlichkeit für die Frage der Reparationsrevision nicht maßgebend sein konnte, solange von der wirtschaftlichen Entwicklung nicht ein unbezweifelbarer Zwang ausging. Es war richtig, daß in einer sich weiter aufladenden nationalen Grundstimmung die Fortsetzung hoher „Tribut"-Leistungen politisch immer weniger akzeptabel wurde, und daß auch das die effektive Reparationslast vergrößernde Steigen des Goldwertes, die unaufhörlichen Budgetschwierigkeiten, der Rückgang des Außenhandels (zwischen Januar und September 1930 um rund 9 Prozent), die Währungsschwächung infolge der Kreditabzüge des September und Oktober 1930 für ein Bemühen um unverzügliche Zahlungsbilanzerleichterung in Form eines Reparationen-Moratoriums (oder Beschlüssen des Beratenden Sonderausschusses) sprachen.[43] Aber andererseits erachteten die zum Teil von der Depression bereits stärker als Deutschland betroffenen Gläubiger, vor allem auch England, die Situation für einen Rückgriff auf die Revisionsmöglichkeiten des Young-Plans als noch längst nicht gegeben und drohten sogar für diesen Fall *expressis verbis* ernste – und angesichts der deutschen Kreditlage untragbare – Konsequenzen an.[44] Im übrigen, so erläuterte Reichsfinanzminister Dietrich bereits Ende Oktober vor dem Auswärtigen Ausschuß des Reichstags, sei Deutschland mit den Moratoriumsmöglichkeiten des Young-Plans allein gar nicht gedient:

„Jedes Moratorium hätte nur aufschiebende Wirkung; es befreie nicht endgültig von der unerträglichen Belastung. Der Stoß, der von Deutschland kommen müsse, sollte sich auf eine Änderung der bestehenden Verträge von Grund aus [sic] richten. Weltwirtschaftliche Gesichtspunkte müßten dabei in den Vordergrund gestellt werden."[45]

Unter diesen Umständen bestand der neue Ton der Vertreter der Reichsregierung zwischen Mitte September und Anfang Dezember 1930 darin, daß sie die an die Gläubiger gerichtete Versicherung, alles tun zu wollen, um Revisionsschritte im Reparationsbereich zu vermeiden, mit dem Vorbehalt versahen, daß niemand völlig sicher sein könne, daß sie nicht doch früher oder später unternommen werden müßten. Die Entwicklung dürfe „keinesfalls dazu führen, daß das deutsche Volk seiner sittlichen und sozialen Lebens-

---

[43] Für die zahlreich belegte intensive Diskussion über diese Fragen siehe zum Beispiel den Bericht Honolds über die Sitzung des Auswärtigen Ausschusses des Reichstages am 29.10.1930, PWK, Nr. 159.
[44] Siehe ADAP, B XVI, Nr. 25, 100; DBFP, II, I, Nr. 338, 340.
[45] Reichsfinanzminister Dietrich vor dem Auswärtigen Ausschuß des Reichstages am 29.10.1930, PWK, Nr. 159, S. 450. In dem Bericht Honolds über die Sitzung auch die Feststellung, daß der Nettovorteil für das Deutsche Reich im Falle eines Moratoriums höchstens 500 Millionen RM betragen würde.

grundlagen beraubt wird".[46] Das grundsätzliche Festhalten Brünings und seiner Mitarbeiter an dem Primat der Sanierung erhielt nun eine doppelte Funktion. Zum einen ging es unverändert um die revisionsfördernden Langzeitwirkungen der Finanz- und Wirtschaftsreform mit ihren exportfördernden und das Eigeninteresse der Gläubiger und namentlich Englands berührenden Konsequenzen. Eine verstärkte Bedeutung erhielt jedoch daneben nun eine virtuelle Alibifunktion für den Fall frühzeitiger neuer Revisionsverhandlungen: sollte trotz aller Sanierungsbemühungen die Depression die Forderung nach einer Revision des Young-Plans zu einem frühen Zeitpunkt unvermeidlich werden lassen, dann konnte neben der objektiven Unfähigkeit zur Fortsetzung der Zahlungen zugleich der subjektive Erfüllungswille nachgewiesen werden. Daneben bemühte sich die Reichsregierung verstärkt um die propagandistische Verbreitung – warum nicht auch unter Indienstnahme des nationalsozialistischen „Donners"?[47] – der Thesen von den weltwirtschaftlichen Schäden, die die internationalen politischen Schulden verursachten, sowie des Hinweises auf die zunehmende Differenz zwischen Real- und Nominalleistungen aus dem Young-Plan. Insgesamt wurden jedoch die Kosten einer unverzüglichen Revisionsforderung in den ersten Wochen nach der Septemberwahl von der offiziellen deutschen Politik noch als zu hoch angesehen.

Anfang Dezember 1930 setzte indessen in Berlin eine grundsätzliche reparationspolitische Neuorientierung ein, die sich erst im Verlaufe der folgenden sechs Monate, bis Anfang Juni 1931, auch nach außen hin voll durchsetzen sollte. Ihr Ausgangspunkt war, daß Brüning zu erwägen begann, wegen des unerwartet tiefen wirtschaftlichen Einbruchs einen Revisionsanspruch wesentlich früher als vorgesehen anzumelden. Dies bedeutete, daß nicht mehr längerfristig ökonomische Stärke (durch den erwarteten Sanierungserfolg) als Haupthebel der Reparationenrevision erschien, sondern daß kurzfristig ökonomische Schwäche (infolge des krisenbedingt befürchteten Sanierungsmißerfolgs) zur Basis der Brüningschen Revisionspolitik wurde. Für diese konzeptionelle Wende, die man vereinfachend als das Übergehen von einem „Sanierungs-" zu einem „Krisenrevisionismus" bezeichnen kann, waren offenbar ausschlaggebend die sich bei der Inangriffnahme der „reparationsneutralen" zweiten Notverordnung (vom 1. Dezember 1930) abzeichnenden innen- und außenpolitischen Schwierigkeiten für den Fall fortdauernder „kreditpolitischer Stagnation".[48] Der Reichskanzler verlor wohl in diesem Zusammenhang den Glauben an die Möglichkeit einer erfolgreichen Wirtschafts- und Finanzreform ohne Infragestellung des Young-Plans. Er kam nun zu der Auffassung, „daß die reparationspolitische Lage sich während des ganzen Jahres 1931 weder privatwirtschaftlich noch staatsfinanziell halten" lasse.[49]

Am 15. Dezember eröffnete Brüning seinen wichtigsten Mitarbeitern, die innere Politik werde zu frühzeitigen reparationspolitischen Maßnahmen zwingen: „Wenn es selbst gelänge, den Reichstag im Februar auf November zu vertagen, so fliege dann, wenn man nicht erheblich weitergekommen sei, die Regierung und vielleicht auch noch mehr bestimmt auf. [...] Es wird wohl noch vor Ende Februar notwendig sein, etwas zu tun. Das

---

[46] Regierungserklärung Brünings vom 16.10.1930, Verhandlungen des Reichstags, V. Wahlperiode, Stenographische Berichte, Bd. 444, S. 21.
[47] Brüning zu Graf Westarp, 2.10.1930, siehe PWK, Nr. 157, S. 443–44; vgl. Brüning, Memoiren, S. 194.
[48] Glashagen, S. 260.
[49] Pünder an Bülow, 3.1.1931, ADAP, B XVI, Nr. 134; ARK Brüning, Nr. 214.

Finanzministerium müßte den Stoß auf die öffentlichen Finanzen auffangen. Der Stoß auf die private Wirtschaft wird nicht so stark sein. [...] Ohne psychologische Erleichterung halten wir das Jahr nicht aus."⁵⁰

Das Problem war, wie bei eigener finanzieller Verwundbarkeit und einer ablehnenden Haltung des Auslands mit den geringstmöglichen Kosten in die Revisionsprozedur hineinzukommen sei. Die Inanspruchnahme der beiden im Young-Plan selbst vorgesehenen Möglichkeiten – die Erklärung eines Moratoriums nach Ziffer 118 mit folgendem Zusammentreten des Beratenden Sonderausschusses, oder die Einberufung des Beratenden Sonderausschusses ohne vorheriges Moratorium nach Ziffer 119 – erwies sich bei näherer Betrachtung als praktisch unmöglich; sie konnte – was gerade in den Dezembertagen von englischer Seite nachdrücklich unterstrichen wurde⁵¹ – unter den Umständen nur in eine gravierende Erschütterung des deutschen Kredits und die Wiedererrichtung einer ausländischen Finanzkontrolle über Deutschland einmünden. Auch der einen Moment erwogene Gedanke, den Hugenbergschen Vorschlag einer Reparationsabgabe auf alle Importe als revisionsauslösendes Moment zu erproben, konnte bei näherer Betrachtung nur eine Kreditkrise heraufbeschwören.⁵² Ob es nicht möglich war, das Spezialproblem der Reparationen auf eine höhere, allgemeinpolitische Ebene zu heben und in größeren Zusammenhängen zu lösen? In den Wochen nach dem Besuch des amerikanischen Notenbankpräsidenten Harrison in Berlin im November 1930⁵³ nahm in der Reichskanzlei ein Plan Gestalt an, nach dem vielleicht durch die Initiierung „einer ganz großen, umfassenden politischen Aktion"⁵⁴ in Form einer Weltkonferenz der Großmächte einschließlich des Generalgläubigers USA, auf der zugleich über die Frage der – den Amerikanern besonders am Herzen liegenden – Weltabrüstung sowie über die Weltwirtschaftskrise beraten werden würde, das Reparations- und Schuldenproblem außerhalb des durch den Young-Plan gesetzten engen Rahmens neu verhandelt werden könnte. Nur das Wiederaufrollen des Reparationsproblems als Teilproblem auf einer solchen umfassenden Weltkonferenz der Regierungen versprach schwerwiegende Rückwirkungen eines Revisionsantrags auf die deutsche Wirtschaftslage, und namentlich auf die Kreditfrage, zu vermeiden.

Ebendies war der Sinn der bekannten Anregung, die der Reichskanzler am 19. Dezember Botschafter Sackett mit auf den Weg nach Washington gab. Schlaglichtartig scheint hier im übrigen das Verhältnis Brünings zu Frankreich auf. Wenn irgend möglich, so Brüning, möge Präsident Hoover die Initiative zur Einberufung einer Weltkonferenz ergreifen.

„Der Fehler aller bisherigen Versuche sei der gewesen, daß man die drei großen im engsten Zusammenhang stehenden Fragen der Abrüstung, der Reparationen und Schuldentilgung und der internationalen Wirtschaftsförderung jeweils getrennt betrachtet hätte, und zwar namentlich unter der Führung von Sachverständigen, deren Blick eng auf Spezialfragen begrenzt sei. Aus diesem System müsse man herauskommen, zumal eine restlose Verständigung mit Frankreich für mich zwar das entscheidende Ziel für eine Befriedung der gesamten Weltpolitik sei, ich aber die Befürchtung habe,

---

[50] Tagebuchaufzeichnung Schäffers vom 15.12.1930, PWK, Nr.178.
[51] Siehe Anm. 44.
[52] Reichsfinanzminister Dietrich vor dem Auswärtigen Ausschuß des Reichstags, 29.10.1930, PWK, Nr.159, S.451.
[53] Siehe z.B. PWK, Nr.165b.
[54] Vermerk Vogels' vom 15.12.1930, 16.30 Uhr, ARK Brüning, Nr.198.

daß dieses Ziel durch unmittelbare Verhandlungen mit Frankreich aus innerpolitischen französischen Rücksichten heraus in der notwendigen Schnelle der Zeit nicht erreicht werden könne."[55]

In den folgenden sechs Wochen, in denen Sackett in Washington weilte, standen alle weiteren Berliner Reparationsüberlegungen im Zeichen der erhofften positiven Stellungnahme des amerikanischen Präsidenten zu dem Plan der Weltkonferenz. Vorsichtshalber sollte Botschafter von Hoesch die französische Regierung beruhigen,

„daß die Inanspruchnahme der amerikanischen Initiative nicht eine Ausschaltung Frankreichs bedeuten solle, vielmehr [...] daß Deutschland im Rahmen der Europa-Besprechungen den Gedanken eines deutsch-französischen Versuchs, die europäische Wirtschaft zu ordnen, weiter gefördert sehen möchte. Es werde also bei der bevorstehenden Europa-Besprechung in Genf auch insbesondere die Frage der Präferenzzölle mit Frankreich zu besprechen sein."[56]

Als indessen schließlich Sackett Ende Januar 1931 die zurückhaltende Stellungnahme Hoovers zu der Brüningschen Anregung überbrachte, verflog rasch wieder die Hoffnung, eine Revision des Young-Plans auf kreditpolitisch neutralem Wege in Gang bringen zu können.[57]

Die Notwendigkeit, die Revision auf jeden Fall in Gang zu bringen, blieb, und sie wurde in den folgenden Wochen dringender. In einer Reihe von interministeriellen Besprechungen und Aufzeichnungen wurde deutlich, daß angesichts der ständigen Verschlechterung der wirtschaftlichen und politischen Lage vermutlich nicht durchzukommen sein würde, wenn die Reichsregierung nicht reparationspolitische Schritte einleitete, und zwar ungeachtet der eigenen wirtschaftlich-finanziellen Verwundbarkeit und der zu erwartenden ausländischen Gegenwirkung. Die Kosten der Passivität erschienen nun zunehmend höher als die der revisionspolitischen Aktivität. Sorgfältig wurde die Entwicklung der deutschen Wirtschafts- und Finanzlage verfolgt, ebenso wurden die Beziehungen zu den Hauptgläubigermächten daraufhin beobachtet, ob „Frontbildungen" stattfänden, die man dann vielleicht schon vorbeugend aufzulösen versuchen müsse. Besorgt fragte man sich auch in Berlin, ob etwa in den Londoner Schatzamtsverhandlungen England gegen französisches Gold den Franzosen in der Frage der weiteren Behandlung der Reparationen Zugeständnisse machte.[58] Brüning begann nun seinerseits die Revisionshoffnungen auf die britische Regierung zu richten.[59]

Am 7. Februar 1931 kündigte der Reichskanzler eine besondere Reparationsbesprechung „in kleinem Kreise" an, die freilich dann erst genau drei Monate später stattfinden sollte.[60] Am 21. Februar ging er davon aus, daß die Reparationen „wohl kaum noch länger als ein Jahr erfüllt werden können. Würde das Ausland vermehrte Kredite gewähren, so könne sich der Zeitpunkt noch um ein weiteres Jahr verschieben, länger voraussichtlich aber nicht. Es wäre gut, wenn der kritische Zeitpunkt im Sommer 1932 eintrete, weil dann in drei Ländern entscheidende Wahlen vorüber seien."[61]

---

[55] Aufzeichnung Brünings vom 19.12.1930, ADAP, B XVI, Nr. 115; ARK Brüning, Nr. 207.
[56] Aufzeichnung Plancks vom 27.12.1930, ARK Brüning, Nr. 211.
[57] Siehe Bennett, Germany and the Diplomacy of the Financial Crisis, S. 37. Vgl. hierzu Brüning, Memoiren, S. 223–24.
[58] Siehe hierzu Glashagen, S. 327–347.
[59] Siehe hierzu Brüning, Memoiren, S. 225; Glashagen, passim; Grübler, S. 235, 435.
[60] Besprechung vom 7.2.1931, 16.30 Uhr, ARK Brüning, Nr. 239; Tagebuch Schäffer, Eintrag vom 7.2.1931, IfZG, ED 93/10.
[61] Ministerbesprechung vom 21.2.1931, 9 Uhr, ARK Brüning, Nr. 247.

Am 27. Februar schrieb Reichsbankpräsident Luther an den amerikanischen Botschafter, daß das deutsche Finanzproblem unlösbar sei, solange es die Reparationen gebe.[62] Einige Tage später gab die Ankündigung eines neuen größeren Defizits durch den Reichsfinanzminister dem Reichskanzler offenbar den letzten Stoß:

„Das deutsche Volk vertrage keine weitere Komprimierung auf finanziellem Gebiet ohne entscheidende Schritte in der Reparationsfrage. Er sei daher innerlich entschlossen, auf diesem Gebiet zu handeln. Als Zeitpunkt hierfür habe er Anfang Mai in Aussicht genommen. Zur Vorbereitung der Aktion erwarte er für Ende April die deutschen Botschafter aus den Hauptgläubigerländern. [...] An alle Anwesenden richte er die eindringliche Mahnung, über diese Mitteilungen nach außen hin und gegenüber jedem Dritten strengstes Stillschweigen zu bewahren."[63]

Und Mitte März gab Brüning dem ehemaligen Staatssekretär von Schubert, nun deutscher Botschafter in Rom, zu verstehen, daß die Reparationsfrage im Mai zur Entscheidung kommen müsse.[64]

Parallel zur Vorbereitung des Zollunionsprojekts[65] wurden also im Februar und März 1931 in Berlin die Weichen für eine krisenbedingte Inangriffnahme der Reparationsrevision gestellt. Dabei wurde in der Not alsbald die mögliche Tugend erkannt, der von der Depression ausgehende innere Druck im Laufe des Frühjahrs 1931 zu einer neuen aktiven Revisionsstrategie nach außen gewendet, die ökonomische Krise zunehmend politisch instrumentalisiert. Auch die deutsche Kreditpolitik erhielt unter diesen Vorzeichen eine besondere Note. In das unveränderte Interesse an langfristigem Auslandskredit mischte sich nun ernstlich die Frage, ob dessen stabilisierende Effekte nicht zu einem bestimmten Zeitpunkt die glaubwürdige Erklärung eines Transfermoratoriums, oder auch allgemeinere Revisionsmaßnahmen, etwa im Rahmen einer internationalen Konferenz, behindern könnten.[66]

Nicht mehr die Sanierung, sondern die Krise war am Ende des Winters 1930/31 das Vehikel einer Reparationsrevision, die nun zudem in das Zentrum der außenpolitischen Orientierungen drängte.

3. Politische Hemmungen französischer Stützungsbereitschaft

Das Verhalten der Pariser Regierung in den finanziellen und wirtschaftlichen Fragen des Verhältnisses zum Deutschen Reich war im Herbst und Winter 1930/31 zum Teil an

---

[62] Luther an Sackett, 27. 2. 1931, PA, 1776/D 808 223–24.
[63] Besprechung im Reichstag vom 6. 3. 1931, 17 Uhr, ARK Brüning, Nr. 255; Tagebuch Schäffer vom 6. 3. 1931, IfZG, ED 93/10.
[64] Schubert an Bülow, 24. 3. 1931, PA, 2385/E 199 270.
[65] Siehe unten, S. 212–213.
[66] Es erscheint bemerkenswert, daß Ministerialdirektor Ritter vom AA sich zwar in der Sitzung des Reparationsausschusses vom 15. November mit seiner Auffassung, „daß die Aufnahme weiterer Auslandskredite, die die Herbeiführung einer Transferkrise erschwere, aufs schärfste eingeschränkt werden müsse", nicht durchsetzen konnte (PWK 164), die in der zweiten Dezemberhälfte der Botschaft in Paris übermittelten Richtlinien hinsichtlich des deutschen Interesses an langfristigem Auslandskredit sich jedoch durch merkliche Zurückhaltung auszeichneten (AA an Paris, 24. 12. 1930, ADAP, B XVI, Nr. 123).

3. Politische Hemmungen französischer Stützungsbereitschaft

einer politischen, zum Teil an einer ökonomischen Bewertung der Situation der Weimarer Republik orientiert. Dabei wurde eine sich verstärkende Neigung zur politischen Instrumentalisierung wirtschaftlicher Mittel sichtbar. In den letzten Wochen des Kabinetts Tardieu, zwischen Mitte September und Anfang Dezember, überwogen angesichts der Vorgänge jenseits des Rheins, die eine soziale und politische Radikalisierung anzukündigen schienen, die Zweifel an dem Sinn ökonomischer Kooperationsbereitschaft. Unter den folgenden Kabinetten Steeg und Laval, seit Mitte Dezember 1930, als erkennbar wurde, daß sich das Kabinett Brüning zu halten vermochte und innenpolitischem Druck kaum nachgab, kehrte allmählich ein gewisses Vertrauen in die weitere deutsche Entwicklung zurück. Angesichts der sich weltweit vertiefenden Wirtschaftskrise, von der Frankreich indessen insgesamt für den Augenblick noch verschont blieb, erschien es in Paris zunehmend als sinnvoll, durch wirtschaftliche Stützungsmaßnahmen den regierenden gemäßigten Kräften in Deutschland den Rücken zu stärken.[67]

Dies bedeutete allerdings nicht, daß in Paris Verständnis für die Möglichkeit einer frühzeitigen Revision des Young-Plans entstanden wäre. Die im Anschluß an die Reichstagswahlen aus der deutschen Öffentlichkeit nach Frankreich herüberdringenden Forderungen nach Wiederaufrollung des Neuen Plans wurden hier – ebenso wie auf britischer und amerikanischer Seite – unwillig als Ausdruck eines politischen Veränderungswillens, nicht einer wirtschaftlichen Notlage Deutschlands gewertet. Briand, Berthelot, Reynaud machten sich nicht weniger nachdrücklich als Tardieu die entrüstete Reaktion der französischen Öffentlichkeit zu eigen, daß es eine unmögliche Sache sei, die Reparationsfrage wieder aufzuwerfen, nachdem soeben erst das Haager Abkommen geschlossen und das Rheinland geräumt worden war.[68] Nach dem Sturz des Kabinetts Tardieu Anfang Dezember 1930 wurde in Paris eine gewisse Bereitschaft erkennbar, bei einer weiteren erheblichen Verschlechterung der deutschen Wirtschaftslage für eine vorübergehende Inanspruchnahme der Vorkehrungen der Ziffern 118 und 119 des Young-Plans Verständnis zu bekunden. Dabei würde der Beratende Sonderausschuß allerdings keinerlei Kompetenzen für eine Revision des Young-Plans, sondern lediglich für die Prüfung der deutschen Finanz- und Wirtschaftslage besitzen können. Für einen deutschen Revisionsanspruch aus allgemeineren, außerhalb der Vorkehrungen des Young-Plans liegenden Gründen war indessen französischerseits nicht das geringste Verständnis zu erwarten. Nach der Einschätzung Hoeschs würde die Antwort die sofortige Wiederbesetzung des Rheinlands sein.[69] Finanzminister Reynaud bezeichnete es als ein Ding der Unmöglichkeit, bei einem über 60 Jahre laufenden Zahlungsplan grundlegende Änderungen der Verhältnisse bereits nach dem Ablauf weniger Monate feststellen zu wollen. Das Fehlen der Goldklausel im Young-Plan sei bekanntlich das Pendant des Fortfalls der Prosperitätsklausel des Dawes-Plans, und einer vorübergehenden Goldverteuerung könne ebenso

---

[67] Über die Haltung der französischen Öffentlichkeit gegenüber Deutschland nach der Reichstagswahl siehe Adolf Kimmel, Der Aufstieg des Nationalsozialismus im Spiegel der französischen Presse 1930–1933, Bonn 1969, S. 73 ff.; Norbert Ohler, Deutschland und die deutsche Frage in der ‚Revue des deux mondes' 1905–1940. Ein Beitrag zur Erhellung des französischen Deutschlandbildes, Frankfurt 1973, S. 191 ff.

[68] Aufzeichnung Curtius', 19.9.1930, ADAP, B XV, Nr. 221; Curtius (Genf) an AA, 19.9., PA, L 171/L 046 687–89; Hoesch an AA, 25.10., ADAP, B XVI, Nr. 21; 10.11., ibid., Nr. 47; 31.12., PA, L 171/L 047 055.

[69] Hoesch an AA, 25.10.1930, ADAP, B XVI, Nr. 21. Siehe auch B XVII, Nr. 3, 10.

rasch auch wieder eine Goldverbilligung folgen.[70] Die französische Regierung war weder bereit, ihre Bezüge aus dem unbedingten Teil der deutschen Zahlungen schmälern zu lassen noch gar die interalliierten Schulden aus eigenen Mitteln zu begleichen. Während der Londoner Schatzamtsbesprechungen im Januar 1931 suchte sie, freilich mit geringem Erfolg, die britische Regierung für eine gemeinsame Front gegen die in Deutschland sichtbar werdenden revisionistischen Bestrebungen zu gewinnen.[71]

Die erhebliche Beteiligung der französischen Banken an den Kündigungen und Abzügen kurzfristiger Kredite aus Deutschland in den ersten Wochen nach der Reichstagswahl reflektierte demgegenüber vor allem Besorgnisse der privaten Investoren und Banken hinsichtlich einer möglichen Destabilisierung und politischen Radikalisierung der Weimarer Republik. In diesem Falle intervenierte die Pariser Regierung sogar bei den Banken, da sie zu diesem Zeitpunkt kein Interesse an einer deutschen Kreditkrise hatte, die die Existenz des Kabinetts Brüning zusätzlich bedrohen und die deutsche Fähigkeit und Bereitschaft zu Reparationszahlungen beeinträchtigen mußte. Schon nach wenigen Tagen gelang es dem Quai d'Orsay, die Banken zu beruhigen und den übermäßigen Kapitalabzug weitgehend wieder zu stoppen.[72] Dagegen mochte sich das Kabinett Tardieu zu einer positiven Stützung der deutschen Finanz- und Wirtschaftslage, wie sie eine Beteiligung an dem deutscherseits gewünschten Überbrückungskredit in Höhe von 100 bis 125 Millionen Dollar zur Deckung des sich seit Anfang September neuerlich abzeichnenden Berliner Kassendefizits dargestellt hätte, nicht ohne weiteres verstehen. Gegenüber dem politisch und „moralisch" begründeten Wunsch der federführenden amerikanischen (Bankhaus Lee, Higginson) und auch der deutschen Seite nach einer wenigstens symbolischen französischen Beteiligung (gedacht war an 5 bis 7½ Millionen Dollar) setzte sich in Paris nach einigem Zögern die Auffassung durch, daß eine Mitwirkung an politische Voraussetzungen geknüpft werden sollte. Unter Berufung auf die skeptische deutschlandpolitische Grundstimmung in Parlament und Öffentlichkeit machte die französische Regierung die von ihr erwartete „Ermunterung" der Banken zu einer Beteiligung an dem Kredit von vorherigen konkreten Durchführungsschritten des Finanzprogramms der Reichsregierung abhängig.[73] Da der Kredit materiell auch ohne französische Beteiligung gesichert war, war es für die Reichsregierung unproblematisch, die Vorbedingung abzulehnen. Der Kreditvertrag wurde daraufhin am 11. Oktober 1930 zwischen Reichsfinanzministerium und Reichsbank einerseits und andererseits einem internationalen Konsortium unter Führung der Banken Lee, Higginson, Mendelssohn & Co. und NV Nederlandsche Handel-Maatschappij über 125 Millionen Dollar ohne französische Beteiligung unterzeichnet.[74]

Wie sehr in Paris die Behandlung wirtschaftlicher und finanzieller Fragen der Beurteilung der politischen Gesamtlage zwischen den beiden Ländern unterlag, wurde in den

---

[70] Hoesch an AA, 1.11.1930, ADAP, B XVI, Nr. 33.
[71] Siehe hierzu Glashagen, S. 327–347.
[72] Rieth an AA, 19.9.1930, ADAP, B XV, Nr. 223; Hoesch an AA, 26.10., B XVI, Nr. 22; 1.11., ibid., Nr. 33; 28.11., PA, K 516/K 147 696–706.
[73] Aufzeichnung Pünders, 6.10.1930, ARK Brüning, Nr. 131; Bülow an Paris, 9.10., ADAP, B XVI, Nr. 6; Hoesch an AA, 23./26.10., ibid., Nr. 17, 22; 9.10., PA, K 516/K 147 633–35; Rieth an AA, 10.10., PA, K 516/K 147 637–38; 14.10., PA, L 1488/L 435 850–51; Tagebuch Schäffers, 18.9., 1.–10.10.1930, IfZG, ED 93/10.
[74] Der Vertrag nebst Unterlagen des Reichsfinanzministeriums über das Zustandekommen des Lee, Higginson-Kredits befindet sich in BA, R 2, Schuldenwesen, Bde. 3784–3787.

3. Politische Hemmungen französischer Stützungsbereitschaft

folgenden Wochen an der französischen Haltung gegenüber verschiedenen deutschen Bemühungen um Beiträge Frankreichs zur Lösung sowohl der deutschen Beschäftigungs- als auch der deutschen Finanzprobleme deutlich. Auch die Sorge um die Sicherung der Reparationsfähigkeit des Reiches vermochte nicht zu hindern, daß sich das in den vorhergegangenen Sommermonaten beobachtete Interesse der französischen Regierung an einer Umwidmung von Reparationszahlungen in zusätzliche größere Sachlieferungen erheblich abgekühlt hatte.[75] Dagegen brach sich auf deutscher Seite die Erkenntnis der möglichen segensreichen arbeitsplatzschaffenden oder -erhaltenden Auswirkungen dieses wirtschaftlichen Kooperationsmodells nun erst richtig Bahn. Zwar bat Brüning kurz nach den Reichstagswahlen Kühlmann, von einer Fortsetzung seiner Pariser Besprechungen über Aufträge Frankreichs an die deutsche Industrie zunächst abzusehen, bis die politische Situation in Deutschland geklärt sei. Bei einer eventuellen späteren Fortsetzung solcher Verhandlungen müßten im übrigen die französischen Aufträge „von der Reparations- und insbesondere von der Moratoriumsfrage völlig getrennt bleiben". Allenfalls könne man dann, wenn überhaupt, an eine Regelung auf dem Wege über die Golddiskontbank denken.[76] Aber im Verlaufe der Wintermonate 1930/31 bedrängten doch verschiedene deutsche offizielle und inoffizielle Stellen, der Botschafter in Paris, deutsche Politiker und Parlamentarier auf informelle Weise die französischen Verantwortlichen, durch Sonderaufträge an die deutsche Industrie das Beschäftigungsproblem der Deutschen lösen zu helfen. Dabei wurde es als zweitrangiges Problem erachtet, ob solche Hilfe im Rahmen des „outillage national"-Programms[77] erfolgte oder im Rahmen anderer Projekte, und ob durch eine Ökonomisierung von Reparationszahlungen oder durch zusätzliche Budgetmittel. Vor allem wurde darauf gedrängt, daß unabhängig von der Sachlieferungsquote des Young-Plans eine Reihe von vor dem September 1929 von den Pariser Behörden bereits gezeichneten, aber noch nicht genehmigten Sachlieferungsverträgen nach dem Dawes-Plan endlich honoriert würden[78] (wozu man, mit negativem Resultat, im Auswärtigen Amt die Möglichkeit einer Anrufung des Schiedsgerichts des Young-Plans prüfte); auch, daß französischerseits möglichst zusätzliche größere Bestellungen in Deutschland getätigt würden.[79]

Die politisch bedingte französische Zurückhaltung gegenüber diesem deutschen Drängen wurde durch beginnende eigene Wirtschaftssorgen verstärkt. Erste Schatten der Depression fielen im Verlaufe des Winters 1930/31 doch auch schon auf Frankreich. Hier begannen nun ebenfalls die Arbeitslosenzahlen zu steigen, die Steuereingänge zu sinken, die Gefahr eines Budgetdefizits zeichnete sich ab. Das ambitiöse Projekt des Ausbaus der nationalen Infrastruktur geriet sowohl wirtschaftlich als auch politisch (Opposition Poincarés) so sehr in Gefahr, daß es im Parlament vorrangig mit dem Argument der Ar-

---

[75] Siehe oben, S. 170–174.
[76] Aufzeichnung Eisenlohrs, 3.10.1930, ADAP, B XVI, Nr. 3.
[77] Siehe oben, S. 170, Anm. 113.
[78] Vgl. oben, S. 171, Anm. 118.
[79] Siehe hierzu Rieth an AA, 16.10.1930, PA, L 1488/L 435 847–49; Hoesch an AA, 23.10., ADAP, B XVI, Nr. 17; 26.10., ibid., Nr. 22; 1.11., ibid., Nr. 33; 20.1.1931, ibid., Nr. 177; Aktenvermerk Schäffers, 23.11.1930, PWK, Nr. 165 a. – Zu der Problematik der Sachlieferungen im Übergang vom Dawes- zum Young-Plan grundsätzlich Joseph Huperz, Die Sachlieferungen nach Frankreich, Berlin 1930, besonders S. 66–71.

beitsbeschaffung für die französische Industrie begründet werden mußte.[80] Tardieu und Finanzminister Reynaud nahmen Botschafter von Hoesch mit dem Hinweis, daß alle deutschen Wirtschaftslieferungen außerhalb der Sachleistungsquote des Young-Plans über das Budget bezahlt und mithin vom Parlament genehmigt werden müßten, manches an Hoffnung. Eine Ausführung der notleidenden Sachlieferungskontrakte mittels der bedingten Annuitäten, so Hoeschs Gesprächspartner, verbiete sich, da diese Kontrakte ja nicht hundertprozentige Bareinnahmen an die Staatskasse lieferten, die Staatskasse ihrer aber bedürfe, um die zur Schuldenzahlung an die Gläubiger Frankreichs benötigten Summen zu erhalten. Die notleidenden Sachlieferungsverträge könnten daher nur im Rahmen der Sachlieferungs-Quote des Young-Plans abgewickelt werden. Die Verwendung des unbedingten Teils der Annuitäten für zusätzliche deutsche Lieferungen sei nicht möglich, weil diese Zahlungseingänge ihrer Bestimmung entsprechend zur Deckung der Zinsen für die zum Wiederaufbau Frankreichs aufgenommenen inneren Anleihen dienten. Einer einfachen französischen Budgetausweitung zum Zwecke der Arbeitsbeschaffung in Deutschland würden sich sowohl die französische Industrie als auch die französische Öffentlichkeit widersetzen.[81] Nach dem Sturz des Kabinetts Tardieu zeigte sich freilich, daß wirtschaftliche Sorgen in Frankreich zu einem Teil durch politische Orientierungen aufgewogen werden konnten. Unter den neuen Kabinetten Steeg und dann Laval verbesserten sich die Perspektiven etwas. Namentlich Briand äußerte sich Ende Januar wieder optimistischer.[82] Der neue Finanzminister Flandin sah im Februar gegenüber dem Abgeordneten des preußischen Landtags von Papen sogar Möglichkeiten, nichtexportierende deutsche Unternehmen, namentlich im Agrarbereich, zu stützen, aber auch etwa „das ‚Equippement' der südosteuropäischen Länder – Elektrizitätsausrüstungen, Straßen, Brücken, Eisenbahnen, Meliorationen – mit Hilfe der deutschen Industrie auszubauen, dergestalt, daß das französische Kapital die Führung übernehme und die Aufträge zum Teil in Deutschland plaziere".[83] Dies waren jedoch vorerst nur Anregungen in einem nichtoffiziellen Gespräch.

Deutlicher noch schlugen sich die politisch motivierten französischen Stützungshemmungen, die im Februar/März 1931 durch die beginnende Problematik der sogenannten deutschen „Russenkredite"[84] verstärkt wurden, in der Tatsache nieder, daß trotz eines großen französischen Interesses am Kapitalexport zur Abmilderung der „congestion d'or" die Frage der Gewährung langfristiger Kredite an deutsche Unternehmen oder öf-

---

[80] Zum Beginn der Weltwirtschaftskrise in Frankreich siehe Jacques Marseille, „Les origines ‚inopportunes' de la crise de 1929 en France", in: Revue Économique, 1980, S. 648–684. Dort S. 656 ff. der Hinweis, daß in Frankreich erst seit Januar 1931 eine Arbeitslosenstatistik geführt wurde und die Zahl der Beschäftigungssuchenden zu diesem Zeitpunkt bereits rund 1 Million betrug. – Siehe auch Hoesch an AA, 20.1.1931, ADAP, B XVI, Nr. 177.
[81] Tardieu ließ dabei wissen, „Bestellung großer Lieferungen in Deutschland würde ja wohl überhaupt nicht möglich sein, wenn dabei Frankreich nicht gewisse Zusicherungen betreffend Zahlungsaufschub durch Deutschland gegeben würden", Hoesch an AA, 26.10.1930, ADAP, B XVI, Nr. 22. Vgl. 1.11., ibid., Nr. 33.
[82] Aufzeichnung Curtius', 25.1.1931, ADAP, B XVI, Nr. 188; Aufzeichnung Bülows, 18.2., ibid., Nr. 216.
[83] Papen an Bülow, 20.2.1931, ibid., Nr. 224.
[84] Frankreich suchte die Möglichkeit auszuschließen, daß mit französischen Geldmitteln russische militärische Rüstungen finanziert würden. Siehe hierzu Aufzeichnung Feßlers vom 17.3.1931, ADAP, B XVII, Nr. 17.

3. Politische Hemmungen französischer Stützungsbereitschaft 203

fentliche Stellen in Paris höchst zurückhaltend behandelt wurde. Frankreich stellte politische Vorbedingungen. Alle diesbezüglichen Kontakte verliefen seit September 1930 im Prinzip nach dem Schema der Unterredung mit Tardieu, über die Botschafter von Hoesch am 26. Oktober berichtete:

„Was im übrigen die Gewährung langfristiger Gelder an Deutschland anlange, so würde er [Tardieu] an sich eine solche Entwicklung nicht ungern gesehen haben. Frankreich leide an einem übergroßen Zustrom an Gold und Geld, wodurch unerwünschte Geldinflation entstehe. Die sich im Auslande bietenden Anlagemöglichkeiten (Südosteuropa, Spanien oder Italien [...]) seien wenig verlockend. Leider einflöße nun aber auch Deutschland augenblicklich nicht gerade Vertrauen. An sich könne er sich vorstellen, daß Deutschland und Frankreich den Versuch machten, die Gesamtheit beide Länder interessierenden Fragen zu besprechen, und daß sie dabei schließlich zu einer Einigung kämen, nachdem eine gewisse Stabilität in den deutschen Verhältnissen gewährleistet sein würde. Als er bei Aufzählung solcher Fragen das Problem der deutschen Ostgrenzen und das Entwaffnungsproblem erwähnte, erklärte ich, daß selbstverständlich eine Einschränkung unseres bekannten Standpunkts in diesen beiden Fragen nicht diskutierbar sein würde, worauf Tardieu das Thema fallen ließ."[85]

Auch in dieser Hinsicht kam jedoch immerhin nach dem Reichstagswahl-Schock des September und Oktober 1930 in den folgenden Monaten, namentlich nach der Ablösung des Kabinetts Tardieu durch die Regierungen Steeg und dann Laval, in Paris allmählich wieder eine gewisse Entspannung auf. So zeigte sich Anfang 1931 bei den französischen Banken und der französischen Industrie Interesse, auf das Bestreben einzelner mit kurzfristigen Krediten überschuldeter deutscher Großstädte einzugehen, ihre Elektrizitäts- und Wasserwerke an Finanzgruppen mit in- und ausländischer Beteiligung zu verkaufen oder zu vermieten. Die Reichsregierung sprach sich hier freilich, nach kurzem Zögern, grundsätzlich gegen eine derartige Form verschleierter ausländischer Kapitalhilfe aus, da dies, vom allgemeinpolitischen Standpunkt aus, ein unerwünschtes „Eindringen fremder Gelder und damit ausländischer Einflüsse in das wesentlichste Eigentum deutscher Städte" bedeute.[86] Einen indirekten Stützungseffekt für den deutschen Kredit hatte die Gewährung einer französischen Anleihe an Italien in Höhe von 3 Milliarden Francs (= 500 Millionen RM) im Januar 1931, die für die italienische Regierung eine den ganzen Herbst 1930 über erörterte Konvertierungsanleihe auf dem Wege der Mobilisierung des gesamten italienischen Anteils an den ungeschützten Annuitäten (rund 563 Millionen RM) entbehrlich machte.[87] Und im Laufe des Januar 1931 entschlossen sich das französische Außen- und das Finanzministerium, einer unter Mitwirkung des Crédit Lyonnais von der

---

[85] Hoesch an AA, 26.10.1930, ADAP, B XVI, Nr. 22.
[86] Aufzeichnung Wiehls vom 31.1.1931, PA, L 1488/L 435 719–20; Hoesch an AA, 17.3., ADAP, B XVII, Nr. 19. Hier Randbemerkung Curtius': „Ich halte diese natürlich wachsende Verflechtung von französischer Finanz und deutscher Wirtschaft nicht für so bedenklich wie das anscheinend heranreifende Projekt Briands, ein politisches Geschäft großen Stils mit französischem Gold zu finanzieren. Jedenfalls sollten wir den an der Zusammenkunft Beteiligten keine Bedenken äußern", ibid.
[87] Zu dieser interessanten Episode, bei der deutscherseits auch der Gesichtspunkt eines Ausscherens Italiens aus der Front der Empfänger ungeschützter Reparationsteile beachtet wurde, siehe Luther an AA, 10.12.1930, PA, K 474/K 134 522–24; Aufzeichnung Dorns vom 16.12., ibid., K 480/K 136 327–33; Schubert an AA, 20./31.12.1930 bzw. 14.1.1931, PA, K 474/K 134 569, 572–73; 8.1.1931, ADAP, B XVI, Nr. 143; Besprechung vom 12.1., ARK Brüning, Nr. 217; Bülow an Rom, 14.1., PA, K 474/K 134 596. Die Unterlagen des Reichsfinanzministeriums hierzu in BA, R 2, Schuldenwesen, Bd. 3753.

Banque de Paris et des Pays Bas geführten französischen Bankengruppe durch ein „lettre d'encouragement" zu empfehlen, sich an einer von Lee, Higginson durchgeführten Vorfinanzierung deutscher Eisenbahn-Obligationen zu beteiligen. Die daraufhin am 10. Februar vereinbarte französische Beteiligung in Höhe von 10 Millionen Dollar stellte nach Auffassung sowohl des deutschen Botschafters in Paris als auch der Vertreter des New Yorker Bankhauses ein deutliches Zeichen guten Willens und des Vertrauens seitens der französischen Regierung und des französischen Kapitalmarktes dar, das vielversprechende Perspektiven eröffne und dem Kredit des Kabinetts Brüning im Ausland förderlich sei.[88]

Anfang März 1931 erschien dem französischen Außenministerium angesichts der Konsolidierung des Kabinetts Brüning und der gleichzeitig unaufhaltsam erscheinenden Verschlechterung der deutschen Finanz- und Wirtschaftslage die Zeit reif, um die Möglichkeiten eines Einsatzes französischer Finanzkraft zur Stützung der gemäßigten Kräfte der Weimarer Republik zu einer systematischen Aktion zusammenzufassen. Am 14. März setzte Berthelot Hoesch vertraulich in Kenntnis über ein von dem Direktor der Politischen Abteilung des Quai d'Orsay, Coulondre, verfaßtes Projekt deutsch-französischer Zusammenarbeit, das Briand auf der nächsten Sitzung des Ministerrats energisch durchzusetzen beabsichtige, und das auch bereits vom Finanzministerium grundsätzlich gutgeheißen worden sei. Das Projekt ging von der Überlegung aus, daß es zweckmäßig sei, den starken Bedarf Frankreichs an Kapitalausfuhr (Devisenstand der Banque de France: 27 Milliarden Francs) durch langfristige Anlagen in Deutschland zu befriedigen, nicht nur wegen des großen französischen Eigeninteresses an der Wiederbelebung der deutschen Wirtschaft, sondern auch, um Deutschland hinsichtlich der Reparationsfrage das Argument zu nehmen, daß eine Revision wegen der mangelnden Zusammenarbeit der Gläubigerländer bei der Durchführung des Young-Plans berechtigt und erforderlich sei. Verlangt werden müsse dabei freilich, daß die Reichsregierung wenigstens informell der französischen Regierung gewisse Zusicherungen mache: etwa, daß künftig an die Stelle aggressiver Reden und kategorischer Forderungen deutscher Politiker eine entgegenkommendere Einstellung gegenüber Frankreich treten werde; daß der in den Lehrveranstaltungen der deutschen Universitäten zu beobachtende „chauvinistische" Geist sich ändere; daß die Reparationszahlungen störungsfrei fortgesetzt und daß die von Frankreich zur Verfügung gestellten Geldmittel nicht als Kredite an die Sowjetunion weitergereicht würden. Unter diesen Voraussetzungen könne Frankreich bereit sein, dem Gedanken eines Ausbaus der Sachlieferungen in größerem Stile (auch über die 90 Millionen RM der notleidenden Sachlieferungsverträge hinaus) näherzutreten; Deutschland vermehrt kurzfristige Kredite, die nach und nach in langfristige umgewandelt werden könn-

---

[88] Siehe hierzu AA an Botschaft Paris, 24.12.1930, ADAP, B XVI, Nr. 123; Hoesch an AA, 16.1.1931, PA, K 516/K 147 799; 29.1., K 516/K 147 816–17; 3.2., ADAP, B XVI, Nr. 203; Murnane an Brüning, 11.2., PA, K 516/K 147 832–34. Die Empfehlung des Quai d'Orsay enthält auch den Hinweis, daß die Transaktion den Bestimmungen des Young-Plans nicht widerspreche, Hoesch an AA, 29.1.1931, PA, K 516/K 147 816–17. Hierzu auch Tagebuch Schäffers vom 16.1.1931, IfZG, ED 93/10: „Wir [Schäffer und Pünder] reden über die Nachricht, daß die Franzosen sich an dem Kredit beteiligen wollen, und die darüber von Hoesch eingetroffene Depesche. Moret [Gouverneur der Banque de France] will Luther nur seine Freude darüber aussprechen, daß die französische Regierung sich bereit erklärt hat, für eine Beteiligung Frankreichs an dem Kredit zu sorgen." – Die Unterlagen des Reichsfinanzministeriums hierzu in BA, R 2, Schuldenwesen, Bd. 4088.

ten, zur Verfügung zu stellen; deutsche Wertpapiere zum Handel an den französischen Börsen zuzulassen; nach der Herstellung einer Atmosphäre des Vertrauens deutsche Anleihen in Frankreich aufzulegen, namentlich erstlinig hypothekarisch gesicherte Kredite und Stadtanleihen.

Hoesch und dann das Auswärtige Amt stellten unverzüglich klar, daß bei allem deutschen Interesse an einem solchen Projekt dieses doch von vornherein zum Scheitern verurteilt sei, wenn politische Voraussetzungen der genannten Art oder andere vergleichbare Bedingungen daran geknüpft würden, vor allem der Verzicht auf ein Reparationen-Moratorium. Wenn so das Projekt des Quai d'Orsay von Anfang an unter einem wenig günstigen Stern zu stehen schien, war doch am Vorabend der die politische Landschaft radikal verändernden Ankündigung des deutsch-österreichischen Zollunionsplans das letzte Wort in dieser Angelegenheit noch keineswegs gesprochen. Berthelot wiegelte wiederholt ab, man denke, nur den Gesetzen der einfachen Logik folgend, „nicht an strikt formulierte Zusagen und Verpflichtungen, sondern mehr an eine losere, allgemeinere Vereinbarung im Sinne der Festlegung einer engen deutsch-französischen Zusammenarbeit". Vor allem aber hatte, als die Bombe des Zollunions-Projekts hochging, die Beratung der französischen Stützungsaktion im Pariser Ministerrat noch nicht stattgefunden.[89]

4. Mitteleuropa und Paneuropa

In den Monaten zwischen September 1930 und März 1931 erfuhr die französische Europa-Initiative eine erste Institutionalisierung in der Form eines Sonderausschusses des Völkerbunds. Im gleichen Zeitraum verstärkte sich die wirtschaftliche und politische Orientierung des Deutschen Reiches in Richtung Südosteuropa, wodurch ein latent seit Kriegsende vorhandener deutsch-französischer Gegensatz in der Region aktiviert wurde. Beide „europäischen" Bewegungen, die „paneuropäische" und die „mitteleuropäische", beeinflußten und durchdrangen einander in mehrfacher Weise. Auf der deutschen Seite wurde etwa „mitteleuropäisches" Expansionsstreben mit dem Etikett paneuropäischer Solidarität versehen, sollte aber durch diese nicht in seiner autonomen Entfaltung behindert werden dürfen. Auf französischer Seite bemühte sich Briand, regionale südosteuropäische Sonderentwicklungen in den größeren „paneuropäischen" Rahmen zu integrieren und sie dort zu lösen. Beide Bestrebungen vermengten sich, als im Verlaufe des Winters 1930/31 der beginnende und in der Folgezeit immer bedeutsamere Dimensionen annehmende wirtschaftliche und politische Antagonismus zwischen Deutschland und Frankreich über „Mittel-" und Südosteuropa vor das paneuropäische Forum gezogen wurde.

---

[89] Zu der ganzen Angelegenheit siehe Hoesch an AA, 12.3.1931, ADAP, B XVII, Nr. 10; 14.3., ibid., Nr. 15. Berthelot äußerte sich nach der Wiedergabe Hoeschs folgendermaßen: „Die Logik würde freilich erfordern, daß eine umfassende Hilfsleistung Frankreichs an Deutschland irgendwie mit den Reparationszahlungen in Verbindung gebracht wird, da ja sonst ein Zustand entstehen könnte, bei dem Frankreich Leistungen an Deutschland vornehmen, von Deutschland aber nichts mehr empfangen würde", 17.3., ibid., Nr. 20.

Die Kontinuität der aus der Initiative Briands hervorgegangenen europäischen Aktion wurde, wie bereits dargestellt,[90] durch die Überleitung in einen Ausschuß des Völkerbunds gesichert. Durch eine große Rede des französischen Außenministers eingestimmt, trat die Völkerbundsversammlung auf der Grundlage des am 8. September 1930 verabschiedeten Beschlusses der Paneuropäischen Versammlung in eine mehrtägige Europa-Diskussion ein, in der auch die nichteuropäischen Völkerbundsdelegierten eine überwiegend positive Einstellung zum Gedanken eines Zusammenschlusses der europäischen Staaten erkennen ließen.[91] In einer am 17. September mit großer Mehrheit gebilligten Resolution wurde, unter Anerkennung der friedensfördernden Bedeutung einer engeren europäischen Zusammenarbeit, die Bildung eines besonderen Völkerbundsausschusses beschlossen, dem Vertreter sämtlicher europäischer Staaten angehören sollten. Der Ausschuß sollte sich in organisatorischer Hinsicht der Hilfestellung des Völkerbundssekretariats bedienen und fallweise zur Beratung nichteuropäische Mitglieder des Völkerbunds ebenso wie Nichtmitglieder des Völkerbunds zuziehen können. Er sollte der nächsten Völkerbundsversammlung, im September 1931, über die Ergebnisse seiner Arbeit Bericht erstatten, möglichst in Form konkreter Vorschläge. Dies bedeutete, vorbehaltlich einer Verlängerung durch die nächste Völkerbundsversammlung, eine vorläufige Befristung der Tätigkeit des Ausschusses auf die Dauer eines Jahres.[92] Wenige Tage später, am 23. September 1930, fand auf Einladung des Generalsekretärs des Völkerbunds, Sir Eric Drummond, eine nichtöffentliche erste Sitzung des Ausschusses statt, auf der auf Vorschlag Hendersons Briand zum Vorsitzenden gewählt wurde. Briands Vorschlägen entsprechend wurde sodann ohne Diskussion einstimmig beschlossen, daß der Ausschuß den Namen „Studienkommission für die Europäische Union" (Commission d'Etudes pour l'Union Européenne) tragen, und daß ihm je ein Repräsentant der europäischen Völkerbundsstaaten nebst Stellvertreter angehören solle. Zum Sekretär der Kommission wurde Drummond gewählt, der zusammen mit Briand das vorerst rudimentäre Kommissionsbüro bildete.[93]

Rolle und Funktion der Europäischen Studienkommission erfuhren ihre eigentliche Profilierung auf ihrer zweiten Zusammenkunft, die vom 16. bis 19. Januar 1931 in Genf stattfand.[94] Hier wurde unter anderem – mit den deutschen, britischen und italienischen Stimmen gegen die französischen Vorstellungen – die partielle Zuziehung (nur zur Beratung weltwirtschaftlicher Fragen) der drei Nichtmitglieder des Völkerbunds Sowjetunion, Türkei und Island zu der dritten, für Mai 1931 vorgesehenen Tagung beschlossen. Außerdem wurde ein sogenannter „Zwölfer-Ausschuß" eingesetzt, der die Verfassung, die Organisation und die Arbeitsmethoden der Studienkommission überprüfen und auf festere institutionelle Grundlagen stellen sollte. Besonders bemerkenswert war aber, daß sich bei dieser Januartagung des Europa-Ausschusses eine Tendenz zeigte, die Behand-

---

[90] Siehe oben, S. 161.
[91] Société des Nations, Journal Officiel: Actes de la onzième session ordinaire de l'Assemblée. Séances plénières, Compte Rendu des Débats, Genf 1930, S. 37 ff.
[92] Ibid., S. 126. Vgl. ADAP, B XV, Nr. 225.
[93] Societé des Nations, Commission d'Etude pour l'Union Européenne. Procès-verbal des la première session tenue à Genève le mardi 23 septembre 1930, Völkerbunds-Drucksache C.565.M.225.1930.VII. Vgl. ADAP, B XV, Nr. 228.
[94] Société des Nations, Commission d'Etude pour l'Union Européenne. Procès-verbal de la deuxième session de la Commission tenue à Genève du 16 au 21 janvier 1931. Völkerbunds-Drucksache C.144.M.45.1931.VII. Vgl. ADAP, B XVI, Nr. 200.

lung der politischen Fragen einer europäischen Zusammenarbeit entgegen den Formulierungen des französischen Memorandums vom Mai 1930 wieder stärker hinter die Behandlung der wirtschaftlichen Probleme zurückzustellen, während es nunmehr in Berlin gerade umgekehrt für wichtig gehalten wurde, „uns die Möglichkeit offenzuhalten, jederzeit politische Fragen anhängig zu machen".[95]

Briand, auf diese neue Tendenz angesprochen, suchte offenkundig von dem in dem Mai-Memorandum stipulierten Primat des Politischen herunterzukommen. Mit der „allgemeinen Unterordnung des Wirtschaftsproblems unter das politische Problem" der europäischen Einigung sei nur gemeint gewesen, daß die Wirtschaftsfragen nicht den Sachverständigen überlassen bleiben dürften, sondern von den politisch Verantwortlichen selbst in die Hand genommen werden müßten.[96] Hinter dieser französischen Umorientierung stand offenbar die aus dem Ergebnis der Konsultationen des Sommers abgeleitete Annahme Briands, daß die Verwirklichung einer politischen Union einen wesentlich längeren Atem erforderte als gedacht, und daß es, um aus dem befristeten Ausschußmandat der Völkerbundsversammlung ein permanentes Mandat zu machen, darauf ankam, rasche praktische Erfolge in einem geeigneteren Bereich zu erzielen, etwa dem der Wirtschaft. Hier sollte die Europäische Studienkommission nun denn auch in der Tat ihr eigentliches Betätigungsfeld finden. Die weltweite Verschärfung der Depression, die die Völkerbundsversammlung bereits zu der Empfehlung einer engen Zusammenarbeit des Ausschusses mit der internationalen Wirtschaftskonferenz im November 1930 veranlaßt hatte,[97] legte es nahe, ihm vorrangig die Rolle eines Forums der Beratung über die Weltwirtschaftskrise „en tant qu'elle intéresse la collectivité des Etats européens" zuzuschreiben.[98] Vor allem aber konnte er sich unter diesem Vorzeichen der im Verlaufe des Jahres 1930 dringlich gewordenen Stützungsmaßnahmen für die besonders akute Wirtschaftsmisere im Donauraum annehmen.[99] Auf der Januartagung wurden hierzu in der Tat drei spezielle Unterausschüsse gebildet: einer zur Regelung des Absatzes der südosteuropäischen Getreideüberschüsse aus der Ernte des Jahres 1930, ein zweiter für die Untersuchung der möglichen Stützungswirkung von Agrarkrediten, und ein dritter für die grundsätzliche Prüfung des Problems der südosteuropäischen Agrar-Überschüsse, namentlich der Möglichkeit ihres Abbaus durch die Einräumung von Präferenzzöllen.[100]

Dies bedeutete nichts anderes, als daß das neue „paneuropäische" Forum des Studienkomitees zu einem der Austragungsorte – neben anderen Völkerbundsgremien, den internationalen Wirtschaftskonferenzen, verschiedenen bilateralen Kontakten – des sich aktivierenden deutsch-französischen Gegensatzes über „Mitteleuropa" wurde. Es handelte sich hier im Kern um einen machtpolitisch bestimmten, letztlich aus den beiderseitigen Kriegszielen herrührenden Gegensatz über die künftige wirtschaftliche und politische Orientierung der instabilen ost- und südosteuropäischen Staatenwelt.[101] Die latente

---

[95] Aufzeichnung o. U., 6. 3. 1931, PA 3241/D 703 170–74.
[96] Siehe hierzu Hoesch an AA, 31. 12. 1930, ADAP, B XVI, Nr. 131; 2. 1. 1931, PA, L 1713/L 506 169–72.
[97] Protokoll der 2. Tagung der Europäischen Studienkommission (siehe Anm. 94), S. 59.
[98] Ibid., passim.
[99] „Note sur le problème des Etats agricoles", o. D., MAE, SDN, V, UE, 1257.
[100] Debatten und Resolutionen der 2. Tagung der Europäischen Studienkommission, siehe Anm. 94.
[101] Siehe hierzu jetzt Hans-Paul Höpfner, Deutsche Südosteuropapolitik in der Weimarer Repu-

Existenz dieses Gegensatzes hatte sich in den vorangegangenen zwanziger Jahren weniger in politischer Hinsicht – wo die profranzösische Orientierung Polens und der Staaten der Kleinen Entente Tschechoslowakei, Rumänien und Jugoslawien dominierte – als vielmehr im wirtschaftlichen Bereich manifestiert. Das Deutsche Reich vermochte nach und nach aufgrund seiner geographischen Lage und der Aufnahmefähigkeit des deutschen Marktes für südosteuropäische Produkte eine beachtliche Handelsposition in der Region zu gewinnen, der freilich wegen der allgemeinen deutschen Kapitalschwäche keine ins Gewicht fallende finanzielle Präsenz entsprach. Umgekehrt verfügte Frankreich neben dem politischen über einen starken finanziellen Einfluß in den Nachfolgestaaten, der aber – „impérialisme du pauvre" – nur in geringem Maße zur Ankurbelung des französischen Exports in die Region genutzt werden konnte.[102] Ein wichtiger Grund hierfür war, daß der französische Markt nur in geringem Umfang Einfuhren aus den Donaustaaten aufnahm.[103]

Seit dem Sommer 1928 bekundeten sich offen deutsche Interessen an einer Ausweitung des ökonomischen und in der Folge politischen Einflusses im Donau-Balkan-Raum. In seiner Regierungserklärung vom 3. Juli 1928 bezeichnete Reichskanzler Müller, indem er die Entwicklung und Vertiefung der weltwirtschaftlichen Beziehungen als das Grundbedürfnis der deutschen Wirtschaft hervorhob, die Erweiterung der handelsvertraglichen Beziehungen „insbesondere auch zu den östlich und südöstlich gelegenen Staaten" als eine wesentliche Aufgabe seiner Regierung.[104] Nach der Aufnahme von Verhandlungen über einen deutsch-österreichischen Handelsvertrag bezog das Reichskabinett wenige Wochen später ausdrücklich die „wichtigen deutschen Wirtschaftsinteressen in Rumäni-

---

blik, Frankfurt a. M./Bern 1983, bes. S. 64 ff.; Maria Ormos, „Die französische Südosteuropapolitik 1918–1922", unveröffentl. Man. im Besitz des Vf.

[102] Der Vergleich des deutschen und französischen prozentualen Anteils an den Importen der südosteuropäischen Staaten ist in dieser Hinsicht aufschlußreich:

	Frankreich					Deutschland				
	1913	1921	1925	1929	1937	1913	1921	1925	1929	1937
Österreich	3,3	1,2	1,9	2,7	2,8	40,1	22,4	15,8	20,9	16,1
Bulgarien	6,9	6,9	6,8	8,2	3,3	19,6	21,5	19,6	22,2	54,8
Ungarn	1,2	1,9	1,8	2,2	0,9	10,0	13,0	15,0	19,7	25,9
Polen	–	4,3	5,9	6,9	3,2	–	37,0	30,3	27,3	14,5
Rumänien	5,8	13,6	–	7,7	6,1	40,3	8,9	–	22,3	28,9
Jugoslawien	3,5	3,0	3,7	4,0	1,7	29,3	7,2	9,9	15,6	32,4
Tschechoslowakei	–	3,5	3,9	3,8	5,3	–	27,9	31,2	25,0	15,5

Quelle: Georges Soutou, „L'impérialisme du pauvre" (siehe Anm. 103), nach den Statistiken des Völkerbunds.

[103] Hierzu Georges Soutou, „L'impérialisme du pauvre: la politique économique du gouvernement français en Europe Centrale et Orientale de 1918 à 1929", in: RI, 7, 1976, S. 219–239; Philippe Marguerat, „Positions économiques de la France dans la zone de la Petite Entente au cours des années trente", in: L'Historien et les Relations Internationales, Recueil d'études en hommage à Jacques Freymond, Genf 1981, S. 337–346. Hierzu jetzt auch René Girault in Bouvier/Girault/Thobie, L'impérialisme à la française 1914–1960, S. 199–218. – Auch die englische Südosteuropa-Politik findet in diesem Zusammenhang zunehmend Beachtung, hierzu etwa Marie-Luise Recker, England und der Donauraum 1919–1929. Probleme einer europäischen Nachkriegsordnung, Stuttgart 1976. Klaus P. Prem, Augsburg, bereitet eine Dissertation vor über „England und das deutsche Ausgreifen nach Südosteuropa in der Weltwirtschaftskrise".

[104] Verhandlungen des Reichstags, IV. Wahlperiode, Bd. 423, S. 39.

en" in die Überlegungen mit ein.¹⁰⁵ „Weiterblickende Kreise der deutschen Industrie, insbesondere der Ruhrindustrie, der chemischen und der Elektroindustrie" begannen seit 1929 ihre Aufmerksamkeit stärker auf die wirtschaftlichen Möglichkeiten einer Intensivierung der Handelsbeziehungen zu Südosteuropa zu richten.¹⁰⁶ Der sich aus dem Young-Plan ergebende Zwang zur Erzielung hoher Devisenüberschüsse verstärkte allgemein ebenfalls das Interesse an einer Exportausweitung in Richtung Südosteuropa.¹⁰⁷ Die deutsche Gesandtschaft in Jugoslawien mahnte im Juli 1929 zwar zu einer zurückhaltenden Beurteilung der gelegentlich in der deutschen Presse auftauchenden „reichlich phantastisch klingenden Äußerungen über die künftige Bedeutung der Balkanstaaten als Abnehmer deutscher Industrieprodukte"; doch bestand auch für sie kein Zweifel, daß der Balkan zu „denjenigen europäischen Strichen" gehöre, in denen die deutsche Ausfuhr bei „energischer Konzentrierung und systematischer Bearbeitung vielleicht schon in der nächsten Zukunft mehr erreichen" könne als bisher.¹⁰⁸ Auch die politischen Aspekte der Wirtschaftsbeziehungen zu Südosteuropa fanden in Berlin alsbald Beachtung. Zunehmender deutscher Wirtschaftseinfluß würde auch politischen Einfluß nach sich ziehen, nicht zuletzt die Kleine Entente und damit das französische Sicherheitssystem in der Region schwächen. Vom „allgemeinen deutschen Standpunkt" aus mochte es daher wichtiger erscheinen, „auf dem Balkan ein Geschäft mit 7 Prozent Verdienst zu machen, als in irgendeinem verlorenen Winkel der Welt, wo die Gesamtinteressen keine Rolle spielen, ein solches mit 10 Prozent".¹⁰⁹

Dieses grundsätzlichere deutsche Interesse an Südosteuropa fand seit 1929 in der schweren Agrardepression der Länder des Donau-Balkan-Raums ein besonderes, und nachhaltiges, Verstärkungsmoment. Die Forderung der betroffenen Staaten, die Industrieländer sollten den Absatz der zunehmenden landwirtschaftlichen Überschüsse der Region, vor allem an Getreide, durch die Einräumung von sogenannten „Präferenzzöllen" fördern, kam ihm in doppelter Weise entgegen. Ein solches „Präferenzregime", das eine partielle Umgehung der internationalen Meistbegünstigungs-Praxis darstellte, versprach die deutsche Handelsposition in der Region zu verbessern und gleichzeitig die dortige französische Position zu schwächen. Denn einerseits war der deutsche Markt durchaus in der Lage, in gewissem Umfang zusätzliche Getreideimporte aus Südosteuropa aufzunehmen, und als Gegenleistung konnte von den begünstigten Agrarländern eine entsprechende präferenzielle Behandlung des deutschen Industrieexports in den Donauraum gefordert werden. Andererseits vermochte Frankreich als Nicht-Importland für südosteuropäische Agrarprodukte an einem dergestalt vorteilhaften Handel um Präferenzzölle kaum teilzunehmen, mußte vielmehr seine Hilfsleistungen auf Maßnahmen beschränken, die neben der – sich rasch als der Situation angemessen und wirkungsvoll

---

¹⁰⁵ Kabinettssitzung vom 10.8.1928, ARK Müller II, Nr. 14. – Zu Rumänien jetzt Hans Tonch, Wirtschaft und Politik auf dem Balkan: Untersuchungen zu den deutsch-rumänischen Beziehungen in der Weimarer Republik unter besonderer Berücksichtigung der Weltwirtschaftskrise, Frankfurt a. M./Bern/New York/Nancy, 1984.
¹⁰⁶ Hierzu und zum folgenden ausführlicher Hans-Jürgen Schröder, „Deutsche Südosteuropapolitik 1929–1936. Zur Kontinuität deutscher Außenpolitik in der Weltwirtschaftskrise", in: GG, 2, 1976, S. 5–32, hier S. 10–11.
¹⁰⁷ Siehe hierzu etwa die Ausführungen Lejeune-Jungs und Dietrichs am 4.6.1929, Verhandlungen des Reichstags, IV. Wahlperiode, Bd. 424, S. 2058–2063; vgl. Schulthess, 1929, S. 89, 91.
¹⁰⁸ Köster (Belgrad) an AA, 23.7.1929, PA, HaPol, Handakten Ritter, Jugoslawien, Bd. 2.
¹⁰⁹ Ibid.

erweisenden – Präferenzregelung nur den Charakter von flankierenden Hilfsmaßnahmen trugen: produktions- und vertriebstechnische Stützungsmaßnahmen und Finanzhilfen. Seit dem Herbst 1930 unterstützte die Reichsregierung dementsprechend bei allen Gelegenheiten die Forderung der südosteuropäischen Landwirtschaft nach der Einräumung von Vorzugszöllen für ihre Überschüsse, in gleicher Weise vor den weltwirtschaftlichen Foren des Völkerbunds im September und November 1930 und in der Europäischen Studienkommission im Januar 1931, schließlich auch in den Verhandlungen über einen neuen Handelsvertrag mit Rumänien.[110]

In der politischen Konsequenz zeichnete sich erheblicher deutscher Machtzuwachs ab:

„Wird die Präferenzidee verwirklicht, so ist klar, daß letzten Endes diejenigen Länder, die als Absatzgebiete für die Südostländer erhöhte wirtschaftliche Bedeutung erlangen, aus demselben Grunde für sie auch ein erhöhtes politisches Gewicht erlangen müssen, und dies werde darauf hinauskommen, daß das politische Schwergewicht Deutschlands [...] in Europa steigt."[111]

Der sich aufgrund der Präferenzpläne abzeichnende strukturelle Vorteil der deutschen gegenüber der französischen Südosteuropa-Politik wurde im Auswärtigen Amt sogar als insgesamt so erheblich und offenkundig eingeschätzt, daß bei seiner konsequenten Ausnutzung grundsätzliche, und hinderliche, französische Gegenwirkung befürchtet wurde, „wenn es uns nicht gelingt, Frankreich irgendwie an der Sache zu beteiligen". Die Reichsregierung suchte daher zur Jahreswende 1930/31 vorübergehend in einen Dialog mit der französischen Regierung darüber zu kommen, ob und auf welche Weise deutsche Agrarpräferenzen mit französischen Finanzierungsmöglichkeiten zu einem südosteuropäischen Kooperationsprojekt zusammengefaßt werden könnten.[112]

Demgegenüber geriet, unter umgekehrtem Vorzeichen, die französische Seite ausgangs der zwanziger Jahre in Südosteuropa zunehmend in die Defensive. Zwar stand sie den Hilfsersuchen der befreundeten ost- und südosteuropäischen Staaten grundsätzlich aufgeschlossen gegenüber, doch tat sie sich schwer gegenüber deren Forderungen nach Präferenzzöllen. Zu deutlich waren die wirtschaftlichen und politischen Nachteile für Frankreich. Frankreich würde, da es aufgrund seiner Wirtschafts- und Handelsinteressen kaum in der Lage war, Agrarpräferenzen gewähren zu können, auch für sich keine Industriepräferenzen fordern können und somit ohnmächtig mitansehen müssen, wie Deutschland seine wirtschaftliche Position in Mitteleuropa festigte und ausbaute:

„L'Allemagne, débouché naturel de la Pologne, de l'Autriche, de la Roumanie et de la Hongrie, paraît, en effet, appelée à jouer, dans le règlement des questions relatives aux pays agricoles du Centre-Europe, un rôle de premier plan fondé sur une réciprocité d'intérêts économiques. Qu'en échange des demandes qui lui sont adressées par les Etats exportateurs de céréales en vue d'achats sur

---

[110] Bülow an die Botschaft Rom, PA, L 1508/L 444 998–5002. Siehe hierzu Holm Sundhaussen, „Die Weltwirtschaftskrise im Donau-Balkan-Raum und ihre Bedeutung für den Wandel der deutschen Außenpolitik unter Brüning", in: Wolfgang Benz, Hermann Graml (Hgg.), Aspekte deutscher Außenpolitik im 20. Jahrhundert. Aufsätze Hans Rothfels zum Gedächtnis, Stuttgart 1976, S. 121–164; Roswitha Berndt, „Wirtschaftliche Mitteleuropapläne des deutschen Imperialismus (1926–1931)", in: Gilbert Ziebura (Hrsg.), Grundfragen der deutschen Außenpolitik seit 1871, Darmstadt 1975, S. 305–334; Roland Schönfeld, „Die Balkanländer in der Weltwirtschaftskrise", in: VSW, 62, 1975, S. 179–213; Frommelt, Paneuropa oder Mitteleuropa, passim; Grübler, S. 291–300; Tonch, S. 88–117.
[111] Eisenlohr an Schubert, 13.1.1931, ADAP, B XVI, Nr. 155.
[112] Ibid.

une base préférentielle, elle envisage, en contre-partie, un régime spécial, lui réservant la fourniture exclusive de produits manufacturés, c'est ce qui paraît évident. Mais c'est précisément ce qui inquiète les délégués de la Pologne qui redoutent, qu'à la faveur d'un tel régime, ne se crée en Europe Centrale, une zone d'influence allemande, sorte d'hinterland réservé à l'industrie d'outre-Rhin et prélude du ‚Mitteleuropa' rêvé par les pangermanistes d'avant-guerre."[113]

Frankreich würde das Nachsehen haben, vermutete Briand am 31. Januar 1931, wenn für Deutschland „les offres de traitement préférentiel seraient certainement payées de retour, alors que nous ne serions pas en situation de revendiquer le bénéfice des avantages qui lui seraient éventuellement octroyés."[114]

Die möglichen politischen Konsequenzen deutschen wirtschaftlichen Vordringens im Donauraum erschienen in Paris noch düsterer. Mittelfristig drohte nichts Geringeres als das Abgleiten des gesamten ost-südosteuropäischen Raumes aus dem französischen in den deutschen Einflußbereich. Ende Januar 1931, in den ersten Tagen des Kabinetts Laval, äußerte sich Briand in einem Schreiben an den neuen Landwirtschaftsminister Tardieu beunruhigt: „Les Etats de la Petite Entente risquent de chercher leur salut dans des ententes régionales qui ne seront qu'un premier pas dans la voie de la dépendance vis-à-vis d'autres puissances que favorisent leur situation géographique et leur équipement économique."[115] Den springenden Punkt markierte François Seydoux am 31. Dezember 1930 in einer Aufzeichnung des Quai d'Orsay: „La situation serait donc retournée: Pologne et Petite Entente se trouveraient à la remorque de l'Allemagne."[116]

Diesen besorgten Überlegungen entsprechend war die erste Reaktion der Pariser Regierung auf die Forderung der Donaustaaten nach Präferenzzöllen ganz ablehnend. Die Devise der französischen Diplomatie lautete zunächst, daß eine Festsetzung des Präferenzgedankens möglichst verhindert werden müsse und daß stattdessen die anderen, den Interessen Frankreichs günstigeren internationalen Stützungsmaßnahmen in den Vordergrund gerückt werden sollten: organisatorische Maßnahmen wie die Einrichtung zentraler Vertriebsstellen sowohl in den Export- als auch in den Importländern, finanzielle Hilfen in Form von Agrarkrediten, Vereinbarungen über ein Kontingentierungssystem. Etwa seit Anfang 1931 setzte sich jedoch in Paris die Ansicht durch, daß angesichts der besonderen Schwere der Agrarkrise im Donauraum der Präferenzgedanke nicht einfach ganz beiseite geschoben werden könne. Die Frage lautete seitdem, wie bei einer grundsätzlichen Zustimmung die Frankreich benachteiligenden wirtschaftlichen und politischen Folgen der Einräumung von Agrarpräferenzen verhindert werden könnten. Eine Möglichkeit mochte sein, daß bilaterale Präferenzverträge in einen paneuropäischen Rahmen eingefügt würden, eine andere, daß Frankreich sich durch finanzielles Engagement einen Anteil an den „contre-parties" der Agrarstaaten, das heißt der Industriepräferenzen erkaufte. Beide Erwägungen weckten im Januar 1931 zumindest vorübergehend Interesse für den deutschen Vorschlag einer Gemeinschaftsaktion. Eine dritte mögliche Strategie, für die namentlich der Handelsminister im Kabinett Steeg, Loucheur, eintrat, wurde darin gesehen, daß durch eine *ad hoc*-Regelung für die konkret vorhandenen Ern-

---

[113] Aufzeichnung o. U. „Du rôle économique de l'Allemagne en Europe centrale", 1.12.1930, MAE, SDN, V, UE, 1257.
[114] Briand an Tardieu, 31.1.1931, ibid., 1254.
[115] Ibid.
[116] „Note pour Monsieur Massigli", 31.12.1930, ibid., 1257.

teüberschüsse des Jahres 1930 eine prinzipielle Lösung des Problems der Präferenzzölle vorerst vertagt würde.[117]

Bis zum März 1931 blieb noch offen, zu welchem Ergebnis die internationalen Diskussionen über mögliche Stützungsaktionen für den notleidenden Donauraum führen würde. Von den drei im Januar eingerichteten Sonderausschüssen der Europäischen Studienkommission sollte der Ausschuß für die Untersuchung der Frage der Agrarkredite erst im April zusammentreten. Wohl fand das akute Problem des Absatzes der Getreideüberschüsse des Jahres 1930 auf einer Tagung des für diese Spezialfrage gebildeten Ausschusses in Paris vom 23. bis 25. Februar 1931 eine gewisse Lösung, indem sich die westeuropäischen Industriestaaten einschließlich Frankreichs zu einer einmaligen Sondereinfuhr von Weizen, Gerste und Mais bereiterklärten.[118] Dagegen gelangte die vom 26. bis 28. Februar 1931 nach Paris einberufene Tagung des wichtigen dritten Ausschusses, der sich grundsätzlicher mit den Möglichkeiten einer dauerhaften Lösung des Problems der südosteuropäischen Ernteüberschüsse befassen sollte, lediglich zu einem umfangreichen Bericht, welcher der für Mai 1931 anberaumten dritten Tagung der Europäischen Studienkommission vorgelegt werden sollte. In dem Bericht wurden verschiedene Mittel zur Förderung des Getreideabsatzes der Donaustaaten empfohlen, darunter auch, unter Reservierung der Beschlüsse der am 25. März 1931 in Rom zusammentretenden Welt--Agrarkonferenz, Zollpräferenzen.[119]

In all diesen Verhandlungen blieb man sich auf deutscher wie auf französischer Seite stets bewußt, daß sich hinter jeder ökonomischen Spezialfrage letztlich das Problem der politischen Rivalität beider Staaten im südosteuropäischen Raum verbarg, und daß die faktische Entwicklung die deutschen Interessen begünstigte. In der Tat sollte sich in der Folgezeit in einem langen, bis in den Zweiten Weltkrieg hineinführenden Prozeß allmählich, in kleinen Schritten, eine grundsätzliche Verschiebung der machtpolitischen Verhältnisse in der Region zu deutschen Gunsten durchsetzen, durch die wesentliche Ergebnisse der Friedensregelung von 1919 annulliert und geradezu in ihr Gegenteil verkehrt wurden.[120] Die Jahre zwischen 1928 und 1931 markieren erst die Anfänge dieser Entwicklung.

An einer Stelle bahnte sich freilich im Frühjahr 1931 bereits ein unmittelbarer deutscher Angriff auf die französischen Interessen in Südosteuropa an. Von den europäischen Regierungen weitgehend unbemerkt, wurde hinter den Türen der Berliner und Wiener

---

[117] Die Darstellung stützt sich auf die Auswertung folgender Aktenstücke aus MAE, SDN, V, UE: Aufzeichnung o. U. „Du rôle économique de l'Allemagne en Europe centrale" vom 1.12.1930 (1257); Aufzeichnungen François Seydoux' für Massigli vom 31.12.1930 und 9.1.1931 (1253); Aufzeichnung Rueffs vom 18.1.1931 (1259); Aufzeichnung Loucheurs vom 18.1.1931 (1257); „Note sur le problème des Etats agricoles", o. D. (1257); Briand an Tardieu, 28.1.1931 (1257); vom 31.1.1931 (1254); Tardieu an Briand, 17.2.1931 (1254).

[118] Société des Nations, Commission d'Etude pour l'Union Européenne. Réunion relative à l'écoulement des stocks de céréales 1930, Paris, du 23 au 25 février 1931, Acte final. Völkerbundsdrucksache II. Questions Économiques et Financières, 1931. II.B.7.292, MAE, SDN, UE, 1254.

[119] Société des Nations, Commission d'Etude pour l'Union Européenne. Comité chargé d'étudier le problème de l'exportation du surplus des récoltes futures de céréales. Völkerbundsdrucksache C.114.M.41.1931.VII. – Zur Agrarkonferenz von Rom: Runderlaß Briands, 14.4.1931, MAE, SDN, V, UE, 1264.

[120] Hierzu jetzt David E. Kaiser, Economic Diplomacy and the Origins of the Second World War. Germany, Britain, France and Eastern Europe, 1930–1939, Princeton 1980.

Amtsstuben das seit Jahren erwogene, wegen der vielfältigen Schwierigkeiten immer wieder verworfene oder zurückgestellte Projekt einer wirtschaftlichen Angleichung zwischen Deutschland und Österreich in Form einer Zollunion vorbereitet.[121] Hinter dieser Initiative standen zum guten Teil persönliche Ambitionen der beiden Protagonisten, des deutschen Außenministers Curtius und des österreichischen Außenministers Schober. Sachlich stand in Wien das – durch ein verbreitetes grundsätzliches „Anschluß"bedürfnis befeuerte – Interesse im Vordergrund, durch eine stärkere ökonomische Öffnung nach Deutschland die durch die Depression unerträglich gewordene strukturelle Dauerkrise der österreichischen Wirtschaft zu mildern oder gar zu überwinden. Auf deutscher Seite überwogen ungeachet der sich aufstauenden ökonomischen Probleme zweifellos die politischen Motive. Die durch die schwierige Wirtschaftsentwicklung verstärkten Tendenzen zu regionalen Blockbildungen im Donauraum sollten in eine die deutschen Interessen begünstigende Richtung gelenkt werden. Curtius und Brüning scheinen zudem angesichts der innerdeutschen Entwicklung allgemein an einem außenpolitischen Erfolg interessiert gewesen zu sein. Dabei war in Berlin für die Wahl des Zeitpunkts offenbar auch der allgemeine Revisionskalender des Winters 1930/31 von Bedeutung, der ja für einen nahen Zeitpunkt die Wiederaufrollung des Reparationsproblems anzeigte: vielleicht konnte in Frankreich für ein – noch – schweigend zahlendes Deutschland mit mehr Verständnis für wirtschaftliche Rationalisierungsschritte in Form einer deutsch-österreichischen Zollunion gerechnet werden als für ein offen die Revision des Young-Plans anstrebendes Deutschland.[122] Im Kern war dieses erste massive Bestreben des Deutschen Reiches, nach „Mitteleuropa" auszugreifen, wohl ein – im Vergleich mit der Räumungsinitiative des Sommers 1928 ungleich wuchtigerer – Ausdruck des Bemühens um außenpolitische Bewegung und Initiative, ein bewußter Versuch Deutschlands, „das Gewicht seiner überragenden Konsumtions- und Produktionskraft und seiner wirtschaftsgeographischen Lage als einen aktiven Faktor der europäischen Politik zur Geltung zu bringen".[123] Genau so sah man es in Frankreich, wo man sich keinen Augenblick davon täuschen ließ, daß das Zollunionsprojekt deutscherseits als erster konkreter Schritt auf dem Wege zum Briandschen „Paneuropa" ausgegeben wurde.[124] In französischer Sicht bedeutete ein „Anschluß" Österreichs an Deutschland, wie er mit einer Zollunion vorgezeichnet schien, ja auch seit 1919 nie etwas anderes als daß Deutschland wichtige Ziele des Krieges auf friedlichem Wege doch noch erreichen würde, ja nachträglich den Weltkrieg gewänne. Die Folgen der deutsch-österreichischen Absichtserklärung konnten für diejenigen, die die Grundstrukturen des europäischen Nachkriegssystems einigermaßen überschau-

---

[121] Die Literatur zu dem im Rahmen der vorliegenden Untersuchung für sich nicht vertieften Problemfeld ist reichhaltig. Hingewiesen sei auf F. G. Stambrook, „The German-Austrian Customs Union Project of 1931", in: Journal of Central European Affairs, 21, 1961/62, S. 15–44; Bennett, Germany and the Diplomacy of the Financial Crisis; Jürgen Gehl, Austria, Germany and the Anschluss, London 1963; N[ikolaus] von Preradovich, Die Wilhelmstraße und der Anschluß Österreichs 1918–1933, Bern/Frankfurt a. M. 1971; Johnson, The Austro-German Customs Union Project in German Diplomacy; Norbert Schausberger, Der Griff nach Österreich. Der Anschluß, 2. Aufl. Wien/München 1979.

[122] So vor allem Anne Orde, The Origins of the German-Austrian Customs Union. Vgl. oben, S. 195–198.

[123] Runderlaß des AA, 8.4.1931, ADAP, B XVII, Nr. 67.

[124] Bülow an Paris, 17.3.1931, ibid., Nr. 23; Curtius an Paris, 18.3., ibid., Nr. 25; Hoesch an AA, 21.3., ibid., Nr. 32; 23.3., Nr. 37; Müller/Bern an AA, 30.3., ibid., Nr. 58.

ten und die Stimmung in Frankreich nicht einseitig als defätistisch beurteilten, nur sehr schwerwiegend sein. „L'Anschluss, c'est la guerre", hatte Briand 1928 seinen Landsleuten versichert: „la guerre!"[125]

---

[125] Siebert, Briand, S. 581.

VII. Politische Blockierung vor ökonomischen Abgründen. Schlußbetrachtung

Es war nicht wirklich Krieg, was im März und April 1931 zwischen Deutschland und Frankreich ausbrach, wenn auch von London aus verbreitet wurde, daß man in Paris beim Bekanntwerden der deutsch-österreichischen Absichten zunächst an militärische Maßnahmen gedacht und sie nur auf eine energische englische Absage hin verworfen habe.[1] Es kam jedoch in der unmittelbaren Konsequenz zu einer Verdichtung der schleichenden Krise des deutsch-französischen Verhältnisses zu einer wechselseitigen politischen Blockierung und Lähmung, die endgültig die Zeit beschloß, in der, aufs Ganze gesehen, seit 1924 französisches Vertrauen in eine gemäßigte Entwicklung der Weimarer Außenpolitik die auf eine Abgrenzung drängenden Kräfte und Orientierungen in Paris überwogen hatte; eine politische Blockierung, die das deutsch-französische Verhältnis grundsätzlich und dauerhaft auf eine neue, wesentlich durch Konfrontation bestimmte Ebene führte und in diesem Sinne die „Locarno-Ära" beendete – auch wenn formal der Locarno-Vertrag noch bis zur Remilitarisierung des Rheinlandes durch Hitler im März 1936 gültig blieb.

1. Die politische Blockierung fand ihren Ausdruck in den sich im Verlaufe des Sommers 1931 weiter verschärfenden Spannungen in den Reparations- und Rüstungsfragen, vor allem aber in der Streitsache selbst: während man auf deutscher Seite vorerst entschlossen war, an dem Zollunions-Projekt auch gegen starken ausländischen Widerstand festzuhalten, arbeitete die französische Regierung, die hier Italien und auch England grundsätzlich an ihrer Seite wußte, mit allen Mitteln, und am Ende mit Erfolg, darauf hin, die Realisierung des deutsch-österreichischen *pactum de contrahendo* zu vereiteln, mit Rechtsmitteln gegenüber Wien, mit politischem Druck gegenüber Wien und Berlin gleichermaßen.[2] Frankreich könne gar nicht anders reagieren, analysierte Botschafter von Hoesch diese feste Pariser Haltung; werde nämlich das deutsch-österreichische Projekt unverändert verwirklicht, so bedeute dies für Frankreich die Schaffung eines einheitlichen deutsch-österreichischen Wirtschaftsgebietes und damit den Auftakt zum politischen „Anschluß"; komme es in der Folge zu Anschlüssen weiterer ost- und südosteuropäischer Staaten an das deutsch-österreichische System, so werde in französischer Sicht die Horrorvision eines deutschen „Mitteleuropa" realisiert; würde Frankreich sich zum Beitritt zu der neuen Kombination entschließen, so würde es sich in eine gewissermaßen unter deutscher Ägide stehenden Kombination hineinbegeben. Alle drei Perspektiven seien für Frankreich völlig unannehmbar, würden sie doch eine unerhörte Machtverschiebung in Europa zugunsten Deutschlands und zuungunsten Frankreichs bedeuten.[3]

---
[1] Aufzeichnung Köpkes, 1.6.1931, ADAP, B XVII, Nr. 158.
[2] Siehe Bennett, Germany and the Diplomacy of the Financial Crisis, S. 58 ff.; ADAP, B XVII, XVIII, passim.
[3] Hoesch an AA, 23.3.1931, ADAP, B XVII, Nr. 37; 26.3., ibid., Nr. 47.

Die politische Blockierung hatte ihr Symbol: die restlose Entzauberung Aristide Briands, der sich in Frankreich einem Entrüstungssturm in der – namentlich politisch rechtsgerichteten – Presse und Öffentlichkeit gegenübersah, und dem nun sogleich nicht nur die politischen Gegner vorwarfen, daß er mit seinem langjährigen deutschlandpolitischen Optimismus Schiffbruch erlitten habe. Beinahe tödlich war, daß Briand sich lächerlich gemacht hatte: mit Sarkasmus und Hohn wurde allgemein quittiert, daß der Außenminister noch zwei Wochen vor der deutsch-österreichischen Ankündigung im Parlament ironisch von „jenen Pessimisten" gesprochen hatte, die ihm mit Blick auf die Gefahr eines Anschlusses Blindheit vorwürfen; tatsächlich habe doch die Anschlußgefahr „an Aktualität verloren und die Lage sich außerordentlich gebessert"![4] Genüßlich wurde auch ausgebreitet, daß Briand, als dieser neue deutsche „Agadir-Coup" bekannt wurde, gerade mit Charlie Chaplin gefrühstückt habe.[5] Deutschland habe ihm den schwersten Schlag versetzt, der ihm jemals von seinen bösesten Feinden zugefügt worden sei, ließ er Botschafter von Hoesch übermitteln.[6] Bis zu seinem Ausscheiden aus der politischen Arena sollte er sich von diesem Schlag nicht mehr erholen, auch wenn er sich noch bis Anfang 1932 im Quai d'Orsay halten konnte. Was noch bitterer war: die fast sicher geglaubte Krönung seines politischen Lebens, die Wahl in die Stellung des französischen Staatsoberhauptes, scheiterte im Mai 1931 an einer Mehrheit von Parlamentariern, die der „verschwommenen", „träumerischen", „wenig präzisen" Person des Außenministers mit seinem angeblichen „Weltbeglücker-Ehrgeiz" den nüchternen Paul Doumer vorzogen.[7] Ganz aufgebracht attackierte Briand in der Reichsregierung und dem Auswärtigen Amt die „Leute, mit denen man eben nicht arbeiten kann".[8]

Vor allem aber hatte die politische Blockierung, die das deutsch-französische Verhältnis seit der zweiten Märzhälfte 1931 befiel, einen fatalen, rückblickend sogar katastrophalen Folgeeffekt: die schon in den vorhergehenden Monaten in Paris zu beobachtende Tendenz, ökonomische Stützungsaktionen gegenüber der deutschen Republik an politische Kompensationen zu binden, sollte nun zur Regel werden. Angesichts nachdrücklicher Forderungen der Öffentlichkeit nach wirtschaftlichen Gegenmaßnahmen brachte der Quai d'Orsay in den ersten Reaktionen auf die deutsch-österreichische Ankündigung die Dinge unverzüglich auf den Punkt: dieses Ereignis, so beklagte sich Berthelot bei Hoesch, sei in einem Augenblick eingetreten, „wo die französische Regierung sich angeschickt hätte, wirklich praktische Pläne für eine finanzielle Zusammenarbeit mit Deutschland in Angriff zu nehmen, wovon nunmehr natürlich keine Rede mehr sein könne".[9] In einem anderen, in den gleichen Tagen geführten Gespräch bekannte der Generalsekretär des Quai d'Orsay seinem langjährigen deutschen Ansprechpartner, „er wisse ja sehr wohl und bedaure, daß die deutsch-französische Annäherungspolitik von Frankreich zögernd und unentschlossen geführt worden sei. Immerhin sei aber gerade jetzt eine stärkere Orientierung der französischen öffentlichen Meinung in Richtung auf eine Annäherung an Deutschland im Entstehen begriffen gewesen. Alle Pläne, von denen

---

[4] Ibid., Nr. 37; Suarez, VI, S. 344 ff.
[5] Müller/Bern an AA, 30. 3. 1931, ADAP, B XVII, Nr. 58.
[6] Hoesch an AA, 2. 4. 1931, ibid., Nr. 64.
[7] Siehe hierzu Bonnefous, V, S. 81–88; Hoesch an AA, 26. 3. 1931, ADAP, B XVII, Nr. 47; Müller/Bern an AA, 30. 3., ibid., Nr. 58.
[8] Ibid., Nr. 58.
[9] Hoesch an AA, 23. 3. 1931, ibid., Nr. 37. Vgl. oben, S. 204–205.

er mir letzthin Kenntnis gegeben habe und die letzten Endes auf die Gewährung langfristiger Kredite an Deutschland abgezielt hätten, würden jetzt natürlich mehr oder weniger undurchführbar werden."[10]

Und es blieb nicht bei dem Abbruch der Ansätze zu einer umfassenden Kredithilfe an Deutschland: die konkrete Reaktion erstarrte zum abstrakten Prinzip. In den Vorbereitungen der Maisitzung des Völkerbundsrats und der dritten Tagung der Europäischen Studienkommission entwickelte die französische Regierung unter der Federführung des Staatssekretärs für Wirtschaft André François-Poncet eine Gegenstrategie gegen das deutsch-österreichische Projekt, den sogenannten „Plan constructif", in dessen viertem Teil die Verknüpfung französischer Finanzhilfe mit expliziten politischen Sicherheiten seitens der Empfänger zum Grundsatz erhoben wurde. Es hieß dort zur Möglichkeit der finanziellen Stützung bedürftiger Staaten unmißverständlich: „Cette entr'aide financière a pour condition essentielle, naturellement, qu'une atmosphère de confiance et de paix s'établisse en Europe et que les capitaux disposés à s'employer à l'organisation économique soient assurés que la situation politique des différents pays se raffermît et qu'ils n'ont plus à redouter la perspective de troubles politiques ou sociaux chez leurs voisins".[11] Das französische Sanierungsprogramm für Europa, so hieß es am Ende des „Plan constructif", setze „une volontè générale d'apaisement" voraus: „les nécessités financières rejoignent en définitive les nécessités politiques".[12] François-Poncet stellte am 16. Mai 1931 vor der Europäischen Studienkommission den betreffenden Teil des Planes mit den Worten vor: „Les transferts de capitaux, les prêts, les amortissements à long terme ne sont concevables que là où existe la confiance. Et la première des mesures financières à appliquer, c'est une mesure d'ordre psychologique, qui découle elle-même de mesures d'ordre politique: c'est l'établissement de la confiance".[13]

Das heißt, französische Kredite für Deutschland waren seit dem März 1931 grundsätzlich nur noch bei Wiederherstellung der infolge des deutsch-österreichischen Zollunions-Projekts ruinierten Vertrauensbasis zu haben: gegen politische Kompensationen und Garantien. Dieses Grundmuster des deutsch-französischen Verhältnisses fand sich in einem Augenblick etabliert, als der Eintritt in die kritische Phase der Depression im Juni und Juli 1931 die deutsche Kreditnot in beispiellosem Maße anwachsen ließ, während andererseits Frankreich, von der Depression noch kaum betroffen, aufgrund seiner durch die Franc-Stabilisierung der Jahre 1926/28 induzierten Gold- und Devisenstärke wie kein anderes Land in der Lage war, mit Auslandskrediten auszuhelfen, ja mehr noch, zur Vermeidung inflationärer Entwicklungen ein hohes Eigeninteresse hatte, durch Kapitalinvestitionen im Ausland die „congestion d'or" im Inland abzumildern. Dieses Grundmuster trat zutage, als die französische Regierung Ende Juni 1931 versuchte, für das von Präsident Hoover angeregte Reparationen-Moratorium deutsche politische Kompensationen zu erlangen – hier noch in einem gewissen Gleichklang mit London und Washington. Es zeigte sich dann besonders deutlich, als auf dem Höhepunkt der deutschen Bankenkrise Berliner Regierungsvertreter in Paris um einen langfristigen Kre-

---

[10] Hoesch an AA, 21.3.1931, ibid., Nr. 32.
[11] Zitiert in ADAP, B XVII, Nr. 126.
[12] Société des Nations, Commission d'Etude pour l'Union Européenne. Procès-verbal de la troisième session de la Commission, tenue à Genève du 15 au 21 mai 1931, Völkerbundsdrucksache C.395.M.158.1931.VII., S. 88 (MAE, SDN, UE, 1264).
[13] Ibid., S. 26.

dit einkamen, am 18. und 19. Juli 1931 Reichskanzler Brüning persönlich. Wohl erklärte dabei Ministerpräsident Laval dem deutschen Regierungschef die französische Bereitschaft, dem Reich langfristig bis zu zwei Milliarden Reichsmark zur Verfügung zu stellen; aber nachdem über die technische Anleihegestaltung und die Kreditsicherung weitgehende Einigung erzielt worden war, bat der französische Ministerpräsident ums Wort, um noch ,,etwas über die politische Seite [der Kreditgewährung] zu sagen [...] Frankreich sei beunruhigt über die Entwicklung der Dinge in Deutschland und die Gestaltung der deutschen Politik während des letzten Jahres. Um zu einer Änderung und Verbesserung der deutsch-französischen Beziehungen zu gelangen und auch die Vorbedingungen für die französische Finanzhilfe zu schaffen, sei es nötig, das geschwundene Vertrauen wiederherzustellen. Eine ganze Reihe von Problemen drängten sich auf, wenn man darüber nachdenke, wie eine solche Beruhigung herbeigeführt werden könne. Da sei zum Beispiel die Frage des Baues der deutschen Panzerkreuzer, der Kundgebungen des Stahlhelm, des Projekts der deutsch-österreichischen Zollunion und des Problems des polnischen Korridors – alles Fragen, die im Laufe der vergangenen Monate die deutsch-französischen Beziehungen sowie überhaupt die politische Atmosphäre der Welt gestört hätten. Er stelle gar keine Forderungen an den Reichskanzler, sondern wolle ihm nur anheimgeben, Mittel und Wege zu suchen, wie auf diesen Gebieten Beruhigung geschaffen werden könnte".[14]

Das Geschäft kam im Juli 1931 nicht zustande, und auch nicht in den folgenden Monaten, die in Deutschland zu den schwierigsten der Depressionszeit gehörten. Es kam nicht zustande, obwohl sich der deutsche Hunger nach langfristigem Auslandskredit und das gleichzeitige französische Interesse an Kapitalinvestitionen im Ausland beinahe idealtypisch ergänzten. Die Reichsregierung lehnte im Juli 1931 die französischen Forderungen nach Einstellung des projektierten Baus eines dritten deutschen Panzerkreuzers, nach Aufgabe des Zollunionsprojekts mit Österreich, nach verstärkter Überwachung nationalistischer Verbände und – vor allem – nach einem mehrjährigen Revisionsmoratorium ab. Im Angesicht einer stetigen, schleichenden Radikalisierung in der deutschen Wählerschaft und des absoluten Vetos des Reichspräsidenten bekräftigte sie, wenngleich nach einigem Zögern, ihre grundsätzliche Haltung, daß Auflagen politischen Wohlverhaltens nicht zumutbar, daß die deutsche Politik nicht käuflich sei. Bald begann man in Berlin darüberhinaus auch zu spekulieren, daß Kreditnot ein gutes Argument für die völlige Streichung der Reparationsverpflichtungen sein mochte. Indessen gab aber auch die französische Seite nicht nach: keine Finanzhilfen an Deutschland ohne Sicherheiten für friedfertiges politisches Verhalten, selbst wenn französische Wirtschaftsinteressen eine andere Politik nahelegten! Es gibt kein anschaulicheres Beispiel für die hochgradige wechselseitige Blockierung des deutsch-französischen Verhältnisses seit dem Frühjahr 1931.

Dies war zudem eine folgenschwere Blockierung. Mit guten Gründen kann nämlich gefragt werden, was geschehen wäre, wenn dem Deutschen Reich im Sommer 1931 eine französische Finanzhilfe von zwei Milliarden Reichsmark tatsächlich zugeflossen wäre. Wäre nicht der weitere Absturz in die deutsche und die internationale Depression verhindert oder wenigstens abgemildert worden? Hätten internationale Kreditbewegungen, die im September 1931 die Abwertung des britischen Pfundes mit einer Kettenreaktion wei-

---

[14] Hoesch an AA, 21.7.1931, ADAP, B XVIII, Nr. 67. – Zu ähnlichen Verhandlungen Luthers in Paris vgl. ARK Brüning, Bd. 2, Nr. 376 und PWK, Nr. 256.

terer Währungsschnitte bewirkten, vermieden werden können? Bei aller Vorsicht gegenüber solchen hypothetischen Fragen deutet doch manches darauf hin, daß die politisch bedingte Unfähigkeit von Deutschen und Franzosen, in einer schweren Wirtschaftskrise sinnvolle und notwendige Maßnahmen zu verabreden, 1931 und vielleicht auch noch 1932 zur Belastung der internationalen Wirtschaftentwicklung beigetragen, die Depression verschärft hat; und daß dann umgekehrt solche Nichtbewältigung der wirtschaftlichen Probleme die bekannten Radikalisierungen in der deutschen Öffentlichkeit und Politik gefördert und die Konfrontation zwischen Deutschland und Frankreich weiter verhärtet hat. Die politische Blockierung, die konstruktive Krisenstrategien verhinderte, schadete am Ende beiden, Frankreich ebenso wie Deutschland.

2. Wie kam es zu dieser Blockierung? Die vorstehenden Studien geben eine klare Antwort. Sie zeigen, daß das deutsch-französische Verhältnis schon vor der Ankündigung des deutsch-österreichischen Zollunionsprojekts in eine politische Krise abgeglitten war; daß das Ereignis im März 1931 den Höhe- und Endpunkt einer mehrjährigen Entwicklung darstellte, in der sukzessive jenes unerläßliche Minimum an wechselseitigem Vertrauen abhanden kam, das in der deutschen Notlage des Frühsommers 1931 für den guten Willen und ein Entgegenkommen Frankreichs erforderlich gewesen wäre. Diese Entwicklung, in der sich der „Geist von Locarno" nach und nach verflüchtigte, vollzog sich binnen knapp drei Jahren, zwischen dem Sommer 1928 und dem Frühjahr 1931. Die Anfrage der Reichsregierung an die Regierungen Frankreichs, Englands, Italiens und Belgiens vom 28. Juli 1928, „ob sie bereit seien, die Locarno-Politik tatkräftig weiterzuführen"[15], hatte 32 Monate später, im März 1931, völlig ihren Sinn verloren. Ging es bis in das Jahr 1928 hinein zwischen den Locarno-Partnern noch um kooperative Problemlösungen, so beherrschte 1931 konfrontatorischer Konfliktaustrag das Bild.

Die zusammenfassende Betrachtung der vorstehenden Studien zeigt so, daß der Entwicklung des deutsch-französischen Verhältnisses zwischen dem Sommer 1928 und dem Frühjahr 1931 eine eigenständige Bedeutung im Kontinuum der beiderseitigen Beziehungen vom Ersten zum Zweiten Weltkrieg zukommt. Es handelte sich um eine Zeit des Übergangs zwischen der Hoffnung auf einen politischen Ausgleich und dem Verzweifeln an dieser Hoffnung; um die Phase der allmählichen Auflösung des Grundvertrauens, des Scheiterns des – wenn auch in mancher Hinsicht nur vordergründigen – Grundkonsenses der Jahre 1925–1927; um die Jahre der Herausbildung einer zunehmend krisenhaften politischen Spannung zwischen Deutschland und Frankreich. Ein Blick über den engeren Bereich des deutsch-französischen Verhältnisses hinaus zeigt im übrigen, daß hier eine allgemeinere Fragmentierung der europäischen Nachkriegsordnung zugleich induziert und reflektiert wurde; daß in dem Zeitraum 1928–1931 der Aufbruch in die Krise der dreißiger Jahre begann, die internationale Wende von einer Nachkriegszeit zu einer neuen Vorkriegszeit einsetzte.

Die deutsch-französische Entwicklung der Jahre 1928–1931 vollzog sich natürlich vor dem Hintergrund der Geschichte des Nachkriegs-Jahrzehnts 1919–1928. Die Jahre 1928–1931 beinhalteten das offene Ausbrechen jenes zwischen den machtpolitischen Grundorientierungen der beiden Hauptkontrahenten des Krieges bestehenden Antagonismus', der den Inkonsequenzen der Pariser Friedensregelungen entsprang, der in den frühen zwanziger Jahren durch die französische Dominanz und dann durch die Verstän-

---

[15] Siehe oben S. 34.

digungsbemühungen der Locarno-Ära überdeckt worden war, der jedenfalls im Verlaufe des Nachkriegsjahrzehnts nicht abgebaut werden konnte. Frankreich war es 1919/20 nicht gelungen, eine seinem Selbstverständnis als Siegermacht entsprechende Sicherheitsregelung durchzusetzen. In den folgenden Jahren vermochte es, zwischen autonomen und kollektiven Absicherungsbemühungen schwankend, ohne ausreichende Solidarität seitens der ehemaligen Verbündeten aus eigener Kraft nicht, diesen Mangel nachträglich befriedigend zu korrigieren, sein Bemühen darum konnte aber den Eindruck erwecken, als wolle es den Versailler Vertrag nicht nur konservieren, sondern sogar auf deutsche Kosten noch ausweiten. Auf der anderen Seite des Rheins hatte das besiegte Deutsche Reich den nachdrücklichen Willen und, trotz aller Einbußen und Belastungen, aufgrund seines ökonomischen Potentials und einer tendenziellen angelsächsischen Rückendeckung in wachsendem Maße auch die Fähigkeit, das Versailler System zu überwinden. In dem sich frühzeitig abzeichnenden „Duell" um den künftigen Platz Deutschlands, und damit Frankreichs, in Europa wurde zwischen 1924/25 und 1928 unter dem Einfluß angelsächsischer Vorstellungen im großen und ganzen eine Art Waffenstillstand eingehalten, der Frankreich durch eine Teillösung seines Sicherheitsproblems eine außenpolitische Atempause verschaffte, Deutschland aber die Konsolidierung seines Wiederaufstiegs zur europäischen Großmacht einbrachte. Es kann jedoch nicht genug betont werden, daß auch in diesen Jahren hinter der vordergründigen Fassade der Entspannung „im Geiste von Locarno" die Gegensätzlichkeit der beiderseitigen Machtinteressen lebendig blieb und bald auf einen offenen Austrag drängte.

In dem Aufbrechen des deutsch-französischen Gegensatzes, das abseits erkennbarer Sonderbelastungen der nationalen oder internationalen „Augenblickskonjunktur" im Sommer 1928 einsetzte, lassen sich, resümierend, bis zum Frühjahr 1931 fünf zeitlich aufeinanderfolgende Etappen erkennen, in denen sich die Beziehungen sukzessive wechselseitig verhärteten.

Die erste Phase umfaßte die Zeit zwischen dem Sommer (Juli/September) 1928 und dem Frühjahr (Juni) 1929, die Zeit des wichtigen Genfer Beschlusses vom 16. September 1928, der Verhandlungen über eine abschließende Reparationsregelung und die vorzeitige Rheinlandräumung initiierte und zum Young-Plan führte. Die Vorgänge in dieser Zeit wurden in hohem Maße durch eine gegenüber den Vorjahren veränderte, internationalen Ausgleichsbemühungen wenig günstige neue Mächtekonstellation bestimmt, indem England und Frankreich mit Frontstellung gegen Deuschland zusammenrückten. Die wesentliche Ursache dafür war die von der deutschen Regierung einseitig forcierte Aktivierung des Anspruchs auf vorzeitige Räumung des gesamten Rheinlands, in der innen- und außenpolitische Erwägungen der Reichsregierung zum Ausdruck kamen, aber erstmals wohl auch ein neues nationales Grundgefühl, ein sich wandelndes Selbstverständnis der Deutschen nach einem Jahrzehnt mühseligen, aber stetigen Wiederaufstiegs aus der Niederlage: im Grunde nahm hier jene Aktivierung der deutschen Revisionspolitik ihren Anfang, die über die Ära Brüning in die Ära Hitler führte. Im politischen Frankreich suchte und fand man gegenüber dieser deutschen Forderung Rückendeckung in England, die sich ganz unabhängig von der Rheinfrage auch in der Rüstungsfrage zeigte und in der Folge in die Reparationsproblematik ebenfalls hineinwirkte. Damit änderte sich das Verhältnis zwischen den drei Hauptmächten von Locarno zum ersten Male grundlegend: aus ihrer Zusammenarbeit wurde eine offene Frontstellung zwischen Deutschland einerseits und anderseits den zusammenrückenden Frankreich und England, mit der Folge, daß die Reichsregierung in dieser Zeit auf dem internationalen Parkett kaum etwas von ihren Vorstellungen durchsetzen konnte: weder bei den Verhandlungen über die Entstehung des Genfer Septemberbeschlusses noch bei den nachfolgenden Reparations- und Räumungsverhandlungen. Die bis zum Ende der Ära Baldwin-Chamberlain (Mai 1929) anhaltende neue „Entente cordiale" – wie sie bei den Beteiligten ebenso wie in Deutschland genannt wurde – beeinflußte in gleicher Weise auch den Verlauf der Vorbereitungsarbeiten für die Weltabrüstungskonferenz zu deutschen Ungunsten. Der kooperative „Geist von Locarno" verblaßte. Das deutsch-französische Verhältnis erfuhr auf beiden Seiten eine erste Verhärtung, die auch in politischen Ergebnissen ihren Niederschlag fand.

Die zweite Phase umfaßte die Sommermonate (Juni–September) 1929. In dieser Zeit löste sich die deutsch-französische Verhärtung nicht, obschon mit den auf der ersten Haager Konferenz (August 1929) erreichten Vereinbarungen über die Ingangsetzung des Young-Plans, die vorzeitige Rheinland-Räumung und die Aufnahme von Saar-Rückgliederungsverhandlungen die konkretesten Ergebnisse der „Locarno-Politik" überhaupt erreicht werden konnten. Dies geschah vor dem Hintergrund einer erneuten grundlegenden Veränderung der internationalen Konstellation, die nun jedoch nicht länger Deutschland, sondern Frankreich isolierte. In London wurde aufgrund der Unterhauswahlen vom Mai 1929 die Herrschaft der Konservativen abgelöst von dem Labour-Kabinett Ramsay MacDonalds und Arthur Hendersons, das die dauerhafte Befriedung Europas durch die volle Rehabilitierung und Gleichberechtigung Deutschlands zu fördern und dementsprechend das von Austen Chamberlain entwickelte britisch-französische Sonderverhältnis zu beenden suchte. Kurz darauf löste in Paris Briand Poincaré im Amte des Ministerpräsidenten ab; seinen politischen Grundüberzeugungen entsprechend suchte Briand nunmehr verstärkt Annäherung an England und zugleich Entspannung mit Deutschland, in einem Augenblick freilich, in dem beides aufgrund des britischen Kurswechsels nur gegen politische Zugeständnisse zu erreichen war. Mit zunehmender Gereiztheit wurde im Quai d'Orsay konstatiert, daß man gegenüber einem sich verbessernden deutsch-britischen Verhältnis in die Defensive geriet. Aufgrund dieser somit für die deutschen Interessen günstigen Konstellation zwischen den drei Locarno-Hauptmächten wurden die Haager Beschlüsse über die vorzeitige Räumung des Rheinlandes zum 30. Juni 1930 und über die Öffnung der Saarfrage zu großen – letzten – Erfolgen Stresemanns. Frankreich sah sich vor allem in sicherheitspolitischer Hinsicht weitgehend isoliert, in der Räumungs- ebenso wie in der Entwaffnungs- und Abrüstungsfrage. Vor diesem Hintergrund wohl vor allem ist Briands Vorschlag zur Organisierung einer europäischen „fédération" zu verstehen, ein Vorschlag, der wirtschaftliche und idealistische, auch sehr persönliche Komponenten hatte, wesentlich aber doch ein Stück Suche nach neuen Elementen der französischen Sicherheit darstellte. Die deutsch-französischen Spannungen „neuer Art" konnten dadurch nicht beseitigt werden.

Die Wintermonate 1929/30 (Oktober–März) bildeten eine dritte Phase im Prozeß der sukzessiven Verhärtung der deutsch-französischen Beziehungen am Vorabend der Weltwirtschaftskrise. Die Belege hierfür finden sich auf den verschiedenen bilateralen und multilateralen Berührungsebenen zwischen den Regierungen. Noch einmal spielte eine Veränderung der internationalen Mächtekonstellation dabei eine Rolle. Nachdem die grundlegenden Beschlüsse über die vorzeitige Rheinlandräumung und den neuen Reparationsplan gefallen waren, ließ das Interesse der britischen Labour-Regierung an den

Vorgängen auf dem Kontinent nach; man war in London zufrieden, daß sich ein gewisses deutsch-französisches Gleichgewicht einzupendeln schien, und wandte sich stärker globalen Fragen zu. In der Konsequenz prallten die deutschen und französischen Ansprüche nun unmittelbarer aufeinander als zuvor, zumal sich in den Führungen beider Staaten, auch als Ausdruck eines beginnenden Generationswechsels in den konservativen Parteien, seit Oktober 1929 nationalistischere Orientierungen bemerkbar machten, in denen der Wille zum Ausgleich wenig ausgeprägt war: in Deutschland starb Stresemann, in Frankreich verlor Briand in einem Kabinett Tardieu die ausschließliche außenpolitische Kompetenz. Auf deutscher Seite suchte der neue Außenminister Julius Curtius teils aus persönlicher Überzeugung, teils unter innenpolitischem Druck die Revisionspolitik in Anlehnung an England, aber ohne stete Fühlung mit Frankreich weiter zu aktivieren. Auf französischer Seite beanspruchte der neue Ministerpräsident André Tardieu eine Art außenpolitischer Überkompetenz und zog aus dem Zurücktreten Englands, vor allem aber dem ihn beunruhigenden deutschen Wiedererstarken die – „poincaristische" Konzeptionen fortführende – Folgerung, daß die Politik Frankreichs sich wieder entschiedener auf die autonomen Möglichkeiten seiner Sicherheitsorganisation, auf eine Politik der Stärke besinnen müsse. Die Folge der beiderseitigen außenpolitischen Abgrenzung war eine Paralysierung dessen, was von dem „Geist von Locarno" bis dahin übriggeblieben war. In den Verhandlungen über die verschiedenen weiterlaufenden Angelegenheiten – Reparationen, Räumung, Saar, Rüstungsfragen – entspann sich den Winter 1929/30 über ein zähes Tauziehen, in dem wenig Versöhnliches erkennbar wurde. Beide Seiten suchten in allen Bereichen bis in die letzten Detailfragen hinein mit Verbissenheit ihre Positionen zu halten und möglichst zu verbessern. Eine starke Zunahme der wechselseitigen Spannung mit der Tendenz zu einer polemischen Konfrontation war die Folge.

Die Entwicklungen im Verlaufe einer vierten Phase – während der Frühjahrs- und Sommermonate von April bis September 1930 – brachten neue Enttäuschungen und Entfremdungen. Auf deutscher Seite wuchs angesichts zunehmender wirtschaftlicher Schwierigkeiten die Ernüchterung über die Endregelung der Reparationen im Young-Plan, die nun in weiten Teilen der Bevölkerung mehr und mehr als ein untragbar hoher Preis für die vorzeitige Rheinlandräumung beurteilt wurde, und über das Scheitern der Saarverhandlungen. Zugleich bestätigte das neue Kabinett Brüning die revisionistische Grundorientierung der deutschen Politik in Anlehnung an die angelsächsischen Mächte und quasi an Frankreich vorbei. Auf französischer Seite trat aufgrund des als provozierend empfundenen deutschen Verhaltens im Zusammenhang mit der Rheinlandräumung am 30. Juni eine allgemeine Enttäuschung zutage, ja es kam geradezu zu einer Art deutschlandpolitischem Klimasturz. Die reservierte Stellungnahme der Reichsregierung zu dem französischen Europa-Memorandum vom Mai 1930 war alles andere als geeignet, die Stimmung zu verbessern. Die schockierende Erfahrung, daß eine so eindeutige, einmalige Verständigungsgeste wie der um viereinhalb Jahre vorgezogene Truppenabzug aus dem Rheinland auf deutscher Seite nicht eine Abschwächung, sondern offenbar im Gegenteil eine Verstärkung des Revisionsdrucks zur Folge hatte, setzte die Hauptprämisse der langjährigen französischen Ausgleichsbemühungen weithin sichtbar außer Kraft und führte nun in Paris zu ratlosem Schwanken zwischen Abgrenzungs- und neuen Verständigungsbemühungen. Insgesamt scheint es, daß im Sommer 1930 zur gleichen Zeit die deutsche Öffentlichkeit durch die Reparationsregelung und die französische durch die vorzeitige Rheinlandräumung politisch überfordert worden ist.

Der Gang der deutsch-französischen Beziehungen in der fünften Phase, d. h. während der Herbst- und Wintermonate (September–März) 1930/31, stand dann bereits im Zeichen der rapiden Verschlechterung der deutschen Wirtschaftslage, vor allem aber der in den Reichstagswahlen vom 14. September 1930 erkennbar werdenden Radikalisierungstendenzen in der Weimarer Republik. Beide Vorgänge nährten eine weitere Verschärfung in Ton und Inhalt des deutschen Revisionsanspruchs, erkennbar im Bereich der Rüstungs-, Reparations-, nun auch der Südosteuropa-Fragen. Das Kabinett Brüning folgte, wenngleich zögernd, den Auffassungen der nach dem Wahlerfolg eine härtere außenpolitische Gangart fordernden radikalen Parteien, während auf französischer Seite Tardieu offen die Frage nach dem Sinn jeglicher Verständigungspolitik stellte. Man sah sich in Frankreich, wo sich im Winter 1930/31 Auswirkungen der internationalen Depression ja erst noch wenig bemerkbar machten, vor eine schwierige Frage gestellt: Sollte man die deutschen Wirtschaftsprobleme, die die Reparationsfähigkeit zu beeinträchtigen und auf die Nachbarwirtschaften überzugreifen drohten, ungeachtet der weiteren Aktivierung der deutschen Revisionspolitik und auch auf das Risiko hin lösen helfen, daß in Deutschland vielleicht eine weiterreichende innen- und außenpolitische Radikalisierung bevorstand? Sollte man die Radikalisierungstendenzen in Deutschland auf diese Weise unter Umständen sogar alimentieren? Oder sollte man jegliche Hilfe verweigern und so womöglich erst recht Gefahr laufen, eine unerwünschte politische Destabilisierung jenseits des Rheins zu befördern? Bei zunehmender Unsicherheit und Ratlosigkeit zeigte sich in Paris angesichts der gravierenden Perspektiven eines wirtschaftlichen und politischen Zusammenbruchs der Weimarer Republik zunehmend die Neigung, als kleinstem gemeinsamen Nenner der Einschätzung der Stabilität des Kabinetts Brüning zu folgen. Anfang 1931, nach dem Sturz des Kabinetts Tardieu (Dezember 1930), als erkennbar wurde, daß sich die Regierung Brüning zu halten vermochte und innenpolitischem Druck kaum nachgab, kehrte allmählich ein gewisses Vertrauen in die weitere deutsche Entwicklung zurück. Unter den Regierungen Théodore Steegs (Dezember/Januar) und dann Pierre Lavals schien Briands Linie wirtschaftlicher und politischer Ausgleichsbereitschaft nochmals etwas an Boden zu gewinnen. Anfang März 1931 unterbreitete Briand dem deutschen Botschafter in Paris, Leopold von Hoesch, sogar einen Plan, der die Möglichkeiten des Einsatzes französischer Finanzkraft zur Stützung des Kabinetts Brüning zu einer systematischen Aktion zusammenfassen sollte.

In dieser Situation hatte die Ankündigung der deutsch-österreichischen Zollunion, die an das französische „Anschluß"-Trauma rührte, die Wirkung eines Scheidepunktes. Ein „point of no return" war erreicht, an dem sich entschied, daß die Entwicklung des deutsch-französischen Verhältnisses sich nicht – wie sogar Bülow es Ende Januar 1931 noch einmal kurzzeitig erwartete[16] – grundlegend zum Besseren, sondern vielmehr nachhaltig zum Schlechteren wendete. Die französische Regierung erfuhr auf drastische Weise, daß auch die Orientierung an einem Reichskanzler Brüning und die Stützung seines Kabinetts keinen Weg bot, auf dem die Verschärfung und Radikalisierung der deutschen Politik verhindert werden konnte. Damit war in Paris die Unsicherheit darüber, ob ökonomische und vor allem finanzielle Stützungsaktionen vielleicht schon *per se*, durch eine Stützung gemäßigter deutscher Verhältnisse, dem französischen Sicherheitsbedürfnis dienlich sein könnten, weitgehend beendet. Auch der folgende beispiellose wirtschaftli-

---
[16] Bülow an Hoesch, 23.1.1931, ADAP, B XVII, Nr.181.

che Einbruch in Deutschland rechtfertigte in französischer Sicht keine Hilfe ohne substantielle politische Garantien mehr. Dieses starre französische Verhalten verstärkte andererseits wiederum die deutsche Neigung, über die Ablehnung eines solchen Handels hinaus offensiv die wirtschaftliche Notlage zu einem Mittel der eigenen Politik zu befördern. Die wechselseitige Blockierung war perfekt. Die Weltwirtschaftskrise wurde so seit der zweiten Jahreshälfte 1931 zu einem weiteren, vorübergehend bevorzugten Arsenal der das deutsch-französische Verhältnis seit 1918/19 beherrschenden machtpolitischen Auseinandersetzung um die „Präponderanz" in Europa.

3. Wie kam es also, so sei am Ende nochmals zusammenfassend gefragt, daß die deutsch-französischen Beziehungen in den fünf auf verschiedenen bilateralen und multilateralen Berührungsebenen betrachteten Etappen mehr und mehr auseinanderdrifteten? Welche Kräfte und Mechanismen, welche Motive, Ziele, bedingenden Faktoren trieben diese in eine dramatische Richtung führende Entwicklung voran? Der Befund ist im Detail vielschichtig und erlaubt nur annähernde Generalisierungen. Es sind Vorgänge auf drei verschiedenen, wechselseitig miteinander verknüpften Ebenen gleichzeitig zu beachten: einer allgemeinen strukturellen, einer individuellen und einer besonderen wirtschaftlichen Ebene.

Am weitaus wichtigsten, so legen die vorstehenden Studien nahe, war die strukturelle Verfaßtheit der europäischen Staatenordnung nach 1919. Die inneren Spannungen und Widersprüche des durch die Friedensverträge begründeten internationalen politisch-ökonomischen Systems trieben aus sich heraus gegen Ende der zwanziger Jahre in eine allgemeine Krise. Die im Zentrum des Systems stehende, wesentlich machtpolitisch bestimmte Spannung zwischen Deutschland und Frankreich erreichte seit 1928/29 an mehreren Stellen ein akutes Stadium. Die wichtigste hinter der Entwicklung wirkende Triebfeder war eine 1928 einsetzende, sich 1929–31 endgültig durchsetzende Aktivierung des deutschen Revisionsanspruchs, für die eine Reihe von Ursachen einleuchtend gemacht werden können, die indessen durchaus noch weiteren Studiums bedürfen.[17] Eine zweite die Entwicklung beförderende Kraft war das sich im Gegenzug auf französischer Seite verstärkende Bemühen, unter Rückgriff auf die ihr in den Friedensverträgen bereitgestellten politischen und juristischen Möglichkeiten Gegenmaßnahmen einzuleiten, um die Nachkriegsposition Frankreichs aktiv zu sichern. Beide, Deutschland wie Frankreich, waren dabei ständig bestrebt, die Durchsetzungskraft ihrer respektiven Politik durch dritte „Zusatzgewichte" zu erhöhen, indem sie um die Unterstützung ihrer Positionen durch die angelsächsischen Mächte England und Amerika, auch Italien und die osteuropäischen Staaten warben. Die allgemeine Bewegungsrichtung des sich so ergebenden wechselseitigen konfrontatorischen „Hochschaukelns" war, daß sich der aktivierte deutsche Revisionswille gegen das durch ihn verstärkt mobilisierte französische Sicherheitsbestreben aufgrund des Gefälles in den beiderseitigen machtpolitischen Grundlagen und des insgesamt Deutschland begünstigenden Verhaltens der beiden angelsächsischen Mächte sukzessive durchsetzte. Das Ergebnis war eine tendenzielle Verlagerung des kontinentalen Schwerpunkts und der politischen Initiative von Paris nach Berlin. Das äußere Erscheinungsbild dieser Vorgänge war ein allmähliches Abgleiten der deutschfranzösischen Beziehungen aus der relativ entspannten Ära von Locarno in eine Zeit der

---

[17] Vgl. oben S. 36–37.

Spannungen, die stetige Aufladung eines Spannungspotentials zwischen dem Sommer 1928 und dem Frühjahr 1931, das sich aus vielen Einzelmomenten speiste und insgesamt den Verlust der – 1928 noch auf beiden Seiten wirksamen – Hoffnung auf einen allgemeinen deutsch-französischen Ausgleich zum Ergebnis hatte. Die „Locarno-Ära" der Jahre 1925–28 zerfaserte, lief aus in einer Vielzahl von kleineren und größeren Enttäuschungen, Übergängen, Brüchen, die vielfach als krisenverursachende Momente von den Zeitgenossen gar nicht wahrgenommen worden sind, die aber in der Summe das politische Vertrauen zueinander zerstörten und Mißtrauen in die Absichten des anderen aufbauten. Dadurch wurde insgesamt eine politische Krise zwischen Deutschland und Frankreich induziert, die sich keineswegs im Atmosphärischen erschöpfte, sondern in der sehr reale Ursachen und Wirkungen in bedeutungsvoller Weise kumulierten.

Auf der Folie dieser strukturellen, die Handlungsspielräume stark einengenden Grundgegebenheit wurde die Entwicklung bis zu einem gewissen Maße auch durch die hüben und drüben politisch verantwortlichen Persönlichkeiten beeinflußt, die zum Teil die Grundströmungen der öffentlichen Willensbildung verkörperten, zu einem Teil aber auch individuelle Erfahrungen, Einschätzungen, Sehweisen des jeweils Anderen in ihr Verhalten einbrachten und innenpolitische Verhältnisse nicht nur zu reflektieren, sondern auch zu steuern suchten. Insgesamt ist festzustellen, daß zwischen 1928 und 1931 bei – vor allem französischerseits – ständigem Schwanken zwischen Ausgleichs- und Abgrenzungsbemühungen auf beiden Seiten ein konfliktbetontes Verständnis des deutsch-französischen Verhältnisses zunahm. Es war bedeutungsvoll, auch eine Art politischer Generationenwechsel, daß im Oktober 1929 beinahe gleichzeitig die außenpolitische Prägekraft Stresemanns und Briands aussetzte, und daß ihre Nachfolger bzw. Partner in der Verantwortung das deutsch-französische Verhältnis in den folgenden Monaten und Jahren unter veränderten Vorzeichen betrachteten. Sowohl Briand als auch Stresemann hatten offenbar, bei allem politischen Realismus und aller grundsätzlichen Skepsis hinsichtlich der schwierigen Koexistenz von französischem Beharrungs- und deutschem Bewegungsinteresse, die Vorstellung nicht völlig aufgegeben, daß es entgegen der Wahrscheinlichkeit vielleicht doch eine magische Formel geben könnte, die auf der Basis beiderseitiger Mäßigung die dauerhafte Überbrückung des unüberbrückbar Scheinenden ermöglichen würde. Unter dem Eindruck zunehmender politischer und wirtschaftlicher Schwierigkeiten, aber auch aufgrund persönlicher Überzeugungen gab es für Curtius, Brüning, Bülow auf der einen, Tardieu, Maginot, Marin auf der anderen Seite von vornherein keinerlei Hoffnung auf eine solche Formel. Auf franzöischer Seite wurden diejenigen, die auf die friedfertige Entwicklung der Weimarer Republik und Außenpolitik vertrauten, in der Verantwortung zunehmend abgelöst von anderen, die den deutschen Absichten eher mißtrauten. Neben diejenigen, die, wie Briand, in der Stützung der gemäßigten deutschen Parteien und Politiker eine Sicherung gegen eine Radikalisierung, etwa in Form eines Kabinetts Hugenberg-Hitler erblickten, traten andere, wie Tardieu, die grundsätzlich an eine machtpolitisch-expansionistische Grundhaltung des Nachkriegsdeutschland glaubten und daher den ersten Anzeichen für eine Radikalisierung, selbst unter dem Vorzeichen der zunehmenden Wirtschaftskrise, nicht mit entgegenkommendem Verständnis, sondern mit Festigkeit und Abgrenzung entgegenzutreten vorzogen. Es machte einen erheblichen Unterschied, welche Sichtweise die jeweilige Regierungspolitik dominierte: ob auf der ersten Haager Konferenz Briand Frankreich vertrat oder Poincaré; ob der französische Ministerpräsident Tardieu hieß oder Laval; ob Stresemann und

Schubert Revisionspolitik mit Frankreich betrieben oder Curtius, Brüning und Bülow ohne Frankreich, an Frankreich vorbei. Es war auch von Bedeutung, ob der Herr des Londoner Foreign Office Austen Chamberlain hieß oder Arthur Henderson. Bei allen strukturellen Zwängen gab es eben doch auch politische Handlungsspielräume.

Die dritte Problemebene betrifft die besondere Rolle der Weltwirtschaftskrise für das deutsch-französische Verhältnis. Die große Depression trug im Gesamtgefüge der internationalen Zwischenkriegsentwicklung einen eigenartigen Doppelcharakter. Zum einen handelte es sich um eine systembedingte („systemische") Krise, die sich aus dem politisch-ökonomischen Nachkriegssystem heraus entwickelte und die durch den Krieg und die Friedensregelungen begründeten internationalen wirtschaftlichen Spannungen mit einer zeitlichen Verzögerung zur Entladung brachte. Zum anderen handelte es sich indessen auch, aufgrund der besonderen Schwere der Depression, um eine das gesamte System grundsätzlich in Frage stellende, insofern um eine systembedrohende („antisystemische") Krise. In dieser letzteren Funktion erscheinen ihre besonderen Einflüsse auf den Gang der deutsch-französischen Beziehungen vor dem März 1931 noch verhältnismäßig gering; es kann vielmehr nicht genug betont werden, daß eine politische Krise des deutsch-französischen Verhältnisses bereits herangereift war, als sich die Wirtschaftskonjunkturen weltweit zu verschlechtern begannen. Immerhin waren einige die Depression signalisierende Einwirkungen auf den Gang des deutsch-französischen Verhältnisses auch schon vor 1931 erkennbar: die tendenzielle Aufladung der nationalen Egoismen, insbesondere die radikal-revisionistische Anfälligkeit der deutschen Öffentlichkeit; das deutsche Bemühen, zusätzliche Exportmärkte namentlich im Donauraum zu gewinnen; die Entscheidung Brünings, die Reparationsrevision zu beschleunigen; die durch die Phasenverschiebung der Depression in Deutschland und Frankreich und die zunehmende Gold- und Devisenstärke Frankreichs sich in Paris eröffnende Möglichkeit, die deutsche Notlage in politische Vorteile umzumünzen. Gleichwohl überwogen bis zum Frühjahr 1931 die politisch bedingten Spannungsmomente. Als der eigentliche Absturz Deutschlands in die Depression begann, stand das Verhältnis zwischen Berlin und Paris unter hohen politischen Vorbelastungen. Es wird also im Lichte der vorstehenden Studien auch zu fragen sein, ob und in welcher Weise der weitere Gang der Weltwirtschaftskrise durch die deutsch-französische politische Krise beeinflußt, beschleunigt, verschärft, vertieft worden ist. Es öffnet sich damit der Blick auf eine bereits häufiger angenommene, in den Einzelheiten aber bisher wenig erforschte „politisch-ökonomische Doppelkrise"[18] des internationalen Systems, deren Virulenz durch die wechselseitige Aufladung der politischen und ökonomischen Krisenphänomene bedingt zu sein scheint. Diese säkulare internationale Krise der Jahre 1931/33 liegt jenseits des zeitlichen Rahmens der vorliegenden Studien, die indessen eine Ausgangsbasis für ihre gründliche Erforschung bilden sollen.

1919 war, geboren aus Kompromissen zwischen den Siegermächten, eine europäische Friedensordnung begründet worden, deren Kennzeichen innere Spannungen, Halbheiten, Widersprüche waren. Die allmähliche, die realen Gewichte wieder einpendelnde Auflösung dieser Inkonsequenzen erscheint im Rückblick als die logisch naheliegendste,

---

[18] Siehe die Beiträge von Gustav Schmidt und Bernd Jürgen Wendt in Rohe, Die Westmächte und das Dritte Reich 1933–1939. Siehe jetzt auch Gilbert Ziebura, Weltwirtschaft und Weltpolitik 1922/24–1931. Zwischen Rekonstruktion und Zusammenbruch, Frankfurt 1984, passim.

die Handlungsspielräume der Verantwortlichen einengende, einem Ausgleich nicht günstige, fast unaufhaltsame Entwicklung der Beziehungen zwischen den europäischen Imperialismen der Zwischenkriegszeit. Insofern zeigte sich 1928–1931 in den deutsch-französischen Beziehungen nur in offenkundigeren, schärferen Formen eine allgemeine Fragmentierung des internationalen Systems, die latent bereits seit 1919 auf dem Wege war, und die durch die beginnende Weltwirtschaftskrise zusätzlich vertieft und beschleunigt wurde.

Abkürzungen

AA	Auswärtiges Amt
ADAP	Akten zur Deutschen Auswärtigen Politik
AE	Affaires Étrangères (französisches Außenministerium)
AEF	Archives Économiques et Financières (im französischen Finanzministerium)
AfS	Archiv für Sozialgeschichte
AHR	The American Historical Review
ARBED	Aciénes réunies de Bourbach, Eich et Dudelange
ARK Brüning	Akten der Reichskanzlei, Kabinett Brüning
ARK Müller	Akten der Reichskanzlei, Kabinett Müller
BA	Bundesarchiv, Koblenz
BIZ	Bank für Internationalen Zahlungsausgleich
Cab.	Cabinet Minutes and Memoranda
CEH	Central European History
DAPC	Direction des Affaires Politiques et Commerciales (im Archiv des französischen Außenministeriums)
DBFP	Documents on British Foreign Policy
DDB	Documents Diplomatiques Belges
DDP	Deutsche Demokratische Partei
DNVP	Deutschnationale Volkspartei
DVP	Deutsche Volkspartei
FO	Foreign Office
FRUS	(Papers relating to the) Foreign Relations of the United States
GG	Geschichte und Gesellschaft
GWU	Geschichte in Wissenschaft und Unterricht
HZ	Historische Zeitschrift
IfZG	Institut für Zeitgeschichte
IMKK	Interalliierte Militärkontrollkommission
IWK	Internationale Wissenschaftliche Korrespondenz
JAH	Journal of American History
JCH	Journal of Contemporary History
JMH	The Journal of Modern History
MAE	Ministère des Affaires Étrangères (Archiv des französischen Außenministeriums)
MF	Mouvement général des Fonds (im Archiv des französischen Finanzministeriums)
MGM	Militärgeschichtliche Mitteilungen
NSDAP	Nationalsozialistische Deutsche Arbeiterpartei

o. D.	ohne Datum
o. U.	ohne Unterschrift
PA	Politisches Archiv des Auswärtigen Amts, Bonn
PWK	Politik und Wirtschaft in der Krise 1930–32, Quellen zur Ära Brüning
RA	Revue d'Allemagne
RH	Revue Historique
RHD	Revue d'histoire diplomatique
RHGM	Revue d'histoire de la Deuxième Guerre Mondiale
RHMC	Revue d'histoire moderne et contemporaine
RI	Relations Internationales
RPP	Revue Politique et Parlementaire
SDN	Société des Nations
SFIO	Section Française de l'Internationale Ouvrière
SPD	Sozialdemokratische Partei Deutschlands
UE	Union Européenne
UF	Ursachen und Folgen. Vom deutschen Zusammenbruch 1918 und 1945 bis zur staatlichen Neuordnung Deutschlands in der Gegenwart (Dokumentensammlung)
Vf.	Verfasser
VSW	Vierteljahresschrift für Sozial- und Wirtschaftsgeschichte
VZG	Vierteljahrshefte für Zeitgeschichte
WTB	Wolffs Telegraphisches Bureau
z. D.	zur Disposition
ZfG	Zeitschrift für Geschichtswissenschaft

Quellen- und Literaturverzeichnis

I. Unveröffentlichte Quellen

A. Deutsche Bestände

1. Politisches Archiv des Auswärtigen Amts Bonn (PA)
a) Büro Reichsminister
b) Büro Staatssekretär
c) Politische Abteilung II
d) Abteilung II Besetzte Gebiete
e) Abteilung II F – Luft
f) Abteilung II F – Abrüstung
g) Abteilung II F – M (Militär und Marine)
h) Abteilung II Wirtschaft
i) Geheimakten
k) Wirtschafts-Reparationen
l) Sonderreferat Wirtschaft
m) Referat Völkerbund
n) Alte Reichskanzlei 1919–1933
o) Direktoren, Handakten
   Köpke
   Ritter
   Gaus
p) Nachlaß Stresemann

Die Akten des Auswärtigen Amts werden in der Regel nach den Filmnummern zitiert, die sie bei der nach Kriegsende erfolgten Mikrofilmierung erhalten haben. Der Aufschlüsselung der Filmnummern dient George O. Kent (Hrsg.), A Catalog of Files and Microfilms of the German Foreign Ministry Archives 1920–1945, Bde. I–III, Stanford, 1962–1966. In den wenigen Fällen, in denen nichtgefilmte Akten zitiert werden, wird die ausführliche Archivregistratur angegeben.

2. Bundesarchiv Koblenz (BA)
a) Reichskanzlei (R 43 I)
   Protokolle des Kabinetts Müller II (1430–1442)
   Protokolle des Kabinetts Brüning (1442–1449)
   Betreffserienakten: Auswärtige Angelegenheiten, Frankreich.
b) Reichsfinanzministerium (R 2)
   Schuldenwesen
   Finanzwesen
   Die Ausführung des Friedensvertrags von Versailles
c) Reichswirtschaftsministerium (R 7)
d) Nachlaß Pünder
e) Nachlaß Luther

3. Bundesarchiv, Abteilung Militärarchiv, Freiburg i. Br.
   Nachlaß Hammerstein-Equord

4. Institut für Zeitgeschichte München (IfZG)
   Nachlaß Hans Schäffer

B. Französische Bestände

1. Ministère des Affaires Etrangères (MAE)
a) Direction des Affaires Politiques et Commerciales: Europe 2/1918–1929
   Allemagne
   Grande Bretagne
   Rive Gauche du Rhin
   Sarre
b) Série Internationale Y/1918–1940
   Affaires Politiques
   Affaires Financières
c) Sous-Direction de la Société des Nations
   I Société des Nations
   – I C Service Français de la Société des Nations
   – I H Arbitrage, Sécurité, Désarmement
   – I I Désarmement
   – I J Questions économiques et financières
   – I R Réparations
   V Union européenne
d) Papiers Tardieu
e) Papiers Herriot

2. Ministère de l'Economie et du Budget: Archives Economiques et Financières (AEF)
   Direction du Mouvement général des Fonds

3. Archives Nationales (AN)
a) Série F 12 – Commerce et Industrie
b) Série F 30 – Finances. Administration centrale
c) Fonds Pierre Quesnay

4. Bibliothèque Nationale (BN)
   Papiers Poincaré

5. Fondation Nationale des Sciences Politiques
   Archives Edouard Daladier

C. Britische Bestände

Public Record Office London
a) Cabinet Minutes and Memoranda (Cab. 23 und 24)
b) Akten des Foreign Office, Record Group 371

II. Veröffentlichte Quellen, Akteneditionen, Dokumentationen

Akten zur deutschen auswärtigen Politik 1918–1945. Aus dem Archiv des Auswärtigen Amts. Serie B (1925–1933), Bde. I–XVIII, Göttingen 1966–1983 (ADAP).
Akten der Reichskanzlei, Weimarer Republik. Das Kabinett Müller II (28. Juni 1928 bis 27. März 1930), 2 Bde., bearb. von Martin Vogt, Boppard a. Rh. 1970 (ARK Müller II).
Akten der Reichskanzlei, Weimarer Republik. Die Kabinette Brüning I u. II (30. März 1930 bis 10. Oktober 1931; 10. Oktober 1931 bis 1. Juni 1932), bisher 2 Bde., bearb. von Tilman Koops, Boppard a. Rh. 1982 (ARK Brüning I, II).
Berber, Fritz (Hrsg.), Locarno. Eine Dokumentensammlung, Berlin 1936.
Deutschland unter dem Dawes-Plan. Berichte des Generalagenten vom 30. November 1926 bis zum 21. Mai 1930, 6 Bde., Berlin 1927–1930.
Documents on British Foreign Policy (DBFP), Serie IA, Bde. I–VII, London 1966–1975; Serie II, Bde. I–II, London 1947.

Documents Diplomatiques Belges 1920–1940. La Politique de Sécurité extérieur, Bd. II: Période 1925–1931, Brüssel 1964 (DDB).
Europa. Dokumente zur Frage der Europäischen Einigung. Herausgegeben im Auftrag des Auswärtigen Amts, 3 Bde., Bonn 1962.
Foreign Relations of the United Staates (Papers relating to the), Jg. 1928, 3 Bde., Washington 1942–1946; Jg. 1929, 3 Bde., Washington 1943–1944; Jg. 1930, 3 Bde., Washington 1945; Jg. 1931, 3 Bde., Washington 1946.
Papers relating to the Foreign Relations of the United States. Supplement: Paris Peace Conference 1919, 13 Bde., Washington 1942–1947.
Friedensvertrag. Sonderabdruck der Nr. 140 des Reichs-Gesetzblattes von 1919, Seite 687–1350, Berlin 1919.
Heilfron, Eduard und Paul Nassen (Hgg.), Der Neue Plan. Young-Plan und Haager Vereinbarungen nebst den deutschen Ausführungsvorschriften, Berlin 1931.
Journal Officiel de la République Française, Débats Parlementaires. Compte Rendu in extenso des séances du Sénat et de la Chambre des Députés: Chambre des Députés, Jgg. 1928–1931, Paris 1928–31.
Konferenzen und Verträge. Vertrags-Ploetz, ein Handbuch geschichtlich bedeutsamer Zusammenkünfte und Vereinbarungen, Teil II, Bd. 4 A, Neueste Zeit, 1914–1959, bearb. von K. G. Rönnefarth und Heinrich Euler, 2. Aufl. Würzburg 1959.
Mantoux, Paul, Les Déliberations du Conseil des Quatre (24 mars-28 juin 1919), 2 Bde., Paris 1955.
Morsey, Rudolf (Hrsg.), Die Protokolle der Reichstagsfraktion und des Fraktionsvorstands der Deutschen Zentrumspartei 1926–1933, Mainz 1969.
Politik und Wirtschaft in der Krise 1930–32. Quellen zur Ära Brüning, eingel. von Gerhard Schulz, bearb. von Ilse Maurer und Udo Wengst, unter Mitwirkung von Jürgen Heideking (Quellen zur Geschichte des Parlamentarismus und der politischen Parteien. Dritte Reihe: Die Weimarer Republik, Bde. 4/I u. II), Düsseldorf 1980 (PWK).
Reichsgesetzblatt, Berlin 1927–1931.
Schulthess' Europäischer Geschichtskalender, hrsg. von Ulrich Thürauf, Jgg. 1928–1932.
Statistisches Jahrbuch für das Deutsche Reich, hrsg. vom Statistischen Reichsamt, Berlin 1928–1935.
Schwendemann, Karl, Abrüstung und Sicherheit. Handbuch der Sicherheitsfrage und der Abrüstungskonferenz, mit einer Sammlung der wichtigsten Dokumente, 2 Bde., Leipzig o. J. (1933, 1936).
Ursachen und Folgen. Vom deutschen Zusammenbruch 1918 und 1945 bis zur staatlichen Neuordnung Deutschlands in der Gegenwart, hrsg. und bearb. von Herbert Michaelis und Ernst Schraepler unter Mitwirkung von Günter Scheel. Bde. VI–IX, Die Weimarer Republik. Berlin o. J.
Verhandlungen des Reichstags, III., IV., V. Wahlperiode, Stenographische Berichte, Bde. 394–445, Berlin 1928–1931.
[Völkerbund]
League of Nations, Proceedings of the second international conference with a view to concerted economic action. (First session) Held at Geneva from November 17th to 28th 1930, Genf 1931.
Société des Nations, Journal Officiel:
– Actes de la neuvième session ordinaire de l'Assemblée. Séances plénières, Compte rendu des Débats, Genf 1928.
– Actes de la dixième session ordinaire de l'Assemblée. Séances plénières, Compte rendu des Débats, Genf 1929.
– Actes de la onzième session ordinaire de l'Assemblée. Séances plénières, Compte rendu des Débats, Genf 1930.
– Comptes rendus de la conférence préliminaire en vue d'une action économique concertée (tenue à Genève du 17 février au 24 mars 1930), Genf 1930.
– Deuxieme Conférence Internationale en vue d'une action économique concertée. Commerce extérieur des principaux produits agricoles en Europe, en 1929. Tableaux préparés par le Secrétariat sur la base des publications sur le commerce extérieur des pays respectifs (données les plus récentes), Genf 1930.
Sociéte des Nations, Commission d'Etude pour l'Union Européenne. Procès-verbal de la première

session, tenue à Genève le mardi 23 septembre 1930, Drucksache C.565.M.225.1930.VII.
Sociéte des Nations, Commission d'Etude pour l'Union Européenne. Procès-verbal de la deuxième session de la Commission, tenue à Genève du 16 au 21 janvier 1931, Drucksache C.144. M.45.1931.VII.
Société des Nations, Commission d'Etude pour l'Union Européenne. Procès-verbal de la troisième session de la Commission, tenue à Genève du 15 au 21 mai 1931, Drucksache C.395.M.158. 1931.VII.

III. Tagebücher, Memoiren und andere Selbstzeugnisse

Abetz, Otto, Das offene Problem. Ein Rückblick auf zwei Jahrzehnte deutscher Frankreichpolitik, Köln 1951.
Bainville, Jacques, Journal (1919–1935), 2 Bde., Paris 1949.
Bernstorff, Johann Heinrich Graf, Erinnerungen und Briefe, Zürich 1936.
Braun, Otto, Von Weimar zu Hitler, Hamburg 1949.
Brüning, Heinrich, Memoiren 1918–1934, Stuttgart 1970.
Chamberlain, Sir Austen, Down the Years. Politics from the Inside, London 1935 (dt. Englische Politik. Erinnerungen aus 50 Jahren, Essen 1938).
Clemenceau, Georges, Grandeurs et Misères d'une Victoire, Paris 1930.
Curtius, Julius, Bemühung um Österreich. Das Scheitern des Zollunionsplans von 1931, Heidelberg 1947.
ders., Sechs Jahre Minister der deutschen Republik, Heidelberg 1948.
ders., Der Young-Plan. Entstellung und Wahrheit, Stuttgart 1950.
Debû-Bridel, Jacques, L'Agonie de la Troisième République 1929–1939, Paris 1948.
Flandin, Pierre Etienne, Politique française 1919–1940. Paris 1947.
François-Poncet, André, De Versailles à Potsdam. La France et le problème allemand contemporain 1919–1945, Paris 1948 (dt. Der Weg von Versailles bis Potsdam. Die Geschichte der Jahre 1919 bis 1945, 2. Aufl. Mainz/Berlin 1964).
Herriot, Edouard, Jadis. D'une guerre à l'autre, Paris 1952.
Herwarth, Hans von, Zwischen Hitler und Stalin. Erlebte Zeitgeschichte 1931 bis 1945, Frankfurt/Berlin 1982.
Laroche, Jules, La Pologne de Pilsudski. Souvenirs d'une ambassade 1926–1935, Paris 1953.
ders., Au Quai d'Orsay avec Briand et Poincaré 1913–1926, Paris 1957.
Leith-Ross, Frederick, Money Talks. Fifty Years of International Finance, London 1968.
Loucheur, Louis, Carnets secrets 1908–1932, présentés et annotés par Jacques de Launay, Brüssel 1962.
Luther, Hans, Politiker ohne Partei. Erinnerungen, Stuttgart 1960.
ders., Vor dem Abgrund 1930–1933. Reichsbankpräsident in Krisenzeiten, Berlin 1964.
Meissner, Otto, Staatssekretär unter Ebert-Hindenburg-Hitler, Hamburg 1950.
Moreau, Émile, Souvenirs d'un Gouverneur de la Banque de France. Histoire de la Stabilisation du Franc (1926–1928), Paris 1954.
Nollet, Claude Marie, Une expérience de désarmement. Cinq ans de contrôle militaire en Allemagne, Paris 1932.
Paul-Boncour, Joseph, Entre deux guerres. Souvenirs de la IIIe République, 3 Bde., Paris 1945–1946.
Pünder, Hermann, Politik in der Reichskanzlei. Aufzeichnungen aus den Jahren 1929–1932. Herausgegeben von Thilo Vogelsang, Stuttgart 1961.
Recouly, Raymond, Le Mémorial de Foch. Mes entretiens avec le Maréchal, Paris 1930.
Reynaud, Paul, La France a sauvé l'Europe, Bd. I, Paris 1947.
Rheinbaben, Werner von, Kaiser, Kanzler, Präsidenten. Erinnerungen, Mainz 1968.
Rueff, Jacques, De l'aube au crépuscule. Autobiographie, Paris 1977.
Schacht, Hjalmar, Das Ende der Reparationen, Oldenburg 1931.
ders., 76 Jahre meines Lebens, Bad Wörishofen 1953.

Schmidt, Paul, Statist auf diplomatischer Bühne, 1923–1945. Erlebnisse des Chefdolmetschers im Auswärtigen Amt mit den Staatsmännern Europas, Bonn 1949.
Schwerin von Krosigk, Lutz Graf, Staatsbankrott. Die Geschichte der Finanzpolitik des Deutschen Reiches von 1920 bis 1945, geschrieben vom letzten Reichsfinanzminister, Zürich 1974.
ders., Memoiren, Stuttgart 1977.
Severing, Carl, Mein Lebensweg, Bd. II: Im Auf und Ab der Republik, Köln 1950.
Seydoux, François, Mémoires d'Outre-Rhin, Paris 1975.
Snowden, Philip, An Autobiography, 2 Bde., London 1934.
Staudinger, Hans, Wirtschaftspolitik im Weimarer Staat. Lebenserinnerungen eines politischen Beamten im Reich und in Preußen 1889 bis 1934. Herausgegeben und eingeleitet von Hagen Schulze, Bonn 1982.
Stresemann, Gustav, Vermächtnis. Der Nachlaß in drei Bänden, 3 Bde., Berlin 1932–33.
Suarez, Georges, Briand. Sa vie – son oeuvre, avec son journal et de nombreux documents inédits, Bd. V: L'Artisan de la Paix, 1918–1923, Paris 1941; Bd. VI: L'Artisan de la Paix, 1924–1932, Paris 1952.
Tardieu, André, L'épreuve du pouvoir, Paris 1931.
ders., L'heure de la décision, Paris 1934.
Tirard, Paul, La France sur le Rhin. Douze années d'occupation rhénane, Paris 1930.
Treviranus, Gottfried Reinhold, Das Ende von Weimar. Heinrich Brüning und seine Zeit, Düsseldorf 1968.
Vernekohl, Wilhelm, mit Rudolf Morsey (Hrsg.), Heinrich Brüning. Reden und Aufsätze eines deutschen Staatsmanns, Münster 1968.
Die Weizsäcker-Papiere 1900–1932, hrsg. von Leonidas E. Hill, Berlin/Frankfurt/Wien 1982.
Weygand [Maxime], Mémoires, Bd. II: Mirages et Réalité, Paris 1957.

IV. Literatur bis 1949

Aftalion, Albert, „Les causes et les effets des mouvements d'or vers la France", in: SDN, Documents sélectionnés sur la distribution de l'or, soumis à la Délégation de l'Or du Comité Financier, Genf 1931.
Bainville, Jacques, Histoire de deux peuples, Paris 1915 (dt. Geschichte zweier Völker. Frankreichs Kampf gegen die deutsche Einheit, Hamburg 1939).
ders., Les Conséquences politiques de la Paix, Paris 1920.
Bergmann, Carl, Der Weg der Reparation. Von Versailles über den Dawesplan zum Ziel, Frankfurt a. M. 1926.
Bréal, Auguste, Philippe Berthelot, Paris 1937.
Brinon, Fernand M. de, France-Allemagne 1918–1934, Paris 1934 (dt. Frankreich-Deutschland 1918–1934, Essen 1935).
Bülow, Bernhard Wilhelm von, Der Versailler Völkerbund – Eine vorläufige Bilanz, Berlin 1923.
Capitant, René, „La crise et la réforme du Parlamentarisme en France. Chronique constitutionnelle française (1931–1936)", in: Jahrbuch des öffentlichen Rechts der Gegenwart, 23, 1936, S. 1–71.
Chastenet, Jacques, Raymond Poincaré, Paris 1948.
ders., Histoire de la Troisième République. Bd. V: Les Années d'Illusions 1918–1931, Paris 1960.
Coudenhove-Kalergie, Richard N., Pan-Europa, Wien/Leipzig 1924.
ders., Europa erwacht!, Zürich/Wien/Leipzig 1934.
Daniel-Rops, Henry, Les années tournantes, Paris 1932.
Donnadieu, James, La liquidation de la victoire. Bd. I: La Sarre, Paris 1930.
ders., „Un infructueux essai de collaboration franco-allemande en Sarre", in: RPP, 144, 1930, S. 337–357.
Druc, Henech, Die Stellung der deutschen Tagespresse und Wirtschaftswissenschaft zum Youngplan, Basel 1947.
Elton, G., The Life of James Ramsay MacDonald, Toronto 1939.
Die Entstehung des Youngplans, dargestellt vom Reichsarchiv 1931–1933, durchges. und eingel. von Martin Vogt, Boppard a. Rh. 1970 (offiziöse Aktenrelation).

Gloge, Karl, Die französische Sicherheitsidee. Ein Beitrag zu ihrer Gestalt und Wirkung in der französischen Nachkriegspolitik vom Waffenstillstand 1918 bis zum Pakt von Locarno 1925, Diss., Frankfurt 1940.
Görlitz, Walter, Gustav Stresemann, Heidelberg 1947.
Goguel, François, La Politique des Partis sous la IIIe République, Paris 1946.
Greiff, Walter, Der Methodenwandel der europäischen Handelspolitik während des Krisenjahres 1931, Berlin 1932.
Haight, Frank Arnold, A History of French Commercial Policies, New York 1941.
Haller, Johannes, Tausend Jahre deutsch-französischer Beziehungen, Stuttgart/Berlin 1930.
Herriot, Édouard, Europe, Paris 1930.
Hodson, H. V., Slump and Recovery 1929–1937. A Survey of World Economic Affairs, London/New York/Toronto 1938.
Hoffher, R., La politique commerciale de la France, Paris 1939.
Huperz, Joseph, Die Sachlieferungen nach Frankreich, Berlin 1930.
Jordan, W. M., Great Britain, France and the German Problem 1918–1939. A Study of Anglo-French Relations in the Making and Maintenance of the Versailles Settlement, London 1943, Neudruck London 1971.
Kühlmann, Richard von, „The permanent bases of German Foreign Policy", in: Foreign Affairs, 9, 1931, S. 179–194.
Lamont, Thomas W., „The Final Reparations Settlement", in: Foreign Affairs, 8, 1930, S. 336–363.
Lapaquellerie, Yvon, Édouard Daladier, Paris 1939.
Loosli-Usteri, Carl, Geschichte der Konferenz für die Herabsetzung und die Begrenzung der Rüstungen 1932–1934. Ein politischer Weltspiegel, Zürich 1940.
Marcesche, Henri, Le charbon, élément de réparations et de négociations dans le traité de Versailles et les accords qui l'ont suivi, Lorient 1933.
Margueritte, Victor, Aristide Briand, Paris 1932.
Martel, R., La France et la Pologne. Réalités de l'Est européen, Paris 1931.
Mayer, Hans, Frankreich zwischen den Weltkriegen (1919–1939), Frankfurt a. M. 1948.
Mehrmann, Karl, Locarno, Thoiry, Genf – in Wirklichkeit. Eine Bilanz der Rheinlandräumung, Berlin 1927.
Moulton, Harold G. und Leo Pasvolski, War Debts and World Prosperity, Washington 1932.
Murat, A., Les Relations Économiques Internationales, Paris 1945.
Pensa, Henri, De Locarno au pacte Kellogg. La politique européenne sous le triumvirat Chamberlain, Briand, Stresemann 1925–1929, Paris 1930.
Persil, Raoul, Alexandre Millerand, Paris 1949.
Petit, Lucien, Le Règlement des Dettes Interalliées (1919–1929), Paris 1932.
Quinn, Parle Elizabeth, The National Socialist Attack on the Foreign Policies of the German Republic, 1919–1933, unveröfftl. Diss., Stanford 1948.
Respondek, Erwin, Wirtschaftliche Zusammenarbeit zwischen Deutschland und Frankreich, Berlin 1929.
ders., Grundzüge europäischer Handelspolitik zwischen den beiden Weltwirtschaftskonferenzen, Berlin 1933.
Reynaud, P., Les relations commerciales franco-allemandes, unveröfftl. Thèse, Lyon 1935.
Rivault, Jean, Les Conventions de Londres de 1929 et de 1930 sur la sécurité en mer, Paris 1936.
Schmölders, Günter, Frankreichs Aufstieg zur Weltkapitalmacht, Berlin 1933.
Seydoux, Jacques, De Versailles au Plan Young, Paris 1932.
Stimson, Henry L., Pact of Paris, New York 1932.
Survey of International Affairs, Jg. 1925, 2 Bde., hrsg. von C. A. Macartney u. a., für Royal Institute of International Affairs, London 1928.
Survey of International Affairs, Jgg. 1928–1931, hrsg. von Arnold Toynbee für Royal Institute of International Affairs, London 1929–1932.
Tardieu, André, La Paix, Paris 1921.
Tobler, Achim, Die französische Handelspolitik in der Weltwirtschaftskrise (Herbst 1929 bis Frühjahr 1936), Heidelberg 1938.
Vallentin, Antonina, Stresemann. Vom Werden einer Staatsidee, Leipzig 1930, Neudruck München 1948.

Wadsack, Marga, Frankreichs Sicherheitspolitik in der Nachkriegszeit, Diss., Frankfurt a. M. 1939.
Weill-Raynal, Étienne, Les Réparations Allemandes et la France, 3 Bde., Paris 1947.
Wheeler-Bennett, John W., Disarmament and Security since Locarno 1925–1931. Being the Political and Technical Background of the General Disarmament Conference, London 1932.
ders., The Wreck of Reparations. Being the Political Background of the Lausanne Agreement 1932, New York 1933.
ders. und Hugh Latimer, Information on the Reparation Settlement. Being the Background and History of the Young Plan and the Hague Agreements 1929–1930, London 1930.
Wolfers, Arnold, Britain and France between Two Wars. Conflicting Strategies of Peace since Versailles, New York 1940.

V. Literatur seit 1950

Abraham, David, The Collapse of the Weimar Republic. Political Economy and Crises, Princeton 1981.
Adamthwaite, Anthony, France and the Coming of the Second World War 1936–1939, London 1977.
Albertini, Rudolf von, „Die Dritte Republik. Ihre Leistungen und ihr Versagen", in: GWU, 6, 1955, S. 492 ff.
ders., „Frankreich vom Frieden von Versailles bis zum Ende der Vierten Republik, 1919–1958", in: Theodor Schieder (Hrsg.), Handbuch der Europäischen Geschichte, Bd. 7, Stuttgart 1979, S. 438–480.
Albrecht-Carrié, René, France, Europe and the two World Wars, New York 1961.
Aldcroft, Derek H., The Inter-War Economy: Britain 1919–1939, London 1970.
ders., Die zwanziger Jahre. Von Versailles zur Wall Street (dtv Geschichte der Weltwirtschaft im 20. Jahrhundert, Bd. 3), München 1978.
Aron, Raymond, Frieden und Krieg. Eine Theorie der Staatenwelt, Frankfurt a. M. 1963.
Artaud, Denise, La Question des Dettes Interalliées et la Reconstruction de l'Europe (1917–1929), Lille/Paris 1978.
dies., „L'impérialisme américain en Europe, au lendemain de la première guerre mondiale", in: RI, 8, 1976, S. 323–341.
dies., „La question des dettes interalliées et la reconstruction de l'Europe", in: RH, 1979, S. 363–382.
dies., „Die Hintergründe der Ruhrbesetzung 1923: Das Problem der Interalliierten Schulden" in: VZG, 27, 1979, S. 241–259.
Aubert, Louis u. a., André Tardieu, Paris 1957.
Aubin, Hermann und Wolfgang Zorn, Handbuch der deutschen Wirtschafts- und Sozialgeschichte. Bd. 2: Das 19. und 20. Jahrhundert, Stuttgart 1976.
Auboin, Roger, „The Bank for International Settlements, 1930–1955", in: Essays on International Finance, No. 22, May 1955, S. 1–38.
Auffray, Bernard, Pierre de Margerie (1861–1942) et la vie diplomatique se son temps, Paris 1976.
Azeau, Henri, Le Pacte Franco-Soviétique, 2 Mai 1935, Paris 1968.

Baechler, Christian, „Une difficile négociation franco-allemande aux conférences de La Haye: Le règlement de la question des sanctions (1929–1930)" in: RA, 12, 1980, S. 238–260.
Bankwitz, Philip Charles Farwell, Maxime Weygand and Civil-Military Relations in Modern France, Cambridge, Mass. 1967.
Balderston, T., „The Origins of Economic Instability in Germany 1924–1930. Market Forces versus Economic Policy", in: VSW, 69, 1982, S. 488–514.
Balzarini, Stephen Edward, Britain, France and the ‚German Problem' at the World Disarmament Conference 1932–1934, Diss., Washington State Univ., 1979.
Bariéty, Jacques, Les Relations Franco-Allemandes après la Première Guerre Mondiale. 10 Novembre 1918–10 Janvier 1925: De l'Exécution à la Négociation, Paris 1977.
ders., „Idée européenne et relations franco-allemandes", in: Bulletin de la faculté des lettres de Strasbourg, 46, 1968, S. 571–584.
ders., „Der Versuch einer europäischen Befriedung: Von Locarno bis Thoiry", in: Hellmuth Rößler, Erwin Hölzle (Hgg.), Locarno und die Weltpolitik 1924–1932, Göttingen 1969, S. 32–44.

ders., "Le rôle de la minette dans la sidérurgie allemande et la restructuration de la sidérurgie allemande après le traité de Versailles", in: Centre de Recherches Relations Internationales de l'Université de Metz, 3, Travaux et Recherches, Metz 1972, S. 233–277.

ders., "L'appareil de presse de Joseph Caillaux et l'argent allemand 1920–1932", in: RH, 1972, S. 375–406.

ders., "Das Zustandekommen der Internationalen Rohstahlgemeinschaft (1926) als Alternative zum mißlungenen ,Schwerindustriellen Probjekt' des Versailler Vertrags", in: Hans Mommsen, Dietmar Petzina, Bernd Weisbrod (Hgg.), Industrielles System und politische Entwicklung in der Weimarer Republik. Verhandlungen des Internationalen Symposiums in Bochum vom 12.–17. Juni 1973, Düsseldorf 1974, S. 552–568.

ders., "Industriels allemands et industriels français à l'époque de la République de Weimar", in: RA, 4, 1974, S. 1–16.

ders., "Stresemann et la France", in: Francia, 3, 1975, S. 554–583.

ders., "La place de la France dans la ,Westorientierung' de la République de Weimar au cours de sa phase de stabilisation, 1924–1929", in: RA, 8, 1976, S. 35–50.

ders., "Léon Blum et l'Allemagne, 1930–1938", in: Les Relations Franco-Allemandes 1933–1939 (Strasbourg, 7–10 Octobre 1975), Paris 1976, S. 33–55.

ders., "Finances et relations internationales: à propos du Plan de Thoiry (septembre 1926)", in: RI, 21, 1980, S. 51–70.

ders., "Der Tardieu-Plan zur Sanierung des Donauraums (Februar-Mai 1932)", in: Josef Becker, Klaus Hildebrand (Hgg.), Internationale Beziehungen in der Weltwirtschaftskrise 1929–1933, München 1980, S. 361–387.

ders., "Sicherheitsfrage und europäisches Gleichgewicht. Betrachtungen über die französische Deutschlandpolitik 1919–1927" in: Josef Becker, Andreas Hillgruber (Hgg.), Die Deutsche Frage im 19. und 20. Jahrhundert, München 1983, S. 319–345.

ders. und Charles Bloch, "Une tentative de réconciliation franco-allemande et son échec (1932–1933)", in: RHMC, 15, 1968, S. 433–465.

Barros, James, Office without power. Secretary-General Sir Eric Drummond 1919–1933, Oxford 1979.

Baumont, Maurice, La faillite de la paix, 2 Bde., 5. Aufl. Paris 1967–1968.

ders., Briand. Diplomat und Idealist, Göttingen 1966.

ders., "Die französische Sicherheitspolitik, ihre Träger und Konsequenzen 1920–1924", in: Hellmuth Rößler (Hrsg.), Die Folgen von Versailles, 1919–1924, Göttingen 1969, S. 115–132.

Becker, Jean-Jacques, 1914. Comment les Français sont entrés dans la Guerre, Paris 1977.

Becker, Josef (Hrsg.), Heinrich Köhler. Lebenserinnerungen des Politikers und Staatsmannes 1878–1949, Stuttgart 1964.

ders., "Brüning, Prälat Kaas und das Problem einer Regierungsbeteiligung der NSDAP 1930–1932", in: HZ, 196, 1963, S. 74–111.

ders., "Heinrich Brüning in den Krisenjahren der Weimarer Republik", GWU, 17, 1966, S. 201–219.

ders., "La politique révisionniste du Reich, de la mort de Stresemann à la avènement de Hitler", in: La France et l'Allemagne 1932–1936, Communications présentées au Colloque franco-allemand tenu à Paris (Palais du Luxembourg, salle Médicis) du 10 au 12 mars 1977, Paris 1980, S. 15–26.

ders., "Heinrich Brüning und das Scheitern der konservativen Alternative in der Weimarer Republik", in: Aus Politik und Zeitgeschichte. Beilage zur Wochenzeitung ,Das Parlament', 22, 1980, S. 1–17.

ders., "Geschichtsschreibung im politischen Optativ? Zum Problem der Alternativen im Prozeß der Auflösung einer Republik wider Willen", in: Aus Politik und Zeitgeschichte. Beilage zur Wochenzeitung ,Das Parlament', 50, 1980, S. 27–36.

ders. und Klaus Hildebrand (Hgg.), Internationale Beziehungen in der Weltwirtschaftskrise 1929–1933, München 1980.

ders. und Ruth Becker (Hrsg.), Hitlers Machtergreifung 1933. Dokumente vom Machtantritt Hitlers 30. Januar 1933 bis zur Besiegelung des Einparteienstaates 14. Juli 1933, München 1983.

ders. und Andreas Hillgruber (Hgg.), Die Deutsche Frage im 19. und 20. Jahrhundert, München 1983.

Bennett, Edward, Germany and the Diplomacy of the Financial Crisis, 1931, Cambridge 1962.
ders., German Rearmament and the West, 1932–1933, Princeton 1979.
Berend, Iván und György Ránki, Economic Development in East Central Europe in the 19th and 20th Centuries, New York 1974.
Berghahn, Volker, Der Stahlhelm. Bund der Frontsoldaten 1918–1935, Düsseldorf 1966.
Bernard, Philippe, La fin d'un monde 1914–1929, Paris 1975.
Berndt, Roswitha, „Wirtschaftliche Mitteleuropapläne des deutschen Imperialismus (1926–1931)", in: Gilbert Ziebura (Hrsg.), Grundfragen der deutschen Außenpolitik seit 1871, Darmstadt 1975, S. 305–334.
Bessel, Richard und E. J. Feuchtwanger (Hgg.), Social Change and Political Development in Weimar Germany, London 1981.
Bickel, Wolf Heinrich, Die anglo-amerikanischen Beziehungen 1927–1930 im Licht der Flottenfrage. Das Problem des Machtausgleichs zwischen Großbritannien und den Vereinigten Staaten in der Zwischenkriegszeit und seine Lösung, Zürich 1970.
Binion, Rudolph, Defeated Leaders. The Political Fate of Caillaux, Jouvenel and Tardieu, New York 1960.
Birke, E., Grundzüge der französischen Ostpolitik 1914–1951, Göttingen 1953, mschr. Man.
Blaich, Fritz, Grenzlandpolitik im Westen 1926–1936. Die „Westhilfe" zwischen Reichspolitik und Länderinteressen, Stuttgart 1978.
Bloch, Charles, Die Dritte Republik. Entwicklung und Kampf einer Parlamentarischen Demokratie (1870–1940), Stuttgart 1972.
Bombach, G., H. J. Ramser, M. Timmermann, W. Wittmann (Hgg.), Der Keynesianismus, Bde. I–IV, Berlin/Heidelberg/New York, 1976–1983.
Bonnefous, Édouard, Histoire Politique de la Troisième République, Bde. III–V, 2. Aufl. Paris 1968–1973.
Bonnet, Georges, Le Quai d'Orsay sous trois Républiques 1870–1961, Paris 1961.
Borchardt, Knut, „Wachstum und Wechsellagen 1914–1970: Die Weimarer Konjunktur 1924–1933", in: Hermann Aubin, Wolfgang Zorn, Handbuch der deutschen Wirtschafts- und Sozialgeschichte, Bd. 2, Stuttgart 1976, S. 703–712.
ders., „Zwangslagen und Handlungsspielräume in der großen Wirtschaftskrise der frühen dreißiger Jahre: Zur Revision des überlieferten Geschichtsbildes", in: Josef Becker, Klaus Hildebrand (Hgg.), Internationale Beziehungen in der Weltwirtschaftskrise 1929–1933, München 1980, S. 287–325.
ders., „Zum Scheitern eines produktiven Diskurses über das Scheitern der Weimarer Republik: Replik auf Claus-Dieter Krohns Diskussionsbemerkungen", in: GG, 9, 1983, S. 124-137.
ders., „Noch einmal: Alternativen zu Brünings Wirtschaftspolitik?" in: HZ, 237, 1983, S. 67–83.
Born, Karl Erich, Die deutsche Bankenkrise 1931. Finanzen und Politik, München 1967.
ders., Geld und Banken im 19. und 20. Jahrhundert, Stuttgart 1977.
Bournazel, Renata, Rapallo – ein französisches Trauma, Köln 1976.
Bouvier, Jean u. a., Histoire Économique et Sociale de la France. Tome IV: L'ère industrielle et la société d'aujourd'hui. Second volume: Le temps des Guerres mondiales et de la grande Crise (1914 vers 1950), Paris 1980.
ders. mit René Girault, Jacques Thobie, L'impérialisme à la française 1914–1960, Paris 1986.
Boyce, Robert W. D., „Britain's first ‚No' to Europe: Britain and the Briand plan, 1929–30", in: European Studies Review, 10, 1980, S. 17–45.
Boyle, Andrew, Montagu Norman. A Biography, London 1967.
Boyle, Thomas Edward, France, Great Britain and German Disarmament, 1919–1927, Diss., Univ. of New York at Stony Brooks, 1972.
Bracher, Karl Dietrich, Die Auflösung der Weimarer Republik. Eine Studie zum Problem des Machtverfalls in der Demokratie. Unveränd. Nachdruck der 5. Aufl. 1971, Königstein Ts./Düsseldorf 1978.
Brancato, Albert L., German Social Democrats and the Question of Austro-German Anschluss, 1918–1945, Diss., Bryn Mawr College, Pennsylvania, 1975.
Brandes, Joseph, Herbert Hoover and Economic Diplomacy. Department of Commerce Policy 1921–1928, Pittsburgh 1962.

Brandstadter, Michael, Paul Reynaud and the Third French Republic 1919–1939: French Political Conservatism in the Interwar Years, Diss., Duke Univ., North Carolina 1971.
Bretton, Henry L., Stresemann and the Revision of Versailles. A Fight for Reason, Stanford 1953.
Broszat, Martin u. a. (Hgg.), Deutschlands Weg in die Diktatur. Internationale Konferenz zur nationalsozialistischen Machtübernahme im Reichstagsgebäude zu Berlin. Referate und Diskussionen. Ein Protokoll, Berlin 1983.
Burdick, Charles B., „German Military Planning and France 1930–1938", in: World Affairs Quarterly, 30, 1959/60, S. 299–313.

Calleo, David, The German Problem Reconsidered. Germany and the World Order, 1870 to the Present, London 1978.
Campbell, Gregory F., Confrontation in Central Europe. Weimar Germany and Czechoslovakia, Chicago 1975.
Carlton, David, MacDonald versus Henderson. The Foreign Policy of the Second Labour Government, London 1970.
ders., „The Anglo-French Compromise on Arms Limitation, 1928", in: Journal of British Studies, 8, 1969, S. 141–162.
Caron, François, Histoire Économique de la France, XIXe–XXe siècles, Paris 1981.
Carsten, Francis L., Reichswehr und Politik 1919–1933, Köln/Berlin 1964.
Cassels, Alan, „Repairing the ‚Entente cordiale' and the New Diplomacy", in: The Historical Journal, 23, 1980, S. 133–153.
Castellan, Georges, Le Réarmement Clandestin du Reich 1930–1935, Paris 1954.
Challener, Richard D., The French Theory of the Nation in Arms, 1866–1939, New York 1955.
ders., „The French Foreign Office: The Era of Philippe Berthelot", in: Gordon A. Craig, Felix Gilbert (Hgg.), The Diplomats 1919–1939, Princeton 1953, S. 49–85.
Chamberlin, Waldo, „Origins of the Kellogg-Briand-Pact", in: The Historian, 15, 1952, S. 77–92.
Chandler, Lester V., Benjamin Strong, Central Banker, Washington 1958.
ders., America's Greatest Depression 1929–1941, New York/Evanston/London 1970.
Chappius, Charles William, Anglo-German Relations 1929–1933: A Study of the Role of Great Britain in the Achievement of the Aims of German Foreign Policy, Diss., Univ. of Notre Dame, Indiana 1966.
Cipolla, Carlo M. (Hrsg.), Europäische Wirtschaftsgeschichte. Bd. 5: Die europäischen Volkswirtschaften im zwanzigsten Jahrhundert, Stuttgart/New York 1980.
Clague, Monique, „Vision and Myopia in the New Politics of André Tardieu", in: French Historical Studies, 8, 1973/74, S. 105–129.
Clarke, Stephen, Central Bank Cooperation 1924–31, New York 1967.
Clay, Sir Henry, Lord Norman, London 1957.
Cole, Hubert, Laval. A Biography, London 1963.
Conze, Werner, „Brünings Politik unter dem Druck der großen Krise", in: HZ, 199, 1964, S. 529–550.
ders., „Brüning als Reichskanzler. Eine Zwischenbilanz", in: HZ, 214, 1972, S. 310–334.
ders., „Zum Scheitern der Weimarer Republik. Neue wirtschafts- und sozialgeschichtliche Antworten auf alte Kontroversen", in: VSW, 70, 1983, S. 215–221.
ders. und Hans Raupach (Hgg.), Die Staats- und Wirtschaftskrise des Deutschen Reichs 1929/33, Stuttgart 1967.
Coox, A. D., French Military Doctrine, 1919–1939: Concepts of Ground and Aerial Warfare, Diss., Harvard Univ., Cambridge, Mass. 1951.
Costigliola, Frank, „The Other Side of Isolationism: The Establishment of the First World Bank, 1929–1930", in: JAH, 59, 1972, S. 602–620.
Coston, Glen Howard, The American Reaction to the Post World War Search of France for Security, 1919–1930: A Periodical and Period Piece Study, Diss., Univ. of Georgia, Georgia 1971.
Craig, Gordon A., „Die Regierung Hoover und die Abrüstungskonferenz", in: Josef Becker, Klaus Hildebrand (Hgg.), Internationale Beziehungen in der Weltwirtschaftskrise 1929–1933, München 1980, S. 101–127.
ders. und Felix Gilbert (Hgg.), The Diplomats 1919–1936, Princeton 1953.
Cross, Colin, Philip Snowden, London 1966.

Dehio, Ludwig, Gleichgewicht oder Hegemonie. Betrachtungen über ein Grundproblem der neueren Staatengeschichte, Krefeld 1948.
ders., Deutschland und die Weltpolitik im 20. Jahrhundert, München 1955.
Deierhoi, Tyler, The Conduct of German Policy at the Disarmament Conference of 1932, Diss., Duke Univ., North Carolina 1964.
Deist, Wilhelm, „Internationale und nationale Aspekte der Abrüstungsfrage 1924–1932", in: Hellmuth Rößler, Erwin Hölzle (Hgg.), Locarno und die Weltpolitik, Göttingen 1969, S. 64–93.
Delbreil, Jean-Claude, Les catholiques français et les tentatives de rapprochement franco-allemand (1920–1933), Metz 1972.
Dengg, Sören, Deutschlands Austritt aus dem Völkerbund und Schachts „Neuer Plan". Zum Verhältnis von Außen- und Außenwirtschaftspolitik in der Übergangsphase von der Weimarer Republik zum Dritten Reich (1929–1934), Frankfurt am Main 1986.
Dieckmann, Hildemarie, Johannes Popitz. Entwicklung und Wirksamkeit in der Zeit der Weimarer Republik, Berlin 1960.
Diehl, James M., Paramilitary Politics in Weimar Germany, Bloomington 1977.
Dockhorn, Robert B., The Wilhelmstraße and the Search for a New Diplomatic Order, Diss., Univ. of Wisconsin, Madison, Wisconsin 1972.
Dockrill, Michael, Peace without Promise. Britain and the Peace Conferences, 1919–1923, London 1981.
Dohrmann, Bernd, Die englische Europapolitik in der Wirtschaftskrise 1921–1923. Zur Interdependenz von Wirtschaftsinteressen und Außenpolitik, München 1980.
Doß, Kurt, Das deutsche Auswärtige Amt im Übergang vom Kaiserreich zur Weimarer Republik. Die Schülersche Reform, Düsseldorf 1978.
ders., Reichsminister Adolf Köster, 1883–1930. Ein Leben für die Weimarer Republik, Düsseldorf 1978.
Doughty, Robert Allen, The Evolution of French Army doctrine, 1919–1939, Diss., Univ. of Kansas, 1979.
Dowe, Dieter, „Zur deutschen Außenpolitik in der Weimarer Republik", in: AfS, 13, 1973, S. 628 ff.
Dubief, Henri, Le déclin de la Troisième République 1929–1938, Paris 1976.
Dülffer, Jost, Weimar, Hitler und die Marine. Reichspolitik und Flottenbau 1920–1939, Düsseldorf 1972.
Düwell, Kurt, Deutschlands auswärtige Kulturpolitik, 1918–1932. Grundlinien und Dokumente, Köln/Wien 1976.
Duroselle, Jean-Baptiste, De Wilson à Roosevelt. Politique extérieure des Etats-Unis, 1913–1945, Paris 1960.
ders., Les relations franco-allemandes de 1918 à 1950. Les cours de la Sorbonne, Paris 1967.
ders., La Politique extérieure de la France de 1914 à 1945. Les cours de la Sorbonne, Paris 1968.
ders., La Décadence 1932–1939, Paris 1979.
ders., Tout empire périra. Une vision théorique des relations internationales, Paris 2. Aufl. 1982.
Duvivier, Paul Fuller, A Study in Diplomacy from Disarmament to Rearmament: Franco-German Relations from February 1932 through June 1935, Diss., Georgetown Univ., Washington D. C. 1978.
Dyck, Harvey Leonard, Weimar Germany and Soviet Russia, 1926–1933. A Study in Diplomatic Instability, New York 1966.

Ehrhardt, Max, Deutschlands Beziehungen zu Großbritannien, den Vereinigten Staaten und Frankreich von Mai 1930 bis Juni 1932, Diss., Hamburg 1950.
Enssle, Manfred J., Stresemann's Territorial Revisionism. Germany, Belgium and the Eupen-Malmedy Question 1919–1929, Wiesbaden 1980.
Erdmann, Karl Dietrich, Die Zeit der Weltkriege, Gebhardt Handbuch der Deutschen Geschichte, Bd. IV/1, 9. Aufl. Stuttgart 1976.
ders., „Der Europaplan Briands im Licht der englischen Akten", in: GWU, 1, 1950, S. 16–32.
ders., „Das Problem der Ost- oder Westorientierung in der Locarnopolitik Stresemanns", in: GWU, 6, 1955, S. 133–162.
ders., Adenauer in der Rheinlandpolitik nach dem Ersten Weltkrieg, Stuttgart 1966.

ders. und Hagen Schulze (Hgg.), Weimar. Selbstpreisgabe einer Demokratie. Eine Bilanz heute, Düsseldorf 1980.
Eschenburg, Theodor, „Die improvisierte Demokratie. Ein Beitrag zur Geschichte der Weimarer Republik", neu aufgel. in: Die Republik von Weimar. Beiträge zur Geschichte einer improvisierten Demokratie, München 1984, S. 13–74.
Euler, Heinrich, Die Außenpolitik der Weimarer Republik 1918/1923. Vom Waffenstillstand bis zum Ruhrkonflikt, Aschaffenburg 1957.
Ewald, Josef Winfried, Die deutsche Außenpolitik und der Europaplan Briands, Marburg 1961.
Eyck, Erich, Geschichte der Weimarer Republik, 2 Bde., 2. Aufl. Erlenbach/Zürich 1959.

Fagerberg, Elliott Pernell, The ‚Anciens Combattants' and French Foreign Policy, unveröfftl. Thèse, Genf 1966.
Feis, Herbert, The Diplomacy of the Dollar. First Era, 1919–1932, Baltimore 1950.
Feldman, Gerald u. a. (Hgg.), Die deutsche Inflation. Eine Zwischenbilanz, Berlin/New York 1982.
Ferrell, Robert H., Peace in their Time. The Origins of the Briand-Kellogg-Pact, London/New Haven 1952.
ders., American Diplomacy in the Great Depression. Hoover-Stimson Foreign Policy, 1929–1933, New Haven/London 1957.
Fiederlein, Friedrich Martin, Der deutsche Osten und die Regierungen Brüning, Papen, Schleicher, Würzburg 1966.
Fischer, Fritz, Griff nach der Weltmacht. Die Kriegszielpolitik des kaiserlichen Deutschland 1914/18, 2. Aufl. Königstein i. Ts. 1979.
Fischer, Wolfram, Deutsche Wirtschaftspolitik 1918–1945, Opladen 1968.
ders., Die Weltwirtschaft im 20. Jahrhundert, Göttingen 1979.
ders., Weltwirtschaftliche Rahmenbedingungen für die ökonomische und politische Entwicklung Europas 1919–1939, Wiesbaden 1980.
Fleisig, Heywood W., Long Term Capital Flows and the Great Depression. The Role of the United States 1927–1933, Diss., Yale Univ., New Haven, Conn. 1969.
Foerster, Rolf Hellmut, Europa. Geschichte einer Idee. Mit einer Bibliographie von 182 Einigungsplänen aus den Jahren 1306–1945, München 1967.
Fohlen, Claude, La France de l'entre-deux-guerres, 1917–1939, Paris 1966.
La France et l'Allemagne 1932–1936. Communications présentées au Colloque franco-allemand tenu à Paris (Palais du Luxembourg, salle Médicis) du 10 au 12 mars 1977, Paris 1980.
Freymond, Jacques, „Locarno – un nouveau départ?" in: Discordia concors. Festgabe Edgar Bonjour, I, Basel/Stuttgart 1968, S. 269–299.
ders., „Gustav Stresemann et l'idée d'une ‚Europe économique', 1925–1927" in: RI, 8, 1976, S. 343–360.
Friedman, Milton und Anna Schwartz, A Monetary History of the United States 1867–1960, Princeton 1963.
Frommelt, Reinhard, Paneuropa oder Mitteleuropa. Einigungsbestrebungen im Kalkül deutscher Wirtschaft und Politik 1925–1933, Stuttgart 1977.

Gatzke, Hans W., Stresemann and the Rearmament of Germany, Baltimore 1954.
Gehl, Jürgen, Austria, Germany and the Anschluss, London 1963.
Geigenmüller, Ernst, Briand. Tragik des großen Europäers, Bonn 1959.
ders., „Botschafter von Hoesch und der deutsch-österreichische Zollunionsplan von 1931" in: HZ, 195, 1962, S. 581–595.
ders., „Botschafter von Hoesch und die Räumungsfrage", in: HZ, 200, 1965, S. 606–620.
Gessner, Dieter, Agrarverbände in der Weimarer Republik. Wirtschaftliche und soziale Voraussetzungen agrarkonservativer Politik vor 1933, Düsseldorf 1976.
ders., Agrardepression und Präsidialregierungen in Deutschland 1930 bis 1933. Probleme des Agrarprotektionismus am Ende der Weimarer Republik, Düsseldorf 1977.
ders., Das Ende der Weimarer Republik. Fragen, Methoden und Ergebnisse interdisziplinärer Forschung, Darmstadt 1978.
Geyer, Dietrich (Hrsg.), Osteuropa-Handbuch Sowjetunion. Außenpolitik I: 1917–1955, Köln/Wien 1972.

Geyer, Michael, Aufrüstung oder Sicherheit. Die Reichswehr in der Krise der Machtpolitik, 1924–1936, Wiesbaden 1980.
ders., „Das Zweite Rüstungsprogramm (1930–1934)" in: MGM, 17, 1/1975, S. 125–172.
ders., „Die Konferenz für die Herabsetzung und Beschränkung der Rüstungen und das Problem der Abrüstung", in: Josef Becker, Klaus Hildebrand (Hgg.), Internationale Beziehungen in der Weltwirtschaftskrise 1929–1933, München 1980, S. 155–202.
Gilbert, Martin, Churchill's Political Philosophy, Oxford 1981.
Girault, René, Emprunts russes et investissements français en Russie 1887–1914. Recherches sur l'investissement international, Paris 1973.
ders., Diplomatie européenne et impérialismes 1871–1914, Paris/New York/Barcelone/Milan 1979.
ders., „Die französisch-sowjetischen Beziehungen und die Weltwirtschaftskrise", in: Josef Becker, Klaus Hildebrand (Hgg.), Internationale Beziehungen in der Weltwirtschaftskrise 1929–1933, München 1980, S. 39–63.
ders., „Korreferat zu Jacques Bariéty" in: Josef Becker, Klaus Hildebrand (Hgg.), Internationale Beziehungen in der Weltwirtschaftskrise 1929–1933, München 1980, S. 389–392.
Glashagen, Winfried, Die Reparationspolitik Heinrich Brünings. Studien zum wirtschafts- und außenpolitischen Entscheidungsprozeß in der Auflösungsphase der Weimarer Republik, Diss., Bonn 1980.
Gosmann, Winfried, „Die Stellung der Reparationsfrage in der Außenpolitik der Kabinette Brüning", in: Josef Becker, Klaus Hildebrand (Hgg.), Internationale Beziehungen in der Weltwirtschaftskrise 1929–1933, München 1980, S. 237–263.
Graml, Hermann, Europa zwischen den Weltkriegen, 5. Aufl. München 1982.
Grathwol, Robert P., Stresemann and the DNVP. Reconciliation or Revenge in German Foreign Policy, 1924–1928, Lawrence, Kansas 1980.
Greene, Fred, French Military Leadership and Security against Germany 1919–1940, unveröfftl. Diss., Yale Univ., New Haven, Conn. 1950.
Groener-Geyer, Dorothea, General Groener. Soldat und Staatsmann, Frankfurt a. M. 1955.
Grübler, Michael, Die Spitzenverbände der Wirtschaft und das erste Kabinett Brüning. Vom Ende der Großen Koalition 1929/30 bis zum Vorabend der Bankenkrise 1931. Eine Quellenstudie, Düsseldorf 1982.
Guillen, Pierre, „La politique douanière de la France dans les années vingt", in: RI, 16, 1978, S. 315–331.
Gunsburg, Jeffery Albert, ‚Vaincre ou mourir'. The French High Command and the Defeat of France, 1919–May 1940, Diss., Duke Univ., North Carolina 1974.

Habedank, Heinz, Die Reichsbank in der Weimarer Republik. Zur Rolle der Zentralbank in der Politik des deutschen Imperialismus 1919–1933, Berlin (Ost) 1981.
Hansen, Ernst Willi, Reichswehr und Industrie. Rüstungswirtschaftliche Zusammenarbeit und wirtschaftliche Mobilmachungsvorbereitungen, 1923–1932, Boppard a. Rh. 1978.
Hardach, Gerd, Weltmarktorientierung und relative Stagnation. Währungspolitik in Deutschland 1924–1931, Berlin 1976.
Harrod, Roy, The Life of John Maynard Keynes, New York 1951.
Harvey, D. J., French Concepts of Military Strategy, 1919–1939, Diss., Columbia Univ. of New York 1953.
Hauser, Oswald, „Der Plan einer deutsch-österreichischen Zollunion von 1931 und die europäische Föderation", in: HZ, 179, 1955, S. 45–92.
Hayes, Peter, „‚A Question Mark with Epaulettes'? Kurt von Schleicher and Weimar Politics", in: JMH, 52, 1980, S. 35–66.
Heideking, Jürgen, Areopag der Diplomaten. Die Pariser Botschafterkonferenz der alliierten Hauptmächte und die Probleme der europäischen Politik 1920–1931, Husum 1979.
ders., „Oberster Rat – Botschafterkonferenz – Völkerbund. Drei Formen multilateraler Diplomatie nach dem Ersten Weltkrieg", in: HZ, 231, 1980, S. 589–630.
ders., „Vom Versailler Vertrag zur Genfer Abrüstungskonferenz. Das Scheitern der alliierten Militärkontrollpolitik gegenüber Deutschland nach dem Ersten Weltkrieg", in: MGM, 28, 2/1980, S. 45–68.

Heineman, John L., Hitler's First Foreign Minister. Constantin Freiherr von Neurath, Diplomat and Statesman, Berkeley/London 1979.
Heinemann, Ulrich, Die verdrängte Niederlage. Politische Öffentlichkeit und Kriegsschuldfrage in der Weimarer Republik, Göttingen 1983.
Heisser, David Calvin Reynolds, The Impact of the Great War on French Imperialism, 1914–1924, Diss., Univ. of North Carolina at Chapel Hill 1972.
Helbich, Wolfgang J., Die Reparationen in der Ära Brüning. Zur Bedeutung des Young-Plans für die deutsche Politik 1930 bis 1932, Berlin 1962.
ders., ,,Between Stresemann and Hitler. The Foreign Policy of the Brüning Government", in: World Politics, XII, 1959/60, S. 24–44.
Hermans, Jules, L'évolution de la pensée européenne d'Aristide Briand, Nancy 1965.
Hermens, Ferdinand A. und Theodor Schieder, Staat, Wirtschaft und Politik in der Weimarer Republik. Festschrift für Heinrich Brüning, Berlin 1967.
Heß, Jürgen C., ,Das ganze Deutschland soll es sein'. Demokratischer Nationalismus in der Weimarer Republik am Beispiel der Deutschen Demokratischen Partei, Stuttgart 1978.
ders., ,,Europagedanke und nationaler Revisionismus. Überlegungen zu ihrer Verknüpfung in der Weimarer Republik am Beispiel Wilhelm Heiles", in: HZ, 225, 1977, S. 572–622.
ders., ,, ,Das ganze Deutschland soll es sein' – Die republikanischen Parteien und die Deutsche Frage in der Weimarer Republik", in: Josef Becker, Andreas Hillgruber (Hgg.), Die Deutsche Frage im 19. und 20. Jahrhundert, München 1983, S. 277–317.
Hiden, John W., Germany and Europe, 1919–1939, London/New York 1977.
Hildebrand, Klaus, Deutsche Außenpolitik 1933–1945. Kalkül oder Dogma?, Stuttgart 1971.
ders., Das Deutsche Reich und die Sowjetunion im internationalen System, 1918–1932. Legitimität oder Revolution? Wiesbaden 1977.
ders., ,,Die Frankreichpolitik Hitlers bis 1936", in: Francia, 5, 1977, S. 591–625.
ders. und Karl Ferdinand Werner (Hgg.), Deutschland und Frankreich 1936–1939. 15. Deutschfranzösisches Historikerkolloquium des Deutschen Historischen Instituts Paris (Beihefte der Francia, Bd. 10), München/Zürich 1981.
Hillgruber, Andreas, Die gescheiterte Großmacht. Eine Skizze des Deutschen Reiches 1871–1945, Düsseldorf 1980.
ders., Kontinuität und Diskontinuität in der deutschen Außenpolitik von Bismarck bis Hitler, Düsseldorf 1969.
ders., Bismarcks Außenpolitik, Freiburg 1972.
ders., ,,Die Reichswehr und das Scheitern der Weimarer Republik", in: Karl Dietrich Erdmann, Hagen Schulze (Hgg.), Weimar. Selbstpreisgabe einer Demokratie, Düsseldorf 1980, S. 177–192.
ders., ,,Die politischen Kräfte der Mitte und die Auflösung der Weimarer Republik", in: Heinrich Bodensieck (Hrsg.), Preußen, Deutschland und der Westen. Festschrift Oswald Hauser, Göttingen 1980, S. 155–175.
ders., ,, ,Revisionismus' – Kontinuität und Wandel in der Außenpolitik der Weimarer Republik", in: HZ, 237, 1983, S. 597–621.
ders. und Jost Dülffer, Ploetz, Geschichte der Weltkriege. Mächte, Ereignisse, Entwicklungen, Freiburg/Würzburg 1981.
Hinsley, Leo Winston, In Search of an Ally: French attitudes toward America, 1919–1929, Diss., Michigan State Univ. 1981.
Hirsch, Felix, Stresemann. Ein Lebensbild, Göttingen 1978.
ders., ,,Locarno. 25 Years After", in: The Contemporary Review, 178, 1950, S. 279–285.
Höhne, Roland A., Faktoren des außenpolitischen Meinungs- und Willensbildungsprozesses innerhalb der gemäßigten Rechten Frankreichs in den Jahren 1934–1936. Eine historisch-politologische Studie zum Verhältnis von Gesellschaftssystem und Außenpolitik, Diss., Berlin 1968.
Höltje, Christian, Die Weimarer Republik und das Ostlocarno-Problem 1919–1934. Revision oder Garantie der deutschen Ostgrenze von 1919, Würzburg 1958.
Hölzle, Erwin, Die Selbstentmachtung Europas. Das Experiment des Friedens vor und im Ersten Weltkrieg. Unter Verwertung unveröffentlichter, zum Teil verlorengegangener deutscher und französischer Dokumente, Göttingen/Frankfurt a. M./Zürich 1975.
Höpfner, Hans-Paul, Deutsche Südosteuropapolitik in der Weimarer Republik, Frankfurt a. M./Bern 1983.

Holl, Karl, „Europapolitik im Vorfeld der deutschen Regierungspolitik. Zur Tätigkeit proeuropäischer Organisationen in der Weimarer Republik", in: HZ, 219, 1974, S. 33–94.
Holt, Edgar, The Tiger. The Life of Georges Clemenceau 1841–1929, London 1976.
Holtfrerich, Carl-Ludwig, Die deutsche Inflation 1914–1923, Berlin/New York 1980.
ders., Alternativen zu Brünings Wirtschaftspolitik in der Weltwirtschaftskrise, Wiesbaden 1982.
Holz, Kurt A., Die Diskussion um den Dawes- und Young-Plan in der deutschen Presse, Frankfurt a. M. 1977.
Hood, Robert Emmett, Jr., Sanction Diplomacy: Britain and French Rhine Policy, 1920–1924, 2 Bde., Diss., Georgetown Univ., Washington D. C. 1975.
Hughes, Judith M., To the Maginot Line. The Politics of the French military preparation in the 1920s, Cambridge, Mass., 1971.

Isorni, Jacques, Philippe Pétain, 2 Bde., Paris 1973.

Jacobson, Jon, Locarno Diplomacy. Germany and the West 1925–1929, Princeton 1972.
ders., „Strategies of French Foreign Policy after World War I", in: JMH, 55, 1983, S. 78–95.
ders., „Is There a New International History of the 1920s?", in: AHR, 88, 1983, S. 617–645.
ders. und J. T. Walker, „The Impulse for a Franco-German Entente: The Origins of the Thoiry Conference 1926", in: JCH, 1975, S. 157–181.
Jaitner, Klaus, „Deutschland, Brüning und die Formulierung der britischen Außenpolitik, Mai 1930–Juni 1932", in: VZG, 28, 1980, S. 440–486.
James, Harold, The German Slump, Oxford 1986.
ders., „Gab es eine Alternative zur Wirtschaftspolitik Brünings?", in: VSW, 70, 1983, S. 523–541.
Jeanneney, Jean-Noël, François de Wendel en République. L'argent et le pouvoir 1914–1940, Paris 1976.
ders., Leçon d'histoire pour une Gauche au pouvoir. La faillite du Cartel (1924–1926), Paris 1977.
ders., L'argent caché. Milieux d'affaires et pouvoirs politiques dans la France du XXe siecle, Paris 1981.
Johnson, Norman McClure, The Austro-German Customs Union Project in German Diplomacy, Diss., Univ. of North Carolina at Chapel Hill 1974.

Kaiser, David E., Economic Diplomacy and the Origins of the Second World War. Germany, Britain, France and Eastern Europe, 1930–1939, Princeton 1980.
Keese, Dietmar, „Die volkswirtschaftlichen Gesamtgrößen für das Deutsche Reich in den Jahren 1925–1936", in: Werner Conze, Hans Raupach, Die Staats- und Wirtschaftskrise des Deutschen Reichs 1929/33, Stuttgart 1967, S. 35–81.
Keeton, Edward David, Briand's Locarno Diplomacy. French Economics, Politics, and Diplomacy 1925–1929, Diss., Yale Univ., New Haven, Conn. 1975.
Kimmel, Adolf, Der Aufstieg des Nationalsozialismus im Spiegel der französischen Presse 1930–1933, Bonn 1969.
Kimmich, Christoph M., Germany and the League of Nations, Chicago 1976.
Kindleberger, Charles P., Economic Growth in France and Britain 1851–1950, Cambridge, Mass. 1964.
ders., Die Weltwirtschaftskrise 1929–1939 (dtv Geschichte der Weltwirtschaft im 20. Jahrhundert, Bd. 4), München 1973.
King, Jere Clemens, Foch versus Clemenceau. France and German Dismemberment 1918/19, Cambridge 1960.
Kiszling, Rudolf, Die militärischen Vereinbarungen der Kleinen Entente 1929–1937, München 1959.
Kleebauer, Adolf, Die handelspolitische Stellung des Saargebietes während der Zeit seiner Abtrennung vom Reichszollgebiet und die wirtschaftliche Rückgliederung, Berlin 1935.
Klingenstein, Grete, Die Anleihe von Lausanne. Ein Beitrag zur Geschichte der Ersten Republik in den Jahren 1931–1934, Wien/Graz 1965.
Klinkhammer, Reimund, Die Außenpolitik der Sozialdemokratischen Partei in der Weimarer Republik, mschr. Diss., Freiburg i. Br. 1955.

Knipping, Franz, „Frankreich in Hitlers Außenpolitik, 1933–1939", in: Manfred Funke (Hrsg.), Hitler, Deutschland und die Mächte. Materialien zur Außenpolitik des Dritten Reiches, Düsseldorf 1976, S. 612–627.
ders., „Die deutsche Diplomatie und Frankreich 1933–1936", in: Francia, 5, 1977, S. 491–512 (frz. „La diplomatie allemande et la France 1933–1936" in: La France et l'Allemagne 1932–1936. Communications présentées au Colloque franco-allemand tenu à Paris – Palais du Luxembourg, salle Médicis – du 10 au 12 mars 1977, Paris 1980, S. 212–232).
ders., „Der Anfang vom Ende der Reparationen: Die Einberufung des Beratenden Sonderausschusses im November 1931", in: Josef Becker, Klaus Hildebrand (Hgg.), Internationale Beziehungen in der Weltwirtschaftskrise 1929–1933, Augsburg 1980, S. 211–236.
ders., „Die deutsch-französische Erklärung vom 6. Dezember 1938", in: Beihefte der Francia, Bd. 10: Deutschland und Frankreich 1936–1939. 15. Deutsch-französisches Historikerkolloquium des Deutschen Historischen Instituts Paris. Herausgegeben von Klaus Hildebrand und Karl Ferdinand Werner in Zusammenarbeit mit Klaus Manfrass, München/Zürich 1981, S. 523–551.
ders., „Frankreich in der Zeit der Weltkriege (1914–1945)", in: Andreas Hillgruber, Jost Dülffer (Hgg.), Ploetz, Geschichte der Weltkriege, Freiburg/Würzburg 1981, S. 237–247.
ders., „L'historiographie des relations internationales en Allemagne fédérale: quelques remarques sur la situation actuelle", in: RI, 1985, S. 149–163.
Knisley, Samuel David Jr., German Diplomacy and the Preparatory Commission for the Disarmament Conference 1925–1930, Diss., Univ. of North Carolina at Chapel Hill 1972.
Köhler, Henning, Novemberrevolution und Frankreich. Die französische Deutschland-Politik 1918–1919, Düsseldorf 1980.
ders., „Knut Borchardts ‚Revision des überlieferten Geschichtsbildes' der Wirtschaftspolitik in der Großen Krise – Eine Zwangsvorstellung?", in: IWK, 19, 1983, S. 164–180.
Kolb, Eberhard, Die Weimarer Republik, München/Wien 1984.
Koops, Tilman, Einleitung zu: Akten der Reichskanzlei, Weimarer Republik, Die Kabinette Brüning I u. II (30. März 1930 bis 10. Oktober 1931; 10. Oktober 1931 bis 1. Juni 1932), bisher 2 Bde., bearb. von Tilman Koops, Boppard a. Rh. 1982, S. XIX–XCVII.
Kowark, Hannsjörg, Die französische Marinepolitik 1919–1924 und die Washingtoner Konferenz, Stuttgart 1978.
Krekeler, Norbert, Revisionsanspruch und geheime Ostpolitik der Weimarer Republik. Die Subventionierung der deutschen Minderheit in Polen, Stuttgart 1973.
Krohn, Claus-Dieter, „‚Ökonomische Zwangslagen' und das Scheitern der Weimarer Republik. Zu Knut Borchardts Analyse der deutschen Wirtschaft in den zwanziger Jahren", in: GG, 8, 1982, S. 414–426.
Kroll, Gerhard, Von der Weltwirtschaftskrise zur Staatskonjunktur, Berlin 1958.
Krüger, Peter, Deutschland und die Reparationen 1918/19. Die Genesis des Reparationsproblems in Deutschland zwischen Waffenstillstand und Versailler Friedensschluß, Stuttgart 1973.
ders., Die Außenpolitik der Republik von Weimar, Darmstadt 1985.
ders., Versailles. Deutsche Außenpolitik zwischen Revisionismus und Friedenssicherung, München 1986.
ders., „Friedenssicherung und deutsche Revisionspolitik. Die deutsche Außenpolitik und die Verhandlungen über den Kellogg-Pakt", in: VZG, 22, 1974, S. 227–257.
ders., „Das Reparationsproblem der Weimarer Republik in fragwürdiger Sicht", in: VZG, 29, 1981, S. 21–47.
ders., „Die ‚Westpolitik' in der Weimarer Republik", in: Henning Köhler (Hrsg.), Deutschland und der Westen. Vorträge und Diskussionsbeiträge des Symposiums zu Ehren von Gordon A. Craig, veranstaltet von der Freien Universität Berlin vom 1.–3. Dezember 1983, Berlin 1984, S. 105–130.
ders. und Erich J. C. Hahn, „Der Loyalitätskonflikt des Staatssekretärs Bernhard Wilhelm von Bülow im Frühjahr 1933", in: VZG, 20, 1972, S. 367–410.
Krulis-Randa, Jan, Das deutsch-österreichische Zollunionsprojekt von 1931, Zürich 1955.
Kühl, Joachim, Föderationspläne im Donauraum und in Ostmitteleuropa, München 1958.
Kupferman, Fred, Pierre Laval, Paris/New York/Barcelone/Milan 1976.

Lange, Helmut, Julius Curtius (1877–1948). Aspekte einer Politikerbiographie, Diss., Kiel 1970.
Lapié, P.-O., Herriot, Paris 1967.
Lauren, Paul Gordon, Diplomats and Bureaucrats. The first institutional responses to twentieth-century diplomacy in France and Germany, Stanford 1976.
Lee, Marshall McDowell, Failure in Geneva: The German Foreign Ministry and the League of Nations, 1926–1933, Diss., Univ. of Wisconsin, Madison, Wisc. 1974.
ders., „The German attempt to reform the League. The Failure of German League of Nations Policy, 1930–1932", in: Francia, 5, 1977, S. 473–490.
ders. und Wolfgang Michalka, German Foreign Policy 1917–1933. Continuity or Break?, Leamington Spa/Hamburg/New York 1987.
Leffler, Melvyn P., The Elusive Quest. America's Pursuit of European Stability and French Security, 1919–1933, Chapel Hill 1979.
Leopold, John A., Alfred Hugenberg. The Radical Nationalist Campaign against the Weimar Republic, New Haven/London 1978.
Lévy-Leboyer, Maurice, La position internationale de la France. Aspects économiques et financiers aux XIXe-XXe siècles, Paris 1977.
L'Huillier, Fernand, Dialogues Franco-Allemands 1925–1933, Paris 1971.
ders., „Allemands et Français au temps de Locarno: Accords, dialogues et malentendus (1924–1929). Un aperçu", in: RA, 4, 1972, S. 558–568.
Link, Werner, Die amerikanische Stabilisierungspolitik in Deutschland 1921–1932, Düsseldorf 1970.
ders., „Die Beziehungen zwischen der Weimarer Republik und den USA", in: Manfred Knapp u. a., Die USA und Deutschland 1918–1975, München 1978, S. 62–106.
Lipgens, Walter, „Europäische Einigungsidee 1923–1930 und Briands Europaplan im Urteil der deutschen Akten", in: HZ, 203, 1966, S. 46–89 (1. Teil) und S. 316–363 (2. Teil).
Lohe, Eilert, Heinrich Brüning. Offizier – Staatsmann – Gelehrter, Stuttgart 1969.
Lüke, Rolf E., Von der Stabilisierung zur Krise, Zürich 1958.

Machray, Robert, The Little Entente, New York 1970.
Maier, Charles S., Recasting Bourgeois Europe. Stabilization in France, Germany and Italy in the decade after World War I, Princeton 1975.
ders., „The Two Postwar Eras and the Conditions for Stability in Twentieth-Century Western Europe", in: AHR, 86, 1981, S. 327–367.
Mallet, Alfred, Pierre Laval, 2 Bde., Paris 1954, 1955.
Marcks, Erich, Hindenburg. Feldmarschall und Reichspräsident, Göttingen 1963.
Marcon, Helmut, Arbeitsbeschaffungspolitik der Regierungen Papen und Schleicher. Grundsteinlegung für die Beschäftigungspolitik im Dritten Reich, Bern 1974.
Marguerat, Philippe, „Positions économiques de la France dans la zone de la Petite Entente au cours des années trente", in: L'Historien et les Relations Internationales. Recueil d'études en hommage à Jacques Freymond, Genf 1981, S. 337–346.
Marks, Sally, The Illusion of Peace. International Relations in Europe 1918–1933, London 1976.
dies., „The myths of reparations", in: CEH, 11, 1978, S. 231–255.
Marquand, David, Ramsay MacDonald, London 1977.
Marseille, Jacques, „Les origines inopportunes de la crise de 1929 en France", in: Revue économique, 1980, S. 648–684.
ders., „Le commerce entre la France et l'Allemagne pendant les, années 1930'", in: La France et l'Allemagne 1932–1936. Communications présentées au Colloque franco-allemand tenu à Paris (Palais du Luxembourg, salle Médicis) du 10 au 12 mars 1977, Paris 1980, S. 279–284.
Matthias, Erich und Rudolf Morsey (Hgg.), Das Ende der Parteien 1933. Darstellungen und Dokumente, Düsseldorf 1960, Neudruck Düsseldorf 1979.
Maurer, Ilse, Reichsfinanzen und Große Koalition. Zur Geschichte des Reichskabinetts Müller (1928–1930), Bern/Frankfurt a. M. 1973.
Maxelon, Michael-Olaf, Stresemann und Frankreich, 1914–1929. Deutsche Politik der Ost-West-Balance, Düsseldorf 1972.
Mayer, Arno J., Politics and Diplomacy of Peacemaking. Containment and Counter-Revolution at Versailles, 1918–1919, New York 1967.

McDougall, Walter A., France's Rhineland Diplomacy, 1914–1924. The Last Bid for a Balance of Power in Europe, Princeton 1978.
McNeil, William Charles, American Money and the Weimar Republic, New York 1986.
Medlicott, W. N., British Foreign Policy since Versailles 1919–1963, Suffolk 1968.
Megerle, Klaus, Deutsche Außenpolitik 1925. Ansatz zu aktivem Revisionismus, Frankfurt a. M./Bern 1974.
ders., „Weltwirtschaftskrise und Außenpolitik. Zum Problem der Kontinuität der deutschen Politik in der Endphase der Weimarer Republik", in: J. Bergmann u. a., Geschichte als politische Wissenschaft, Stuttgart 1979, S. 116–140.
Meyer, Henry Cord, Mitteleuropa in German Thought and Action 1815–1945, The Hague 1955.
Meyer-Lindenberg, Hermann, Völkerrecht, Stuttgart/Düsseldorf 1957.
Michalka, Wolfgang, Ribbentrop und die deutsche Weltpolitik. Außenpolitische Konzeptionen und Entscheidungsprozesse im Dritten Reich, München 1980.
ders. und Marshall M. Lee (Hgg.), Gustav Stresemann, Darmstadt 1982.
Miquel, Pierre, Poincaré, Paris 1961.
ders., La paix de Versailles et l'opinion publique française, Paris 1972.
Mittelstädt, Axel, Frankreichs Währungspolitik von Poincaré zu Rueff, Frankfurt a. M. 1967.
Möller, Horst, Die Weimarer Republik, München 1985.
Moggridge, D. E., British Monetary Policy 1924–1931. The Norman Conquest of $ 4.86, Cambridge 1972.
Molt, Harro, „Hegemonialbestrebungen der deutschen Außenpolitik in den letzten Jahren der Weimarer Republik. Gustav Stolpers ‚Dienstag-Kreis'", in: Jahrbuch des Instituts für deutsche Geschichte der Universität Tel Aviv 5, 1976, S. 419–448.
Mommsen, Hans, Dietmar Petzina, Bernd Weisbrod (Hgg.), Industrielles System und politische Entwicklung in der Weimarer Republik. Verhandlungen des Internationalen Symposiums in Bochum vom 12.–17. Juni 1973, Düsseldorf 1974.
Monnerville, Gaston, Clemenceau, Paris 1968.
Morsey, Rudolf, „Heinrich Brüning (1885–1970)", in: ders. (Hrsg.), Zeitgeschichte in Lebensbildern. Aus dem deutschen Katholizismus des 20. Jahrhunderts, Mainz 1973.
ders., Zur Entstehung, Authentizität und Kritik von Brünings ‚Memoiren 1918–1934', Opladen 1975.
Mowat, Charles Loch, Britain between the Wars, 1918–1940, London 1955.
Mühlich, Ludwig, Die Reichsfinanzpolitik in der Weltwirtschaftskrise 1929–1932 unter besonderer Berücksichtigung der Finanzpolitik der Regierung Brüning, Diss., Tübingen 1950.
Müller, Helmut, Die Zentralbank – eine Nebenregierung. Reichsbankpräsident Hjalmar Schacht als Politiker der Weimarer Republik, Opladen 1973.
Müller, Klaus-Jürgen und Eckardt Opitz (Hrsg.), Militär und Militarismus in der Weimarer Republik. Beiträge eines internationalen Symposiums an der Hochschule der Bundeswehr Hamburg am 5. und 6. Mai 1977, Düsseldorf 1978.
Müller, Rolf-Dieter, Das Tor zur Weltmacht. Die Bedeutung der Sowjetunion für die deutsche Wirtschafts- und Rüstungspolitik zwischen den Weltkriegen, Boppard a. Rh., 1984.
Mysyrowicz, Ladislas, Autopsie d'une défaite. Origines de l'effondrement militaire français de 1940, Lausanne 1973.

Nadolny, Sten, Abrüstungsdiplomatie 1932/33. Deutschland auf der Genfer Konferenz im Übergang von Weimar zu Hitler, München 1978.
Nelson, Otto Millard, The German Social Democratic Party and France, 1918–1933, Diss., Ohio State Univ. 1968.
Néré, J., The Foreign Policy of France from 1914–1945, London/Boston 1975.
Neumann, Sigmund, Die Parteien der Weimarer Republik, 4. Aufl. Stuttgart 1977 (zuerst Berlin 1932: Die politischen Parteien in Deutschland).
Newman, M. D., „Britain and the German-Austrian Customs Union proposal of 1931", in: European Studies Review, 6, 1976, S. 449–472.
Newman, William J., The balance of power in the interwar years, 1919–1939, New York 1968.
Niedhart, Gottfried, „Multipolares Gleichgewicht und weltwirtschaftliche Verflechtung: Deutsch-

land in der britischen Appeasement-Politik 1919–1933", in: Michael Stürmer (Hrsg.), Die Weimarer Republik: Belagerte Civitas, Königstein i. Ts. 1980, S. 113–130.
Nobécourt, Jacques, Une histoire politique de l'armée. De Pétain à Pétain, 1919–1942, Paris 1967.
Nocken, Ulrich, „Das Internationale Stahlkartell und die deutsch-französischen Beziehungen 1924–1932", in: Gustav Schmidt (Hrsg.), Konstellationen internationaler Politik 1924–1932. Politische und wirtschaftliche Faktoren in den Beziehungen zwischen Westeuropa und den Vereinigten Staaten, Bochum 1984, S. 165–202.
Norris, James Robert, Anglo-French Conflict and the Failure of the Geneva Protocol in 1924–1925, Diss., Washington State Univ., Washington 1971.
Northedge, F. S., The Troubled Giant. Britain among the Great Powers 1916–1939, New York/Washington 1966.

Ohler, Norbert, Deutschland und die deutsche Frage in der ‚Revue des deux Mondes', 1905–1940. Ein Beitrag zur Erhellung des französischen Deutschlandbildes, Frankfurt a. M. 1973.
Orde, Anne, Great Britain and International Security 1920–1926, London 1978.
dies., „Großbritannien und die Selbständigkeit Österreichs 1918–1938", in: VZG, 28, 1980, S. 224–247.
dies., „The Origins of the German-Austrian Customs Union Affair of 1931", in: CEH, 13, 1980, S. 34–59.

Palyi, Melchior, The Twilight of Gold, 1914–1936, Chicago 1972.
Parker, R. A. C., „Probleme britischer Außenpolitik während der Weltwirtschaftskrise", in: Josef Becker, Klaus Hildebrand (Hgg.), Internationale Beziehungen in der Weltwirtschaftskrise 1929–1933, München 1980, S. 3–20.
Pegg, Carl H., „Der Gedanke der europäischen Einigung während des ersten Weltkrieges und zu Beginn der zwanziger Jahre", in: Europa-Archiv, 17, 1962, S. 749–758.
ders., „Vorstellungen und Pläne der Befürworter eines europäischen Staatenbundes in den Jahren 1925–1930", in: Europa-Archiv, 17, 1962, S. 783–790.
ders., „Die wachsende Bedeutung der europäischen Einigungsbewegung in den zwanziger Jahren", in: Europa-Archiv, 17, 1962, S. 865–874.
Pelling, Henry, Winston Churchill, London 1974.
Pentzlin, Heinz, Hjalmar Schacht. Leben und Wirken einer umstrittenen Persönlichkeit, Berlin/Frankfurt a. M./Wien 1980.
Perett, William Gregory, French Naval Policy and Foreign Affairs, 1930–1939, Diss., Stanford Univ., Calif. 1977.
Petersen, Jens, „Italien und Südosteuropa 1929–1932", in: Josef Becker, Klaus Hildebrand (Hgg.), Internationale Beziehungen in der Weltwirtschaftskrise 1929–1933, München 1980, S. 393–411.
Petzina, Dietmar, Die deutsche Wirtschaft in der Zwischenkriegszeit, Wiesbaden 1977.
ders., „Elemente der Wirtschaftspolitik in der Spätphase der Weimarer Republik", in: VZG, 21, 1973, S. 127 ff.
Pieper, Helmut, Die Minderheitenfrage und das Deutsche Reich 1919–1933/34, Hamburg/Frankfurt a. M. 1974.
Pohl, Karl Heinrich, Weimars Wirtschaft und die Außenpolitik der Republik 1924–1926. Vom Dawes-Plan zum Internationalen Eisenpakt, Düsseldorf 1979.
Pohl, Manfred, Die Finanzierung der Russengeschäfte zwischen den beiden Weltkriegen. Die Entwicklung der 12 großen Rußlandkonsortien, Frankfurt a. M. 1975.
Poidevin, Raymond, Les relations économiques et financières entre la France et l'Allemagne de 1898 à 1914, Paris 1969.
ders., L'Allemagne et le monde au XXe siècle, Paris 1983.
ders. und Jacques Bariéty, Les relations franco-allemandes 1815–1975, Paris 1977 (dt. Frankreich und Deutschland. Die Geschichte ihrer Beziehungen 1815–1975, München 1982).
Post, Gaines, Jr., The Civil-Military Fabric of Weimar Foreign Policy, Princeton 1973.
Potter, Jim, The American Economy between the World Wars, New York 1974.
Poulain, Marc, „Zur Vorgeschichte der Thoiry-Gespräche vom 17. September 1926", in: Wolfgang Benz, Hermann Graml (Hgg.), Aspekte deutscher Außenpolitik im 20. Jahrhundert. Aufsätze Hans Rothfels zum Gedächtnis, Stuttgart 1976, S. 87–120.

Preradovich, N[ikolaus] von, Die Wilhelmstraße und der Anschluß Österreichs 1918–1933, Bern/Frankfurt a. M. 1971.
Problèmes de la Rhénanie. Die Rheinfrage nach dem Ersten Weltkrieg. Actes du Colloque d'Otzenhausen, 14–16 octobre 1974, Metz 1975.
Prost, Antoine, Les Ancien Combattants et la Société française, 1914–1939, 3 Bde., Paris 1977.

Rass, Hans Heinrich, Britische Außenpolitik 1929–1931. Ebenen und Faktoren der Entscheidung, Bern/Frankfurt a. M. 1975.
Rautenberg, Hans-Jürgen, Deutsche Rüstungspolitik vom Beginn der Genfer Abrüstungskonferenz bis zur Wiedereinführung der allgemeinen Wehrpflicht 1932–1935, Diss., Bonn 1973.
Recker, Marie-Luise, England und der Donauraum 1919–1929. Probleme einer europäischen Nachkriegsordnung, Stuttgart 1976.
Reimer, Klaus, Rheinlandfrage und Rheinlandbewegung (1918–1933). Ein Beitrag zur Geschichte der regionalistischen Bestrebungen in Deutschland, Frankfurt a. M./Bern/Las Vegas 1979.
Les Relations Franco-Allemandes 1933–1939 (Strasbourg, 7–10 octobre 1975), Paris 1976.
Les Relations Franco-Britanniques de 1935 à 1939. Communications présentées aux colloques franco-britanniques tenus à: Londres (Imperial War Museum) du 18 au 21 octobre 1971; Paris (Comité d'Histoire de la 2e Guerre Mondiale) du 25 au 29 septembre 1972, Paris 1975.
Rémond, René, La Droite en France. De la première Restauration à la Ve République, 2 Bde., Paris 1968.
Renouvin, Pierre, Les crises du XXe siecle, 2 Bde., 2. Aufl. Paris 1969, 1972.
ders., „Die Kriegsziele der französischen Regierung 1914–1918", in: Wolfgang Schieder (Hrsg.), Erster Weltkrieg. Ursachen, Entstehung und Kriegsziele, Köln/Berlin 1969, S. 443–473.
ders. und Jean-Baptiste Duroselle, Introduction à l'histoire des relations internationales, Paris 3. Aufl. 1970.
Riekhoff, Harald von, German-Polish Relations, 1918–1933, Baltimore/London 1971.
Rößler, Hellmuth (Hrsg.), Die Folgen von Versailles 1919–1924, Göttingen 1969.
ders. und Erwin Hölzle (Hgg.), Locarno und die Weltpolitik 1924–1932, Göttingen 1969.
Rohe, Karl (Hrsg.), Die Westmächte und das Dritte Reich, 1933–1939, Paderborn 1982.
Ronde, Hans, Von Versailles bis Lausanne. Der Verlauf der Reparationsverhandlungen nach dem Ersten Weltkrieg, Stuttgart 1950.
Rosenau, James N., Domestic Sources of Foreign Policy, New York/London 1967.
Roskill, Stephen W., Hankey, Man of Secrets. Bd. II: 1919–1931, London 1972.
ders., Naval Policy between the Wars, 2 Bde.; Bd. I: The Period of Anglo-American Antagonism 1919–1929, London 1968; Bd. II: The Period of Reluctant Rearmament, 1930–1939, London 1976.
Rowland, Benjamin M., Balance of Power or Hegemony. The Interwar Monetary System, New York 1976.
Ruge, Wolfgang, „Die Außenpolitik der Weimarer Republik und das Problem der europäischen Sicherheit 1925–1932", in: ZfG, 1974, S. 273–290.
Rupieper, Hermann J., The Cuno Government and Reparations 1922–1923. Politics and Economics, The Hague/Boston/London 1979.

Saldern, Adelheid von, Hermann Dietrich. Ein Staatsmann in der Weimarer Republik, Boppard 1966.
Salewski, Michael, Entwaffnung und Militärkontrolle in Deutschland 1919–1927, München 1966.
ders., „Das Weimarer Revisionssyndrom", in: Aus Politik und Zeitgeschichte. Beilage zur Wochenzeitung ‚Das Parlament', 2, 1980, S. 14–25.
ders., „Reichswehr, Staat und Republik", in: GWU, 31, 1980, S. 271 ff.
ders., „Zur deutschen Sicherheitspolitik in der Spätzeit der Weimarer Republik", in: VZG, 22, 1974, S. 121–147.
Saly, Peter, La Politique des grands travaux, 1929–1939, unveröffentl. Thèse, Univ. de Paris VIII, Vincennes 1975.
Sanmann, Horst, „Daten und Alternativen der deutschen Wirtschafts- und Finanzpolitik in der Ära Brüning", in: Heinz-Dietrich Ortlieb, Bruno Molitor (Hgg.), Hamburger Jahrbuch für Wirtschafts- und Gesellschaftspolitik, Tübingen 1965, S. 109–140.

Sauvy, Alfred, Histoire Economique de la France entre les deux guerres, 4 Bde., Paris 1965–1975.
Sayers, R. S., The Bank of England 1891–1944, 3 Bde., Cambridge/London/New York 1976.
Schausberger, Norbert, Der Griff nach Österreich. Der Anschluß, 2. Aufl. Wien/München 1979.
Schiemann, Jürgen, Die deutsche Währung in der Weltwirtschaftskrise 1929–1933, Bern 1980.
Schloss, Henry A., The Bank for International Settlements. An Experiment in Central Bank Cooperation, Amsterdam 1958.
Schmidt, Gustav, England in der Krise. Grundzüge und Grundlagen der britischen Appeasement-Politik (1930–1937), Opladen 1981.
ders. (Hrsg.), Konstellationen internationaler Politik 1924–1932. Politische und wirtschaftliche Faktoren in den Beziehungen zwischen Westeuropa und den Vereinigten Staaten, Bochum 1984.
Schneider, Werner, Die Deutsche Demokratische Partei in der Weimarer Republik 1924–1930, München 1978.
Schönfeld, Roland, „Die Balkanländer in der Weltwirtschaftskrise", in: VSW, 62, 1975, S. 179–213.
Schreiber, Gerhard, „Zur Kontinuität des Groß- und Weltmachtstrebens der deutschen Marineführung", in: MGM 26, 2/1979, S. 101 ff.
Schröder, Hans-Jürgen, „Deutsche Südosteuropapolitik 1929–1936. Zur Kontinuität deutscher Außenpolitik in der Weltwirtschaftskrise", in: GG, 2, 1976, S. 5–32.
ders., „Die deutsche Südosteuropapolitik und die Reaktion der angelsächsischen Mächte 1929–1933/34", in: Josef Becker, Klaus Hildebrand (Hgg.), Internationale Beziehungen in der Weltwirtschaftskrise 1929–1933, München 1980, S. 343–360.
Schröter, Verena, Die deutsche Industrie auf dem Weltmarkt, Frankfurt a. M./Bern, 1984.
Schuker, Stephen A., The End of French Predominance in Europe. The Financial Crisis of 1924 and the Adoption of the Dawes Plan, Chapel Hill 1976.
ders., „American Foreign Policy and the Young Plan, 1929", in: Gustav Schmidt (Hrsg.), Konstellationen internationaler Politik 1924–1932. Politische und wirtschaftliche Faktoren in den Beziehungen zwischen Westeuropa und den Vereinigten Staaten, Bochum 1984, S. 122–130.
Schulz, Gerhard, Zwischen Demokratie und Diktatur. Verfassungspolitik und Reichsreform in der Weimarer Republik. Bd. I: Die Periode der Konsolidierung und der Revision des Bismarckschen Reichsaufbaus 1919–1930, Berlin 1963.
ders., Aufstieg des Nationalsozialismus. Krise und Revolution in Deutschland, Frankfurt a. M./Berlin/Wien 1975.
ders., Deutschland seit dem Ersten Weltkrieg 1918–1945, 2. Aufl. Göttingen 1976.
ders., Revolutionen und Friedensschlüsse 1917–1920, 5. Aufl. München 1980.
ders. (Hrsg.), Die Große Krise der dreißiger Jahre. Vom Niedergang der Weltwirtschaft zum Zweiten Weltkrieg, Göttingen 1985.
ders., „Politik und Wirtschaft in den Dokumenten zur Regierung Brüning". Einleitung zu: Politik und Wirtschaft in der Krise. Quellen zur Ära Brüning (Quellen zur Geschichte des Parlamentarismus und der politischen Parteien. Dritte Reihe: Die Weimarer Republik, Bde. 4/I und II), Düsseldorf 1980, S. IX–LXXXVIII.
ders., „Reparationen und Krisenprobleme nach dem Wahlsieg der NSDAP 1930. Betrachtungen zur Regierung Brüning", in: VSW, 67, 1980, S. 200–222.
ders., „Deutschland und Polen vom Ersten zum Zweiten Weltkrieg", in: GWU, 33, 1982, S. 154–172.
Schulze, Hagen, Otto Braun oder Preußens demokratische Sendung. Eine Biographie, Frankfurt a. M./Berlin/Wien 1977.
Schwabe, Klaus (Hrsg.), Die Ruhrkrise 1923. Wendepunkt der internationalen Beziehungen nach dem Ersten Weltkrieg, Paderborn 1984.
Schwerin von Krosigk, Lutz Graf, Es geschah in Deutschland. Menschenbilder unseres Jahrhunderts, Tübingen/Stuttgart 1951.
Sharma, Shiva-Kumar, Der Völkerbund und die Großmächte. Ein Beitrag zur Geschichte der Völkerbundspolitik Großbritanniens, Frankreichs und Deutschlands 1929–1933, Frankfurt a. M./Bern/Las Vegas 1978.
Shepard, Carl E., Germany and the Hague Conferences, 1929–1930, Diss., Indiana Univ. 1964.
Siebert, Ferdinand, Aristide Briand, 1862–1932. Ein Staatsmann zwischen Frankreich und Europa, Erlenbach/Zürich/Stuttgart 1973.
Sieburg, Hans Otto, Geschichte Frankreichs, Stuttgart 1975.

ders., „Les entretiens de Thoiry", in: RA, 4, 1972, S. 520–546.
Silverman, Dan P., Reconstructing Europe after the Great War, Cambridge, Mass. 1982.
Skidelsky, Robert, Politicians and the Slump. The Labour Government 1929–1931, London/Melbourne/Toronto 1967.
Skidmore, Ellen Towne, Pierre Cot, Apostle of collective security, 1919–1939, Diss., Univ. of Tennessee 1980.
Sommer, Walter, Die Weltmacht USA im Urteil der französischen Publizistik, 1924–1939, Tübingen 1967.
Soulié, Michel, La vie politique d'Édouard Herriot, Paris 1962.
Soutou, Georges, „La politique économique de la France en Pologne (1920–1924)", in: RH, 1974, S. 85–116.
ders., „Les mines de Silésie et la rivalité franco-allemande (1920–1923): Arme économique ou bonne affaire?", in: RI, 1, 1974, S. 135–154.
ders., „Problèmes concernant le rétablissement des relations économiques franco-allemandes après la première guerre mondiale", in: Francia, 2, 1974, S. 580–596.
ders., „Die deutschen Reparationen und das Seydoux-Projekt 1920/21", in: VZG, 23, 1975, S. 237–270.
ders., „L'impérialisme du pauvre. La politique économique du gouvernement français en Europe Centrale et Orientale de 1918 à 1929", in: RI, 7, 1976, S. 219–239.
ders., „La France et les marches de l'Est, 1914–1919", in: RH, 1978, S. 341–388.
Spenz, Jürgen, Die diplomatische Vorgeschichte des Beitritts Deutschlands zum Völkerbund, 1924–1926. Ein Beitrag zur Außenpolitik der Weimarer Republik, Göttingen/Berlin/Frankfurt a. M./Zürich 1966.
Stambrook, F. G., „The German-Austrian Customs Union Project of 1931", in: Journal of Central European Affairs, 21, 1961/62, S. 15–44.
Stegmann, Dirk, „Zum Verhältnis von Großindustrie und Nationalsozialismus 1930–1933. Ein Beitrag zur Geschichte der Machtergreifung", in: AfS, 13, 1973, S. 399–482.
Steinmeyer, Gitta, Die Grundlagen der französischen Deutschlandpolitik 1917–1919, Stuttgart 1979.
Stevenson, D[avid], French War Aims against Germany, 1914–1919, Oxford 1982.
Stolper, Gustav (fortgeführt von Karl Häuser und Knut Borchardt), Deutsche Wirtschaft seit 1870, 2. Aufl. Tübingen 1964.
Stürmer, Michael, Koalition und Opposition in der Weimarer Republik, 1924–1928, Düsseldorf 1967.
ders. (Hrsg.), Die Weimarer Republik: Belagerte Civitas, Königstein i. Ts. 1980.
Sundhaussen, Holm, „Die Weltwirtschaftskrise im Donau-Balkan-Raum und ihre Bedeutung für den Wandel der deutschen Außenpolitik unter Brüning", in: Wolfgang Benz, Hermann Graml (Hgg.), Aspekte deutscher Außenpolitik im 20. Jahrhundert. Aufsätze Hans Rothfels zum Gedächtnis, Stuttgart 1976, S. 121–164.
Suval, Stanley, The Anschluß question in the Weimar era. A study of nationalism in Germany and Austria, 1918–1932, Baltimore/London 1974.

Taylor, A. J. P., English History 1914–1945, Oxford 1965.
Teichert, Eckart, Autarkie und Großraumwirtschaft in Deutschland 1930–1939. Außenwirtschaftspolitische Konzeptionen zwischen Wirtschaftskrise und Zweitem Weltkrieg, München 1984.
Thayer, Philip, Locarno and its Aftermath. A Study of the Foreign Policy of Aristide Briand and Gustav Stresemann, 1925–1928, unveröfftl. Diss., Univ. of North Carolina at Chapel Hill 1956.
Thimme, Annelise, Flucht in den Mythos. Die Deutschnationale Volkspartei und die Niederlage von 1918, Göttingen 1969.
Thimme, Roland, Stresemann und die Deutsche Volkspartei 1923–1925, Lübeck/Hamburg 1956.
Thobie, Jacques, Phares ottomans et emprunts turcs 1904–1961, Paris 1962.
Thomas, Georg, Geschichte der deutschen Wehr- und Rüstungswirtschaft (1918–1943/45), Boppard 1966.
Tonch, Hans, Wirtschaft und Politik auf dem Balkan. Untersuchungen zu den deutsch-rumänischen Beziehungen in der Weimarer Republik unter besonderer Berücksichtigung der Weltwirtschaftskrise, Frankfurt a. M./Bern/New York/Nancy, 1984.

Touchard, Jean, La Gauche en France depuis 1900, Paris 1977.
Tournoux, Géneral Paul-Émile, Haut Commandement, Gouvernment et défense des frontières du Nord et de l'Est 1919–1939, Paris 1960.
ders., „Les origines de la Ligne Maginot", in: RHGM, 33, 1959, S. 1–14.
Trachtenberg, Marc, Reparation in World Politics. France and European Economic Diplomacy, 1916–1923, New York 1980.
Treue, Wilhelm, Deutschland in der Weltwirtschaftskrise in Augenzeugenberichten, Düsseldorf 1967.
Turner, Henry A., „Eine Rede Stresemanns über seine Locarnopolitik", in: VZG, 15, 1967, S. 412–436.
ders., „Continuity in German Foreign Policy? The Case of Stresemann", in: The International History Review, 1, 1979, S. 509–521.

Vaïse, Maurice, Sécurité d'abord. La politique française en matière de désarmement, 9 décembre 1930 – 17 avril 1934, Paris 1981.
ders., „Le désarmement en question: l'incident de Saint-Gothard (1928)", in: RHMC, 12, 1975, S. 530–548.
ders., „La ligne stratégique du Rhin (1919–1930). De la réalité au mythe", in: Problèmes de la Rhénanie. Die Rheinfrage nach dem Ersten Weltkrieg. Actes du Colloque d'Otzenhausen, 14–16 octobre 1974, Metz 1975, S. 1–11.
Van der Wee, H., (Hrsg.), The Great Depression Revisited, Den Haag 1972.
Vial, Jean, „La Défense nationale, son organisation entre les deux guerres", in: RHGM, 8, 1955, S. 11–32.
Vietsch, Eberhard von, Arnold Rechberg und das Problem der politischen West-Ost-Orientierung nach dem Ersten Weltkrieg, Koblenz 1958.
Vogelsang, Thilo, Reichswehr, Staat und NSDAP, Stuttgart 1962.
Vogt, Martin, „Letzte Erfolge? Stresemann in den Jahren 1928 und 1929", in: Wolfgang Michalka, Marshall M. Lee (Hgg.), Stresemann, Darmstadt 1982, S. 441–462.
Voss, Ingrid und Jürgen, „Die ‚Revue Rhénane' als Instrument der französischen Kulturpolitik am Rhein (1920–1930)", in: Archiv für Kulturgeschichte, 64/2, 1982, S. 403–451.

Wacker, Wolfgang, Der Bau des Panzerkreuzers ‚A' und der Reichstag, Tübingen 1950.
Währung und Wirtschaft in Deutschland 1876–1975. Hrsg. von der Deutschen Bundesbank, Frankfurt 1976. Bd. II: Deutsches Geld- und Bankwesen in Zahlen, 1876–1975, Frankfurt a. M. 1976.
Walsdorff, Martin, Westorientierung und Ostpolitik. Stresemanns Rußlandpolitik in der Locarno-Ära, Bremen 1971.
Walters, Francis P., A History of the League of Nations, 2 Bde., 2. Aufl. New York 1965.
Wandel, Eckhard, Hans Schäffer. Steuermann in wirtschaftlichen und politischen Krisen, Stuttgart 1974.
ders., Die Bedeutung der Vereinigten Staaten von Amerika für das deutsche Reparationsproblem 1924–1929, Tübingen 1971.
Wandycz, Piotr S., France and her Eastern Allies 1919–1925. French-Czechoslovak-Polish Relations from the Paris Peace Conference to Locarno, Minneapolis 1962.
ders., Peter Krüger, Georges Soutou, „La Pologne entre Paris et Berlin de Locarno à Hitler (1925–1933)", in: RHD, 95, 1981, S. 236–348.
Watson, David Robin, Georges Clemenceau. A Political Biography, London 1974.
Weidenfeld, Werner, Die Englandpolitik Gustav Stresemanns. Theoretische und praktische Aspekte der Außenpolitik, Mainz 1972.
Weigold, Marilyn E., National Security versus Collective Security: The Role of the „Couverture' in Shaping French Military and Foreign Policy (1905–1934), Diss., St. John's Univ., New York 1970.
Weisbrod, Bernd, Schwerindustrie in der Weimarer Republik. Interessenpolitik zwischen Stabilisierung und Krise (1924–1929), Wuppertal 1978.
Wendt, Bernd-Jürgen, „Economic Appeasement: Das Gewicht einer ökonomischen Krisenstrategie in der britischen Innen- und Außenpolitik", in: Karl Rohe (Hrsg.), Die Westmächte und das Dritte Reich 1933–1939, Paderborn 1982, S. 57–82.

Wengst, Udo, Graf Brockdorff-Rantzau und die außenpolitischen Anfänge der Weimarer Republik, Bern/Frankfurt a. M. 1973.
ders., „Heinrich Brüning und die ‚konservative Alternative'. Kritische Anmerkungen zu neuen Thesen über die Endphase der Weimarer Republik", in: Aus Politik und Zeitgeschichte. Beilage zur Wochenzeitung ‚Das Parlament', 50, 1980, S. 19–26.
Wheeler-Bennett, John W., The Nemesis of Power. The German Army in Politics 1918–1945, London 1954.
ders., Der hölzerne Titan. Paul von Hindenburg, Tübingen 1969.
Wieland, Volker, Zur Problematik der französischen Militärpolitik und Militärdoktrin in der Zeit zwischen den Weltkriegen, Boppard a. Rh. 1973.
Witt, Peter Christian, „Finanzpolitik als Verfassungs- und Gesellschaftspolitik. Überlegungen zur Finanzpolitik des Deutschen Reiches in den Jahren 1930 bis 1932", in GG, 8, 1982, S. 386–414.
Wolfe, Martin, The French Franc between the Two Wars, 1919–1939, New York 1951.
Wulf, Peter, Hugo Stinnes. Wirtschaft und Politik 1918–1924, Stuttgart 1979.
Wurm, Clemens A., Die französische Sicherheitspolitik in der Phase der Umorientierung 1924–1926, Frankfurt a. M./Bern/Las Vegas 1979.
ders., „Interalliierte Schulden, Reparationen – Sicherheit/Abrüstung. Die Kriegsschuldenfrage in den britisch-französischen Beziehungen 1924–1929", in: Gustav Schmidt (Hrsg.), Konstellationen internationaler Politik 1924–1932. Politische und wirtschaftliche Faktoren in den Beziehungen zwischen Westeuropa und den Vereinigten Staaten, Bochum 1984, S. 89–121.

Young, Robert J., In Command of France. French Foreign Policy and Military Planning, 1933–1940, Cambridge, Mass./London 1978.
ders., „Preparations for Defeat: French War Doctrine in the Inter-War Period", in: Journal of European Studies, 1972, S. 155–172.
ders., „The Strategic Dream: French Air Doctrine in the Inter-War Period, 1919–1939", in: JCH, 9, 1974, S. 57–76.

Zeldin, Theodore, France 1848–1945. Bd. 1: Ambition, Love and Politics, Oxford 1973; Bd. 2: Intellect, Taste and Anxiety, Oxford 1977.
Zenner, Maria, Parteien und Politik im Saargebiet unter dem Völkerbundsregime 1920–1935, Saarbrücken 1966.
Ziebura, Gilbert, Grundfragen der deutschen Außenpolitik seit 1871, Darmstadt 1975.
ders., Die deutsch-französischen Beziehungen seit 1945. Mythen und Realitäten, Pfullingen 1970.
ders., Weltwirtschaft und Weltpolitik 1922/24–1931. Zwischen Rekonstruktion und Zusammenbruch, Frankfurt a. M. 1984.
Zimmermann, Ludwig, Deutsche Außenpolitik in der Ära der Weimarer Republik, Göttingen/Berlin/Frankfurt 1958.
ders., Frankreichs Ruhrpolitik von Versailles bis zum Dawes-Plan, hrsg. von Walter Peter Fuchs, Göttingen/Zürich/Frankfurt 1971.
Zwoch, Gerhard, Die Erfüllungs- und Verständigungspolitik der Weimarer Republik und die deutsche öffentliche Meinung, unveröfftl. Diss., Kiel 1950.

Personenregister

Adam, Oberregierungsrat im Reichsfinanzministerium 63

Adatci, Mineitciro, japanischer Botschafter in Paris, Delegierter im Völkerbundsrat und in der Völkerbundsversammlung 39

Addison, Joseph, Botschaftsrat an der britischen Botschaft in Berlin 29

Arnal, Pierre Albert, Beamter in der Unterabteilung für Handelsbeziehungen im französischen Außenministerium 84

Baldwin, Stanley, britischer Premierminister 1924–7. Juni 1929, Führer der Konservativen Partei 33, 51, 221

Balfour, Sir Arthur, britischer Außenminister 1919–1922 60

Baratier, Paul Joseph Auguste, französischer General, stellvertretender Vorsitzender des Interalliierten Militärkomitees 72

Beneš, Edvard, tschechoslowakischer Außenminister 192

Bérenger, Henry, ehemaliger Berichterstatter der Finanzkommission des französischen Senats, dann Botschafter in Washington 24, 49, 86

Berger, Fritz, Ministerialrat im Reichsfinanzministerium 100

Bernstorff, Johann Heinrich Graf von, Botschafter z. D., deutsches Mitglied der Vorbereitenden Kommission der Abrüstungskonferenz des Völkerbunds 54, 55, 92, 93, 179, 185, 187

Berthelot, Philippe, Generalsekretär des französischen Außenministeriums 20, 36, 38, 61, 64, 76, 115, 117, 119, 144, 155, 173, 180, 192, 199, 204, 205, 216

Bismarck, Otto Fürst von, deutscher Reichskanzler 1871–1890 9, 11, 12, 28

Blum, Léon, Mitglied der französischen Abgeordnetenkammer (S.F.I.O.) 73

Boden, Oberregierungsrat im Reichsfinanzministerium (Deutsche Kriegslastenkommission in Paris) 63, 64, 66

Breitscheid, Rudolf, Mitglied des deutschen Reichstages (SPD) 70, 104

Briand, Aristide, französischer Außenminister 4, 16, 17, 20, 21, 28, 30, 36–47, 51, 54, 57, 58, 61, 62, 64, 66–71, 73, 75–79, 82–90, 92, 95, 104, 105, 107–109, 115, 116, 120, 124–127, 132, 140, 144, 146, 147, 149, 153–155, 159–161, 169, 170, 173, 174, 178, 180, 182–185, 187, 190, 199, 202–207, 211–214, 216, 221–223, 225

Briand-Kellogg-Pakt 33–35, 86, 118, 138

Brüning, Heinrich, Mitglied des deutschen Reichstags (Zentrum), 30. 3. 1930–2. 6. 1932 Reichskanzler 103, 141–143, 148, 149, 152, 155, 158, 162–169, 172, 179, 182, 185, 191–193, 195–201, 204, 213, 218, 220, 222, 223, 225, 226

Bülow, Bernhard Wilhelm von, Vortragender Legationsrat, seit Juni 1930 Staatssekretär des Auswärtigen Amts 32, 35, 37, 72, 74, 88, 89, 139, 140, 142, 149, 158, 170, 172, 174, 176, 177, 181, 185, 192, 195, 200, 202, 203, 210, 213, 223, 225, 226

Caillaux, Joseph, Vorsitzender des Finanzausschusses des französischen Senats, ehemaliger Ministerpräsident und Finanzminister 24, 49

Campbell, Mitglied der britischen Botschaft in Paris 133, 135, 136

Cecil, Edgar Algernon Robert, 1st Viscount of Chelwood, Mitglied des britischen Oberhauses, Mitglied der Vorbereitenden Kommission der Abrüstungskonferenz des Völkerbunds 93, 140, 186, 188

Chamberlain, Sir Joseph Austen, britischer Außenminister 1924–7. Juni 1929 19–21, 33, 34, 36–40, 44–46, 51, 57, 75, 91, 95, 221, 226

Chaplin, Charlie, britischer Schauspieler und Autor 216

Charles-Roux, François, französischer Botschafter in Prag 190

Chéron, Henri, französischer Finanzminister 63, 98, 105, 108

Churchill, Winston Leonard Spencer, britischer Schatzkanzler 1924–7. Juni 1929, dann Mitglied des Unterhauses 24, 39, 47, 49

Claudel, Paul, französischer Botschafter in Washington 54

Clemenceau, Georges Eugène Adrien, französischer Ministerpräsident Nov. 1917–Jan. 1920 12, 13

Clodius, Carl August, Legationssekretär,

dann Gesandtschaftsrat an der deutschen Botschaft in Paris 72, 175, 176

Coudenhove-Kalergi, Richard Graf von, Präsident der Paneuropa-Union 86, 87, 155

Coulondre, Robert, Gesandter, Leiter (Sous-Directeur) der Unterabteilung für Handelsbeziehungen im französischen Außenministerium 79, 83, 127, 128, 130, 204

Crewe, Robert Offley Ashburton Crewe-Milnes, 1st Marquess of, bis Juli 1928 britischer Botschafter in Paris 52

Crowe, Sir Eyre, ehemaliger Unterstaatssekretär im Foreign Office 37

Curtius, Julius, Mitglied des Reichstags (DVP), seit 1926 Reichswirtschaftsminister, 4.10.1929–7.10.1931 deutscher Außenminister 63, 65, 94, 95, 97, 99, 103, 104, 107–109, 114, 116, 118–121, 126, 135, 138, 141, 145–147, 149, 152, 158–160, 170, 173, 174, 177, 178, 181, 185, 187, 193, 199, 202, 203, 213, 222, 225, 226

Cushendun, Ronald John McNeil, Lord, Kanzler des Herzogtums Lancaster, Führer der britischen Völkerbundsdelegation 40, 41, 43, 54

D'Abernon, Edgar Vincent, 1st Viscount of Stoke D'Abernon, britischer Botschafter in Berlin bis Oktober 1926 45

Dawes, Charles Gates, General, amerikanischer Botschafter in London, vorher (1924–1929) Vizepräsident der USA 92

Dieckhoff, Hans Heinrich, Botschaftsrat an der deutschen Botschaft in London 136, 139, 140

Dietrich, Hermann, Reichsminister für Ernährung und Landwirtschaft (Juni 1928–30. März 1930), Reichswirtschaftsminister, dann (26. Juni 1930) Reichsfinanzminister, Stellvertreter des Reichskanzlers, Mitglied des deutschen Reichstags (DDP), 1930 Vorsitzender der Deutschen Staatspartei 166, 193, 194, 196, 198, 209

Dillon Read-Anleihe 106–109, 111

Doehle, Walter, Gesandtschaftsrat an der deutschen Botschaft in Paris 87

Dorn, Herbert, Ministerialdirektor im Reichsfinanzministerium, Aufsichtsratsmitglied der Bank für deutsche Industrie-Obligationen, Mitglied des Unterkomitees für die Reichsbahn im Organisationskomitee für die Anpassung der deutschen Gesetze an den Young-Plan, Mitglied der Delegation für die zweite Haager Konferenz 63, 113–116, 172, 203

Doumer, Paul, 13. Präsident der dritten französischen Republik (Mai 1931–Mai 1932) 216

Doumergue, Gaston, 12. Präsident der dritten französischen Republik (1924–Mai 1931) 77, 78

Drummond, Sir Eric, Generalsekretär des Völkerbunds 206

Durand, Albin, Major, militärischer Sachverständiger an der französischen Botschaft in Berlin 52, 120, 176

Ebeling, Ministerialrat im Reichsverkehrsministerium 72

Eisenlohr, Ernst, Vortragender Legationsrat, Leiter des Referats für Wirtschaftsverhandlungen im Auswärtigen Amt 171, 172, 201, 210

Elbel, Paul, Leiter der Abteilung für Handelsverträge und Wirtschaftsinformation im französischen Handelsministerium, Mitglied der französischen Delegation für die deutsch-französischen Saarverhandlungen 84, 131

Feßler, Othmar, Ministerialrat in der Reichskanzlei 202

Flandin, Pierre-Étienne, französischer Minister für Handel und Industrie Nov. 1929–Dez. 1930, Finanzminister Jan. 1931–Mai 1932 169, 170, 202

Fleuriau, Aimé Joseph de, französischer Botschafter in London 86, 92, 160

Foch, Ferdinand, französischer Marschall, Leiter der alliierten Heere April-Nov. 1918 13

Fontaine, Victor Arthur Léon, zunächst Präsident, dann Vizepräsident der französischen Delegation für die deutsch-französischen Saarverhandlungen 83, 84, 125

Forster, Dirk, Vortragender Legationsrat in der Abteilung II des Auswärtigen Amts 72, 90, 122, 133, 136, 176, 177, 183

Fouques-Duparc, Jacques, Botschaftssekretär im Völkerbundsreferat des französischen Außenministeriums 155, 161

François-Poncet, André, französischer Unterstaatssekretär für Wirtschaft März 1930–Sept. 1931 217

Franklin-Bouillon, Henri, Mitglied der französischen Abgeordnetenkammer 121

Fraser, Leon, Rechtsanwalt, Berater Parker Gilberts, seit Mai 1930 Vizepräsident des Direktoriums der B.I.Z. 101

Freyberg-Eisenberg-Allmendingen, Albrecht Freiherr von, Vizeadmiral, Leiter der Völ-

kerbundsgruppe Marine im Marinekommandoamt des Reichswehrministeriums, deutscher Sachverständiger in der Vorbereitenden Kommission der Abrüstungskonferenz des Völkerbunds 91, 137
Friedberg, Heinrich von, Vortragender Legationsrat in der Abteilung II des Auswärtigen Amts, Mitglied der deutschen Delegation für die deutsch-französischen Saarverhandlungen 72, 76, 78, 149, 152, 153, 176
Frohwein, Hans, Vortragender Legationsrat in der Abteilung II des Auswärtigen Amts 92, 121, 185
Fromageot, Henri, juristischer Sachverständiger im französischen Außenministerium 71

Gaus, Friedrich Wilhelm Otto, Ministerialdirektor, Leiter der Abteilung V des Auswärtigen Amts 113, 114
Gérardin 79
Gibson, Hugh Simons, amerikanischer Botschafter in Brüssel, Mitglied der Vorbereitenden Kommission der Abrüstungskonferenz des Völkerbunds 92, 186, 187
Gilbert, Seymour Parker, Generalagent für Reparationszahlungen nach dem Dawes-Plan in Berlin, seit Jan. 1931 Partner des Bankhauses J.P.Morgan & Co. 23, 25, 40, 47, 48, 50, 106–108, 111, 112, 167
Gosset, Francis William, Oberst, militärischer Sachverständiger an der britischen Botschaft in Berlin 52, 91, 132, 133, 135, 176
Groener, Wilhelm, Generalleutnant a.D., Reichswehrminister 42, 90, 92, 93, 176, 185
Guérard, Theodor von, März 1930–Okt. 1931 Reichsverkehrsminister 158
Guillaume, Direktor der französischen Grubenverwaltung im Saargebiet 128, 129, 150, 153

Hagenow, Victor von, Ministerialdirektor in der Reichskanzlei 102
Hammerstein-Equord, Kurt Freiherr von, General, Chef des Truppenamts und des Heerespersonalamts, dann der Heeresleitung im Reichswehrministerium 191, 192
Harrison, George Leslie, Governor der Federal Reserve Bank in New York 196
Henderson, Arthur, britischer Außenminister seit 7. Juni 1929 57, 59–62, 67, 68, 70, 73, 74, 77, 87, 90, 132–136, 139, 161, 180, 206, 221, 226

Henderson, Nevile, Botschaftsrat an der britischen Botschaft in Paris 74, 90
Herrick, Myron T., amerikanischer Botschafter in Paris 48
Herriot, Édouard, Mitglied der französischen Abgeordnetenkammer, ehemaliger Ministerpräsident und Außenminister 17, 104, 118, 119, 183
Hesnard, Oswald, Professor, Leiter der Presseabteilung der französischen Botschaft in Berlin 21, 39
Hilferding, Rudolf, Mitglied des deutschen Reichstags (SPD), bis Dezember 1929 Reichsfinanzminister 49, 80, 109
Hindenburg, Paul von Beneckendorff und von, Generalfeldmarschall, deutscher Reichspräsident 103, 104, 145, 147, 185, 191, 193, 218
Hitler, Adolf, Führer der NSDAP 116, 215, 220, 225
Hoesch, Leopold von, deutscher Botschafter in Paris 25, 29–31, 38, 46, 47, 50, 52, 53, 59, 61, 69, 70, 74–77, 80, 90, 95, 98, 99, 101, 102, 104, 106–109, 112, 114–116, 118–122, 132, 133, 135, 136, 138, 139, 143–147, 149, 153, 164, 169–178, 192, 197, 199–205, 207, 213, 215–218, 223
Honold, Franz Xaver, badischer Gesandter in Berlin und stellvertretender Bevollmächtigter Badens zum Reichsrat 194
Hoover, Herbert Clark, 31. Präsident der USA 1929–1933 91, 196, 197, 217
Houtart, Baron Paul, belgischer Finanzminister 61
Hugenberg, Alfred, Vorsitzender der DNVP, Mitglied des deutschen Reichstags 73, 98, 116, 196, 225
Hymans, Paul, belgischer Außenminister 43, 44

Jacquin de Margerie, Bruno François Marie Pierre, französischer Botschafter in Berlin 112, 121, 183, 187
Jaspar, Henri, belgischer Ministerpräsident und Kolonialminister 61, 66, 99

Kastl, Ludwig, Geheimrat, Geschäftsführendes Präsidialmitglied des Reichsverbandes der Deutschen Industrie, Sachverständiger bei den Reparationsverhandlungen in Paris 1929 48
Kellogg-Pakt siehe Briand-Kellogg-Pakt
Kiep, Otto Carl, Botschaftsrat an der deutschen Botschaft in Washington 31
Köpke, Gerhard, Ministerialdirektor, Leiter der Abteilung II des Auswärtigen Amts,

Stellvertreter des Staatssekretärs 73, 76, 81, 91, 92, 114, 133, 135, 146, 149, 152, 176, 215
Köster, Adolf, deutscher Gesandter in Belgrad 209
Kreuger-Anleihe 107, 110–112
Kühlmann, Richard von, Vorsitzender des Aufsichtsrats der Neunkircher Eisenwerke AG, ehemaliger Staatssekretär des Auswärtigen Amts 170–172, 174, 201

Laboulaye siehe Lefebvre de Laboulaye
Lacour-Gayet, Robert, Finanzattaché an der französischen Botschaft in Washington 24
Langwerth von Simmern, Ernst Freiherr, Reichskommissar für die besetzten rheinischen Gebiete in Koblenz 144, 146
Laval, Pierre, französischer Minister für Arbeit und Soziale Vorsorge März-Dez. 1930, seit 27. Jan. 1931 (bis 16. Febr. 1932) Ministerpräsident 181, 189, 199, 202, 203, 211, 218, 223, 225
Lavigne-Delville, französischer General 148
Lee, Higginson & Co 111, 112, 200, 204
Lefebvre de Laboulaye, André, stellvertretender Leiter der Politischen und Handelsabteilung im französischen Außenministerium 84, 127, 149, 152
Léger, Alexis, Leiter der Politischen und Handelsabteilung im französischen Außenministerium 155
Lejeune-Jung, Paul, Geschäftsführer des Vereins Deutscher Zellstoff-Fabrikanten, bis 1930 Mitglied des deutschen Reichstags (DNVP) 209
Lerchenfeld auf Köfering und Schönberg, Hugo Graf von und zu, deutscher Gesandter in Wien 36
Lersner, Kurt Freiherr von, Legationsrat a. D., Juli 1919–Februar 1920 Präsident der deutschen Friedensdelegation in Versailles 192
Leygues, Georges, französischer Marineminister bis Februar 1930 23
Liang, Lone, Legationsrat an der chinesischen Gesandtschaft in Berlin 179
Lindsay, Sir Ronald, Staatssekretär (Permanent Under Secretary of State) des britischen Foreign Office 62, 69, 70, 135
Lloyd George, David, britischer Premierminister 1916–1922 12, 16
Löbe, Paul, Präsident des deutschen Reichstags (SPD) 36, 73
Loucheur, Louis, französischer Arbeitsminister 1928–1930, Minister für nationale Wirtschaft, Handel und Industrie 13. Dez.

1930–22. Jan. 1931, Vizepräsident des beratenden Komitees für Wirtschaftsfragen des Völkerbunds 62–65, 211, 212
Lozé, Beamter im französischen Außenministerium 84
Luther, Hans, ehemaliger Reichskanzler, seit 12. März 1930 Reichsbankpräsident 102, 158, 165, 174, 193, 198, 203, 204, 218

MacDonald, James Ramsay, britischer Premierminister seit 7. Juni 1929, Vorsitzender der Labour Party 57, 62, 91, 221
MacGarrah, Gates, amerikanischer Bankier, seit Mai 1930 Präsident des Direktoriums der BIZ 101
Mackensen, Hans Georg von, Gesandtschaftsrat I. Kl. in der Abteilung II des Auswärtigen Amts, deutscher Sachverständiger in der Vorbereitenden Kommission der Abrüstungskonferenz des Völkerbunds 188
Maginot, André, französischer Kriegsminister Nov. 1929–4. Dez. 1930 und ab 27. Jan. 1931 21, 120, 121, 127, 155, 175, 225
Margerie siehe Jacquin de Margerie
Marin, Louis, Mitglied der französischen Abgeordnetenkammer, ehemaliger Minister für Pensionen 118, 155, 225
Martius, Georg Albert Theodor, Vortragender Legationsrat im Auswärtigen Amt 177
Massigli, René, Leiter der Völkerbundsabteilung im französischen Außenministerium, Generalsekretär der Interalliierten Botschafterkonferenz in Paris, Mitglied der Vorbereitenden Kommission der Abrüstungskonferenz des Völkerbunds 54, 55, 62, 64, 65, 67–69, 71, 72, 78, 87, 90, 93, 133, 136, 155, 161, 175, 176, 179, 180, 183, 188, 211, 212
Mayrisch, Émile, luxemburgischer Großindustrieller, Präsident der ARBED 10, 84
Mellon, Andrew William, amerikanischer Finanzminister 24, 49, 86
Michaelis, Georg, Regierungsrat, Dolmetscher im Auswärtigen Amt 108
Millerand, Alexandre, französischer Ministerpräsident Jan.–Sept. 1920, Staatspräsident Sept. 1920–Juni 1924 15, 16
Moldenhauer, Paul, Reichsfinanzminister Nov. 1929–Juni 1930 105, 112
Mordacq, Jean-Jules Henri, General 120
Moreau, Émile, Gouverneur der Banque de France 25, 48, 69, 174
Moret, Clément, Gouverneur der Banque de France (Nachfolger Moreaus) 120

Morgan, John Pierpont Jr., Mitinhaber des Bankhauses J. P. Morgan & Co., New York 48
Morgan-Bank 106, 107
Morize, Jean, französisches Mitglied der Regierungskommission des Völkerbunds für das Saargebiet 74, 76, 82, 83
Motta, Giuseppe, schweizerischer Bundesrat für auswärtige Angelegenheiten 87
Müller, Adolf, deutscher Gesandter in Bern 74, 139, 216
Müller(-Franken), Hermann, deutscher Reichskanzler bis 30. März 1930, Vorsitzender der SPD, Mitglied des Reichstags 3, 22, 31, 34, 36, 39–43, 45, 101, 104, 112, 164, 208
Murnane, George, Partner der Bankfirma Lee, Higginson & Co., New York 204
Mussolini, Benito, Duce des Faschismus, italienischer Ministerpräsident und Innenminister 182

Neurath, Konstantin Freiherr von, deutscher Botschafter in Rom, seit 2. Juni 1930 in London 178
Nicolson, Harold George, Botschaftsrat an der britischen Botschaft in Berlin 34, 39, 74, 90, 91, 133
Nolda, Mark August, Kapitänleutnant a. D., deutsches Mitglied der Abteilung für Abrüstung im Sekretariat des Völkerbunds 137

Papen, Franz von, Mitglied des preußischen Landtags (Zentrum) 192, 202
Paul-Boncour, Jean, stellvertretender Leiter der Völkerbundsabteilung des französischen Außenministeriums 51, 140
Paul-Boncour, Joseph, Mitglied der französischen Abgeordnetenkammer, Mitglied der Vorbereitenden Kommission der Abrüstungskonferenz des Völkerbunds 42
Pernot, Georges, französischer Minister für öffentliche Arbeiten Nov. 1929–Dez. 1930, Leiter der französischen Delegation bei den deutsch-französischen Saarverhandlungen 125–127, 129–131, 149, 150, 152, 153
Perowne, Beamter im britischen Foreign Office 52
Peyerimhoff de Fontenelle, Henri de, Präsident des Vorstands des französischen Steinkohleverbands, Mitglied des beratenden Komitees für Wirtschaftsfragen des Völkerbunds 76, 151

Phipps, Sir Eric Clare Edmund, britischer Gesandter in Wien, Mitglied der britischen Delegation bei den Haager Reparationskonferenzen 1929/30 62
Planck, Erwin, Oberregierungsrat in der Reichskanzlei 197
Poincaré, Raymond, französischer Ministerpräsident bis 27. Juli 1929, ehemaliger Staatspräsident 17, 18, 23–25, 30, 35, 38, 39, 46, 47, 53, 57, 61, 69, 70, 76, 86, 95, 105, 160, 201, 221, 222, 225
Politis, Nicolas, griechischer Gesandter in Paris, Vizepräsident der Vorbereitenden Kommission der Abrüstungskonferenz des Völkerbunds 93
Popitz, Johannes, Staatssekretär des Reichsfinanzministeriums bis Dezember 1929, Honorarprofessor für Finanz- und Steuerrecht an der Universität Berlin 109
Posse, Hans Ernst, Ministerialdirektor, Leiter der Abteilung II des Reichswirtschaftsministeriums 79, 83
Prittwitz und Gaffron, Friedrich von, deutscher Botschafter in Washington 48, 139
Pünder, Hermann Josef Maria, Staatssekretär in der Reichskanzlei 50, 61, 62, 65, 66, 70, 71, 75, 79, 84, 98–100, 102, 105, 109–111, 116, 118, 181, 195, 200, 204

Quesnay, Pierre, Direktor an der Banque de France, Mitglied des Organisationskomitees für die Bank für Internationalen Zahlungsausgleich, seit Mai 1930 Generaldirektor der BIZ 101

Raumer, Hans von, Geschäftsführendes Vorstandsmitglied des Zentralverbandes der deutschen elektrotechnischen Industrie, Mitglied des deutschen Reichstags (DVP), ehemaliger Reichsschatz- und Reichswirtschaftsminister 170, 171
Rechberg, Arnold, deutscher Publizist und Industrieller 10
Regendanz, Wilhelm, leitendes Mitglied des Verwaltungsrats der Amstelbank in Amsterdam, ehemaliger Direktor der österreichischen Kreditanstalt 192
Réquin, Édouard, Brigadegeneral, der Völkerbundsabteilung des französischen Außenministeriums zugeteilt, Mitglied der Vorbereitenden Kommission der Abrüstungskonferenz des Völkerbunds 180
Revire, Jean, Vorsitzender der Association française de la Sarre 82
Reynaud, Paul, französischer Finanzminister März–Dez. 1930 174, 175, 199, 202

Rheinbaben, Werner, Freiherr von, Staatssekretär z. D., Mitglied des deutschen Reichstags (DVP) 103

Rieth, Kurt, Botschaftsrat an der deutschen Botschaft in Paris 90, 133, 176, 178, 183, 200, 201

Ritter, Karl, Ministerialdirektor, Leiter der Abteilung für Wirtschaftsverhandlungen, Wirtschafts- und Reparationspolitik im Auswärtigen Amt 37, 48, 98, 110, 198

Ronde, Hans, Ministerialrat im Reichswirtschaftsministerium, Mitglied der deutschen Delegation für die zweite Haager Konferenz 100, 163, 167

Rueff, Jacques, Finanzattaché an der französischen Botschaft in London 212

Rumbold, Sir Horace George Montagu, britischer Botschafter in London 45, 73, 95, 135, 136, 146, 168

Ruppel, Julius Georg Eugen, Ministerialdirektor im Reichsfinanzministerium, Leiter der deutschen Kriegslastenkommission in Paris, Mitglied der Delegation für die zweite Haager Konferenz 48, 98, 164

Ryan, Rupert Sumner, Oberstleutnant, stellvertretender britischer Hoher Kommissar in der Interalliierten Rheinland-Kommission in Koblenz 38

Sackett, Frederic Moseley, amerikanischer Botschafter in Berlin seit 12. Febr. 1930 196–198

Sanchez, de, amerikanischer Bankier, stellvertretender Vorsitzender des Organisationskomitees der BIZ 100, 101

Sargent, Orme Garton, Counsellor im britischen Foreign Office, Leiter der Zentralabteilung 52, 62, 74, 91, 133, 136

Schacht, Hjalmar, Reichsbankpräsident bis 12. März 1930, leitender deutscher Sachverständiger in den Reparationsverhandlungen 47, 48, 64, 67, 97, 100–103, 107–110, 116

Schäffer, Hans, Staatssekretär des Reichsfinanzministeriums seit Dez. 1929, vorher Ministerialdirektor im Reichswirtschaftsministerium 107, 113, 114, 116, 171, 172, 193, 196–198, 200, 201, 204

Schätzel, Georg, Reichspostminister 158

Schiff, Victor, außenpolitischer Redakteur des *Vorwärts* 25

Schleicher, Kurt von, Generalmajor, Leiter des Ministeramts im Reichswehrministerium 191

Schmidt, Paul Gustav Otto, wissenschaftlicher Hilfsarbeiter im Sprachendienst des Auswärtigen Amts 36, 37, 61, 69–71, 75, 84, 106, 110, 114, 116, 126

Schober, Johann, österreichischer Bundeskanzler und Außenminister 213

Schönheinz, Curt, Oberst, Leiter der Völkerbundsabteilung (Heer) im Truppenamt des Reichswehrministeriums, Mitglied der Vorbereitenden Kommission der Abrüstungskonferenz des Völkerbunds 93, 140, 188

Schubert, Carl Theodor Conrad von, Staatssekretär des Auswärtigen Amts Dez. 1924–2. Juni 1930, danach deutscher Botschafter in Rom 24, 27, 30, 31, 34–38, 45, 46, 69, 70, 78, 79, 94, 102, 104, 106–109, 119–121, 135, 137, 139, 142, 143, 177, 178, 198, 203, 210, 226

Seeckt, Hans von, Generaloberst a. D., ehemaliger Chef der Heeresleitung im Reichswehrministerium 27, 185

Selby, Walford Harmood Montague, Counsellor im britischen Foreign Office, Privatsekretär Sir Austen Chamberlains 38

Selzam, Eduard von, Legationssekretär in der Presseabteilung des Auswärtigen Amts 106

Serruys, Daniel, französischer Wirtschaftspolitiker, Präsident des Komitees für Wirtschaftsvereinbarungen, bis 1929 Direktor im französischen Ministerium für Handel und Industrie 172

Seydoux, François, Beamter in der Völkerbunds-Abteilung des französischen Außenministeriums 211, 212

Seydoux, Jacques, ehemaliger stellvertretender Direktor der Politischen und Handelsabteilung im französischen Außenministerium 16, 171

Simson, Ernst von, Staatssekretär z. D., Vorsitzender der deutschen Delegation bei den deutsch-französischen Saarverhandlungen, Mitglied des Verwaltungsrats der IG Farben AG, Mitglied des Präsidiums des Reichsverbandes der Deutschen Industrie 80, 81, 84, 126, 127, 129–131, 148–154

Smend, Johann, Botschaftsrat an der deutschen Botschaft in Rom 74

Smith, Charles Howard, Sekretär, dann Counsellor im britischen Foreign Office 90

Smoot-Hawley-Bill 86

Snowden, Philip, britischer Schatzkanzler seit Juni 1929 60–64, 67, 68, 76, 97, 102, 115, 164

Stamp, Sir Josiah, Bankier, englischer Sach-

verständiger bei den Reparationsverhandlungen in Paris 1929 48
Steeg, Theodore, französischer Ministerpräsident vom 13. Dez. 1930 bis 22. Jan. 1931 181, 199, 202, 203, 211, 223
Stegerwald, Adam, Reichsverkehrsminister April 1929–30. März 1930, dann Reichsarbeitsminister, Mitglied des deutschen Reichstags (Zentrum) 158
Stern-Rubarth, Edgar, Chefredakteur von WTB, Mitherausgeber der *Deutsch-Französischen Rundschau* 105
Sthamer, Friedrich, deutscher Botschafter in London 34, 36, 39, 59, 70, 139, 158
Stresemann, Gustav, deutscher Außenminister 1923–3. Okt. 1929, Mitglied des Reichstags (DVP) 4, 19–21, 25, 27–31, 34–39, 42, 43, 45, 46, 48, 50, 58, 59, 61, 66–68, 70, 71, 73–80, 82, 84, 88, 89, 93–95, 119, 120, 124, 126, 144, 147, 148, 221, 222, 225
Strohm, Gustav, Legationsrat im Büro des Staatssekretärs des Auswärtigen Amts 79
Stülpnagel, Joachim von, Oberst, später Generalmajor im Reichswehrministerium 22, 53

Tardieu, André, französischer Ministerpräsident Nov. 1929–Dez. 1930, Innenminister Nov. 1928–Nov. 1929, Landwirtschaftsminister ab Jan. 1931, Mitglied der Abgeordnetenkammer 14, 69, 86, 95–98, 102, 104–109, 112, 113, 115–120, 124–126, 128, 131, 137, 138, 142–144, 147, 153–155, 164, 169–175, 181–183, 186, 187, 190, 192, 199, 200, 202, 203, 211, 212, 222, 223, 225
Tirard, Paul, französischer Hoher Kommissar und Präsident der Interalliierten Rheinland-Hochkommission in Koblenz 144, 146
Tournès, René, Oberst, Militärattaché an der französischen Botschaft in Berlin 192
Trendelenburg, Ernst, Staatssekretär im Reichswirtschaftsministerium 158
Treviranus, Gottfried Reinhold, Minister für die besetzten Gebiete März–Sept. 1930, dann Reichsminister ohne Geschäftsbereich, Mitglied des deutschen Reichstags (DNVP, seit Jan. 1930 Volkskonservative Vereinigung bzw. Konservative Volkspartei) 158, 168
Tripier, Mitglied der französischen Botschaft in Warschau 180
Tyrrell, Sir William George, britischer Botschafter in Paris 52, 69, 70, 132–134, 136, 139

Vansittart, Sir Robert Gilbert, Staatssekretär (Permanent Under-Secretary of State) im britischen Foreign Office 136
Vocke, Wilhelm, Geheimrat, Mitglied des Reichsbank-Direktoriums 101
Vogels, Werner, Ministerialrat in der Reichskanzlei 196
Voigt, Hermann, Legationsrat in der Abteilung II des Auswärtigen Amts 69, 80, 81, 154

Wallenberg-Vorschrift 65
Weismann, Robert, Staatssektretär im Preußischen Staatsministerium 80
Weizsäcker, Ernst Freiherr von, Vortragender Legationsrat in der Abteilung II des Auswärtigen Amts 55, 91, 92, 137, 139, 185, 188
Wellesley, Beamter im britischen Foreign Office 97
Wendel, Humbert de, französischer Industrieller 75, 151
Westarp, Kuno Graf von, Oberverwaltungsgerichtsrat a. D., Mitglied des Reichstags (DNVP, seit Juli 1930 Konservative Volkspartei) 163, 193, 195
Weygand, Maxime Louis, französischer General, bis 9. Febr. 1931 Generalstabschef, danach Generalinspekteur des Heeres und Vizepräsident des Obersten Kriegsrats 176, 192
Weymann, Ministerialrat im Reichsfinanzministerium, Mitglied der deutschen Delegation für die deutsch-französischen Saarverhandlungen 131
Wiehl, Emil, Vortragender Legationsrat, Leiter des Referats W im Auswärtigen Amt 203
Wigram, Ralph Follett, Sekretär an der britischen Botschaft in Paris 52, 133
Wilhelm, deutscher Kronprinz 27
Wilson, Thomas Woodrow, 28. Präsident der USA 1913–1921 12
Wirth, K. Joseph, 1929–30. März 1930 Minister für die besetzten Gebiete, dann bis Okt. 1931 Reichsminister des Innern, Mitglied des deutschen Reichstags, ehemaliger Reichskanzler und Finanzminister 69, 80, 113, 158
Wolff, Otto, deutscher Industrieller 172

Young, Owen D., Rechtsanwalt, amerikanischer Finanz- und Reparationsexperte, Direktor der Federal Reserve Bank in New York 48, 99

Wirtschafts- und Sozialgeschichte

Die Nachwirkungen der Inflation auf die deutsche Geschichte 1924–1933

Herausgegeben von
Gerald D. Feldman
unter Mitarbeit von
Elisabeth Müller-Luckner

1985. XII, 407 Seiten,
DM 98,–
ISBN 3-486-52221-3
Schriften des Historischen Kollegs, Band 6

Aus dem Inhalt:

Thomas Childers: Interest and Ideology: Anti System Politics in the Era of Stabilization 1924 - 1928 – *Larry Eugene Jones:* In the Schadow of Stabilization: German Liberalism and the Legitimacy Crisis of the Weimar Party System, 1924 - 30 – *Peter-Christian Witt:* Die Auswirkungen der Inflation auf die Finanzpolitik des Deutschen Reiches 1924 - 1935 – *Jürgen Reulecke:* Auswirkungen der Inflation auf die städtischen Finanzen – *Heidrun Homburg:* Die Neuordnung des Marktes nach der Inflation. Probleme und Widerstände am Beispiel der Zusammenschlußprojekte von AEG und Siemens 1924 - 1933 oder: „Wer hat den längeren Atem?" – *Theodore Balderston:* Links between Inflation and Depression: German Capital and Labour Markets, 1924 - 1933 – *Carl-Ludwig Holtfrerich:* Auswirkungen der Inflation auf die Struktur des deutschen Kreditgewerbes – *Harold James:* Did the Reichsbank draw the Right Conclusions from the Great Inflation? – *Gerhard Schulz:* Inflationstrauma, Finanzpolitik und Krisenbekämpfung in den Jahren der Wirtschaftskrise, 1930 - 1933 – *Knut Borchardt:* Das Gewicht der Inflationsangst in den wirtschaftspolitischen Entscheidungsprozessen während der Weltwirtschaftskrise – *Peter Krüger:* Die Auswirkungen der Inflation auf die deutsche Außenpolitik – *Clemens A. Wurm:* Frankreich, die Reparationen und die interalliierten Schulden in den 20er Jahren – *Stephen A. Schuker:* American "Reparations" to Germany, 1919 - 1933 – *Gerald D. Feldman:* Weimar from Inflation to Depression: Experiment or Gamble?

Oldenbourg